▲ 대한민국임시정부 시기의 도산 (1919)

▲ 공립협회 창립 당시 도산 (앞줄 오른쪽)

▲ 리버사이드 오렌지 농장에서 (1912)

▲ 임시정부 국무원 성립 기념 (1919. 10. 11)

▲ 동명학원 창립기념 (1924. 3. 3.)

대한민국국부 도산안창호전서 Ⅲ

도산 안창호의
임정일지

박만규 옮김

발간사

《국부전서》를 펴내며
- 도산 안창호를 새롭게 본다

　우리는 《대한민국국부 도산안창호전서》 출간에 즈음하여 큰 기쁨과 보람을 느낀다. 도산 안창호 선생(1878~1938)의 사상과 운동을 보여주는 직접 자료들을 모두 모은 다음, 이를 누구든지 쉽게 읽고 이해할 수 있도록 손질하여 5책에 담았다. 즉, 1권과 2권에는 그의 사상이 담긴 말과 글들을 모았으며, 3권에는 상해에서 임시정부를 붙들기 위해 혼신의 노력을 다했던 9개 월 간의 분투 내용을 담은 일지를 번역하여 원문과 함께 실었고, 4권은 그가 동지와 가족들에게 보낸 편지들만을 따로 모았으며, 5권에서는 그의 행적을 가능한대로 정밀히 추적하여 상세한 연보를 작성하고 관련된 사진 자료들을 함께 실었다. 이로써 전문 관계자들만이 아니라 일반 시민들을 위한 도산 관련 자료의 현대판 집대성이 이루어졌다고 할 것이다.

　돌이켜 보면 개항 직후 태어난 도산 선생께서 활동한 지난 19세기 말부터 20세기 전반은 세계사적으로도 유례없는 제국주의 전성기였다. 동아시아의 맨 끝자락에 자리한 한반도마저 마침내 그 격랑 속에 휩쓸리게 되었고 끝내는 인접한 일본제국주의에 국권을 빼앗겨 식민지 암흑천지로 전락하고 말았다. 깜깜한 밤이 되면 여기저기 별들이 나타나듯 5천년 민족 역사상 최대의 위기에 맞닥뜨려 곳곳에서 뜻있는 분들이 떨쳐 나왔다. 의사 열사 장군 여사 박사 선생 등으로 불리는 수많은 애국지사들이 온몸을 던져 맞서고 싸웠다.

총총히 빛나는 그 숱한 별들 가운데서도 가장 환히 빛나는 별 중의 별이 도산 안창호 선생이시다. 60평생을 그 전반은 쓰러져 가는 나라를 지키기 위해, 그리고 그 후반은 빼앗긴 나라를 되찾아 새로운 나라, 행복한 세상을 세우기 위해 온 생애를 오롯이 바친 참 애국자요 혁명가였다.

그런데 우리는 왜 그를 굳이 대한민국의 국부라 부르는가. 그의 고결한 인격과 우리 근현대 역사 속에서의 굵직한 역할 때문이다. 먼저 도산 선생의 전 생애를 짚어보며 우리는 다음의 몇 가지 인간적 특성을 발견한다.

첫째, 그는 〈큰 꿈과 비전〉의 인물이었다.

그가 1906년 말 28세 청년 시기에 완성한 〈민족혁명 구상도〉에는 국가독립의 달성(국권광복國權光復) 및 문명부강한 나라 건설(조국증진祖國增進)의 원대한 비전과 그것을 실현할 정밀한 계획이 담겨 있다. 그로부터 20여 년이 흐르면서 그의 생각과 경험이 더 무르익은 다음에는 대공주의(大公主義)와 애기애타(愛己愛他)라는 말 속에 그의 비전은 새롭게 집약되었으며, 궁극적으로는 전 세계 평화와 전 인류 행복의 염원을 담은 세계대공(世界大公)의 차원에 이르게 되었다.

둘째, 그는 〈비상한 용기와 결단〉의 인물이었다.

1894년 평양에서 청일전쟁의 참상을 보고 나라의 힘없음을 절감한 16세 소년 도산은 혈혈단신으로 무단 상경하여 새 세상을 보고 듣게 되었다. 선교사를 통해 서양을 알게 된 24세 청년 도산은 1902년 미국 유학을 결단한 뒤 곧바로 배에 올랐다. 5년 동안 미국 교민 사회에서 솔선수범과 섬김의 리더십으로 최고 지도자의 위치에 서게 됐던 그는 29세 되던 1907년 구국운동의 본진에 뛰어들기 위해 급거 귀국하여 비밀조직인 대한신민회를 결성했다. 경술국치 후 망명길에 오른 그는 대한인국민회를 다시 일으키고 흥사단을 창립한 후 3.1운동이 일어나자 즉시 중국으로 건너가 41세의 나이로 초기 임시정부의 중심 역할을 수행하였다.

셋째, 그는 〈**협동과 조직**〉의 인물이었다.

1897년 약관 20세에 독립협회에 참여하여 사회활동을 시작했던 그는 공립협회(1905)와 대한신민회(1907)와 청년학우회(1909)와 흥사단(1913)을 만들고 지도하였으며, 대한인국민회(1911)와 대한민국임시정부(1919)와 국민대표회(1923)와 유일독립당운동(1926) 한국독립당(1931)에 주도적으로 참여하였다. 그 과정에서 시종일관 동지들에게 강조한 것은 통일과 단합, 단결과 협동이었다.

물론 그렇다고 하여 당시 그가 모든 사람들의 지지를 받고 모든 세력을 다 수용할 수는 없었다. 그는 지역적으로 서북지방 평안도 출신이라는 근원적 한계를 안고 있었고 사상적으로도 공산주의 세력까지를 다 아우르지는 못하였다. 그러나 당대의 최고 지도자로서 누구보다도 가장 폭넓은 개방성과 포용력을 보여주었다.

넷째, 무엇보다 그는 〈**높은 도덕성과 고상한 품격**〉의 인물이었다.

사회적 존재인 인간의 도덕성과 품격은 돈과 권력에 대한 태도에서 가장 잘 드러난다. 우선 그는 금전 문제에서 주위 사람들의 완전한 믿음을 얻었다. 자금의 필요성이 아무리 절실한 상황에서도 그는 정당한 돈인지 여부를 먼저 가렸다. 정당한 돈임이 확인되면 또 그것을 보낸 사람의 뜻을 확인하였다. 그래서 특별한 공적 용도로 보낸 것인지 조건 없는 사적 지원인지를 분명히 가린 다음에야 비로소 그에 맞게 사용하였다.

또한 그는 자신이 가진 지위나 힘을 결코 스스로를 위해 사용하지 않았다. 그는 언제나 자신을 낮추는 겸양과 솔선수범의 자세로 공익을 위해 헌신 봉사하였다. 조직 속에서 그는 늘 윗머리에 서려하지 않고 밑에서 섬기는 자세를 견지하였다. 3.1운동 후 임시정부의 통합을 주도하면서 내무총장에서 노동국총판으로 스스로 내려앉은 일은 그 단적인 사례였다.

이밖에도 그는 경박한 언행이나 이성 문제 등으로 논란된 적이 일체 없었다. 오랜 기간을 가족과 떨어져 생활하였지만 엄격한 절제로 주변의 믿음을 확보하여 지도자로서의 위신과 도덕적 권위를 잘 유지할 수 있었던 것이다. 명실공히 최고위 지도자로서 대중들의 모범이 되기에 넉넉한 품격을 가졌고 거기서 나오는 큰 감화력을 지녔기에 그에게는 〈민족의 스승, 만인의 사표〉라는 참으로 명예로운 이름이 따랐다.

그러나 우리가 도산 안창호를 〈대한민국국부〉라는 또 다른 이름으로 새롭게 부르려 하는 것은 위의 인간적 장점들 때문만은 아니다. 그것들은 최소한의 필요조건일지언정 충분조건까지 되지는 않는다. 무엇보다 그가 역사적으로 대한민국의 성립 과정에서 수행한 과거 업적과 함께 현재와 미래에 시사하는 함축적 의미까지도 아울러 헤아리기 때문이다.

도산 선생은 우리 근대 역사 초기에 생각은 물론 온몸으로 민주주의를 철저히 체득한 최초의 선각자였다. 또한 자유평등의 근대 시민사회와 국민주권의 공화국가 건설을 앞장서 선창한 선도자였다. 그리하여 먼저 한말에는 대한신민회를 결성하여 근대시민(近代市民)의 양성과 민주공화국 건설을 위한 최초의 대중운동인 신민신국(新民新國)운동을 주도하였으며, 일제강점기에는 해외 한인의 총결집체인 대한인국민회를 대표하였으며, 3.1운동 후에는 한국 민족의 정신적 구심체가 된 대한민국임시정부를 이끌어 해방 후의 대한민국에 접목시킬 수 있도록 키우고 지켜냈다.

수난의 우리 근현대 역사에서 한말의 신민회는 민주공화국가 대한민국의 정신적 뿌리였으며, 국권 상실 후 1910년대의 대한인국민회는 〈무형(無形)의 국가〉와 〈임시(假)정부〉를 스스로 자임하였으며, 대한민국임시정부는 현재의 우리 대한민국의 법률적 아버지이다.

비록 그 자신은 해방 7년 전에 순국하여 오늘의 대한민국을 직접 볼 수 없었다. 그러나 신민회의 창설자요 지도자였으며, 대한인국민회의 중앙 총회장으로서 최고 중심인물이었으며, 대한민국임시정부의 기반 확립자요 가장 든든한 지지옹호자였다는 역사적 맥락에 비추어 보면 도산 안창호 선생이야말로 오늘의 대한민국이 있게 한 최대 공로자였다는 점에 이견이 없을 것이다.

물론 엄격히 말하면 도산 안창호 선생이 생전에 소망했던 대한민국은 오늘의 남쪽만의 분단국가일 수는 없다. 당연히 한반도 전체를 포괄하는 민족국가였다. 대한민국은 그를 비롯한 독립선열들께서 간절히 바랐던 그 통일 민족국가를 표상하는 국호였던 것이다. 장차 어느 시기에 남북이 다시 화해하고 나아가 평화적으로 합쳐지게 되면 그때까지도 우리의 국호가 반드시 대한민국이리라는 보장은 없다. 그때 가서 민족 구성원들의 다수 의견에 따라 결정될 일이다.

그러나 그 통일국가는 국호가 무엇이든 반드시 지난 시기 도산 선생이 꿈꿨던 자유와 평등이 잘 어우러진 진정한 민주주의 사상인 대공주의(大公主義)와 내용적으로 합치되는 나라일 것이다. 장차 남북이 하나가 된 대공주의 통일 민족국가가 서면 그때 전체 한국민족은 도산 안창호 선생을 더욱더 분명한 우리의 국부로 인식하고 따라 배우게 되리라 확신한다.

따라서 이번 《국부 전서》 발간의 의의는 단지 지나간 역사 속의 한 인물인 도산 선생 개인을 기억하고 추앙하려는데 그치지 않는다. 우리의 현재와 미래를 올바로 열어 가기 위한 노력과도 직결되어 있다. 우리는 그동안 우리가 이룩한 엄청난 성취에도 불구하고 아직 여러모로 부족하고 혼란스러운 오늘을 근본적으로 성찰할 필요가 있다. 그 바탕 위에서 평화와 번영의 내일을 모색하는데 힘을 모아야 한다.

눈 밝은 이들은 그의 과거 언행과 함께 이 책 페이지마다에 박혀 있는 크고 환한 미래 비전까지도 찾아낼 것이다. 장차 우리가 대공주의와 애기애타와 세계대공과 인류행복의 큰 바다를 향해 가는 동안 도산 안창호 선생은 단지 〈겨레의 스승〉과 〈대한민국 국부〉에 그치지 않고 점차 〈전

인류의 스승이요 지도자〉로 떠오르게 되리라 믿는다.

　아무쪼록 이 자료집이 널리 읽혀져 오늘의 우리들에게 내일을 향한 푯대와 등대가 되기를 바라마지 않는다. 우리 모두가 그의 고결한 인격에 감화받고 고상한 비전에 공감하게 된다면 전 세계인들로부터 1등 국민으로 아낌없는 존경을 받게 될 것이다. 누구보다도 우리 사회의 지도층들이 도산 선생에게서 배울 수 있기를 진정으로 바란다. 일체의 사리사욕을 초월한 그의 대공복무(大公服務)의 정신과 헌신봉사의 자세야말로 우리 사회 각계각층의 리더들에게 절실히 요청되는 미덕이라 본다. 무엇보다 우리의 미래를 떠맡을 청소년들에게 소중히 읽혀져 큰바위 얼굴의 역할을 할 수 있다면 더없는 보람이라 하겠다.

2025년 3월 1일

흥사단

옮긴이 말

이 책은 도산 안창호 선생께서 상해 임시정부 시기에 쓴 일지를 한글로 옮겨 싣고, 뒤에 국한문체 원문도 함께 실었다. 일지가 기록된 기간은 1920년 1월 14일부터 8월 20일까지 약 7개월 여 간, 그리고 이듬해 1921년 2월 3일부터 3월 2일까지 1개월로 모두 8개월 가량이다.

이 시기는 선생께서 자신이 주도해 성립시킨 통합임시정부의 노동국총판으로 재직하던 때이다. 형식상으로는 말석 각료의 지위였지만 실제로는 임정의 기둥이자 대들보로서 모든 일에 다 간여하고 책임져야 하는 실정이었다. 그 때문에 권력을 탐한다는 주위의 비난도 높았으나 이는 결코 선생 스스로 원하는 바가 아니었다. 그는 늘 〈대동단결大同團結 분공합작分工合作 = 모두 단합하여 일을 나누어 함께 하자〉을 소신으로 하고 있었지만 당시 임정 구성원들의 성의와 역량의 차이에서 오는 어쩔 수 없는 결과였다.

이처럼 실질적으로 임정을 책임지며 초인적 격무에 시달리면서도 도산 선생은 거의 빠짐없이 매일의 일과를 기록하였다. 그는 본래 기록을 매우 중시하는 사람이었다. 일찍이 청년시기 미국에 갔을 때의 일기도 있었으나 한국전쟁으로 불에 타 버렸다고 한다. 그러므로 다른 때에도 일상을 기록했을 가능성은 있다. 그러나 현재 남아 있는 것은 여기 보이는 임정 시기의 것뿐이다. 주요한의 『안도산전서』(1963)와 도산기념사업회의 『도산안창호전집』4(2000)의 기존 자료집에서는 이를 일기라고 소개하고 있으나 옮긴이가 특별히 『임정일지』라고 이름 지은 것은 이유가 있다.

일기(日記)든 일지(日誌)든 매일 매일의 기록이라는 점에서는 큰 차이가 없을 것이다. 단지 개인적 차원의 일과 감상을 위주로 한 일기와 달리 공적 사실과 관련 인물들의 동정을 전하는 기록의 의미가 더 크다고 보기 때문에 일지라고 하였다. 실제로 『임정일지』를 읽어보면 도산 선생 자신의 개인적 평가나 감정의 표출은 거의 없다. 매우 객관적으로 사실을 전할 뿐이다. 그런 점을 의식해서인지는 모르지만 본인 스스로도 이 기록을 일지(日誌)라고 하면서 며칠이 지나서라도 반드시 기록하고 있음을 본다. (1920년 3월 18일 자 참조) 짐작컨데는 우리 임정의 기록을 후대에 남긴다는 사명감의 발로가 아니었을까 생각된다.

어쨌든 우리는 이 『임정일지』를 통해 대한민국임시정부 초기의 모습을 매우 상세히 들여다 볼 수 있다. 거족적 3.1운동의 열망을 바탕으로 정부를 세우기는 했으나 모든 조건이 불리하고 갖추어지지 못한 가운데 그것을 유지하기 위해 힘겨워 하고, 가난과 일제의 외압이라는 악조건 속에서 안으로 분파 간 갈등이 표출되는 것은 어쩌면 당연하였다. 그 속에서 위태롭게 흔들리는 임정을 붙들기 위해 혼신의 노력을 다하는 도산의 고뇌와 헌신을 생생히 느낄 수 있다. 이는 어떻게든 자식을 살리려는 어버이의 심정과 몸짓 그것이었다.

여기서는 국한문 혼용의 원문 내용을 충실히 살려 다만 한글 현대어로 옮기되, 이해의 편의를 위해 최소한으로 몇 가지만 보충하였다. 본문의 앞이나 뒤에 추가 설명이 필요한 경우 ( )를 써서 삽입하였고, 실질적 의미를 표시하기 위해 (=)을 썼으며, 또 핵심 주제나 개념을 강조하기 위해 〈 〉 표시를 사용하였다.

모쪼록 도산 안창호 선생의 『임정일지』를 통해 당시 애국 선열들의 고뇌에 공감하고, 특히 도산 선생이 우리 대한민국의 전신인 임시정부를 지키기 위해 어떻게 헌신봉공하였는지를 함께 음미할 수 있기 바란다.

차례

임정일지 1부 한글   1

1920년 1월	2
1920년 2월	42
1920년 3월	87
1920년 4월	116
1920년 5월	151
1920년 6월	214
1920년 7월	255
1920년 8월	292
1921년 2월	305
1921년 3월	337

임정일지 2부 원문   339

一九二〇年 一月	340
一九二〇年 二月	376
一九二〇年 三月	417
一九二〇年 四月	443
一九二〇年 五月	475
一九二〇年 六月	535
一九二〇年 七月	573
一九二〇年 八月	609
一九二一年 二月	621
一九二一年 三月	651

제1부

임정일지

한글

제1부

임정일지
한글

🌸 1920년 1월

✦ **민국 2년 1월 14일, 수, 맑음, 북풍이 강렬함**

예정사항

1. 손정도 병 위문
2. 옥관빈 모친상 조문
3. 대륙보 기자 초대
4. 국무회의 출석
5. 선전대 조직 일로 군무 내무 양 부와 협의
6. 내무총장을 방문하여 내무차장 건 협의

오전 10시 경에 이석 씨가 내방하였다.

11시에 손정도 씨의 병을 위문하고, 또 옥관빈 씨의 모친상에 조문하였다.

오후 1시에 대륙보 기자 에벤쯔 씨를 그론쓰캐피에 초대하여 오찬을 나누면서 그동안 우리의 일을 많이 도와준 후의에 감사하고, 또 미국에 돌아간 뒤에도 계속 도와 달라는 뜻을 표하고 2시에 그와 같이 청년회관 공청으로 옮겨 비밀히 담화하였는데 내가 요구한 내용은,

  1. 프랑스와 영국에 가서 각 신문과 잡지에 실린 한국과 일본에 관한

내용을 수집하여 매 선편으로 부쳐 줄 것.

2. 구미의 정계와 민간에서의 한국에 관한 움직임을 아는 대로 연락해 줄 것.

3. 미국에 있는 우리 외교관들을 방문하여 선전 방법을 말해주며 도와 줄 것.

4. 그의 대신으로 우리의 선전 일을 맡아 줄 미국인을 소개해 줄 것.

5. 비행기 수입할 방법인 바,

그의 말이 구미에 건너간 후 신문 잡지 수집 등은 실행하겠고, 구미에서 한국에 대한 정형 탐사도 가급적 실행하겠다고 하고, 또 한국의 외교원에 대한 찬조는 힘껏 하겠고, 자기를 대신하여 선전할 사람으로 미국인 혹과 똘트와 페퍼 3인을 소개하고, 비행기 수입은 러시아와 교섭하라고 답하였다. 작별하니 3시 반이었다.

3시 반에 이광수 씨가 내방하여 독립신문사가 기술자 부족과 특히 경제적 곤란으로 신문용지마저 구입할 수 없어 정간해야 할 처지라고 함으로 정부에서 임시보조금을 지불하여 우선 간행을 계속하고 영구유지책은 특별한 방법을 정하기로 하였다.

이봉순 여사가 내방하여 간호과에 빨리 입학하게 해 달라고 요구함에 홍십자병원은 오래 지연될 것이라고 말하고, 대한적십자사의 간호대 양성 시기를 기다려 대원을 많이 권고 모집하여 함께 공부함이 필요하겠(=좋겠) 다고 하였다.

4시에 국무회에 출석하니 2시간 지각이 되었는데 구미위원단의 전보 안건은 이미 결정되었고, 김규식 대사 보고 건을 협의하는데 윤해 고창일 두 사람을 구라파대사단에 참가 시킬지 여부를 토의하다가 유보하였다.

구미로 돌아가는 에벤쯔에게 공로금으로 2백원을 지불하자고 외무 재무

양 차장에게 말했더니 응낙하였다.

  독립신문 간행비를 지원하게 하라고 (재무차장) 윤현진 씨더러 비서장 김립 씨에게 말하게 하여 응낙이 되었다.

  8시 경에 (안중근의 동생) 안정근 씨를 마주쳐 러시아에 사람 파견하는 일을 내일 상의하기로 하였다.

  김홍서 씨와 함께 김현식의 집을 방문하고 12시 경에 돌아왔다.

  오늘 예정하였던 제5 제6의 건은 시간의 부족으로 실행하지 못하였다.

✦ 1월 15일, 목, 맑음

예정사항

1. 안정근 씨와 만나 상의
2. 내무총장을 방문하여 차장 건을 협의
3. 선전대 조직의 일로 군부 내무 양 부와 협의
4. 정무협의회 출석
5. 비행기에 관한 일로 외국인 교섭
6. 체육학교 승인 문제로 공무국에 교섭
7. 런던타임쓰 기자를 방문
8. 국내에서 온 여자에 대하여 수양동맹의 취지를 설명
9. 윤현진이 초대하는 만찬에 참석
10. 정인과 씨를 선전대 주임이 되도록 국무원에서 운동할 것

  8시 반 경에 왕삼덕 씨가 내방하여 이탁 씨의 비밀운동사건을 말하고 동의를 요청함에 적당한 시기를 기다리라고 하고, 또한 서간도의 내막을 말하되 지금 노동회 회원들이 600 명에 달하였으니 속히 이에 대하여 통신

연락하라고 권고함으로 응낙하였다.

9시에 김연실 여사가 내방함에 흥사단의 목적과 방침을 말하고 여성계를 이상적으로 개조하는데 헌신하라고 권함에 씨는 그런 생각이 본래 있었으나 그 실행 방법을 알지 못하였노라고 말하였다. 후일 다시 토론하기로 하였다.

안정근 씨가 내방하여 러시아에 사람 파견할 일을 상의했는데 안공근(=안중근의 둘째 동생, 안정근의 동생)씨로 결정하였다.

황진남 씨를 대신 시켜 에벤쯔 씨를 환송하며 공로금 200원을 보냈다.

11시 경에 박선 씨가 내방하여 흥사단 약법 인쇄를 중국인 인쇄소에서 발간하기로 결정하였다. 동시에 정인과 씨가 내방하여 구제회사건을 상의하고, 또 구미와 국내에의 선전방침을 상의하면서 씨에게 선전대 주임이 되기를 권함에 응낙하였다.

12시에 내무총장을 방문하여 오늘 국무회의에서는 내무차장을 확정하기로 상의하였다.

황진남 씨로 하여금 미국인 모 씨를 방문하여 비행기에 관한 일로 면회하기를 청하여 내일 정오에 그의 사무실에서 상의하기로 하였다

체육학교(=상해거류 민단 부설학교) 승인을 위하여 여운형 씨를 프랑스 영사에게 보내 교섭하게 하였다.

오후 2시에 국무회의에 출석하여 여러 사건을 결의하는 중에, 내무차장 (선임)안은 이규홍 씨로 임명하였다. 국내의 연통제 직원을 내무부 특파원으로 하여금 선택하여 임명하게 하였다. 정인과로 선전대 주임을 임명하기로 하였다.

6시에 윤현진 씨의 초대로 선시공사(에서의) 만찬회에 참석하였다.

8시 경에 이화숙 여사를 청하여 흥사단의 주의와 방침을 설명하고, 애국

부인회가 외국인과 내국인에게 두 방면으로 전력하여 선전하기를 권하고 또 그 선전의 방법을 설명하였다.

9시 경에 함동철 씨가 내방하여 내일 출발해 해항(=블라디보스톡)으로 간다고 하여 고별하였다.

임득산 씨가 내방하여 남양군도에 포병공창의 유무와 유학생 파견의 가능 여부를 묻기에 남양 사정을 잘 아는 중국 신문기자에게 물어보자고 답하고 모험선전대 조직할 일을 상의하려고 씨더러 우선 선전대원이 되기를 권함에 응낙하였다.

12시 경에 김의사(=김창세)가 와서 수치료법을 약 2시간 동안 나누어서 실시하였다.

타임쓰 기자 방문은 시간이 부족하여 하지 못하였다.

◆ 1월 16일, 금, 맑음, 조금 따뜻함

예정사항
1. 비행기 대장 방문
2. 정무회의 출석
3. 최근우에게 청년수양에 관한 일을 상의
4. 독립신문사에 정부가 보조금을 보내도록 재촉
5. 서간도 노동회에 편지

소화불량으로 위통이 조금 있었다.

10시 경에 이 총리가 내방하여 러시아 대장 포타프와 교섭할 일과 대통령 이승만에 관한 일을 상의하였다.

참고로 구입하기 위한 서적은 서전식료병체조 체조상생리 체육상지논리 급실제 사범학교신교과논리학 신체논리학강의 사범학교교과서심리학 심리학(양보항 저) 교육학강의(장준교 저) 국민성지훈련 인격수양법 의지수양법 구미헌정진상 만국비교정부의정원지권한 정법명사표 보통교육생리위생학 인종개량학 덕국부강지유래의 도합 17종이다.

11시 경에 약 20분 간 산보한 후 황진남 군과 더불어 비행기 대장 미국인 OOO 씨를 그의 사무실로 방문하여 비행기 매수와 조종사 고용을 요청함에 비행기 매수는 매우 곤란하나 힘껏 주선할 터이니 다음 월요일 오후 8시에 그의 집에서 다시 만나기로 약속하였다.

1시 경에 (내) 개인 집을 세 얻으려고 약 30분 간 (여기저기) 둘러 보았다.

2시에 정무회의에 출석하여 이 대통령에게 답전할 안을 결정하였다.

비서장 김립 군에게 독립신문보조금 청구서를 독촉하여 유상규 군으로 하여금 이영렬 군에게 보냈다.

6시에 이 국무총리가 천진 익세보 주필 서겸 씨와 그 형을 초대하는 만찬회 석상에서 한중의 합동일치로 일본의 침략주의를 타멸하자고 간단히 말하였다.

9시 경에 여운형 군이 내방하여 러시아 과격파와 연락하겠다는 의견을 진술하며 자기가 직접 나서서 할 생각이 있다고 말하고, 또 어제 부탁한 체육학교 일로 프랑스 영사를 방문한 사실을 보고하면서 말하기를 프랑스 영사가 적극 찬성하더라고 하였다.

오남희 여사가 내방하여 자기의 생각을 말하되 장래에 정치계에 헌신하고자 한다고 함으로 내가 답하되 우리나라에서는 아직 여자들의 지지가 적을 것이니 차라리 교육계에 헌신하는 것이 좋겠다고 하였다. 또 국내의 제반 사정을 상세히 이야기하면서 자기의 동지가 약 40여 인이라고 하였다.

윤현진 군이 내방하여 대사(=독립운동)의 진행방침을 숙의하고 재정책에 대하여 극히 곤란한 사정을 말하며, 미주나 하와이에 나아가서 재정운동을 하는 것이 어떨까 함과 국내에서 모험하면서 내왕(하면서 독립자금을 조달)할 방법을 토의하다가 1시 경에 취침하였다.

예정한 최근우 면회와 노동회 통신은 시간 부족으로 하지 못하였다.

✦ **1월 17일, 토, 맑음**

예정사항

1. 오늘부터 오후 9시 반 이후에는 면회 사절
2. 부인회에 권고할 내용을 기초
3. 고 김경희 여사 추도회에 참석
4. 애국부인회에 가서 연설
5. 황진남 군으로 하여금 런던타임스 기자 방문
6. 흥사단 사무실 방문
7. 최근우 면회
8. 노동회에 편지

10시 경에 이종욱 군이 내방하여 말하기를 (임정) 당국이 국내에서 오는 사람들에게 여러 가지로 불만스러운 일이 있습니다. (그런) 말들이 있으니 그 영향이 장차 어떠할는지 헤아릴 수 없으니 잘 대처하시라고 하는 고로 그러겠다고 하였다.

부인회에서 연설할 요지를 다음과 같이 기초하였다.(아래에 보임)

김병현 군이 와서 양 50원을 빌려갔다.

11시 경에 흥사단 사무실에 가서 그 수리 여하를 살펴보았다.

노동회에 통신하였다.

2시 반 경에 민단 사무실에서 개최한 고 김경희여사 추도회에 참석하였다.

부인회의 간청으로 4시에 애국부인회에 가서 대한애국부인회의 진행할 일들이라는 제목으로 연설하였다. 그 대략은,

"순결하고 열렬한 대한애국여자들이시여! 당신네들이 이번 광복사업에 대하여 지위나 명예나 또 무엇 다른 것을 바라지 않고 일의 작고 큰 것과 낮고 높은 것을 가리지 않고 다만 진정한 애국의 성충으로 노력하여 온 것을 밝히 압니다. 여러분은 더욱더 하나님의 능력에 기대어 어떠한 어려움, 어떠한 괴로움, 어떠한 실패를 당하던지 조금이라도 낙심하지 말고 길이 참고 견디어 목적에 도달하는 끝까지 나아가 대한애국여자의 진정한 순결과 열렬한 것을 완전히 실행하여 대한의 독립이 완성케 하시기를 바라고, 이에 여러분이 밟아 행할 몇 가지 일들을 말씀하오니 참고하여 받아주시기를 비나이다.

1. 여자계의 연락. 국내와 국외에 있는 여자단체와 유력한 여자들에게 통신 혹 기타 방법으로 연락하여 한국여자로 하여금 이번 광복사업에 일치행동하게 할 것.

2. 내부의 선전. 내외에 있는 남녀동포들에게 통신하여 주의(=독립정신)를 끊임없이 선전할 것.

  주의(사항): 독립운동 기간이 길고 오래될 것임을 각오하게 할 것.
            임시정부의 주의와 성의를 이해하게 할 것.
            독립운동에 관하여 열렬한 사역자(=독립운동가)들의 사실을 알게 할 것.
            각 국에서 우리 민단에 대하여 지지하는 사실을 알게 할 것.

민간에 유행하는 유언비어를 해명하여 의혹과 상심이 없게 할 것.

국민개병 국민개납 국민개업의 3대주의를 고취할 것.

독립운동에 관한 아름다운 말(=내용)들을 전파할 것.

3. 정부에 복역. 임시정부에서 일해주기를 명할 때에 가능한 사람은 실행하여 국민의 모범이 될 것.

4. 중국에 선전. 선전대를 조직하여 중국의 각 단체, 예배당, 학교 등을 다니며 창가 연설 영상으로서 선전하도록 할 것.

5. 선전 자료의 공급. 여성계에서 발생하는 선전(할 만한) 자료를 조사하여 정부 선전부에 제공할 것.

6. 공로자를 상찬. 이번 광복사업에 공로가 현저한 사람들을 조사하여 감사장과 기념품 등을 보낼 것.

7. 유족을 위로. 이번 광복사업에 종사하다가 피해를 입은 사람들의 유족을 조사하여 위로장과 그 집의 아동에게 위로품을 보낼 것.

8. 공역자 초대. 간혹 간략한 다과를 차리고 (정부일 하는) 공역자를 초대하여 감사와 격려의 뜻을 아울러 표할 것.

9. 적십자사를 지원. 적십자사를 힘껏 지원하며 가능한 사람은 적십자사에 참가하여 간호법을 연습할 것.

10. 외국인을 칭찬. 외국인 중에서 이번 우리나라 독립운동에 지지하는 사람들을 조사하여 감사장과 기념품 등을 보낼 것.

　　주의 : 여자들이 손으로 만든 대한국기와 대한지도를 수놓은 그림 등과 그밖에도 한국산 제품을 쓸 것.

11. 개납주의 실시. 각 여자에게 어떠한 돈이 들어오든지 먼저 20분의 1 혹은 30분의 1을 제하며 매일 밥을 지을 때에 백미 약간을 제하여

이를 광복사업에 공헌하게 할 것.
12. 성적표의 기록. 여자들은 각기 진행하는 일들을 부인회에 보고하고 부인회에서는 각 사람의 일과 부인회 사업을 종합 기록하여 매일의 성적을 조사할 것."

6시 경에 최근우 군을 청하여 내부의 선전기관 조직과 국민개조에 관한 문제로 설명하였다.

윤현진 군이 내방하여 (임정을 반대하는) 신대한 신문을 정간 혹은 폐간시킬 방법을 말하였다.

김원경 여사가 내방하여 부인회의 진행 방침과 국내 교통의 방법을 물어서 진행할 일들은 우선 오늘 내가 말한 12개 조를 실천 진행함이 절실히 필요하고 내지 교통은 정부의 교통기관에 의뢰함이 어떻겠냐고 답하였다.

최병헌 군이 내방하여 정부 직원 중의 한사람이 적의 밀정과 왕래하는 자가 있다고 밀고하였다.

조상섭 군이 내방하여 오는 3월 1일에 시위운동 거행의 예정 여부를 묻기에 계획 중이라고 답하였다. 또 (조상섭 군이) 이번 운동은 올 봄 예수교사 경회를 이용하자고 하며, 김병조 목사로 하여금 다시 국내에 들어가 독립운동을 외치다가 구속당하게 하자고 하였다.

10시 반 경에 김의사가 와서 수치료를 약 30분 간 실시하였다.

황진남 군을 만나지 못한 때문에 타임쓰 기자 방문 예정한 일은 하지 못하였다.

✦ 1월 18일, 일, 맑음

예정사항

1. 이광수 방문
2. 흥사단 사무실 방문
3. 홍십자병원 방문
4. 예배당에 갈 것
5. 틈나는 대로 여러 사람을 방문

참고로 구입하기 위한 서적은 강간식(江間式)심신단련법 등전식(藤田式)심신조화법 정좌(靜坐)3년 강덕(康德=칸트)인심능력론 인시자(因是子)정좌법 합 5책이다.

10시 경에 황진남 군을 방문하여 함경도와 전라도의 독립운동 상황과 주도자들이 체포된 사실을 미국에 선전하라고 하였다.

이광수 군을 방문하여 문병하고 흥사단 사무실을 방문하였다.

11시 경에 홍십자병원에 가서 약 1시간 수치료를 받았다.

2시에 예배당에 갔다가 3시 경에 이광수 군을 방문함에 실내가 차가운지라 선시공사에서 요양하게 하기 위하여 동행하였다. 그때 박선 씨가 내방함으로 3인이 둘러앉아 흥사단약법을 교정하며 인쇄할 것을 토론하였다.

7시 경에 서필순 군이 내방함에 춥고 따스한 날씨(=안부)를 서로 물었다.

박백암(=은식) 군이 내방하여 중국학생회와 연락을 취함이 중국의 유명한 인물들과 연락함보다 유력하고, 또 중국(인)을 상대로 신문과 잡지를 발행하자 하는 고로 신문은 간행치 말고 중국에 이미 있는 신문들을 이용하고, 학생회 연락과 잡지 간행은 기어이 실시하겠다고 답하였다.

임득산 군을 청하여 당장 돈을 모아야 할 문제가 있으니, 무슨 방법이든지 급속히 10만 원을 마련하기 위해 진력하자고 하였다.

안정근 군이 내방하여 적십자진료소와 적십자대를 실행하기를 단행하려고 결정하였노라고 함에 재정이 어려운 이때에 앞날을 헤아리지 않고 우선 착수하는 것은 불가하다고 하였다.

옥관빈 군이 내방하여 미국인 중에 비행기를 팔고, 또 자기가 직접 조종사가 되겠다고 하는 자가 있다고 하여 나와 한번 면회하기로 약속하였다. 또 국내에서 위력적으로(=사람들을 협박하여) 돈을 모으겠다고 함으로 이는 아직 실행하지 말라고 하였다.

김구 군이 내방하여 (반 임정의) 신대한에 관한 문제로 국민대회를 개최함이 어떠한가 하기에 불가하다고 답하였다. 뜻있는 청년들이 위력으로(=폭력을 써서) 비난하겠다는 것을 만류하였다고 했다. 그(=김구)가 직접 성의를 다해 신(=채호) 씨와 그 밖의 유력하게 협찬하는 몇 사람을 상대로 충고해서 반성을 시도하겠다고 함에 동의를 표하였다.

손두환 김보연 두 사람이 내방하여 육군사학(=육군사관학교) 확장에 관한 일을 물음에 대하여,

1. 완전한 사관학생과 반(=절반) 사관학생과 국민군의 3종으로 구별하여 제도를 마련하고 전체 인원을 망라하여 세 가지 가운데 어느 것이든 가능한대로 선택하게 하고

2. 강제 징병을 시행하지 말고 일반 국민에게 권고하여 지원자가 많게 하되, 모집 방법은 (우선) 제1차에는 (구분 없이) 똑같이 권고하고 제2차에는 정원(을 정해) 등록을 시행하라고 하였다. 육군사학을 정식 관립(사관학교로)으로 하여 졸업한 후에는 참위의 직을 받게 하라고 함에 찬성의 뜻을 표하였다.

정애경 김연실 두 여사가 와서 수치료를 실시하겠노라고 함에 고사하고,

여자 수양에 관한 것과 이번 운동에 여자들이 행할 바를 말하였다.

예정했던 서적을 구입하였다.

생각이 번잡하여 1시 경에야 취침하였다.

✦ 1월 19일, 월, 맑음

예정사항
1. 내부 및 외부 선전대 조직 사항을 전문적으로 연구하고 주선할 것
2. 윤현진 군을 청하여 시정방침 실행 안을 상의
3. 이광수 군 방문
4. 재무협의회 출석
5. 최근우와 선전대 조직 사항을 상의

아침에 일어나 어제 구입한 서적의 대의를 개관하고 정좌 3년을 약 5페이지 가량 읽었다.

신상완 군이 내방하여 국내 불교청년연합회의 고문이 되어 주기를 요청함으로 응낙하였다.

서필순 군이 내방하여 국내에서 온 박형모가 (○○○이) 밀정인 것을 자기에게 말한 것을 전하며, 또 내 신변(의 위험)과 일의 기밀(유지)을 위하여 주의하기를 간곡히 부탁하였다.

정인과 군이 내방하여 다음 예배일에 강도하기를 간청하는 고로 응낙하였다. 정부의 선전부를 독립(기구)으로 설치하게 하라고 (그에게) 말하였다.

옥관빈 군이 내방하여 비행기 조종사를 속히 면회하라고 함으로 오늘을 지나서 면회 시간을 정하겠다고 하였다. 신대한을 공격하기 위하여 일종의

신문을 간행하겠다고 함에 불가하다고 하였다.

　김구 군이 내방하여 말하기를, 즉시 경무국장을 사직하고 개인의 신분으로 신대한 주무자에게 충고를 다하려 하는데 이런 뜻을 내무총장(=이동녕)에게 상의한 즉 신대한은 막지 않아도 스스로 막혀 폐지될 조짐이 있으니 아직 그대로 두고 보라고 하였다고 했다.

　황진남 군이 내방함에 국내 독립운동의 사실을 미국에 전보하라고 재촉하고, 또 비행기 대장을 방문하라고 하였다.

　11시 반 경에 윤현진 군이 내방하여 신대한 폐지안을 국무회의에 제출하라 함에 대하여 불가하다고 답하였다. 시정방침을 서로 상의하였는데 내부 선전기관을 조직하고 그 다음에 외부 선전기관을 조직하자고 하였다.

　2시 반에 정무회의에 출석하여 제반 사항을 토의하고 결정한 다음, 시정방침을 토론하였는데 내부 선전기관을 빨리 조직하자고 하여 가결되고 선전위원장으로 내가 선임되었다. 다시 외부 선전기관을 조직하자고 하여 가결시키고 조직 방법은 유예하고 산회하니 5시 반이었다.

　7시 경에 이영렬 군이 내방하여 오익은 군이 일찍이 독립신문(지원)에 전력하겠다고 했던 것을 (지금 와서는) 식언한다고 하는 고로 내가 다시 권고하겠다고 하였다.

　김연실 여사가 내방하여 육군사학에 입학하는 것이 어떻겠는가 물음으로 여자대가 따로 설치되면 모르거니와 남자들과 함께 배우는 것은 불가하다고 하였다.

　김성겸 군이 내방하여 적십자대를 군부에 예속하게 함이 어떻겠는가 물음에 그 생각에 찬성하였다.

　서필순 군이 내방하여 박형모를 다시 만나봤는데 그의 말이 장두철의 행적이 수상하니 주의하라고 하고, 또 하르빈으로부터 왜의 밀정 2인이

왔다고 하며 적들의 목적은,

1. 프랑스 영사에게 사적으로 요청하여 다시 정부를 해산하게 하고
2. 만약에 사적으로 되지 않으면 프랑스에 대하여 (공식적으로) 국제적인 문제를 야기하기로 한다고 하며, 또 중요 인물에 대해서는 의외의 음험한 행동이 있을 런지도 모르겠다고 하며, 특히 선생님께 주의를 집중한다더라고 말하며, 내 숙소를 은밀하게 하고 또 모든 일의 비밀을 간곡히 부탁하였다.

이봉순 여사가 내방하여 육군사학에 입학할 뜻이 있다고 함에 우선 홍십자병원에 들어가서 2주일 이상 임시간호원으로 있으면서 간호원에 대하여 할지 말지를 생각한 후에 판단하라고 말하였다.

9시 경에 이광수 군을 대동여사로 방문하였다.

김의사(=창세)가 와서 약 1시간 동안 수치료를 받았다.

최근우 면회는 시간이 부족함으로 하지 못하였다.

✦ 1월 20일, 화, 맑음

예정사항

1. 최근우 김태연을 면회하여 선전대 조직 사항을 협의
2. 김성근을 청하여 노령 상황을 물을 것
3. 부인회 회장을 청하여 부인회에 관한 일을 지도할 것
4. 고일청을 방문하여 문병

9시 반 경에 황진남 군이 내방하여 비행기 대장을 방문한 즉, 그의 말이 비율빈 마닐라로 전보하여 비행기 구매할 방법의 유무를 알아보겠다고

하며, 비행기 조종사는 러시아인 중에서 구할 수 있다고 말하였다고 했다. 어떤 한국인이 러시아 포타프 장군에게 한국임시정부는 대한인민이 불신임하는 기관이요, 여운형은 일본인의 주구요, 이동휘는 무능력하고 무가치한 인물인즉 임시정부와는 관계를 하지 말라고 하고, 노령 국민의회는 국민 다수가 신임하는 기관이요, 또 그중에 큰 인물들이 많다고 하는 말을 포타프 장군이 여운형 군에게 말하더라고 하였다.

손영필 군이 내방하여 전에 빌려간 100원을 일주일 간 갚을 기일을 연기 요청함으로 승낙하였다. 신대한의 논조가 우리사업에 큰 장애가 된다고 말함으로 그저 듣기만 하였다.

김성근 군이 내방하여 노령 상황을 보고하기를 하르빈에 재류하는 유동렬 군은 중국의 홍의적들과 연락하여 재정을 마련하며, 거사(=무장투쟁)하겠다는 주장을 표시하고, 작탄사업(=의열투쟁)에 지지를 많이 하더라 하며, 그가 전에는 상해에 올 뜻이 없었으나 요즘에는 몇 동지들의 권고에 의하여 한번 왔다 갈 생각이 있는 듯하다고 하며, 소왕령 해삼위 등지에서 국민의회를 부활시켜 임시정부를 공격하기로 운동하다가 다수 뜻있는 사람들의 반대로 이루지 못하였다고 하며, 단군교 파가 임시정부를 옹호할 생각이 매우 강하며 겸하여 선생님과 상의하여 신뢰할 생각이 있다고 하며, 예수교 목사 김규면 일파가 또 (임정)옹호주의가 크며 그 외에 정재관 등 모모 인사가 정부옹호주의가 아주 강하여 임시정부응원회를 조직하기로 운동 중이라고 하며, 노령의 불평분자들은 선생에게 임시정부를 개조하여 노령을 속였다고 하며, 또 외교 만능을 주장하며 지방열을 고취한다고 심한 말을 하는 자들이 있다고 하고, 자기가 러시아식 작탄법(=폭탄제조법)을 만족스럽게 조사(=습득)하였다고 말하였다.

옥관빈 군이 내방하여 비행기 조종사 면회할 시간을 물음에 하루 이틀 더 기다리라고 하였다.

12시 경에 김구, 한송계, 양제시 군 등이 내방하였다.

왕삼덕 군이 내방하여 서간도 사정을 보고하기를 서간도의 각 단체는 서로 타협하여 임시정부 명령 하에서 행동하려 한다고 하며, 신흥(무관)학교 졸업생 300명과 1개월 후에 졸업할 생도 100명 도합 400명은 생활의 방도가 없어 곤란한 처지인데 그 생활비는 매월 5천 원 가량이 있어야 할 터인데 이를 임시정부에서 구해 주기를 바란다고 하며, 서간도 노동회 회원이 5~600명에 달하였는데 이들이 독자행동을 취함으로 통일에 한 장애가 된 즉 (임정의) 노동당국자가 속히 조치하여 주기를 바란다 하는 말이 간도한족회 간부직원 김동삼의 통신에 있다고 말하는 고로 내가 답하기를 내 개인의 생각이나 정부의 의사나 서간도의 군인양성과 신흥학교 구제책을 성심으로 진력하려 하는 바이다. 그러나 지금에는 정부의 재정이 옹색하여 실행하지 못하거니와 경제력이 발전하는 대로 곧 실행하리라 하고, 또 노동회에 대하여는 이미 통신하였다고 하였다.

오후 9시 경에 경성국민공회 대표 서세충(가명 이용묵)이 내방하여 본국의 사정을 진술하되 국민공회는 국내 각 단체의 제일 중심이 되는 비밀단체라고 하며, 또 행정총판부는 정부를 대리하여 국내 각 지방을 통솔할 의도로 성립된 것이라 하고 국민회의 총재는 이상재 부총재는 박중화요 양기탁 군도 그 기관에 참가하였다고 하며, 행정총판부 총판은 김사묵이라 하며, 이하 총판부 직원들과 각 도 총감은 국내 유력한 인사를 망라하였다고 하는 고로 내가 답하기를 우리는 이번 사업 진행의 많은 부분이 비밀에 속한 고로 역외에 있는 임시정부와 국내의 각 단체의 의사를 (다)이해할 만큼 소통이 되지 못함으로 폐해 되는 점이 적지 않은 중, 지금 국내에 설치된 기관이 (임시)정부가 설치한 바와는 법제상 제도상으로 저촉과 모순이 있어서 정부로서 이를 처리하기가 곤란하게 되었다고 하였다.

✦ 1월 21일, 수, 맑음

예정사항

1. 이광수 문병
2. 고일청 문병
3. 국무원 출석

아침에 일어나 각 신문을 열람하고, 정좌3년을 4페이지 가량 읽었다.

8시 반 경에 이광수 군을 대동여사로 방문하여 문병하였다.

10시 경에 왕삼덕 군이 내방하였다.

김성근 군이 노령에서 온 이용 군을 소개하는지라 그가 노령의 상황을 대강 진술하고, 나에게 (해야 할) 주의와 방침을 물음에 대하여 노령에서 군사훈련 및 병사 모집할 것을 속히 실행하라고 하며, 우리의 독립전쟁에 관한 방침은 대통일적으로 결속하여 해외에서는 정식으로 개전하고 국내에서는 기습적으로 돌격하여 진행하되 1진급 2진급 3진급의 여러 급으로 잠복하여 최후에 승리하기까지 계속 지구(=지속)하기를 준비하자고 하였다.

박세영 군이 와서 이빨을 치료하였다.

이종욱 군이 내방하여 서세충 군이 온 것에 대하여 정부에서 어떠한 생각을 가졌는가 물음에 이 일을 국무원에서 비밀을 약속한 고로 말을 흘리지 못하겠다고 하였다.

신상완 군이 내방하여 국내에 있는 승려들로 하여금 군대를 편제하자고 하며, 또 승려 백성기로 하여금 정부의 직원이 되게 하자고 하는 고로 다 동의를 표하였다.

1시 경에 이 국무총리가 내방하여 러시아 레닌정부에 사람 파견할 일을 속히 결정하자고 함에 동의를 표하였다. 또 누가 러시아 포타프 장군에게 가서 안창호는 미주에서 이승만 정한경으로 더불어 미국의 보호를 청할 때 그 청원서에 서명하고 나온 부미파요, 독립사상이 없는 자니 서로 일을 관계하지 말라고 하는 말을 포타프가 한형권 군에게 말했다고 말함에 나도 그런 말을 김립 군에게서 들었노라고 하였다. 장건상 김여제 황진남 군 등이 국무원에 제출한 선전부를 특설하자는 건의서 중에 자기를 무시한 구절이 있다고 불평하여 사직서를 제출하겠다고 하였다.

윤현진 군이 내방하여 미주 송종익 군에게 갚을 돈 대양 1,500원을 가져왔다고 하였다.

손두환 김보연 군이 내방하여 군사응모권고서와 군인가명부를 가져와 이를 애국부인회에 부탁하여 부인들로 하여금 각 사람들을 방문 권고하게 하라고 요청함으로 응낙하였다.

3시 경에 여운형 군이 내방하여 나를 러시아인들에게 중상시킨다는 말이 이 총리의 말과 같고, 또 그밖에 중국 인사들에게 중상시키는 일이 있다고 말하였다. 여 씨에게 대하여 중국대사 육징상이 내일 상해에 온다고 하니 면회할 길을 주선하라고 하였다.

김보연에게 아까 등사한 군인응모권고서를 다시 활자로 인쇄하라고 권고함에 그가 응낙하였다.

4시 경에 고일청 군을 홍십자병원으로 방문하여 문병하였다.

박현환 군이 본국으로부터 최근 건너 온 김용직 군을 소개함으로 면회하였다.

7시에 국무원에 출석하여 본국에서 온 대표의 보고를 들었다.

9시 경에 김창세 의사가 와서 수치료를 약 1시간 실시하였다.

✦ 1월 22일, 목, 맑음

예정사항

1. 안정근을 청하여 러시아 정부에 사람 파견할 일을 토의
2. 선전기관 조직할 것을 준비
3. 이광수 문병
4. 국무원 출석

9시 경에 안정근 군이 내방함에 내가 말하기를 공근 군을 속히 오게 하여 러시아로 출발하게 하자고 함에 안 군의 답이 대사에 어찌 이렇게 급급하시냐고 함에, 내가 말하기를 러시아 포타프 장군이 머잖아 상해를 떠날 터이니 그 출발 전에 소개할 시기를 놓치지 말 것이요. 이는 노령 방면에서 부분적으로 교섭하겠다고 하니 우리가 먼저 착수할 필요가 있다고 함에 그가 (과연) 그렇다고 하고, 지금 독일 (상대의) 외교가 필요한데 자기가 일찍이 러시아에 포로가 되었던 독일의 장교들을 잘 대우한 결과 깊이 사귄 사람들이 있고, 또 천주교 홍 신부(=홍석구, Wilhelm)가 본래 독일 (사람)이므로 독일의 유력한 사람들을 아는 이가 적지 않으므로 제가 독일에 가면 홍 신부가 당연히 좋은 (사람들을) 소개를 시켜줄 것이요, 또 옛 정이 있는 독일 장교들의 도움이 있을 것이므로 자기가 가면 외교상의 실적이 클 것으로 자신한다고 하며, 자기의 종제 봉근 군이 독일어를 잘하니 데리고 가면 좋겠다고 함으로 적당한 시기에 그대로 할 것이라고 답하였다.

김구 군이 내방하여 박성기와 회견한 시말을 보고하였다.

이봉순 여사가 내방하여 홍십자병원에 들어갈 수 없는 사정을 말하고 적십자대에 들어가 배우는 것은 어떤가를 묻기에 생각대로 하라고 하였다.

윤현진 군이 내방함에 비행기 구입 경비를 속히 마련하라고 재촉하고, 또 국무원의 실정에 대하여 곤란한 형편을 토의하였다.

10시 경에 이광수 군을 대동여사로 방문하여 그간의 비용을 치루고 함께 돌아왔다.

이화숙 여사가 내방함에 부인회가 와싱톤과 샌프란시스코에 연락하여 미국과 유럽에서 우리 일을 돕는 외국인을 조사하여 오게 하고, 또 외국인에게 통신할 편지지를 (최고의) 극상품으로 골라 인쇄하라고 권고하고, 병원(=군사)응모권고서를 부인회가 맡아서 배송하기를 바란다고 한 즉, 씨의 말이 선생님께서 직접 여자들에게 맡기는 것이 한층 효율적이겠다고 답하였다.

김석황 윤현진 군이 청년단취지서와 그 장정(=회칙)의 교정을 요청함으로 다음 토요일 오후 1시에 다시 만나 이야기하자고 하였다.

손두환 군이 내방함에 군인 모집하는 포고서와 군인가명부의 주의 사항의 고칠 점을 말하고, 그 교정할 (점에 대한) 의견을 아울러 보였다.

오후 2시에 국무회의에 출석하여 외무차장 장건상 군의 사직서를 의원사면하게 하고 정인과 군으로 새로 맡게 의결하였다. 그밖에 의결한 사항은,

1. 러시아에 외교원을 비밀리에 파견할 것(결정한 사람은 여운형 안공근).
2. 경성국민공회건의안은 접수만 하고 경성에 1인을 특파하여 그 내용을 타협하기로 하였다.

8시 경에 정제형 군이 내방하여 자기가 내무부의 명령으로 평안북도와 남도를 같이 갔다 올 터인 즉 주의할 바를 물음으로 안동현에 가서는 안병찬 김승만 군 등을 대하여 그간에 정부에서 여러 가지로 뜻밖의 일들이 발생하여 각종 조치가 신속하지 못하였으며 따라서 각지와의 소통이 원활하지 못하여 우선 안동현에 재류하는 동지들로 하여금 그 바라고 요청함에 만족스럽게 함이 없음은 유감이라. 그러나 이는 부득이한 일들 때문이니 양해하기를 바란다고 하며, 또 이때를 맞아 (서로) 생각을 이해하고 일치행

동하는 것이 가장 급선무인 즉, 안 군 혹은 김 군이 상해로 속히 와서 진행 방침을 협의하기를 바란다고 하고, 만약 끝내 (상해로) 오지 않으면 내가 직접 가기를 생각한다고 하고, 국내에 들어가서는 누구누구 유력한 동지들에게 말하되,

　1)은 믿을 만한 사람을 선택하여 도와 군의 참사와 순사 및 기타 관료로 참가하였다가 일시에 대 전복을 준비하게 하고,

　2)는 용감한 청년들로 하여금 장래 기습적 행동을 취하기 위하여 비밀결사(를 조직하게)케 하고,

　3)은 관공리의 퇴직 납세거절 등의 일을 암암리에 선전하고,

　4)는 금화 10만 원 이상을 비밀리에 마련해 보내게 하고,

　5)는 안전을 위하여 과도한 근신주의로 활동하지 않는 자리에 서있지만 말고 모험적 처사에 힘쓰라 하고,

　6)은 국내에서 연락과 금전 모금이 여의치 않으면 내가 직접 입국할 것임을 예고하라고 하였다.

　이종욱 군이 내방하여 서세충의 건의 사건에 대하여 그 조치 여하를 물음에 그 건의안은 접수만 하고 빨리 적당한 사람을 국내에 파견하여 다시 타협하기로 하였다고 답하였다.

　박세영 군이 와서 이빨을 치료하였다.

　김홍서 군이 내방함에 흥사단약법 인쇄하는 일을 다시 교정하라고 권고하였다.

　김석황 군이 내방함에 선전대에 참가하여 국내에서 활동하기를 요청함에 그가 동의를 표하였다.

　김창세 군이 와서 약 1시간 수치료를 하였다.

✦ 1월 23일, 금, 맑음

예정사항

1. 최근우 군과 선전기관에 관한 일을 상의
2. 애국부인회 국기제조소를 방문할 것
3. 은행에 교섭할 것
4. 흥사단 사무소를 방문할 것
5. 국민공회 대표 서세충을 방문

5시에 일어나서 정좌3년을 5페이지 가량 펼쳐보았다.

9시에 옥관빈 군이 내방하여 국내에 사람을 보내어 위협적 행동으로 돈을 모으는 것이 어떠냐고 함에 대불가라 하고, 또 폭탄으로 건축물을 파괴하며 적의 밀정들을 격살함이 어떠하냐 함에 그런 일들을 가벼이 일으켜 국내에서 난폭한 행동이 발생하면 국민의 심리를 고취한다기 보다 문란해질 폐해가 있고, 또 외국인들의 의혹을 야기할 염려가 있으니 지금에는 불가하고 필요한 때에는 정부에서부터 당연히 실행할 바가 있으리라고 답하였다.

안정근 군이 내방함에 국무원에서 공근 군으로 러시아에 비밀리에 파견하는 외교원으로 선정된 일을 말하고, 독일에 사람을 파견하는 일은 다음에 실행할 것이라고 하였다.

최근우 군을 청하여 선전기관의 내용을 설명하고 참가하기를 권함에 내일 혹은 모레 답하겠다고 하였다.

이장화 군이 내방하였다.

김의사가 내방하여 회풍은행에 같이 가서 미국으로부터 온 전신환을 추심하려 한 즉, 피치 박사의 소개가 필요하다고 함으로 그리하겠노라고 하였다.

　서세충 군이 내방하여 오늘 저녁에 본국으로 돌아가겠다고 하기에 한번 의견을 교환하기 위해 내일 떠나라고 하였더니 응낙하고 석양에 다시 만나기로 약속하였다.

　정인과 군이 내방함에 외무차장에 임명된 것을 말하고 외교방침과 선전계획과 및 인원조직 방법을 설명하였다.

　김성근 군이 내방하여 노령의 청년들에게 보낼 요와 의복 등을 청구하기로 정인과 군에게 다시 요청하여 그의 요구에 따라서 주라고 하여 김 정 두 사람이 같이 구제소로 가게 하였다.

　3시 경에 부인회에서 외국인에게 기념품으로 쓰기 위하여 국기 제조소를 방문하였다.

　흥사단 단소를 방문하여 단우 제군들에게 대하여 선전대를 조직하여 국내에서 활동할 주의(=지침)를 설명하였다.

　독립신문사를 방문하여 신국권 군에게 외무부 직원 되기를 권고하고, 주요한 군에게 김홍서 군을 도와 흥사단 약법의 인쇄와 교정하기를 부탁함에 응낙하였다.

　창여리에 이병경 군의 부인을 방문하였다.

　서세충 군을 방문함에 출타함으로 만나지 못하였다.

　여운형 군이 내방함에 어제 국무회의에서 그가 러시아에 밀파 외교원으로 선임된 것을 말하고, 이를 절대로 비밀을 지키라고 하였다.

　7시에 서세충 군이 내방함에 상해임시전부의 내력과 전도의 진행방침을 수 시간에 걸쳐 설명하고 국내에서 유력한 사람들을 골라 보내라고 하였다.

✦ 1월 24일, 토, 맑음

예정사항

1. 황진남 군과 비행기 구입 건을 상의
2. 최근우와 선전기관에 관한 일을 다시 상의할 것
3. 정애경 여사에게 흥사단에 대한 자각 여부를 물을 것
4. 윤현진 김석황 손정도 3인과 청년단에 관한 일을 상의할 것
5. 다음 예배일에 강론할 것을 준비

9시 경에 황진남 군이 내방하여 말하기를 마닐라에서의 전보 답신에 마닐라에서 수상용 비행기와 육상용 비행기를 능히 구입할 수 있다 한다고 하였다.

김세준 군이 내방하여 북경 상황을 보고하여 말하기를 박용만 조성환 이광 3인이 다 한 처소에 머물고 있는데 박 씨의 말은 쉽게 상해로 간다고 하고, 북경 사회는 볼만한 것이 별로 없다고 하며, 자기는 군사훈련을 돕기 위해 서간도로 곧 가겠다고 함에 내가 군인통일 군인모집 군사훈련과 군인들의 총사령부인 군무부를 충실하게 할 것과 장래 중국에서의 작전과 국내에서의 작전에 관한 구상의 대강을 들어 설명하였다.

신상완 군이 내방하여 승려의용대 편제안을 보이고 가부를 물음으로 동의를 표한 후에 군무부에 가서 이를 비준하라고 권고하였다.

김석황 윤현진 손정도 군이 와서 청년단취지서와 장정을 상의하였는데, 명칭은 의용단이라고 고치고 단내에서 실행할 10개 조를 첨가하여 인쇄하기로 결정하였다.

손두환 군을 청하여 선전기관의 사무를 보라고 권함에 승낙하였다.

3시 경에 홍십자병원을 방문하여 미국인 노불낸의 동생이 비행기를 타

는 기술의 여하를 김창세 군으로 하여금 노불낸에게 자세히 물어 알아보게 하였다.

5시 경에 심신이 피곤함으로 휴양하기 위해 대동여사에 갔다.

✦ 1월 25일, 일, 저녁에 흐림

예정사항

1. 강론

9시 경에 서강리에 갔다. 그때 김립 군이 내방하여 말하기를 국무원에서 결정한 러시아 파견사건의 비밀이 벌써 드러났다고 하며, 그 근원은 군무차장이 홍도에게 말하고 홍이 또 러시아인들에게 전파하여 이를 유예균 군이 듣고 알려왔다고 하고, 또 원세훈 남공선 홍도 등 모모인들이 노령으로 대의사 6인을 오게 하며 북간도에서 온 대의사들에게 지지자가 되어 줄 것을 운동하여 의정회가 열리는 동시에 이승만 대통령과 현임 총장들을 다 갈고 박용만 노백린을 중심으로 새로운 정부를 승인하는 방식으로 조직하려는 음모가 있다고 하였다.

윤현진 군이 내방하여 재정 방책이 없으니 자기가 직접 국내에 갔다 오겠다고 함으로 불가하다고 하고, 차라리 내가 갔다 오는 것이 낫겠다고 하였다.

서필순 군이 내방하여 이 부인 메리쓰가 초대하는 오찬회에 동행하기를 청함에 시간이 없음으로 사절하였다.

2시 경에 예배당에서 사랑이라는 문제로 강도하였다.

4시에 정인과 군이 내방하여 말하기를 남경대학교 교장 미국인 뽀운

씨가 2월 경에 북경을 경유하여 한국과 일본을 다녀와서 미국으로 향할 예정인즉 이 기회를 이용하여 미주에 구제원을 파견하며, 또 국내의 선교사들과 연락할 길을 찾도록 하자고 함에 좋다고 하고, 내일 오전에 구제회 임원회를 열어 이를 결정한 후에 남경에 교섭원을 보내도록 하자고 하였다.

8시 경에 최근우 군이 내방하여 말하기를 선전기관에 아직 참가하기가 불가능하다고 답하였다.

김구 군이 봉천에서 온 안주 사람 오덕인 군을 소개하였다. 민단에서 국민대회를 열고 경무국장에게 대하여 신대한을 금지하지 못한 잘못을 탄핵할 계획이 있으니 사직서를 미리 제출할 생각이 있다고 함으로 그런 행동은 하나의 연극으로 간주하고 우리의 천직을 끝까지 다함이 필요하니 동요하지 말라고 하였다.

윤현진 군이 내방하여 본국에 갈 것을 허락해 달라고 하며, 평안도 등지에 소개서를 써 달라고 함으로 불가하다고 하였다.

김창세 군이 내방하여 노불낸의 동생의 비행기 조종술이 불충분하다고 답하였다.

안정근 군이 내방하여 노령에서 답전세(=토지경작세)를 얻을 (수 있는) 방법을 상의하였다.

10시 경에 휴양하기 위하여 대동여사로 갔다.

✦ 1월 26일, 월, 흐리다 밤에 비

> **예정사항**
> 1. 구제회 임원회의
> 2. 흥사단 단소 방문
> 3. 국무회의 출석
> 4. 손두환 군을 청하여 선전기관의 일을 상의할 것

9시 경에 서강리에 갔다. 구제회 임원 한송계 서병호 정인과 군 등이 옴에 임원회를 열고 다음 사항을 의결하였다.

1. 뽀운 편에 국내 교회들에 기별하여 서양 선교사들 중에서 미국에 한사람을 파견하여 구제금을 거두게 할 것.
2. 국내 각 교회에서 미국 총회본부에 한국인들을 구제하라는 것을 전보하게 할 것.
3. 이번 독립운동으로 생긴 모든 참상의 전부를 수집하여 미국에 보내 영상을 만들어 각 예배당에 다니며 보이게 할 것.
4. 피취 목사를 시켜서 한국에 있는 월취 감독과 그 밖의 유력한 선교사들에게 참상을 당한 유족들 구제하기를 권고하게 할 것.
5. 정인과 군을 남경으로 파견하여 뽀운 교장과 교섭할 것.

김구 군이 봉천에서 온 평양 사람 이응삼 군을 소개하였다.

옥관빈 군이 내방하여 일본 인민들에게 일본사회당의 이름으로 내란을 선동할 선언서 초안을 보임에 좋다고 하고 인쇄에 부치라고 하였다.

2시에 국무원에 출석하여 사회당대회에 축전할 것과 러시아 파견원에게 신임장 줄 것과 러시아정부에 공식 서한 보낼 것과 3월 1일에 국내 국외에

서 축하식 행할 것과 또 소위 만주에서 독립운동 한다는 정안립을 중국 관헌과 단체들과 신문들에 대하여 정 모는 일개 미치광이이니 믿을 바가 없다고 통고할 것을 결정하고 학무차장 인선 건은 유보하였다.

4시에 손정도 군과 정애경 김연실 두 여사를 대동하고 흥사단 단소를 방문하면서 새 화분 4개를 보냈다.

9시 경에 국무총리가 내방하여 말하기를 노령에 파견원으로 선정한 여운형 군을 보내면 노령 한인들의 인심을 수습하기 곤란하니 정지하자고 함에 다시 생각하자고 하였다.

손두환 군을 청하여 내일부터는 선전기관 사무를 실행할 터인데 기관 조직안을 기초하라고 하였다.

윤현진 군이 내방하여 국무원 내막의 근심되는 일을 상의하고 또 재정 마련할 방책을 토론하였다.

11시 경에 김창세 군이 와서 약 1시간 수치료를 실시했다.

✦ 1월 27일, 화, 구름 끼다 저녁에 비

예정사항

1. 선전기관 조직에 관한 사항
2. 선전위원 모집에 관한 사항
3. 내무차장 이규홍을 만나 선전에 관한 사항을 상의
4. 이응삼을 만나 작탄대에 관한 일을 상의
5. 백영엽 군을 청하여 서양인 재산가 교섭의 일을 상의
6. 김하원을 청하여 선전기관에 참가 여부를 물을 것
7. 선우혁 군을 방문하여 안동의 교통 사항과 재정 조달 사항을 상의
8. 박은식 군을 방문하여 중국인들과 연락에 관한 일을 상의하고 또 선생의 생

활비를 보조할 것

김하원 군에게 선전기관에 참가하기를 권함에 승낙하였다.

김석황 군이 내방하여 의용단장정 인쇄 초본의 교열을 청함으로 교열하였다. 지금 내가 긴급히 써야할 곳이 있으니 군이 능히 얼마를 마련할 자신이 있는가 함에 자기가 국내에 갔다 오면 2만 원 가량을 마련할 자신이 있다고 함으로 내가 대양 5만원이 소요가 되는 바, 즉시 본국에 들어가 힘(닿는)대로 잘 구해 보라고 하였다.

노태연 군이 내방하여 자기 생활의 어려움을 말함으로 2~3일 후에 15원 가량을 보내도록 하겠다고 하였다.

고일청 군이 내방하였다.

여운형 군이 내방하여 말하기를 이광수 군과 같이 러시아를 가면 좋겠다고 하는지라 불가하다고 하고, 또 여군은 러시아 행을 그만 두고 오스트리아 행이 어떻겠냐고 물음에 자기는 러시아에 갈 생각이 많다고 말하였다.

10시 경에 선우혁 군을 방문하여 선우혁 조상섭 두 사람으로 더불어 안동교통부를 개설할 일을 토의하였는데 확정된 결과를 얻지 못하였다.

한송계 군을 방문하여 안동교통부 일을 상의하고, 또 재정책을 토론하였는데 그의 말이 김청 군을 국내로 파견하게 하라고 하였다.

박은식 군을 방문하여 노년에 고생되심을 위로하고 양 25원을 비용에 보태시라고 하였다.

독립신문사를 방문하니 주요한 군이 병이 있는데 주머니가 텅 비었는지라 이에 양 5원을 주었다.

이규홍 군이 내방함에 대정방침(=정부 방침)에 관한 일을 토의하고, 또 선전기관을 이상적으로 확장하자고 하였다.

손두환 군이 내방함에 선전위원회를 조직할 조례를 기초하라고 하고, 위원회 소요 물품을 국무원에 청구하게 하라고 하였다.

김구 군이 내방하여 말하기를 밀정으로 의심되는 모를 오늘 밤에 취조하겠다고 하기에 근신(=조심)하라고 하였다.

오의은 군이 내방함에 국내에 들어가 재정을 마련할 것을 권하고 그 확정 여부를 깊이 생각한 후 답을 하라고 하였다.

황진남 군이 내방하여 중국인 서겸 군을 교섭한 시말을 보고하면서 말하기를 요구한 두 건의 일이 여의치 않다고 하였다.

3시 경에 심신이 피로함으로 손님을 사절하고 침대에서 쉬었다.

8시에 두 신문(=임정 기관지 독립신문과 반 임정의 신대한) 논조 불일치로 인하여 개최한 연설회에 가서 간명한 몇 구절로 신문 한 가지의 문제로 인하여 이렇게 집회를 하는 것은 옳지 않다고 역설하였다. 몸이 피곤하여 곧 돌아왔다.

윤현진 군이 내방하여 어제의 문제를 계속하여 말하기를 자기가 국내에 한번 갔다 오게 하라고 함으로 불가하다고 하였다.(위 페이지에 있음)

윤현진 군이 내방하여 앞의 문제로 입국하게 해 달라고 함에 불가하다고 하였다.

✦ 1월 28일, 수, 구름

예정사항

1. 이유필을 만나 선전기관에 관한 일을 상의
2. 황진남을 면회

8시에 백영엽 군이 내방함에 여운형 군과 같이 러시아에 가는 것이 어떠냐고 하니 군이 승낙하였다.

황진남이 내방함에 미국인 재산가 두 사람의 내력을 알아보라고 하였더니 와서 말하기를 한 사람은 이미 미국으로 갔고, 또 한 사람은 모르겠다고 말하였다.

국무총리가 내방하여 두 번째로 여(운형) 군의 러시아 파견을 정지하자고 하여 다시 생각하자고 하고 내일 오전 10시에 왕정연을 방문하자고 하여 승낙하였다.

이갑수 군이 내방함에 작탄 경영의 내용을 상세히 묻고 이것을 정부가 요구하는 때에 맞추어 사용하라고 하였다.

이광수 안정근 두 사람이 내방하였다.

양헌 군이 내방하여 안동 교통부 일을 상의하고 내일 아침에 다시 만나기로 하였다.

임현 군이 내방하여 상해에서 분쟁 되는 것을 잘 조화하시라고 하였다. 내가 말하기를 신대한의 논조를 조심하여 분쟁이 일어나지 않게 하라고 하였다.

박선 군이 내방하였다.

5시 경에 북방에서 새로 온 김희선 군을 방문하여 동아여사에서 만찬을 함께 하고 그를 숙소에 안내하였다.

10시에 김창세 군이 와서 약 1시간 동안 수치료를 실시하였다.

✦ 1월 29일, 목, 구름

예정사항

1. 왕정연 방문
2. 양헌 군과 안동과의 교통 일을 상의
3. 오의근 군을 면회
4. 김희선 군을 방문
5. 국무원에 출석
6. 이광수 군의 입단문답
7. 부인회장을 면회

8시 경에 양헌 군이 와서 말하기를 선생께서 저를 경시하는 태가 있음으로 자기의 마음이 항상 섭섭하다고 하고 어떠한 잘못이 있으면 엄히 나무라시라고 함에, 내가 말하기를 내가 (그대를) 신임할 뿐이지 다른 까닭이 없다고 하였다. 그가 말하기를 지금부터는 안동으로 가서 교통에 종사하려는데 더욱더 성충을 다하고, 또 선생님을 믿을 터인 즉 매사를 잘 지도해 주시라고 말하였다.

손정도 군이 내방함에 흥사단 입단 문답식을 속히 하라고 하고, 북경에서 개최하는 동양선교사총회에 갈 일을 상의하였다.

이종욱 군이 내방하여 김가진 군과 따로 살게 된 일과 또 생활이 곤란함을 말하고, 김가진 군의 처소에 정병조 선우전 등 적의 밀정들이 왕래한다고 하였다.

국무총리가 와서 이에 황진남을 대동하고 왕정연을 구 덕화은행으로 방문하여 파리에 있을 때에 우리의 일을 위하여 크게 도와준 것을 감사하고 후일에 다시 만나기로 약속하였다.

시베리아에서 온 미국 탐보원(=기자)을 문에서 만났는데 씨가 한국의 사정을 알고 싶다고 요청하며, 또 예배일(=일요일) 후 2일(=화요일)에 함께 식사하기를 청함에 응낙하였다.

국무총리와 함께 김희선 군을 동아여사로 방문하였다.

김병조 군이 내방함에 일찍이 나에게 부탁하였던 대한역사 기초(=초고)건 교열은 바빠서 하지 못했다고 하고, 단 역사의 연대는 (모두) 건국 기원을 써서 통일하라고 하였다.

오희근 군이 내방함에 내가 군과 함께 입국함이 어떠냐고 하였더니 자기가 먼저 가서 형세를 살펴본 후 서서히 시도함이 좋겠다고 하였다.

김한 군이 내방하여 입국한다고 말함으로 관공리를 퇴직케 함에 온 맘을 다해 힘쓰라고 하였다.

신상완 군이 국내에서 새로 온 박노영 오만선 오필영 임필순 군 등을 소개함으로 면회하면서 말하기를 이곳에 와서 일반 관찰을 비관하지(=비관적으로 보지) 말고 낙관하라고(=낙관적으로 보라고) 하였다.

손두환 군이 내방함에 선전에 관한 일과 수양동맹에 관한 일을 상의하였다.

한송계 군이 내방하여 재무부에서 자기를 청하였는데 금전의 대부를 요청할 듯하니 어찌함이 좋겠느냐고 함에 가서 형편을 보아 (그대의) 생각대로 처리하라고 하였다.

이광수 군이 내방하여 말하기를 여운형 군이 자기에게 러시아 정부에 같이 가지고 하는 일과 또 여 씨가 러시아 사람들과 교섭한 시말을 상세히 말하기에 내가 상세히 알지 못하는 일이니 그대는 절대로 가지 말라고 하였다.

유기준 군이 내방하여 말하기를 자기가 혼례식을 하고자 하나, 그 아내 될 사람의 부친의 친구는 선생님 밖에는 다른 사람이 없으니 주례해 주시기를 간절히 바란다고 함으로, 이에 가벼이 승낙할 수 없으니 신부의 말을 직접 한번 들은 후에 답하겠다고 하였다.

2시 경에 국무원에 출석하여 정무를 협의하는데 군무차장 이춘숙을 학무차장으로 전임하게 하기로 결정하고, 내무부경성출장부설치안과 재무부인지안 및 국화안을 토의하다가 보류하였다.

7시 경에 이석 군이 내방하여 말하기를 비행기 항해술 공학을 학습하기 위하여 미국에 유학하고자 하는 사람이 있으니, 도미 하는 일을 잘 안내해 달라고 함으로 가급적 힘껏 주선하겠다고 답하였다.

손두환 군이 내방하여 선전기관에 관한 일을 상의하였다.

유기준 군이 내방하여 혼례에 관한 일을 말하였다.

흥사단 단우들에게 단소에 모이라고 통지하였다.

8시 경에 단소에 가서 이광수 군의 입단 문답식을 하려고 하는데 미국인 노불낸이 내방하였다고 하여 집으로 가니, 씨가 저금통 12개를 선물함으로 받고 지금까지 거래 내용을 다 청산한 후 즉시 단소에 와서 문답례를 행하였는데 극히 만족한 문답이 되었다.

✦ 1월 30일

예정사항

1. 국무원협의회 출석
2. 부인회 수공소 방문
3. 오덕영 군을 면회
4. 김희선 군을 면회

 8시에 양헌 군이 내방하여 안동에 속히 갈 것이라고 말하며 주의할 것을 묻기에 대강 이야기 하고 서로 연락할 것을 상의하였다.

 이영렬 군이 내방하여 신문사를 유지할 방법이 없다고 말하기로 내가 또 돕도록 힘쓰겠다고 하였다.

 김구 군이 내방하여 장두철을 취조한 시말을 보고하기를 장이 시종 자백하지 아니하고, 오로지 이승만 대통령의 비밀정보원으로 종사했다고 한다고 하였다.

 최명실 여사가 내방하여 신성한 정신으로 유씨와 결혼할 결심이 있느냐고 물으니 그렇다고 하였다. 약혼한 경위를 들으니 사실이 정당함으로 주례라는 명의를 허락하였다.

 이유필이 내방하여 선전기관의 건을 상의하려 했는데 그가 내무차장에 추천되었다가 탈락함에 대해 그는 극도의 불만으로 사직하고 근본적 해결을 요구하겠다고 하여 그러지 말라고 장시간 권고하였으나 확실히 받아들이지 않았다. 다시 선전기관에 관한 일을 말하고 선전위원회에 참가하기를 요청함에 승낙하였다.

 김석황 군이 내방하여 말하기를 의용단장정 인쇄장본을 다시 와서 보이고 자기는 속히 입국하겠다고 말하였다. 나는 선전에 관한 일을 말하였다.

옥관빈 군이 내방하여 말하기를 미국에서 아편을 밀매할 계획을 말하면서 동의를 요청함에 절대불가라고 (하고) 말하기를 내가 주장하는 도덕은 주색잡기 등 보다 인류에게 해독을 주는 사기적 행위를 대 죄악으로 봄으로 어떤 점으로든지 그런 일들을 절대로 하지 않을 것이요, 또 군에게도 그러기를 권한다고 하였다.

정애경 오남희 두 여사가 내방함에 부인회에서 만드는 국기를 보기 좋도록 하며 바느질을 바르게 하라고 하고, 표본으로 제공하기 위하여 국기 한 장을 빌려 주었다.

노태연 군이 내방하여 말하기를 어디 일하러 가야하는데 집세를 청산하지 못하였다고 함으로 양 20원을 주었다.

2시 경에 국무회의에 출석하였는데 정원 미달로 개회하지 못하고 비공식적으로 서울에 총판부 설치를 숙의하고, 왕정연 초대 계획과 북경에서 개최되는 동양선교총회에 파견할 일을 상의하였다.

손두환 군이 내방하여 흥사단에 관한 일을 설명하였다.

왕삼덕 군이 내방하여 말하기를 서간도의 독립당원이 일본인 두 명을 포살한 고로 중국과 일본 경찰의 수색이 심함으로 서간도 사람들이 곤란하다고 말하였다.

신상완 군이 내방함에 선전기관의 내용을 설명하고 참가하기를 요청함에 승낙하였다.

오덕영 군이 내방함에 임시정부의 주의와 방침을 설명하는데 김희선 군이 내방함으로 중지하고 내일 다시 만나기로 약속하였다.

임득산 김석황 두 사람이 내방하여 국내 연락에 관한 일을 의논하자고 함에 내일 다시 만나기로 하였다.

유기준 군이 내방하여 결혼식 안내장 초안을 보여주기에 동의를 표시하였다.

김희선이 내방하여 10년 전의 옛정과 그 후의 쌓인 감회를 이야기 한 후 이번 독립운동의 과거와 현재를 말하고, 또 미래 방침을 말함에 그가 이에 동감이라고 말하였다.

✦ 1월 31일, 토, 구름 끼고 북풍이 강하였으며 저녁에 비

예정사항

1. 김석황 임득산 두 사람을 만나 선전 사항을 상의
2. 오덕영 군을 만나 앞서의 상의를 계속할 것
3. 적십자 간호대 개교식을 참관하고 또 연설할 것
4. 손정도가 북경 동양선교총회에서 진술할 내용을 기초할 것
5. 손두환 군을 만나 흥사단 및 선전부에 관한 일을 상의할 것
6. 이유필 군을 만나 선전기관에 관한 일을 상의할 것

임득산 김석황 두 사람이 내방함에 선전기관에 관한 일을 의논하고 참가하기를 권하였더니 승낙하였다.

이 총리가 와서 말하기를 러시아에 비밀 파견원으로 한형권을 보냈노라고 하고, 여운형 군은 절대로 보내지 않겠노라고 함으로, 내가 답하기를 국무원에서 이미 결정한 일을 (독단적으로) 정지시키는 것은 옳지 않으니 다시 국무원에 제안하는 것이 좋겠다고 하였다.

옥성빈 군이 내방하여 미국인 비행가의 내력을 상세히 보고하기를 그 사람은 비행기 조종에 능숙하고 또 반일감정이 많다고 하며, 만약 그를 쓰려면 매월 550원을 지불해야 되겠다고 하였다. 내가 말하기를 나와 특별히 시간을 정해 그 사람과 면회하게 하라고 하였다.

손두환 군이 내방함에 흥사단의 내용을 상세히 설명하였다.

황진남 군이 와서 말하기를 왕정연이 곧 구강으로 가는데 상해에 있을 동안에 할 일들의 시간을 이미 짜놓은 때문에 우리가 초대한 것을 이번에는 응하지 못하고 갔다 와서 응하겠다 한다고 하였다.

러시아 포타프 장군을 내일 초대하려고 하니 그 사람의 시간 유무를 가서 물어보라고 하였다.

오희근 군이 내방하여 입국할 일을 상의하였다.

2시 경에 적십자 간호대 개교식에 갔다가 연설하니, 그 대략은, 우리 동지들 간에 당하는 참상과 우리 사업 진행이 곤란한 여러 가지 관계로 인하여 때때로 불유쾌한 감정을 금하기 어려우나, 우리 전도의 성공할 것을 희망하면 넉넉히 위로가 될지라. 우리가 성공할 희망이 확연한 것은 유진무퇴 하면(=전진하기만 할 뿐 물러나지 않으면) 승리를 얻는 것은 고금에 바뀌지 않는 이치라. 그런데 우리 민족의 과거와 현재를 말하면 모든 일이 무에서 유로 나아가고 작은 데서 큰 것에 이른 것은 명확한 사실이요 현상이라. 그러니 과거와 현재는 유진무퇴 하였슨 즉, 미래에도 과거와 현재같이 나아가기만 할 뿐 멈추지 않으면 반드시 승리를 기약할지니 공연히 불유쾌한 감정으로 흥분을 삭혀 비관을 짓지 말며, 유쾌하고 용감한 기상으로 만난이 닥쳐오더라도 직진하여야 하겠다고 하였다.

4시 경에 손정도 군 집에서 손정도 윤현진 군 등의 의용단 발기회에 참석하였다. 의용단 설립에 관한 일을 상의하였는데, 나는 세상 사람들의 오해를 받을 염려가 있으니 발기회에 참가하지 않겠다고 하였다.

오덕영 군을 청하여 앞서의 논의를 계속하고자 하였으나 출타하여 부재함으로 하지 못하였다.

6시 경에 박선 군이 내방하였다.

옛 친구 오희원과 오치은 및 오필은 군에게 편지를 썼다.

김희선 군을 방문하였다.

윤현진 군이 내방하여 시국에 관한 일로 밤늦도록 이야기 하다가 4시 반 경에 취침하였는데 생각이 복잡하여 편히 자지 못하였다.

🌸 1920년 2월

✦ 2월 1일, 일, 비

예정사항

1. 2일 간 휴양하기 위하여 입원할 것
2. 오덕영 군 면회할 것

오덕영 군을 면회하려고 두 차례나 청하였으나 집에 없음으로 만나지 못하였다.

8시 경에 김의사가 와서 입원하라고 재촉하는 고로 오후에 입원하겠다고 하였다.

9시에 정인과 군이 내방하여 남경에 갔다 온 시말을 보고하여 말하기를 남경대학 교장 뽀운 씨가 한국을 위하여 미국에 가서 힘껏 활동할 뜻을 말하고, 한국 국내의 서양 선교사들과 매사를 상의하겠노라고 하더라 하고, 다시 외무부의 제반 시설에 관한 일을 상의하였는데 그가 말하기를 손두환 군으로 비서국장을 시켜서 제반사를 다소간 준비한 후에 취임하는 것이 좋겠다고 하였다.

편덕렬 군이 내방하여 국내에 갔다 온 일을 보고하였는데, 말뜻이 불충분하여 필기하여 보내라고 하였다. 그가 안동교통부를 원망하기에 내가 화가 나서 답하기를 그들은 국가를 위하여 비상하게 노력하다가 홍 국장은 병 중에 체포당해 사경을 면하지 못하고 있고, 그밖에 세 사람은 더없이 참혹한 악형을 받을 것인데 교통부원들의 실정을 아는 사람들은 동정의 눈물을 흘릴지언정 감히 명예를 떨어뜨리는 악평을 가할 수는 없을 것이라고 하였다.

나창헌 임창준 두 사람이 내방하여 국내의 상황을 보고할 때에 다른 손님이 내방함으로 후일 조용히 만나기로 약속하였다.

이종욱 군이 와서 말하기를 내무총장께서 자기에게 본국에 갔다 올 것임으로 없을 것이라고 하더라고 하였다.

옥관빈 군이 와서 말하기를 모 씨를 내일 오후 6시 반 혹은 7시에 홍십자병원에서 면회하게 하라고 함으로 응낙하였다.

이 총리가 와서 말하기를 러시아 포타프 장군을 오늘 오후 7시 반에 동아여사에 초대하여 만찬을 대접하자고 하였다.

황진남 씨가 내방함으로 러시아 포타프 장군을 초대하기 위하여 같이 가서 준비하자고 하고, 또 내일 오후 6시에 홍십자병원에서 보자고 하였다.

김(=규식) 대사 부인에게 위문의 글을 쓰고, 쓸 돈 얼마간을 보냈다.

2시 경에 홍십자병원에 입원하였다.

7시 반에 이 총리와 더불어 러시아 포타프 장군을 대동여사에 초대하여 만찬을 하였다.

✦ 2월 2일, 월, 아침에 눈

예정사항

1. 미국 비행기 조종사 면회할 것

오전에 북경에서 개최되는 동양선교사회에 선전할 내용(국내에 재류하는 서양 선교사들에 대한 우리의 사정, 미일관계(담화 자료), 동양 선교사들에 대하여 연설할 것) 등을 기초하는데, 두통이 점점 심해짐으로 이광수 군을 청하여 이번에 우리 민족이 당한 참상과 적인(=일제)들의 만행을 기록하라고 하고, 또 이를 오늘 저녁에 황진남 군과 함께 영어로 번역하여 인쇄하라고 부탁하였다.

정인과 군이 와서 말하기를 북경 선교사회에 나더러 직접 가라고 권하는 고로 내가 답하기를 일찍이 가려고 했으나 국무총리 이외에도 국무원 전체가 이에 대해 찬성치 않음으로 마음대로 못한다고 하였다.

5시 경에 비행기 조종사를 면회했는데 황진남 군이 통역하였다. 내가 우리를 위하여 일해 주겠다는 뜻을 치하하고, 우리를 위해 일해 주기를 결심하라고 하였다. 그가 말하기를 지금 일하는 기계공장에서 퇴직하려면 3개월 전에 미리 알려주기로 약속한 까닭에 지금 (당장) 퇴직할 수는 없고 약 1개월 전에는 예고해야 하겠다고 하였다.

✦ 2월 3일. 화, 구름 끼고 추웠음

예정사항

1. 7시 반에 미국 기자의 초대에 응할 것

어제보다 몸의 피로가 더 심하였다.

오늘 생각된 바, 중국에 대하여 힘쓸 것은 정계(=정부 당국자)와 민간의 유력자들을 조사하여 편지를 보냄으로써 각성을 촉구하고, 한중친화의 우의를 돈독히 하기 위해 우선 (한문) 통신(을 맡길) 필요 때문에 통주에 살고 계시는 김택영 선생을 모셔 와야겠다는 생각이 더욱 간절하였다.

오후 2시에 오덕연 군이 내방함에 어제 다 못하였던 광복사업 진행 방침을 계속 설명함에 그가 찬성의 뜻을 적극 표하였다. 또 흥사단의 취지를 설명하고 입단하기를 권한 즉, 기쁘게 승낙하였다.

김구 손두환 두 사람이 내방하여 군인 모집을 주선해 달라고 함으로 응낙하였다.

이장하 군이 와서 문병하였다.

정애경 김연실 오남희 세 여사가 화분 한 개와 과일을 갖고 와 문병하였다.

오후에도 여전히 두통과 함께 심신이 피곤하였다.

7시 반에 황진남 군을 대동하고 에스타하우스에서 미국 신문기자의 초대에 응해 만찬한 후에 한국 사정을 약 2시간 설명하였다.

✦ 2월 4일, 수, 눈 비

예정사항
1. 권태관을 청하여 국내에 들어가 주의할 바를 말할 것
2. 부인회에 가서 군사 모집을 위하여 힘쓰라고 권할 것
3. 6시 반에 흥사단소에 가서 안국형 군의 문답식을 할 것

9시 경에 서강리로 가니 마침 오덕영 군이 내방한지라, 이에 흥사단 약법을 주고 입단하기를 권했다.

김희선 군이 내방함에 (내가) 유동열 군의 편지를 내보이며 말하기를 유군을 상해로 오게 하여 군사 부분의 강화에 힘쓰자 하니 그도 찬성하며 자기도 따로 편지를 써서 오시도록 하겠다고 하며 말하기를 자기가 군무총장(=노백린)과 성격이 맞지 않으니 군무차장을 하고 싶지 않다고 하며. 차라리 참모차장이 되어 유동열(=참모총장) 군과 함께 일하겠다고 하였다.

이한근 군이 내방하여 김한 군이 입국할 때 남긴 편지를 갖고 와 전하였다.

권태관 군이 내방한 고로 입국하는 목적을 물으니, 유학 갈 생각이 있어 학비를 마련하기 위하여 입국하는데 내무부에서 어떤 임무가 있다고 하는

데, 무슨 일인지는 모르겠다고 하였다. 내가 말하기를 군은 독립운동 기간에는 유학의 뜻을 정지하고 광복사업에 전력하되 특히 선전대에 참가하여 선전사업에 헌신하여 종사하라고 하고, 선전의 필요성을 들어 설명하니 명하시는 대로 실행하겠다고 답하였다.

정애경 여사가 내방함에 내가 말하기를 부인계(=부인들 사이)에서 군사 모집하는 포고문을 널리 전하고, 응모원들의 등록하는 일을 맡아서 실행하라고 권함에 자기는 명하시는 대로 실행하겠다고 답하였다.

2시 경에 도인권이 와서 말하기를 군사에 관한 일을 속히 주선하시기를 간절히 바란다고 함으로 힘이 미치는 대로 돕겠다고 답하였다.

김홍서 군이 와서 말하기를 중국인 서겸 씨가 모친상을 당하였으니, 비단 만장으로 조위를 표하자고 함으로 소요 경비를 주고 그렇게 하라고 하였다.

손두환 군을 청하여 선전위원회 조례를 교정하였다.

00 경에 두통이 극심함으로 휴식하면서 김정목 군을 방문하여 그의 가족과 같이 찬송가 2장을 부르고 돌아왔다.

부인회장을 청하였는데 부재하다고 하여 예정한 일을 다 못하였다.

8시 경에 흥사단소에 가서 안국형 군의 입단문답식을 행하였는데 문답이 만족스러우므로 입단시키기로 하였다.

✦ 2월 5일, 목, 비

> **예정사항**
> 1. 부인회에 가서 군사 모집을 권고할 것
> 2. 김태연 군을 면회
> 3. 권태용 군을 면회
> 4. 국무회의에 출석

12시 경에 서강리에 가니 손두환 군이 내방한지라 흥사단주의를 상세히 설명하였다.

김태연 군이 와서 말하기를 모험단에서 작탄을 준비하려는데 경비가 없다고 20원을 요청하는지라 주겠다고 허락하였다.

신상완 군이 와서 말하기를 옥관빈 군이 국내 선전기관에 관한 일을 경영하자고 말하는데, 모르겠습니다, 이 일이 선생님과 관계가 있는지요 라고 묻기에 없다고 답하고, 선전부에 관한 일이니 내일 오후 1시에 다시 만나자고 하였다.

권태용 군이 내방함에 내무부에서 속히 입국하라고 하면 내일 선전대에 참가한 후에 모레 출발하라고 하였다.

2시 경에 국무회의에 출석하니 정원이 못됨으로 개회하지 못하고 비공식으로 군사회의 안과 군무차장 안을 토의하다가 산회하였다.

오남희 여사가 내방함에 흥사단의 주의를 설명하였다.

김영희 군이 내방함에 선전부에 관한 일을 설명하였다.

오덕연 군이 내방함에 흥사단주의를 설명하고 내일 문답식을 하라고 함에 그렇게 하겠다고 승낙하였다.

윤현진 군이 내방하여 내무총장(=이동녕) 사직안을 토의하고, 또 말하기를 재무총장(=이시영)이 이동휘나 안창호를 추대하고 청년 내각으로 개조함이 필요하다고 말한다 하는 고로 내가 말하기를 지금 모인 5총장과 장차 여기로 올 몇 분이 중심이 되고 청년 차장들이 단합하여 함께 일을 해 나감이 가장 적합한 일이라고 하였다.

✦ 2월 6일, 금, 구름

예정사항

1. 선전위원들을 소집하여 선전대를 조직할 것
2. 나창헌 군을 면회하여 국내에 관한 사정을 물어볼 것
3. 최동오 군을 면회하여 내무부 참사 사직서를 물어볼 것
4. 김희선 군을 방문
5. 오덕연의 입단문답 할 것

12시 경에 서강리에 왔다.

도인권 군이 내방하여 군인응모서 배포 여하를 묻는지라, 부인회장을 면회하여 군사모집권고문의 배포를 부탁한 즉, 그 회장 말이 일반 남자들 측에서 여자들에 대하여 좋지 않은 평판이 있음으로 여자들 측에서도 그런 일을 환영하지 않으니 선생님께서 직접 일반 부인(회원)들에게 권고하시라고 하니, 내일 다시 부인들에게 한번 권고하겠노라고 하였다.

선우혁 군이 와서 홍성익 군의 유사 초고를 보여줌으로 이광수 군에게 수정을 요청하라고 하였다.

1시 경에 손두환 김태연 김석황 임득산 권태용 제군과 선전조직을 상의했는데, 다수의 의사가 각 개인이 직접 위원장의 명령을 받아 진행함이 비밀(유지에) 하겠고(=좋겠고), 대원 간에 얼굴을 아는 것은 좋지 않다고 함으

로 그렇게 결정하고 산회하였다.

　유정근 군이 내방하여 민단 기부금을 청구함으로 2원을 기부하였다.

　김홍서 군이 내방함에 서겸(=남경정부 법무총장) 씨 모친상에 만장을 보내라고 하였다.

　권태용 군이 내방함에 국내에 들어가 선전대 조직과 선전에 관한 일에 대하여 주의할 바를 설명하였다.

　이장하 군이 와서 말하기를 외무부에서 자기를 서기로 일 하라고 하니, 그 가부를 묻는 고로 그렇게 하라고 하였다.

　왕삼덕 나우 두 사람이 내방하였다.

　김영희 군이 내방함에 선전기관에 관한 일을 설명하고 참가하기를 권고하였더니 승낙하였다.

　7시 경에 흥사단소에 가서 오덕연 군의 입단문답식을 행하였다.

✦ 2월 7일, 토, 비

예정사항

1. 국무원에 출석
2. 부인회 방문
3. 김희선 군 방문

9시 경에 김병현 김구 두 사람이 내방하였다.

9시 반 경에 김희선 군을 방문하였다.

　이 총리가 내방하여 오늘 국무회의에서 군무차장 안을 결정해야 하겠다고 말했다.

황진남 이장화 김구 고일청 등이 내방하였다.

옥관빈 군이 와서 말하기를 비행기 조종사가 속히 선생님을 면회하려고 한다고 말하였다.

국무회의에 출석하여 군무차장을 김희선 군으로 선임하고, 고 홍성익 군 유족 구휼금 400원을 지출하기로 결의하였다. 또 한성총판부 사건을 토의하다가 보류하고 군사연구회를 소집하기로 결의하였다.

부인회에 가서 군사 가명부에 등록하는 일을 위탁함에 부인회에서 그대로 결정하였다.

✦ 2월 8일, 일, 비

예정사항
1. 미국 비행기 조종사 면회
2. 군사연구회 방청

2시 경에 비행기 조종사 에드맨을 만나 우리 일에 종사해 주기를 청하니 씨가 승낙하였다.

3시 경에 군사연구회에 참석하여 방청하였는데 군사연구(회)를 (새로) 조직하였다.

왕삼덕 박희숙 나우 세 사람이 작탄 폭발로 인해 프랑스 경찰청에 구속되었다는 사실을 황진남 군이 와서 보고함으로, 곧 여운형 황진남 두 사람으로 하여금 프랑스 경무관에게 교섭하여 무사하게 해(풀어)주기를 요청했더니, 경무관이 (석방을) 유예하고 작탄이 폭발된 방에 있던 사람들을 알려주기를 원한다고 말하더라 하였다. 이에 이석 군을 면회하여 그 전후 사실을 물으니, 자기가 (화약을) 옮길 때 혹시 약품을 떨어뜨려서 그렇게 폭발한 듯하다 함으로 황진남 정인과 두 사람을 프랑스 경찰청에 보내 구속된 세 사람은 전혀 애매(=무관)하니 풀어 달라고 함에 곧 세 사람은 풀려났다.

✦ 2월 9일, 월, 맑음

> **예정사항**
> 1. 국무회의에 출석
> 2. 흥사단소에 가서 유일 군의 입단문답식을 할 것

12시 경에 서강리에 오니 윤현진 군이 와서 말하기를 내무총장의 사직을 말리라고 함으로, 곧 이동녕 군을 방문하여 국무회의 출석을 권고하고 함께 가서 착석하였다. 경성총판부 설치안을 내무부에서 다시 편제하여 보내라 하고, 임시정부 회계연도를 3월 1일로 정하고, 학무차장 이춘숙 군의 사직서를 반려하고, 내무부에서 국내에 비밀기관 설치안을 내무총장에게 위임하고, 의정원에서의 답변을 위하여 출석할 정부위원은 나와 신규식 군이 선정되고, 노동국의 노동행정 정지안의 통과 등이 결정되었다.

5시 경에 김하원 군이 내방함으로 선전기관에 관한 일과 또 흥사단의 취지를 설명하였다.

단소에 가서 유일 군의 입단문답식을 행했는데 문답(의 내용)이 충분함으로 입단을 허락하였다.

✦ 2월 10일, 화, 반은 맑고 반은 흐림

예정사항

1. 단소에 가서 문답할 인원을 지정할 것
2. 김규식 군을 면회할 것
3. 김가진 군 심방할 것
4. 나창헌 초대할 것
5. 김하원 군 면회할 것

11시에 서강리에 오니 김태연 군이 와서 말하기를 모험단에서 국내에 사람을 보내 작탄을 사용하려고 하는데 이에 대해 나의 의견을 물음으로, 내가 말하기를 지금 사용하는 것은 불가하다고 생각한다. 그 이유는 몇 개 작탄으로 적인을 구축하여 섬멸을 꾀하자는 것은 아니요, 단지 인심을 격발시키자는 것이 목적인데 지금 불가하다고 하는 것은, 먼저 국내에 연락기관을 비밀리에 배치하고 모험선전대를 각지에 보내 주의를 선전하고, 또 교통 공채권발매 재정운반 등 기관을 확고히 성립한 후에 사용하여 인심을 격발시키면 그 때를 이용하여 인심의 통일과 재정의 수합이 편의하겠지만 지금은 연통부도 아직 각 도에 다 설치가 못되었고 교통선전 재정수합 및 재정운송 등 기관이 설치되지 못하여 진행 중에 있는지라, 이러한 때에 폭탄 소리가 요란하여 적의 경계령이 심해지면 인심을 격발하기보다 공포심만 더할 뿐이요, 잘못하면 (일제의) 난폭한 행동이 일어나기도 쉽고 경계가 심해지는 결과로 연통제 재정수합 모험 교통 재정운수 등 기관 설치가 불가능할 것이요, 또 현재 정부에는 재정이 극히 어려운 때에 국내로부터 돈을 들여올 수가 없고 연락이 끊기면 우리 사업의 유지가 어려울 것이요, 겸하여 작탄이 폭발된 후에는 적이 프랑스 공사와 영사에 교섭하여 상해임시정부의 (존립에) 동요가 생길지도 모르는 바라. 무력한 정부가 집세와 같은 돈에도 시달리면서 동요(=위협)까지 당하면 어찌 우려할 바가 아니겠는가. 그러므로 아직 작탄을 사용하지 말고 각종 기관을 배치하여 국민에게 연락과 재정수합을 가능하게 한 후에 사용함이 좋을지라. 그러므로 나는 작탄 이외의 다른 방법으로 인심을 고조시키려고 비밀리에 주선하는 일(=비행기를 이용한 국내 선전)이 있지마는 아직 밝혀 말할 수는 없다고 하였다. 그는 오직 잘 알겠습니다라고 할 뿐이었다.

손두환 군에게 선전대원의 통신 및 보고(에 관한) 조례를 기초하라고 하였다.

김하원 군이 내방함에 흥사단의 취지를 설명하였다.

이유필 군이 내방하여 말하기를 비서국장을 사임하겠다고 함으로, 내가 말하기를 비서국에 다시 유임하거나 의정원의 법제국장이 되었으면 좋겠다고 하니, 그가 법제국장은 원치 않는다고 하며 선전대에 들어가 선전의 일을 하고 싶다고 함으로, 내가 말하기를 비서국장으로 있으면서 선전대에 오는 것은 좋지만 사임하고 선전대에 오면 다른 사람들이 크게 오해할 것이라고 답하였다.

최병승 군이 와서 말하기를 머잖아 입국하려고 하니 어떤 사명이든지 있으면 명하시라 함으로 출발 전에 다시 한번 오라고 하였다.

정인과 군이 내방하여 선우혁 군의 외무부 비서국장 임명을 권하라고 함으로 응낙하였다.

안정근 군이 내방함에 흥사단의 취지를 설명하고 흥사단약법 한 권을 주었다.

1시 경에 박선 군이 내방하였다.

안정근 군이 내방하여 내가 국내에 들어가겠다는 생각을 만류하며 말하기를, 형님이 상해에 계시지 않으면 임시정부의 전반이 극히 혼란해질 것이라. 그 자신도 내가 정부에 없으면 정부를 지지할 마음이 없을 것이라고 함에, 내가 답하기를 전에 내가 편지로 답한 바와 같이 1은 국내 상황을 직접 관찰하면서 대사 진행방침을 어떻게 할지 파악할 것. 2는 국내의 유력한 인사들과 의견을 교환하며 연락을 취할 것. 3은 재정을 마련할 것. 4는 참상 중에 있는 국내 동포들을 직접 보면서 내 마음으로나마 위로할 것. 이런 이유들 인 즉 말리지 말라고 하였다.

(작탄사건에 관련된) 이석 군이 내방함에 수양 방면에 관해 설명하였다.

5시 경에 나창헌 군을 초대하였는데 여운형 유상규 두 사람과 함께 동아 여사에서 만찬하였다.

여운형 군이 와서 말하기를 노우트 신문기자가 나를 면회하기를 원한다고 하였다.

7시 경에 김여제 군의 입단식을 행하였는데 문답이 충분함으로 입단을 허락하였다.

예정하였던 김가진 군 방문은 시간 때문에 하지 못하였다.

✦ 2월 11일, 수, 맑음

예정사항

1. 김순일 면회
2. 선우혁 면회
3. 단소에 가서 문답식을 할 것

고일청 군이 내방하여 말하기를 한대성의 공채응모조합을 허락하고 곧 회답했다고 하였다.

김순일 군이 내방하여 본국의 소식을 보고하고, 김병렬 군이 나에게 보내는 금화 290원을 전하였다.

정인과 군이 내방하여 선우혁 군의 외무부 비서국장 선임을 권고해 줄 것을 재촉하였다.

정애경 오남희 김연실 세 여사가 내방함에 오늘 저녁 문답식이 있는데 참석하라고 하고, 여자들 중에 단우 될 만한 자격이 있는 사람이 있으면 나에게 소개하라고 하고, 세 여사는 여자 단우 중에서는 (처음) 시작하는 몸이니 깊이 준비하여 여성계에 큰 모범이 되도록 하라고 하였다.

오후 2시 경에 김성근 군이 와서 말하기를 작탄대원들을 입국시킬 것인 바 그 여비를 청구함으로 지금 행동하는 것은 불가라 하고 거절하였다.

윤현진 군이 와서 말하기를 기호인사들이 선생께 대하여 명예와 세력을 독점하고 독립신문을 (자기의) 사 기관으로 만든다고 대불평이 발생하며, 더욱이 모 군 등은 노골적으로 도산은 지방열로 화한 몸이라고 말하며, 경상도 인사도 같은 불만이 있으니 극히 주의하라고 함으로, 내가 답하기를 나로서는 더 주의할 바가 없다고 생각한다고 하였다.

김구 군이 와서 말하기를 적의 밀정 혐의를 받는 장두철을 가두었다가 석방하였는데 장은 맹서문에 서명하고 정부에 충성을 다하겠다고 했다 하였다.

선우혁 군이 내방함에 외무부 비서국장에 임명받으라고 권한 즉, 그가 답하기를 위해위(=웨이하이웨이)의 교통부 개설 책임을 맡은 고로 불가능하다고 함으로, 내가 말하기를 교통의 일은 다른 사람에게 맡기더라도 군은 외무부에서 일함이 적당하다고 하니 그가 그대로 생각해 보겠다고 하였다.

김가진 군을 방문하여 용돈 50원을 드렸다.

7시 경에 단소에 가서 박현환 군의 입단문답을 했는데 충분함으로 허락하였다.

✦ 2월 12일, 목, 구름

예정사항

1. 국내에서 온 조선홍 군을 면회할 것
2. 국무회의에 출석할 것
3. 단소에 가서 문답할 것

　국내에서 새로 온 조선홍 군이 와서 말하기를 경성 내에 법관 및 변호사들과 3만 명 되는 시천교도가 합하여 공화당을 조직하고 정부를 옹호하며 금전을 매월 모으기로 작정하였는데 선생께 요청하는 바는, 1. 선생께서 그 당의 총재를 승낙하실 것. 2. 정부 교통기관과의 연락을 주선할 것. 3. 금전 운반기관을 지정하실 것이라 함으로, 답하기를 귀 당에서 나를 총재로 추대했다는 것은 매우 감사하는 바라. 이를 받들 생각이 있지만 내가 감당할 수 없을 뿐더러 지금 내가 어떤 당의 영수가 되는 것은 대국(=정부)에 영향이 미칠 것인 즉 허락할 수가 없다고 하고, 군이 국무총리 이하 각 총장을 방문하여 그 당을 조직한 내용을 고하고 고문원이나 혹은 찬성원이 되기를 청하여 보라고 하고, 교통기관의 일은 교통차장을 소개하여 주선하겠고, 재정 운수 기관은 재무차장을 소개할 터이니 협의하라고 하고, 윤현진을 청하여 소개하고 그 단체와 연락하는 것을 나와 더불어 관계를 짓지 말고 윤 차장과 협의하여 상해정부와 정신적 연락이 밀접하게 하라고 하였다.

　김형균 군이 와서 말하기를 광동 무관학교에 유학하러 갈 것인데 여비가 부족하다고 도움을 요청함으로 다소간 도와주겠다고 하였다.

　이석 군이 내방함에 대한의 근본적 독립과 영구적 자유는 국민 각 개인이 완전한 자격을 짓고(=갖추고) 신의 있는 단결을 이루며, 독립 자유 할 만한 근본적 실력을 준비함에 있다는 뜻으로 설명하니 그의 본래 생각도 그러하다고 말하였다.

  2시 경에 국무회의에 출석하여 정무를 협의하였는데, 국무총리가 의정원에 제출할 안건을 제출하여 동의를 얻은 후 의정원에 제출하게 하였다. 군무부에서 서간도 북간도 노령 세 구역에 사령부 분치안을 제출함에 이를 거부하고 군제를 편제하여 (다시) 제출하라고 하였다. 내무차장 이규홍 군의 사직서를 반려하기로 하고, 이장하로 외무부 참사, 정OO로 교통부 참사를 임명하였다. 내가 선전위원장 사직을 제의하였는데 불청함으로 다시 사직하겠다고 분명히 말하였다.

  5시 경에 노○○(=백린) 군이 대동여사에 국무원 일동을 초대하는 만찬회에 참석하였다.

  단소에 가서 주요한 군의 문답식을 행하였는데 새 자각과 결심함이 충분함으로 입단시키기로 허락하였다.

  김홍서 군을 이어서 문답하는데 답변이 모호함으로 더 준비하라고 하고 문답을 중단하였다.

✦ 2월 13일, 금, 구름

예정사항

1. 조선홍 군 면회
2. 조선홍 군 초대
3. 신익희 군 면회
4. 단소에 가서 다시 김홍서 군 문답할 것

  신두식 군이 내방함에 그에게 여러 가지로 시국에 관한 이야기를 하고, 그에게 정부에 들어가 일하라고 함에 아직 결정할 수 없다고 하였다.

김정목 군이 내방하여 북경으로 간 손정도 군에게서 잘 도착하였다는 편지를 보여 주었다.

신익희 군이 와서 자기가 법무차장을 사직을 청원하겠다는 생각을 말하기에 사임하지 말라고 권고하였으나 끝내 불청하며, 또 국무원의 화합하지 못함을 원망한다고 말하며 선생님은 특별히 주의하여 주시기를 바란다고 함으로, 답하기를 내가 무엇을 개선해서 정부의 융화가 잘 될 만한 조건을 찾을 수 있으면 좋겠는데, 내가 자질이 부족한 것은 물론이지만 내가 잘못한 것을 아직 찾지 못해 걱정하는 바이니 그대는 일을 위하고 나를 위해서 분명히 말하라고 함에, 그가 말하기를 저는 선생님을 잘 이해하는 바 우리의 선배들 중에서 열성과 충성이 가장 열렬하고 일을 처리하는데 결단력이 탁월하신지라 어떤 잘못을 말할 것이 없고, 다만 열렬하고 용기 있음으로 인하여 다른 사람들로부터 권력을 탐한다는 오해를 받게 되고, 또 (그런 면이) 전혀 없다고도 할 수 없는지라 라고 함으로, (내가) 답하기를 내가 상해에 도착한 이후에 어떤 사실이든지 (나) 개인의 권리나 지위나 명예를 위한 사실이 없었나니 나는 대통령대리부터 내무총장까지 다 내놓고 노동총판의 명의를 갖고 국무원에 출석하여 의사를 진술하며, 그 이외에는 나의 능력이 미치는 대로 일하고 내외에 선전하는 일(=선전위원장) 뿐이니 무엇으로써 나를 향하여 권리를 탐한다고 하는지 연유를 모르겠노라고 함에, 그가 답하기를 선생께서 매사를 주선하시되 내무에 관한 일은 내무에, 재무에 관한 일은 재무에, 외무에 관한 일은 외무에 소개할 것이요, 직접 행사하는 일은 피하시라고 함에, 내가 말하기를 내가 조금이라도 다른 부처의 권리를 탐하여 직접 행사한 일이 없고 내무에 관한 일은 내무에 집중하게 하고, 재무에 관한 일은 재무에, 군사에 관한 일은 군사에, 교통에 관한 일은 교통에 집중케 하기 위해 내외의 사람들에게 각오(=분명한 인식)를 주기로 노력한 것 뿐이라 한 즉, 그가 말하기를 예컨대 체코 대장 가이따와 각국 영사와 다른 신문 기자들을 직접 면회하는 등의 일이라 함에, 내가 답하기를 국제적 외교에 관한 일이면 내가 직접 교섭할 수도 없고 또 할 리도 없거니와 만약 개인적 교분으로 만나기를 요청하는 데야 어찌 거절할 수 있겠는가. 이는 내가 요청한 것이 아니요, 내가 일찍 오랫동안 상해에 재류하였음으로 외국인들이 각료들 중에 나를 찾게 된 것이라. 그러나 내가 교섭하더라도 대소사를 스스로 결정한 바 없고, 총리와 외교 당국자에게 고하여 (단지) 한 일꾼의 자세를 견지하였을 뿐이라고 답하였다.

박지붕 군이 내방함에 흥사단의 취지를 설명하니 그가 그 절실한 바를 깨닫고 참가할 것을 결정한다고 하였다.

김병조 군이 내방하여 그가 편찬한 역사(책) 인쇄 건을 상의하여 정부 명의로 인쇄에 부치기로 결정하되, 그가 말하기를 손 모가 청년들을 광동 군사학교에 유학시키려고 하는 일을 아느냐고 함에, 내가 전해지는 말을 들었을 뿐이요, 속사정은 자세히 알지 못한다고 하니, 그가 말하기를 여러 청년들이 자기에게 유학하러 가는 일을 묻는데 어떻게 답하는 것이 적합하겠냐고 함에, 누구든지 청년 중의 한사람을 먼저 보내서 그곳 형편에 대한 보고를 접한 뒤에 결정하게 하라고 하였다.

조선홍이 내방함에 그의 요구에 따라 공화당과 시천교주 김구암(=연국)에게 편지를 써서 그에게 주고, 교통차장 김철을 소개하여 교통에 관한 일을 약속하게 하고 오후 5시에 만찬을 같이 하자고 약속하였다.

최창식 군이 와서 말하기를 민단에서 거행할 3월 1일 독립선언기념식의 경비 기부를 요청함으로 20원을 기부하기로 허락하였다.

이 총리가 내방하여 시국에 대하여 걱정하는 뜻으로 말하고, 내가 선전위원장을 사임하지 말라고 간곡히 권함으로 나는 이를 사임하는 것이 (전체 정부) 일에 도움이 되겠다고 하였다.

조선홍 군을 초대하여 윤현진 김철 두 사람과 함께 만찬을 하였다. 단소에 가서 김홍서 군의 문답식을 하고 입단을 허락하기로 하였다. 밤이 늦어 집으로 돌아가지 못하고 서강리로 돌아와 잤다.

✦ 2월 14일 토, 구름

예정사항
1. 병원에 가서 치료를 받을 것
2. 국무회의에 출석할 것
3. 단소에 가서 입단식을 할 것

9시 경에 최병승 군이 와서 말하기를 자기가 속히 입국하겠다고 함으로 김한 군에게 편지 한통을 전해 달라고 부탁하였다.

이매리 부인이 내방하여 양 30원을 빌려 달라고 함으로 허락하였다.

윤현진 군이 내방함에 내가 말하기를 선전기관을 배치하는 것이 급무인데 내가 이를 맡아 행하면 자연히 각부의 행정에 간섭이 되겠고, 그렇게 하면 권력을 남용한다는 오해로 내분이 생길 듯하여 나는 부득이 사면하겠거니와 적당한 인재를 택하여 임명해 (선전에 관한 일을) 속히 실행토록 하자고 하였다.

정인과 군이 내방하여 외무부 일을 상의하였다.

정혜원 여사가 내방하였다.

2시 경에 국무회의에 출석하니 제안 예정은, 1. 한성총판부 안, 2. 거류민단(제)의 제안, 3. 공문식(=공문 형식) 개정안, 4. 의회에 제출할 행정(부)안, 5. 의회에 포고할 (대통령)교서 안, 6. 군사령부 및 무관학교 예안, 7. 정제형 보고에 의한 구폐안, 8. 교통총장 인선안, 9. 헌법관제 개정요구안 인 바, 한성총판부 안은 내무부에서 기초한 것이 없어서 결의하지 못하였고, 2의 거류민단제는 재무부와 교통부 양부의 수정이 불충분함으로 내무총장에게 다시 수정하여 제출하라고 하고, 3의 공문 형식 개정안은 신익희 윤현진 두 사람에게 수정하라고 하고, 4의 의회에 제출할 행정안을 대강 결정하였고, 5의 의회에서 포고할 교서안은 대통령의 친서라야 됨으로 의결하지 못하였다. 내가 선전위원장의 사직서를 제출하였으나 부결되었다. 면회를 약속한 일이 있음으로 조퇴하였다.

곧 단소에 가서 셸분 의사를 면회하였다.

7시 경에 단소에 가서 예비단우로 입단한 유일 주요한 박현환 김홍서 김여제 5명의 입단식을 행하였다.

✦ 2월 15일, 일, 구름

예정사항

1. 비행기조종사 면회
2. 단소 방문
3. 예배당에....

11시 경에 고진호 군을 청하여 흥사단의 취지를 설명하였다.

김희선 군을 방문하여 함께 돌아오는데 그가 말하기를 옥관빈을 밀정으로 의심해 평안남도 선거회에서 의원직을 제명하기로 내정하였다고 하니 그런 혐의를 받은 사실이 있느냐고 물음으로, 내가 말하기를 나는 그런 사실을 보지 못했고, 또 그런 혐의가 있다는 것을 믿지 않는다고 하였다.

이석 군이 와서 말하기를 속히 자기가 노령에 가서 군사상의 연락을 취하겠다고 함에 나는 매우 찬성하였다.

서필순 군이 내방하여 박형모의 편지와 박 군의 애국금 5원을 함께 전하였다.

옥성빈 군이 내방함에 오늘 서양인 에드멘의 집에 같이 가자고 약속하였다.

김순일 군이 와서 말하기를 자기가 속히 입국하겠다고 하였다.

이종욱 군이 와서 말하기를 속히 국내로 출발하겠다고 하였다.

7시 경에 비행기 조종사 미국인 에드멘 군을 옥성빈 군과 방문함에 그는 (지금) 일하는 회사에 퇴직할 것을 예정하고 미국영사에게서 마닐라 왕래와 및 비행기로 각국에 왕래할 여권을 얻었다고 함에 구입할 비행기의 성능을 조사한 즉, 150마일 외에는 더 비행할 수 없는 고로 이는 사용할 수 없고, 이보다 성능이 강력한 비행기를 구입할 방법의 유무를 알아본 후에 확정할 것이니, 아직 회사에 퇴직을 (신청)하지 말라고 하였다. 그 내외가 정성껏 다과를 권하였다.

2시 경에 예배당에 가서 예배하였다.

✦ 2월 16일, 월, 구름

예정사항

1. 최승봉 면회
2. 손두환 방문
3. 김성기 여사 방문
4. 선전위원장 사직서 제출
5. 이규서 군의 입단문답

이석 군이 와서 말하기를 김공집 군이 항해술을 배우고저 하니 이를 잘 지도하시라고 함으로 내가 힘껏 주선하겠다고 하였다.

김형균이 내방하여 광동에 갈 여비를 요청함으로 양 25원을 기증하였다.

최승봉 군이 내방함에 흥사단의 취지를 설명하였다.

손두환 군이 내방함에 흥사단에 입단할 것을 토의하였는데, 그가 말하기를 자기가 근본적으로 건전한 인격을 작성하는 근본은 공산주의를 실시하여 국민의 생활을 평균하게 함에 있는 줄로 앎으로 흥사단의 (사회적 조건을 도외시한 인격수양 방식의) 조장(=점진)적 인격건전은 너무 느리다고 생각한다고 함에, 내가 말하기를 점진적이나마 건전한 인격을 다소간이라도 준비함이 없다면 군이 말하는 생활 평등의 이상을 실행하기가 불가능할지라. 군이 만일에 그런 고상한 주의가 있다면 동맹수련의 실천으로 속히 건전한 인격부터 준비함이 그 주의를 달성하는데 (올바른) 순서라 하겠다고 하였다.

윤현진 군이 와서 말하기를 재무부가 재정의 고갈로 위급한 상황에 처하였으니 속히 돈을 다른 곳에서 빌려 달라고 함으로 빌릴만한 곳이 생각나지 않으나 힘써보겠다고 하였다.

김성기 여사가 내방함에 내가 말하기를 국내에 들어가 여성계에 선전대를 조직하고 국민개납 동맹원을 모집하는 두 건을 설명함에 매우 좋다라고 하며, 내일이라도 출발을 명하시면 즉시 실행하겠다고 하였다.

김구 군이 와서 말하기를 군무부에서 경무국의 명의로 성훈의 집을 수색한데 대하여 자기가 인책 사직하겠다고 함으로 그대로 있으라고 권고했지만 고집할 뜻을 표했다.

국무원에 선전위원장 사직서를 다시 제출하였다.

2시 경에 박현환 군을 독립신문사로 방문함에 부재하여 보지 못하고, 이광수 군과 흥사단원 모집의 진행 방침을 토의하였다.

✦ 2월 17일, 화, 구름

예정사항
1. 안정근 군의 입단문답
2. 황진남으로 하여금 장거리의 항공기 유무를 알아보게 할 것
3. 최동오 면회할 것

11시 경에 박 의사가 와서 이빨을 치료하였다.

김형균 군이 내방하여 말하기를 곧 광동으로 출발한다고 하였다.

최동오 군이 와서 말하기를 국내의 천도교인들이 청우조회라는 정치기관을 조직하고 광복대업을 실행하기로 하였는데 앞으로 큰 세력을 이룰 것이요, 전에 선생님께서 요청하셨던 20만 원의 돈도 장차 마련될 희망이 있다고 말함에, 내가 말하기를 (그) 기관이 조직됨을 매우 축하하고, 또 20만 원을 사용하려 하는 비밀 내용을 말하였는데, 이는 비행기를 이용하여 국내 인심을 격발시키고, 또한 장차 국내에서의 대폭동을 촉구해 일으키려는 것이라고 하였다.

박선 군이 내방함에 내가 안정근 군이 몸이 불편하여 문답을 할 수 없다고 한다고 말했다.

윤현진 군이 내방하여 다시 재정에 관한 일로 토의하였다.

황진남 군이 와서 말하기를 마닐라에는 장거리 비행기가 없다고 함으로, 내가 말하기를 그러면 오늘 저녁까지 비행가 에드멘을 방문하여 큰 비행기가 없음을 말하고, 회사에 사직하지 말고 다음 기회를 기다리도록 말하라고 하였다.

임현 이강희 군이 내방하였다.

김희선 군이 내방함에 손영필 군이 (광동)무관학교에 유학을 주선하는

일에 대해 서로 충돌하는 것보다 잘 타협하여 연락을 취함이 유익하겠고, 또는 육군사(관학교)학생들이 성훈의 집을 수색하였다고 하니 그러한 불법적인 행동이 없게 하라고 하였다. 그가 나에게 어찌하여 선전위원장을 사직하시려 하느냐고 함으로, 그 이유는 그동안 와싱톤과 북경 방면의 사람들이 나에 대하여 소위 지방열이니 야심이니 하는 오해로 매사에 장애가 많았고, 현재 상해의 소위 불평분자들도 역시 나에 대해 그와 같은 생각이 있는지라, 나는 이를 불고하고 매사를 집행하면서 지내왔거니와 지금에는 국무원 내에서도 역시 나더러 간섭한다, 권세를 탐한다고 하여 불만이 생기는지라, (하지만) 내가 이런 것 때문에 조금이라도 반발 심리에서 사직함은 아니요, (다만) 내가 전과 같이 진행하려 하면 마음대로 진행은 되지 못하고 내홍만 일으킬까 두려워 얼마간 침묵하는 태도로 자기 수양에 힘쓰려 한다고 하였다.

✦ 2월 18일, 수, 눈

예정사항

1. 성서강연회에 출석할 것

정인과 군이 와서 말하기를 전에 정부에서 일했던 미국인 랠쓰라는 사람이 자기가 대한민국임시정부의 명령을 받아 한국에 갔다 온 그 뒤에 한국정부에서는 다시 어떤 연락도 주지 않는다고 대불평 중에 있고, 대륙보 기자 페퍼도 역시 불편한 감정이 있다는 보고가 있으니 이를 어떻게 조치함이 좋겠느냐고 함에, 내가 말하기를 그 두 사람에게 정부에서 적당한 사람을 보내 그동안 우리 정부에서 두 사람에게 대하여 세심하지 못했음을 말하고, 또 그 이유를 설명하고 다시 연락을 갖게 하라고 하였다.

윤현진 군이 내방함에 내가 말하기를 안동에서 정부에 보내는 돈 3천 원이 피취 목사에게 와서 은행에서 찾아 피취 목사에게 맡겨 두었으니 찾아 쓰라고 하였다.

옥관빈 군이 와서 말하기를 세상에서 저를 밀정이라고 의심하는데 어떻게 행동해야 좋겠느냐고 함에, 군에 대해 그런 것은 사회의 정도가 유치하고 무정함 (때문)인 것을 개탄하노라. 그러나 군은 잘못이 사회에 있다고만 생각하지 말고 자신에게도 있다고 하여 이때에 비상한 각성으로 반성하기에 힘쓸지라. 군이 이런 오해를 받는 것이 군의 재주가 덕보다 많은 때문이니 지금부터는 순실한 도덕 방면을 (주로) 생각하라고 하였다. 그가 말하기를 자기는 대의사(=의정원 의원)를 사직하고 남경 등지로 가서 공부를 하는 것이 어떻겠느냐고 함에 좋겠다고 하였다.

고진호 군이 내방함에 전일에 말한 인격수양에 대하여 어떻게 생각하느냐고 하니, 옳은 줄로 일찍부터 안다고 하기에, 내가 다시 묻기를 아는 것이 중요하지 않고 실행하겠다는 결심이 서는 것이 필요하다고 하였다.

박현환 군이 와서 말하기를 손영필의 주선으로 광동에 비행기(조종술)를 배우러 (가겠다고) 하여 그 가부를 물음으로, 내가 말하기를 그 허실을 자세히 알아보겠다고 하였다.

여운형 군이 와서 말하기를 나에 대해 불만스럽게 생각하는 곡해가 한때 있었던 것을 말하고, 자기는 생활의 곤란과 이 (상해 한인)사회를 비관함으로 의정원의원 이하 각 단체의 직책을 모두 사임하고 다른 곳으로 가서 자유 행동할 것을 결정하였음으로 이를 고하노라고 함에, 내가 말하기를 내가 군에게 대하여 불만스럽게 생각한 때가 일찍부터 없었고, 군을 한결같이 믿고 사랑하였으며, 군이 또 나를 깊이 신애하는 것도 잘 아는 바이니 두 사람 간에 사소한 관계로라도 감정이 없는 것은 명백하고, 다만 군에게 참고할 재료로 주고(=충고하고) 싶은 것은 두 가지이니, 첫째는 군이 침착한

쪽으로 노력하라는 것이요, 둘째는 규칙적인 생활하기를 힘쓸 것이라. 이 두 가지가 군의 결점이라 말한다고 하고, 또 군이 사직하고 다른 곳으로 간다는 것에 대해서는 생활 곤란의 관계가 있다고 함에는 내가 어떻게 말하기 어렵고, 사회를 비관하여 스스로 흔들리는 것은 옳지 않다. 노령에 파견한 안공근 군이 온 후에 군의 러시아 파견 문제도 결론이 날 것이니 아직 조용히 있기를 바란다고 하였다.

이춘숙 군이 내방함에 학무차장의 사직에 대하여 이렇게 가벼이 함도 옳지 않고, 일찍이 나와 미리 상의하지 않은 것도 섭섭히 생각한다고 말하니, 그가 말하기를 예고하지 않은 것은 옳지 않으나 미리 말씀드리면 심하게 만류하실까 두려워 그리하였다고 하였다.

황진남 군이 와서 말하기를 비행기 조종사 에드멘을 방문하여 그대로 말하고서 다음 기회를 기다리라고 했다고 하였다.

옥관빈 군이 와서 말하기를 미국인을 써서 일본 지폐를 위조함이 어떠하냐고 함에, 나는 그런 일은 생각도 아니 하노라 하니, 옥 군이 말하기를 이는 적에게 해를 끼치는 것인 즉 해도 무리가 아닐 듯하다 함에, 내가 말하기를 나는 적에게 까지라도 사기적 행위는 절대로 할 뜻이 없다고 하였다.

박 의사가 와서 이를 치료하였다.

신상완 군이 오늘 국내로 출발한다고 함으로 들어가서 실행할 방침을 물으니, 그가 말하기를 1은 전국을 돌면서 선전할 것이요, 2는 불교청년들로 의용대를 조직할 것이라고 하였다. 나에게 불교청년회의 고문을 허락하고, 또 그 회장에게 편지를 써 줄 것을 간청함으로 이에 허락하고 편지를 썼다.

이봉순 여사가 내방함에 홍십자병원 간호(과)에 입학하게 되었음을 말해 주었다.

이석 김공집 두 사람이 내방하여 김 군의 항해학 공부할 것을 물음으로 내가 힘써 주선하겠다고 하였다. 이에 흥사단주의를 설명함에 두 사람이 즐겨 들었다.

김순일 군을 청하여 국내에 들어가 실행할 방침을 상의하였다.

✦ 2월 19일, 목, 구름

예정사항

1. 국무원에 출석
2. 단소에 가서 유상규의 입단문답
3. 김연실 여사의 입원을 주선

김희선 군이 내방하여 나더러 선전위원장을 사면하지 말고 더욱이 열심 노력하는 것이 좋다고 권함으로, 내가 답하기를 내가 얼마동안 몸과 마음을 수양하기 위하여 보통 때보다 침묵을 할 뿐이요, 지금도 매사를 돌보지 않는 것은 아니요. 단지 선전위원장에 대해서는 그 직무가 각 부에 간섭(=관련)이 많으므로 불가불 사면하려고 함이라고 하였다.

최동오 군이 와서 말하기를 비행기에 관한 일로 재정을 마련하기 위하여 국내나 혹 (다른) 쪽에 말씀하신 일이 있는가 물음으로, 답하기를 국내에 있는 나의 절친 두 사람에게 말하였으나, 그 두 사람은 자신의 근신(=안전)을 위해서도 절대로 비밀을 지킬 것인 즉 다른 곳에 비밀이 새나갈 리가 없을 줄로 안다고 한 즉, 그가 좋다고 하면서 그렇다면 천도교 쪽에 대하여 이 문제를 가지고 비밀리에 요청하면 20만 원 이상의 돈을 마련할 만한 자신이 있는데, 혹 사전에 발설하심으로 인해 천도교 쪽에서 미리 알고 있었으면 신통치 않게 생각하여 힘쓰는 것이 적을까 염려되어 물었다고 하며, 그가 말하기를 제가 이 일을 책임지고 주선하다가 실패할 때에는 다른 곳에 운동하시더라도 지금은 다른 누구에게든지 요청하지 마시고 저에게 전적으로 맡기시면 마련할 길이 있겠다고 하였다.

김연실 여사를 안내하여 병원에 입원시키고, 치료를 받음으로 인하여 국무원에 출석하지 못하였다.

김홍서 군더러 중국정부 법무총장 서겸 군에게 광동에 비행항해 및 육해군학교에 한국 학생을 보내어 유학이 가능한지 여부를 알아보라고 하였더니 곧 와서 보고하기를 서 씨가 광동정부에 질문하는 전보문을 초하여 주더라고 하였다.

황진남 군이 내방함에 서겸 군이 (기초한) 전보 원문을 광동으로 보내라고 하였다.

이석 군이 내방함에 흥사단 취지를 들어 설명하였다.

정애경 여사가 내방하여 흥사단 입단의 준비에 대해 토의하던 중, 이봉순 여사가 내방함에 다음 일요일부터 홍십자병원 간호과에 입학하라고 하였다.

정인과 군이 와서 말하기를 외무부의 직원 조직을 잘 주선해 주시라고 함으로, 내가 말하기를 사람 얻기가 매우 어렵다. 그가 말하기를 중국인란 무관을 외무부 선전원으로 쓰겠다고 하였다.

5시 경에 이유필 군의 초대로 그의 집에 가니 조상섭 선우혁 김철 고일청 제군이 모두 모인지라. 이에 만찬을 함께 하였다.

단소에 가서 유상규 군의 입단문답을 하려고 하는데 심신이 피로함으로 후일로 미루었다.

11시 경에 윤현진 군이 내방하여 시사를 논할 때 국무원 내에서 잘 융합하지 못하는 것과 와싱톤과 북경에 있는 인물들이 각기 분열적으로 진행하는 등에 관한 문제로 3시 경에 이르도록 토의하였고 편히 잠들지 못하였다.

✦ 2월 20일, 금, 구름

예정사항

1. 정상빈 면회
2. 단소에 가서 문답할 것

김구 군이 내방함에 내가 말하기를 경무국장의 사면을 반려하거든 유임하라고 권함에, 그가 말하기를 모두 (선생의) 명에 따르겠지만 이것만은 따르지 못하겠다고 말하였다.

편덕열 군이 내방하였다.

김건형 군을 청하여 흥사단의 취지를 설명하였다.

정상빈 군을 청하여 흥사단의 취지를 설명한 즉, 이전부터 이런 생각이 있었으나 나아갈 곳을 얻지 못했더니 이에 선생님의 말씀을 듣고 더욱이 결심하였다고 말하였다.

이종욱 김홍식 두 사람이 내방하였다.

(안)정근 군이 내방하여 말하기를 흥사단의 모든 것이 다 좋으나 오직 김홍서 군이 단우됨이 불가하여 심히 꺼려진다고 함으로, 내가 말하기를 김 군이 다소간 명료하지가 못하고 자립적 생활이 부족하다는 등의 결점들은 있으나 본질이 순후한 호인이니 깊이 염려하지는 말라고 하였다.

염봉근 군이 와서 말하기를 선생님께서 독립신문사에 관계가 있는 줄 알고 200원을 기부하였더니 다시 의심스러운 말이 있음을 들으니 무슨 일이냐고 함에, 내가 말하기를 아무 의심 말고 이후에도 더욱 힘을 써서 도우라고 하였다.

이석 군이 내방함에 흥사단의 취지를 설명하였다.

진대균 군의 초대로 5시 경에 그의 집에 가니 국무총리 이외에 각 총장들과 및 조완구 신익희 한백원 군 등이 먼저 와 있는지라 곧 만찬을 함께 하였다.

✦ 2월 21일, 토, 비와 눈과 우박

예정사항

1. 김의사 집 방문
2. 임득산 방문
3. 유정기 방문
4. 최창식 방문

11시 경에 김 의사 집을 방문하였다.

손두환 군이 내방하였다.

2시 경에 이 총리 이 내무총장 이 재무총장이 내방하여 시국에 관한 일로 장시간 토론하였는데, 내무총장은 병가로 휴직할 생각이 있다고 하고, 재무총장은 나를 향하여 말하기를 자기에게 대하여 어떤 오해가 없는가 물음으로, 나는 특별히 오해하는 바는 없고 (단지) 현재의 사실이 국무원 내막(=속사정)이 이러고서는 도저히 혁명사업을 진행하기가 불가능하다고 생각한다고 하였다. 우리 국무원들은 한 마음 한 생각으로 생사를 같이 할 의지가 확고하여 동경에 있는 적의 내각을 향하여 분투해야할 것이어늘 우리의 현상은 와싱톤에 있는 사람 북경에 있는 사람 상해에 있는 사람들이 각각 자기 집안에서 서로 저항하려고 하고, 적을 대함에는 용기가 없는 듯하니 그러고서야 어찌 혁명사업을 진행하기를 기약하리오. 나의 처지는 와싱톤과 북경과 신대한파 및 내각의 모든 불만이 나 한사람이 중심이 된 것은 사실이라. 이러므로 나는 우리 전도에 도움이 될까 하여 내가 본직인 노동국총판의 명의로 국무위원으로서의 직무 외에는 간섭할 뜻이 없을 뿐이라고 하였다. 내무 재무 두 총장이 말하기를 선생 외에 적임이 없으니 선전위원장을 사면하지 말고 유임하라고 권하였다.

정인과 군이 내방하였다.

✦ 2월 22일, 일, 구름

예정사항

1. 임득산 군 등 초대
2. 김수남 면회
3. 유상규 군의 입단문답

9시 경에 김정목 군에게 국내에 왕래하던 제군들을 초대하고자 하는 바, 그 준비를 부탁하였다.

손정도 군이 내방하여 북경에 갔다 온 일을 세세히 말하였다.

황학수 군이 내방하여 3월 1일에 선전포고하려고 하는 자기의 생각을 의정원에 제의하려고 하는데 선생의 의견은 어떠하냐고 함에, 내가 대불가라고 하였다. 그가 또 말하기를 노령 중령에 사령부 배치안을 의정원에 제출하겠다고 함으로, 이는 정부에서 할 일이지 의정원과는 관계가 없는 일이라고 답하였다.

김구 군이 와서 말하기를 중국 남방에서 재정을 운동함이 어떠냐고 함에 시도해 보는 것이 좋겠다고 하였다.

편덕열 군이 와서 말하기를 자기는 매사에 선생님을 의탁하노니 그렇게 신임해 주시기를 바란다고 하였다.

윤현진 군이 내방하여 임시정부를 개조하자고 거론하였다.

최승봉 군과 입단할 것을 토의하였다.

오정은 군이 와서 말하기를 오익은 군에게서 3천 원이 온 중에 2천 원은 정부에 보낼 조건이나, 그(=오익은)가 일찍이 어떤 돈이 오든지 자기가 돌아올 때까지 기다리라 하였으나 이를 모두 선생님이 쓰시라 함으로, 내가 이를 쓰는 것은 옳지 않으니 정부에 보내되 (미리) 오 군에게 편지를 보내 승낙을 받는 것이 좋겠다(고 하였다).

중국 복주에서 사관학교를 마치고 중국 군대의 참위로 있는 김수남 군이 와서 말하기를 복주 하문 등지에서 재정을 운동하여 보겠다고 함으로 찬성의 뜻을 표하였다.

대동여관에서 국내에 선전 및 재정 운동으로 왕래하던 임득산 김순일 제군 등을 초대하였다.

7시 경에 유상규 군의 입단문답을 하고 입단을 허락하였다.

✦ 2월 23일, 월, 구름

예정사항

1. 국무회의 출석
2. 의정원 개회 참석
3. 단소에 가서 문답식 할 것

김병연 군에게 미국 여비조로 600원을 지급하였다.

김연실 여사가 내방하였다.

국무원에 출석하였는데 교통총장의 선출안과 겸직안이 제안되었으나 결정되지 못하였다.

최병선 군이 와서 말하기를 홍구의 일본인 신문사에 있는 한재근이라 하는 자의 행동이 수상한 바, 지금 사학(=육군사관학교)에 입학하려고 운동 중이니 주의하라고 밀고하였다.

박지붕 군이 내방하여 흥사단에 관하여 여러 가지를 물음으로 질문에 따라 설명하였다.

2시 경에 의정원에 가서 개회식을 참관하였다.

신두식 군이 내방하여 자기가 정부에 들어가 일 할 뜻을 표함으로 내가 찬성하였다.

한송계 군이 내방하여 5시 경에 자기 집으로 오시라고 부탁하였다.

홍십자의원에 가서 김 의사 집을 방문하고 노정주 군을 방문하여 문병하였다.

5시에 한송계 군 집에 초대되어 만찬을 하였다.

7시 경에 단소에 가서 박지붕 군의 문답을 행하고 입단을 허락하기로 하였다.

✦ 2월 24일, 화, 맑음

예정사항

1. 정상빈 군 문답식 할 것
2. 유병기 김하원 임득산 제군을 면회할 것

  냉수욕과 정좌법을 오늘부터 실행하였다.

  정인과 군이 와서 말하기를 바깥 소문에 미주에서 선생님께 2만 5천원이 왔으나 이를 내놓지 않는다 하니 무슨 일인가 물음으로, 내가 답하기를 내가 그대와 더불어 의논하고 노령에 벼농사를 하기 위하여 송종익 군에게 미화 만원을 보내라고 하였더니 송 군이 이를 전신환으로 보낸지라, 이를 회풍은행에 맡기고 안공근 군이 상해에 도착한 후에 상의하여 금년부터 농작을 실시하게 되면 그 돈을 쓰겠고 그렇지 못하면 돌려보낼 것이요, 한 푼이라도 다른 데는 쓸 수 없나니 우리는 막역한 동지 간에도 돈에 있어서 신용을 분명하게 지킴이 우리의 주의를 실천함인 즉, 다른 사람들의 시시비비는 돌아볼 바가 아니라고 하였다.

  최승봉 군에게 흥사단의 취지를 설명하고 단소로 안내하겠으니 오후 1시에 다시 오라고 하였다.

  옥관빈 군이 와서 말하기를 자기가 남경에 유학하러 내일 출발한다고 고별함으로, 내가 말하기를 모모 청년들과 만나서 한번 정을 풀고 떠나는 것이 좋겠다고 하니, 옥 군의 말은 냉정한 사회에서 회합할 생각이 없다고 하였다.

  김수남이 내방하여 김구 임득산과 및 선생님께서 중국 남방에 여행하여 선전하면서 재정을 운동하는 문제로 토의하는 중인데, 그 일행 중에 안정근 군을 참가하게 하고 임득산 군을 제외함이 좋을 듯하다(고 하였다).

이춘숙 군이 내방하였다.

임득산 군이 내방하여 의용단에 관한 일을 상의하고 흥사단에 입단할 준비를 권고하였다.

유병기 군에게 흥사단의 취지를 설명함에 그가 자기 마음에 딱 맞는다고 하였다.

김홍서 군이 내방하여 광동에서 서겸에게 온 전보 답신을 보이는데 그 안에 중국인들이 지키는 같은 조건으로 한국인도 무관학교에 입학할 수 있다고 하였다.

안정근 군이 와서 말하기를 자기는 김홍서를 믿기 어려움으로 입단을 주저한다고 하였다. 내가 답하기를 그 사람이 명석하지 않을 뿐이지 크게 의심할 사람은 아니라고 설명하였다.

김구 군이 와서 말하기를 최승봉 군을 의심스러운 사람으로 봤는데 그 사람과 어떤 관계가 있으신가 물음으로, 최 군은 본시 안식일 교인으로 김창세 의사가 신임하는 바라, 아직 성숙하지 못한 청년으로 말하는 데 무슨 실수가 있었는지는 모르거니와 별로 의심할 사람은 아니라고 하니, 그가 말하기를 그렇다면 의심하지 않겠다고 하였다.

최승봉 군과 단소에 가서 인사하게 하였다. 김항구 박선 정인과 김병연 4인으로 더불어 흥사단 이사부에 (보낼) 헌의안을 결정하였는데,

1. 원동에서는 입단금을 본단 통용화로 10원으로 개정할 것.
2. 신입단원 보증인에 대하여 1년 간 책임을 지게 할 것.
3. 동맹저금부 지부를 상해에 설치할 것.
4. 원동에서 수합하는 축하금과 위로금은 원동에 두고 원동 단우에게 쓰도록 할 것.

5. 신입 단원을 진찰하여 전염병이 없을 때 입단케 할 것.

6. 박선 군으로 임시반장을 잠정적으로 정하였으니 이사부에서 정식으로 임명할 것 등이었다.

왕삼덕 군이 내방하여 서간도 근황을 보고하였다.

정상빈 군이 와서 입단금을 빌려달라고 함으로 허락하였다.

7시에 단소에서 정상빈 군의 입단문답을 하였는데 불철저한 점이 있음으로 내일 다시 문답하기로 하였다.

✦ 2월 25일, 수, 맑음

예정사항

1. 유병기 김용정 차균상 군을 면회할 것
2. 대륙보 기자 페퍼 군을 면회할 것
3. 김복형 김공집 군의 입단문답 할 것

이석 군이 와서 말하기를 자기가 흥사단주의의 옳은 바를 확실히 깨달았고 그대로 실행할 생각이 있으나, 다만 이전에 그런 주의로 함께 나가자던 동지들이 있는데, 지금 그 동지들과 어떤 의논도 없이 혼자 흥사단에 들어가는 것이 어떠할까 하는 의문이 있다고 함으로, 내가 묻기를 그 동지들과 조직한 모임이 있는가 하니 없다고 하였다. 내가 말하기를 그러면 내 생각에는 군이 여기에 먼저 입단한 것은 동지들과 약속한 것을 실천하는 것이니 이곳에 있는 동지들은 군과 같이 실천할 것이요, 원거리에 있는 이들은 장차 만나는 기회를 기다려 인도함이 좋겠다고, 어쨌든 간에 사소한 걸림이라도 없는 확실한 판단이 생긴 뒤에 나에게 다시 말하라고 하였다.

최동오 군이 청우조회에 보낼 서한을 기초하여 와서 이를 속히 정서하여 보내기를 요청하였다.

김구 군이 와서 말하기를 복주에 선생과 및 몇 사람이 동행할 텐데, 자기가 동행하지 않고 대신에 여운형 군이 가는 것이 더 좋겠다고 하였다.

황진남을 대동하고 대륙보 기자 페퍼 군을 방문하야 그간 우리 일에 노력한 바를 치하하였다. 그는 해외에 있는 한인들이 통일되지 못한 것을 통론하였다.

김용정 군이 내방함에 입단문답 할 것을 빨리 하라고 하였다.

윤림 군이 내방함에 수양에 관한 말로 권고하였다.

정인과 군이 내방하였다.

노성춘 군이 내방하여 국내에 속히 들어가겠다고 함에 선전대에 참가하라고 하니 승낙하였다.

이광수 군이 유병기 군을 소개함으로 그에게 흥사단의 취지를 설명한즉, 그가 자기 마음에 맞는다고 함으로 단소에 오라고 하였다.

7시에 단소에 가서 정상빈 군의 문답식을 마쳐 입단을 허락하고, 김복형 군의 입단을 문답하는데 불철저한 점이 있음으로 내일 다시 문답하기로 하였다.

김공집 군의 문답은 시간이 없음으로 하지 못하였다.

✦ 2월 26일, 목, 구름과 비

> **예정사항**

1. 국무원에 출석
2. 의정원에 참석
3. 김항구 군에게 입단문답을 위임할 것
4. 광복단 대표 한훈 군의 초대에 응할 것
5. 입단식을 행하고 강연회에 출석할 것

백영엽 군을 청하여 오늘 오후에 정상빈 군을 방문하여 정 군의 옷을 사주라고 은 10원을 (주어)보냈다.

이 총리가 내방하여 시국에 대한 불평을 많이 말하더니, 자기가 책임을 지고 이 정부를 번복할 테니 군은 드러내지 말고 속으로 동지들을 은밀히 모았다가 우리 두 사람이 일을 전부 맡아 끝까지 진행하자고 하는지라, 내가 말하기를 우리 민족의 정도와 현재 대중의 심리와 실력을 헤아린즉, 그러고서는 곧 실패를 당할 터인 즉 만만불가하고, 선생은 극히 주의하여 순리로 지배(=총리직을 수행)하여 융화책을 강구함이 마땅한지라. 선생의 생각대로 행하여 성공될 것 같으면야 나는 정면에 나서서 행하지, 선생에게 책임을 돌리고 뒤에 설 바 아니라고 하였다.

손정도 군이 와서 말하기를 자기가 임시의정원 의장을 사면할 생각이 있다고 함으로 가벼이 판단하여 대답하기 어렵다고 하였다.

옥관빈 군이 와서 말하기를 그간 여비가 마련되지 않아 오늘 저녁에야 남경으로 간다고 작별 인사를 하였다.

김항구 군에게 김공집 김복형 두 사람의 입단문답을 부탁하였다.

국무회의에 출석하여 의정원에 질의 응답할 내용을 통과시키고, 총리의 시정방침 연설안을 통과시키고, 법무총장 신규식의 사직을 반려하고, 의화공의 안동교통부에 있던 서류를 검열하였다.

김 의사 집을 방문하고 의정원에 참석하였다.

차균상 군을 면회하고 흥사단에 입단하라고 하였다.

광복단 대표 한훈 군이 정부 각원 총리 이하 각 총장 및 각 차장을 초대하는 만찬회를 대동여사에서 개최하였다. 참석하였다가 시간이 맞물려 단소로 가서 새로 문답한 6인의 입단식을 행하고, 이광수 군의 강연하는 자리에 참석하였다가 강연이 끝난 뒤에 여러 단우들과 함께 사회주의에 관한 내용을 토론하였다.

윤우산(=현진) 군이 내방함에 그에게 전에 미주에서 나에게 온 돈의 속사정을 지난 24일 정인과 군에게 대해 한 말과 같이 말한 즉, 그가 말하기를 자기가 이미 들었고 또 바깥 여론이 크게 들끓고 있다고 하였다.

(어제 일을 지금 기록함)

✦ 2월 27일, 금, 구름

예정사항

1. 정애경 오남희 김연실 3여사 면회
2. 이륭양행 주인 소저열 군 방문
3. 의정원에 참석
4. 단소 방문

윤현진 군이 와서 말하기를 지금 정부의 재정이 매우 급한 상황에 처하였으니, 미주에서 온 만 원 중에서 얼마간이라도 빌려 쓰자고 함으로, 내가 답하기를 그 돈은 속히 돌려보낼 것이요, (나에게는) 빌려 줄 권리가 없다고 하였다.

정애경 오남희 김연실 세 여사에게 대하여 입단문답을 속히 행하겠냐고 물었더니 속히 행하겠다고 함에, 내가 말하기를 군 등이 이 일을 하는 것은 군들의 일생에 큰 관계를 짓는 것이요, 대한 여자계에 대하여 무거운 책임을 갖는 것이니 깊이 헤아려 먼저 뜻을 확실히 정할 것이요, 무엇이든지 이에 대하여 걸리는 이유가 있거든 나에게 조용히 와서 고하라고 하고, 일간에 사석에서 군들의 자각한 것을 알기 위해 대강 (사전)문답을 행하자고 함에 승낙하였다.

도인권 군이 와서 말하기를 자기가 실행하는 주의는 불량한 분자를 위력으로 제거하여 선생님을 후원하고자 함으로 과거에 타인들에게 시비를 받는 일이 종종 있었거니와 차후에도 이 주의대로 나아갈 것이요, 우선 이번에 의정원 내의 불선한 분자를 제거하겠노라고 하는지라, 내가 말하기를 민족의 정도가 고상하고 실력이 충분하더라도 위력으로 압제하는 일을 행하면 사회에 나쁜 공기가 꽉 차서 난폭한 파괴를 이루나니 지금 우리 민족은 정도가 유치하고 총기관(=정부)에는 실력이 박약하여 정신적으로나 물질적으로나 극히 공허한지라. 이럴 때 극렬한 행동이 있으면 모든 일이 무너질 것이니 지금 주의할 바는 덕의적 행동으로 사회의 활기를 보존하여, 먼저 정신적 결합의 힘을 마련하고 이로부터 나아가 물질적 힘을 갖추기를 도모할지니 군은 극히 주의할 바라 하고, 또 군이 나를 후원한다고 하나 군이 그렇게 단독적으로 행동하는 것이 나중에는 정신적 책임이 나에게 미치므로 나에게 장애가 되는 것을 모르느냐고 하였다.

이석 군이 와서 말하기를 흥사단에 입단하기로 결정하였노라고 함에, 이에 약법을 주고 이를 자세히 읽은 뒤에 다시 만나자고 하였다.

김형균이 내방함에 내가 말하기를 이광수 군에게 말을 들었는가 하니 그가 말하기를 흥사단의 취지를 듣고 입단하려고 작정하였다고 하는지라, 내가 말하기를 그러면 돌아가서 흥사단을 잘 연구한 뒤에 다시 만나자고 하였다.

김청 정인과 두 사람이 와서 말하기를 소저열의 숙소를 아직 정하지 못한 고로 다시 여관을 정하고자 하노라 하였다. 내가 말하기를 나와 면회할 시간을 약속하고 연락하라고 하였다.

유상규 김복형 두 사람에게 간단한 가르침을 주었으니, 그 대략은 원동으로 온 처음부터 두 사람이 나를 도왔는데 어떠한 비밀 어떠한 일을 물론하고 다 같이 아는 바라. 두 사람이 나를 도움이 어떤 바람 때문이 아니라, 나를 도움이 즉 한가지로 단의 일을 돕자고 노력하는 바라, 감사하노라. 지금 내가 어떤 물질로써 주지는 못하나, 단지 정신으로써 두 사람에게 주겠노라. 두 사람이 새 결심(=입단)을 가지고 수양하여 전진할 바, 나와 항상 밀접히 서로 만남으로 혹 나의 부족한 것을 본받을까 (두려워) 하노라. 나와 상종함이 좀 먼 사람은 나로 인하여 수양에 보탬이 되겠으나, 이와 반대로 밀접히 상종함으로 나의 단점이 없다고 하기 어려운 즉, 나의 단점에 대하여 수양하는데 매우 주의하라고 하였다.

1시 반에 김동농(=가진)을 방문하고 의정원 회의에 참석하였다가 김희선 군과 함께 서강리로 돌아갔다.

오정은 군이 와서 말하기를 오익은의 2천 원을 한송계에게 맡기려고 하노라 함으로, 내가 말하기를 정부에 빌려 주는 게 어떠한가 함에 그가 승낙하였다.

김성기 여사가 내방함에 흥사단의 취지를 설명한 즉 매우 적합하다고 하였다.

이광수 군이 내방하였다.

박선 군이 내방하여 어제 단소에 강도가 들어와 밥상과 다구 등을 잃어버렸다고 고하였다.

김성근 군이 내방하였다.

임득산 군이 내방하여 의용대 및 흥사단에 관한 일로 상의하였다.

김석황 군이 내방하여 의용대에 관한 일을 문의하였다.

한송계 군이 와서 말하기를 오익은 군의 2천 원을 자기가 맡겠다고 함으로 (내가) 정부의 재정이 시급하니 부득불 이를 빌려야 하겠다고 하니, 그가 말하기를 오 군의 것임을 표시하지 않고 자기의 돈으로 (하여서) 천 원 가량 정부에 빌려주겠다고 하였다.

고영택 여사가 내방하여 자기가 당장 궁핍이 심함으로 30원 만 빌려주기를 요청함으로 그만큼 빌려 주었다.

박선 군이 내방하였음으로 단소에 가지 않았다.

소저열 군은 김철 군이 시간을 약속하지 못함으로 방문하지 못하였다.

✦ 2월 28일, 토, 맑음

예정사항

1. 광복단 대표 한훈 군 방문
2. 손영필 방문
3. 소저열 방문
4. 3월 1일 기부금을 보낼 것
5. 이 총리에게 송금할 것

윤림 이봉열 두 사람이 내방하였다. 이 군이 자기 앞길에 대하여 훈계를 요청함으로, 내가 말하기를 먼저 확고한 의지를 세우고 수양에 전력하여 고상한 품격을 지으며 한 가지 이상의 전문지식을 준비할 것이요, 또는 이번 (광복)사업에 생명을 바치기로 결심하라고 하였다.

오정은 군이 와서 말하기를 오익은의 2천 원을 이미 한송계에게 맡겼다고 함으로, 내가 말하기를 무방하다(고 했다). 한 군이 이미 정부에 빌려주기를 허락했다고 하였다.

이종욱 군이 와서 말하기를 내무부의 명령을 받고 곧 입국하려고 하니 주의할 바를 생각하셨다가 지시하시기를 바란다고 하였다.

손두환 군이 내방하였다.

박은식 군이 내방하여 쓸 돈이 궁핍함을 말함으로 양 10원을 드렸다.

한응화 군에게 흥사단 취지를 설명하였다.

정인과 군이 내방하여 오늘 저녁에 소저열 군을 초대하자고 함에 허락하였다.

2시 경에 의정원에 (국무총리의 시정방침 연설 예정일이라) 가니 마침 의원 정족수 미달로 유회되었다. 이어 여러 국무원들과 법무총장 신규식 댁에 모여, 내가 말하기를 우리 국무원들은 의정원에 대하여 일치하게 순하게 응하지 조금이라도 충돌이 생기지 않게 하자고 하였다. 때에 다수 의견이 화요일 의정원에서는 다른 국무원이 총리를 대신하여 답변하게 하자고 함에 중의가 일치하였다.

김희선 군이 내방하였다.

윤현진 군이 내방하여 만찬회비가 없다고 함으로 20원을 내주었다.

이어 그 만찬회에서 소저열 군에게 한국 사정을 자세히 말함에, 그는 몸을 바쳐 끝까지 일하겠다고 하였다.

10시 경에 북경로 예배당에서 행하는 어린이 연극을 잠깐 가보고 곧 윤현진 군을 방문한 즉, 그와 김립 군이 함께 미주에서 온 돈으로 급한 필요에 응하자고 함에, 내가 말하기를 정당하지 못한 일이므로 절대로 그러지 못하겠다고 하였다.

이 총리에게 송금하지 못하였다.

✦ 2월 29일, 일, 맑음

예정사항

1. 김구 최일 군 면회할 것
2. 정 김 오 3여사에게 입단문답을 준비시킬 것
3. 예배당에 갈 것
4. 단소에 갈 것
5. 김 의사 집 방문할 것

김구 최일 두 사람과 국내 선전대 배치를 토론하고 흥사단의 취지를 설명하였다.

정(애경) 김(연실) 오(남희) 세 여사의 입단문답 준비로 문답하다가 시간이 촉박하여 중지하였다.

김옥연 여사가 내방하였다.

손정도 군이 내방하였다.

최승봉 군이 와서 말하기를 입단하려고 하지만 저녁 후 시간을 육사학(=육군사관학교)에서 (보내야 해) 시간을 내기가 걱정이라고 함으로 내가 군무차장에게 말하겠다고 하였다.

박현환 김공집 두 사람이 와서 말하기를 광동에 유학하러 곧 떠남이 어떠한가 함으로, 내가 말하기를 이왕 결심이 섰으니 빨리 가는 것이 좋겠다고 하였다.

12시 경에 정인과 군의 초대로 황진남 군과 같이 대동여사에 가서 오찬을 하였다.

이석 군이 내방하여 흥사단에 입단하기로 결심하였노라고 하였다.

김건형 군에게 흥사단 취지를 설명하였다.

김순일 군이 내방함에 광복사업의 주의와 방침을 설명하였다.

조상섭 군이 와서 말하기를 자기가 중국인들에게 공채권을 팔려고 하니 어떠냐고 함으로, 내가 찬성한다고 답하였다.

박선 군이 내방하였다.

김항구 군이 와서 말하기를 속히 일본으로 떠나려고 한다 함으로, 내가 말하기를 여기에서 어느 (부처) 차장으로 임명받아 함께 일하는 것이 좋을 듯하다고 하였다.

3시 반에 단소에 갔다가 김 의사 집을 방문하였다.

🌸 1920년 3월

✦ 3월 1일, 월, 구름과 비

> **예정사항**
>
> 1. 정부의 독립선언기념(식)에 참석할 것
> 2. 오림픽에서 행하는 기념축(하)회에 참석할 것

　10시 경에 정부 직원과 의원 일동이 모여서 축하하는 명덕리 8호에 가서 같이 축하하였다.

　정상빈 군이 내방하여 옷을 준 것을 감사(하다고)했다.

　나창헌 군이 내방하여 모든 불통일(=불화) 및 불평(=불만)에 관하여 말하였다.

　2시 반 경에 오림픽극장에 민단 주최의 축하회에 가니 정각에서 몇 분이 지나 국기게양식을 행하는지라. 순서에 따라 내가 몇 마디 말로 답사를 하니, 그 대략은, 이날이 어떠한 날이오? 우리 무리들의 말이 우리 민족의 신성한 날이라. 이 날이 정의와 평등으로 생겨났음으로 하늘에 계신 상제께서 합당한 일로서 허락하셨고, 이 날이 무엇으로 말미암아 생겨났는가? 우리 2천만이 한 소리로 외치며 대한의 남자와 여자가 합동하여 이루었도다. 한국으로는 망하고자 하여도 망하기 어렵도다. 그러나 우리가 10년간 분투하여 (가져)온 바라. 적은 우리의 과거 1년 (전)의 일을 헛되게 하려고 하니, 우리는 이를 유효케 하려고 노력하고, 또 다 지금에 세계만방이 두 나라의 3월 1일을 서로 싸우는 것을 크게 주목하는 바라. 적의 분투하는 바도 3월 1일이요, 우리의 싸우는 바도 또한 오늘을 위함이라. 그런 고로 이날이 큰 날이 된 까닭이라. 우리는 다만 작년 3월 1일에 가졌던 결심을 잃지 맙시다. 그 때에 가졌던 마음이 무엇이었오? 그 때에 우리 민족의 마음은 죽기로 결심하고 정신은 일하는 사람이 되고져 함이었오. 우리가 (민족을 위하여) 일하는 자에게는 그 사람의 재능과 인격을 불문하고 부모보다도 더욱 사랑하였소. 그날의 결심은 적이 강하고 우리의 약한 것을 두려워하지 않았나이다. 나는 이 자리에서 다른 것을 말하지 아니하고 오직 작년 3월 1일의 정신을 이어 받은 즉, 우리의 목적을 이루겠나이다. 오늘 우리의 대통령 이승만 박사와 국무총리 이동휘를 어깨에 떠 매고, 저 일본의 왕가인을 두고 싸움이 우리의 목표가 아닙니까? 두 분의 동상을 독립문 앞에 세워야 하겠소. 스스로 그 몸을 깎은 즉 죽나니 두 분 영수를 받들고 앞으로 전진하기를 우리가 생각할 바라 한다고 하였다.

5시에 이 총리가 초대한 만찬에 응하였다.

✦ 3월 2일, 화, 눈

예정사항

1. 이유필 면회할 것
2. 의정원에 출석할 것
3. 국무회에 출석할 것
4. 입원할 것

10시 경에 국무회에 가서 의정원의 답변위원을 내무총장으로 정하고, 선전부부위원장 김철이 사면하므로 이유필(내가 추천)로 선정하였다. 내가 선전부 시설 방침을 연설하였다.

이유필 군에게 선전부부위원장에 피임되었음을 말하고 내일부터 선전에 관한 일에 착수하자고 하니 응락하였다.

손두환 군에게 이유필 군과 함께 선전부의 일을 상의하라고 하였다. 박선 군이 내방하여 말하기를 오늘 입단문답 할 사람을 지정하라고 하였다. 의정원에 참석하여 정부에 대한 질문들에 보조하는 답변을 하였다.

김성근이 내방하여 말하기를 모험단 단원 3인이 폭탄을 갖고 국내로 들어갔으니, 3월 1일에 무슨 일이 발생하였으리라 하고, 또 모험단이 함경북도에서 돈 2만여 원을 얻을 수 있으니 정부에서 신임장을 교부하라 함으로 아직 대답하지 못하겠고 재무 당국과 상의하겠노라고 하였다. 군이 생활이 곤란하다고 함으로 은 10원을 주었다.

이석 군이 내방함에 오늘 저녁 흥사단소에 한번 가보라고 하였다.

김공집 군이 내방하였으나 시간이 없으므로 이야기를 나누지는 못하였다.

저녁에 홍십자병원에 입원하였다.

✦ 3월 3일, 수, 구름

예정사항

1. 치료 받을 것
2. 선전부 사무에 착수
3. 입단문답

병원에서 치료를 받았다.

이석 군이 이세방 군을 소개하였다.

이광수 군이 내방하여 여운형 군이 산동 다녀온 일을 말하였다.

최승봉 군이 내방하여 말하기를 선우선이라는 사람이 광동에 유학하려고 하는데, 선생께서 보증을 서 달라고 하였는데 응락하지 않았다.

한응화 군이 내방하여 말하기를 광동에 유학하려고 한다고 하였다.

김형균 군이 내방하여 광동으로 출발한다고 작별을 고하였다.

정인과 군이 내방하여 속히 프랑스 영사를 방문하라고 하고, 또 말하기를 안동교통부에는 미국인 한 사람을 파견하기로 했다고 하였다.

유예균 오영선 두 사람이 내방하여 말하기를 지금 노령에 가려고 한다 함으로 선전위원에 임명하고 선전에 관한 일을 설명하였다.

이유필 군이 내방함에 선전부 일을 상의하고 선전부 규정을 기안하라고 하였다.

한응화 군이 내방하여 오늘은 출발하지 못하고 모레 출발한다고 하였다.

여운형 군이 내방하여 산동에 갔다 온 시말을 말하기를 산동에 있는 독일인 및 아일랜드인이 우리의 일에 대하여 말하기를 산동에 있는 노동자와 마적 등을 이용할 것과 공채권을 자기 상점에 맡겨두고 판매할 것과 채표(=복권)에 참가하여 재정을 마련할 것을 말하더라고 하였다.

서간도 대표 윤기섭 이욱 두 사람이 내방하여 서간도 사정을 상세히 말하였다.

7시에 단소에 가서 백영엽 군의 입단문답을 하였는데 끝내지 못하였다.

✦ 3월 4일, 목, 맑다가 저녁에 구름

예정사항

1. 치료 받을 것
2. 국무원에 출석
3. 의정원에 출석
4. 여운형 방문
5. 단소에 가서 문답할 것

오전에 치료를 받고 11시에 국무회의에 출석하여 중.러 두 곳의 통신을 접하니 곧 군대를 움직인다고 하였고, 내무부 비서국장 신두식과 지방국장 최동오 임명안을 통과시켰고, 의정원에 출석하여 설명할 것은 (총장급인 국무위원이 아니고 차장급의) 정부위원들에게 맡겼고, 윤현진 군의 정부위원 사면안을 반려하였고, 각 부에 파견한 경호원을 철폐시켰고, 인구세 법안을 통과시켰다.

최동오 군이 내방하여 국내로 가는 장경순에게 국내 선전대 조직 일을 위탁하고 장 군에게 그 취지와 방침을 설명하였다.

박선 군이 내방하였다.

김병조 군이 내방하여 미국에 재류하는 동포들의 사정을 물음으로 상세히 답해 주었다.

김희선 군이 백 원을 요청하였다.

여운형 군을 방문하였으나 외출하였으므로 만나지 못하였다.

2시 경에 의정원에 참석하여 정부위원을 도와 답변하였다.

7시에 단소에 가서 백영엽 손정도 유영 세 사람을 문답하고 입단을 허락하였다.

✦ 3월 5일, 금, 맑음

예정사항

1. 국무회에 출석
2. 의정원에 참석
3. 김희선 군에게 송금
4. 입단식 및 단우회에 갈 것

정무협의회에 출석하여 의정원에 관한 일을 협의하였다.

김희선 군에게 50원을 보냈다.

한송계 군이 내방하여 중국에 28년 간 재류하던 김종성이라는 사람을 소개하고 중국에 선전할 주의와 정신을 잘 말해 달라고 하였다.

조상섭 군이 내방하였다.

7시에 단소에 가서 백영엽 손정도 유영 세 사람의 입단식을 행하고, 이어서 지방단우회를 개최하고 이광수 군의 강연이 있었다.

✦ 3월 6일, 토, 맑음

예정사항

1. 국무원에 출석
2. 김철 군 면회
3. 이영근 면회
4. 법무총장 방문
5. 단소에 가서 김용정 군의 입단문답 할 것

11시에 국무회에 출석하여 군무부 참사 황일청 면직을 통과시켰고, 군무부군제편제안 및 무관학교장정을 통과시켰다.

김종성 군이 내방함에 중국인에 대하여 선전할 큰 취지를 설명하였다.

황진남 군이 내방하여 말하기를 소저열 군이 내일 오후 2시에 면회 약속을 하자 한다고 전하였다.

차정신 군이 내방하여 말하기를 자기가 기마술을 공부하려고 하니 매월 5원씩 보조하여 주기를 요청하므로 응락하였다.

최동오 군과 장경순 군이 내방하여 말하기를 장군이 고별 차로 인사드린다 함으로 이에 국내에 들어가 진행할 일을 설명하였다.

김철 군이 내방함에 흥사단 주의를 설명하였다.

정인과 군이 내방하여 말하기를 속히 프랑스 영사를 일차 방문하기를 부탁하였다.

이보민 군이 내방하여 말하기를 일본인들이 상해에 있는 우리의 주요 인물 70 여를 체포한다고 하며, 이는 공무국에서 일하는 모 영국인의 친적의 말이라고 운운하였다.

나창헌 군이 내방하여 말하기를 자기의 동지 모씨가 경성으로부터 의주에 와서 통신한 바, 그 내용이 총독부가 암살단 10여 인을 상해에 비밀리에 파견하여 임시정부의 중요 인물들을 암살케 하려 하였다고 하며, 또 여운형 장덕수 등과 흑막(=내통)이 있은 즉 여운형을 속히 죽이라고 하고, 또 여가 적의 돈 20만 원의 뇌물을 받았다고 하였으니 이에 대하여 어떻게 생각하시냐고 함으로, 내가 답하기를 허무한 말이라. 여 군은 애국자 중에 한 사람인 것을 내가 보증하노니 군이 그 동지에게 통신하여 잘 이해시키라 함에 그리 하겠다고 하였다.

✦ 3월 7일, 일, 흐림

예정사항

1. 소저열 면회
2. 김희선 군을 면회하여 군사를 의논할 것
3. 이유필 군을 면회하여 선전을 논의할 것
4. 서병호 김순애 (부부) 두 사람을 초대할 것

김구 황진남 정인과 군이 내방하였다.

이유필 군과 선전부에 관한 일을 협의하였다.

여운형 군이 내방하여 산동에 갔다온 일을 상세히 말하였다.

오후 2시에 소저열 군을 방문하여 우리 사업의 장래를 위하여 장시간 토론하였다.

5시 반에 서병호 김순애 두 사람을 동아여사에 초대하여 만찬을 하였다.

시간이 없어서 김희선 군을 방문하지 못하였다.

✦ 3월 8일, 월, 흐림

예정사항

1. 국무회에 출석할 것
2. 김성기 여사를 면회할 것
3. 의정원에 참석할 것
4. 김용정 김창세 군 입단문답 할 것
5. 윤기섭 이욱 군 초대할 것

국무회의에 출석하여 거류민단규정을 통과시키고 법무총장의 사직원을 세 차례 반려하였다.

김항구 윤현진 김종성 군이 내방하였다.

김공집 군이 내방하여 말하기를 자기가 미국에 유학할 뜻이 있다고 밝혔다.

고창일 군이 내방하여 불란서에 갔다 온 일을 말하였다. 모레 저녁을 같이 하자고 약속하였다.

김구 최일 군이 내방하였다. 최일 군이 말하기를 김석황 군이 국내에 들어가는데 여비 400원 만 지불하라 함으로, 내가 말하기를 불가능하다고 하였다.

백영엽 군이 와서 20원을 빌려 갔다.

의정원에 잠시 참석하였다.

정오에 윤기섭 이욱 두 사람을 초대하면서 왕삼덕 나우 두 사람을 손님으로 청하여 함께 만찬을 하였다.

7시에 단소에 가서 김용정 김창세 두 사람의 입단문답을 행하고 입단시키기로 하였다.

✦ 3월 9일, 화, 저녁에 비

예정사항

1. 국무회에 출석
2. 피치 목사 전별회에 참석

국무회의에 출석하였는데 정족수에 미달하여 개회하지 못하였다.

정인과 군이 내방하여 말하기를 피치 목사에게 예물로 보낼 것이 어떤 물건이 좋은가 함으로 기념패로 하는 것이 좋겠다고 하였다.

이매리 부인이 내방하여 말하기를 미국에 갈 여비 2백 원을 빌려 달라고 함으로 불가능하다고 하였다.

7시에 단소에 가서 전재순 군 입단문답을 하였는데 모호한 점이 있어서 내일 다시 문답하기로 하였다.

✦ 3월 10일, 수, 구름

예정사항

1. 국무원에 출석
2. 단소에 갈 것

국무원에 출석하여 의정원에 관한 일을 협의하였다.

이석 군이 내방하여 말하기를 자기가 노령으로 가려고 하던 생각을 바꾸어 서간도로 가려고 한다고 하였다.

손두환 군이 내방하여 말하기를 선전부 일을 다음 월요일부터 시작하자고 하였다.

이매리 부인이 본국으로부터 새로 온 장 부인을 안내하여 내방하였다.

윤현진 군이 내방하여 말하기를 남형우 씨를 총장으로 서임케 하여 임정 외부에서의 반대를 없게 하자고 함으로 생각해 보자고 하였다.

이장하 김우제 두 사람이 내방하였다.

백학 군이 내방하였다.

7시에 단소에 가서 전재순 군의 문답을 마치고 입단시키기로 허락하고, 이석 군의 입단문답을 하는데 모호한 점이 있음으로 다시 문답하기로 하였다.

✦ 3월 11일, 목, 비와 구름

예정사항

1. 국무원에 출석
2. 의정원에 출석
3. 단소에 갈 것

국무원에 출석하여 의정원에 관한 일을 협의하였다.

김연실 여사가 내방하여 말하기를 자기가 남경 같은 곳에서 공부할는지, 상해에 있으면서 어떤 일이든지 도우면서 공부할는지, 다시 국내로 들어가 활동할는지 세 가지 중에 하나를 가르쳐 달라고 함으로, 내가 말하기를 공부하는 것이 좋겠다고 하였다.

김구 군이 내방함에 내가 최일 군과 함께 속히 입단하기를 준비하라고 하니, 군이 말하기를 최일 군은 1종 이상의 학술을 배우라는 것이 실행하기 어렵다고 한다고 하였다.

김성기 여사가 내방함에 내가 함께 머물고 있는 이매리 부인이 흥사단이 있다는 것을 안다고 하니, 그 내용이 어떠하더냐고 물은 즉, 여사가 말하기를 이 부인이 미국에 흥사단이 있는 것을 알고 상해에도 있을 것 같은 의문은 갖고 있으나 정확히 어디에서 집회하는 것은 모르더라고 하였다.

박노영 군이 내방하였다.

의정원에 참석하였다.

7시에 단소에 가서 김용정 김창세 전재순 이석 네 사람의 입단식을 행하였다. 계속하여 단우회가 열리니 이는 동방에서 처음 개최되는 지방회였다. 이광수 군의 강연이 있었으니 그 제목은 〈흥사단이란 무엇인가〉였다.

✦ 3월 12일, 금, 맑음

예정사항

1. 국무회에 출석
2. 의정원에 참석

국무원에 출석하여 의정원에 관한 일을 토의하였다.

이유필 군이 내방하였다.

한송계군이 내방하여 김복의 글을 전하며 말하기를, 김복 군이 진형명을 방문하는데 나와 만나 의논하려고도 하고, 또 여비도 얼마간 요청한다고 하였다.

윤현진 군이 내방하여 말하기를 정부의 조직을 변동해야 되겠다고 하며, 이승만 통령을 폐지하고 이동휘를 대통령으로 추대한 후에 선생께서 총리가 되어 제반 일을 총괄해야 대사를 운영하겠고, 그렇지 않고 현 총리가 일을 붙들고서는 지내갈 도리가 만무하다고 함으로, 내가 말하기를 대불가라. 이 시기에 조금이라도 현상을 변하면 크게 무너지겠고, 더욱이 내가 국무원의 수석에 앉아서는 일을 하기가 어렵다 하고 내 생각은 군과 정인과 김립 등이 결심하고 적당한 청년들로 차장이 되게 하여 차장 제군들이 확고한 중견력을 스스로 확보하고, 또 총장 몇 사람이 한마음으로 단결하여 국무총리를 잘 붙들고 나가는 것이 유일한 방안으로 생각한다고 하였다.

여운형 군이 내방하였다.

임득산 군이 내방하여 말하기를 국내로 들어가려고 하여, 여비를 요청함으로 마련하지 못하겠다고 하였다.

이영열 군이 내방하여 은 40원을 청구함으로 현재 가진 것이 없다고 하였다.

조상섭 군이 내방하였다.

김현식 군이 내방하여 말하기를 자기가 미국에 가고자 하니, 소개장을 속히 써 달라고 함으로 응낙하였다.

손영필 군이 내방함에 남방에 유학생 파견하는 건을 물으니, 군이 말하기를 처음 가서는 영어 중국어와 권투를 공부하고, 다음에 항해술이나 비행술과 육군학을 학습한다고 하며, 그간 학생을 파견하다가 군무부의 시비가 있음으로 정지하였다고 하며, 파견 인원의 수는 20인 인데 14인은 이미 보냈고 6인을 아직 보내지 못하였다고 함으로 내가 말하기를 기왕 하던 일인 즉 6인을 다시 보내는 것이 어떻겠냐고 하니, 군이 말하기를 선생님께서 책임지시겠다고 하면 실행하겠다고 함으로 내가 그러라고 하였다.

이규홍 군이 내방하여 말하기를 국무원(의 상황)이 대단히 비관이라, 현상이 이러고서는 일할 수 없다 하고, 또 말하기를 대통령하고 노동총판의 책임이 동일하다고 하고, 인물들을 (한 곳에) 모으려고 하면 박용만을 이곳에 오게 해야 하는데 정부에서 이에 마음을 쓰지 않는 것은 옳지 않다 하고, 정부가 속히 융합하여 내부가 공고해야 하겠다고 하였다. 내가 말하기를 이박사와 나 사이에 충돌한 일이 없고, 그가 나에게 오해를 가질 뿐이라, 나는 이박사와 정부가 대립함에 대하여 조금도 책임을 지지 않을 것이라고 하고, 또 말하기를 공연히 비관하지 말고 청년 차장 제군이 중견이 되고 총장들이 한마음 한뜻으로 진행하려고 하면 해결책이 나올 것이니 이에 힘쓰기를 바란다고 하였다.

김공집 군이 내방하여 말하기를 손영필이라 하는 자를 믿기 어렵다 함으로, 내가 말하기를 나 역시 모르니 이미 시작한 이상에 남방에 가려고 하던 일을 시험하라고 하였다.

오남희 여사가 와서 말하기를 6일 저녁에 정애경 여사로부터 시작하여 입단문답을 하시라고 하였다.

차리석 군이 내방하여 말하기를 자기의 앞날에 대하여 비관적인 생각을 내보임으로, 내가 말하기를 조금이라도 비관하지 말고 이때에 돌이켜서 수양하면 앞날이 크게 열릴 때가 있을 것이라고 하였다.

✦ 3월 13일, 토, 맑음

예정사항
1. 국무원에 출석할 것
2. 단소에 가서 문답할 것

김석황 군이 내방하여 국내에 들어가 선전대 조직하는 일을 의논하였다. 그가 입국할 여비를 청구함으로 일요일 다음 날(=월요일) 쯤에 마련된다고 하였다.

정인과 군이 내방하여 말하기를 영국 영사를 방문한 즉, 영국 영사가 말하기를 당신들이 미국에 시민권은 없었으나 6년 이상 거주권을 가졌으므로 특별한 여행권을 가지고 올 수 있었다. 만일 미국 외의 지방에서 1년 이상 머물면 그 거주권이 소멸하게 되니, 당신들이 빨리 미국에 돌아가야지 그렇지 않으면 다시 미국에 돌아가기 어렵다고 하더라고 하였다. 정

군이 말하기를 미주 국민회에서 여비(=애초에 매월 보내주기로 약속됐던 상해 체류 활동비)를 보내오지 않으니 미국으로 돌아갈 생각이 있다고 하며, 돌아가 재정운동을 할 생각이 있다고 함으로, 내가 말하기를 미국으로 돌아가는 것도 유익하겠지만 (그대가 없으면) 외무부의 일이 난처하다고 하였다.

7시에 단소에 가서 정애경 여사와 입단문답을 행하는데 답변이 만족함으로 입단시키기로 허락하였다.

✦ 3월 14일, 일, 맑다 구름

예정사항

1. 예배당에 갈 것

안정근 군이 와서 말하기를 여운형 군이 선생님께 대하여 불만의 마음을 품고 서병호 군과 함께 지내는 터인데, 이광수 군이 여 씨를 극히 신임한 즉, 혹 비밀이 샐 염려가 있다고 하였다.

이석 군이 내방하여 은 40~50원 가량 빌려 달라고 함으로 현금이 없다고 하였다. 군이 노령에 가고자 하던 뜻을 변하여 서간도에 가서 활동하려고 한다 함으로 내가 찬성하였다.

손정도 군이 내방하였다.

이유필 군이 내방하여 선전부 일을 상의하였다.

2시에 예배당에 갔다.

박은식 군이 내방하여 말하기를 여비를 보내달라고 함으로 내일 쯤 보내주겠다고 하였다.

✦ 3월 15일, 월, 맑음

예정사항

1. 국무원에 출석
2. 의정원에 참석
3. 단소에 가서 문답할 것

국무원에 출석하여 정무와 의정원의 일을 상의하고 내가 제출한 선전부 규정안이 통과되었다.

윤현진 군이 내방하여 말하기를 국무총리가 너무 혼돈하여서 일들을 모아 집중하여 처리하기가 망연하다고 하였다.

곽병규 군이 내방하여 말하기를 자기가 속히 노령에 가려고 하니, 주의할 바를 지시하시라고 하는데 오늘은 시간이 없으니 다른 날 만나기로 하였다.

정인과 군이 내방하여 다시 미주로 가려고 한다 함으로, 내가 말하기를 아직 가만히 참고 있으라고 하였다.

황진남 군이 내방하여 말하기를 미주로 돌아가겠다고 함으로, 내가 이곳에 영어를 잘하는 사람이 없으니 돌아가지 말라고 하고, 또 (국민회에서 보내주기로 한) 그대의 여비가 오지 않으면 그대의 여비는 내가 대신 주겠다고 하였다.

김연실 여사가 내방하였다.

오정은 군이 내방하여 말하기를 자기가 속히 미주로 가려고 하니, 떠난 후 (금전 서신 등 자기와) 거래되는 것들을 선생님의 거처로 하겠다고 함으로 허락하였다.

김구 최일 두 사람이 내방하여 말하기를 김석황을 속히 보내라고 하므로 내가 여비 100원을 지급하였다.

안태국(어제도착) 군이 내방하여 서로 정회를 풀며 저녁을 같이 하였다.

김성기 여사가 와서 말하기를 자기가 국내로 가기 전에 남경을 급히 갔다 오려고 한다고 하였다.

주현칙 군이 내방하여 담화하고자 했는데 마침 시간이 없으므로 다시 만나기로 하였다.

김연실 여사의 입단문답을 하는데 부족한 점이 있으므로 다시 문답하기로 하였다.

김복 군에게 양 50원을 보냈다.

◆ 3월 16일, 화, 맑음

예정사항

1. 국무원에 출석
2. 의정원에 출석
3. 단소에 가서 문답할 것
4. 안동오(=태국) 군 면회
5. 군무차장 면회할 것

박현환 김공집 두 사람이 와서 말하기를 손(영필) 씨는 믿을 수 없는 사람이니, 공연히 남방으로 가는 것은 좋지 않다고 함으로, 내가 말하기를 이미 약속한 바이니 실행하자고 하고 (최소한) 여행의 이익이라도 있을 것이라고 하였다.

주현칙 군이 와서 말하기를 중국 내지에서 병원 업을 해볼까 생각하는데 이를 실행할지 혹은 다른 것을 할지 유익한 쪽으로 인도해 달라고 함으로, 내가 말하기를 나는 병원 시설(=개업)이 좋다고 보지만 아직은 국내에 들어가 선전대 조직하기를 바란다 함에 군이 이를 응낙하였다.

의정원에 갔다가 안태국 김희선 두 사람과 함께 돌아와 노령에 관한 일을 협의하였는데 그 방침의 개략은 3단이니, 1. 민사기관을 설치하고 확장하여 민심을 수습하되 최재형 등 유력자에게 최고 권력을 줄 것이요, 2. 군사기관을 설치하되 유동열 군이 최고 권력을 장악하여 군사 인물들을 망라하게 할 것이요, 3. 러시아에 상당한 외교원을 파견하여 러시아와 관계를 맺을 것 등이었다.

황진남 정인과 두 사람이 내방하였다.

7시에 단소에 가서 김연실 여사의 입단문답을 마치고 입단시키기로 허락하고, 오남희 여사의 문답을 하는데 미흡한 점이 있으므로 다시 문답하기로 하였다.

오전에 국무회의에 출석하여 의정원 질문에 관한 일을 협의하였다.

✦ 3월 17일, 수, 맑음

예정사항

1. 국무원에 출석
2. 의정원에 참석
3. 안태국 군 초대
4. 안태국 군 환영회에 참석
5. 오남희 여사의 문답 할 것

국무원에 출석하여 의정원의 일로 토의하였다.

안정근 군이 내방하여 말하기를 노령에서 사업을 착수하려고 하는데 신문 사업을 맡아서 시작하는 것이 좋겠다고 하였다. 내가 말하기를 비록 좋은 일이나 시설 자본이 없겠다고 하니, 그가 말하기를 미주에서 온 자금 중에서 반을 신문사 경영에 쓰자고 함으로, 내가 (그렇게 다른 용도로 쓰는 것은) 정당하지 않은 일이니 그럴 수 없다고 하였다.

이유필 군이 내방하여 의정원에서 정부에 질문한 사건을 상의하였다.

안태국 김구 두 사람과 노령 일을 의논하는데, 태국 군이 말하기를 의정원을 해산시키자고 상의하였다고 함으로, 내가 말하기를 법률상으로나 실제상으로나 불가능한 일이니 생각지도 말라고 하였다.

이장하 군이 내방하였다.

오남희 여사의 문답을 하는데 그의 두통 때문에 중단하였다.

7시 반에 단소에서 안태국 군의 환영회를 열었다.

✦ 3월 18일, 목, 구름

예정사항

1. 국무원에 출석
2. 일지 기록할 것
3. 오남희 여사의 문답을 할 것
4. 입단식 강연회에 참석할 것

국무회에 출석하여 의정원 질문안에 관한 일을 협의하고, 노령에 관한 일을 협의하다가 마치지 못하였다.

김성겸 군이 내방하여 말하기를 노령에 갔다 온 일에 대해서는 잘 해명하기로 (여러 사람들과)합의한 것을 알려 드린다고 하였다. 내가 말하기를 그 일은 내가 책임을 지기로 스스로 작정하였으니 조금도 염려하지 말라 하였다.

황진남 홍재형 두 사람이 내방하였다.

한응화 군이 내방하여 말하기를 남방에 유학하러 간다고 하면서 작별의 말을 하였다.

박선 군과 정인과 군이 내방하여 함께 오남희 여사의 문답을 행하여 합격하였음으로 입단을 허락하였다.

백영엽 군이 와서 말하기를 신병으로 외무부에 3개 월 간 휴직하고 남경 등지에 가서 치료도 하며 공부하겠다고 함으로, 내가 말하기를 병 치료 하는 것을 이해한다고 하고, 또 중국 외교에는 스스로 책임을 지라고 하였다.

김덕선 군이 와서 말하기를 남방에 유학하러 간 내용을 자세히 아시는지 라고 함에 자세히 모른다고 하였다.

며칠 간 쓰지 못한 일지를 기록하였다.

7시에 단소에 가서 정애경 김연실 오남희 3 여사의 입단식을 하였다. 8시에 강연회를 열고 〈정의돈수〉라는 제목으로 강설을 하였다.

✦ 3월 19일, 금, 비

예정사항

1. 국무원에 출석
2. 의정원에 참석

국무원에 출석하여 북간도군정서 대표 김성 군을 회견했는데, 군이 국민 회가 군정서를 방해한다는 사정을 자세히 말하였다.

정애경 여사가 내방함에 어제 입단한 것을 치하하고 더욱 마음 공부를 많이 하여 장래 우리 단의 여자부의 사업 추진하는 데 정신적으로 스스로 책임감을 갖고 그 방면으로 준비하라고 권고하였다.

김항영 군이 내방하여 일본에 가서 (일을) 진행함에 주의할 바를 물음으로, 내가 말하기를 먼저 사람들을 관찰하여 각 사람의 심리를 파악하고, 또 그 사람들로 하여금 김 군을 이해하게 한 후에 우리 동지 될 만한 사람에게 대하여는 우리의 주의를 선전하고, 그 다음에 자본가의 자제들을 교섭하여 정부에 금전을 마련해 보내도록 할 것이요, 그 다음에는 정무를 담당할 만한 적재가 있거든 정부에서 쓸 수 있도록 여기로 보내라고 하였다.

김병연 군이 와서 말하기를 자기 여비에 대하여 180원을 더 지불해 달라고 함으로 응낙하였다.

한송계 군이 와서 말하기를 중국인들에게 유세하였던 김종성 군이 돌아왔다고 하며, 그에게 선전에 관한 문건을 작성하여 주자고 함으로 응낙하였다.

박희숙 군이 와서 말하기를 자기가 제조한 폭탄을 안동에 보냈노라고 하며, 또 그 나머지는 어떻게 처치하는 것이 좋겠느냐고 함으로 여기에 두라고 하였다.

안태국 군이 내방함에 내가 상해의 일반 경과 상황을 자세히 말하였다.

차정신 군이 와서 기마술 학습비를 청구함으로 은 10원을 주었다.

정인과 군이 와서 주아(=러)외교부규장제정을 맡겼다.

김구 군이 내방하였다.

윤현진 군이 와서 말하기를 노령문제로 인하여 선생께 책임을 물을 듯하다고 하며, 또 말하기를 평안도인 중에서 모 중국인이 와서 이번 한국혁명의 수령이 어떤 사람이냐고 묻기에, 선생 이광수 손정도 김홍서 등이라 하였다고 함으로 밖에서는 이론이 많다고 하였다.

오후 2시에 의정원에 참석하였다.

✦ 3월 20일, 토 맑음

예정사항

1. 국무원에 출석
2. 이유필 면회
3. 국민단 체육부 개학식에 참석

국무원에 출석하여 의정원의 질문안을 토의하였다.

이유필 군과 외무부 주아(=러)위원 규정을 제정하자 한 즉, 군이 기초하여 오겠다고 하였다.

김희선 군이 와서 말하기를 동로사령관을 국무회의에서 통과시키라고 하기에, 내가 말하기를 유동열에게 위임한 이상에는 유동열 군이 전담하는 것이 합당하겠다고 하였다.

강영한 군에게 수양에 관하여 말하였다.

정인과 군이 내방하여 외교부 주아위원 규정을 제정하자고 함으로 이유필 군에게 맡겨 기초하게 하였다고 하였다.

오후 7시에 국민단체육부 개학식에 가서 축사하였다.

✦ 3월 21일, 일, 구름

예정사항

1. 김항구 군 전별회에 참석할 것
2. 예배당에 갈 것

오전 11시 경에 최동오 군이 내방하였다.

오후 2시에 예배당에 갔다.

옥성빈 집에 동오(=안태국) 군과 같이 초대되어 만찬을 하였다.

8시에 단소에서 김항구 군의 전별회에 참석하였다.

✦ 3월 20일, 월, 구름

예정사항

1. 김항구 군 전별 기념촬영
2. 김항구 군 작별
3. 국무회의 출석
4. 의정원에 출석하여 답변할 것

12시 30분에 단우 일동이 00원에 모여 김항구 군 전별기념으로 사진을 찍었다.

국무원에 출석하여 노령사건 답변안을 토의하였다.

안태국 군이 내방하여 내가 출국할 상황을 말하다가 시간 때문에 다하지 못하였다.

윤현진 군이 내방하여 말하기를 노령문제에 대하여 그 당시 담당하였던 사람들이 책임지고 사직하자고 함으로, 나는 경우는 그러하지만 일이 중대함으로 어려운 일이라고 하였다.

김항구 군이 내방하여 작별하였다.

최일 군이 내방하여 말하기를 국내로 들어가려고 하니 그 여비를 (지급해 달라고) 청구함으로 응낙하였다.

의정원에 출석하여 노령사건에 대해 답변하였다.

✦ 3월 23일. 화, 구름

예정사항
1. 국무원에 출석
2. 의정원에 출석하여 답변
3. 최동오 면회할 것

국무원에 출석하여 북간도군정서 대표 김성 군을 불러 그곳 상황을 진술하게 하였다.

최동오 군을 면회하고 청우조회에 보내는 서신을 부치라고 하였다.

조상섭 군이 와서 말하기를 중국 내지에 속히 공채를 팔러 가려고 하는 바 선생과 함께 가는 것이 좋겠다고 함으로, 내가 답하기를 내가 지금 신병으로 치료하는 중이요, 또 치료 후에는 필리핀에 갔다 오려고 한다고 하였다.

안정근 군이 와서 말하기를 미주에서 온 돈 문제는 자기가 책임질 터인즉, 자기에게 책임을 부여해 주기 바란다고 함으로, 내가 염려하지 말라, 내가 책임질 것이라고 하였다.

의정원에 출석하여 노령 국민의회사건에 대해 연설하였다.

고일청 군이 와서 말하기를 이번 광복운동에 우리 평안도 인은 중요 직책은 없고 오직 노력만 할 뿐이요, 아랫자리에만 있으며, 돈만 내고 있을 뿐이라. 그런데 선생까지 사직하려 하신다 함은 옳지 않다고 하였다.

정인과 군이 와서 말하기를 오늘 의정원에 가셔서 연설한 것은 매우 유쾌하게 여긴다 하였다.

윤기섭 군이 내방함에 상해정부의 지내온 일을 대략 설명하였다.

이종욱 군이 와서 말하기를 곧 국내에 들어갈 것이니 주의할 바를 가르쳐 주시라 함으로, 내가 총판부 설치를 주장하는 인물들을 보고 진정한 뜻을 가진 사람들이면 그대로 시행하게 하고, 그렇지 않으면 통신하라고 하였다. 또 정부의 계획을 물음으로 계획 중인 것들 가운데 대강을 들어 말하였다.

여운형 황진남 두 사람이 와서 말하기를 영(국)인학술연구회에 가서 연설하였다고 말하며, 또 그 모임에 모인 사람들이 크게 동정(=지지)하더라고 하였다.

✦ 3월 24일, 수, 구름

> **예정사항**
> 1. 국무원에 출석할 것
> 2. 강연회에 갈 것

국무원에 출석하여 의정원 의원 이유필 등의 질문안에 대한 답변을 토의하였다.

김병연 군이 내방함에 도미 여비 140원을 지급하고 말하기를 미국에 가서 김항구 군의 돈을 받아 즉시 나에게 보내도록 송종익 군에게 말하라고 하였다.

안태국 군이 내방하였다.

7시에 단소에 갔다. 정인과 군의 강연이 있은 후에 도미하는 사람들에게 내가 간단한 주의점을 말하였다. 안국형이 고별사 겸 자기의 생각을 말하였다. 내가 거기서 금연할 생각을 공개 선언하였다.

✦ 3월 25일, 목, 구름

예정사항

1. 안태국 군 면회할 것
2. 미국인 밀나드를 방문할 것

이유필 군이 내방함에 내가 이번 노령 문제에 대해 내가 책임지고 사직함이 어떠하냐고 하니 군이 찬성의 뜻을 표하였다.

곽병규 군이 내방하여 정부의 주의와 방침을 물음으로 대략 설명하고, 또 노령에 대한 추진 계획을 말하였다.

안태국 군이 내방함에 내가 말하기를 선생이 안동현에 가는 것이 좋겠다고 한 즉, 군이 말하기를 안동에 가는 것이 유익하겠으면 가겠다고 하였다.

윤현진 김철 이규홍 세 사람이 내방함에 나의 사직 건을 토의한 즉, 이 군은 말하기를 지금 선생이 사직하면 정부가 무너질 것인 즉 정부의 의사를(=사후 방침을) 정한 후에 사직함이 옳다고 하였다.

여운형 황진남과 같이 미국 기자 밀나드 군을 방문하였다. 우리 독립운동에 관하여 좋은 의견을 물은 즉, 군이 말하기를 조금이라도 가벼이 움직이지 말고 내부를 잘 조직하고 오래 끌어 나가다가 미일전쟁의 시기를 이용하여서 최후의 목적을 달하는 것이 옳다고 하였다. 지금 한국인의 독력으로 독립전쟁을 한다는 것은 많은 생명을 희생할 뿐이요, 아무 효과가 없다고 생각한다. 한국이 일어나 전쟁을 한다 해도 미국이나 다른 나라의 원조를 기대하지 말아야 한다. 다른 나라들이 각각 자기의 이해를 위하여 전쟁하지, 단지 한국만을 위해서 하지는 않는다. 미일전쟁의 시기는 5년 내에 있다고 생각한다고 하였다.

✦ 3월 26일, 금, 구름

예정사항

1. 국무원에 출석
2. 국민단 체육부 야학에 출석할 것

오후 2시에 국무회의에 출석하였다.
오후 7시 30분에 국민단체육부 야학에 출석하였다.

✦ 3월 27일. 토, 구름

예정사항

1. 입원

금연하기 위하여 오후에 입원하였다.

✦ 3월 28일, 일, 구름

손정도 정애경 오남희 세 사람이 내방하였다.

✦ 3월 29일, 월, 구름

박선 군이 내방하여 은 50원을 가져갔다.

김항신 여사가 와서 말하기를 고영택의 여비가 미주에서 올 것인데, 지금 여비가 없어서 이번 동행에 함께 할 수 없게 되었으니 선생께서 주선해 주기를 바란다고 함으로 응낙하였다.

✦ 3월 30일, 화, 구름

고영택 여사가 내방함으로 여비 조로 150원을 지급하였다. (미국에 가서) 송(종익)군에게 돌려주라고 하였다.

✦ 3월 31일, 수, 구름

> **예정사항**
>
> 1. 단소의 강연회에 참석할 것

7시에 단소에 가니 마침 강연하기로 예정된 사람이 없음으로 내가 간략히 말하였는데, 1. 거짓말 하지 말 것, 우리가 한번 거짓말함으로 인하여 우리 단의 만 가지 일이 다 허물어 질 것이니 부득이 한 경우에는 말하지 않는 것이 옳다. 2. 꾸미지 말 것, 우리는 본바탕대로 나아갈 따름이니 꾸미지 않는 체 하는 것도 꾸미는 것이라. 다만 본래대로 나아갈 뿐이다. 노령과 중국 각지의 사람들은 다 죽음으로써 (당면의) 독립을 운동하고 있거니와, 우리가 지금 이와 같이 단으로 모임은 곧 (장래의) 재생을 도모함이다. 한국인이 (스스로) 한국인이 참말이 없다는 것을 인정하는 것이다. 그 외에 말할 것은 우리가 혹 자신의 주위 사정 때문에 그 마음의 불쾌함을 (불러) 일으키는 경우가 많다. 경제상 사업상 개인상 또 교제상 스스로 불쾌함이 생기게 된다. 불쾌한 즉 정신이 혼돈(=흐트러짐)하고 정신이 혼돈한 즉 양심이 박약하여 지는 법이다. 할 수 있는 대로 미리 불쾌한 일이 없도록 주의합시다.

1920년 4월

✦ 4월 1일, 목, 구름

국무총리의 특청으로 국무회에 출석하여 노령의 총판부 총판은 최재형으로, 부총판은 김치보로 선정하고, 북간도 총판부 직원은 시찰원을 파견한 후 조직하게 하기로 하였다.

조상섭 군이 와서 말하기를 중국 내지에서의 공채모집 건을 속히 시행하기 바란다고 하였다.

✦ 4월 2일, 금, 구름

도미하는 김병연 안국형 유일 세 사람이 내방하여 작별하였다.

안태국 선생이 위가 아파 신강병원에 입원하였으므로 홍십자병원으로 옮기게 하였다.

최일 군이 와서 말하기를 위해위로 가는 여비 50원을 요청함으로 지불하였다.

윤기섭 이진산 두 사람을 방문하였다.

7시에 국민단체육부 야학과에 출석하였다.

✦ 4월 3일, 토, 구름

예정사항

1. 박용만 군 방문
2. 박용만 군이 초대한 만찬회에 참석할 것

오전에 박용만 군을 일품향으로 방문하였는데 출타하여 만나지 못하였다.
손정도 군을 방문하였다.
단소를 방문하였다.
6시에 박용만 군이 초대한 만찬회에 가니 참석한 사람이 약 100 명가량이었다. 박 군이 말하기를 군사주의(=무장투쟁론)를 갖고 있음으로 외교의 일은 보지 못하겠다고 선언하였다.

✦ 4월 4일, 일, 구름

예정사항

1. 이화숙 여사 면회

예정했던 이화숙 여사 면회는 하지 못하였다.

✦ 4월 5일, 월, 맑음

예정사항

1. 국무회에 출석할 것

2. 윤기섭 면회할 것

국무회에 출석하여 노령의 김규면을 재무관에, 유찬영 군을 부재무관에 임명하고, 또 주외재무관서 관제를 통과시켰다.

윤기섭 군이 왔기에 이번 광복사업에 대한 정부의 방침과 함께 내 생각을 오랜 시간 설명하였다.

곽경 군이 와서 말하기를 국내에 들어가는데 작탄을 확보한 일과 사람을 물색한 사실을 말하고 속히 물건을 갖고 김원경과 함께 입국하겠다고 하였다.

✦ 4월 6일, 화, 맑음

예정사항
1. 야외 산보

김철 이관수 기타 여러 사람과 용화사 및 젯스필공원을 산책하고 4시경에 단소로 돌아 왔다.

✦ 4월 7일, 수, 맑음

예정사항
1. 박석홍 면회
2. 문창범 방문

오후 1시 경에 최동오 군이 와서 말하기를 국내에 들어갔던 소석과 또 한 사람이 곧 도착한다고 하며, 금전은 10만 원 가량 모집되었다고 하였다.

나는 비행기 건으로 내가 장차 필리핀을 갔다 와야 할 듯 하다고 하였다.

박석홍 군에게 흥사단의 취지를 설명한 즉 군이 크게 찬동하였다. 오늘 저녁에 단소로 오라고 하였다.

서필순 군이 와서 돈을 빌려 달라고 함으로 지금은 없다고 하였다.

오후 2시에 문창범 군을 방문하였는데 출타하여 만나지 못하였다.

✦ 4월 8일, 목, 맑음

예정사항

1. 국무원에 출석
2. 안정근 입단문답

국무원에 출석하여 정무를 협의하였는데 중국 노령 양 지역의 시찰을 (위해) 군무차장 김희선 군을 파견하게 하였다.

오후 7시에 단소에 가서 안정근의 입단을 문답하고 입단시키기로 허락하였다.

✦ 4월 9일, 금, 맑음

예정사항

1. 윤기섭 군을 면회할 것

김희선 군이 내방하였다.

박태하 군이 와서 돈을 빌려 달라고 함으로 은 5원을 주었다.

서필순 군에게 은 5원을 주었다.

최동오 군이 사료집을 요청함으로 1부를 보냈다.

윤기섭 군이 내방함으로 정부의 주의와 진행방침을 설명하였다.

아침에 단소에 가서 정좌회에 참석하였다.

이유필 군을 방문함에 군이 병으로 침대에 누워 있으므로 치료비 20원을 주었다.

오후 8시 반에 국민단체육부 야학과에 갔다.

✦ 4월 10일, 토, 비

조상섭 군이 와서 말하기를 중국 내지에서의 공채 모집에 동행할 수 있냐고 물음으로, 내가 필리핀과 안동에 갔다 오려고 하는 중인데, 시간적으로 겹치지 않으면 동행이 혹 될 수도 있겠다고 하였다.

✦ 4월 11일, 일, 구름

이른 아침에 단소에 가서 정좌회에 참석하였다.

오후 7시 반에 동오(=안태국) 선생이 별세하였다.

✦ 4월 12일, 월, 구름

정인과 군이 와서 말하기를 흥사단의 비밀이 밖으로 드러났다고 하며 말하기를 선우혁 군이 말하기를 상해에 흥사단이 있다고 자기에게 말하더라고 하면서, 장래 단의 일이 널리 세상에 알려지게 되면 상해에서 단의 행사는 못하고 단을 소개하여 미주에 있는 단에 입단하게 하였다고 박선 군과 함께 책임을 지겠다고 하였다.

선우혁 군을 불러 흥사단에 관한 일을 물으니 서병호 군에게 들었다고 하였다.

✦ 4월 13일, 화, 맑음

예정사항
1. 장례 전반에 관하여 협의할 것
2. 입관식 행할 것

오전에 김구 군에게 수의 제봉을 부탁하였다.

고 동오 선생의 옛 지인들을 초청하여 장례 관련 제반 상항을 의논하였다.

정인과 군이 와서 말하기를 이석 군이 공무국에 체포당하였다고 긴급 보고함으로 즉시 여운형 군으로 하여금 교섭하게 하였더니, 여 군이 와서 보고하기를 이미 일본 영사관에 넘겨졌다고 하였다.

오익은 군이 와서 말하기를 자기의 삼촌 희원 군과 형이 함께 금화 3만원을 보내올 계획이라고 하였다.

오후 5시에 입관식을 행하였다.

✦ 4월 14일, 수, 맑음

오후 3시 반에 발인하여 정안사로의 공동묘지에 안장하였다.

오후 6시 경에 김복형 군에게 내가 이러지도 저러지도 못하는 어려움을 말하였다. 나에게 외교의 직책을 맡으라 하나 헐뜯고 질투가 많은 사회인지라 응하기도 어렵고 거절하기도 역시 어렵다고 말하고, 또 모씨가 발기하려고 하던 정당의 조직이 나를 기피하여 중지하려고 한다는 것을 말하였다.

✦ 4월 15일, 목, 비

예정사항

1. 이탁 군 면회

주현칙 군이 와서 국내에 갔다 온 일을 말하는데, 국내 일반 동포가 지극히 선생님을 신뢰하는 바인 즉, 어떠한 고난이라도 무릅쓰고 상해에서 참고 지내셔야 하겠다고 하였다.

조상섭 군이 와서 다시 공채권 판매할 일을 말함으로, 내가 이 일 때문에 백영엽 군에게 여러 번 말하였으나 듣지 않는다고 말하였다.

김구 군이 왔기에 내가 아무래도 중견되는 단체를 조직해야겠다고 말하였다.

오익은 군이 와서 말하기를 이왕 정부에서 쓰기로 하였던 돈을 가지고 독립신문사에 기부하는 것이 어떠냐고 묻기에 찬성의 뜻을 표하였다.

김연실 여사가 내방하였다.

이탁 군이 와서 자기의 동생(=이석)의 사정을 말하며, (이석이) 중국인이라고 말하면서 다시 교섭해 주기를 바란다고 하기에 여운형 군을 방문하였는데 그가 외출하여 만나지 못하였다.

✦ 4월 16일, 금, 구름

예정사항

1. 국무원에 출석

김구 군이 내방함에 다시 우리 사업의 중견될 단체를 말하였다.
(한)송계 군에게도 (중견)단체 조직에 관하여 말하였다.
옥관빈 군이 내방함에 내가 수양에 관하여 권고하였다.
최성봉 군이 와서 어려움을 말하는 고로 은 5원을 주었다.
임득산 군이 와서 말하기를 국내에 단총대와 작탄대를 조직하려고 하는데 어떠냐고 하기에, 군무부 주관아래 행동하라고 말하였다.
국무회의가 정족수 미달로 열리지 못하였다.

✦ 4월 17일, 토, 맑음

예정사항

1. 윤기섭 왕삼덕 이진산 면회할 것
2. 옥성빈 군 면회할 것

홍재형 군이 와서 말하기를 빨리 입단하고 출발하겠다고 하였다.
임득산 군이 와서 국내에 들어가서 행동하겠다는 자기의 생각을 말하였다.
윤기섭 왕삼덕 이진산 세 사람이 와서 서간도에 대한 의견을 말하는데, 1. (임시)정부에서 정부(=서로군정서)에 사람을 파견할 것, 2. 평안남북도에서의 공채권발매권을 서간도에 전적으로 위임할 것, 3. 군사회의를 속히 소집할 것. 이상 세 가지를 요구함으로 내가 답하기를 군사회의는 물론 속히 소집해야 되겠고, 서간도 파원에 대해서도 같은 생각이요, 공채를 따로 서간도에 떼어 주는 것은 어려운 문제라 하고, 지금 국사에 대해 뜻있는 이들이 한 부분만 생각하지 말고 전체에 대하여 연구하기를 바라며, 상해 정부의 유지 여부가 정부 안팎으로 큰 관계가 있는 것을 알고 그 유지에 노력하기를 바란다고 하였다.

정제형 군이 와서 국내에 갔다 온 일을 보고하기를 국내동포들이 정부에 대하여 희망과 의뢰하는 마음은 많으나 스스로 행할 마음은 없다고 하였다.

이탁 군이 와서 말하기를 서간도의 인심은 흩어져서 당국자가 우려 속에 있고, 경제상 곤란으로 앞으로의 진행이 망연하다고 하였다. 군이 (아우)석 군의 탈출을 의논하는데, 1은 중국인이라고 하여 운동하고, 2 옥중에서 몰래 탈출하게 하고, 밖에서 자동차로 접응할 것, 3. 2인 혹 1인이 무기로 모험 행동을 하려고 한 즉 선생께서 뒤에서 힘써 달라고 청함으로 힘이 미치는 대로 응원하겠다고 하였다.

박승명 군이 와서 국내로 들어가겠노라고 하며 고별하였다.

한창동 군이 일본 동경으로부터 와서 방문하였다.

이탁 군이 와서 말하기를 (옥중의 이석에게) 연락하는 것은 옥성빈 군이 주선해야 되겠고, 그후 자동차 준비를 어떻게 할는지는 모르겠다고 하는 고로 내가 주선하겠다고 하였다.

옥성빈 군을 청하여 옥중의 연락은 중국인을 잘 활용하고, 자동차로 응접하는 것은 미국인을 쓰라고 하였다.

차리석 군이 내방함에 내가 마음을 안정시키고 잘 전진하라고 하였다.

✦ 4월 18일, 일

단소에 가서 정좌회에 참석하고, 홍십자병원에 가서 치료를 받았다.

곽병규 군이 와서 말하기를 안동현 및 국내까지 갔다 오겠노라고 하며 작별하였다.

이봉구 군이 내방하였다.

옥성빈 군이 와서 말하기를 어제 밤 일(=이석 탈옥)은 연락이 잘 안 돼 수행하지 못하였다고 하였다.

✦ 4월 19일, 월, 맑음

예정사항

1. 치료를 받을 것
2. 국무원에 출석할 것
3. 김가진 군 방문할 것

정좌회에 참석하고, 병원에 가서 치료 받았다.

김가진 군을 방문함에 군이 말하기를 대동단 총부를 조직할 것이라고 하였다. 전에 대동단 간부들이 돈 수십만 원을 마련해 가지고 오다가 대전에서 일본 경찰에게 체포당하였다고 하였다.

국무원에 출석하여 북간도 파견원으로 안정근 이탁 두 사람으로 정하였다. 서간도 파견원은 계봉우로 정하였다. 군무부와 내무부에 참사 1인씩을 증원케 하고, 외무총장(=박용만)은 의원 면직시키고, 나에게 서리하도록 결의되었으나 나는 절대로 맡지 않을 것을 선언하였다. 서간도의 군사 민사의 편제와 서간도군정사약규의 교정을 내무부 재무부 군무부의 세 당국자가 서간도대표자와 협의하여 규정하도록 하였다.

최동오 군이 김심국 김홍선 두 사람을 소개하러 내방하였다.

최 군에게 내가 안동에 갔다 오겠다는 생각을 말하였다.

나창헌 군이 내방하여 어떻게 할지 방침을 묻기에 대강 설명하니, 군이 공감하였다.

정인과 군이 내방함에 이석의 재판에 대비하여 속히 변호사를 고용하라고 하였다. 홍재형 군의 돈 40원을 받았다가 홍 군에게 되돌려 주었다.

박선 군이 내방함에 은행에서 100원을 추심하여 25원은 춘원의 여비로, 25원은 그가 쓰라고 하였더니 저녁에 군이 나머지 50원을 가지고 왔다.

✦ 4월 20일, 화, 맑음

예정사항

1. 김립 군 문병할 것
2. 반송원에 갈 것

이른 아침 단소 정좌회에 참석하였다가 돌아오는 길에 김립 군을 문병하였다.

오남희 군이 와서 자기가 앞으로 할 일을 정하지 못하여 걱정된다고 하면서, 국내에 들어가려는 생각이 많다고 하였다. 내가 무엇이든지 배우는데 마음을 쓰라고 하였다.

도인권 군이 와서 말하기를 국내에서 적의 밀정들을 토벌하기 위해 외국인에게서 단총을 구입하는데 그 대금을 오늘 주기로 예약하였으나, 재무부에는 지금 그 돈이 없음으로 걱정하는지라. 그러므로 내가 마련하겠다고 하고, 해송양행에서 은 400원을 가져와 도 군에게 주고 그 권총은 안동에 있는 김석황 군에게 보내라고 하였다.

유진호 군이 왔기에 동오(=안태국)선생 가족의 장래 생활 대책을 의논하였다.

이유필 군이 내방함에 내가 말하기를 나도 안동에 갈 터이니 군이 공채 발매위원으로 안동에 가면 나와 방침을 함께 하고, 안동에 선전부를 확장하고, 또 상해에 선전부 조직을 설치하자고 하고, 선전사업에 대해서는 나에게 의뢰하지 말고 스스로 책임지고서 실행하라고 하였다.

이영열 군이 와서 말하기를 해송양행에 가보니, (독립)신문사로 올 돈을 선생님께서 가져갔다고 함으로, 신문사에 갈 돈 257원 5각 중 257원은 은행표로, 5각은 현금으로 주었다.

오후 2시 경에 정인과 고일청 이유필 유상규 전재순 김복형 군들과 함께 반송원의 봄 경치를 구경하고, 돌아오는 길에 동아여사에서 만찬을 하였다.

✦ 4월 21일, 수, 맑음

예정사항

1. 시국이 비상히 험악한 지경에 들어가는 고로 수습하기 위하여 각 총장들과 상의하여 내부를 결속하여 대동단결하기를 착수할 것
2. 재무총장 방문할 것
3. 재무 내무 두 총장을 초대할 것

이시영 군을 방문하고 말하기를 시국의 전도가 극히 험악한 중에 있으니, 이에 대한 수습책을 특별히 강구하여야 될 터이니 군의 생각은 어떠하냐고 물은 즉, 군이 말하기를 나 역시 걱정할 뿐이요, 좋은 계책은 없다고

하였으며, 나더러 외무총장 서리를 끝까지 사양하지 말고 정인과 군을 다른 부서 차장으로 옮기게 하고, 신익희 군을 외교차장에 임명하자고 하는지라, 이 안○○(=창호)나 신익희는 우선 병객으로 기상(=인상)부터 마르고 음울해 외국인 접대에 어울릴 수가 없으니, 차라리 겉모습이라도 혈색이 좋은 정인과 군이 계속하는 것이 좋겠다고 하고, 또 말하기를 이것은 작은 이유이고, 크게 말하면 구미 외교를 맡은 이승만 김규식 제군이 나에게 대해 좋지 않은 감정을 품은 것이 사실인 바, 지금 내가 외교총장에 있으면 외교상 통일을 이루지 못할지니 어찌 일을 진행할 수 있으리오. 또 말하기를 외교총장이 되고 안 되고는 모두 작은 문제이니 오늘 정오에 내무총장 및 군과 함께 합석하여 대국 전체에 관하여 토의하자고 함에 그가 좋다고 하였다.

　선우훈 군이 내방함에 흥사단의 취지를 설명코자 하였으나, 마침 시간이 없어서 하지 못하였다.

　윤현진 군이 내방함에 내가 말하기를 오늘 두 분 총장을 청하여 현 각원 5인의 특수한 맹약을 정하려고 착수하였노라. 이번 일에 성심으로 힘써서 잘 진행되면 다행이요, 그렇지 못하면 나는 국민들께 죄를 고하고 적절히 처신(=사퇴)하려 하니 이런 때에 나와 그대는 비상한 마음을 다하여 다섯 선배의 결속되는 것과 그 다음 청년 차장들이 결속되는 것과 그 다음에는 각계 각파의 유력인사가 결속되어 전부 망라하기를 기어이 성공하도록 노력하자고 하니, 그가 말하기를 이는 성취될 희망이 없으니 현 내각을 바꾸는 외에는 다른 계책이 없다고 하며 말하기를 선생께서 진정으로 일을 위하시거든 국무총리가 되기로 마음먹고, 늙은이들 중에 갈 사람은 가고 차라리 청년정부를 조직하여 일하다가 죽어도 기쁜 일로 생각하자고 하고, 그렇지 않으면 저도 또한 탈퇴할 것이요, 저 뿐만 아니라 이규홍 등 뜻있는 청년의 생각이 다 같다고 하였다.

그렇게 하여 일이 성공할 줄로만 보면 군이 말하기 전에 내가 일을 위하여 먼저 말할 수 있겠소. 지금 우리 국민의 정도가 일의 시비와 사람의 선악을 판단하지 못하고 소위 선배들이 조금만 단합하지 못하였다고 하면 전부가 비관 낙망 불평이니 지금 이만한 현상 정도로라도 유지할 수가 없겠고, 대외적으로도 크게 신용을 추락시키게 할지니 우리는 이미 모인 사람들이 성심성력으로 단합하여 일하기를 힘쓸 수밖에 없다는 뜻으로 간곡히 권고한 즉, 군이 그대로 따르겠다고 하였다.

김병조 군이 내방함에 내가 말하기를 선전부에 관한 일을 보기를 청하고, 또 (선전)부의 위원될 만한 사람을 소개하라 한 즉, 군이 응낙하였다.

이동녕 이시영 군을 동아여사에 초대하여 오찬을 함께 하였다. 내가 두 사람에게 말하기를 우리 2천만 민족이 우리 다섯 사람을 우러르고 희망을 거는 모습을 생각하면 가련하다고 하겠소. 우리 5인이 국민의 위탁을 받아 모인 후에 일에 현저한 성과가 없는 것은 고사하고 일을 하면서 서로 간담을 열고 성의를 다함이라도 있었는가. 반년 이상을 그럭저럭 지내며 국민을 속이고, 또 스스로를 속이고 있으니 나는 이를 원치 않으니 나는 나 개인의 처신 문제를 결판 지으려 한다고 하였다.

동녕 군이 말하기를 과거는 참으로 그러하였도다. 세상에 부끄럽다고 하였다. 시영 군이 또한 똑같이 답하였다. 나는 네 분(=이동휘, 이동녕, 이시영, 신규식)을 모이시게 한 후에 성심성력으로 대하며 함께 일하려고 생각하고 또 행하였거니와 나의 관찰로는 동서내외가 나에게 대하여서 지방열자와 야심가라 하여 일하기가 곤란한 중에 당신들 4인부터 나를 향해 위와 같은 생각을 품은 줄 아는 까닭에 (무엇이라도) 움직이려고 시도하다가는 움직이지 못하고 노동총판이라는 허명을 가지고 무의미하게 시간을 보내려고 하니 몇 가지 일로 비상한 고통 중에 있노라고 하였다.

동녕 군이 말하기를 나도 솔직히 말하면 그런 오해가 없지 않았다고 하였다. 시영 군도 말하기를 도산은 자부심(=보스 의식)이 있어서(=커서) 다른 사람들이 그렇게 오해하는 바가 있다고 하였다.

　내가 말하기를 두 분이 무엇 때문에 그런 의심을 품게 되었는지 직언해 주면 나에게 좋은 참고가 되겠다고 한 즉, 동녕 군이 말하기를 내가 직접 겪은 일은 없으니 (특별히) 말할 내용은 없고, 다른 사람들의 말을 들었으므로 그런가 보다라고 생각하게 되었다고 했다.

　내가 말하기를 들은 말들을 다 믿기는 어려웠더라도 또한 믿을 만한 바가 전혀 없었더라면 그렇지 않았을 것이니 들은 말 중에 어떤 것들이 있었는가 한 즉, 동녕 군이 말하기를 들은 말이 너무 많아 다 말하기는 어렵고 심지어 도산이 노령에 있을 때에 서도 청년들을 모아 가지고 기호 사람을 다 함몰시켜 달라고 기도까지 하였다는 유치한 말까지도 있었다. 그러나 이런 것은 믿지 않으나 한 가지 그런가 싶은 말은 몇 년간 서도(=평안도)에 돌아다니면서 연설하기를, "너희 서도 사람들은 몇 백 년 간 기호 사람들에게 천대 받은 것을 분하게 여기지도 않느냐. 이때 일어나 기호 사람을 들어 엎지 못하면 피도 없는(=분노할 줄 모르는) 동물이다" 하며 지방열을 고취하였다는데, 이는 (도산이 본래) 지방열이 있었기 때문이 아니라, 한때 청년들을 고취시키려는 계책으로 그랬을는지 모르겠다. 그러나 그것이 (결과적으로) 오늘날에 큰 화근을 이루었다. 그러므로 도산은 대한 민족 중에서 지방열 창조자라는 책임을 면하기 어렵(게 되었)다고 하였다. 시영 군이 말하기를 도산의 수단으로 보면 능히 이런 일을 했으리라고 생각된다고 하였다.

　내가 말하기를 대중들에게의 (공개적인) 연설은 고사하고 두어 사람만을 앞에 두고서라도 그런 생각을 발표한 일이 전혀 없었다. 나는 될 수 있는 대로 참되고 바른 방법으로 나아가려고 하는데 왕왕(=자주) 수단설이 나에게 미치는 것은 이상한 일이라고 하였다.

동녕 군이 말하기를 세상 사람들의 생각은 도산의 수단은 보통 수단이 아니고, 비상한 수단을 가졌음으로 그 수단에 빠졌으면서도 수단인 줄을 모른다고 하였다.

내가 말하기를 세상 사람들이 그렇게 생각한다면 나 스스로는 정의를 표방하지만 정의를 모르는(=없는) 수단인 즉, 그런 이름을 떨쳐버리려고 바라는 것은 어렵겠으니 가소롭다(=한심하다)고 하였다. 이런 자리에서 나 한 사람의 일을 이야기하는 것이 우스운 일 같으나 현 시국에도 큰 관계가 되는 일인 즉, 두 분이 진정한 생각을 드러내 말씀하심은 나에게 매우 큰 위안이 된다고 하였다. 두 분의 생각처럼 지방열이라든지 다른 생각이 있었으면 그것을 좀스럽게 감추지 않고 한번 시원하게 내가 과거 청년 시절에는 그랬었거니와 오늘부터는 그렇지 않겠노라고 선언할 바라. (그러나) 나는 젊을 때부터 지방열이라는 데는 생각도 미치지 못하였노라. 그럼에도 나에게 지방열의 죄를 몰아 부치는 것은 그 이유까지도 내가 자세히 알지만 말하지 않겠노라고 하였다. 내가 (또) 말하기를 우리 민족의 보통 사람들은 고사하고 소위 지도자라고 하는 사람들의 두뇌를 살펴보면 입으로는 일본을 배척하고 나라를 독립시키겠다고 하지만 사실 내용은 현해탄 건너 있는 (일본) 정계 인물들의 계획과 실행을 살펴서 이것을 이기려고 작전을 계획할 생각은 감히 내지 못하고, 단지 (우리의) 울타리 안에서 무력하고 가련한 처지에 있는 자기 식구들 간에 누가 한 발짝이라도 앞서면 깜짝 놀라 다투려고 작전 계획 하는 것뿐이라고 하였다.

동녕 군이 말하기를 도산의 생각으로는 이후의 일을 우리가 어찌해야 좋겠느냐고 물음으로, 내가 답하기를 우리의 일은 계속과 지구하는 것이 중요한데 〈계속지구〉하려면 국민들의 뜻이 〈일치집중〉하여 동일한 보조로 버텨야 할 것이라. 그렇게 하려면 인심을 올바로 지배하고 인심을 (잘) 이끌어야만 되겠는지라. 우리 총리 및 총장들의 국무원 자체가 허약함으로 인심을 지배하고 이끌 수 없어 위엄 있는 명령은 날로 추락하고 인심은 점점 흩어져 얼마 못 가서 자멸의 화를 면하지 못할까 두려우니, 그런즉 오늘날의 중요 문제는 우리가 서로 합하고 같이 일해 갈 희망이 없으면 각각 헤어지고 말 것이요, 그렇지 않고 모여서 가려고 하면 진심으로 합동하여 (우리들) 5인이 제1급 중견을 세우고, 청년 차장들을 결합하여 제2급 중견을 세우고, 각계 각파의 유력인사를 단합하여 제3급 중견을 세워, 1급부터 3급까지가 다시 합하여 공통한 중견이 되어 가지고 국민 전부를 망라하도록 비상한 노력을 기울여 활동함이 마땅할 줄로 압니다.

두 사람이 말하기를 우리가 벌써 그렇게 하였어야 될 바라. 과거에는 어찌하였든 지금부터라도 시작하여 단행하자 하고, 실행 방침에 대하여 여러 가지로 토의하느라 반나절을 소비하였다. 내일에는 신규식 군을 청하여 말해서 4인 국무원의 생각이 일치한 후에 다시 총리에게 말하여 실행하기로 하고 헤어졌다.

한창동 군이 내방하여 자기의 의견서를 내보이며 전도의 방침을 물음으로 대강 설명하였다. 군은 재정을 위하여 힘써 보겠다고 하였다.

정인과 군이 와서 말하기를 이탁 군이 (자기 아우인) 석 군 일로 사람 둘과 함께 단총을 가지고 모험적 행동을 하겠다 하더라고 하였다. 내가 이번에 시국수습책에 착수한 일에 대하여 노력을 함께 하자고 하였다.

옥성빈 군이 내방하여 이석 군의 일이 어떻게 되었는지를 물음으로, 내가 탈출하려다가 다시 체포되었다고 하였다.

김구 군이 와서 이석 군의 사건을 말하였다.

이탁 군이 와서 말하기를 석이를 탈출시키려던 일은 실패 되었슨 즉, 최후 수단을 써 보겠다고 하였다. 내가 말하기를 심히 어려운 일인 즉 깊이 생각해 보라고 하였다.

✦ 4월 22일, 목, 맑음

예정사항

1. 국무회에 출석할 것
2. 동오 선생 추도회에 참석할 것

새벽에 단소에 가서 정좌회에 참석하였다.

이유필 군이 내방하여 (함께) 선전부 직원을 조직하였다.

김순일 최지화 김재덕 세 사람이 내방함에 내가 우리의 전도 진행방침을 말하고 그 청년들에게 정부에 절대로 계속하여 복종하며 성충을 다하라고 하였다. 김순일 군에게 선전부 위원이 되라고 한 즉, 할 뜻이 없다고 함으로 다시 상의하자고 하였다.

윤현진이 내방함에 내가 어제 두 총장과 담론한 결과를 말하고, 그대는 특별히 진력을 다하라고 하였다.

김홍서 군이 내방함에 이석 군에 관한 일을 토의하였다.

안정근 군이 내방하여 노령과 북간도에 파견 가서 행할 일을 이야기하였다.

2시에 국무회에 출석하였다.

7시 반에 단소에 가니 온 단원들이 많지 않음으로 정각에서 30분 가량 늦추어 개회하였다. 김구 군이 동오 선생의 약력을 말한 후, 정인과 이광수 군의 추도사가 있은 후에 나의 간략한 애도사가 있었다. 시간이 많지 않음으로 정례적인 강연회는 하지 않았다.

✦ 4월 23일, 금, 맑음

예정사항

1. 치료를 받을 것
2. 3 총장을 회합하여 시국수습책을 강론할 것

군사 야학과정에 출석하였다.

김구 군이 와서 말하기를 이탁이 6혈포 준비에 돈이 부족하다고 하더라고 하였다. 내가 말하기를 (모험적인) 이 일을 하지 않는 게 좋겠다고 하였다. 또 군이 말하기를 육군사관학교에서 불평이 일어나니 도(=도인권)를 축출하거나 죽이거나 해야겠다고 하였다.

이탁 군이 와서 말하기를 석 군에 관한 일을 말하는 고로 그렇게 하지 말라고 하였다.

정인과 군이 와서 말하기를 미국으로 돌아갈 뜻으로 국민회에 여비를 청구하는 전보를 기초하여 가지고 내보이는 고로 더욱 인내하면서 일을 보라고 하니 군이 응낙하였다.

재무총장의 초대로 내무 법무 총장 및 내가 사마로 영남루에 모여 그제 동아여사에서 회의한 취지를 가지고 법무총장과 함께 장시간 토의하되 이번 의논은 우리 2천 만 민족의 사활문제인 줄로 알고 엄중하게 정하자 하여 4인의 뜻이 일치해야 하겠다고 하고, 내일에는 국무총리를 회동하고 토의하자 하고 헤어졌다.

윤현진을 청하여 오늘 4총장과 담론한 결과가 좋음을 말하고, 청년들에게도 속히 착수하라고 하였다.

김병조 군을 청하여 선전부 규정을 보이고 이사원이 되라고 권함에 군이 응낙하였다.

국내에서 온 정봉선 여사가 아들 이태환 군과 함께 내방하였다.

강대연 김찬숙 두 사람이 내방하였다. 김 군이 말하기를 자기가 광동정부와 교섭하여 오던 것을 정부 측에서 협잡이라고 하여 큰 곤란을 받고 있으니 뒷수습을 잘 하여 달라고 함으로 내가 말하기를 광동정부에 교섭한 시말을 기록해서 오라고 하였다.

이동휘 군을 방문하여 말하기를 국무원이 서로서로 비밀을 지키고, 서로 속여 단합되지 못한 것은 사실이라. 이렇게 가면 반드시 자멸할지니 총리 자신부터 큰 각오를 가질지니 일이 이렇게 된 것은 각 총장들에게도 모두 다 그 책임이 같이 있지만 총리에게 더 있으니 총리는 각 총장을 성의와 공평으로 대하던지 그렇지 못하면 차라리 그만 두는 것이 옳다고 하였다. 오늘 4총장과 담론한 대의를 들어 말한 즉, 군이 말하기를 마땅히 그리해야 하겠다고 하고, 옆에 있던 김립 군도 찬동을 표하였다. 내가 말하기를 그러하면 군이 4인을 초대하여 맹약을 확립하라고 함에 군이 응낙하였다.

윤현진 군이 내방함에 시국수습책을 계속 의논하고 (내가) 말하기를 이 일이 이루어진 뒤에는 우리가 서간도와 국내에까지라도 직접 모험활동을 하자고 하였다.

오익은 군이 내방함에 내가 빨리 입단을 준비하라고 하였다. 군이 말하기를 나의 여비를 위하여 자기 집안에 청구하겠다고 함으로 이왕에 (나를 위해) 쓴 것도 있으니 그러지 말라고 하였다.

저녁 후 국민단체능부 야학과에 참석하였다.

내일 총리의 총장들 초대할 연회석 예비를 위해 동아여사에 가서 미리 준비를 하였다.

✦ 4월 24일, 토, 비

> **예정사항**
> 1. 육사 학생들 회견할 것
> 2. 김철 면회할 것
> 3. 이 총리 초대에 참석할 것

12시에 이 총리의 초대로 동아여사에 이 총리 이동녕 이시영 신규식 및 내가 함께 모여 시국수습책을 토론하였는데, 1. 총리 총장 총판 5인의 가로막혔던 일들을 다 풀고 비상한 맹약으로 결속하여 서로 믿고 사랑함으로 5인 간에는 추호의 비밀이 없고, 이 5인의 비밀은 절대로 밖에 드러내지 않으며 서로 보좌하여 일을 진행하고, 2. 차장들과 비서장으로도 이상과 같이 비상한 맹약으로 결속을 짓게 하고, 3. 총리로부터 서기까지 전부 직원이 합하여 하나의 구락부를 성립하고 서로 친목하여 일 처리에 관한 의견을 교환하고 정치적으로 도덕을 고취하여 전부가 견고하게 결속함으로 신성한 정부를 조직케 할 것이요, 4. 정부 직원과 각계 유력인사가 합동하여 중심이 된 다음 전부를 망라하여 혁명당의 최대 중심기관을 조직하자고 함에 중론이 모두 합치하여 동의를 각기 표하였다.

육사 학생 장승조 박승문 장신국 세 사람을 청하여 말하기를 육군사학 학생들이 도인권 군에 대하여 불평심이 있어 도 군을 퇴직하게 한다는 말이 있으니 사실인가 한 즉, 그렇다고 하고 이미 도인권을 걸어 군무차장에게 서류를 올렸노라고 하며, 그 본문을 내보이는지라, 읽어 본 즉 중대 사건은 아니요 작은 일에 불과한 것이라. 그러므로 학생들이 경솔히 나섰다고 하고 말하기를 군무차장이나 도인권 군이 호의를 표하면 군들도 전과 같이 호의로 지내기를 깊이 바라노라. 이런 어려운 경우에 처한 우리 군무부 내에서 몇 명 못 되는 군무 당국에서 결렬이 생긴다 하면 안팎 간에 큰 영향이 미칠지니 깊이 헤아리라고 하였다.

한창동 군이 와서 말하기를 재무부의 위원이 되어 국내에 들어가 금전을 모으겠다고 함으로, 내가 말하기를 재무부에서 이미 위원을 각지에 배치하였고, 혹 배치하지 않은 곳은 좋은 성적을 기대하기 어려운 곳 뿐이니 그런 생각을 하지 말라고 하였다.

김구 군이 내방함에 대동단결 조직 사항과 및 육군사 학생의 충돌 건으로 상의하였다.

정혜원 여사가 내방하였다.

김철 군이 내방함에 내가 말하기를 정부의 결속과 민간의 혁명당 최대간부 조직할 것을 말하고, 이에 대하여 비상한 노력을 다하자 함에 군이 찬성의 뜻을 적극 표하였다.

김순일 김정목 김덕재 세 사람이 내방하여 곧 입국하겠노라고 하며, 주의 사항을 묻는 고로 광복사업 진행의 요령과 내정과 외세(=국제 정세)에 관한 선전 자료를 설명하였다. 그들이 금전을 모으기 위하여 국내에 소개서를 요청함으로, 내가 말하기를 재무 당국 모르게 이런 일을 행하기는 불가하다고 하니, 그들이 말하기를 그런 뜻으로 재무부에 교섭하겠다고 하였다.

✦ 4월 25일, 일, 구름

예정사항

1. 치료를 받을 것
2. 예배당에 갈 것
3. 북경에 있는 남형우에게 전보할 것

아침에 윤현진 군을 청하여 말하기를 이번 대동단결함에 남형우 군이 같이 행동함이 아주 좋겠으니 곧 북경에 전보하여 빨리 오기를 청하라 한 즉, 찬동하며 말하기를 이 총리의 명이 있기를 요청함으로 이 총리에게 말한 즉 총리가 곧바로 전보하라고 하였다.

단소에 가서 정좌회에 참석하고, 병원에 가서 치료를 받았다.

강봉효 군을 면회하였다. 군은 김창세 군의 연락으로 나를 보호하고 수발을 들기 위하여 상해에 왔다고 하였다.

돌아오는 길에 애인리 손영필 군을 방문하였다. 그와 함께 사는 김찬숙 군은 부친 사망의 급보를 받고 슬퍼함이 극심하였다.

이유필 군이 내방함에 선전부에 관한 일과 대동단결의 취지를 의논하고, 내가 말하기를 선전부의 일은 (그대가) 이사들과 같이 책임지고 일하고, 나에게는 요구할 일만 청하라고 하였다. 그가 응낙하고 내일 9시부터 시무하겠다고 하였다.

이동휘 군이 내방하여 북경(의 남형우)에 전보하는 일로 상의하고, 윤현진 군을 청하여 국무총리와 윤현진의 이름으로 각기 타전토록 하였다.

김정목 군이 내방하여 비행기(학교에 입학하려는) 학생들(을 위한)의 사진을 촬영해 주기를 청함으로 응낙하였다.

김인전 군을 청하여 선전부 이사원이 되라고 한 즉, 군은 다시 생각해 보겠다고 하였다. 시국 현상의 어려움을 말하고, 국민의 단결과 정부의 비상한 결속을 설명한 즉 찬성의 뜻을 강하게 표하였다.

이춘숙 군이 내방함에 시국 현상을 담론하고 유력한 인사가 비상히 결속하여 대동단결을 노력하자고 한 즉, 군이 찬성의 뜻을 강하게 표하였다.

신익희 군을 청하여 말하기를 우리 기호와 서북 인사 간에 지방열이라는 우상이 뇌에 각인된 것을 타파해 버리고, 오직 민족을 위하여 정부 전체를 함께 붙들고 실행해 가야 될 것과 정부의 결속과 혁명의 최대간부 조직하기로 한 것을 말한 즉 찬성의 뜻을 적극 표하고, 말하기를 나에게 어떤 정도까지든지 믿겠노라고 하였다.

오후 2시에 예배당에 갔다.

✦ 4월 26일, 월, 맑음

예정사항

1. 김희선 군 방문할 것
2. 국무원에 출석할 것
3. 김태연 군 면회할 것
4. 임득산 군 입단문답할 것

새벽에 단소 정좌회에 참석하고 돌아오는 길에 선우훈 군을 만나 단주지에 대한 자각 여하를 물은 즉, 깊이 생각해 보겠다고 하였다. 내가 말하기를 오늘 저녁에 단소로 오라고 하였다.

김립 군을 문병하였다.

김병조 군이 내방함에 선전부에 관한 일을 의논하고, 정부의 결속과 혁명당 최대간부 조직하고자 하는 것을 말한 즉, 찬성의 뜻을 적극 표명하며 말하기를 이에 적극 노력하겠노라고 하였다.

주택을 빌리기 위하여 나갔으나 그렇게 하지 못하였다.

육군 학생을 화해시키기 위해 군무부에 간 즉, 김희선 군이 이미 도인권을 걸어 청원한 학생들에게 퇴학서를 내렸는지라, 내가 권고하기를 비상한 시기에 학생들을 무마함이 좋겠다고 한 즉, 군이 말하기를 기율을 세우기 위해서는 그럴 수 없다고 하였다.

장승조 박승문 염봉근 세 사람에게 말하기를 이번에 학생들의 행동이 경솔했다고 하면서 다시 반성하기를 바라노라고 하였다.

김태연 군을 청하여 혁명당 최고기관을 조직할 뜻을 말한 즉, 찬성의 뜻을 적극 표하였다. 다시 흥사단 취지를 설명하고 약법을 주었다.

이규홍 군을 청하여 정부에서 비상한 결속을 지을 것과 혁명기관 최고기관 조직을 설명함에 찬성의 뜻을 적극 표하고, 또 이에 노력하겠노라고 하였다.

7시 반에 단소에 가서 이광수 군의 통상단우 문답을 행함에 매우 만족스럽게 대답하였다.

임득산 군의 입단 문답을 하다가 마치지 못하였다.

단에서 돌아오는 길에 육사학생들을 권유하기 위하여 학생들 처소에 가서 학생들이 양보하고 계속하여 공부하라고 하고, 또 이에 대한 가부 여부를 내일 11시까지 회보하라고 하였다.

김창세 강봉효 두 사람이 내방하였다.

오늘 국무회는 정족수가 못되어 개회하지는 못하고, 단지 비공식으로 토의한 것은, 독립단에 공식적으로 편지할 것, 그 (초안을) 기초하도록 결의하였고, 서간도에 보낼 특파원에게 줄 실행 자료는 내무 법무 재무 의 세 부서에서 기초하여 오라고 하였다.

✦ 4월 27일, 화, 맑음

예정사항

1. 김순일 김정목 김재덕 3인을 면회할 것(국내 입국에 대하여)
2. 김가진 군을 면회할 것(대동단결을 위하여)
3. 육군사 학생 면회할 것
4. 홍진 군 방문할 것
5. 서병호 군 방문할 것
6. 조완구 군 방문할 것
7. 손영필 군 방문할 것
8. 특별국무회에 출석할 것
9. 선전부 사무를 지도할 것
10. 국민단체육부 야학과에 출석할 것

김정목 김순일 김재덕 세 사람이 내방함에 국내에 들어가 선전대를 조직할 것과 보고할 것과 또 신용을 절대로 지킬 것을 말하였다. 그들이 내 사진을 오늘까지 요청하였으나 내일 찍겠다고 하였다.

육사학생 장승조 군이 와서 보고하기를 학생들이 선생님의 권유를 듣지 않고, 절대로 자기들의 주장을 견지하겠다고 하면서 국무원에 소원서를 제출한다고 하였다.

임득산 군이 내방함에 선전대 조직에 관한 일을 토의하였다.

김가진 군을 방문하여 대동단결의 문제를 말한 즉, 군이 찬성의 뜻을 적극 표하고 또 이에 적극 노력하겠노라고 하였다.

육사학생들을 방문하여 다시 출석하기를 권하였으나 고집을 꺾지 않았다.

홍진 군을 만나려고 하였으나 부재하여 이루지 못하였다.

서병호 군을 방문하여 장시간 동안 감정을 풀라고 하고, 시국 현상과 앞으로 진행할 바를 말하였다.

　손영필 김창숙 군을 방문하였다.

　신규식 군을 방문하여 말하기를 이번 단결의 일에 비상히 노력해야만 목적을 이룰 것이요, 다만 단결이라는 좋은 이름과 좋은 뜻만 있어서는 이룰 수 없을 것이라 한 즉, 군 또한 그러하다고(=그렇게 생각한다고) 하였다.

　선전부 직원들에게 선전할 자료와 주의 방침을 말하고 양제시로 서기를 맡게 하였다.

　국무회에 출석하여 군무부편집위원회법제를 통과 시키고, 교통부에서 제출한 교통지국분설안과 서간도특파원에게는 별다른 조건은 따로 주지 않고 단지 위문 겸 시찰의 책임으로만 보내도록 하고, 소원서를 제출한 육사학생들을 비공식으로 불러 국무총리가 권유하게 하였다.

　강대현(천도교인) 군이 내방하여 말하기를, 공인 손영필 김창숙 군 등이 광동정부와 교섭한 것과 무관학생 모집의 시말을 말하는 속에 공인의 장인 되는 이가 남방의 국회의원이요, 또 유력한 사람이라. 그 사람의 소개로 남방 군정부와 국회의원들과 친하여 돕도록 하였는 바, 우선 한국청년들로 하여금 사관교육을 받게 하였는데 신규식 이동녕 이시영 세 사람이 박남파(=박찬익)를 몰래 보내 먼저 교섭한 사람들의 경과를 탐사하고, 박 군이 공인을 향하여 말하기를 나는 신 군 등의 명을 받아 여기에 왔는데 그 목적은 지금 상해 정국은 안도산의 세력 범위에 있으니 우리 남중(=서울 이남) 사람들은 협동하여 국사를 같이 하자는 뜻으로 말한 즉, 공 군이 옳지 않다고 반박한지라. 박 군이 돌아와 어떻게 말하였는지 그 세 총장은 그들을 협잡꾼이라고 선전하며 불평이 많아졌다고 하는지라, 내가 말하기를 이것이 다 중간의 뜬소문이지 세 총장이 이런 말 때문에 사람을 파견할리는 만무하고, 또 그분들이 광동에 사는 사람들에게 해를 가하려고 하는 뜻이 없는 걸로 안다고 하였다.

✦ **4월 28일, 수, 맑음**

예정사항

1. 조완구 홍진 손영필 최창식 윤현진 면회할 것
2. 촬영할 것
3. 홍십자병원 방문할 것
4. 임득산 입단문답할 것
5. 선전부 직원 임명할 것

새벽에 냉수욕 한 후에 단소에 가서 정좌회에 참석하다.

9시 경에 왕삼덕 군이 내방하여 말하기를 자기가 북간도특파원으로 이미 정해져 있던 바, 간도에 가지 않을 것이라 하여 국무원 내에서 불평이 있다고 하니 정말 그러하냐고 묻기에, 내가 말하기를 불평은 없고 군이 가지 않겠다 함으로 보낼 수 없다고 말할 뿐이라 하였다. 그가 그런 일이 있으면 (선생께서) 개인적으로 불러 말씀하실 줄 믿었더니 아니 하셔서 섭섭하다고 하였다. 내가 말하기를 과연 (그대에게) 말하려고 생각하던 중이라고 하고, 간도에 파견 가기를 권하니 군이 갈 뜻이 있다고 하였다.

정인과를 방문하였다.

조완구 군을 청하여 대동단결의 취지를 설명하고 소위 지방열이라는 우상을 제거해야 하겠다고 오랜 시간 설명하였다.

김순일 김재덕 군에게 선전부의 필요와 선전의 주의 조건을 말하였다. 군 등이 나의 사진을 국내에 들어가기 위해 요청함으로 촬영하였다. 김정목 및 그 두 사람과 오찬을 하였다.

손영필 군이 내방함에 대동단결의 취지를 설명한 즉, 군이 찬성하되 자기는 정부와 관계를 아니 하고 따로 일할 뜻을 말하는지라, 내가 그렇게 생각하지 말고 관민을 막론하고 모여서 일하자고 장시간 말하였다.

장승조 군이 내방함에 내가 말하기를 학생들이 그렇게 행동하지 말고 다시 출석하라 한 즉, 군이 말하기를 군무차장이 다시 학생들을 소집하여 말씀한다고 한 즉, 군무차장에게 모든 학생들에게 잘 융화되도록 말씀하게 하시라고 청함으로 응낙하였다.

염봉근 박승문 장승조 세 사람이 내방하여 말하기를 군무차장이 학생 전부를 일제히 소집한 것이 아니요, 그중 몇 명만 불러 말하였고 이로 말미암아 학생들이 크게 불평이 되어 다시 융화될 희망이 없다고 함으로, 내가 말하기를 그럴 리가 없으리라고 하고 즉시 군무차장 김희선을 방문하여 시말을 물은 즉, 군이 말하기를 학생을 전부 불러 말(하기로)하되 3인 혹 2인 씩 불러 말하려 하였던 것을 비서국장이 그렇게 하였다고 하는지라, 내가 말하기를 이 때문에 불평이 생겼다 한다고 말하고, 그러니 전부를 일제히 (한번에) 소집하여 말하라고 한 즉 군이 응낙하였다.

7시 반에 단소에 가서 임득산 군의 문답을 하는데 부족한 점이 있는 고로 다시 하기로 하였다.

선전부 직원으로 김병조를 이사, 양제시를 서기에 임명하기로 하였다.

예정사항 중 최창식 윤현진 홍진 면회와 홍십자병원 방문할 것은 시간 부족으로 하지 못하였다.

✦ 4월 29일, 목, 구름

예정사항

1. 홍진 최창식 윤현진 윤기섭 군 등을 면회할 것(대동단결을 위하여)
2. 사진관에 가서 볼 것
3. 국무원에 출석할 것
4. 홍십자병원 방문할 것
5. 단소에 가서 입단서약식 행할 것

새벽에 단소에 가서 정좌회에 참석하였다.

윤현진 군을 청하여 말하기를 이번 대동단결을 실행하고 유지함에 정면에 나서서 노력해 주기를 바란다 한 즉, 군이 자기는 여러 사람들 간의 관계 때문에 수고로움만 많고 효과는 작을 것이라고 하였다.

김정근 군이 내방함에 흥사단의 주의를 설명하였다.

사진관에 가서 어제 촬영한 것을 보았다.

홍진 군을 방문하였는데 자리에 없어서 만나지 못하고 돌아오는 길에 교통부를 방문하였다.

김재덕 군이 내방함에 흥사단의 주의를 설명하였다.

박현환 김공집 두 사람이 광동에서 돌아와 내방하였다.

국무원에 출석하여 개회할 때 고일청의 사직원을 접수하여 면임케 하고, 중국 남방정부 직원

웅월이 보낸 편지에 공인의 협잡을 말하였는데, 그 내용은 공씨가 작당하여 자기 집에 돌입하여 자기의 처를 구타하였으니 이를 처리해 주기를 간절히 바란다고 하였더라. 회의 중에 최창식 군이 애인리 김성근의 집에서 폭탄이 터졌다고 전해 옴으로 즉시 황진남에게 프랑스 공무국에 가서

알아보라고 하였다. 이 일로 인하여 최 군과 다른 일은 의논하지 못하였다. 이에 애인리에 가서 형편을 본 즉 월남 순경이 입구에 수없이 지키고 서서 김성근 집에 통행을 금지하는지라, 현장 상황은 보지 못하고 경위를 물어본 즉, 프랑스 경찰부장은 다리를 다치고 중국인 경찰은 뺨을 다쳤다고 하며, 김 군의 좌우 옆집의 담장도 허물어 졌다 하며, 김 군의 부인과 유정근의 모친과 중국 하녀 1인과 한국 남자 3인이 체포되었다 하였다.

홍십자병원에 가서 치료를 받았다.

김원경 여사가 내방하여 애인리 사건의 상황을 물음으로 시간이 지나봐야만 알겠다고 하였다.

현순 최창식 두 사람이 내방하여 애인리 사건이 어떠한가를 물음으로 정인과 황진남 두 사람의 보고를 들어봐야 알겠다고 하였다.

선우혁 군을 면회하려고 하였더니 부재함으로 보지 못하였다.

황진남 군이 프랑스 공무국에 갔다 와 말하기를 공무국 서장이 크게 분개하여 말하기를 우리는 당신들을 보호해 왔는데 당신들의 부주의로 이런 일이 발생하였다. 당신들과 또 우리의 일에 방해가 될 거라 하고 부상당한 경찰부장의 다리는 절단할 모양이라고 하더라고 하였다.

이 총리가 내방하여 애인리사건의 상황을 묻고 돌아갔다.

8시 경에 단소에 갔는데 이광수 군의 서약식이 있었다. 이어 강연회가 열렸는데 김창세 군이 〈안식교의 역사〉로 강론하였다.

돌아오는 길에 박은식 군을 방문하니 군이 말하기를 대동단에서 기고를 청하는데 어떠한 취지로 작성해 보내는 것이 좋을지 몰라 얼마 전에 방문하였다가 보지 못하였다고 하면서 말하기를 재산평등론을 주창함이 어떠냐고 함에, 내가 말하기를 지금 우리 민족에게 합당하지 않다고 하고 다시 의논하기로 하였다.

✦ 4월 30일, 금 맑음

예정사항

1. 애인리에 방문할 것
2. 프랑스 영사를 방문할 것
3. 선전부 위원들을 정해 보고할 것
4. 선우혁 주현칙 최동오 면회할 것
5. 임득산 위문할 것
6. 정좌회에 갈 것

　도인권 군이 내방하여 애인리의 상황 경과를 묻고, 또 말하기를 자기는 애는 썼지만 공이 없는 처지가 되어 한스럽다고 함으로, 내가 권하기를 스스로를 돌아보아 인심에 조화되기를 노력하라고 하였다.

　김성근 부인을 방문하여 체포되었던 상황을 물으려고 애인리에 가니 출타하여 없음으로 그 부인을 만났던 다른 부인에게서 대강을 듣고, 김홍식 군의 집을 방문하고 위로하였다.

　고려병원에 가서 부상당한 임득산 군을 위문하였다.

　10시 경에 정인과 황진남 두 사람을 대동하고 프랑스 영사를 방문하고 말하기를 어제 애인리 사건이 매우 미안하다고 하고, 이것이 다 우리가 잘 살피지 못한 결과로 이 같은 사고가 발생되어 귀 경찰부장이 부상당하였는지라 국무총리가 매우 미안하여 나를 보내서 왔다고 하였다.

　프랑스 영사가 말하기를 일본 정부가 일찍이 프랑스 정부에 교섭이 많았던 고로 프랑스 정부에서는 본 영사에게 지시가 있었으나 우리는 아무일 없는 듯이 보고하고 당신들을 극력 보호하였으나 당신들이 스스로 이런 사고를 일으켰으니 나로서는 (이제) 도울 수가 없다고 하며, 경찰부장이 부상 입은 것은 그 다리를 잘라야 한 즉, 배상금 15,000테일을 주어야

할 것이요. 당신 들이 보조하는 방식으로 이 금액을 담당하는 것이 옳을 듯하다고 하였다.

내가 말하기를 미안하게 되었다 하고, 우리가 앞으로는 비상한 주의를 다할 것인 즉 이번 일을 무사히 처리해 달라고 한 즉, 영사가 말하기를 북경에 있는 프랑스 영사에게 전보하였으니 답전을 받은 후에 처리하겠다고 하였다.

내가 말하기를 체포된 3인은 다 죄가 없는 사람들인 줄 안다. 귀하가 살펴보면 자세히 알지니 아무쪼록 일본 영사와 교섭하지는 말고 직접 처리해 주기를 바라노라고 하니, 영사가 말하기를 자기는 그럴 마음이 있으나 일본 영사관에서 한국인임을 알고 넘겨 달라고 하면 불응하기가 어렵다고 함에, 내가 말하기를 그러므로 속히 처리해 버리면 문제가 안 될 것 같다고 하였다.

영사가 말하기를 경찰부장이 부상까지 당한 바에는 무사히 내보내기는 어렵다고 하며, 그 당시에 경찰이 3인을 체포한 것이 잘못되었다고 하였다.

주현칙 선우혁 군이 내방함에 광복사업의 실행 방침과 혁명당 간부조직을 설명하고, 이어서 흥사단의 취지를 설명하니 두 사람이 다 찬성의 뜻을 적극 표하였다.

이동휘 군이 내방하여 프랑스 영사에게 교섭한 일을 묻는 고로 시말을 말하고, 서로 비밀을 지키자고 하였다.

이탁 씨가 김동식 군을 소개하여 면회하였다. 김 군이 양헌 군이 보내는 청년연합(회) 및 안. 김 등 여러 사람의 고 동오선생 부의금 380원을 전하였다. 김 군이 먼저 간 후에 이 군에게 대동단결의 취지를 설명한 즉 지지의 뜻을 깊이 표하였다. 그가 비상한 비밀사건을 말하였다.

김희선 군이 내방하여 애인리사건의 상황을 물었다.

윤현진 군이 내방함에 내가 말하기를 이번 혁명당 간부조직에 앞장서 나서서 노력하라고 다시 권한 즉, 군이 어제와 같은 태도로 고집 세게 불응하였다. 군이 말하기를 공채권을 판매하기 위하여 입국하는 김재덕 군에게 신임장을 부여하라고 함으로 내가 응낙하였다.

고일청 군이 내방함에 정부의 결속과 혁명간부의 조직을 말한 즉 찬성의 뜻을 표하였다.

김재덕 군이 내방함에 선전위원의 직무와 선전대 조직할 일을 설명하였다.

오남희 여사가 내방하여 입국하노라고 고별하였다. 내가 말하기를 어디 가든 어디 있든 간에 4대 정신을 떠나지 말라고 부탁하고, 이런 뜻으로 몇 줄의 글을 써 주었다. 해주에 선전대 조직할 일을 맡겼다.

최동오 군이 김신국과 또 안동에서 돌아온 장경순 군을 대동하고 내방하였다.

두 사람이 먼저 간 후 최 군에게 혁명당 간부조직 건을 말한 즉 찬성의 뜻을 적극 표하고, 또 이에 노력하겠노라고 하였다.

이유필 군이 내방하여 내일 안동으로 출발한다고 하며 고별하였다. 내가 말하기를 지금 당장 급한 선전대 사무를 처리하라고 하였다.

김정목 김순일 김재덕 세 사람에게 선전(대)의 조직에 관한 일을 설명하였다.

김공집 박현환 김형균 세 사람이 내방하여 광동에서의 경과 사정을 대강 보고하였다.

손영필 군이 내방하여 말하기를 광동에서 온 학생들을 거둘 능력이 없으니 300원 만 마련해 주기를 청함으로 힘쓰겠다고 하고, 뒤에 금화 180원을 보내려고 방문했는데 손 군이 외출하여 만나지 못하였다.

사진관에 간 즉 아직 다 완성되지 못한 고로 2장을 먼저 뽑아 1장은 오남희 여사에게, 1장은 김재덕 군에게 보냈다.

오남희 여사와 세 김 군을 작별하기 위하여 손정도 군 댁을 방문하였다.

이유필 군을 방문하여 작별하였다.

⚜ 1920년 5월

✦ 5월 1일, 토, 맑음

예정사항

1. 김립 군 방문할 것
2. 정인과 군으로 하여금 부상당한 프랑스 경찰부장을 위문하게 할 것
3. 손영필 군을 면회하여 광동에서 온 학생들을 구제하게 할 것
4. 윤기섭 홍진 박은식 군을 면회할 것
5. 나창헌 군을 면회할 것

단소 정좌회에 참석하였다가 돌아오는 길에 김립 군을 문병하였다.

길○○ 군(길선주의 아들)이 내방하여 미국에 유학할 뜻이 있으니 지도해 주기를 청함으로, 내가 말하기를 먼저 남경 등에서 어학을 준비함이 어떠하냐고 하였다.

장필석 군이 내방하여 광동 상황을 말하였다.

한송계 군이 와서 말하기를 금값이 날로 비싸지니 은행 예금을 금으로 바꾸는 것이 아주 좋겠다고 하였다.

박은식 군이 와서 말하기를 유교의 대동주의를 고취하여 유교의 사상을 변동시키는 것이 어떠하냐고 함에 내가 찬성하였다.

김명달 군이 와서 미국에 유학할 뜻을 말하였다.

손영필 군이 내방함에 광동에서 온 학생들을 구제하라고 금 180원을 주었다.

정인과 군이 내방함에 프랑스 공무국에 가서 위문하고, 또 프랑스 영사를 방문하라고 하였다.

임득산 군이 내방하여 애인리 건으로 자수하겠다는 것을 제지하고 위로로 은 10원을 주었다.

고일청 군이 내방하여 선전부 예산안 개정을 상의하였다.

이탁 군이 내방하여 자기에게 있는 위험물을 맡아 달라고 함으로 응낙하였다.

이세방 군이 아까 이탁 군이 말한 위험물을 갖고 왔다.

이 총리가 내방하여 이시영 군이 기초한 옹월에게 답장할 것을 내보이며 말하기를 그 속에 사과하는 의견이 있으므로 이를 보내지 않겠다고 하는지라 나 역시 동의하였다.

위험물을 옮기기 위해 홍십자병원에 갔다.

(거기서) 국내에서 온 안식교회 감독 버터피일 군을 만나 담화하였다.

나창헌 군을 청하여 혁명당간부 조직할 취지를 장시간 설명한 즉, 군이 찬성의 뜻을 적극 표하였다.

안정근 군이 와서 말하기를 북간도와 노령을 향해 속히 출발하겠다고 하는 고로 가서 진행할 방침을 설명하고, 각 단체의 수뇌 및 유력자를 개별적으로 만나 먼저 그들의 의견들을 돌이킨 후에 서로 회합하여 민사는 거류민단으로, 군사는 군사령부로 분담해서 맡게 하고, 즉시 연락할 것이며, 또 그 지역 유력인사들로 하여금 이번 혁명당간부 조직의 발기인들이 되게 하라고 하였다.

김창세 강봉효 두 사람이 내방하였다.

정인과 군을 방문하였다가 자리에 없어서 만나지 못하였다.

신규식 군을 방문하여 이번 단결 건을 담론하는데 동시에 김가진 군이 와서 같이 협의하였다.

이동녕 이시영 두 사람을 방문하여 이번 단결에 관하여 그 추진 순서를 상의하였다.

이시영 군에게 말하기를 손영필 군이 광동사건에 당신에게 다소간 화가 나 있으니 잘 풀어 주라고 하였다.

이동녕 군이 말하기를 일찍이 내무부조사표 내에 천도교 명예손상에 관한 건이 적혀 있는 것을 최동오 군이 삭제를 요청한다고 말함으로 원하는 대로 하라고 하였다.

✦ 5월 2일, 일, 구름

예정사항

1. 홍십자병원에 갈 것
2. 예배당에 갈 것
3. 최병선 군 면회할 것

새벽에 단소에 가서 정좌회에 참석하였다.

최창식 군을 청하여 오후 5시에 현순 군과 같이 면회하자고 약속하였다.

황학수 이하영 군이 내방하였다.

사진관에 가서 촬영한 후에 홍십자병원에 가서 치료를 받았다.

오후 2시에 예배당에 갔다.

홍십자병원에 가서 금과 은의 시세를 물어 보았다.

최병선 군을 면회하여 홍구에 있는 적의 밀정에 대해 물었다.

5시에 현순 최창식 두 사람을 대동여사에 초대하여 만찬을 함께 하고, 혁명당최고간부 조직하려는 취지를 설명하였다.

✦ 5월 3일, 월, 구름

예정사항

1. 국무회의에 출석할 것
2. 윤기섭 홍진 손두환 정제형 군 면회할 것
3. 주요한 군 서약문답할 것
4. 프랑스 영사 방문할 것

김구 군이 와서 말하기를 애인리 김성근의 집에 폭발약이 아직 남아 있다고 하니, 이를 처치하지 않으면 열을 받아 다시 폭발할까 두렵다고 함으로, 내가 말하기를 자세히 찾아내서 처치하겠다고 하였다.

정인과 군을 방문하여 오늘 정오에 프랑스 영사를 (함께) 방문하기로 하였다.

임득산 군을 청하여 애인리 김성근의 집에 작약 원료와 그 분량과 장치(=보관 상태)가 어떠한가를 상세히 물었다.

윤현진 군이 내방하여 애인리 김성근 집의 남은 폭발약 원료를 어떠하게 처리하라고 하였다.

정인과 황진남 두 사람을 대동하고 프랑스 영사를 방문하기로 하고, 먼저 체포당했던 김홍식 군을 애인리로 방문하여 심문 경과를 상세히 묻고, 곧 프랑스 영사를 방문하여 후의에 감사하고 부상당한 경찰부장의 치료 경과가 어떤지를 물으니, (그가) 말하기를 그 경찰부장은 다리를 다쳐 병신이 될 터이니 다시 일을 하지는 못하고 돌아갈 터이라, 프랑스 정부에서 장차 은사금을 줄 것이나 당신들도 (배상에 대해) 상당한 생각이 있어야 옳을 줄로 안다고 하였다.

내가 미안한 뜻을 힘써 말하고 우리가 성의껏 생각하겠노라고 하였다. 북경 프랑스 공사의 답전을 물은 즉, 답하기를 회보가 왔다고 하면서 내가 전후 일을 다 무사하게 하였으니 염려 말고 이후에는 다시 이런 일이 없도록 확실히 보증하기를 바라노라고 함으로, 내가 말하기를 이왕에도 주의하였지만 이후에는 더욱 주의하겠노라고 하고, 애인리의 경비 경찰을 철수시켜 평온한 상태를 회복시켜 달라고 한 즉 응낙하였다.

내가 말하기를 그 집안에 폭발물 원료가 아직 남아 있다고 하는데 이것을 속히 처치하지 않으면 다시 폭발할 염려가 있다고 한 즉, 영사가 말하기를 총순 1명을 보낼 테니 당신이 사람을 시켜 찾아내 조치하게 하라고 함으로 그렇게 하기로 약속하였다.

돌아오는 길에 사진관에 가서 어제 촬영한 (사진이 잘 나왔는지) 상태를 봤다.

이봉구 군이 내방하였다.

임득산 김태연 군을 청하여 작약 원료 수색하는데 누가 가장 잘 하겠는가 한 즉, 두 사람이 똑같이 김성근의 부인이 잘 알 것이라고 하였다.

홍십자병원에 가서 치료를 받고 돌아오는 길에 민단에서 거행하는 단조어천축하회에 참석하였다.

국무원에 출석하니 마침 정원 미달임으로 비공식으로 오늘이 단조어천기념절(=단군 돌아가신 날 기념일)임으로 휴업하기로 결의하였다.

안정근 군과 노령으로부터 온 공근 군이 내방하였다. 군이 노령 상황을 말하기를 다수의 한인들이 러시아군대에 참가하였는데 러시아군에서는 무기를 공급한다고 하였다. 두 사람과 (그들의) 형수님(=안중근의 부인)이 내일 오후 5시에 만찬을 하기로 약속하였다.

프랑스 경찰과 김성근의 부인과 같이 애인리에 가서 남은 원료를 대강 수색하고, 내일 9시에 다시 마치자고 약속하였다.

단소에 가서 주요한 박현환 두 사람의 서약문답을 하는데 나의 마음과 몸이 피곤하여 중지하고 다음 수요일에 다시 문답하기로 하였다.

돌아오는 길에 손정도 군을 방문하였다.

임득산 군을 청하여 오늘 저녁에 그 작약 원료를 수색해 얻은 분량을 말하고, 아직 남은 분량이 얼마인지를 물었다.

✦ 5월 4일, 화, 맑음

예정사항

1. 어제 저녁에 못 다한 애인리 화약 수색할 것
2. 국무회에 출석할 것
3. 선전대 사무 처리할 것
4. 안(중근) 부인과 정근 공근 두 사람을 초대할 것
5. 윤기섭 홍진 선우혁 정제형 윤현진 면회할 것
6. 군사학교에 출석할 것

새벽에 단소에 가서 정좌회에 참석하였다.

9시에 애인리에 가서 어제 저녁에 못 다한 애인리 작약 수색을 마무리하게 하였다.

돌아오는 길에 김립 군을 문병하였다.

김정근 군이 내방함에 흥사단의 취지를 설명하였다.

서필순 군이 와서 말하기를 내일 홍콩으로 출발한다고 함으로 찻값으로은 10원을 주어 보냈다.

왕삼덕 군이 와서 말하기를 나우 김동식 두 사람이 이틀 전에 나가서 아직껏 자취가 없다고 하였다.

김구 군이 내방하여 신한청년당과 흥사단의 관계를 이야기하다가 마치

지 못하고 돌아갔다.

손두환 군이 내방하여 한송계 군의 회계 돈을 가져갔다.

고일청 군이 내방하여 나더러 중국학생연합회에 가서 연설하기를 청함으로 내가 응낙하였다. 그가 또 말하기를 재무차장(=윤현진)을 미국에 파견하여 재무에 관한 일을 정리하게 하는 것이 좋겠다고 하였다.

윤현진 군이 와서 말하기를 자기가 도미하는 것이 어떠하냐고 함으로, 내가 불필요하다고 말하였다.

최동오 군이 와서 말하기를 천도교에서 온 사람이 있는데 이 사람을 보게 되면 우리의 대사가 머잖아 달성되리라는 뜻으로 말해 달라고 하였다. 그가 또 말하기를 사료편찬에 관해 묻는데 기독교에 관한 일은 아주 많이 말하였으나 천도교에 관하여는 불만스러운 점이 많으니, 자기가 천도교에 관한 일을 다시 기록하겠다고 함으로 내가 찬성의 뜻을 표하였다.

국무회에 출석하여 재무부가 제출한 회계법을 통과시키고, 웅월에게서 온 서신 건을 처리하고, 부상당한 프랑스 경찰부장에게 위로금으로 은 1만 테일을 지출하기로 결의하고, 광동에서 온 학생들이 곤란한 경우에 처하였음으로 보조로 양 100원을 지불하게 하였다. 정부 직원을 인선하였다. 서간도에 공채모집권을 준다거나 안동현 공채위원에게 북간도에 지불을 명령하거나 하는 두 안건은 다 부결되었다.

5시에 대동여사에 안중근 부인과 정근 공근 군을 초대하면서 배석 손님으로 이광수 박선 오익은 정인과 군을 초대하여 만찬을 하였다.

이탁 군이 와서 말하기를 안동현에서 청년들을 선출하여 광복군을 조직하였는데 이를 이 총리가 자기 앞으로 비밀히 조직하기를 청하여 약속하였으나 총리는 잊어 먹고 실행함이 없다고 함으로, 내가 말하기를 총리에게 말하여 군무차장과 의논하게 하여 군사에 관한 일은 군무부와 협의하여 진행하게 하라, 그러면 나는 그때에 협조하겠노라고 하였다.

신두식 군이 와서 말하기를 내무부 비서국장을 사면할 뜻을 말함으로 내가 만류하였다.

선전부 사무를 지휘하였다.

✦ 5월 5일, 수, 구름

예정사항

1. 신두식 홍진 윤기섭 선우혁 정제형 손두환 면회할 것

이른 아침에 단소 정좌회에 참석하였다.

신두식 군이 내방함에 시국의 현상과 미래의 진행방침을 담론하였다. 그에게 상해를 떠나지 말고 정부에서 일하기에 노력하라고 권함에 그가 그러겠다고 하였다.

유진호 군이 박원을 소개하여 내방하였다.

박선 군이 와서 말하기를 집안 일로 귀국할 생각이 있다고 함으로 내가 찬성의 뜻을 표하였다.

선우혁 군이 와서 말하기를 신한청년당원으로서 입단하는 것이 어떠할까 하여 주저하였노라고 함으로, 내가 말하기를 단의 목적과 주의가 우리 국민에게 절대로 유익하다고 생각하면 모든 걸 불고하고 나아갈 것이요, 단지 (신한)청년당원임으로 흥사단의 단원이 못 된다 함은 옳지 않다고 하였다.

7시 반에 단소에 가서 주요한 박현환 두 사람의 통상단우 입단문답을 행하였다.

임득산 김성근 두 사람이 내방하였다.

선전부 이사들을 지도하였다.

✦ 5월 6일, 목, 맑음

예정사항

1. 손두환 최동오 윤기섭 홍진 정제형 면회할 것
2. 손영필 방문할 것
3. 국무회에 출석할 것
4. 단소에 갈 것

새벽에 단소 정좌회에 참석하였다.

안정근 군이 와서 말하기를 노령과 북간도로 속히 가겠다고 하였다. 내가 이번 광복사업 진행방침의 대체를 말하고, 노령과 중령에 가서 군사의 적재는 군사에, 민사의 적재는 민사에, 외교의 적재는 외교에 각기 그 능력에 따라 받아들일 것을 가장 먼저 힘쓰라고 하였다.

손두환 군이 내방함에 시국에 관한 일을 담론하다가 시간이 부족하여 다하지 못하였다.

정인과 군이 송종익에게 천천히 송금하겠다고 전보할 초안를 보여 주었다.

이 총리가 내방하여 미주의 일이 잘못되는 것을 탄식하여 말했다. 내가 총리와 함께 대동여사에 가서 오찬 하는데, 총리가 말하기를 서간도에서 광복군 모집을 비밀히 한 것을 도산이 알고 섭섭히 생각할까 (염려)하노라 하였다. 나는 섭섭하지 않다고 하였다. 총리가 대사가 이루어지지 못할 것이라고 말하고 이 박사와 또 기타 총장들과 함께 일할 생각이 없으니 기회를 봐서 서간도를 돌아보러 가겠다고 하는 고로, 내가 말하기를 일전에 우리 5인의 언약을 절대로 지키자고 한 즉, 총리가 말하기를 (전에) 말한 것들이 다 쓸 데 없다고 하였다.

  손영필을 방문하였으나 자리에 없어 만나지 못하였다.

  광동으로부터 온 학생들 전부를 방문하여 위문하였다.

  현순 김창숙 두 사람을 방문하였다.

  홍십자병원을 방문하였다.

  국무회에 출석하여 재무부에서 제출한 회계법안을 통과시켰다. 5월 중순에 실행키로 예정했던 군사회담의 준비가 느슨함을 질문한 즉, 노령에 산재한 군사 인물들을 방문하기 불가능하여 지연된다고 하였다. 서간도에 파견할 계봉우 군을 청하여 서간도에 가서 할 진행계획을 물은 즉, 정부에서 시키는 대로만 하겠노라고 하며, 자기는 가서 상황을 직접 시찰하고 추진할 것을 정부에 보고하여 실행케 하겠노라고 하였다.

  선우혁 군을 청하여 단소로 함께 갔다. 주요한 박현환 두 사람의 서약식이 있은 후, 손정도 군의 강연이 있었다.

✦ 5월 7일, 금, 맑음

예정사항

1. 국내에서 온 신숙(천도교인) 등 면회할 것
2. 손두환 김희선 윤기섭 홍진 정제형 면회할 것

새벽에 단소에 가서 정좌회에 참석하였다.

김구 군이 와서 말하기를 (신한)청년당 이사원으로서 흥사단에 입단하는 것이 관계가 있다(=꺼려 진다)고 함으로 나는 어떠한 관계도 없다고 하였다.

조완구 군이 와서 말하기를 정부가 광동에서 온 학생들에게 구조금을 준 것이 공인 협잡배와 연락한 모양이 있으니 옳지 않고, 공씨가 신성(=신규식) 군을 폄훼하여 말하는데 그 근원을 조사하여 정부가 상당(=적절)하게 처리하지 않는 것도 의혹이 생긴다고 하는지라, 내가 말하기를 청년들이 군사의 목적으로 누구의 유인을 받았거나 선한 지도를 받았거나 간에 타 지방에 와서 숙식을 해결하지 못하고 길가에 방황하는 것을 정부로서는 따뜻이 구휼하는 뜻으로 일시 구제한 것뿐이요, 또 공인과 신규식 씨가 좋지 않은 감정이 있는 것은 사사로이 양해하고 깨달음을 갖게 하려니와 공식적으로 정부 명의로 조치할 일은 아니라고 하였다.

이탁 군이 와서 말하기를 이 총리에게 서간도 광복군 조직한 것을 말한 즉, 총리는 비밀히 자기와 결탁하였던 일을 선생께서 알게 됨으로 섭섭히 생각하더라 하고, 광복군에 관한 일을 군무부에 예속하게 하고 총리와 자기와 군무차장이 협의할 터인데, 그 내용과 진행을 선생께서 군무차장에게 미리 언급하기를 바란다고 함으로 응낙하였다.

김희선 군을 청하여 말하기를 작년 겨울에 이탁 군이 압록강 연안에 모험대를 편성할 뜻이 있어 총리와 의논한 즉, 총리께서 적극 찬동하며 말하기를 다른 총장이나 총판한테 까지도 말하지 말고 오직 비밀히 자기에게 직속케 하여 자기가 이면에서 모든 것을 지휘하며 지원하겠노라고 하였다고 했었소. 나는 그 당시에 그 내용을 알고 있었소. 이탁 군이 이에 서간도에 가서 자기 동지들과 독립단의 수뇌들과 청년단 수뇌들과 오랫동안 의논한 결과 각 수뇌급 인물들이 연합하여 모험대를 조직하되 그 이름을 광복군이라 하고, 이를 일개 단체에 딸린 성격을 갖지 않고 정부에 속한 국가적 군인이 되게 하자고 하였고, 이번에 압록강 연안에서 적의 밀정들을 쳐 죽인 것도 광복군에서 20명을 파견하여 한 일이요. (그런데) 이 총리는 그런 전후(사실)를 다 망각하고 오늘까지 돌아보지 않은지라. 이런 사유를 내가 자세히 알고 탁 군에게 말하기를, 총리에게 좋게 말씀드려 군무부에 직속케 하라고 하였으니, 당신은 국내에서 군사행동을 취하려고 하면서 이 조직을 말하지는 말고 오늘 이 총리와 이탁 군을 면회하여 전권을 위임받은 후에 이탁 군과 결속하여 여러 조직에 대하여는 신의가 (유지될 수) 있도록 잘 진행하고, 이 총리가 (이전에) 직권 이외에 행사한 것은 말하지도 또 마음에 두지도 말고 오직 앞으로 나아갈 것만 잘 생각하라고 하였다.

국내에서 온 신숙 신상태 군이 내방함에, 내가 말하기를 이번 광복사업 진행의 대체를 들어 말하고, 비행기를 구입하기 위하여 최동오 군과 상의하고 천도교 내에서 그 비용을 조달하려고 운동한 일이 있다는 사실을 말한 즉, 군이 말하기를 지금 천도교 내에서 천도교를 희생하기로(까지) 작정한다면야 거액을 준비할 수 있겠지만 그러지 않고서는 경계가 극심하여 불가능하다고 말하였다.

정인과 군이 내방함에 미국 국회의원들이 동양시찰을 위해 내도함에 대하여 적절히 준비할 일을 연구하자고 하였다.

박선 군이 내방함에 회풍은행에 가서 예금을 찾아오라고 맡겼다.

김공집 군이 와서 말하기를 자기가 학생대표로 웅월에게 갔다가 말도 못하고 온 일을 말하였다.

김철 군을 청하여 말하기를 신한청년당 이사원으로서 흥사단에 입단하는 것을 주저하는 문제로 말하되, 흥사단의 주지가 우리 민족에게 절대로 큰 관계가 있다고 생각하면 어떤 것도 불고하고 입단할 것이라. 우리는 모든 일을 국가와 민족을 위하여 진행할 뿐이라고 하였다.

손영필 군이 와서 말하기를 웅월이가 한인 학생을 비도라고 신문에 게재한데 대하여 우리는 중의원장에게 변백서를 보내려고 기초하였다고 함으로, 내가 말하기를 이 일을 하기 위해 우리가 떠드는 것은 우리에게 유해무익인 즉 침묵하고 있다가 공인 군이 상해에 온 뒤에 공인과 웅월 두 사람의 화해를 이루게 하는 것이 옳다고 하였다. 또 그대는 광동 일로 신규식 이시영 두 사람에 대한 감정을 풀고 매사에 협력해 하기를 바란다고 하였다.

임득산 군의 생일 만찬에 가서 참석하였다.

다리가 뜨거운 물에 덴 상처를 치료하기 위하여 홍십자병원에 갔다가 김창세 군이 자리에 없어 치료받지 못하였다.

김구 군이 내방하여 김건형 군의 부친이 자살하였다는 소식에 접하고, 김 군의 울부짖음이 극심한 중에 있다 함으로 가서 위문하였다.

✦ 5월 8일, 토, 맑음

예정사항

1. 치과의원에 갈 것
2. 고려의원에 가서 부상당한 발을 치료할 것
3. 윤기섭 홍진 정제형 면회할 것
4. 각 총장들을 방문할 것
5. 선전부 사무 지도할 것

새벽에 단소 정좌회에 참석하였다.

박선 군과 같이 치과의사 박영세 군을 방문하여 수술을 받았다. 돌아오는 길에 고려병원에 가서 부상을 입은 다리를 치료하였다.

김성근 군이 내방함에 그간 의외의 일(=애인리 폭발사건)에 대하여 위로하고 은 10원을 주었다.

길진경 군이 내방하여 도미할 일을 의논하였고, 또 수양에 전심하라고 하였다.

이 총리를 방문했는데 자리에 없어 만나지 못하였다.

신규식 이시영 이동녕 세 사람을 방문하였다.

윤기섭 군을 방문하였다. 홍진은 출타한 까닭에 보지 못하였다.

이봉순 여사가 내방하였다.

김홍서 군이 내방하여 동오 선생 장의 시에 찍은 사진을 중국인 심00 군에게 보내려 한다고 하여 요청함으로 허락하였다.

정혜원 여사가 내방하였다.

✦ 5월 9일, 일, 맑음

예정사항

1. 치과의원에 가서 치료를 받을 것
2. 왕삼덕 군 면회할 것

새벽에 정좌회에 참석하였다.

이탁 군이 내방함에 안동현 광복군의 진행 방침을 상의하였다.

왕삼덕 군이 내방하여 그가 북간도에 가서 진행할 일을 상의하고, 또 진행 방침의 대체를 들어 말해 주었다.

김약산 군이 내방함에 작탄 사용을 단독적으로 아무 때나 기율 없이 사용치 말고, 군사 당국에 예속하여 실력을 점차 비축하였다가 적당할 때에 크게 일으키기를 유념하라고 하였다.

국내에서 온 김기만 김양수 김근식 군 등이 내방하였다. 김근식 군이 올 때에 나의 본 댁에 다녀왔다고 하며 말하기를 나의 노모의 기절이 안녕 하시고 집안에는 별고 없이 다 평안하고 농작도 잘 되었다고 말하였다.

김홍서 군이 내방하였다.

김구 군이 내방하여 말하기를 신한청년당원으로서 흥사단에 입단 여부 문제가 어떻게 되었는가 물음으로 아직 모르겠노라고 하였다.

이 총리를 심방하였으나 보지 못하고, 신규식 이동녕 이시영 세 사람을 방문하여 미주(문제)와 및 대동단결에 관하여 의논하였다.

✦ 5월 10일, 월 맑음

예정사항

1. 이동녕 신규식 면회할 것
2. 국무회에 출석할 것
3. 김희선 면회할 것
4. 신숙 초대에 갈 것
5. 단소에 가서 임득산 군 입단문답할 것

새벽에 단소에 가서 정좌회에 참석하였다.

이동녕 군이 와서 말하기를 전일에 서로 의논한 것, 서로 결속하고 단합 하자는 일이 잘 안된다고 하면서 지금 사람들이 당국자에 대하여 무능력 하다고 불신임하는지라, 우리가 스스로 생각해 보아도 과연 무능력하니 우리 가 물러나는 것이 국가를 위하여 마땅하고 우리 몸도 사랑하는 것이라고 말하는 때에, 신규식 군이 들어오는지라, 신 군도 말하기를 과연 물러남이 마땅하고 우리보다 우월한 인물들에게 맡기는 것이 대사를 위하는 도리라고 하였다.

　내가 말하기를 우리의 나아가고 물러나는 것과 합하고 나뉘는 것이 우리 각 개인의 몸을 위함이 아니요, 국가를 전제로 하고 사업을 표준 함이라. 우리가 물러남으로 광복사업이 잘 진행되는 점이 있으면 어찌 주저하겠는가. 나의 관찰로는 우리 민족의 지력과 금력이 하도 결핍되어 어느 누가 일을 맡든지 특별히 좋은 성과를 드러내기 불가능할 것이요, 우리가 물러날 때는 우리의 마음속에 모씨 모씨가 정부 일을 맡아야 잘 진척되겠다할 인물이 있어야 하겠는데, 나의 양심으로는 누가 그 사람이라고 생각되지 않는다. 우리에게 무능력하다고 비평할 수는 있으나 (그들이) 집행할 능력은 없도다. 사회에 중견 되는 인물들이 있어서 국가의 대사업을 스스로 책임지고 일의 계획을 정한 후에 우리를 내버리고 다른 사람을 받아들일 형편이라면 좋겠지마는, 내가 보는 바로는 일에 대한 관념은 없고 공연히 비평만 할 뿐이요, 일을 책임질 주인 되는 인물들은 보이지 않는지라. 그러니 우리가 흩어져 가버리면 정부는 자연히 없어질 것이요, 따라서 이번 운동이 최종을 고하는 일이라. 이를 알고서야 어찌 차마 물러 가리요. 얼마 전에 우리 5인이 특수한 맹약으로 결속하자고 함은 우리 역사에 중요한 관계점이라 생각하노라. 그 뜻을 불변하고 칭찬을 듣거나 헐뜯는 말을 듣거나, 실패하거나 성공하거나 돌아보지 않고 나아가는 것이 옳다고 하였다.

　두 사람은 명확한 대답이 없고 오직 걱정만 하다가 헤어졌다.

　김희선 이탁 두 사람이 일전의 언약에 따라 안동현 광복사업을 협의하기 위하여 내방하였다. 김 군에게 군사당국(=군무부)의 제반 추진 계획을 들어본 즉, 그가 말하기를 제가 도산에게 대해서만 바로 말이지 세상 사람들이 아무리 전투한다고 떠들지마는 나는 이에 대한 생각이 전혀 없습니다. 우리가 무엇으로써 감히 일본과 전투하리요. 나는 단포와 작탄으로 지금 적의 관공리 정탐 경찰서 등을 파괴하는 것으로 일하기를 작정하였노라고 하였다.

내가 말하기를 그러면 이를 즉시 실시하려고 하는가, 아니면 상당한 준비를 기다리는가 한 즉, 답하여 말하기를 준비 준비 하여도 말 뿐임으로 당장 실행하려고 합니다.

내가 말하기를 그 사용할 인원은 몇 명이고 예산은 얼마냐고 한 즉, 답하여 말하기를 각 군에 평균 3인 이상을 계산하되 깊은 산골 등지에는 사용하지 않고 요충지에는 인원을 증가시키고 (하여), 천 명 가량의 모험청년을 채용하겠다고 하였다.

내가 말하기를 그런 즉 어찌 당장 실시하겠는가. 단포 한자루 값을 70원 가량으로 계산하여도 천 명에게 공급할 천 자루 값이 7만 원이겠고, 매인의 경비를 평균 100원으로 계산하여도 천 명에 10만 원 가량이니, 이를 공급할 길이 있는가 한 즉, (그가) 답하여 말하기를 그러 합니다. 그런 고로 마련되는 대로 경영하여 진행하고자 합니다 라고 하였다. 내가 말하기를 군의 주의와 나의 주의는 동일하나, (구체적) 실행(에 대한)의 생각이 조금 차이가 있다고 하였다.

(다시) 군이 물음으로 내가 말하기를 이번 광복사업은 참으로 거대한 것인 줄을 알고 대규모로 진행할 계획을 확정하고 성패(간에)가 그 계획에 의하여 진행되기를 바라노라. 우리의 생각을 한 때의 불평적 행동으로써 매국적을 죽인다, 밀정을 죽인다, 이렇게 생각하지 말고, 일을 어떻게 진행하면 어떠한 결과를 얻겠다는 (분명한) 기준이 있어야 되겠소.

우리의 이번 운동의 대체를 들어 말하면 3단의 행위를 취할지니, 1은 적의 통치를 거절하는 행위, 2는 전투준비 행위, 3은 각국에 선전교섭 행위인 바, 1에 대하여 말하겠노라 하였다. 단포와 작탄 사용은 일시의 불평으로 무의미하게 사용하는 것은 불가하다고 하였거니와 우리 일은 일본의 통치를 절대로 거절하여 적이 통치의 힘을 펼 수 없게 하도록 하는 것이 가장 중대한 것이라. 이를 중대하게 알고 대계획과 대규모로 실시할 것이니, 그 거절하는 행위는 관공리 퇴직, 납세거절, 소송거절 등의 일이라. 이를 전국 국민으로 실행케 하기 위하여 다방면의 설계를 정하고 실행할지니 이를 일반 국민이 절대로 거절하는 때는 적으로서는 절대로 복종케 하기 위하여 극단적인 압박 행동이 있을지라, 그런 즉 작탄과 또한 그것을 사용할 사람을 준비하였다가 적의 최후 압박에 응하여 대 폭동을 일으켜야 성공을 거둘 수 있을지라. 그런 즉 지금처럼 소수가 부분적으로 작탄을 사용함은 그것으로 통치 거절의 효과를 거두기 어렵고, 적의 이에 대한 방어책이 촘촘해져 미래 대 활동에 대 장애를 만들 뿐이니 지금에는 작탄 사용을 막으로(=아무러케나) 하지 말고, 단지 단포로서 각 요충지의 밀정 등을 토벌하여 광복에 종사하는 이들의 왕래에 편의를 도모하고 인심을 다소 격발하게 하되, 또한 미래를 위하여 준비 실행할 것은 (1)은 육상에서는 문자로 통치 거절의 주의를 촘촘하게 주의시키며 한인 관공리에게 퇴직 활동을 빠짐없이 하게 할 것이요. (2)는 비행기로 선전하여 인심을 대격발 시킬 것이요. (3)은 깊은 숲 속에 작탄제조창을 몰래 설치하고 우리가 사용할 수에 따라 제작하게 하고 작탄 사용인을 군인 정신으로 편성하여 모험성과 기율을 양성할 것이라. 이상의 행위들을 실행하자면 거액의 자금이 필요할지라. 아무리 어렵더라도 이를 기어히 실행하려고 뜻을 단단히 정하고, 될 수 있도록 실행할 것이라. 이를 위하여 내가 일찍부터 주선하여 오는 것이 있고(=천도교의 30만 원 자금 동원) 그것이 실패되면 내가 직접 (국내에) 출동하고자 하노라. 우리는 1년이 가거나 2년이 가거나 어렵고 쉬운 것을 불고하고 단연코 실행할 것을 계획할지라. 이상에 말한 것이 곧 민국의 최대 독립전쟁이라 생각하고 노력하고자 하노라 한 즉, 군이 매우 좋다고 칭찬하였다.

내가 말하기를 우리 두 사람부터 이 뜻을 변하지 말고 일치 행동을 하자고 하고, 이 사업을 이탁 군에게 전적으로 맡겨 이미 조성된 광복군을 사용하기를 바라노라고 하였다.

정인과 군이 와서 말하기를 총장들의 각오가 아직도 원만치 못하여 앞길이 험난하다고 하였다.

윤현진 군이 와서 말하기를 기호 인사들이 모든 일에서 행동이 지방적 성질로 나아가는 것이 많다고 하며, 이 총리는 3총장에게 대하여 대불만을 품고 함께 일하기가 어렵고 이승만 아래에서는 일할 뜻이 없다고 한다고 하였다.

국무원에 출석하여 정무를 협의하였는데 서간도특파원 계봉우가 사면한 대신에 조상섭이나 선우혁을 파견하기로 하였다.

동삼성에 외교부설치안을 의논하다가 외무차장더러 조직하여 제출하라고 위임하였다.

유럽과 미주에 외교위원부 설치안을 토의하다가 대통령과 협의하여 실행하기로 하였다.

북간도 광복군정사의 헌의서를 낭독한 후에 이를 군무부에 넘겨주도록 하였다.

4시에 신숙 군 초대로 일품향에 가서 만찬을 하였다.

7시 반에 단소에 가서 임득산 군의 문답을 마치고, 오익은 군의 문답을 하다가 부족한 점이 있어서 다 마치지 못하였다.

✦ **5월 11일, 화, 비**

예정사항

1. 윤우산(=현진) 차리석 오익은 신숙 면회할 것
2. 송정항 초대할 것

새벽에 정좌회에 참석하였다.

현순 군이 내방하여 양 100원 만 빌려달라고 함으로 며칠 기다려 마련해 보내겠다고 하였다. 군이 그간은 이 박사가 보낸 500원으로 지내왔노라고 하였다.

윤현진 군이 내방함에 내가 말하기를 이승만 박사가 재무총장에게 전보한 내용에 현순을 와싱톤 외교위원에 선정하였고, 도미할 여비 500원을 바꿔 보낸다고 하였으니, 이에 대하여 어찌 할는지 이 총리가 알면 대불평이 생길지니 아직 이 일을 말하지 말고 조치할 방법을 미리 생각하라고 한 즉, 그가 말하기를 큰 걱정거리가 생겼다고 말하였다.

임득산 군이 와서 말하기를 오늘 저녁에 안동으로 출발하노라고 함에, 내가 말하기를 군과 연락하는 모험청년들을 부분적으로 행동하지 말게 하고, 안동광복군과 합동하여 그 기관의 지휘대로 행동하게 하고, 군사국장 도인권 군으로부터 받은 단포는 광복군 기관에 보내 주는 것이 합당하다고 함에 군이 응낙하였다.

정인과 군이 내방하여 말하기를 이승만 김규식과의 관계로 외교사업을 통일하기가 불가능한지라, 지금 이시영과 의논하여 현순을 불러 가는 일로 말하여도 총리나 외교당국자는 알지도 못하니 매사를 이렇게 하면 어떻게 일 하겠습니까 하며 개탄하였다.

이세방(모험단원)이 내방하여 안동으로 향하노라고 하며 작별을 말하였다.

차리석 군을 청하여 선전(부) 이사로 일하기를 청한 즉 군이 응낙하였다.

오익은 군을 방문하여 말하기를, 윤현진 군이 와서 하는 말이 고일청 군이 안동으로 간다는 이유는 그대가 그대의 형의 말을 전하기를 고일청 군을 안동으로 오게 하라 하여 출발한다고 한다니 그것이 사실인가 물은 즉, 그가 말하기를 전혀 근거 없는 일입니다. 자기 형님이 돈을 마련해 보내더라도 선생님께나 저에게 직접 보내지 다른 곳으로 보낸다는 것은 믿지 못한다고 하였다.

송정항을 청하여 그동안 그가 성심으로 일한 것과 또 지금 병 중에 있음을 위로하고, 대동여사에 가서 만찬을 같이 하였다.

신숙 최동오 군이 내방하였다. 신 군이 재정책에 대하여 말하기를 (천도교) 교내에서 거저 정부로 보낸다고 하고, 교인에게 수금만 하면 돈 내기를 두려워하는 고로 뜻대로 돈을 마련하지도 못하고 사람들만 위험에 빠뜨립니다. 더욱이 천도교에 요청한 30만원의 거금을 준비하려면 비밀이 어려운 고로 천도교라는 것을 희생하기 전에는 될 수 없다, 그러니 차라리 은행이나 회사를 설립하여 주식의 명의로 모으는 것이 액수도 많고 또 안전하겠다고 하는지라, (내가) 영업하자는 명의로 모아서 광복사업에 쓰는 것은 국민을 속이는 것이니 도저히 행하기 어렵겠다고 한 즉, 군이 말하기를 회사는 회사대로 영업을 해 나가고, 정부에서는 채무를 지게 하면 국민을 속이는 것이 아니라고 하였다.

내가 말하기를 그렇다면 우리가 일할 때에 그 회사는 영원히 존속토록 하여 영업을 진행하고 정당하게 채권 채무의 관계로 재정을 거래하면 타당할 듯하니 이 일을 (재무차장) 윤현진 군과 상의하여 진행하게 하자고 하였다. 또 그에게 말하기를 우리의 일 가운데 적의 통치를 절대로 거절하는 것이 제일 중요한 일이라고 하니 그도 또한 찬성의 뜻을 적극 표하였다.

✦ 5월 12일, 수, 맑음

예정사항

1. 윤현진 신숙 정제형 군 면회할 것
2. 선전부 사무 지도할 것
3. 오익은 차균상 군 입단문답할 것

새벽에 정좌회에 참석하였다.

윤현진이 내방함에 어제 신숙 군의 생각을 말하고, 회사의 명의로 재정을 모으는 것이 어떠하냐고 하니, 군이 말하기를 실행이 매우 곤란하겠으나 의논하여 실행하자고 하였다.

이탁 군이 내방하여 말하기를 지금 양 300원이 있어야 긴요하게 쓰겠다 함으로 나는 없다는 뜻을 밝히고, 말하기를 광복군 중에서 적당한 사람을 뽑아 선전원에 임명함이 어떠냐고 하였다.

최동오 군을 방문하여 윤현진 군의 생각을 말하고 오후 1시에 신숙 윤현진 군과 같이 만나 상의하자고 하였다. 1시에 윤현진 신숙 최동오 군과 회사 설립의 일을 숙의한 결과, 자금 총액은 200만원(매 주 50원)으로 정하고, 제1회 수입될 것을(4분의 1) 50만원으로 대략 계산하고 그 반수는 신 최 두 사람이, 나머지 반수는 윤 군과 내가 책임지고 마련하기로 하고 진행 방법은 윤 군더러 기초한 후에 4인이 다시 만나 협력해 진행하기로 하였다.

도인권 군이 내방하여 군사행동에 관하여 의견을 요청하는 고로 지금은 시간이 없으니 다른 때에 만나자고 하였다.

치과의원에 가서 치료를 받았다.

정인과 황진남 두 사람의 초대로 대동여사에서 만찬을 하였다. 두 사람이 빨리 도미 하겠다고 함으로, 내가 말하기를 더욱 참고 지내기를 유념하라고 하며 만류하였다.

정제형 군을 청하였으나 그가 자리에 없어 만나지 못하였다.

선전부 사무를 지도하였다.

7시 반에 단소에 가서 오익은 군 문답을 하는데, 마침 심신이 피로함으로 중지하고 내일 오후에 다시 행하기로 하였다.

✦ 5월 13일, 목, 맑음

예정사항

1. 국무원에 출석
2. 선전부 사무 지도
3. 황진남 면회
4. 윤현진 면회

새벽에 단소에 가서 정좌회에 참석하였다.

서간도에서 온 최상봉 군이 내방하여 말하기를 자기와 몇몇 청년이 작탄 행동에 관한 일로 왔는데 선생님의 고견을 듣고 싶다고 함으로, 내가 우리의 진행 방침의 대체를 들어 말하고, 그런 사업을 단독적으로 마음대로 행하지 말고 국가적 군인의 정신으로 정부 방침에 의거하되 이에 관하여 이탁 군의 지도하에서 행동하라고 한 즉, 군이 말하기를 옳다고 생각한다고 하였다.

손정도 군이 내방함에 총리와 각 총장과 각 차장 및 비서장이 생각이 흔들리고 있음으로 대국이 위험한 지경에 처해 있다고 하고 좋은 수습책을 강구하자고 하였다.

　황진남 군이 내방함에 흥사단의 취지를 설명하고, 개조정신에 힘쓰라고 한 즉, 군은 입단할 결심이 있다고 하였다.

　윤현진 군이 와서 말하기를 몇몇 동지들로 더불어 현 대통령을 무너뜨리기로 결심하였는데, 이것이 안 되면 스스로 물러나겠다고 하였다.

　강봉효 군이 와서 말하기를 자기의 본래 생각은 선생을 돌보기 위해 멀리서 왔는데 신문사에서 일할 것을 청하는데 대하여 아직 답을 안했으니 어찌해야 좋으냐고 함으로, 내가 말하기를 신문사에서 일하는 것이나 나를 돌보는 것이 다 나를 돕는 것이라, 그러나 신문사에서 일하는 것이 나를 간호하는 것보다 더 도움이 되겠다고 하고, 장차 박선 군이 귀국하면 단소의 일을 맡게 하고자 하니 이를 의논한 후 둘 중 하나를 취하라고 하였다.

　이동휘 군이 내방하여 말하기를 현 대통령을 갈아 없이하자고 하며 말하기를 그렇지 않으면 자기는 퇴거하겠다고 함으로, 내가 말하기를 심히 중대한 문제이니 가볍게 생각할 일이 아니라고 하였다.

　여운형 군이 내방하여 남방에 갔다 온 사정을 말하는데 진형명은 혁명을 다시 일으키기 위하여 크게 준비 중이라고 하였다. 내가 말하기를 우리 민족 자체가 성심성력으로 단결하여 대세를 지켜나가야겠다고 하고, 그간 총리와 총장들과 더불어 대동단결에 주력해온 것을 말한 즉, 군이 말하기를 자기는 이것이 될 것이라 믿지 않는다고 하였다.

　윤현진 군을 방문하여 말하기를 현 대통령 폐지는 대국을 잘못되게 하는 문제이니 이런 말은 입에 내지도 말고 원동에서만이라도 원동의 형세대로 국내의 일본통치 거절하는 일에 전력하자고 하였으나, 군이 말하기를 오늘 저녁 차장회의가 있을 터인데 절대로 단행하겠노라고 하였다. 내가 말하기를 제군들이 그 생각을 절대로 주장하면 나로서는 별다른 도리가 없고

(나) 스스로도 물러날 뿐이라고 하였다.

국무회의는 정원이 차지 않아 열지 못하였다.

저녁 후에 단소에 갔다. 주요한 군이 〈싹이 보이는 대한 청년의 문화운동〉이라는 제목으로 강연하였다. 주 군의 말 가운데 청년의 사상을 노인들은 간섭하지 말고 방임하여 향하는 대로 두어야 한다는 주장에 관하여 내가 간략히 청년은 청년의 생각, 노인은 노인의 생각을 발표하는 것은 동일한 자유의사이다. 또한 주장과 의견이 달라 각기 한 가지만 고집하는 것은 청년과 노인 간에 한하여 있는 일이 아니요, 노인과 노인, 청년과 청년 간에도 있는 일이라. 이를 전혀 노인을 향해서만 말하는 것은 옳지 않다고 하였다.

✦ 5월 14일, 금, 맑음

예정사항

1. 각 총장 김철 김립 손정도 방문할 것
2. 국민단 야학과에 출석

새벽에 정좌회에 참석하였다.

현순 군이 내방하여 말하기를 자기가 와싱톤으로 가게 되었노라고 하며 장시간 담화하고 싶은데, 시간이 있는지 묻는지라, 내가 말하기를 지금 내방객들을 면회한 후에 다른 곳에 가서 말하자 하고 대합실에서 기다리라고 하였다.

윤현진 군이 내방함에 내가 말하기를 대통령 폐지 문제는 거론하지도 말고, 또 군 등은 조금도 동요하지 말고 성심성력으로 대사를 붙들고 나가자 한 즉, 그가 말하기를 혁명사업은 우선 내부가 서로 믿고 굳게 단결하여야 되는데, 현재 상황으로는 광복사업을 진행할 수가 없으니 이박사파가 물러가거나 우리가 물러가거나 양단간에 해결을 짓기로 결심하였노라고 하였다. 내가 말하기를 통령과 총장들은 형식상으로 위에 있고 차장인 청년 제군들이 일심으로 단결하여 진행하면 목적을 달성할 수 있을 것이라 하였으나, 그가 이러고서는 진행할 희망이 없다고 하였다.

최동오 군이 와서 말하기를 회사 설립 건을 빨리 정하고, 사람을 국내에 급파해야 되겠다고 함으로 오후에 다시 만나자고 하였다.

현순 군과 동아여사에 가서 담화하는데 그가 자기의 도미 내막을 말하고 또 자기가 나에 대하여 본래 지방열이나 야심이 있는 사람으로 알지 아니하고 좋은 일꾼으로 알아 왔지만은, 그 동안에 몇 분 총장들이 자기에게 대하여 말하기를 몇 번 잘 속았다고 다시는 속지 말라고 말하였다고 하고, 자기도 근간에는 그런 생각이 있었노라고 하였다.

내가 말하기를 그러면 의심의 근거가 무엇이냐고 한 즉, 답하기를 별 근거는 없고, 단지 평안도인에게는 도와줌이 많고 기호인에게는 그렇게 함이 드문 것으로 보이더라고 하는지라, 내가 말하기를 내가 실력이 없어 누구에게든지 도와줌이 없으나, 기호인이 나에게서 도움 받은 것이 조금이라도 많을 듯 하다고 하였다. 그가 말하기를 요즘에는 도산이 흥사단을 조직하여 국내외에 선전하여 장래에 대통령 되기를 준비한다고 하였다. 내가 말하기를 누구든지 독립할 줄 확신하고 대통령을 준비한다면 좋은 일일 것이다. (그러나) 나는 지금 (독립운동의) 진행이 망연하여서 장래 개인문제는 생각지도 못한다고 하였다.

김약산 군이 와서 말하기를 자기가 곧 입국하겠다고 함으로, 내가 말하기를 이렇게 부분적으로 모험을 실행치 말고 그 모험 행동하는 최고기관에 연락하여 적당한 시기에 대대적으로 행동하기를 바란다는 뜻으로 길게 설명하였으나, 그가 말씀인즉 지당하여 감탄해 마지않으나 자기와 동지들의 사정이 그리 할 수 없다고 하였다.

이 총리와 김립 군을 방문함에 이 총리가 말하기를 자기는 이 박사와 한 정부에서는 서지 않기로 결심하였노라. 여러 차장들도 그런 생각을 가진 것을 만족히 찬동하노라. 차장들은 설혹 그 뜻이 변하더라도 자기 개인은 절대로 변치 않겠노라고 확언하였다. 내가 말하기를 일이 하도 중요하니 가벼이 하지 말고 한 번 더 생각하시라고 하였다.

이시영 이동녕 두 사람을 방문하고 말하기를 시국이 점점 큰 위험한 속으로 들어가니 구제하여 지탱할 계책이 망연합니다 하고, 또 금번 독립운동에 이 안○○(=창호)의 지방열 문제가 한 중심이니 스스로 송구함을 금할 수 없노라. 지금 기호 인사들이 서도 인사한테 부대끼어 지내기 어려워 자위책으로 불가불 한 편당을 지어야 되겠다는 그런 논조로 인심을 현혹케 하여 두 지역 청년들에게 반목을 야기하니 이는 스스로 망하자는 것이 아니냐고 하였다. 동녕 군이 말하기를 누가 그렇게 말을 퍼뜨리느냐 함으로, 내가 말하기를 이름 있는 사람들의 말한 바를 여러 번 들었노라고 하였고, 서로 장래를 걱정하다가 헤어졌다.

김립 군을 방문하여 문병하였다.

손정도 군을 방문하여 시국의 근심되는 바를 의논하고 절대로 비밀을 지키라고 하였다.

김홍서 군을 청하여 남경여행에 관하여 묻고 상의하였다.

최창식 군이 내방하여 도미하게 된 일을 말하고 여비를 도와 달라고 함으로 마련하기 어렵다고 하였다.

신숙 최동오 두 사람이 내방하여 말하기를 회사 설립에 관한 일로 상의하다가 윤현진 군이 일 때문에 먼저 돌아감으로 내일 정오에 다시 모여 상의하기로 하였다. 신 군의 제안은 회사를 둘로 나누어 자기는 자기가 믿는 사람들로부터, 선생께서는 선생께서 믿는 사람들로부터 주식 대금을 모집하자고 함으로, 내가 그 의견에 찬성하고 내 걱정은 국민을 속이는 일이 될까봐 염려라고 하였다.

✦ 5월 15일, 토, 맑음

예정사항

1. 최동오 신숙 윤현진 기타 천도교인을 초대하여 회사설립 일을 상의할 것
2. 각 차장들 방문

새벽에 정좌회에 참석하다.

윤현진 군을 방문하여 어제 최동오 신숙 두 사람과 의논한 내용을 말하고, 오늘 정오에는 기어이 만나 결정하자고 하고 또 이 일을 이렇게 하다가 장래에 사기적 행위가 되지 아니할는지 물으니, 군이 말하기를 의례히 사기 행위가 될 줄 알고 행할 바요, 또 장래 후일에는 회사 전부를 없애지 않으면 안 될 것이라고 하는지라, 내가 그렇다면 나는 이를 직접 실행하기가 어렵다고 하고 다시 상의하기로 하였다. 어제의 차장회의의 결과를 물으니, 그가 차장과 비서장들이 연맹하여 대통령불신임안으로 총 사직하기로 결정했다고 하는지라, 내가 말하기를 그대들이 대사를 크게 그르치는 도다. 그대들의 사면서 제출일은 곧 나의 물러나는 날이라고 하였다.

안공근 군이 내방함에 러시아 과격파와 반과격파의 내용을 물으니, 그가 대강 설명하고 다른 날 다시 만나 자세히 말하기로 하였다. 그가 말하기를 러시아 외교에 대하여 상당한 인물이 가야 잘 진행할 지라, 노령에도 그에 적합한 인물이 없고 상해에서 파견하자고 하여도 없는지라, 오직 나더러

직접 가셔야겠다고 하는지라, 내가 나도 그렇게 생각하는 점이 있도다. 외교는 자기가 행할 목적을 확정하고 그 목적을 달성할 필요조건을 가지고 교섭할 바이나, 우리는 덮어놓고 도와 달라, 무기를 공급하라고 할 뿐이라. 나는 다른 곳으로 가야할 관계도 여러 건이 있고, 또 상해를 떠나서도 불가한 관계도 많아서 스스로 답답할 뿐이라고 하였다. 이어서 단에 대하여 어떻게 생각하느냐고 물으니, 그가 자기의 마음에 아주 적절하다고 생각하나 실행까지는 어렵겠다고 생각한다고 하였다.

김희선 군이 내방하여 나에게 묻기를 전에 총리와 총장 및 중요 인물들의 결속한다는 일이 어떠하냐고 함으로, 내가 말하기를 그 일을 착수하여 진행 중이더니 요즘에 비서장과 차장들이 대통령을 타도한다, 자기들이 물러나겠다 하는 문제가 생겨 난처한 중에 있노라 한 즉, 대통령을 나가게 하거나 차장들이 물러나거나 하기로 결의 하였는데 자기도 역시 동감으로 결심하였노라고 하고, 또 말하기를 도산이 대통령을 붙들고 나아가자, 총장들을 결속하자 하는 것은 일단 이상일 뿐이요, 실제로는 불가능한지라, 나는 이를 웃을 뿐이라고 하는지라.

내가 말하기를 군이 좀 더 깊이 생각하면 나의 생각과 같을 줄로 생각하노라. 우리 민족의 정도와 실력이 어떠한지를 알면 그대들의 이런 결심이 없을 줄로 아노라. 군 등의 결심을 단행하는 그날로 일대 파란이 생길 것이요, 그 기회를 따라 일본은 내외에 대하여 악선전을 극력 행하리니, 그럴 때 우리 국민의 수준으로 움추려 들겠는가 용기가 치솟겠는가. 넘어지고 엎어져서 전멸할 뿐이니 대통령이 잘하고 못하는 것과 총장들의 잘잘못이 무슨 소용이겠는가. 우리들은 이가나 김가의 잘잘못을 알지마는 보통 국민들이야 무엇을 근거로 알겠는가. 그대들의 생각이 감정에 가깝고 일에서는 먼 것으로 생각하노라.

그가 말하기를 그런 염려도 없지는 않다고 하면서도, 지금 애국금 상납

하는 것을 중간에서 횡령하는 것을 방임할 수 없다고 하는지라, 내가 말하기를 누가 그런 사실이 있느냐 한 즉, 그가 말하기를 손정도 군이 북경선교회에 갔을 때 배형식 군 편에 정부로 보내는 1,000원을 손 군에게 맡긴 것을 전하지 않고 자기가 썼는지라, 이것이 탄로되었을 뿐 아니라 이런 일이 많음으로 그 내용을 상세히 조사 중이라고 하는지라, 내가 말하기를 손 군이 설혹 그런 실수가 있다고 가정할지라도 그의 뒤에는 그를 믿고 따르는 남녀가 많고, 또 역사가 있는 한 사람인데 이런 말이 세상에 유포되면 우리 운동에 큰 영향이 미칠뿐더러 손 군은 사기적 행위는 아니 할 줄로 나는 믿노라. 돈을 전달하는 일에 혹 모호한 일이 있었는지는 모르겠노라. 그대가 그 속사정을 잘 알지도 못하고 다른 사람을 가벼이 정죄하는 것은 실수인 듯하니 조용히 있기를 바라노라고 하였다. 그가 말하기를 속사정을 다 안다고 하며 도산의 이런 점은 불만이다. 잘못한 사람은 잘못한 것으로, 옳은 사람은 옳다고 대해야(=시시비비를 확실히 가려야) 한다고 하였다.

한송계 군이 내방하여 말하기를 일찍이 정부에 400원을 빌려 줬는데 이를 자기의 명의로 했는지 혹 나의 명의로 했는지 물음으로, 내가 말하기를 군의 명의로 했다고 하였다.

이탁 군이 내방하여 작탄에 관한 일을 의논하였다.

신숙 최동오 윤현진 군을 대동여사에 초대하여 오찬을 하였다.(다른 천도교 사람들은 오지 않았다) 누상에 올라 자금모집 문제로 숙의하다가 결국 신 군이 천도교의 사정에 따라 회사 명의나 기타 어떤 방법으로든지 25만 원을, 윤 군과 나도 역시 가능한 방편에 의하여 어떤 방법으로든지 25만원을 책임질 것이요, 이 50만원을 전부 모아 가지고 영업을 하자고 하면 시간이 너무 오래 걸림으로 (그동안) 인심은 추락하고 부분적으로 부정과 협잡이 많이 생길 것임으로 대사를 그르칠 염려가 있으니, 한 달 반 이내로 신 최 두 사람이 5만 원을, 윤과 내가 5만원을 책임지고 마련하기로 하고,

다시 내가 2만 원, 윤 군은 3만 원을 책임지기로 하였다.

윤우산(=현진) 군이 내방하여 금번 차장들 결의에 대하여 동의를 구함으로, 내가 절대로 찬성할 수 없다고 하였다.

손 군의 사건으로 인하여 그를 두 차례 방문하였으나 만나지 못하고 혼자 생각하건대 그 일이 김홍서 군과 관계가 있을 듯하여 김 군을 청하여 손 씨가 애국금 횡령한 일이 있다하니 그 사실을 아는가 한 즉, 안다고 하며 전에 김희선 군의 말과 같은지라, 내가 이 문제를 군이 제기하는 것 아니냐 한 즉, 그가 말하기를 자기는 관계가 없노라, 내가 말하기를 그 말을 믿지 않노라, 의리에도 옳지 않고 일 자체로도 온당치 않은 것을 드러낸 것이라 한 즉, 그가 말하기를 과연 손 군에 대하여 노여운 생각이 있음을 말하는지라, 내가 말하기를 사사로이 화나는 것을 보복하기 위하여 대사에 영향이 미치는 것을 불고하고 겸하여 서로 맹약한 (흥사단)동지 간에 죄의 유무를 동지로 더불어 먼저 해결한 후에 처사함이 옳거늘 원망의 마음을 갖고 단 외의 사람들로 더불어 동지에 대하여 헐뜯는 말을 함은 의리에 어긋나는 일이니, 이를 회개하고 이 문제에 관계된 사람들에게 조용히 하도록 하라고 하였다.

김희선 군을 방문하여 손정도 군에 관한 문제로 말하는데 이를 가벼이 하여 떠들면 큰 영향이 있겠고, 또 손 군이 그 사실이 있었는지 없었는지 알기 어려우니, 먼저 상세히 조사한 후에 선후책을 의논하자고 한 즉, 그가 응낙하였다.

각 차장들과 비서장이 회의하는 김철 군의 집을 방문한 즉, 윤현진 정인과 김철 김희선 이규홍 김립 6인이 자리에 앉아 있었다. 내가 말하기를 그대들이 이번 대통령의 불신임안을 제출하는 내용은 내가 짐작하는 바로는 4개의 이유이니, (1)은 신성한 독립 사업에 불신성한 인물을 수위에 둠이 정신상 불가라 함이요. (2)는 구미의 외교를 잘못되게 하고 미주 사회를 분란케 하고 원동과 구미의 외교를 통일치 못하게 하고 정부의 명령을 일치하지 못하게 함으로써 대사 진행에 지장을 많이 생기게 한다 함이요. (3)은 현재 상해 국무원(=총리와 총장)들이 신의로 결합하지 못하여 혁명 간부들답게 정력을 뻗치어 일할 수 없는 즉 차라리 뽑아서 뒤집어 버리고 새로 조성하는 것이 진행에 유익하겠다 함이요. (4)는 1년 이상 일을 해오는데 양호한 성적은 별로 없고 내외의 알력만 생기니 여러분의 각자 심리에 답답하고 불쾌하여 파괴하거나 물러나거나 양자 간에 하나를 취하겠다 함이라. 위의 3개 이유는 일을 표준함이요, 마지막 한 단은 감정을 표준함이라. 여러분이 이렇게 생각하는 것을 잘못됐다고 할 수 없고 당연하다고 할 점도 없지 않다. 그러나 나는 이를 절대로 반대하나니 곧 대사가 하루아침에 소멸을 고할 것을 (뻔히) 보기 때문이다. 그 이유는, (1) 대통령이나 총장들의 좋고 나쁜 점은 여러분이 자세히 알고서 이렇게 하는 것이라 옳다 아니다 하는 것이 판정되겠으나, 국민들 전부로는 이를 알지도 못하고 단지 대통령 이승만은 고상한 철학박사요 윌슨 대통령과 친한 친구라 하여 믿는 마음 뿐이라. 그러한데 이번에 이런 변동을 일으키면 일본인들은 안으로는 동포들에게, 밖으로는 세계에 악한 선전을 할 것이요, 또 동포 중에 상해정부에 감정을 품은 사람들은 때가 왔다고 하면서 사방에서 일어나 공격할지니 오호 아프다! 상해에서는 대통령과 벼슬자리 놓고 싸움만 한다고 하면서 붓과 혀로 공격하기를 있는 힘껏 할 것이다. 이렇게 되면 모든 국민은 독립운동의 간부에 나선 사람들을 신임하지 않고 비관과 낙망으로 넘어지고 엎어질 것이니, 이렇게 끝나고 망할 바에야 선하나 악하나 대통령이 무슨 상관이겠는가. 우리는 현재 내부 인물들의 웬만큼 잘못하는 일에는 눈을 감고 바깥 사정만 보고 나아갈 뿐이라. 그대들은 신성하니 불신성하니 말하지마는 1은 감정적인 말이요, 사실로 말하면 이승만만 못한 인물이라도 추대하여 독립만 된다면 못할 바 아니라. 2, 과거에 우리가 정부를 조직한다, 위원제를 시행한다, 다시 차장제를 쓴다, 또 정부를 개조한다, 또 취임불취임 문제로 장시간을 소비하였고, 그 후로는 미주와 상해 간에 애국금과 공채 문제로 시간을 소비하고 광복에 관한 실제 사업은 실행함이 없었으므로 인심은 피곤하고 일은 중단될 염려가 있는 오늘에 다시 이 문제를 꺼내면 이것으로 또 긴 세월을 소비하겠고 실제 일은 시행치 못할지니 대사에 대해 크나큰 영향이 있을 것을 가히 알 것이요. 3, 밖으로 큰 문제가 될지니 제군이 이승만 박사를 타도한다고 하더라도 이 박사는 물러나지 않고 말하기를 상해의 짓거리는 소수 악당들의 행위라 하고, 자기는 국내 한성에서 2천 만의 민의로 추대된 대통령이라고 국내에만 선언할 바 아니고 각국에 같이 선언할 것이라. 이렇게 하면 자연히 정부는 둘이 되고 우리의 결렬은 세계에 공포되어 외국인의 지지는 절대로 희망이 단절될 것이니 깊이 생각할 바요. 4, 우리 국내의 지식계급에 있는 인사들은 설혹 이 대통령이 불가한 것을 알지라도 이런 시기에 이 문제를 야기함은 우리가 악의에서가 아니라면 어리석다 하여 배척할 줄로 아노라. 이렇게 되면 오늘 그대들의 생각은 다 공상이요, 대사를 그르치고 몸까지 그르치게 할 것이니 어찌 차마 실행하겠는가. 그런 즉 지금 마땅한 해결책은 대통령이 여간 잘못이 있더라도 미주에 서재필 이하 유력한 인사들과 서로 연결하여 대통령으로 하여금 일에 그릇됨이 없도록 돕게 하고, 또 지금 총리와 총장들이 불만족한 점이 있더라도 전일에 서로 약속한 것처럼 서로 결속하여 진행할 것이요, 오늘 이 자리에 모인 6인이 스스로 대사의 주인으로 책임지고 대소사를 함께 진행하면 못 할 것이 없으리라. 더욱이 지금 인심은 흩어지고 한 푼의 재정이 없음으로 가만히 있더라도 (정부의) 유지가 망연한데, 큰 파란의 변을 일으키면 무슨 수단으로 일의 진행은 고사하고 스스로 서서 지낼 자신이 있는지 깊이 생각하라 하니, 그들이 말하기를 우리가 다 잘 들었으니 먼저 돌아가시면 깊이 상의하여 해결하겠다고 함으로 이에 돌아 왔다.

손정도 군을 방문하여 북경에 갔을 때에 국내에서 보내온 금전의 관계를 물은 즉, 그가 말하기를 그때 북경에 왔던 한국 목사 3인이 자기가 쓸 돈이라고 주기에 받아 가지고 외국선교사도 초대하고 또 여비에 쓰고 귀국하였더니, 이번에 김기만 군이 돌아 와서 그 돈이 자기가 간접적으로 모은 애국금이라고 하면서, 그 돈 낸 사람들은 그 대가로 공채를 요구한다고 하기로, 내가 말하기를 그때 그 사람들이 분명히 말하면서 주었기에 자기에게 온 돈인 줄 알았더니 이제 군의 말을 들으니 애국금인 것을 알았노라. 나는 그것(=돈)을 정부에 보내 공채권으로 (받아서) 보내주겠노라고 하며 말하기를 그렇게 의심이 생길 줄은 생각하지 못하였노라고 하였다.

돌아오는 길에 단소에 가서 박선 군에게 손정도 군과 김홍서 군이 관계된 사실을 상세히 말하고, 내일 김 군을 방문해 권고하여 회개하고 깨닫게 하라고 하였다.

✦ 5월 16일, 일, 맑음

예정사항

1. 홍십자병원에 가서 치료받을 것
2. 예배당에 갈 것
3. 각 총장 차장 방문할 것

새벽에 단소에 가서 정좌회에 참석하였다.

윤현진 군을 방문하여 어제 차장들과 비서장의 회의한 결과를 물으니, 말하기를 우리가 본래 대통령불신임안으로 총사직을 하기로 동맹하였던 것이 선생께서 불가하다고 역설하신 결과, 김희선 정인과 두 차장이 생각을 바꾸었고 그 외 4인은 사직하기로 의결하였노라고 하는지라, 내가 말하기를 이렇게 하여 현 정부가 무너지면 수습할 방법이 없으니 대국을 위하여 마음을 돌이키라 하였으나 고집을 부리며 절대로 단행하겠다고 하는지라, 내가 다시 묻기를 더 생각할 여지가 없냐고 하니, 그가 더 말할 수 없노라고 하는지라, 내가 말하기를 그러면 나는 전도에 대한 희망이 끊어지니 나도 사직서를 제출할 터이요, 또 이 사건을 여러 총장들과 상의하여 선후책을 강구하고자 하노라 하였다. 그가 말하기를 오늘 오후에 사직서를 제출하겠노라고 함으로 곧 돌아 왔다.

왕삼덕 군이 와서 말하기를 정부에서 서간도에 사람을 파견한다 함이 이미 오래 되었으나, 아직 파견하지 않은 고로 서간도에서 온 대표자들은 불만이 크다고 하면서, 언제 파견하여 보내냐 함으로, 내가 말하기를 계봉우 군으로 정하였다가 그가 사임함으로 이렇게 늦어지니 속히 적임자를 선택하여 보내리라고 하였다.

정인과 군이 내방함에 내가 말하기를 이번 차장들과 비서장이 대통령불신임안을 제출하여 제출한 대로 정부를 개혁하겠다고 하여도 개혁은 이루어지지 않고 대국을 파괴할 뿐이요, 차장들의 생각을 제지하면 총사직을 한다고 하였다. 이렇게 총사직이 되는 날에도 또한 대국이 파괴되어 양자간에 다 종국을 고하게 될 시기이니 우려를 하지 않을 수 없는 상황이다. 지금 비서장이 사직하면 총리가 따라서 사면할 것이요, 동시에 함경도와 노령이 떨어져 나갈 것이요, 윤현진 이규홍이 사직하면 남형우가 역시 따라할 것이니 경상도 일대와 관계가 단절될 것이요, 그렇게 되면 이동녕 이시영 신규식 세 총장은 상황의 어려움을 피해 물러갈 것이니 기호 일대와 관계가 단절될 것이요, 김희선이 사직하고 단독행동을 취한다고 하면 서도 청년들은 방황하게 될 터이니, 이로 인하여 일반 국민의 심리는 비관에 빠질 터인 즉, 이 일을 어떻게 처리함이 좋으냐 하고, 그에게 아무쪼록 총사직서가 속히 제출되지 않도록 하게 주의하라고 하니, 그가 말씀하신 대로 힘쓰겠노라고 하였다.

이탁 군이 내방함에 내가 시국의 어려움을 말하고 서로 믿는 사람들 간에라도 비상한 결속을 지어 영원히 대국(=임정)을 붙들어 나가야겠다는 뜻으로 말하였다.

윤현진 군이 와서 말하기를 자기 차장들이 하는 취지에 찬성 여부를 물음으로, 내가 말하기를 우리 일이 이렇게 되면 종국을 고하리라고 하며 우려가 막심이라고 하였다. 그가 말하기를 우리가 의논한 내막을 각원들에게 말씀하신다고 하니 우리는 선생을 믿고 저간의 모든 비밀을 모두 말씀드린 것을 선생께서 폭로시키는 것은 우리가 믿던 바를 선생께서 저버림이 아니냐고 함으로, 내가 말하기를 제군이 이를 절대로 실행하면 얼마 안 돼 자연히 드러날지니 비밀 보존의 여지가 어디에 있는가 하였다. 또 말하기를 제군이 이렇게 절대로 고집함에 대해서는 나는 제군을 성의가 없는 사람들로 믿는다고 하였다. 그가 말하기를 서로 깊이 믿고 지내던 바에 이렇게 생각이 각기 달라 서로 나뉘게 됨은 심히 유감이라고 하였다.

정혜원 여사가 내방하였다.

민제호 군이 내방하여 명덕리 신 총장이 거처하던 집과 바꿔서 살자고 함으로 응낙하였다.

손정도 군이 내방하였다.

정인과 김희선 김립 김철 제군을 번갈아 방문하여 어제 차장들과 비서장이 의결한 것이 광복사업을 크게 그르치는 이유를 장시간 설명하였다.

예배당에 잠깐 갔다.

홍십자병원에 가서 수치료를 받았다.

✦ 5월 17일, 월, 맑음

예정사항
1. 국무회에 출석할 것
2. 각 차장 방문할 것

새벽에 단소에 가서 정좌회에 참석하였다.

이탁 신두식 군이 내방함에 흥사단의 주의를 설명하고, 또 우리 일이 큰 곤란 중에 있는 것을 말하고 오늘을 비추어 장래를 경계하라고 하였다.

현순 군이 내방하여 말하기를 전에 맡긴 돈 100원을 속히 돌려달라고 청함으로 응낙하였다.

윤현진 이규홍 두 사람을 방문하여 결의한 마음을 돌릴 것을 청한 즉, 답하기를 지나친 염려를 말라고 하며 급격한 행동은 아니 하겠노라고 하였다.

김립 군을 방문하여 총사직에 대해 마음을 돌리라고 권고한 즉, 역시 윤 이 두 사람과 똑같이 답하며 안심하라고 하는지라, 김철 군을 방문하여 이번 차장회의에서 한 총사직에 대하여 깊이 생각하고 망동하지 말라고 함에, 그가 주의하겠노라고 하였다.

김희선 군을 방문하여 어제 차장회의 결과를 물으니, 그가 오늘로 총사직을 제출하기로 결정하였다가 자기가 말하기를 대통령불신임안을 제출하여 정부를 개혁하기로 생각하나, 이어서 누구를 선임하여 추후 건설을 준비할 계획이 있느냐고 하니, 한 사람도 분명한 답이 없고 단지 이렇게 파괴만 하면 건설은 자연히 된다 하는지라, 이 때문에 서로 의사가 충돌되다가 한걸음 양보하여 사직서 제출은 연기하고 와싱톤에 위원부 해산과 재무관 및 외교위원부 설치안과 대통령이 국무원을 거치지 않고 교령을 남발하지 못하게 하는 조건을 국무회의에 제출하여 이것이 의결되면 함께 일하고, 그렇지 않고 부결되면 물러나기로 하였다고 하더라.

이 총리를 방문함에 총리가 말하기를 이번 비서장과 차장들의 생각에 동감하니 도산도 찬성하라고 하며 말하기를 차장들이나 비서장의 생각은 변동되더라도 자기는 단독으로라도 절대로 실행하겠노라고 하였다.

내가 말하기를 그러면 대사를 우리의 손으로 스스로 망치는 것인 즉 깊이깊이 고려하라고 함에, 총리가 말하기를 이승만 한사람을 뽑아 무너뜨리는데 무슨 염려가 있느냐고 하며 고집을 세우고 듣지 않았다.

오후 1시에 정무회의에 출석하여 각의를 할 때 차장들과 비서장이 연서하여 제출한 의안에 1, 와싱톤위원부를 해산할 것. 2, 구미외교위원부를 설치할 것. 3, 구미재무관을 설치할 것. 4, 대통령은 국무원을 거치지 않고 교령을 남발하지 못할 것 등의 내용이더라. 이에 대하여 중의가 다양하고 또 장황할 때 내무총장은 이 안이 비록 좋긴 하나 실행이 문제라 하고, 재무총장도 같은 의사로 말하였다.

내가 말하기를 우리가 앞서 총장들과 차장들이 서로 맹약하고 비상한 결속으로 합하여 민간유력자와도 연결하여 대업을 붙들고 나아가자고 하였거늘 먼저 이것을 이룬 후에 광복사업의 전도 방침을 다시 토의하여 확정하고, 그 정한 방침을 표준하여 와싱톤에 관한 일이나 기타 모든 일을 논의하는 것이 순서요, 가부간에 이 문제를 먼저 토의하게 된 것은 유감된다고 하고, 지금 이 문제는 보류하고 근본적으로 나아가 깊이 생각하기를 바란다고 한 즉, 윤현진 이규홍 김립 세 사람이 말하기를 이 제의를 결정하면 함께 의논하겠고, 그렇지 않으면 물러나겠다고 공언하였다.

내가 말하기를 이런 일에 동맹적으로 진퇴를 취한다는 것은 깊이 생각지 않은 것이라고, 내가 절대로 주장하는 바는 이번 독립운동의 한 단락을 고하기까지 현재의 정부를 조금이라도 변동치 말고 안으로 결속하여 실제의 일을 진행하는 것이 옳은지라. 전에 말한 대로 우리는 먼저 비상한 결속을 지을 것이요, 이 문제는 더 연구할 필요가 있으니 이 조건을 단정적으로 행하면 다시 와싱톤과 상해 간에 결렬을 일으킬지라. 그러므로 우리는 먼저 와싱톤에 있는 대통령과 및 외교관들에게 호의적인 이해를 주도록 노력하고, 이해되는 때를 기다려 모든 일을 좋게 협정하자고 하였다.

총리도 차장들과 비서장의 의안을 찬동하다가 변동하여 현 정부를 유지하자고 말하면서 보류하고 산회하였다.

이동녕 이시영 군을 방문하여 시국이 이렇게 위급하고 어려우니 선후책이 있는가 한 즉, 동녕 군이 말하기를 일을 청년들에게 맡기고 우리는 물러나 민간인 신분으로 일하자고 하는지라, 내가 말하기를 그들이 맡지도 않겠거니와 맡아도 될 수 있겠느냐고 한 즉, 동녕 군이 말하기를 우리가 오늘이나 내일로 사직서를 제출하면 모양이 싸우는 것과 같으니 이번에 차장들이 제출한 의안을 결정하여 차장들의 마음을 안정시키고 그 후에 우리가 사직하되 다른 분들이 동의하지 않더라도 나는 단독으로 행동하겠노라고 하고, 이시영 군은 별도로 의사를 표함이 없었다.

민제호 군이 주택 일로 내방하였다.

✦ 5월 18일, 화

예정사항

1. 국무원에 출석
2. 이경하 이OO 정제형 회견
3. 선전부 사무 지도할 것

새벽에 단소에 가서 정좌회에 참석하였다.

이탁 군이 와서 말하기를 자기가 며칠 간 조용한 곳에 있다가 안동으로 출발하겠노라고 하였다.

안정근 군이 와서 말하기를 속히 북간도로 향하겠노라고 하면서 말하기를 자기는 정부의 사명으로 가는데 국무총리는 비밀히 다른 일을 말함으로 비록 가기는 하나 모든 일이 잘 되리라는 희망이 없다고 하였다.

이경하 형제를 청하여 흥사단의 주의를 설명한 즉, 그들이 만족한 마음을 적극 표하는 고로 다음 (주일로부터) 4일째(=목요일) 강연회에 참석하라고 하였다.

김성근 군이 내방하여 말하기를 자기는 그간 낙심이 되었었는데 이제부터는 다시 분발하여 모험 행동에 종사하겠노라고 하였다.

윤현진 이규홍 두 사람을 방문하여 현 정부를 개혁하려고 하는 생각을 돌이키라고 청하였으나, 두 사람은 그 생각을 고집하였다.

김철 군을 방문하여 현 정부를 흔드는 것이 불가하다고 한 즉, 그는 의사를 결정하지 않고 유예하는 태도를 보였다.

김희선 군을 방문하여 차장회의에 관한 생각을 물으니, 자기는 절대로 반대하고 그 행동하겠다는 데서 탈퇴하였노라고 하였다.

국무회의에 출석하였다가 심신이 피로함으로 조퇴하였다. 곧 이어 산회했다고 하였다.

단소에 가서 몇 시간 한가로이 산책하였다.

✦ 5월 19일, 수, 맑음

예정사항

1. 정제형 김구 면회할 것
2. 시사에 간섭을 별로 아니하고 당국 인물들의 태도를 방관하기로
3. 차균상 선우훈 입단문답을 행할 것
4. 선전부 사무 지도할 것

새벽에 단소에 가서 정좌회에 참석하였다.

신두식 군이 내방함에 흥사단의 취지를 설명한 즉, 그가 심히 찬동함으로 내일 저녁 강연회에 참석하라고 하였다.

김홍서 군이 와서 말하기를 김봉구 군이 곧 본국에 들어가는데 국내에 기별할 것이 없냐고 함으로 따로 없다고 하였다.

김구 군이 내방하여 이병헌 취조 시말을 상세히 말하였다.

강봉효 군이 내방하였다.

정인과 군이 내방함에 이번 차장들의 움직임이 어떠하냐고 물으니, 답하기를 자기들의 생각을 늘 주장한다고 하였다.

선우혁 군이 와서 말하기를 고 최재형 군 등의 추도회를 개최할 터인데 어떻게 함이 좋으냐고 함으로, 나는 편한 대로 하라고 하고 나는 (별도로) 말하고자 하지 않는다고 하였다. 단 개인들 명의로 열게 되면 내 이름도 발기인에 서명하라고 하였다.

오후 1시 반 경에 정애경 여사와 같이 산보하였다. 심신이 피로함으로 곧 단소에 가서 한가로이 시간을 보냈다.

7시 반에 차균상 군 입단문답을 마치고 선우훈 군의 문답을 시작하였으나 밤이 깊어서 뒤로 미루었다.

김홍서 군이 와서 말하기를 김기만 군 등에게 손정도 군에 대하여 금전 문제로 오해하지 말라고 말했다고 하였다.

✦ 5월 20일, 목, 구름

예정사항

1. 선전부 사무를 지도할 것
2. 정제형 면회할 것
3. 강연회에 출석하여 강연할 것

새벽에 단소에 가서 정좌회에 참석하였다.

옥관빈 군이 와서 말하기를 자기가 도미할 뜻이 있다고 함으로 내가 찬성하였다.

김홍서 군이 와서 말하기를 김봉도 군을 안동으로 보내겠다고 함으로, 내가 근간에는 안동이 위험하다고 하니 보내지 말라고 하였다.

이동녕 이시영 두 사람이 와서 말하기를 1은 이번에 차장들이 요구하는 것을 그들의 조건대로 시행할 뜻이 있고, 2는 자기들 두 사람은 사직할 생각을 굳혔노라고 하고, 3은 현 정부를 변동하여 보라고 하는지라. 내가 말하기를 1. 차장들의 요구조건에 응하여 행하면 와싱톤과 다시 결렬이 생길 터인 즉, 실제 일은 진행하지 못하고 내부의 결렬로 시간을 소비하다가 스스로 파괴당할 터인 즉, 두려운 일 아닌가? 2. 우리가 물러나면 정부라는 그릇은 없어질 것이니 어쨌든 지켜야 할 것이요. 3. 정부를 변동하면 어떠한 방법으로 변하려 함인가 반문한 즉, 군 등이 말하기를 구체적 생각은 없노라. 그러면 추상적 생각은 어떠한가 한 즉, 답하기를 총리와 총장들의 자리를 변동하는 것이 좋겠다고 하였다.

내가 말하기를 바꾸자고 하니 총리 자리에 나아갈 사람이 있는가 하니, 군 등은 답이 없고 다시 말하기를 자기들 두 사람은 지금 이 총리와는 절대로 같이 일할 수 없노라 하며 또 말하기를 총리로 있으면서 다른 각료들 모르게 음모하는 일이 종종 있으니 이후에 또 무슨 사건이 생길는지 위험스러운 고로 같이 일할 수 없고, 지금 우리가 물러가더라도 무조건 사직할지, 어떤 조건을 붙여 사직할 런지 이를 도산과 토의하려고 한다 하였다. 내가 말하기를 조건은 무슨 조건이 있는가 한 즉, 그들이 말하기를 어제 방문함도 중대한 문제로 인하여 상의하고자 하였었노라고 하며 말하기를 이 총리가 혼자 한형권을 러시아 노농정부에 보낼 때에 상해에 있는 정부는 민의에 따라 만들어진 정부가 아니요, 일본인들과 서로 통하는 분자들이 섞여 있음으로 이는 믿을 수 없는 것이요, 노령에 정부를 새로 조직할 것인데 누구누구가 들어가 있는 중에 이 총리가 그 중에 참가되어 있는지라 그 조직한 것을 한형권에게 주어 보냈다고 하며 또 말하기를 이런 일이 있는데 우리가 어찌 상대하여 함께 일할 수가 있겠는가 하였다.
 내가 말하기를 이는 도저히 믿기 어려운 말이라. 사람으로 되고서야 어찌 이런 일을 감행하였을 리가 있을까? 무슨 확증이 있는가 한 즉, 답하기를 그때 노농정부에 보내는 서류를 러시아 대장 포타프가 보고 여운형 김갑수 두 사람에게 말하였다고 하며 또 말하기를 포 군이 곧 상해에 온다고 하니 직접 대면하여 물어 보아도 알 것이다. 우리가 생각하기에는 총리가 이런 일을 넉넉히 행할 위인으로 아노라 하였다.

내가 말하기를 아직 이 문제는 발설하지 말고 맞고 아니고를 상세히 알아볼 것이요, 두 분의 거취에 대한 일도 표시하지 말기를 바라노라. 우리 일의 전도가 하도 망연하니 다른 생각을 말하지 않겠노라고 하였다.

두 사람이 우리도 경솔히 먼저 발설하지 않겠노라고 하고 오늘 국무회의에 출석하기를 권함으로, 내가 말하기를 우리 일에 내용적으로 서로 정을 통하여 마음이 화합한 후에 의논함은 좋거니와 지금 나가서 말하여도 무익할 것을 알고, 또 심신이 피곤한 때 참석하였다가 잘못됨만 생길까 염려되어 국무원에 가지 못하겠노라고 하였다.

정제형 군을 청하여 흥사단의 주의를 설명한 즉, 찬성의 뜻을 적극 표함으로 오늘 저녁 강연회에 참석하라고 하였다.

손정도 군이 내방하여 말하기를 자기가 북경에서 받은 돈 써버린 일을 크게 드러내어 결백을 말하겠다고 하는지라, 내가 말하기를 소수 인만 아는 것이니 (그) 소수 인에게 양해를 시킬 것이요, 아무리 옳더라도 필요하지 아니 하니 내가 제군들을 면회하여 이해시킬 테니 기다리라고 하였다.

김구 군이 내방하여 이병헌의 사진과 또 취조한 사실을 말하였다.

윤현진 군이 와서 말하기를 자기들로 인하여 심려로 크게 고뇌하시니 자기 마음에 심히 민망하다고 하며, 오늘 정례 국무회에 오시기를 청하며 말하기를 선생님이 오시지 않으면 회의에서 무슨 파란이 생길지 모르겠다고 하는지라, 내가 말하기를 내 생각에는 별 파란이 없으리라 고 하였다. 그가 말하기를 두 분 총장의 사직설이 나올 것 같다고 하는지라, 내가 말하기를 두 분 총장과 (이미) 말한 바가 있으니 그럴 리가 없다고 하고, 나는 심신이 피곤한 까닭에 참석하지 못하겠다고 하였다.

오후 7시 반에 단소에 가서 오익은 차균상 선우훈의 입단식을 거행하고 〈독립운동에 관하여〉라는 제목으로 강연하였다.

✦ 5월 21일, 금, 비

예정사항

1. 박선 군 초대
2. 박선 군 송별회에 참석할 것

새벽에 단소에 가서 정좌회에 참석하였다.

최성봉 군이 내방하였다.

내일 귀국하는 박선 군을 대동여사에 초대하여 아침 식사로 전별하였다.

오후 3시에 단소에서 박선 군 송별회를 시작할 때 먼저 단우들이 모여 앉아 우스개의 여러 극이 있은 후에 과자를 내고 개회하였는데 박현환 정인과 두 사람의 송별사가 있은 후에, 박선군의 고별사가 있었다. 내가 간략히 박 군의 공부를 위해 말했다.

김구 군이 와서 말하기를 이병헌을 어떻게 조치함이 좋겠는가 물음으로, 내가 별 도리가 없는 줄로 아노라 하였다. 군이 말하기를 그가 여기 와서 여러 가지로 정부에 대해 말하는 것이 좋지 않더니 지금은 정부에 감동되어 정부를 위해 일할 생각이 많아 졌다 하며, 한번 선생께서 면회하는 것이 좋을 줄 안다고 하였다. 그가 원하면 면회하겠다고 하였다.

여운형 군이 내방하여 고 최재형.제군추도회에서 추도사를 해주기를 청함으로 그만 두겠노라고 하였다.

박선 군이 내방하여 말하기를 입국하여 단우 모집할 방법을 토론 하였다.

✦ 5월 22일, 토, 구름

예정사항

1. 추도회에 참석할 것

새벽에 단소에 가서 정좌회에 참석하였다.

최성봉 군을 선전원으로 국내에 파견하였다.

유기중 군이 내방하여 말하기를 자기의 조카 병익을 도미시키려 하는데 여비 200원을 빌려 달라고 하는데 응하지 못하였다.

이탁 군을 심방하였다.

단소에 갔다.(오후)

오후 8시에 민단사무실 내에서 개최한 고 양한묵.최재형 및 순국제열의 추도회에 참석하였다.

오익은 군이 내방하여 말하기를 김건형 군이 며칠 만에 (자살한 부친상의 슬픔에서)회심되었다고 하였다.

왕삼덕 이진산 두 사람이 내방함에 이번 광복사업의 진행할 요령을 설명하고 서.북간도에 가서 그 주의를 선전하고 일을 맡은 여러 지사들의 의사를 일치되게 하자고 하였다.

김구 군이 와서 말하기를 이병헌이가 속히 입국한다고 하니 오늘 저녁에 불러서 면회함이 어떠하냐고 함으로, 내가 심신이 너무 피곤하여 면회할 수 없다고 하였다.

조상섭 군이 내방하여 서간도에 가서 진행할 방법을 물음으로, 말하기를 그곳 형편이 한족회 명칭 아래 서간도 전부가 아우러질 것 같으면 그 회로 정부에 속한 민사기관을 삼을 것이요, 만약 다른 단체들이 불응하면 거류

민단제로써 서간도 전부를 총괄하게 하라고 하였다.

어제와 오늘 이틀은 심신이 아주 피곤하였다.

✦ 5월 23일, 일

예정사항

1. 윤기섭 이진산 왕산덕 조상섭 초대할 것
2. 예배당에 갈 것
3. 강도할 것

새벽에 단소에 가서 정좌회에 참석하였다.

심신이 매우 피곤함으로 오전에 면회객들을 사절하고 침대에 누워 지냈다.

안공근 군이 와서 말하기를 총리가 여러 가지 음모하는 것이 심히 의심스러운지라 이것을 심상히 방임하고서는 대사를 경영해 갈 수 없을 것이니, 잘 연구하라고 하였다. 내가 말하기를 음모를 하더라도 별 큰 일은 없을 것이니, 심히 우려할 일은 없을 것이라고 하였다.

이 총리가 와서 말하기를 이번 차장들과 비서장의 제안은 매우 잘 하는 일인 즉 그 제안대로 실행하자고 하는지라, 내가 말하기를 그러면 대국이 결렬되어 큰 파란이 생길 경우 나로서는 수습할 자신이 없다고 하였다.

12시에 정부에서 서.북간도에 특파하는 안정근 윤기섭 이진산 왕삼덕 조상섭 군을 대동여사에 초대하여 오찬을 하였다.

오후 7시 반에 예배당에 가서 강도하였다.

이동녕 이시영 군이 내방함에 내가 말하기를 내일 정례회의에 차장들과 비서장의 제의안을 어떻게 결의할 것이냐고 한 즉, 그들이 말하기를 자기들은 무엇이던지 총리의 생각대로 따르겠고, 정부에서 탈퇴하기로 결심하였노라고 하며, 차장들의 제안은 실행하기로 이미 다 말하였다고 하였다. 내가 말하기를 만일 그렇게 되면 우리 일은 종국을 고하는 것인 즉 좀 더 늦추어 봄이 어떠냐고 하니, 답하기를 늦추려고 해도 자기는 이미 좋다고 하였으니 다시 말할 수 없다고 하였다.

✦ 5월 24일, 월 맑음

예정사항

1. 병원에 가서 치료를 받을 것
2. 김립 윤현진 면회할 것

새벽에 단소에 가서 정좌회에 참석하였다.

현순 군이 내방하였다.

김립 군이 내방함에 내가 말하기를 차장들과 비서장의 제안대로 실행하면 우리 일은 파괴가 곧바로 닥치겠고, 또 이를 부결한다고 하면 차장들과 비서장이 물러나 대국이 시끄러워 질 지라. 양단간에 어떻게 하던지 우리의 대사는 종국을 고하겠다고 하였다. 그가 나더러 정례회의에 오기를 권하였으나 나는 갈 마음이 없다고 하였다.

현순 군의 초청으로 그의 집에서 오찬.

홍십자병원에 가서 치료를 받았다.

정인과 군이 내방함에 차장들과 비서장의 제안이 어떻게 되었느냐고 물은 즉, 외교위원부 해산. 재무관 령치(=별도로 설치함). (구미)외교위원부설치의 3개 조를 결의하여 와싱톤부에 전보하기로 하였다고 하였다.

7시 반에 단소에 가서 정상빈 군의 통상단우 문답을 행하는데 모호한 점이 있음으로 다시 문답하기로 하였다.

윤현진 군을 방문하여 말하기를 정부에서 이번 차장들과 비서장의 제안을 가결하여 실행하기로 함으로 와싱톤과 상해의 결렬을 다시 짓게 되는 바, 나는 무어라 말할 수 없으니 일간에 상해를 떠나가겠노라 하였다. 그가 말하기를 차장들과 비서장이 다시 선생님의 말씀을 듣기를 원한다고 하였다. 내가 말하기를 이번에 외교위원부 해산. 재무관 령치. 외교위원부 설치의 3개 조의 전보가 미주와 상해 간에 다시 결렬을 생기게 할 것이요, 그 결렬이 된 후에는 그대들의 의사가 대통령을 밀어낸다 하나, 군 등은 다만 껍데기 말과 빈 문자로 교체할 (수 있을) 것으로 아나 이승만은 와싱톤에서 대한민국의 대통령 노릇을 할 터이요, 상해에서도 또 대통령을 뽑을 것인 즉, 그 결과가 대통령을 바꾸는 것이 아니요, 정부를 둘로, 대통령을 둘로 만들어 내는 것이라. 두 개 정부가 대치하여 서로 싸워 버티면 밖으로는 우리 민족의 신용이 단절될 것이요, 안으로는 인심이 타락되고 각 파의 분립이 생겨 수습할 수 없고 난국을 이루어 스스로 파괴될 것이요, 독립운동에 나섰다는 지도자들은 전부 신용을 잃어 이후의 일을 다시는 경영할 수 없이 될 것이니 이번에 정부 개혁한다는 생각이 실행되는 날에는 우리의 일은 종국을 고할 것이다. 또 내가 힘껏 싸워 실행이 안 된다고 하면 그대들이 물러날 것이니, 그런 즉 다시 함께 일할 사람도 결핍하거니와 원동의 형세가 또 헝클어져 가닥을 잡을 여지가 없을 터인 즉 이 또한 종국을 고하는 것이라. 사세가 분명히 이러한데 수습하지 못하고, 결렬되는 일에 책임을 지고 부서(=서명)하기를 원하지 않는 고로 나는 떠나가기로 하는 것이요. 또는 국가의 주임을 맡아 하는 자가 자기 자신의 심리와 절개를 마땅히 지킬 바라. 나로 말하면 처음부터 오늘까지 이 대통령을 옹호하기를 절대로 주창하다가 지금에 이 대통령을 밀어내는데 참가하여 이 대통령이 교체된 뒤에 계속하여 정부에서 일하면 이는 국민을 속이는 것이요, 신의상으로나 절개상으로 물러날 수밖에 없는지라. 이런 말로 오전 3시가 되도록 특별한 결론이 없이 헤어졌다.

✦ 5월 25일, 화, 맑음

예정사항

1. 이 총리 방문할 것
2. 이동녕 이시영 방문할 것
3. 양헌 면회할 것

새벽에 단소에 가서 정좌회에 참석하였다.

이 총리와 김립 군을 방문하여 말하기를 차장들의 제안을 실행하기 위하여 와싱톤으로 전보한다니, 그런 즉 이 일을 단행할 것인가 한 즉, 답하기를 전보를 보내기로 하였다고 하는지라. 내가 말하기를 나는 이 시국을 수습할 자신이 없으니 자리에 있어 보았자 무익하겠음으로 물러가겠다고 하였다. 총리가 말하기를 나도 또한 물러나겠노라고 하였다.

김철 군을 방문하여 말하기를 시국 수습에 능력이 없어 부끄럽다고 말하고 물러날 뜻을 표하였다.

양헌 고일청 군이 내방하여 안동에서의 조난 상황을 상세히 진술하여 말하기를, (안병찬) 선생께서 고일청 군이 온다는 전보를 받고 14일 저녁에 계림에 도착하심으로 출영하기 위하여 (제=양헌 가)작은 기선을 타고 계림에 올랐더니, 아뿔사 여러 척의 범선에 적의 경찰이 벌려 있고, 또 적의 함선 4척이 시위하는지라. 부득이 빈 궤짝 속에 고 군과 같이 들어가 화물상자로 분장하고 이륭양행으로 들어갔다 하며, 또 말하기를 이번 일이 금번에 상해 일본 영사관에서 신의주에 전보하기를 불령선인 5인이 나간다고 함으로 적은 신의주 구의주 안동 세 곳의 경찰관이 연결하여 활동하고, 또 봉천 영국영사관에 교섭한 결과, 영국 영사가 며칠 내에 안동에 온다고 했다 하였다. 그래서 일본 영사가 이륭양행에 가서 수색하겠다고 강청하였으나 (이륭양행 지배인)소저열의 강경한 항거로 끝내 미수에 그쳤으나 (임정의) 안동교통국 및 그와 교통하는 도강 기관들이 조난을 당하여 전부 중단이 되었고, 또 적은 이어 독부를 수색한 결과, 함석은은 총상을 입었고, 안병찬 오능조 박예옥 양윤모 김응칭 5인이 체포당하였다고 하며, 이는 중국 정부에 교섭하여 수색하라고 허락받은 것이라 하였다. 또 말하기를 이번에 여러 운영의 진전이 원만하여 앞으로 좋은 성적이 기대되더니 조난당하였다고 하였다.

유진호 군이 내방하여 말하기를 이병헌이가 선생님을 면회하기로 하였다니 무슨 이유로 약속하였는가 하고 물었다. 내가 답하기를 허투로 방치할 인물이 아니니 적절한 조처가 있어야 하겠다고 하였다.

정인과 군이 내방하였다.

이동녕 이시영 두 사람을 방문하여 말하기를 내가 총리와 총장들에게 물러날 뜻을 표하였더니 이것이 문제가 되어 다시 의논이 시작된다니 만약 여러분이 양보하는 때에는 우리가 전에 서로 약속하였던 대동단결을 중점적으로 노력하자고 한 즉, 동녕 군이 말하기를 자기는 여하간에 물러나기로 굳게 결심하였다고 하였다.

6시 반에 이 총리의 초대에 응하여 대동여사에서 만찬하였다. 총리가 말하기를 도산이 전에 고별의 말을 함을 듣고 이리 되어서는 대국이 유지하기 어렵다고 하여 여러 문제를 다시 토의하기로 하였다고 했다.

김희선 군이 내방하여 나에게 위로하는 말을 하고 말하기를 차장들이 다소간 양보하면 물러나지 않기를 생각하라고 하였다. 내가 말하기를 내가 어찌 그만 둔다 여부를 말할 리가 있으리요. 차장들과 잘 협의하기를 바란다고 하였다.

✦ 5월 26일, 수 비

예정사항

1. 정무협의회에 출석할 것
2. 양헌 고일청 초대할 것

새벽에 단소에 가서 정좌회에 참석하였다.

황진남 군이 내방하여 말하기를 빨리 도미하려고 하니 여비를 마련해 달라고 청함으로 내가 다시 기다리라고 하였다.

최동오 군이 와서 말하기를 자기가 서.북간도를 시찰하기 위하여 가니 매사를 신숙 씨와 상의하라고 하였다.

정인과 군이 와서 오인화가 가져온 편지를 보이며 동삼성 외교의 일을 의논하는데 이탁 군을 동성외무위원장으로 선임하게 하였다. 군이 외교에 관하여 서(병호), 여(운형) 등의 부분적 행동과 장건상이 미국 해군부에 들어간 뒤로 제반 선전하는 것을 아주 나쁘게 하여 심지어 상해임시정부는 친일파가 혼합되어 조직된 것이라고까지 했다고 하며 통렬하게 말하였다.

고일청 군이 와서 이유필 군이 보낸 편지를 보여주는데 그 속에 지난 16일에 일본 경찰 17인 중국 경찰 3~4인이 독부 소재지를 습격하여 함석은은 총상을 입고, 안병찬 외 4인은 체포되었고, 이 군은 안동에 머물던 중 때를 봐서 국내에 공채권 발행하기를 착수하겠다 운운하였다. 그가 말하기를 이번에 청년연합회에서 단포 구입할 자금 7천 원을 가지고 왔는데 이를 재무부에 들여 놓은 후에 다시 지출하여 쓰는 것이 어떠하냐고 물음으로, 내가 말하기를 이탁 군과 의논해 보겠다고 하였다.

이탁 군이 내방함에 고일청 군의 말을 이야기하니, 그가 자기 생각과 같다고 하였다. 내가 그에게 동성외무위원장으로 임명 받으라고 하였다.

김철 군의 초대로 대동여사에 가서 오찬하였다.

정무회의를 열고 중대 문제를 해결한다고 함으로 오후 2시에 국무원에 도착하니, 이 총리가 말하기를 임시정무협의를 연 이유는 도산이 다른 곳으로 간다고 하는 것이 중대한 일인 고로 열었다고 하였다. 와싱톤에 전보하는 안이 다시 발생하여 다소의 의논이 있었다. 내가 말하기를 와싱톤과 결렬이 생기던지 차장들이 사퇴하던지 양단간의 일이 다 정부를 망하게 하는 것이라고 장시간 통론하고, 우리가 본래 약속하기는 총장들과 차장들이 비상한 맹약으로 결속하여 생사를 같이 하여 대사에 임하면 모르거니와 아니면 국민에게 죄를 고하고 물러나겠다고 총장과 차장들이 모두 모인 자리에서 공언한지라, 오늘 여러분은 그 약속을 무시하고 도리어 그 모순되는 내부의 결렬 문제를 일으키는 때에는, 나는 앞서의 공언에 따라 물러나는 것이 당연한 일이라. 서로 불평하는 마음을 품고 산회할 때 총리가 다음 회의에 와 주기를 청하는 고로 나는 불참하겠다고 말하였다. 윤현진 군이 탈퇴하겠다고 선언함에 정인과 군이 이어 탈퇴하겠다고 선언하였다.

6시에 양헌 고일청 두 사람을 대동여사에 초대하여 만찬을 하였다.

✦ 5월 27일, 목, 맑음

> **예정사항**
> 1. 단소에 갈 것
> 2. 윤현진 이규홍 면회할 것

윤현진 이규홍 두 사람을 방문하여 말하기를 군 등이 주장하는 의견보다 나에게 시국에 대해 가장 원만한 방안이 있으니 이를 총장·차장들이 약속하는 그 자리에서 제안하려던 것이라. 오늘 저녁에 이것을 상세히 말할 테니 이에 대하여 동의하고 함께 일하자고 하였다. 우리가 앞으로 진행할 것은 국권광복을 위하여 업무를 진행할 것이요, (광복)업무를 진행하기 위하여 (임정의) 정무 집행이 있는 것이라. 그러나 과거에는 그러지 못하고 업무 진행하는 요강을 확립한 것이 없고, 따라서 정무 집행이 되는 것은 한갓 무의미한 행동에 불과하여 다 과거 소위 정무집행은 일을 중심으로 조직한 것이 아니요, 형식상의 국가제도를 모방하여 관제를 설치하였고, 그 관제에 의하여 부니 국이니 하여 벌려 놓고 형식만 번거롭게 하였을 뿐이므로 인원과 재정을 헛되이 낭비하고 실제 효과는 없었다. 때문에 나는 총장과 차장들이 비상한 맹약으로 결속을 지은 후에는 나의 생각을 제출하여 업무(=독립운동) 진행의 방침을 확립하고 정무 집행하는 제도(임정 체계)를 일신하여 개혁하려고 하였는 바, 업무 진행의 요령은 그대들에게 일찍이 말하였거니와 정무 집행 방식에 대하여서는 지금과 같이 관청적 정신으로 형식을 꾸미지 않고 진정한 혁명당 간부의 정신으로 일을 중심으로 정무를 집행하되, 각 부를 폐지하고 차장들과 국장들로서 통합한 간부급 사무원이 되고, 그 중에서 총무 1인을 두어 각 과의 사무를 총람하고 각 과는 일에 따라 배치할 것이니, 우선 재무부로 말하더라도 비서국 주세국 주계국 공채관리국 서무국이니 하는 잡다한 종류를 배치할 것이 아니라 다만 사무원 몇 사람으로서 재정출납을 관리하게 할 것이요, 이렇게 각 부의 사업이라는 것이 없고 공통한 일개 사무실을 만들어서 각종 서무를 나누어 진행할 것이라. 이런 방식을 채용하면 총리와 총장들은 부에 출석하여 (직접) 부의 업무를 집행하던 것을 폐지하고, 단지 국무회의만 참석하여 국무에 관한 일을 협의 결정하게 될 터이니 국무원이라는 것이 곧 정부 내의 의사부의 성격이 될 것이요, 국무원이라는 것은 한 의사원의 자격을 가지게 될 것이요, 따라서 차장회는 하나의 이사회가 될 것이요, 또 차장은 각 과의 일개 과장의 자격이 될 지라. 그리해서 모든 행정 집행에 관한 일과 인선에 관한 것은 차장회의에서 결정하여 국무원의 승낙을 요청해서 실시하게 하면 성의와 능력 있는 청년들은 일을 책임지고 자유롭게 진행하게 될 것이요, 총장들은 부의 업무에서 인선하는 책임이 없어지니, 서로 세력을 탐한다. 음모를 꾀한다는 오해의 조건이 없어짐으로 내용적으로나 형식적으로나 싸울 일이 없어질 것이라. 이렇게 하면 일이라는 것은 즉 결정하여 대내 대외로 발표한 내용을 보존함에 다름이 아니요, 더욱이 융합하여 대중들의 존경과 신뢰가 날로 높아질 것이요, 선배들 때문에 일 못한다고 하던 청년들은 무엇이나 마음껏 일을 진행할 수 있은 즉, 이 정부를 지금 현상대로 유지하면서 사업을 잘 진행하는 원만한 방안이 아니겠는가? 이렇게 하기 위하여 차장들이 모이되 차장들 모두가 다 좋다고 하는 사람이면 모이고 아니면 물러나거나 받아들이지 않아서 차장들 간에는 생사에 관한 이야기도 마음대로 말하며 일을 의논하여 실행하게 하고, 그 아래 국장 참사 서기 라고 하는 사무원은 역시 소수가 될 것이니 그 소수의 사람을 쓸 때에 차장 전부가 믿는 사람을 택하여 서로 믿고 허락하는 사람만 될 것이니, 자연히 신성한 혁명당 간부들로 이루어질 지라. 이를 총장들에게 말한 즉 다 만족한 뜻을 표하며 말하기를 그렇게 하면 자기들도 탈퇴하지 않겠다고 한다고 하며, 이를 실행하도록 노력하고 현상 파괴주의를 버리라고 함에, 윤 군이 말하기를 자기의 생각과는 맞지 않노라고 하며, 저는 솔직하게 말하면 (도산)선생께서 총리로 계시면서 우리를 통솔하면 성패 간에 일을 해볼 수 있겠다는 희망을 갖고 현 상황을 파괴하려고 착수하였다가 지금은 실패가 되었으니 저는 물러나는 것 외에 다른 방안이 없다고 하며, 선생의 생각대로 (형식적으로) 정부라는 생각을 버리고 일종의 (실질적인) 사무소라는 생각을 가지고 진행하자는 것이 좋기는 좋지만 (그것도) 총리될 그 인물이 있어야 될 것 아닙니까 함으로, 내가 말하기를 그 사람이 있노라. 누구입니까 물음으로 그대가 그 사람이라고 한 즉, 그가 말하기를 자기는 능력 부족으로 감당하기 어렵습니다. 그가 실제 총리인데 어찌 가능하겠습니까. 내가 말하기를 우리 일은 무엇이나 다 만족할 만한 것이 없는지라, 만족할 수 없는 이 시기에는 이것이 가장 원만하다고 생각하노라. 만일 그대가 스스로 자격이 부족하다고 하면 현재 상해의 인물 중에서 완전한 자격(이 있는 사람)은 없으니 지금 당장은 그대가 이를 책임지고 국내와 국외에서 가장 적재를 선임할 수도 있지 않겠느냐고 하면서 이를 단행하자고 한 즉, 그가 말하기를 이미 대통령을 탄핵하기로 하였다가 다시 그 대통령 아래에서 일하는 것이 불가하니 사퇴할 수밖에 다른 방법이 없으므로 사직서를 속히 제출하겠다고 하는지라, 내가 말하기를 내 요청을 감안하여 경솔히 제출하지 말고 다시 생각하라고 하였다.

　이 총리가 와서 말하기를 와싱톤에 전보하려던 안건은 보류케 하고 현 정부를 변동 없이 일해 보자고 하는지라, 내가 말하기를 이런 일이 국무회의 석상에서는 효과를 기대하기가 어렵고, 내용적으로 먼저 관계 인사들과 잘 타협한 후에 공식 결정은 단지 형식적으로 통과시키는 것이라 한 즉, 총리가 말하기를 윤현진 군이 퇴거하는 동시에 김립 군도 퇴거하기로 내정되었다고 하는지라, 내가 말하기를 (그들이) 물러나겠다는 생각을 총리께서 잘 만류해 주시는데 힘쓰시라고 하였다.

고일청 군이 와서 중국각성학생대표회에 가서 〈한중의 제휴 조건〉에 대해 연설해 주기를 청함으로 내일 오전 8시로 약속하였다.

이탁 군이 내방함에 내가 말하기를 안동현에서 단포를 구입하려고 한 돈을 프랑스공무국에 지불하는데 잠시 대용함이 어떠한가 한 즉, 그가 말하기를 포를 가져가기 위하여 머잖아 올 사람이 있으니 그 사람이 온 뒤에 의논함이 좋겠다고 하였다.

유진호 군이 와서 말하기를 이병헌을 경무국장(=김구)이 풀어주어 보내겠다고 하여 이미 본국을 향하여 출발했다고 하였다.

오세덕 군이 내방하였다.

김립 군을 방문하여 시국수습책을 이야기하다가 돌아와서 다시 그를 불러 윤현진 군에게 말한 (것과) 같은 취지로 약 30분 간 설명함에 그는 낙심한 태도로 답하기를 아직 자기의 거취를 정하지 못했노라. 진정으로 말하면 생활할 도리가 망연하니 상해에 있으면서 무엇을 하기가 어렵다고 하는지라. 내가 말하기를 이것이 과연 어려운 일이 아닌 것은 아니나, 그러나 먼저 지금 정부가 무너지는 것을 수습한 후에 개인에 대해 생각하는 것이 옳다고 하였다. 그가 말하기를 윤 군과 다시 상의하겠다고 하였다.

7시 반에 단소에 가서 김여제 김공집 군의 서약례를 행하고, 이광수 군에게 임시반장의 임무를 하게 하였다. 연일 피곤할 뿐만 아니라, 내일 아침에 중국학생대표회에 가서 연설하기로 약속하였으므로 일찍 자기 위하여 김의사(=김창세)와 함께 돌아와 치료를 받고 곧바로 잠자리에 들었다.

✦ 5월 28일, 금, 맑음

예정사항
1. 중국학생대표회에 가서 연설할 것
2. 김희선 이규홍 신숙 면회할 것
3. 국무회에 출석할 것

예정된 일정이 있음으로 정좌회에 불참하였다.

8시에 황진남 군을 대동하고 중국학생대표회에 가서 연설하니, 그 대략은, 지금의 한중 양국인은 항일을 중심 삼고 모든 일을 행할 시간이다. 배일에 대하여는 일본과 관계를 절대로 반대할 것이요. 우리는 서로 협동하여 혈전을 행할 것이라. 중국 사람들은 대한의 독립운동이 곧 중국의 독립운동으로 대답할 것이라. 한국에 대하여 전력으로서 원조하여 주기를 바란다고 하였다.

김희선 군을 청하여 시국의 어려움을 말한 즉, 그가 말하기를 다 그렇게 물러날 때는 선생께서 총리의 책임을 가지고 정부를 부지하시라고 하였다. 내가 말하기를 그렇게 될 수는 없다. 지금 윤현진과 김립이 물러나려고 함으로 상황이 변동될 시기를 달하여 아주 파멸되고 어느 누가 수습하려고 하여도 불가능하다고 하였다. 김기만 김붕준 도인권 등이 손정도가 북경에 갔을 때 국내에서 온 목사에게 천 원을 받은 일을 사기적 행위라고 하니 그들을 불러 오해를 풀게 하자고 하고 오후에 다시 만나기로 하였다.

윤기섭 군과 서간도에서 온 김철 문병과 두 사람이 내방하였다.

국무원에 가니 이 총리가 사석에서 말하되 이 대통(령)을 바꾸고 일하자고 하더라. 이윽고 개의한 뒤 와싱톤 전보 건을 토의하는데 이 총리는 불평의 말이 많고, 또 총리의 일을 하지 않겠다고 하다가 전보를 보내자는,

보류하자는 두 안으로 토의하다가 결정하지 못하고 보류하였다. 정(인과)외무 차장의 사직서를 반려하고, 내무부 참사 2인의 사직서를 통과시키고, 선전부에서 관공리퇴직권유문을 발표할 것을 결정하고, 군무부직원서위(=임명)안을 통과시키고, 이 대통령의 편지를 낭독하는데 그 안에 미국국회의원들이 동양을 시찰하기 위하여 동쪽으로 가니 상해에 도착할 때에 초대할 것을 준비하라고 하였고, 또 자기가 그전에 상해에 오기로 작정하였다고 하였다.

이규홍 군을 청하여 윤현진 군의 동정을 물은 즉, 윤 군이 사직서를 작성한 것을 빼앗았노라고 하면서, 어쨌든 대국이 긴급한 것을 선생께서 수습하시기만을 믿고 의지하노라 하였다. 내가 말하기를 앞길이 망연하니 어제 말한 계획대로 실행하기를 힘쓰자고 하니, 그가 말하기를 그 생각이 (현재의) 시국에 맞기는 맞으나 차장들이 이번에 정부를 개혁하기로 운동하다가 돌아 앉아 실권을 갖게 되면 세상 사람들의 큰 오해가 생길 것이니 이 일을 진행하기가 불가능하겠다고 하였다.

정오 경에 정인과 황진남 두 사람을 초대하여 오찬하였다.

저녁 후에 손정도 군을 방문하여 말하기를 오늘 저녁에 그대를 오해하는 청년들을 청하여 의혹을 풀게 하자고 하고, 김희선을 방문하여 손 군의 건으로 오후 8시 반에 그 청년들을 손정도 군 집으로 모이게 하였다. 8시 반에 손 군 집에서 김기만 김붕준 김봉도 김홍서 도인권 군들을 모이게 하여 손 군의 정당함을 밝힌 즉, 그들이 다 이해한다고 하였다.

신숙 군을 방문하여 말하기를 안동에서의 소식에 의거한 즉, 정부로 들이는 30만 원이 의주 천도교에 있는데, 이를 들이지 아니 한다고 하여 여러 사람들의 불평이 많으니 사실인가 물은 즉 허언이라고 하였다.

✦ **5월 29일, 토, 맑음**

예정사항

1. 이규홍 윤기섭 유기준 선우훈 최명실 면회할 것
2. 단소에 갈 것

새벽에 단소에 가서 정좌회에 참석하였다.

이규홍을 청하여 차장들의 회의 결과가 어떻게 되었는가 하니, 그가 말하기를 극단으로는 행동하지 아니할 터이니 과히 염려치는 마시라고 하며, 자기는 곧 국내로 돌아가 학문을 더 연구하거나 실업에 종사하거나 하여 실력을 양성하겠노라(고 하였다). 내가 말하기를 지금 우리들 중에 이 광복사업에 대하여 책임적인 주인이 없는 고로 매사를 진행하기가 실로 망연하도다. 그대부터 책임적 정신으로 끝까지 일할 것을 생각하라고 하였다.

유기준 군이 내방하여 자기 조카 병익이가 미국으로 출발하는데 여비가 부족함이 130원 가량인 고로 파리에 머물게 되겠다고 함으로, 내가 말하기를 혹 빌릴 곳이 있으면 주선하겠노라고 하였다. 군이 오늘 자기 집에서 저녁 식사를 하자고 청함으로 응낙하였다.

도미하기 위하여 파리를 향해 출발하는 이매리, 이일 씨 부인, 백신칠, 이화숙, 유병익, 제 여사를 방문하고 작별하였다.

김홍서 군이 내방함에 중국 신문에 선전할 자료를 말하였다.

이탁 군이 와서 말하기를 광복군의 비밀이 군무부에서 탄로되니 심히 우려된다 하고, 선생께서 광복군총사령관이 되어야 잘 진행되겠다고 군무차장(=김희선)에게 말하였다고 하였다.

옥관빈 군이 내방하였다.

장붕 군이 내방하여 말하기를 일본과 본국(=우리나라)을 방문한 화란인

첸 스튜어트가 어제 상해에 와 한국임시정부의 주요 인물을 면회하고자 한다 하며, 또 그 사람이 곧 출발한다고 하니, 일간 면회하시라 함으로 응낙하였다.

선우훈 군을 방문하여 유병익의 여비 부족액을 빌리려 한 즉, 그가 말하기를 2~3일 후에야 되겠다고 하였다.

국무회에 출석하여 차장들이 제출한 안건을 토의하다가 결의하지 못하고 헤어졌다.

7시 반에 단소에 갔다.

석양에 유기준의 초대로 그의 집에 가 저녁을 먹었다.

현순 군을 방문하여 유병익의 여비 부족액을 대신 꾸어다 주었다.

✦ 5월 30일, 일, 맑음

예정사항

1. 예배당에 갈 것
2. 정인과 면회

새벽에 단소에 가서 정좌회에 참석하였다.

신규식 군의 초대로 군의 거처에 가서 이동녕 이시영 군들과 함께 오찬한 후에 시국에 관한 문제로 장시간 토론하였는데, 동녕 군이 말하기를 대통령이나 총리를 다 없이 하고 일하여 봄이 어떠냐고 하는지라, 내가 말하기를 이때에는 절대로 현상을 유지해야 한다고 하였다.

화란인 스트워트를 방문하기 위하여 정인과 군을 두세 차례 방문하였으나 만나지 못하고 오후에 만나서 내일 방문하자고 하였다.

✦ 5월 31일, 월, 맑음

예정사항

1. 국무회에 출석할 것
2. 선(전부) 노(동국) 직원들 초대할 것
3. 옥관빈 면회할 것
4. 단소에 가서 문답할 것

새벽에 단소에 가서 정좌회에 참석하였다.

옥관빈 군을 청하여 말하기를 그대가 어떤 여자와 특별한 관계가 있다고 하니 사실인가 물으니, 있다고 하며, 자기는 지금 결혼을 준비한다고 하였다. 그때 김희선 군이 내방함으로 중지하였다.

김희선 군이 와서 시국이 어떤가를 물음으로 전날보다 차장들의 마음이 조금 안정되었다고 하였다. 그가 말하기를 와싱톤에서 이희경을 모스코(바) 정부에 특사를 보내는데 정부에서 대표의 임명장을 수여하기를 요구한다고 하였다. 내가 말하기를 국무원에 제언하는 것이 좋겠다고 하였다.

오진우 군이 내방하였다.

정오 경에 선전부 직원 김병조 차리석 양제시와 노동국의 유상우 전재순 김복형 군 등을 대동여사에 초대하여 오찬하였다.

손정도 군이 내방하여 배형식 군이 자기에게 한 편지(북경의 돈 문제로, 즉 손 군이 쓰라는 서신)를 내보였다.

국무원에 이르러 개회하고 와싱톤에 전보한다는 안을 다시 논의하고 차장회의의 결과를 물은 즉, 김립 군이 말하기를 차장들이 양보하기로 결정하였다고 하는지라, 그러면 이 문제는 다시 정무협의회를 소집하여 가결하기로 하였다.

장백현 대표로 온 이동백의 헌의서를 낭독하니, 그 내용에 1. 거류민단을 설치할 것, 2. 교통국을 설치할 것, 3. 재무관을 설치하고 재정을 모집하여 그곳 군사부에서 쓰게 할 것이더라. 이를 관계되는 각 부에 위임하여 이동백과 협의하게 하였다.

이 대통령에게 전보하여 모스코(바)에 대표 파견한다는 여부를 묻고, 상해에서 이미 대표를 파견하였다는 것을 알게 하도록 하였다. 미국 의원들이 동양에 오는 것에 대하여 협의하였는데, 나를 접대위원장에 선임하고 준비하도록 하였다. 국무원 직원의 사직안을 통과시켰다.

서병호 군을 방문함에 그가 현상이 전부 결렬된 것을 말하고, 미주의 결렬은 선생께서 건너 가셔야만 타협이 될지니 미주에 갔다 오심이 좋겠고, 이곳에는 이상재 군을 청해 와야 되겠다고 하는지라, 내가 말하기를 나는 여기를 떠나거나 있는 것이 모두 곤란한 처지에 있다고 하였다.

7시 반에 단소에 가서 정상빈 군의 서약문답을 행하고 통상단우로 허락하였다.

🏵 1920년 6월

✦ 6월 1일, 화, 맑음

> **예정사항**
>
> 1. 정인과 황진남 군을 만나 미국 내동(=동양에 오는) 의원 접대에 관하여 상의할 것
> 2. 군사(훈련) 야학에 출석할 것

새벽에 단소에 가서 정좌회에 참석하였다.

김철 군이 내방함에 내가 말하기를 차장들 상호 간에 이미 의견이 충돌되고, 또 불만이 다소 있었으니, 차장들과 비서장이 모두 모여 정의를 소통하고 생각을 융합한 후에 미국 의원들 동양에 오는 문제를 잘 상의하라고 하니 그렇게 잘 되지 않겠다고 하였다.

이동백 군이 내방함에 장백현의 사정을 자세히 물으니, 그는 질문에 따라 다음과 같이 답하였다. 장백현은 봉천성에 있으니 국내의 혜산진을 마주 보고, 유하현에서는 800여, 국자가에서는 600리, 안동현에서는 1,300리, 길림성에서는 800리, 함흥에서는 500리, 주민은 약 8천 호니, 농산은 조 보리 수수 밀 콩 기장 깨 옻 벼 인삼 대마 꿀 소 말 돼지 닭 등이요, 상업은 잡화 어염이요, 공업은 토기 목기 등이요.

단체는 진동실업회(주도자 신익동 이동범 유일우)니 4,245년(=1912년)에 발기하니 목적은 입적하여 자치함이요 교육을 장려함이요, 외인을 교섭하여 학교를 설립하였으니 회원은 70여 호니 120여 인 가량이요, 회비는 매년 6원으로 합계 400원이요, 거기서 세운 관화학교는 교사가 3인이요 졸업생이 15인이요 재학생이 40인이요, 4,248년(=1915년)에 설립하였고 이를

4,252년(1919년)에 제일정명학교로 양도하였습니다.

기독교신흥학교(교회가 관할)는 4,248년(=1915년)에 설립하였고, 생도는 40명이요, 교사는 2인이요, 제2.3.4.5.6.7.8의 정몽교가 있다. 각 학교에 교사 1인 생도는 평균 20인 이상이요, 학비는 관민이 반씩 나누어 맡습니다.

육영학교는 4,248년(=1915년)에 설립하였고 교사 1인 학생 20인 졸업생 10인 경비는 학부형의 기부요. 장백현에 거류민의 연수는 이은경이니, 나이가 54요 단천 사람이라. 한학가로 예수교 장로요, 8년 전에 이주해 왔습니다.

군비단은 4,252년(=1919년) 8월 4일에 발기하니 발기인은 이은경 이동백 김찬 윤병용 강연상 김종기 김기우 이며, 목적은 군사준비니 1, 작탄 준비 (현재 54개) 2, 장래의 전투준비, 3, 국내 잠입고 폭동이요, 직원은 단장은 이은경이요, 총무는 이동백이요, 서기장은 윤병용, 서기원에 김기우 김종기 요, 재무부장에 김장환, 부원에 강연상 이헌이요, 참모장에 김찬 참모에 염학모 윤병용이요, 주찰부장에 박동규요 부원은 다수이며 주찰구를 나누어 설치하였다. 통신부장에 이병율이요, 부원에 김대현 이승재 이진호요, 단원은 188인이요, 재정은 동포들의 기부이니, 수입금은 2,500원이요, 지출도 위와 같음.

이 군비단은 독립단 장백총지단의 후신이라고 하였다.

장붕 씨가 내방하여 화란인을 면회하였느냐고 묻기에 어제 화란영사관에 가서 물으니, 그 사람이 없다고 함으로 만나지 못하였다고 하였다.

이탁 군이 와서 말하기를 지중진 군이 장차 들어올 터인데 비행기 구입할 7천 원을 아직 다른 데 쓰지 말고 (그와) 협의해 주기를 바란다고 하였다.

신숙 군이 내방하여 말하기를 전에 약속한 대로 재정 준비를 실행하고 있느냐고 물음으로, 내가 말하기를 안동이 조난을 당하여 나와 윤현진도 사람을 보내지 못해 실행하지 못하였노라고 하니, 군이 말하기를 자기도 또한 사람을 보내기는 했으나 생각대로 될지는 모르겠고, 지금 국내에서 정부가 비행기 60대를 사용하라고 자금 300만 원을 모집한다는 설이 낭자하니 어떤 연고로 비밀이 발로되었는가 하는지라, 내가 말하기를 정부로서는 그 같은 비행 계획이 없었으니 정부 쪽에서 발설된 일이 아니겠고, 재정을 모집하는 청년배 중에서 수단적으로 말한 것이 전파된 듯 하다고 하였다. 그가 말하기를 서간도 등지에서는 국내에 사람을 보내 말을 퍼뜨리기를 정부에서는 공연히 사람만 많이 모집하여 금전만 낭비하고, 서간도에서는 혈전을 준비하고 있으니 돈을 정부에 내지 말고 서간도에 들이라고 함으로 천도교 내에서도 의혹됨이 많다고 하는지라, 내가 말하기를 우리의 일은 모든 일의 진행이 곤란할 것은 당연한 일이라, 그러나 우리들 몇 사람은 어떠한 장애가 있더라도 견디어 나가자고 하였다.

정인과 황진남 이광수 주요한 제군이 내방함에 미의원동양시찰단에 대하여 준비할 것을 협의하였다.

양헌 군이 안동에서 온 지중진 군을 소개하였다.

안공근 군이 내방하여 말하기를 이희경 군이 모스코바로 간다는 말을 총리가 물으니 선생께서 총리에게 말씀하셨나 함으로, 내가 말한 바 없다고 하였다.

✦ 6월 2일, 수, 맑음

예정사항

1. 그간 차장들과 비서장 간에 서로 불평한 생각을 양해시키기 위하여 윤현진 김립 김철 군을 방문할 것
2. 차장들과 비서장을 초대하여 서로 의사 충돌 되었던 것을 융합시킬 것
3. 서병호 부인(=김순애)이 상해에 도착함에 방문할 것

새벽에 단소에 가서 정좌회에 참석하였다.

그동안 차장들이 서로 갈리어 심하게 불평하던 것이 내가 극단의 행동(=사퇴하고 다른 곳으로 가겠다고 함)을 주장함으로 모두 잠잠해지고 부드러워 졌다고 함을 김립 군에게서 처음 들었다.

이탁 군이 내방함에 안동 등지의 위험한 곳에서 고생하다가 상해에 온 여러 사람들을 일차 초대하고자 하니 초대할 만한 이들을 알려 달라고 하였다.

이영식 군이 내방함에 국내에서 선전대원이 되라고 하니 그가 응낙하였다.

고일청 군이 내방하여 안병찬 등 제씨를 구출할 것을 상의하였다.

김립 군을 방문하여 오늘 차장들과 모여 그간 서로 간격이 생겼던 것을 풀도록 하고, 또 시사를 의논하자고 하였다.

김철 윤현진 김희선 군 들을 방문하여 오늘 차장들과 비서장이 모여 시사를 토의하자고 하였다.

서병호 군을 방문하였다.

4시에 단소에 가서 박지붕의 통상단우 문답을 하다가 마치지 못하였다.

6시에 차장들과 비서장(윤현진 정인과 김희선 이규홍 김철 김립)을 대동여사에 초대하여 저녁을 내고 시사를 의논하였는데, 내가 그간 여러분들이 정부개

조안을 이루려던 생각을 단념하고, 이번 미의원단동도에 대하여 비상하게 준비하였다가 비상하게 활동하자고 하니, 다 동의를 표하되, 두어 사람은 흔쾌한 태도가 없는 듯하였다.

정인과 군이 와서 미의원단동도에 대한 말로 토의하였다.

이탁 군이 내방하여 내일 초대할 사람들의 이름을 말하였다.

✦ 6월 3일, 목, 맑음

예정사항

1. 안동에서 온 사람들을 초대할 것
2. 국무회에 출석할 것
3. 양한라 면회할 것
4. 단우회에 참석할 것

새벽에 단소에 가서 정좌회에 참석하였다.

홍십자병원을 방문하였다.

이탁 군이 안동에서 온 여러 사람을 소개하니, 지응진 이인혁 임득산 김규형 장운학이라. 이어 동아여사의 중채관으로 초대하였다.

황진남 군이 내방하여 자기의 빚이 300원 이니 이를 대신 갚아 주시기 바란다고 하였다.

2시에 정례 국무회의에 가니, 중국 남정부 청전의 편지를 읽는데 그 내용에 자기가 국회의원들과 합석하여 의논하는 중에, 일찍이 광동에 갔던 한국 학생들이 돌입하여 구타하였다고 하였다. 이에 대하여 서면과 또 사람을 보내 위로하게 하기로 하였다. 각 부의 사무를 줄이자는 이 총리의 제의가 있어서 토의하다가 미결하고, 미의원단 동도(=동양에 옴)에 대하여 준비 방침을 토의하다가 어떤 결론도 없이 산회하였다.

양한라 군을 면회하여 흥사단의 주의를 설명한 즉, 그가 동의를 적극 표하였다.

7시 반에 단소에 가서 정상빈 군의 서약식이 있은 뒤에 이어 제3회 지방 단우회를 개회하였다. 춘원 군이 흥사단 이사부장의 선포문을 낭독한 후에 보고서의 주의 사항을 말하였다. 내가 〈흥사단의 발전〉에 관하여 강연하는데 시간이 촉박함으로 대강만 말하였다.

✦ 6월 4일, 금, 맑음

예정사항

1. 차장들과 비서장을 만나 이번 미국 의원들의 동도의 기회에 계획 실행할 것을 의논할 것
2. 신숙 방문
3. 각 총장들을 방문할 것

새벽에 단소에 가서 정좌회에 참석하였다.

이탁 군이 와서 말하기를 안동에서 온 7천 원을 정부에서 쓰려면 선생께서 지응진 군과 협의하라고 하며, (자기가) 지 군에게 말하여도 듣지 않는다고 하는지라, 내가 말하겠지만 강권할 생각은 없다고 하였다.

차원여 군이 내방함에 선전원이 되라고 하니, 군이 응낙하였다. 이어 흥사단의 취지를 대강 설명하고, 다시 이광수를 만나서 자세히 들으라고 하였다.

김기만 김봉도 두 사람이 와서 말하기를 손정도 군이 그 일에 대하여 정부에서 공채권이나 애국금수령증을 얻어 보내면 좋으련만, 그가 그렇게 아니 하니 선생께서 권하시기를 바란다 하는지라, 내가 말하기를 그대들이 직접 그에게 말하라 하고, 그러나 손 군이 그 일을 당연히 해야 할 의무가 있다고는 생각하지 말라고 하였다.

차장들과 비서장을 면회하여 미의원동양시찰에 대하여 준비할 것을 준비하자고 하니, 혹은 응하고 혹은 지금 시국에 관한 문제를 해결하기 전에는 출석하지 못하겠다고 하였다. 의원동양시찰에 대하여 토론하려고 각 총장들을 방문한 즉, 그 건으로는 모으려고 해도 모일 수 없다고 하였다.

신숙 군을 방문하고 이번 미국 의원 동도에 대하여 시기를 잃지 말고 함께 힘쓰자고 하였다.

✦ 6월 5일, 토, 맑음

예정사항

1. 애국부인회에 가서 연설할 것
2. 주비위원회를 소집하여 회의할 것

새벽에 단소에 가서 정좌회에 참석하였다.

유진호 군이 와서 말하기를 경무국에서 사용할 가옥이 없으니 이영렬에게 말하여 얻은 가옥을 빨리 사용하게 하라고 하였다. 그가 강도에 관련된 자들을 모두 체포하겠다고 함으로, 내가 말하기를 한꺼번에 행함이 불가하니 뒷일을 감당하기 어렵다고 하였다.

고일청 군이 와서 말하기를 백영엽 군을 관전에 보낼 수 있느냐고 물음으로 보내도록 하자고 하였다.

이탁 군이 와서 말하기를 그 7천 원 건으로 지중진(=지응진) 군에게 말했으나 듣지 않으니, 선생께서 직접 말씀하시라고 하였다. 내가 이번 미의원 시찰단이 국내에 도착할 때에 환영의 뜻을 표하기 위하여 선전원을 많이 사용하려고 하니 안동에 있는 그대의 부하 청년들을 사용할 수 있겠느냐 하니, 자기가 안동에 가면 가능하겠다고 하였다.

이규홍 군이 와서 말하기를 자기는 오늘 대미의원주비위원회에 출석하지 못하겠노라고 하며, 지금 시국 문제가 해결되기 전에는······

오후 2시에 애국부인회에 가서 ○○○라는 제목으로 연설하였다.

3시 반으로 주비위원회를 소집하였으나, 온 사람이 2인 뿐임으로 개의하지 못하였다.

백영엽 군이 와서 관전 파견에 대하여 확정이 곤란한 즉 다시 생각하겠노라고 하였다.

윤현진 군이 와서 말하기를 다시 자기가 이번에 절대로 사직하겠다고 하며, 자기의 생각은 현 정부를 이렇게 두고는 일하기가 어렵고 일차 변동할 터이니, 그 방식은, 제1안은 이 대통령을 내보내고, 성재(=이동휘)로 대통령, 선생을 총리로 책임내각을 조직하는 것이요, 제2안은 이 대통령을 내보내고 선생으로 대통령, 성재로 부통령, 이동녕으로 총리, 이렇게 책임내각을 조직하려고 합니다. 이승만 대통령 이동휘 총리로는 일할 수가 절대 곤란하다고 하는지라, 내가 말하기를 일을 이렇게 하려고 하면 그 목적도 이루지 못하고 대국만 파열될 터인 즉 깊이 생각할 바요, 또 그대가 절대로 사직을 주장하면 이규홍 김립도 따라서 사직할 터이요, 또 총리도 떠나게 될 터이니 이번 일이 종국을 고하는 것이라. 나는 일이 이에 이름과 동시에 나 개인의 거취도 확실히 결정하겠다고 하였다.

오늘 ○○○로 거처를 옮겼다.

✦ 6월 6일, 일, 맑음

예정사항

1. 예배당에 갈 것

새벽에 단소에 가서 정좌회에 참석하였다.

정오 경에 한송계 군이 와서 시사를 토론했는데 이번 미의원 동도에 대하여 쓸 돈이 아주 많겠으나 마련할 방책이 없으니 개탄할 일이요, 또 그 의원들을 영접하기 위하여 내가 가는 데(=비율빈)까지 미리 가봐야 하겠고, 그 의원들이 상해에서는 2일 간만 머무르므로 시간이 촉박하니 먼저 와야 할 것이요(1주일 간 그곳(=비율빈)에서 머뭄). 또 이곳에도 있어야 하겠고, 또 비용 마련을 위해 국내에도 들어가 봐야 하겠는데 세 가지 일을 동시에 하기는 어려우니 심히 고민스럽다고 하였다.

2시에 예배당에 갔다.

✦ 6월 7일, 월, 맑음

예정사항

1. 윤현진 이규홍 백영엽 지응진 이춘숙 김성근 오익은 면회할 것
2. 국무원에 갈 것

새벽에 단소에 가서 정좌회에 참석하였다.

백영엽 군이 와서 말하기를 안병찬 사건으로 정부의 명령을 받아 관전현에 파견되어 가겠노라고 하였다.

윤현진 이규홍 두 사람을 면회하고 말하기를 오늘 간단히 말할 것은

저간에 정부개혁안으로 많은 이야기가 있었으니 길게 말하지 않고, 현재 미국시찰단이 동양에 오는 기회에 앞의 문제들은 중지하고, 시찰단에 대해서만 준비하자고 한 즉, (그들이) 또 말하기를 여러 총장들도 저희와 같이 현상 개혁할 생각이 있으니 선생님께서는 가부간에 조용히 침묵하시기를 바란다고 하였다.

백영엽 군이 와서 말하기를 자기가 속히 안동으로 향하겠으며, 또 왕래여비와 의복 준비할 것(=돈)을 마련해 달라고 하였다.

옥관빈 군이 내방하였다.

김성근 군이 내방함에 내가 말하기를 군이 정환범과 내밀한 관계가 있다고 하니 사실이냐 물으니, (그런) 사실이 없다고 하였다.

오익은 군이 내방함에 내가 말하기를 군이 속히 본국에 들어가기를 바라노라고 하니 군이 응낙하였다.

지중진 군이 내방함에 내가 말하기를 안동청년단의 단포 구입자금 7천원을 프랑스공무국에 보상해 주는데 잠시 보태 쓰라고 하니 그렇게 하는 것이 안동에 대하여 별 지장이 없으면 허락하라고 하니, 자기가 깊이 생각해 보겠다고 하였다.

황진남 군이 와서 말하기를 자기의 빚을 갚아 주기를 청하였다.

이탁 군이 내방함에 내가 말하기를 그대가 선전부의 일을 맡고 안동에 가서 군의 동지인 청년들을 사용함이 좋겠다고 하니, 그가 응낙하였다.

이춘숙 군이 와서 말하기를 자기가 국내로 들어가려고 한다 하며, 이는 다른 사람들에게는 절대로 말하지 않겠다고 하였다. 내가 말하기를 군이 들어가게 되면 상론할 바 시간이 길어질 테니 저녁 무렵에 조용히 다시 만나기로 약속하였다.

고일청 군이 와서 말하기를 안병찬 사건으로 백영엽을 관전에 급히 파견할 것을 의논하였다.

대동여사에서 이춘숙과 저녁을 먹었다. 국내에 무슨 일로 들어 가냐고 하니, 그가 말하기를 이곳에서는 무슨 할 일이 없으므로 입국하여 무엇이든지 해보려고 하며, 또는 재정을 운동해 보겠다고 하였다. 내가 말하기를 군이 이번에 입국하면 미국의원시찰단 동도에 대하여 일반 동포들에게 준비하게 하였다가 그때 환영의 태도를 표하는 시위운동을 하게 하고, 또는 관공리 퇴직 납세거절 소송거절 등을 실현하게 하려 하니 이런 일들에 진력하기를 바란다고 부탁하였다.

국무회에 출석하니 이규홍 윤현진 김철 김립 군 등이 대통령불신임안으로 연맹하여 사직서를 제출한지라 이에 대하여 가부간에 토의를 못하고 산회하였다.

✦ 6월 8일, 화, 맑음

예정사항

1. 이동녕 이시영 면회할 것

새벽에 단소 정좌회에 참석하였다.

이동녕 이시영 군이 와서 말하기를 이 정부를 아무리 하여도 헐어야만 될 이유를 말하며, 또 나더러 총리에 있으면서 일을 추진하자고 하는지라, 내가 불가하다고 역설하며 밖으로는 현상을 유지하고 안으로는 진행을 잘 하십시다. 또 나는 절대로 총리의 직은 받지 않겠다고 하였다.

✦ 6월 9일, 수, 맑음

예정사항

1. 이동백 김만겸 초대할 것
2. 연맹(하여) 사직(서를 제출)한 각 차장들과 비서장을 방문할 것
3. 고일청 한송계 김병조 양헌 선우혁 면회할 것

새벽에 단소에 가서 정좌회에 참석하였다.

박은식 군이 와서 말하기를 독립운동사는 이미 초교까지 끝난지라 출판하려고 정부에 비용을 청하였으나 아무 소식이 없으니 이를 재촉해 달라고 요청하였다.

김홍서 군이 내방하여 선전 자료를 보여주었다.

김립 군이 와서 말하기를 속히 미국시찰단에 대하여 주비위원회를 개최하라고 하는지라, 내가 말하기를 제군들은 대통령불신임안으로 사직서를 냈으니 형식상 함께 논의하는 것이 불가하고, 또 (실제) 일은 제군들과 함께 진행하여야 하겠는데 심히 걱정된다고 하였다.

한진교 고일청 정인과 김병조 양헌 군 등을 면회하고 이번 차장들과 비서장의 집단 사직 건에 대해 토의하고 수습 방침을 이야기하였다.

집단 사직한 각 차장들과 비서장을 두루 방문하고 이번 일이 정부의 종말임을 다시 말하고, 이미 제출한 사직서는 각기 취하 하라고 하니 모두 응낙하였다.

이동백 군이 와서 말하기를 내일 장백현으로 출발하겠다고 하였다.

이동백 김립 이규홍 군을 대동여사에 초대하여 오찬을 하였다.

단소에 갔다가 4시 경에 서강리에 가니, 정환범사건으로 경무국에 구금한 강OO을 탈취해 가기 위해 30여 명이 작당하여 내무부에 와서 난폭한

행동을 하고, 또 차장 이규홍과 기타 직원들을 구타까지 하였다고 하며, 이 사건으로 인하여 임시 국무회의가 있다고 함으로 국무원에 도착하니 이미 산회한지라 이에 내무총장을 방문하여 경과 사실을 상세히 들었다. 재무총장은 말하기를 이번 사건은 극단적으로 엄벌해야 하겠다고 하였다. 군무부에서는 사관학생들을 비상소집하여 폭도들을 체포하려고 한다고 하였다. 그때 윤기섭 군이 와서 말하기를 난폭배들을 속히 체포해서 엄하게 조치해야겠다고 하는지라, 내가 말하기를 오늘 (바로) 이 시간에 체포하겠다고 하면 체포하려고 하는 사관학생들은 심리적으로 강한 불평이 있을 것이고, 난행을 한 청년들은 방어하기 위해 강한 행동이 있을 것이라. 양쪽의 강한 불평이 충돌되면 필경 어떤 결과가 생겨 정부에까지 영향이 미칠 염려가 있으니, 오늘은 체포하지 말고 추후로 상세히 조사하여 회개할 사람은 회개 시키도록 하고, 끝까지 변할 수 없는 소수인에게만 적당한 조치를 해야 할 것이라고 하였다. 이에 돌아와 이규홍을 방문하고 군무차장에게 아직 사관학생을 출동시키지 말고 나와 만나기를 기다리라고 하였더니, 황학수 군이 와서 말하기를 시간이 급하니 비록 만나서 하실 말씀이라도 자기에게 말씀하셔서 보고 전하게 하기를 바란다고 하는지라, 내가 말하기를 불가불 직접 면담할 것이요, 말을 전할 수 없다고 하였다.

   신숙 군이 내방하여 오늘 청년들의 난행사실을 물음으로 과연 그렇다고 하였다.

   김구 이탁 군이 내방함에 이번에 난행한 청년들에 대한 조치 방법을 의논하면서 급속히 하지 말고 뒤로 조치해야만 할 사람에게만 어떻게 할지 방법을 생각하는 좋겠다고 하였다.

   이동백 군이 내방함에 내가 말하기를 그곳(=장백)에 있는 작탄은 아직 사용하지 말고, 이후 정부의 명령이 있을 때에 각지의 모험대가 일시에 일어나게 하라고 하니 응낙하였다.

✦ 6월 10일, 목, 맑음

예정사항

1. 김보연 면회할 것
2. 단소에 갈 것
3. 각 총장들 방문

새벽에 단소에 가서 정좌회에 참석하였다.

뜻밖에 어제 새벽에 난행한 청년들을 체포하였다는 소식을 듣고 김보연을 청하여 사실의 내용을 들었다.

총리 총장들을 방문하고 시국 정돈할 문제로 토의하였다.

국무원에 도착하니, 대통령불신임안으로 집단 사직을 제출하였던 각 차장들과 비서장은 제출했던 사직서를 무조건으로 취소하였다고 하였다. 내가 말하기를 지금 체포한 청년들을 속히 풀어주자고 한 즉, 몇 분은 각기 말하기를 뉘우침이 생겨나 자백하기까지 기다리자고 하는지라, 난행 청년들을 체포한 사람들을 방문하여 체포된 청년들을 구타하지 말라고 하였다.

7시 반에 단소에 가서 손정도 박지붕 두 사람의 서약식이 있었다. 이어 강연회를 열었는데 내가 시국에 관한 제목으로 내가 작년 상해에 온 이후의 경과 및 지금의 현상으로 강연하였다.

✦ 6월 11일, 금, 비

예정사항

1. 김보연 손두환 면회할 것
2. 내무총장 방문할 것

새벽에 단소에 가서 정좌회에 참석하였다.

김홍서 군이 와서 선전에 관해 상의하였다.

선우혁 군이 와서 말하기를 어제 민단에서 상해의 저명한 인사들이 회의하여 이번 난동배 체포사건은 상해 전체가 책임을 지기로 했다고 하였다.

차균상 군이 와서 말하기를 미국에 가기 위하여 오는 19일에 프랑스로 향해 출발하겠다고 하는지라, 내가 말하기를 떠나기 전에 입단문답을 하는 것이 어떠냐고 하니, 그리하겠노라고 하였다.

고일청 군이 내방하여 관전현 지사에게 보낼 (안병찬사건 해결을 위한) 서한의 초안을 보여주었다.

김보연 손두환 군을 청하여 말하기를 정부에서 체포당한 청년들을 석방하려고 하고, 또 그대들도 임의로 사람들을 체포하고 난타하였으니 즉 이 또한 적법하지 않은 행동이라. 정부에서 불러 견책하겠다고 한 즉, 그들이 말하기를 이는 그렇게 책임을 지겠으나 아직 취조를 끝내지 못하였으니, 오늘 석방하지 말고 며칠 더 연기함이 어떠냐 하는지라, 내가 말하기를 오늘 오후에 취조를 마치고 7시 반에 풀어주도록 하자고 하였다. 이에 내무총장을 방문하여 오늘을 넘기지 말고 체포된 청년들을 내보내자고 하고, 풀어 주되 체포한 사람들과 체포당한 사람들 쌍방을 불러 훈계하자고 하니, 군이 좋다고 하였다. 이 일 때문에 임시회의를 열려다가 비공식으로 개인 간에 동의를 얻기로 하고, 총리와 재무 법무총장들의 동의를 얻은 결과, 7시 반에 훈계 방면하였다.

이영렬 군이 와서 양 100원을 가져갔다.

김동욱 김철 군이 내방하였다.

✦ 6월 12일, 토, 맑음

예정사항

1. 이동녕 이시영 방문
2. 사무실 이전

새벽에 단소에 가서 정좌회에 참석하였다.

이동녕 이시영 군을 방문하고 정부를 유지하기 어려움을 이야기 하고, 행정 진행은 극단적으로 소극적 주의를 취하자고 하였다. 그때 철혈단에서 불온한 선전물을 배포하였는데, 내용은 현 정부를 파괴하고 개조하고 암살 하겠다는 뜻이었다. 정환범 연루자 체포와 기타 여러 사람을 체포하고 구타한 사건은 도산이 부하들에게 명하여 남중인들을 박멸하려고 하였다는 시비가 있다고 재무총장이 말하는지라, 내가 웃을 따름이었다.

오흥리 전 법무부 설치하였던 곳으로 이사하였다가 불결하고 또 전등 설비가 없음으로 다시 서강리로 이사하였다.

✦ 6월 13일, 일, 맑음

예정사항

1. 나창헌 김기제 위문할 것
2. 지중진 면회할 것

이른 아침에 단소에 가서 정좌회에 참석하였다.

김구 군이 내방하여 시국에 관해 토론하였다.

지중진 군이 내방함에 광복사업의 진행방침을 설명하였다. 이탁 씨를 동성외교위원장에 임명할 터인데, 안동에 가서 여러 청년들의 의사를 널리 얻도록 하라고 하였다.

오랫동안 병중에 있었던 김구와 김태연 군을 대동여사에 초대하여 위로하였다.

임득산 군이 와서 말하기를 본국에서 온 청년 장해림 정석해 김규형 세 사람을 흥사단 단우가 될 만 하다고 소개하였다.

유진호 군에게 모기장을 만들라고 부탁하였다.

여러 날 동안 내무부에서 폭행한 일로 체포당해 구타당하고 입원 치료하는 나창헌 김기제 군을 방문한 즉 그들은 양심(=진심)으로 회개한다고 하였다. 위로로 식품을 보냈다.

✦ 6월 14일, 월, 구름

예정사항

1. 국무원에 출석
2. 장해림 정석해 김규형 면회할 것
3. 신숙 군 방문할 것

새벽에 단소에 가서 정좌회에 참석하였다.

옥관빈 군이 김OO군을 소개하여 면회하였다.

장해림 정석해 김규형 세 사람이 내방함에 자기수양과 민족개조의 취지를 설명하였다.

이탁 군이 와서 오희봉 군을 소개하며 말하기를 남도의 선전원으로 쓰면 어떻겠냐고 하였다.

이 총리가 내방하였다.

국무회의에 도착하여 내무부 직원 임명을 승인하고, 내일 정무협의회를 열기로 결의하고, 청철이 우리 한인에 대하여 불평한 말과 애인리 한인학생사건(난폭청년)의 보고를 들었다.

이탁 나우 오희봉 군이 내방하였다. 오 군을 내일 아침에 다시 만나기로 약속하고 오 나 두 사람은 먼저 돌아갔다. 이탁 군이 말하기를 지금 북경에 있는 박용만 등 모모인이 한편으로 상해의 불평배와 광동의 공인과 기타 외방에 있는 자들과 연락하여 상해정부를 전복하려 하는데 특히 주로는 선생을 표적으로 한다고 하며, 이 중에 박찬익(남파)은 긴밀히 연락하는 자요, 또 신규식 씨가 가장 신임하는 심복이라. 지금 그 불평분자 중에서 단포를 예비한 것이 30여 자루라고 하면서 더욱 조심하기를 권하였다. 그가 또 말하기를 이렇게 선생께 대하여 오랫동안 가해하려고 하다가 지금에 와서는 극단적 주의까지 행하려고 하니 얼마간 상해를 떠나 외방에 머물다가 현재의 상황이 낙착을 고한 후에 돌아오심이 좋겠다고 하는지라, 내가 말하기를 지금은 하는 일이 많아 떠나기도 어렵다고 하였다.

장해림 군이 내방함에 흥사단의 취지를 설명하였다.

7시 반에 단소에 가서 차균상 군의 입단문답을 하다가 마치지 못하였다.

✦ 6월 15일, 화, 비

예정사항

1. 신숙 한송계 방문
2. 정무협의회에 출석
3. 단소에 가서 문답할 것

새벽에 단소에 가서 정좌회에 참석하였다.

백암(=박은식) 군이 와서 말하기를 착수했던 독립운동사가 이미 원고를 마쳤는데 인쇄비를 정부에서 지불하게 하고, 또 자기의 여름옷을 사서 보내달라고 함으로 다 응낙하였다.

오희봉 군이 내방함에 선전에 관한 방침을 말하고 선전원으로 임명받으라고 함에 군이 응낙하였다.

윤현진 군이 와서 말하기를 자기가 비밀히 안동현에 갔다 오려고 하는데 이를 아는 사람은 세 사람 뿐이라고 하였다.

최병선 군이 와서 말하기를 옥관빈 군이 지금 첩을 두었고 또 일인의 집에 종종 왕래가 있다고 하니 주의하라고 하였다.

독립단 대표 김승학 군이 내방하였다.

김승학 이탁 군이 와서 독립단의 진행방침을 토의하다가 시간이 부족함으로 내일 낮에 다시 이야기하기로 약속하였다.

박용무 군이 와서 말하기를 한인 검표원들이 구락부를 조직하려고 하니 목적과 방법을 어떻게 할지 물음으로, 내가 말하기를 목적은 신용보존 정의돈수 근검저축 환난상구의 4개 조로 정하고, 조직은 부장 서기 재무의 약간의 직원으로 시무하게 하고, 또 위원을 약간 명을 뽑아 구락부를 이루게 하라고 하였다.

정무협의회에 출석하여 총리 이하 차장까지 비상한 약속을 지을 것과 정무진행의 방식을 개조하자는 문제로 토론하다가 내일 다시 회의하기로 하였다.

한송계 군을 방문하였다가 만나지 못하였다.

김정근 군을 문답하려다가 보증인이 없음으로 하지 못하였다.

✦ 6월 16일, 수, 맑음

예정사항

1. 나창헌 방문
2. 김승학 초대할 것
3. 정무협의회에 출석할 것
4. 단소에 가서 문답할 것

새벽에 단소에 가서 정좌회에 참석하였다.

정인과 군이 와서 말하기를 자기가 곧 도미하겠다고 함으로 그러면 빨리 하라고 하였다.

이탁 군이 내방하여 선전부 일을 상의하였다.

김창의 군이 내방하였다.

나창헌 김기제를 신강병원으로 방문하니, 두 사람이 말하기를 지금 정부에서 사관학생들로 하여금 철혈단의 남은 사람들을 체포하고, 또 중국인을 사용하여 암살하게 한다고 하여 극열한 (상황) 속에 빠졌으니 양 쪽을 함께 어루만지라고 하는지라, 내가 말하기를 정부에서는 어떤 일도 없을 것이며, 또 내가 그 청년들을 만나면 이해를 시킬 수가 있겠으나 만날 수가 없다고 하였다. 그들을 수치료를 받게 하기 위해 홍십자병원으로 옮기도록 하였다.

이영식 군이 선전부 일로 내방하였다.

김승학 이탁 군을 대동여사에 초대하여 오찬을 하였다. 광복사업의 진행 방침을 설명하고, 독립단과 청년단이 연합하여 광복군이 되게 하라고 함에 김 군이 만족한 뜻을 표하였다.

정무협의회에 출석하니 와싱톤에서 온 이 대통령의 전보에, 러시아에

밀사는 누구를 보냈는가 하는 질문과 구미외교에 관한 일은 자기가 알지 못하게 하고서는 행하지 말라고 하였는지라, 이에 대하여 대통령에게 사실을 알리고 구미외교에 행동을 일치하게 하자고 답전하려고 하였더니, 총리는 대통령과 일체 교섭을 단절하겠다고 하는지라, 내가 말하기를 정체 상에 그렇게 하면 대불가라고 하였다.

홍십자병원에 가서 나 김 두 사람을 옮기게 하였다.

7시 반에 단소에 가서 이경화 군의 문답을 하다가 마치지 못하였다.

✦ 6월 17일, 목, 맑음

예정사항

1. 각 총장들 방문
2. 김창의 면회
3. 시찰단 주비에 관하여 상의
4. 정인과 면회
5. 강연회에 출석

새벽에 단소에 가서 정좌회에 참석하였다.

박은식 군이 내방하여 편찬한 독립운동사를 내보였다.

유진호 군을 청하여 말하기를 신강병원에서 치료하는 나창헌 김기제 두 사람을 홍십자병원으로 옮기려고 하니 이를 내무총장에게 문의해 보라고 하였다.

임득산 군이 와서 말하기를 자기가 속히 입국하겠노라고 하였다.

유진호 군이 와서 보고하기를 내무총장에게 나 김 옮기는 것을 문의한 즉 동의하더라고 하였다.

최승봉 군이 내방하였다.

이탁 군이 와서 말하기를 선전에 관한 일을 안동청년연합회 선전원 최지화 군을 청하여 상의하시라고 하였다.

정인과 군이 내방함에 미의원단에 대하여 상의하였다.

여운형 군이 내방하여 북경 갔다 온 일을 말하며 페퍼를 회견하였는데 그가 우리에게 다소 감정이 있으며, 이번 미 시찰단에 대하여 편지를 쓰는 것은 시간이 없음으로 안 되겠고, 혹 장래를 위해 한국에 들어가서 다시 글을 쓸 뜻이 있다고 하더라고 하였다.

한송계 군이 와서 돈을 빌려달라고 하는데 지금 돈이 없다고 하였다.

각 총장을 번갈아 방문하였다.

미의원시찰단에 대하여 비공식으로 토의하였다.

7시 반에 단소에 가니 박현환 군이 〈건전인격〉이라는 제목으로 강연을 하였다.

✦ 6월 18일, 금, 비

예정사항

1. 대미의원시찰단 주비회

새벽에 단소에 가서 정좌회에 참석하였다.

대미의원시찰단주비위원회를 국무원에서 소집하여 토의 결과 아래와 같이 결의하였다.

1. 애국부인회에서 국기 및 서신을 보낼 것.(예물품이니 상해에 도착할 시간에)
2. 국내에서는 시위운동 겸 환영을 표시할 것.
3. 상해에 재류하는 거류민단에서 환영할 것.(상해 도착 시에, 단 민단에 문의할 것)
4. 필리핀에 정부에서 사람들을 특파할 것.(3인)
5. 미국에서 우리 동포 중에 수행원을 정하는 것은 미국에 재류하는 한인에게 전보하여 결정할 것.
6. 내외지를 물론하고 연명하여 진정서를 제출할 것.
7. 필리핀 특파원에는 내가 피선되었고 수행원 2명은 (내가) 스스로 선정할 것.

국무총리께서 대통령을 불신한다는 (것을) 이유로 한 사직서를 각부 총장에게 보낸지라, 이에 각 총장들과 합의하여 선후책을 강구하였다. 이 총리를 방문하여 사직서를 취소하라고 권한 즉 강경하게 거절하였다.

고일청 옥관빈 두 사람이 와서 말하기를 이 총리를 성토하고 면직 시키자고 하는지라, 내가 말하기를 절대로 불가함을 역설하고, 또 당장에 큰 곤란을 생기게 하는 일이라고 하였다.

저녁 후에 각 부 직원을 국무원에 소집시키고, 이번 총리 사직안에 대하여 신중한 태도를 취하여 소란피우지 말고 전과 같이 집무하라고 하였다.

✦ 6월 19일, 토, 비

예정사항

1. 부인회 방문할 것

새벽에 단소에 가서 정좌회에 참석하였다.

이동녕 군이 와서 말하기를 어쨌든 간에 선생이 총리에 있으면서 일을 계속 진행하자고 하는지라, 내가 절대로 거절하였다.

이시영 군을 방문하니, 동녕 군과 똑같이 말하기를 대국을 살펴 나더러 총리에 나서라고 하는지라, 내가 말하기를 이는 대국을 위함이 아니요, 대국을 망하게 함이니 결코 할 수 없다고 하였다.

이규홍 군이 와서 말하기를 내가 대통령이 되고 이동녕 군이 총리가 되기로 작정하고 대사를 진행하자고 하는지라, 내가 말하기를 그러면 패망함을 고함이니 생각하지도 말고, 또 이런 말이 유포만 되어도 큰 해가 된다고 하였다.

애국부인회를 방문하여 여러 여사들에게 이 총리에게 가서 사직 철회를 권고하라고 하였다.

✦ 6월 20일, 일, 비

예정사항

1. 각 총장들 방문
2. 동오 선생 묘소에 갈 것
3. 최지화 면회할 것

새벽에 단소에 가서 정좌회에 참석하였다.

각 총장을 방문하여 말하기를 이번에 총리로 하여금 사직을 철회하도록 우리가 성의를 다할 것이요, 만일 그 목적을 달성하지 못하면 새 인물을 모셔서 중심으로 선출함이 옳은데 이상재 군이 적합하겠다고 하였다. 그들이 말하기를 이 군이 나오지 않을 때는 어떻게 하겠소? 내가 말하기를 그러면 서간도에 있는 이상룡 군이라도 청하는 것이 좋겠다고 하였다.

김복형 군에게 정부 직원 중에 생각이 같은 여러 사람들과 상의하여 총리에게 사직을 철회하라고 하였다.

오후에 이탁 김홍서 유상규 전재순 김복형 제군과 같이 동오선생묘소를 방문하고, 단소를 거쳐 귀가하였다.

최지화 군을 청하여 안동청년연합회의 선전부와 정부의 지방선전부를 합치는 것이 어떻겠느냐고 하니, 그가 좋다고 하였다.

김희선 군이 와서 총리사직안에 대하여 여러 가지로 수습안을 토의하였다.

✦ 6월 21일, 월, 맑음

예정사항

1. 이동녕 면회할 것
2. 단소에 가서 이경화 문답할 것

새벽에 단소에 가서 정좌회에 참석하였다.

이동녕 군이 와서 말하기를 정부의 위치를 비율빈으로 이전하자고 하면서, 이 총리가 퇴거한 고로 외우와 내환이 더욱 위난한지라 비율빈으로 이전하되 의정원 전부가 함께 해야겠다고 하면서, 그러니 선생이 이번에 비율빈에 가서 시찰단에 관한 것 말고도 이에 대하여 노력해 보라고 하는지라, 내가 말하기를 이번에 비율빈에 가면 비상시에 대비하여 그곳 총독부에 교섭은 하겠다고 (하고) 또 말하기를 지금 이를 실행하려면 재정이 허락하지 않고, 또 인심에 (미치는)영향이 클 것이니 그러므로 대사에 타격이 될 것이라 불가하다고 하였다.

정인과 군이 와서 말하기를 비율빈으로 출발할 것을 준비하겠다고 하였다.

이탁 군이 내방함에 최지화를 만난 시말을 말하였다. 그에게 선전부 이사원이 되라고 말하니 그가 응낙하였다. 국무원에서 비공식으로 시국에 관하여 토의하였고, 김립 군에게 (총리를 모시는 비서장으로서) 이번에 대사를 잘못되게 함이 매우 크다고 (질책)하였다.

저녁 후에 단소에 가서 이경화 군 문답을 하다가 마치지 못하였다.

여운형 선우혁 군을 방문하여 총리 (사퇴)의 일로 민단에서 (사람들을) 모이게 하겠다는 것을 하지 말라고 하였다.

✦ 6월 22일, 화, 맑음

예정사항

1. 단소에 갈 것
2. 오늘 오후부터 내일까지 휴양하기로

새벽에 단소에 가서 정좌회에 참석하였다.

김립 군을 방문하여 말하기를 군이 상해에 처음 왔을 때 노령에서 하던 마음을 회개하고 중심(=충심)으로 이 정부를 붙들어 지키겠노라고 나에게 여러 번 말하지 않았는가? 그런 마음으로 이미 정부에 헌신하였으면 성패 간에 끝날 때까지 인내하며 지낼지니 중도에 이렇게 뜻밖의 행동을 하는 것은 곧 의롭지 않다고 할지니 군이 재삼 생각하고 이 정부를 패궤(=파괴)시키지 말라고 하니, 그가 말하기를 이번 총리의 일은 총리가 스스로 행동하심이지 자기와는 상관이 없다고 하는지라, 내가 말하기를 나는 그 말을 믿지 않는다고 하였다.

각 총장을 방문하여 시국에 대한 생각을 물은 즉, 다 이 총리를 내보내자는 생각을 가졌더라. 내가 말하기를 이때에는 누가 좋든 아니든 간에 서로 붙들고 지탱하며 현상을 유지해야 한다고 하였다.

✦ 6월 23일, 수, 맑음

예정사항

1. 정양(=조용히 휴양)

새벽에 단소에 가서 정좌회에 참석하였다.

이탁 군이 와서 말하기를 이 총리가 과격파를 비밀히 조직해 나가는 중에, 상해에 있는 과격파 인물들과 단결을 이미 이루었고, 이 총리와 김립 두 사람이 신두식 군에게 입당하라고 누차 권하니 그 내막을 알기 위하여 신 군으로 하여금 입당하게 함이 어떠냐고 묻는지라, 내가 말하기를 신 군은 수양할 청년인데 자기가 철저한 과격주의가 있어서 입당하는 것은 좋겠지만 생각도 없는 것을 타인의 내막이나 알기 위하여 입당시킨다는 것은 역시 교사(=교활)한 행동에 가까운 것이니, 나는 청년의 심리상의 관계로 그런 일은 옳다고 여기지 않는다고 하였다.

(22일의 일)

밤 11시 반에 오익은 군이 신두식 군의 편지를 전하는지라, 열어 보니 총리가 내일 아침 6시에 다른 곳으로 출발한다고 하니, 내일 아침 6시 안에 각 총장들과 의논하여 처리하는 것이 어떠냐고 한지라. 즉시 일어나 이 총리를 방문하여 먼저 김립 군을 면회한 즉, 그가 말하기를 총리께서 내일 6시에 위해위로 간다고 하며, 전에 총리께서 작별하려고 선생께 가셨다가 출타하셔서 뵙지 못하였다 운운하며 말하기를 이번에 가심은 직을 버리고 가심이 아니요, 총리께서 다른 총장들께 말씀하시기를 나는 잠시 휴양하고 돌아올 터이니 이는 직을 사임함이 아니요. 그 빈 기간에 국무총리의 사무대리를 내무총장이 맡아 하시라 한 즉 여러 총장들도 그렇다면 좋다고 하신지라. 일이 이처럼 원만하게 되었슨 즉 아무 염려 마시라고 하는지라. 내가 말하기를 총리께서 그런 생각으로 가시는 바에는 배편을 연기하여 정부에 직접 나와 인심을 수습한 후에 출발하시는 것이 합당하다고 하니, 그가 말하기를 이미 출발하시기로 작정하셨으니 변경할 수 없고, 여러 총장들과 이미 의논하여 정하였으니 원만하게 되었다고 하는지라. 그때 총리가 취침하였다가 기상하여 말하는데 김 군의 말과 같은지라. 내가 말하기를 배편을 늦추어 산란한 인심을 수습한 뒤에 다녀오심이 옳다고 하니, 총리가 말하기를 각 총장들과 차장들과 민간의 각 단체의 수뇌자들을 청하여 잠시 휴양하고 다녀오겠다고 하였으니 염려가 없다고 하는지라, 내가 곧 나가 내무 재무 두 총장을 방문하려 했는데 거리의 통행 문이 이미 닫힌지라. 그러므로 집으로 돌아왔다.

(6월 23일)

이른 새벽에 내무 재무 법무 세 총장을 방문하여 이 총리와 회담한 결과를 듣고, 내무 법무 두 총장과 함께 이 총리를 전별하러 선착장에 나가니,

총리가 자기는 성질이 급하여 이번 일은 한때 즉흥적으로 된 것이라고 (하며) 자기는 총리의 직을 갖고 있을 것이요, 2주일 이상 휴양하고 돌아올 것이니 아무 염려 말고 정부를 전보다 더욱 단속하여 잘 진행하라고 하며, 자기가 위해위에 있는 동안에 영국 사람들과 잘 교섭하겠다고 하는지라. 내가 말하기를 당신이 부두까지 나왔는데 이 말이 무효한 줄은 잘 알지만 (그래도) 말하노니 당신이 일을 중심으로 생각한다면 지금이라도 돌아가 인심을 수습함이 옳습니다. 당신은 이렇게 좋은 생각으로 출발하지만 일반의 심리는 오해로 인하여 대사에 큰 해를 끼치게 될 것이라 하니, 그가 말하기를 내가 다시 돌아갈 수는 없고 위해위 가서라도 내외 각지에 편지를 써서 오해를 풀게 하겠으니 당신들도 같은 뜻으로 편지를 해서 잠시 휴양하고 돌아온다고 하라 하는지라, 내가 말하기를 그러면 당신이 직접 그런 뜻을 신문에 광고하는 것이 좋겠다고 한 즉, 그가 또한 찬동하며 말하기를 어떻게 게재하는 것이 좋겠는가 토론할 때, (총리)직을 맡은 이후로 정부는 어렵고 몸에는 병이 있어 일반 국민의 희망에 보답할 수 없음으로 다른 유능한 분에게 맡기려고 사직할 뜻까지 있었으나, 일반 동지가 다 말하기를 나 같은 사람이라도 정부에서 떠나면 대사에 영향이 매우 크겠다고 하며, 나 또한 죽도록 일할 뿐이라는 뜻이 있음으로 병을 짊어지고라도 전과 같이 직무를 다할 것이요, 잠시 병을 휴양하며 겸하여 정무의 일 때문에 산동 방면에 잠시 갔다 올 것 이온 즉, 내가 잠시 여기를 떠나는 것 때문에 어떤 의혹도 하지 말고, 여러분은 더욱 성충을 다하여 못난 나와 함께 끝까지 국사에 노력하기로 정하고, 작별하였다.

 유기준 군을 청하여 총리와 동행하는 장해림 군에게 부탁하여 총리의 사정을 잘 알리게 하라고 하였다.

 이규홍 군을 면회하여 말하기를 총리와 어제 밤의 회담과 오늘 아침에 작별한 일을 말하고, 말하기를 군이 김립 군을 잘 권하여 이번에 총리의 말한 바가 다시 식언이 되지 않게 하라고 하였다.

오후에 이 총리가 상해를 떠난 후 진행된 일 때문에 정무협의회를 열었는데 정원이 미달하여 개회하지 못하고 비공식으로 토의할 때, 김립 군이 말하기를 이 총리 말씀대로 신문에 게재하는 것은 불가합니다. 자기가 알기는 이승만 박사가 대통령을 내놓고 물러가기 전에는 총리는 결코 돌아오지 않을 것인데 신문에 실었다가는 세상에 다시 한 웃음거리가 될 것이라고 하였다.

홍십자병원에 가서 나창헌을 방문하고, 황학선을 청하여 잘못을 뉘우치고 내무총장과 경무국장에게 사죄하고 전에처럼 편안하게 지내라 하고, 그대뿐만 아니라 다른 청년들에게도 잘 권하라고 하고, 내가 한번 보기를 원한다고 하였다. 그가 말하기를 진심으로 말씀 드리건데, 저희들이 여러 가지로 의심되는 바가 있는 중에 선생께서 암살당 20명을 월급을 주면서 두고, 저희를 죽일 장소와 묻을 곳까지 마련해 두고 죽이려 한다고 하며. 또는 중국 자객 몇 명을 사서 암살하려고 한다는 말을 믿을 만한 곳에서 듣고 저희 청년들이 겁이 나서 나오지 않은 것이 아니고 우리도 상당한 준비를 해야겠다고 하여 지금까지 나오지 않았다고 하였다.

내가 말하기를 그런 헛된 말은 믿지 말라. 나 군이 말하기를 자기가 홍십자병원에 들어 올 때에 몇몇 사람이 와서 말하기를 이 병원은 안 씨가 친한 병원인즉 어떠한 위해를 가할지 모르겠다고 하는 것을 억지로 들어왔다고 하였다. 내가 말하기를 그대들 청년들이 상식이 없는 사람이지 혹 정치가들 중에 극악한 야심가라고 하여도 자기하고 대립적인 대인물 중에 세력이나 수단으로 제어할 수 없을 때 혹 암살하는 일이 있지 무명의 청년들에게 어찌 암살 행위가 있겠는가. 나는 여러분과 같은 어린 청년들은 고사하고 어떤 인물이던지 함께 단합하기 위해 노력하는 것을 그대들이 보지 못하였던가? 그런 즉 안심하고 나와서 지내라 하였다.

오늘 국무원으로 사무실을 옮겼다.

✦ 6월 24일, 목, 맑음

예정사항

1. 황학선 정환범 면회할 것
2. 국무회에 출석할 것
3. 한송계 면회할 것

새벽에 단소에 가서 정좌회에 참석하였다.

황학선 군이 내방함에 어제(말한 것처럼)와 계속하여 보통처럼 나와 지내라고 권하였다.

홍십자병원에 가서 정환범 군을 청하여 여러 가지 말로 깨우치는데, 자기는 조금도 잘못한 것이 없고 정부에서 잘못하였다고 원망하며, 이번에 자기 동지들을 포박구타한 일은 모두 선생께서 사주한 일로 안다고 함으로 여러 가지 말로 깨우치려 하였다.

국무회를 열었는데 내무총장더러 수석에 임하라고 권한 즉 군이 않겠다고 고집하는지라, 고로 장시간 논란하다가 결국에는 자리에 올라 개회하였다. 이 통령에게 상해에 오라고 전보하기로 결의하였다. 김립 군이 발언하여 총리께서 이번에 병 치료하러 가신다고 하면서, 출발하며 직은 유임한다고 하심은 여러 총장들께서 이 대통령 문제를 회의하여 해결하라고 한때의 방편으로 말씀하신 것 뿐이요, 그 실제 내용은 총리의 직을 사면하고 가신 것이라고 하는지라, 여러 총장들과 차장들은 일제히 그러면 총리가 총장들을 속인 것 아니냐 함으로, 내가 말하기를 우리가 총리가 직접 하신 말씀을 믿을 것이지, 간접의 의사는 믿을 바가 아니라고 하였다. 그때 독립신문사를 봉쇄한다는 말을 접하고 여운형 군을 대동하고 프랑스 영사를 방문한 즉, (그가) 말하기를 그 신문은 일찍이 전 영사 (재직) 시에 **폐쇄한**

것이니 일본 영사가 그 폐쇄명령서를 가지고 와서 말하기를 어떤 이유로 계속 간행하게 하는가 함으로 부득이 폐쇄시키게 되었다고 하였다.

7시 반에 단소에 가서 이경하 차균상의 입단식을 행하고 내가 〈과거 우리 민족의 지도자의 실책〉이라는 제목으로 강연하였는데, 마침 9시에 미주로 향하여 프랑스로 출발하는 이경하 차균상 두 사람의 시간 관계로 간략히 강연하였다.

한송계 군을 방문하여 말하기를 미주에서 농업경영의 자본으로 여기에 온 1만 원을 본래의 곳(=미주)에 전보로 상의하여 정부에 빌려 주면 급한 필요에 소용은 되겠으나, 미화로 본위를 삼게(=미화로 갚게) 되겠으니 손해가 크게 되겠으므로 생각은 하고 있으나 실행을 못하였다 한 즉, 그가 말하기를 지금 프랑스 공무국에 줄 돈이 급박한 때에 이익과 손해를 따질 수 없으니 자기가 재무총장과 상의하겠노라고 하였다.

✦ 6월 25일, 금, 맑음

예정사항

1. 이탁 군 면회
2. 윤현진 군 방문할 것

새벽에 단소에 가서 정좌회에 참석하였다.

이영렬 군이 와서 말하기를 신문사와 인쇄기구와 기타를 다른 조계로 옮겨가라고 하니 어찌해야 좋겠습니까 하는지라, 내가 말하기를 인쇄물을 외국인으로 소유주를 삼는 것이 좋겠다고 하니 즉시 가서 그렇게 조치하겠다고 하였다.

도인권 군이 와서 말하기를 재무부의 요구에 따라 군무부에서 단포를 구하여 평양으로 보내려 한다고 하였다.

이탁 군을 청하여 말하기를 국내에서 무기를 갖고 시위하는 것은 군무부가 광동현의 광복군에 전적으로 맡기기로 결정한 바인데, 지금 도인권 군의 말을 들으니 재무부에서 군무부에 부탁하여 무기를 보내려고 한다 하니 알고 있는가 한 즉, 그가 말하기를 알고 있다고 하는지라, 이에 군무차장(=김희선)을 방문하여 아무쪼록 일이 통일되기를 힘쓰라고 하였다.

황진남 군이 와서 말하기를 도미하겠다고 하며 여비를 마련해 달라고 하는지라, 내가 말하기를 아직 참고 지내라고 하였다.

한송계 군이 와서 말하기를 미주에서 온 돈을 재무총장에게 말하니, 불가불 그 돈을 차용해야겠다고 하는지라, 내가 말하기를 그러면 (환 차에 따른) 이해문제를 말하였는가 한 즉 말하지 않았다고 하는지라, 내가 말하기를 다시 이를 문의하라고 하였다.

김승만 이탁 두 사람을 대동여사에 초대하여 오찬을 한 후에 정부에서 안동에 대한 시정방침을 토의했는데,

1. 독립단과 청년단연합회가 다시 합쳐 정부를 지지하게 할 것.
2. 그 단체 내의 모험 청년들을 따로 모집하여 군무부에 직속된 광복군영을 조직할 것.
3. 일찍이 독립단에서 민치하던 구역에는 내무부에 직속된 민단을 조직할 것.
4. 청년단이나 독립단은 직접 금전을 모집하지 말고 독판부 재무사에서 모집하여 재정수입이 통일되게 할 것.
5. 청년단과 독립단에서 (이미) 모집한 돈은 전부 재무부에 납입하게 할 것.
6. 이미 청년단에서 수집한 돈은 정부에 직접 납부한 것과 같은 것으로

그 돈 낸 사람들을 인정할 것.

7. 상해에서도 여러 단체를 합하여 대동단결할 것을 연구할 것.

안동에서 돌아온 윤현진을 방문하였다.

✦ 6월 26일, 토, 맑음

예정사항

1. 한송계 방문할 것
2. 윤현진 면회할 것

새벽에 단소에 가서 정좌회에 참석하였다.

한송계 군을 방문한 즉, 그가 말하기를 재무총장에게 그 돈의 이해(=딸러 환전에 따른 손실)를 말하니 이해로는(=그렇게는) 쓸 수 없고, (불란서 화) 테일 본위로 바꾸어 쓰자고 말함으로 그 돈은 도산이 직접 빌려 줄 권한이 없고, 단지 정부의 요청으로 본처(=미주 흥사단)에 전보할 뿐인 즉 (프랑스 조제) 현지의 테일 본위로는 빌려줄 수 없을 듯하다 하고 돌아 왔다고 하였다.

윤현진 군이 와서 말하기를 안동에 갔다 온 일을 상세히 말하되 자기가 청하였던 경상도 모씨가 왔는지라 국내의 일반 정세를 물은 즉, 1. 일반의 심리상태가 신사조(=사회주의)가 점점 팽창하고 과격사회주의(=공산주의)를 품은 청년들이 많고, 2. 경제공황이 극도에 달하여 현금 융통이 완전히 끊겼다고 하고, 3. 일반 인심이 상해에 임시정부가 있다는 것 때문에 장래의 희망이 매우 크고 독립운동의 존폐가 정부 명의의 존폐에 있다고 하고, 4. 국내에서의 큰 관심사는 안창호가 중심인물이라고, 국내 인심은 안00가 없고서는 안 되겠다는 말이 여론의 대세이나, 그러나 지방열과 야심으로 인하여 충돌을 야기하는 고로 대국에 잘못을 끼친다고 하니 이것이 사실에 맞느냐고 묻더라 하였다. 그 사람에게 광복사업의 방침을 평소 선생께서 말씀하신대로 상세히 말하였노라고 하였다.

✦ 6월 27일, 일, 맑음

예정사항

1. 안동에서 온 사람들을 청하여 만나볼 것
2. 안공근 군 방문

새벽에 단소에 가서 정좌회에 참석하였다.

안동에서 온 청년들을 불러, 1은 광복사업의 전도방침, 2는 안동에서 청년들이 단결하여 진행할 것을 말하였다.

안공근 군이 내방하였는데 마침 시간이 없음으로 이야기를 못하고, 오후에 그의 거소를 방문한 즉, 그가 말하기를 이번에 총리가 위해위로 간 내용을 아십니까? 그 중에 극비의 내용이 있는데 이번에 총리가 통역으로 대동한 청년은 그의 조카와 오랜 동창 친구로 아주 친한데 그 청년이 자기 조카에게 비밀히 말하기를, 이번에 총리가 자기를 대동하고 위해위로 가는 것은 북간도에서 여비가 오기를 기다려 모스코바에 보낸 한형권 등에게 노농정부를 조직하는 중이라는 어구가 있고, 전에 포타프가 말하기를 이동휘가 비밀히 노농정부를 조직하였다는 말이 빈 말이 아닌 듯하다고 하였다.

✦ 6월 28일, 월, 맑음

예정사항

1. 고일청 이종춘 이동녕 윤현진 면회할 것
2. 국무회에 출석할 것
3. 단소에 가서 유영 군 문답할 것

새벽에 단소에 가서 정좌회에 참석하였다.

경상도 교통국에서 온 000군이 와서 말하기를 자기가 안동에 사람을 파견하였고, 또 자기가 진 빚이 있으니 양 100원만 꾸어 달라고 하는지라, 내가 말하기를 현금이 없으니 추후에 힘써 보겠다고 하였다.

김만영 군이 와서 말하기를 정부를 위하여 목숨을 바치겠다고 여러 번 말하는 고로 이탁 군에게 소개하여 임용하게 하였다.

서간도에서 온 이종춘 군이 와서 말하기를 자기의 주견은 국내의 적 총독부에 한인 관리를 이용하여 세납을 증가시키며, 또 기타 방법으로 자본가를 괴롭게 하여 배일심을 높이는 것이 어떻겠냐고 묻는 고로, 그렇게 할 방법이 있으면 좋겠으나 가능하지 못할 듯 하다고 하였다.

고일청이 일찍이 돈을 좀 부탁하는 글이 있음으로 불러서 말하기를 현금이 없다는 것을 말하고 급한 쓸 곳에라도 보태라고 5원을 주고 추후에 힘이 닿는 대로 주선하겠다고 하였다.

김홍서 군이 와서 말하기를 함경도에서 온 도미 하려는 청년 두 사람이 선생을 면회하고자 한다 함으로 함께 오라고 하였다.

황진남 군이 와서 말하기를 재무총장을 방문한 즉, 미주에서 온 돈을 선생께 빌리자고 한 즉 4천원 손해를 보충하라고 하니 개인의 사사로운 일에도 그렇게 할 수 없거늘 급한 공사에 그렇게 하니 공익을 생각하는 사람이라고 할 수 없다고 대노하더라고 하는지라, 내가 말하기를 나는 (환차 손에 따른) 손해를 보충하라고 말함이 아니요, 단지 (미주 흥사단)본처에 전보하라고 하면 그렇게 하겠다고 했을 뿐이라고 하였다.

김구 군이 와서 말하기를 안동독립단 대표 김승학 군의 요청에 따라 단포를 구입하는데 말과 실제에 차이가 생겨서 김 군이 대 의혹과 대 불평이 생겨 곤란한 일이 많다고 하였다.

이탁 군이 내방함에 요즘에 김승학 군의 심리가 어떠냐고 한 즉, 전일에 비하여 많이 안정되었으나 의혹과 불평은 여전히 존재한다고 하였다. 좋은 수습책은 단포 값 650원을 김 군에게 돌려주어야 무사하겠다고 하였다.

이영렬 군이 내방함에 (내가) 말하기를 군이 재무부와 (독립신문사와의) 금전 관계로 충돌한 일이 있느냐고 물으니 그렇다고 하는지라, 내가 말하기를 매사에 감정적으로 하지 말라고 권고하였다.

정인과 군이 와서 말하기를 도미 배편에 자기가 한자리를 구할 수 있으니 곧 출발하겠다고 하였다.

김홍서 군이 도미하는 두 청년 이용순 한수룡 두 사람을 소개하러 내방한지라, 장래를 위하여 (먼저) 의지를 확립하라고 권면하였다.

윤현진 군이 와서 말하기를 미주에서 온 돈에 대하여 어떻게 하겠느냐고 함으로, 내가 말하기를 그 전주에게 전보하여 정부에 빌려주게 하려고 하였더니 재무총장이 원하지 않는다고 하니 할 수 없다고 한 즉, 그가 말하기를 이것이 큰 시비꺼리가 되었다고 하면서, 재무총장이 불평하는 말을 자기에게 말하니 그 좌우에 있던 사람들이 또 좋지 않은 문제가 발생하리라 (했다고)하는지라, 내가 말하기를 어쩔 수 없다고 하였다.

이동녕 군이 내방함에 내가 말하기를 총리가 절대로 탈퇴할 때는 선생께서 대리로 정부를 부지해야겠다고 하니, 그는 절대로 사양하겠다고 함으로

이 때문에 담론이 아주 길었고, 정부에서 (프랑스)공무국에 줄 돈이 급한 고로 미주에서 전에 농업 경영 자금으로 나에게 보내 은행에 맡긴 1만 원이 있었는데 한송계 군이 재무총장과 의논하고 그 돈을 차용하기 위하여 돈을 보낸 곳(=미주 흥사단)에 전보로 상의해 달라고 함으로, 내가 전보는 하겠지마는 이 뒤에 미화로 1만 원을 주어야 할 것이니 정부에서 3천 원 이상 손해를 보겠다고 하였더니, 재무총장은 어린 청년들에게 사실도 아닌 말로 내가 4천 여 원을 내라고 했다 하니, 이 일로는 나와 재무총장이 직접 상의도 없이 어떤 이유로 그러하신지 모르니 선생께서는 그 마음을 아시느냐 한 즉, 알지 못한다고 하였다. (그러니 역시) 또 우리 민족은 개조해야지 이러고서는 일을 이루지 못하겠다고 하였다.

윤현진을 방문하여 안공근 군에게 들은 이 총리의 음모사건을 말하고, 총리가 그렇게 모스코바에 가면 내외의 대세가 크게 결렬되어 수습할 여지가 없는 터인 즉, 김립 군을 잘 권유하여 속히 총리가 돌아오도록 노력하라고 한 즉, 그가 말하기를 또 우리 정부의 크나 큰 문제라 하고, 자기 능력이 닿는 대로 노력하겠다고 하였다.

✦ 6월 29일, 화, 맑음

예정사항

1. 정인과 군 면회할 것
2. 김공집 군 일로 단우들 간에 모여서 상의할 것
3. 재무 법무 두 총장 문병할 것

새벽에 단소에 가서 정좌회에 참석하였다.
정인과 군이 내방함에 미의원단 동도의 기회에 원동에 있는 각 외교관들을 교섭할 필요가 있으니 먼저 각처의 총독 및 공사 영사들을 조사하여 서면으로 우리의 사정을 알리게 하라고 하니 그가 응낙하였다. 또 길림의 오덕림 오인화 두 사람에게 동성외교부 설치가 지연되는 이유를 통신하라고 하였다.

도인권 군이 와서 말하기를 김구 군이 안동독립단 단포 구매에 관계하였다가 실수한 까닭에 (김구) 개인의 신용과 정부의 위신에 큰 관계가 되었은즉 그 사람에게 그 돈을 돌려주는 외에 다른 방법이 없는데, 지금 정부에는 현금이 없으니 어찌하면 좋으냐고 함으로 나 역시 별다른 방책이 없다고 하였다.

이탁 군이 와서 말하기를 안동 기관이 정부와 연합하는 바에 재금을 직접 거두게 하는 것이 어떠하냐 함으로, 내가 말하기를 이는 제도상 실질상으로 불가하니 재정은 재무사에서 수합하여 재정을 통일할 필요가 있다고 하였다. 광복군영을 설치하면 군영 내에 참모부와 선전부를 더 설치하기로 상의하였다.

임득산 군이 와서 말하기를 봉천에 선전원으로 쓸 사람을 소개하고, 자기는 입국하여 재금을 마련하여 영사기를 조직해 가지고 도미하여 선전 겸 자금을 마련하려 하노라 하는지라, 내가 말하기를 이런 일에는 아무쪼록 정당한 행위를 취하도록 하고, 또 내 명의는 관여되지 않도록 하라고 하였다.

안병찬 군이 낮에 도착하여 내방하였다. 이에 한송계 군더러 일품향여사(=여관)에 며칠 간 머물게 하고 다시 입원하게 하라 하였다.

이시영 신규식 두 사람을 문병하였다.

김공집 군이 광동으로 떠난 뒤에 소식이 끊긴 고로 이에 여러 친구들과 회의한 결과 사람을 보내기로 결정하여 김홍서 군이 선정되고 또 한 사람은 김 군이 반장과 협의하여 선정하기로 하였다.

신두식 군이 와서 말하기를 이 총리가 출발 전날 밤에 총리의 비밀조직으로 결성된 과격당원들이 전별회를 열었는데 그 자리에서도 모스코바로 갈 뜻을 표시하였다고 하니 총리는 돌아오지 않을 것이라고 하였다.

✦ 6월 30일, 수, 흐림

예정사항
1. 인성학교 진급식에 참관할 것
2. 안병찬 군 방문할 것
3. 신숙 군 방문할 것
4. 이규서 군 문답할 것

새벽에 단소에 가서 정좌회에 참석하였다.

김홍서 군이 와서 말하기를 광동에 가면 중국인 한 명을 대동함이 어떠하냐 하는지라, 내가 말하기를 아주 좋겠다고 하였다.

이탁 신두식 군이 내방하여 김공집 일로 사람 보내기로 정하였습니까? 내가 말하기를 김홍서 군으로 정하고 중국인 한 명을 대동하도록 작정하였다고 하였다.

신숙 군을 방문하여 미의원시찰단동도에 대하여 주비할 것을 상의하였다.

윤현진 이규홍 두 사람을 방문하고, 목욕한 후에 인성학교 진급식에 가서 참석했다.

안병찬 군이 내방하였다.

오희봉 군이 와서 말하기를 속히 입국하게 해 달라고 함으로 선전부 이사들과 상의하라고 하였다.

황진남 군이 내방하여 도미할 마음이 있다고 하였다.

단소에 가서 이규서 군의 서약문답을 하다가 안병찬 군과 9시에 서로 만나기로 약속한 고로 이광수 군더러 마치게 하고, 일품향으로 안 군을 방문한 즉, 고일청 김승만 황진남 이탁 제군이 재석한지라, 고 군은 나에게 황 군이 도미하지 못하게 부탁하였다. 미주에서 온 돈을 빌려 쓰겠다는 일로 오해됨을 말하였다. 고 군이 말하기를 윤현진 군과 상의하여 그 돈을 다소 손해를 보더라도 빌려 쓰기로 했다고 하였다. 안 군과는 다른 날 서로 만날 것을 약속하였다.

◉ 1920년 7월

✦ 7월 1일, 목, 비

예정사항

1. 국무회의에 출석
2. 국무회의를 열기 위하여 각 총장 차장들을 차례로 방문할 것
3. 안병찬 방문
4. 유기준 집 방문할 것
5. 단소에 갈 것

새벽에 단소에 가서 정좌회에 참석하였다.

황진남 군이 와서 말하기를 도미하기 위하여 기선의 좌석을 구했다고 하는지라, 내가 간곡히 만류하였으나 그는 확실한 답이 없었다.

오희봉 군이 내방하였다.

각 총장과 차장들을 방문하여 오늘 회의에 출석하기를 권하고, 만약 부득이한 경우에는 대리로라도 참석하라고 하였더니 정각에 다 출석한지라. 이에 개회하여, 적의 앞잡이 토벌비로 금 1만 3천 원을 지불하기로 결의하고, 동삼성 외교위원장을 이탁으로, 위원은 오덕림을 임명하기로 통과시켰다. 이동녕 군으로 총리의 사무를 대리하기를 동의한 즉, 군은 절대로 대리하지 않겠다고 하였다.

이탁 군을 청하여 말하기를 누구 말이 좋은 단포를 구입할 곳이 있으니 이를 상의하라고 하였다.

윤현진 군을 방문하여 국내에서 선전할 것을 토의하였다.

신숙 군을 방문하였다.

7시 반에 단소에 가서 이규서 유영 두 사람의 서약식이 있은 후에 이어서 지방단우회를 열었다. 내가 〈흥사단 발전책〉이라는 제목으로 강연하였다.

✦ 7월 2일, 금, 맑음

예정사항

1. 안병찬 유기준 방문할 것
2. 재무총장 문병할 것
3. 미국 의원단에 줄 국기를 부탁하여 제작하게 할 것
4. 오후 7시 반에 주비위원회 소집할 것

새벽에 단소에 가서 정좌회에 참석하였다.

이광수 군이 내방함에 미의원단에 보내는 글과 국내에 보내는 글을 수정하고 다시 더 수정하기로 약속하였다.

김홍서 군이 내방하여 김공집 군의 일로 광동에 전보할 것을 의논하고, 다시 상세히 알아본 뒤에 전보하기로 하였다.

안병찬 김승만 김승학 제군을 방문하였다.

이탁 김승만 군에게 동삼성외교위원장에 이탁 군을, 남만주거류민단총판에 조병준을 임명하게 할 것을 서로 의논하여 그들이 다 동의하였다.

유기준 군 집을 방문하였다.

이시영 이동녕 군을 방문하였다. 시영 군의 병은 전에 비해 좋아 졌더라.

국기를 제조하기 위하여 김홍서 군더러 화학으로 염색하는 곳을 탐문하라고 하였다.

한송계 군을 면회함에 그가 말하기를 이석 군과 함께 구금되었던 모

군이 왔는데 석 군은 한번도 악형을 당한 일이 없고 끝까지 죄가 없다고 변명하였다고 속히 검사국으로 넘어 가리라고 하였다.

주요한 군더러 박현환 군을 방문하여 김공집 군의 소식을 탐사하라 하였더니, 주 군이 와서 말하기를 김 군으로부터 서신과 통상보고가 왔는데 그 밖의 다른 사실을 말한 것은 없다고 하였다.

윤현진 김립 등 제군이 안동청년연합회에서 전에 민간으로부터 모집한 돈을 정부가 그 돈을 낸 사람들에게 이를 정부에 납입한 것과 같이 여긴다는 증명을 하여 달라는 요구는 무리한 즉, 실행할 수 없다고 하는지라, 내가 말하기를 그 단체에서 일찍이 민간에서 수금한 것과 또 계획한 일을 전부 정부가 인계하는 한에는 그 재정에 대하여 정부에서 책임지는 것이 크게 무리하다고 할 수 없겠고, 또 현재 대부분 (단체들)은 정부에 대하여 반기를 드는데 머리를 드리우고 지휘를 받겠다는 청년(단과) 독립(단)의 두 단을 다시 떨어지게 하면 불리함이 막대할지니 그 요구를 들어주고 그 조직을 예속시켜 대업을 추진함이 득책이라 하니, 그들이 말하기를 청년단에서 발호하는 낌새가 있으니 차후에도 이런 폐단이 있을까 걱정된다고 하였다.

✦ 7월 3일, 토, 흐림

예정사항

1. 부인회장을 만나 부인회 명의로 시찰단에 보낼 글과 또 예물로 보낼 국기 제조할 것을 상의할 것
2. 목욕 후에 휴양할 것
3. 단소에 가서 문답할 것

새벽에 단소에 가서 정좌회에 참석하였다.

김원경 여사가 내방함에 이번에 미의원단이 상해에 도착할 때 애국부인회의 이름으로 작은 국기를 선물로 보낼 것이니, 이에 관한 비용은 정부에서 지급할 것이라고 하고 국기 만들 곳을 찾아보라고 하였다.

김홍서 군이 김공집 군에게서 온 편지를 가져와 보여주었다.

정인과 군이 와서 말하기를 미국 의학사가 우리나라를 위해 유럽을 왕래하며 도와주겠다고 하니 어떻게 말해야 좋겠느냐고 묻는지라, 내가 말하기를 우리의 재정이 곤란한 중에 있음을 그대로 말하고 군이 이처럼 도와주겠다고 하는데, 돈이 부족해 그대로 못하니 매우 유감이라고 하라 하였다.

이탁 군을 청하여 정부 직원 중에 생각이 안동청년회에서 전에 민간으로부터 수금한 것을 정부가 책임지는 걸 원하지 않게 생각(하는 사람도) 있으니 군이 양쪽의 의사를 잘 소통하게 하여 안동현과 정부 간에 분열이 없게 하라고 하였다.

김보연의 집에서 황진남 군을 만남에 그가 모레 떠나 도미하겠다고 함으로 여러모로 달래어 만류하였더니 상해에 있겠다고 하는지라 그 여행권을 내가 가지고 왔다.

오후에 단소에 가서 휴양하였다.

정제형 김정근 군의 입단문답을 하려고 했다가 진찰 때문에 시간이 짧아 하지 못하였다.

✦ 7월 4일, 일, 맑음

예정사항

1. 예배당에 갈 것

새벽에 단소에 가서 정좌회에 참석하였다.

국내에서 온 김석황 군이 와서 말하기를 의용단이 크게 확장되어 단원이 천여 명에 이른지라 정부의 명령만 있으면 즉시 일어나 폭동을 할 수 있게 되었다고 하는지라, 내가 말하기를 국내에서의 군사적 행동은 정부가 이탁 군과 관계를 맺었으니 이번 일에 대해 이탁 군과 서로 협의한 후에 입국하라고 한 즉, 그가 말하기를 자기는 손정도나 나의 직접 명령을 받지 그 사람의 지휘는 받들 생각이 없다고 함으로 그에 대한 깨우침을 주기 위해 장시간 설명하였다.

저녁에 유기준 군 집의 초대를 받아 저녁식사에 참석하였다.

이탁 군을 면회하여 김석황 군이 계획한 일과 그의 심리상태를 말하고 잘 교섭하라고 하였다. 그가 말하기를 안동에서 이번에 들어온 사람이 속히 안동으로 가라고 하니 만일 가게 되면 이곳 일이 성취되지 못할 것이니 어쩌면 좋겠느냐고 하는지라, 내가 말하기를 아직 출발하지 말라 하고, 내가 그 사람들을 면담하겠노라고 하였다.

✦ 7월 5일, 월, 맑음

예정사항

1. 국기를 제조하기 위하여 염색소를 알아볼 것
2. 이탁 군을 면회하여 국내 의용단 사를 합의할 것

3. 옥성빈 집의 초대에 응할 것
4. 김석황 안병찬 김승만 이시영 신숙 군을 방문할 것

새벽에 단소에 가서 정좌회에 참석하였다.

이탁 군이 내방함에 김석황 군이 의용단 일을 단독으로 행동할 생각이 많으니 잘 타협하여 정부 지휘에 따르도록 하라고 하였다. 그가 말하기를 안동 방면의 인심이 점점 흩어지므로 안동에서 온 여러 동지들이 저더러 이번 배로 나가라고 함으로 출발하기로 하였노라고 하는지라, 내가 말하기를 정부와 안동 양 방면의 타협에는 군이 아니면 어려우니 중지하라고 하니, 그가 말하기를 스스로 생각해도 그러하나 여러 동지들의 결정인 즉 중지하기가 어렵다고 하는지라, 내가 말하기를 내가 그들을 만나 상의하겠다고 하였다.

김홍서 군이 와서 말하기를 어느 중국인에게서 들으니, 지금 프랑스조계에서 프랑스 영사와 공무국 주최로 식량 공황을 해결하기 위하여 여러 자본가들을 망라하여 미곡무역사를 만드는데 주금은 매 주에 3만 테일이라. 보강리에 사는 한인이 1주를 응모하였다고 하며 말하기를 귀국의 독립운동에 재정 조달이 매우 어려울 텐데 귀국 인이 이런 거액을 그 회사에 투자하는 것이 우리 중국 빈민들에게는 다행이나 귀국의 일에는 방해가 될 듯하여 알려준다고 하더라 하며, 그 씨명은 모른다고 하였는데 말하기를 자기(=김홍서) 생각에는 신숙인 듯 하다고 하였다.

주현칙 김문희 강제하 제군이 내방하였다. 주 군은 김승만 안병찬 군에게 불만을 품고 김 강 군은 지중진 군이 무기 구입하러 상해에 왔다가 속히 돌아오지 않는 것이 불만이어서 자기들 몇 명은 단결하고 단독 행동으로 무기를 구매하러 왔다고 하였다. 내가 통일할 것을 말하면서 안동현에서 뜻있는 중요 계급의 사람들이 확고한 중심을 만들어 위로 영수를 절대

옹호하고, 아래로 각계 각층의 인물들을 지휘하여 대동일치를 이루라는 뜻을 장시간 설명하였다.

옥성빈 군 집에서의 오찬에 참석하였다가 안병찬 김승만 오학수 세 사람을 면회하여 정부와 안동 조직의 타협을 위하여 이탁 군을 안동으로 보내지 말라고 한 즉, 그 말에 따르고 대신 지중진 오학수 두 사람을 이번 배편에 보내기로 결정되었다. 두 사람이 출발하기 전에 한번 만나기로 하였다. 지 오 두 사람이 내방함에 앞으로 진행할 방침을 상세히 말하고, 두 사람의 생각을 물은 즉 동감이라 하는지라 다시 안동에 영수 한 명을 추대하여 중심을 확립하라고 힘써 권고하였다.

신숙 군을 방문하였다.

의용단 직원회에 참석하여 시간이 부족함으로 길게 의논하지는 못하였으나 김석황 군의 보고를 듣건데, 의용단을 조직한 것은 평양에 500 인, 경성에 100여 인, 황해도 등 각처를 합하여 1,000여 인이라. 그들이 원하는 바는 속히 무기를 구입하여 적견(=적의 앞잡이)들을 박멸하며, 또 돌기하여 (=언제든 들고 일어나) 전쟁이라도 할 뜻이 있다고 하였다. 내가 말하기를 여하간에 의용단이 정부에서 설치한 광복군의 통솔아래 행동하면 좋겠지만 그 범위 밖에서 멋대로 행동한다면 대사를 방해하는 것이니, 만일 자유 행동만 고집한다면 나는 탈퇴할 수밖에 다른 방법이 없다고 하였다.

김석황 군더러 무기를 사사로이 구입하지 말고 이탁 군과 원만히 타협하여 배편을 기다려 입국하라고 하였다.

김홍서 군에게 국기 제조할 것을 부탁하고, 정인과 황진남 두 사람과 서양인이 염색하는 곳을 알아보라고 하였다.

국무회에서 전에 대통령에게 상해로 오라고 전보한 답전을 접하니, 좀 기다리오. 호를노 이승만이라 하였더라.

✦ 7월 6일, 화, 맑음

예정사항

1. 정부가 안동에서 온 사람들을 초대하는데 참석할 것

새벽에 단소에 가서 정좌회에 참석하였다.

박은식 군이 와서 말하기를 김복 군이 답장하였는데, 그(=김복)가 예물로 보낸 필통은 진형명의 책상에 있던 것을 도산에게 보내기 위해 요청하여 보낸 것이라 하며, 김 군이 도산에게 대하여 가장 인격을 허락하나니 장래에 함께 일하라고 하는지라, 내가 한번 면회하고자 한다 하니 그(=박은식 자기)와 함께 방문하자고 하였다.

윤현진이 내방하여 재무총장과 의논하여 미주 돈 금화 만원을 빌려 쓰기로 하였으니 곧 전보해 달라고 함으로 이에 황진남 군으로 하여금 송종익 군에게 전보하여 정부에 빌려 주라고 하였다.

정부가 안동에서 온 김승만 안병찬 김승학 이탁 군 등을 대동여사에 초대하는 만찬회에 참석하였다.

✦ 7월 7일, 수, 비

예정사항

1. 미국 영사를 방문할 것
2. 재무총장 방문할 것

새벽에 단소에 가서 정좌회에 참석하였다.

비율빈의 여행권을 요청하러 황진남을 대동하고 미국 영사를 방문한

즉, 여권을 취급하던 직원은 출타하였음으로 모르겠지만, 예전의 여권을 가지고 오면 다시 여행권을 발급하겠다고 함으로 다시 오후에 면회를 약속하고 돌아와 영문 대륙보를 읽어보니, 의원단이 일본과 상해에 먼저 도착하고 비율빈에는 추후에 간다고 실려 있음으로 그러면 비율빈에 먼저 갈 필요가 없다하여, 이에 황진남 군으로 하여금 의원단이 어디로 가는지 그 정확한 것을 미국 영사관에 가서 알아보라고 하였다.

이시영 군을 방문한 즉 군의 병 상태는 전에 비해 크게 줄었다. 내가 말하기를 국무원에 도착한 전보를 보니 (대통령이) 여기로 오려는 듯 하다고 하니, 그가 말하기를 온다면 어찌 하냐 하는지라, 내가 말하기를 오면 총리와 대통령이 잘 융합을 도모하는 것 밖에 다른 계책이 없다고 하였다. 그가 말하기를 김립 군이 어제 밤에 와서 여러 가지로 담론하는 중에 대통령이 온 뒤에 총리가 호의로 지낼 것(이라는 점)은 다소의 자신이 있으나, 기호와 서도는 절대 융합할 수 없으니 대통령과 도산 간에는 전혀 합할 수 없다고 말하더라 하였다.

홍십자병원을 방문하여 병원비를 청산하였다.

✦ 7월 8일, 목, 비

예정사항

1. 국무회의에 출석할 것
2. 미국 의원단에 줄 진정서 인쇄와 번역하게 할 것
3. 김승만과 김승학의 초대에 참석할 것
4. 단소에 갈 것

한송계 군을 방문하여 말하기를 미주 돈을 그 답전(을 받기도) 전에 쓰게 되니 답전이 있기 전까지는 그에게 책임이 있는 것을 말하고 김창세 군에게 그 돈을 찾아오라고 하였다.

오희봉 군이 내방함에 국내에 들어가 선전할 것을 토론하였다.

이탁 군이 내방함에 의용단에 관하여 토론하였는데 이를 반드시 광복군영에 소속되게 하라고 하고, 이번에 미의원단이 동양에 오는 기회에 국내에서의 선전을 실기해서는 안 됨으로 내가 직접 안동에 나갈 생각이 있다고 하니, 속히 나가서 사람을 보내 입국시킬 것이니 가시지 말라고 하였다.

김립 군이 이 총리께서 국무회에 보내는 글을 내보임에 그 안에 말하기를, 자기는 어찌하여도 총리로 머물러 있지 않을 것이니 면직시켜 달라고 하였더라.

김구 군이 내방하여 말하기를 철혈단이 오늘부터 정부 직원을 노상에서 봉변을 준다고 하니 주의하시라고 (하고) 이놈들을 모두 체포하여 엄히 다스림이 어떠냐 함으로, 이런 말을 믿기도 어렵고 설혹 사실이라 하여도 무마책을 써야할 것이니 엄혹한 수단을 쓰면 더욱더 해로울 뿐이라고 하였다.

윤현진 군을 방문하여 미주에 전보한 것을 말하고 그 돈을 쓰게 하였다.

국내에 선전하기 위하여 산동성에 있는 홍승한 목사에게 귀국 여부를 묻고 상의할 일이 있으니 며칠 연기하여 출발하라고 하였다.

의원단에 보낼 진정서를 인쇄하게 하고, 황진남에게 영문으로 번역하라고 하였다.

국무회는 정원이 미달하여 내일 오전 9시에 비상회의를 열기로 하였다.

6시에 청년단연합회 대표 김승만 독립단 대표 김승학 초대에 가니 정부 일반직원과 각 단체 대표자 합하여 약 70여 인이 참석하였더라. 안병찬 군이 안동 두 단체를 대표하여 인사말이 있은 후에 내가 답사로 통일을 주지로 간명히 말하였다. 이 연회 때문에 (흥사단)강연회에 정각보다 약 40

분 지참이 되었다. 그때 이광수 군이 등단해서 〈죄의 값〉이라는 제목으로 강연하였다. 강연이 끝난 뒤에 (내가) 이 군의 (현실과 동떨어진) 고상한 말을 주의하라고 하고, 또 오늘 저녁에 지각한 이유를 말하였다.

✦ 7월 9일, 금, 구름

> **예정사항**
> 1. 국무원회에 출석할 것
> 2. 김복 군 방문할 것
> 3. 한송계 군 면회할 것

새벽에 단소에 가서 정좌회에 참석하였다.

9시에 국무회의를 개최하여, 1.여름 휴가 기간은 7월 12일부터 9월 10일까지, 집무 시간은 오전 9시부터 정오까지로 하고, 이규홍을 보내 이 총리를 귀임케 하기로 결정되고, 내무부 참사 임명이 통과되고, 정부 각 직원에게 월급 20원씩 주기로 제안이 있었으나 보류하였다.

박은식 군이 내방하여 김복 군의 내용을 대강 말하였다.

한송계 군을 청하여 김창세 군에게 가서 그 돈을 추심하여 5천 테일로 바꾸어 재무부에 넘겨주라고 하였다.

유진호 군이 와서 말하기를 봉천에 선전원을 보냈냐고 물음으로 없었다고 하고, 그 상세(한 정황)는 선전부 직원에게 물으라고 하였다.

박은식 군과 더불어 김복 군을 방문하여 대동여사에 초대하여 오찬 하였는데, 그가 말하기를 철혈단 사람 중에 김덕이라는 자가 자기에게 왕래하는데 정부 직원을 길에서 만나는 대로 구타하겠다고 말하니 정부가 그 청년들을 잘 무마하라고 하는지라, 내가 말하기를 불만의 표적이 된 정부가 무마하기는 어려우니 제 3자인 민간의 유력자가 무마해야만 안정되리라고 하였다. 그가 말하기를 자기가 포타프 여운형과 같이 진형명을 방문하고, 서로 약속한 것은 레닌정부에 요구하여 시베리아에서 땅을 빌려 한인들로 군영을 조직하여 6개 사단을 양성하여 장래에 중국 군인과 합동하여 북경정부를 전복하고 후에는 한국의 독립을 완성하게 하기로 하고, 또 장래에 한국이 독립하더라도 밖으로부터 군인을 제휴해 들여야만 국가를 유지하지 병권의 실력이 없고서는 국가를 통치하지 못하리라. 진형명과 약속한 중에 도산의 의사도 듣지 않고 선생으로 하여금 총 주관을 맡도록 말이 되었다고 하며, 포타프가 이 때문에 모스코바에 갔는데 그곳에서 땅이 승인이 되어 시설이 될 때는 선생께서 가서 지휘해야겠다고 하는지라, 내가 말하기를 이 일이 잘 성공될 것으로 크게 믿지 말라. 제1. 우리 민족이 전쟁을 좋아하지 않고 특히 타국의 혁명을 위하여 전투하려고 참가할 리는 만무하고, 제2. 러시아 과격파와 중국 남방의 진(형명)파가 다 실력이 공허하니 6개 사단 양성이 공상 뿐이지 사실이 되지 못할 듯하고, 제3. 한국인 몇 개 사단 군인이라도 시베리아에서 모집한다고 하면 일본 군대가 들어와 칠 테니 그 근거 유지가 역시 어렵고, 제4. 우리 민족의 성격이 서로 복종하지 않으므로 우리가 통제할 수가 없고, 제5. 우리가 과격파와 연락하되 잘못되면 세계의 동정을 잃게 될 지라고 하니, 그가 말하기를 무기는 러시아 정부에서 담당하고, 금전은 진형명과 과격당이 합하여 담당할 것이요, 땅은 일본 군대가 능히 침범하지 못할 곳을 택할 것이요, 통제는 선생같은 이가 병권을 잡고 도덕과 권위로 통어하라고 하는지라, 절대로 이를 맡을 수 없다고 하고, 그 일을 성패 간에 시험은 하여 보라. 이 일을 유동열 선생과 상의함이 가장 좋겠다고 하였다.

✦ 7월 10일, 토, 맑음

예정사항

1. 이탁 군 면회할 것
2. 프랑스 영사 방문할 것

새벽에 단소에 가서 정좌회에 참가하였다.

이탁 군이 내방하여 광복군제 초안을 내보이며 이에 관하여 토의하였다.

정인과 군이 내방하여 전에 국기 제조할 곳을 찾으라고 하였더니 그 염색할 곳을 보고하였다.

고일청 군이 말하기를 전에 프랑스 경찰서의 화상을 입은 총순(=경찰부장) 위자금 5천 테일을 갖고 와서 (나에게) 건네주기를 청하였다.

이규홍 군이 와서 말하기를 내무총장이 철혈단 관계로 인하여 인책 사직하겠다고 하니 자기가 먼저 인책 사직하겠다고 하는지라, 내가 말하기를 인책할 이유가 없는데 인책하여 사직한다고 하면 그때의 일을 정부에게 책임을 돌리는 것이니 사직하지 말라고 하였다.

국무총리의 이름으로 신임장을 가지고 정인과 황진남 군을 대동하고 프랑스 영사를 방문하여 부상당한 총순에게 5천 테일을 위자금으로 보낸다고 한 즉, 프랑스 영사가 보내려면 직접 보내지 자기는 관계가 없다고 하고 말하기를 독립신문을 봉쇄한 것은 속으로 미안하나 피할 수 없어서 봉쇄하였고, 또 그 신문은 독립에 관한 것만이 아니요, 사회주의를 선전하니 더욱이 허락할 수 없음으로 이후에도 다시는 간행하지 말라고 하였다.

✦ 7월 11일, 일, 맑음

예정사항

1. 강도(=교회에서 강론)할 것

새벽 정좌회에 참석.

오후 2시에 예배당에 가서 〈인생의 최고 목적이 무엇이냐〉는 제목으로 강도하였다.

(보충 사실) 이규홍 윤현진 김립 등을 면회하고 내가 정부에서 떠나야 할 이유를 말했는데, 현재와 장래를 아울러 생각하기를 반복하되 내가 정부를 떠나는 것이 대사에 보탬이 많을 것이다. 그 이유는 현재 우리는 금전 인재 병력 모든 면의 실력이 극히 공허한 중에 인심이라도 집중하여 성의껏 일치하여 나아가야 되겠거늘 지금에 인심 집중이 망연하지라. 인심이 집중되지 못하는 원인을 살펴 보건데 여러 가지가 있겠지만 그 중 큰 원인은 ○○○(=안창호)의 문제라. 현재 북경의 인사들이 상해임시정부에 대하여 불만을 품고 융합하지 못하는 것도 내가 정부에 있는 때문이요, 우리의 대원수 되는 대통령과 및 그 아래 일반이 융합하지 못하는 것도 내가 있는 때문이요, 노령과 중국의 많은 불평파가 정부에 불복하는 것도 내가 정부에 있는 까닭이라. 나 한 사람이 정부에 있는 것으로 이처럼 인심이 집중되지 못함은 나의 잘못 유무는 막론하고 송구함을 마지하지 못하겠고 내가 물러나는 것이 그 중에 바른 방법임을 알고, 미래를 생각하면 설혹 바깥 주위의 오해와 공격이 있다 하더라도 대통령 이하 직원 및 차장들이 융합하여 내부가 공고하면 어려운 중에서라도 나아갈 희망이 있겠거니와 지금에는 각각 정신적으로 분열한 중에 있는지라. 내가 분열 아니 되고 일치행동하기를 위하여 성심으로 노력하였으나, 이것이 모두 무효로 돌아가고 머지

않아 각각 흩어질 상태에 있는지라, 흩어질 그때에 어느 누구든지 일부분에서 정부를 붙들고 나아갈 터인데 내가 부지하게 되면 도와 줄 사람은 아무도 없고 방해할 사람만 있을 것이니 정부의 유지가 안 되겠고, 만일 내가 정부 밖에 있으면서 다른 사람이 누구든지 정부를 맡으면 내가 능히 후원할 자신이 있노라. 그러므로 내가 정부에 있으면 정부 유지가 못되고, 정부 밖에 있으면 정부를 유지할 수 있을 것이라는 관찰에서 이런 생각이 있음이요. 조금이라도 나 개인의 고락을 기준으로 함이 아니다 라고 함에, 그들이 말하기를 선생님의 말씀도 무리한 것은 아닙니다. 그러나 선생께서 정부를 떠나면 그 후에도 선생에 대한 악평은 그칠 것이 아니라고 하는지라, 내가 말하기를 이는 나 또한 잘 아노라. 그러나 그 오해와 악평의 영향은 나 개인에게 그칠 뿐이라. 개인에게 해로운 것은 사소한 문제라, 내가 혼자 정부에 앉아서 오늘 이상의 오해와 악평을 받으면 그 영향이 정부에 미치는 까닭에 대사를 그르침이라. 또 내가 퇴국함으로 인심의 현혹과 낙망하는 해도 있을 줄 아노라. 그러나 그 해로움과 전체 기관을 없애는 해를 비교하면 아주 가벼운 지라.

　우리 전도의 진행방침에 대하여 적극과 소극 두 방향으로 진행함이 가하니, 적극으로 말하면 일본의 통치를 거절하며 전투를 준비하며, 열국의 동정을 끌어내어 내년이나 재내년에 속히 독립을 완성하기로 기약하고 나아갈 것이요, 소극으로 말하면 이 정부를 영구히 유지하여 5년이고 6년이고 10년 이상이 되어도 해외의 2백여 만 인구를 통일하여 독립 완성의 시기까지 교민을 통치하고 독립운동을 계속 진행할 것이니, 이렇게 소극적 방면으로 진행함에는 이 임시정부를 관청적 제도로 진행하지 말고, 이 입법기관을 상해에 설치할 필요가 없고 1년에 1차씩 각 구역의 대표자가 직접 와서 법률을 제정하고 증감하며 직원을 개선하는 것이 적당한지라.

　이미 전에 여러 번 말한 바와 같이 일개 단체의 기관사무실 체제로 조직하고, 미 중 러 각지에 지방단체를 설치하고 그곳 교민에게 세납을 가볍게 정하여 그 수입으로 지방단체비에 얼마를 쓸 것과 중앙단체비에 얼마를 쓸 것을 정하여 해외교민의 납세하는 것으로 정부를 영원히 유지할 것을 확정하고, 먼저 말한 적극적 행동은 대내 대외 간에 다른 수단과 방법을 확정하여 활동을 시도할 것이라. 그런 즉 해외교민을 통일하여 정부를 유지하게 하는 것이 소극적 행동이라고 말하지만 우리의 형세로는 가장 중요한 문제라. 이에 주의하지 않고 현재 상태와 같이 어름어름 지내다가는 적극 진행도 실패를 당하고 정부유지의 과제도 못할 터이니 해외교민을 통일하여 정부유지라는 이 일에 비상히 노력을 다할 필요가 있도다.

그러나 내가 정부에 있고서는 노령이나 중령이나 미국이나 통일될 길이 전혀 없는 것이 불을 보듯 분명한지라. 3대 외령에 소위 영수들이라고 하는 인물들은 내 개인을 해롭게 하기 위하여 내가 있는 중앙최고 기관을 파괴하고야 말지니 내가 정부에 있음이 국민에게 해를 끼침과 같도다. 내가 정부에 관계가 없고 러.중.미 3대 외국에서 자유롭게 활동하면 정부기관을 누가 맡아 유지하던지 영구히 보존케 할 희망이 있노라.

그들이 이를 듣고 말하기를 매우 중요하고 어려운 문제니 한가지로 단언할 수는 없으나 선생께서 정부에서 물러난다고 하면 안 되겠다는 생각이라고 하였다.

✦ 7월 12일, 월, 맑음

예정사항

1. 박현환 면회할 것
2. 국무회의에 출석할 것
3. 황진남 유진호 면회할 것
4. 김홍서 군 문답할 것

새벽에 단소에 가서 정좌회에 참석하였다.

도인권 군이 와서 광복군영규정 초안을 이야기 했다.

이규홍 군이 와서 말하기를 자기가 국무총리에게 돌아오게 하러 가는데 돌아 온 후의 방침을 묻는지라, 내가 말하기를 지금 이 현상에 대하여 특별히 확실한 방안이 없고, 다만 귀환한 후에 서로 잘 융합하여 전진(해야)할 것이라고 하였다.

박인국(북간도에서 온 사람)이 내방하였다.

박현환 군이 와서 김공집 군의 답장을 보고하였다. 그에게 오늘부터 선전부에서 일하라고 하니 그가 응낙하였다.

유진호 군을 청하여 국기 만들 재료를 사러 같이 가자고 약속하였다.

김정근 군이 와서 말하기를 안동오(=태국)선생묘소에 시멘트로 단장하자고 하는지라, 내가 말하기를 장차 비석을 세울 것이니 시멘트로 할 필요가 없고 아직은 꽃과 황사로 꾸미라고 하였다.

황진남 군을 청하여 미의원단이 비율빈으로 오는가 여부를 알아보라고 하였더니, 즉시 와서 말하기를 아직 미국인 피치박사가 오지 않았음으로 모르겠다고 하였다.

정인과 군이 내방하였다.

오전 11시 국무회의를 개최하는데 군무부에서 광복군영편제안을 제출한지라. 이에 대하여 이론이 많다가 결정하지 못하고 다시 내일 9시에 회의하기로 하고 헤어졌다. 이어 미의원단주비위원회를 개최하고 결의한 것은, 1. 진정서를 각 도의 대표자 3인 이상의 이름을 서명하여 각 의원들에게 보낼 것, 2. 국내의 대한 여자의 이름으로 각 의원들에게 진정서를 보낼 것, 3. 국무총리의 명의로 각 의원들에게 서한을 보낼 것, 4. 의정원과 협의하여 의장의 명의로 각 의원들에게 서한을 보낼 것.

김립 군이 와서 장래의 일을 어떻게 할지를 묻는지라, 내가 말하기를 나 또한 확실한 방안이 없으나, 그러나 바라기는 (이동휘가) 국무총리의 직책을 (그대로) 갖고, 만약 심신이 피곤할 때는 (상해) 밖으로 나가 휴양하게 하고 직무 대리는 이동녕 군이 하도록 하여 독립을 완성하기까지 대한민국 임시정부 국무총리 이동휘라는 이름이 변치 않고 진행하기를 바라고, 정부는 관청의 성격을 다 타파하고 한 단체 기관의 성격으로 개조하여 뜻있는 청년들 몇 명이 생사를 같이 할 뜻으로 모든 일을 분담하여 나아가기를 바랄 뿐이라 한 즉,

그가 말하기를 총리께서 돌아오신다 하더라도 이승만 군과는 같은 내각에 계시지는 않을 것입니다. 단지 총리의 뜻은 모스코바에 가려고 한다 하는지라,

내가 말하기를 총리가 모스코바로 가는 것은 국가와 총리 개인 두 방면에 해 됨이 셋이 있으니, 1. 대한민국 국무총리이던 이동휘가 모스코바에 가서 레닌정부와 잘 제휴한다고 하더라도 과격당파 일부분의 지지는 얻거니와 이로 인해 세계 열강의 지지를 전부 잃을 터이니 우리 국가의 큰 해로움이요, 2. 총리가 이면에 있고 전면에 사람을 보내 교섭하면 세계에의 직접 관계도 적고 러시아에 대하여서도 효과가 있으려니와 직접 총리가 정면에 나선 즉 러시아인들의 심리도 알지 못하고, 또 일에 대한 계획도 부족하여 러시아인들의 존경을 크게 얻기 어려워 일과 개인 양쪽으로 큰 손해요, 3. 이동휘가 정부에서 탈퇴하여서 모스코바로 갔다고 하면 국민들의 정신이 분산되어 통일집중에 큰 장애를 줄 것이라 한 즉,

그가 말하기를 과연 선생님의 말씀이 옳다고 하며 말하기를 이 총리를 여기에 계시게 하고 자기가 직접 모스코바에 갈 생각이 있다고 하는지라,

내가 말하기를 그대가 가면 총리를 보좌할 후계자가 없다고 하고, 현재와 장래를 생각하건데 내가 정부 밖에서 행동하는 것이 유익할 줄로 아노라

한 즉,

그가 말하기를 선생님께서 떠나시면 어려운 일이 더욱 많아질 것이라고 하는지라,

내가 말하기를 내가 정부에서 떠나는 것이 지금과 장래에 유익하겠다는 것을 (이미) 길게 이야기 했다고 하였다.

김보연 유진호 군을 대동하고 국기 제작할 재료를 사러 갔다.

7시 반에 김홍서 군의 통상단우 문답을 하려 했으나 국무회의 때문에 정각이 이미 지난지라, 이에 단소를 방문하고 유일구락부 주최로 신익희 군의 강연을 들었다. 제목은 〈신사조를 논하여 대한인의 진로를 정함〉이더라.

✦ 7월 13일, 화, 맑음

예정사항

1. 국무회에 출석할 것
2. 황진남 여운홍 면회
3. 김홍서 군 통상단우 문답할 것

이른 아침에 단소에 가서 정좌회에 참석하였다.

황진남 군을 청하여 미의원단이 오는 노정을 상세히 알아보라고 하였다. 그가 말하기를 여운홍 군의 말에 의거하건데 미주에 이승만의 부하로 있는 동포들이 선생님에게 대하여 악감이 많다고 하였다.

김공집 군이 내방하였다.

김철 군이 와서 말하기를 안동현에 황진남 군을 파견할 뜻을 말하는 고로, 내가 말하기를 내가 황 군을 대동하고 비율빈에 가게 되겠다고 하였다.

박인국 군을 선전원으로 채용하려다가 자격이 없음으로 중지하였다.

여운홍 군이 내방하여 서재필 군의 미의원단에 대한 의견을 전하는데, 1. 그 의원단을 초청하여 연회를 할 것, 2. 국기를 제작하여 예물로 보낼 것, 3. 국내에서 환영의 뜻으로 시위운동을 하게 할 것이더라. 그가 미주 동포의 사정을 말하는데 재정은 모으기 어렵고 인심은 극도로 악화되어졌고 편당열이 심하며, 다수의 사람들은 선생께 대하여 불평이 심하니 그 이유는 선생이 상해에 있으면서 황제 노릇을 하고, 또 장래 황제 (자리를) 공고하게 하려고 이 대통령을 방해한다고 하며, 그 중에는 선생에게 극단적인 행동까지 하겠다고 하는 사람들도 많다고 하였다.

이희경 군이 내방하였다.

국무회의에서 안동광복군편제안을 토의하는데 의견이 각각이라 결정하지 못하고 회의를 마쳤다.

7시 반에 김홍서 군의 통상단우 문답을 하다가 마치지 못하였다.

✦ 7월 14일, 수, 맑음

예정사항

1. 한송계 윤우산(=현진) 면회할 것
2. 국무회에 출석할 것
3. 미국 영사 방문할 것

새벽에 단소에 가서 정좌회에 참석하였다.

한송계 군을 청하여 말하기를 미주에서 온 응답 전보에 그 돈을 곧 돌려보내라 했으니 어떻게 하면 좋겠느냐고 하였다.

황진남 군을 청하여 비율빈 여행권을 위하여 대동하고 미국영사를 방문함에 내일 다시 만나기로 약속하였다.

윤우산(=현진)을 청하여 미주의 답전을 말하고 어떻게 해야 좋겠느냐고 한 즉, 그가 말하기를 외국인에게 송금한다고 하고 보내지 않는 것이 심히 곤란한 일이라고 하는지라, 내가 말하기를 2개 월 간 계약으로 어떤 돈이 들어오는 대로 (최우선 하여) 갚기로 하고 대신 쓰자고 하였다.

국무회의에 출석했더니 정원 미달로 개회하지 못하였다.

✦ 7월 15일, 목, 비

예정사항

1. 국무회에 출석할 것
2. 미국 영사 방문할 것
3. 단소에 갈 것

새벽에 단소에 가서 정좌회에 출석하였다.

옥관빈 군이 와서 말하기를 금전을 운동하기 위하여 본국에 들어가겠다고 하는지라, 내가 말하기를 군이 가야 별 효과가 없으리라고 하였다.

국무회에 출석하여 안동현광복군영편제안을 토의하다가 특별히 결의됨이 없었다.

황진남을 대동하고 미국 영사를 방문하여 비율빈여행권을 신청한 즉, 미국 정부에 전보로 문의하여 허락이 없이는 발급하지 못하겠다고 하였다.

7시 반에 단소에 가서 차원여 김정근 두 사람의 입단식이 있은 뒤에 주요한 군의 〈교육〉이라는 제목의 강연이 있었다.

✦ 7월 16일, 금, 비

예정사항

1. 국무회에 출석할 것
2. (부상당한) 프랑스 순경 방문
3. 신숙 여운홍 손정도 이희경 면회할 것

새벽에 단소에 가서 정좌회에 참석하였다.

이탁 군이 내방하여 안동에서의 경보(를 전하는데) 이번에 나간 오학수 지중진 등 13인이 체포되고 기타 물품들도 함께 빼앗겼다고 하고, 또 말하기를 김승학 군이 정부에 대하여 크게 불만을 품고 있다 하더라고 하였다.

국무회의를 열고 안동광복군영의 문답을 토의하는데 그 이름을 별동대라고 바꾸자고 제안되었다가 이에 대해 중론이 각출하더니 다시 광복군이라 하게 되고, 그 편제안에 대하여는 주비원이라는 것은 삭제하고 다시 광복군사령부로 기초하여 제출하라고 하였다.

이광수 군이 여자의 명의로 미시찰단에 보낼 서한의 탈고를 가져와 보여 주었다.

서병호 군이 의정원을 대표하여 정부의 정무를 조사하러 왔다고 하는지라, 내가 노동국은 직무가 정지된 상태라 조사할 것이 없다고 하였다.

박인국 군이 왔는데 이른 아침이므로 시간이 급하여 이야기를 하지는 못하였다.

정인과 황진남 두 사람을 대동하고 부상당한 프랑스 순경을 방문하여 위자료로 5천테일을 주려고 하니, 그가 말하기를 경무관에게 말하여 경무관이 받으라고 하면 받겠다고 하며 거절하였다.

여운홍 군을 방문하여 미국의 사정을 묻고 시국에 대해 토의하는데, 그가 자기가 상해에 도착하여 여러 가지 뜬소문을 들었노라고 하였다.

이희경 군을 청하여 러시아에 가는 것과 시국에 대해 토의하는데, 와싱톤에 주재하는 러시아대사가 자기에게 러시아 정부에 가라고 해서 출발했는데, 지금 정부 쪽에서 반대한다고 하니 아직 어떠한지를 조금 더 기다려 보고 가려 한다고 하였다.

신숙 군이 보기를 청하여 가서 방문하니, 그가 말하기를 천도교의 역사의 이상과 또는 손병희의 역사와 인물을 영문으로 번역하여 이번 미의원시찰단에게 보내 널리 소개하려고 한다고 하는지라, 내가 말하기를 그것은 무의미한 일이니 그렇게 한다고 천도교나 국가 양쪽에 별 이익 됨이 없을 것이다. 만일 국가를 주체로 하고 각 종교를 소개하는 동시에, 천도교도 각 인물을 소개하는 동시에 손병희도 소개하면 좋겠지만 그렇지 않고 천도교나 손병희(만을)를 소개하려 하면 무엇보다 다른(나라) 사람들이 이상하게 생각할 것이라고 하니 그는 무성의하게 그저 예 예 할 뿐이었다.

손정도 군을 방문한 즉 그가 말하기를 윤현진 군을 면회한 즉 윤 군이 사직할 생각이 있다고 하며, 이번 안동현 사건으로 인하여 자기에게 오해가 있음이 섭섭하다고 하며, 또 선생께서 자기(손정도가 스스로를 가리켜)에게 감정이 있다는 말과 선생께서 윤현진 자기도 불신한다는 뜻으로 말하더라고 하였다.

정인과 군이 와서 말하기를 김립 군이 자기에게 대하여 진정을 밝혀 말한다고 하는 말에, 이 총리께서 이승만이나 그밖에 각 총장들을 싫어하는 것이 아니요, 그 실은 도산을 싫어한다고 하고, 또 도산과 합하기만 하면 천하사를 못할 것이 없을 줄로 안다고 하고, 이번 안동현사건에 대하여 자기는 큰 의심을 품고 있는데 도산이 큰 당을 조직하여 정부를 뒤엎을까 두려워서 한밤중에도 잠을 자지 못한다 하더라고 하였다.

집에서 온 편지를 보니 필립이가 오른 손을 다쳐 약 6개월 간 치료를 받아야 낫겠다고 하였다.

✦ **7월 17일, 토, 구름**

> **예정사항**
> 1. 윤현진 방문할 것
> 2. 안동에서 온 사람 방문할 것
> 3. 시찰단에 관하여 주비할 것

새벽에 단소에 가서 정좌회에 참석하였다.

이규홍 군이 내방하여 자기가 사직할 뜻을 밝혔다.

오희봉 군이 내방하였다.

김구 군이 내방하였다.

김철 군이 와서 말하기를 안동현에 영어를 통하는 사람을 파견하게 하겠다고 하고, 또 자기는 새로 교통을 개설하기 위해 연태와 이도 등지에 갔다 오겠다고 하였다.

이영렬 군이 청함으로 방문하니 편지 한 통을 내보이며 말하기를 이것은 비서장 김립 군이 이 총리에게 보내는 사신인데 이것을 베낄 때에 (국무)원의 비서 오인석 군이 엿보니 대국에 관계된 일이 있는 듯하고, 또 매일 편지를 쓰는 것이 매우 수상함으로 의아하던 중이라, 이에 우편으로 부치라고 하는 걸 뜯어 본 즉 사건이 비상히 중대하고, 또 위험하다고 하는지라, 이에 보니 러시아인들에게 비밀리에 차관을 얻으려는 노력과 총리가 상해정부에서 떨어져 나가 모스코바로 간다는 등 시국에 대하여 매우 위험한 내용이었다. 이에 김복형 군더러 베끼게 하고 본래 것은 이영렬 군에게 돌려보내고, 또 이 군더러 비밀을 엄수하라고 하였다.

윤현진 군을 방문하여 나의 거취와 시국의 문제로 밤 1시에 이르도록 토의하였다.

이유필 군을 방문하여 안동현광복군영 사안을 토의했는데 생각이 서로 일치하였다.

✦ 7월 18일, 일, 맑음

예정사항

1. 미국 의원단에 관하여 주비할 것
2. 김(병조) 선(우혁) 서(병호) 등 여러 사람을 면회할 것

새벽에 단소에 가서 정좌회에 참석하였다.

이광수 군을 대동여사로 방문하였다.

차리석 군과 같이 미의원단에 예물로 보낼 물품을 준비하였다.

김병조 선우혁 서병호 김태연 이원익 한진교 제군을 해송양행으로 초청하여 시국수습책과 나의 거취에 관한 문제로 장시간 토의하였다.

✦ 7월 19일, 월, 구름

예정사항

1. 국무회에 출석할 것
2. 내무총장 방문할 것

3. 이유필 면회할 것

새벽에 단소에 가서 정좌회에 참석하였다.

김홍서 군이 와서 말하기를 북방에 공채권을 판매하기 위하여 간다고 하며 고별하였다.

옥관빈 군이 와서 말하기를 자기가 다른 곳에 가서 무슨 일을 해보려고 하니 여비 80원 만 마련해 달라고 하였다.

김구 군이 내방하였다.

이유필 군이 와서 말하기를 광복군편제안에 대하여 주비원을 둠이 좋은데 정부에서 이를 허용하지 않는 것은 불합리하다고 하였다.

김인근 군이 내방하였다.

김희선 군이 내방하여 광복군에 관한 일을 토의하였다.

이유필 군이 내방하여 다시 광복군에 관해 토의하였는데 그 편제안을 조금 수정하기 위하여 김희선 군에게 있는 초안을 보내게 하였다.

황진남 군이 와서 말하기를 미국으로 돌아가려는데 대해 묻는지라, 내가 가부를 갑자기 답하기 어려우니 스스로 깊이 생각하라고 한 즉, 선생님께서 허락하지 않으신다고 하며 불만이 매우 심하였다.

국무회의는 정원이 미달하여 열지 못하였다.

이동녕 군을 방문하였다.

이시영 군이 청함으로 가니, 그가 북경에 갔다 오려고 하는데 그 내용은 박용만 군이 내외지에 원동사령부를 조직하는데 이를 자기 형님 집에서 계획하고 준비하는 고로 여하간 자기 형님 집에서는 모이지 못하게 해야겠다고 하여 10여 일 한정하고 갔다 오겠다고 하는지라, 나는 내가 정부를 떠날 뜻을 표하였다.

✦ 7월 20일, 화, 맑음

예정사항

1. 안병찬 김승만 방문할 것
2. 동오(=안태국) 선생 묘소 방문할 것
3. 국기 제작을 감독할 것

새벽에 단소에 가서 정좌회에 참석하였다.

안병찬 김승만 군을 홍십자병원으로 방문하여 김희선 이탁 4군으로 더불어 광복군에 관하여 토의할 때 정부의 방침대로 따르고 조금이라도 고집하지 말라는 뜻을 밝혀 말하였고, 김희선 군은 말하기를 만약 주비원을 삭제하게 되면 정부에 예속시키지 말고 민간의 일로 나가는 것이 옳다고 다소 반대의 생각이 있었고, 안 김 두 사람은 내 생각과 같이 정부 방침에 복종할 뿐이라고 하였다. 내가 정부를 떠날 이유를 장시간 토론하고 내가 탈퇴하면 나의 후계는 성암(=안병찬)군이 좋겠고, 내가 정부 밖에 있게 되면 새로운 건설에 대하여 다소간 주선할 희망이 있다고 하였다. 이에 제군으로 더불어 동오선생의 묘소를 방문하였다. 분묘를 수리하기 위하여 묘지기에게 수리비를 주었다.

김승만 군의 초대로 동아주루에서 점심 후에 3시 경에 집에 들렀다가 다시 국기 만드는 것을 감독하였다.

✦ 7월 21일, 수, 구름

예정사항

1. 오인석 차원여 면회
2. 윤현진 방문
3. 안병찬 김승만 방문

새벽에 단소에 가서 정좌회에 참석하였다.

차원여 군이 내방하여 국내에 들어가 할 일을 상의하였다.

오인석 군을 청하여 김립 군의 서신 건에 대하여 비밀을 엄수하라고 하였다.

정인과 군이 내방함에 김립 군이 개인 서신으로 비밀리에 음모를 꾀하는 것을 말하였다.

이탁 군이 내방하여 국내에서의 선전과 안동의 광복군 일을 상의하였다.

김공집 군이 내방함에 미의원단에 줄 진정서를 가지고 서울로 가는 것이 어떻겠냐고 물으니, 그는 전에 13도간부임원으로서 체포명령을 받고 있는 중이라 입국하지 못하겠다고 하였다.

경상도에 선전원으로 파견하는 오희봉 군에게 여비로 양 65원을 지불하였더니 그가 사람들에게 말하기를, 재무부에서는 영남 선전(원) 여비로 400원을 지불하였는데 선전부에서는 다 가로채버리고 65원 만 주었다고 한다고 이탁 군과 김병조 군이 와서 말하는지라, 이런 일이 있었다하면 윤현진 군에게서 나왔을 것이라 하여 그를 방문하여 그 사실을 말하고 국내에 파견 가는 선전원으로 하여금 오해를 품고 들어가게 하면 악영향이 매우 클 것이니 군이 잘 양해하도록 하라고 하였다. 그가 심히 부끄러워하며 말하기를 만나는 대로 설명하겠노라고 하였다.

이광수 군이 내방하여 말하기를 김립 군의 음모를 명명백백하게 세상에 폭로하겠다고 함으로, 내가 불가함을 설명한 즉 그가 해결책을 묻는지라, 내가 말하기를 윤현진 이규홍 김철 제군으로 더불어 협의하여 해결을 짓는 것이 좋겠으나, 내가 직접 이 내용을 말하는 것이 좋을는지 판단하지 못한 까닭에 아직 말하지 못하였다고 하니, 그가 가서 의논하겠다고 하였다. 내가 말하기를 말하려면 먼저 절대 비밀을 약속하라고 하였다.

　윤현진 군을 방문한 즉 그가 이광수 군에게 들은 사실을 말하고, 자기가 애매하게 관련되었다고 하면서 김립 군을 나무라겠다고 함으로, 내가 말하기를 아직 말하지 말고 김립 군의 생각이 어떠한가 함과 또 해결책을 의논하려 하다가 다 마무리하지 못하고 오후에 다시 만나기로 하였다.

　오후에 다시 윤현진 군을 방문한 즉, 이규홍 씨가 벌서 김립 군에게 말하였다고 하며, 이런 일을 자기들 두 사람에게 먼저 알게 아니한 것을 나무랐다. 내가 말하기를 김립 군이 이미 알았더라도 덮어 두고 좋은 이해가 있기를 바랄 일이라고 하였다.

　김희선 안병찬 군 등이 나의 거취문제를 이야기 하겠다고 하여 홍십자병원으로 (오라고) 청하였음으로 3시 경에 방문한 즉, 김희선 정인과 군은 도착하지 않았음으로 장시간 기다리다가 이탁 안병찬 김승만으로 더불어 이야기 하는데 내가 정부에서 떠나고 안병찬 군으로 뒤를 잇게 하기를 기회를 보아 실행하자고 하였다.

　차원여 군에게 양기탁 군에게 보내는 서신을 가지고 서울로 가는 방법을 의논하려고 이유필 군을 집으로 찾아갔으나 만나지 못하였다. 이에 장덕로 군을 청하여 서류 보낼 방법을 토의하였는데 서울에 왕래하는 기차의 고용인을 이용했던 일이 있어 이종욱 군에게로 연락이 되었었다고 하는지라, 내가 말하기를 그러면 서류의 한 부는 철도를 (이용해) 이종욱 군에게로 보내 전달하게 하고, (만일에 대비해) 또 한 부는 차 군이 직접 갖고 가게 하기로 하였다.

✦ 7월 22일, 목, 맑음

예정사항

1. 서병호 면회
2. 국무회에 출석
3. 국기 제작 감독

새벽에 단소에 가서 정좌회에 참석할 것.

여운홍 군이 와서 말하기를 미의원단이 지금 마닐라에 도착하였으며 1주일 후에 홍콩에 도착하여 이틀 간 머문다는데 먼저 가심이 어떠할는지 서양 사람 편에 물어보는 것이 어떠냐고 함으로 그리하라고 하였다.

박은식 군이 와서 말하기를 공인 군이 중국인에게서 수집한 금을 독점하여 협잡이 극심하니 이를 (우리) 정부나 단체에서 중국인 쪽에 교섭하여 그 돈을 공공 목적에 충당하는 것이 좋겠다고 하는지라, 내가 말하기를 중국인들이 이미 공인을 신용하여 관계하는데 단체나 개인이 반대하는 뜻으로 중국인들에게 교섭하는 것은 불가하고, 우리를 돕는 중국 사람들을 잘 교섭한 후에 그 사건을 떳떳하게 조치함이 옳다고 하였다.

서병호 군이 와서 말하기를 지금의 정부는 개조해야만 할 형편이니 선생께서 총리의 자리에 계시면서 진행하도록 하자 여러모로 말하는지라, 내가 말하기를 이는 절대 불가라고 하였다.

이원익 군이 와서 말하기를 김립 군의 서신사건을 말하며 이를 공개하여 적당한 조치를 해야겠다고 하는지라, 나는 이것을 불가하다고 하였다. 그가 말하기를 이 사건을 아는 사람들이 오늘 오후 4시에 유기준의 집에서 모여 토의하려고 하니 선생님께서 그 때 참석하시기를 원한다고 하였다.

김창숙 군이 내방하여 공인 군에 관하여 박은식 군의 말과 같은 이유로 나더러 조치하자고 청하는지라, 내가 말하기를 내가 어떻게 조치하겠소. 만약 군 등이 공씨를 의심한다면 그 사건을 개인행동으로 하지 말고 단체의 행동으로 조사하도록 하라고 하였다.

여운홍 군이 와서 말하기를 의원단 일로 피치 목사를 방문한 즉, 홍콩에 미리 가더라도 만나기 어렵고 또 어찌 되면 이곳에서도 어려우리니 미리 갈 필요가 없으니 이곳에서 그가 주선하겠노라고 하더라고 하였다.

국무회의는 정원이 미달하여 개회하지 못하였다.

국기 제조하는 것을 감독하고, 또 그것을 제조하기 위하여 상해의 재봉소 10여 곳을 방문하였다.

4시에 유기준 군의 집을 방문한 즉, 이광수 이원익 김여제 오인석 유기준 김복형 군 등이 모여 김립 군의 서신 사건을 말할 때, 혹은 이를 폭로하여 조치하게 하자는 생각이 있는지라, 내가 불가함을 역설하고 비밀을 엄수한 후에 타협을 잘 하는 것이 좋다고 한 즉 여러 사람들의 생각이 다 찬동하였다.

7시 반에 단소에 가서 나의 거취에 관하여 말하였다.

김여제 군이 말하기를 자기가 국무원의 일과 또 외무부의 일까지 사면하려고 하니 어찌하면 좋으냐고 하는지라, 내가 말하기를 불가하니 성의로써 계속하라고 하니, 그가 말하기를 외무차장(=정인과)이 (미국으로) 떠나면 일을 이어 맡을 사람이 없고 자기만이 아니라 외무부 직원 전부가 다 사직할 생각이 있다고 하는지라, 내가 말하기를 정 외무차장이 가더라도 군 등은 계속하여 성의 있게 일함이 옳다고 하였다.

✦ 7월 23일, 금, 맑음

예정사항

1. 김립 윤현진 이광수 면회
2. 임시국무회의에 출석
3. 국기 제작 감독
4. 황진남 군에게 애국부인회가 의원단에 줄 편지를 기초(하게)할 것
5. 고일청 이유필 면회할 것

새벽에 단소에 가서 정좌회에 참석하였다.

한낮에 김립 윤현진 이규홍 이광수 등을 초대하여 드러난 김립 군의 이 총리에게 보낸 편지 사건에 관하여 비밀하게 논의하여 타협하려는데 김 군은 나에게 오해한 잘못을 사과하는지라, 나는 이에 대하여 크게 반성하라고 권면하고, 또 지나간 일은 여하 간에 다 잊어버리고 앞길을 위하여 잘 합심해 진행하자고 하였다.

국기 제조하는 것을 감독하였다.

황진남 군더러 애국부인회 명의로 미의원단에 보낼 글을 기초하라고 하였다.

고일청 이유필 군은 만나보지 못하였다.

✦ 7월 24일, 토, 맑음

예정사항

1. 고일청 김구 이유필 면회할 것
2. 내무총장 방문할 것

새벽에 단소에 가서 정좌회에 참석하였다.

이원익 군이 와서 말하기를 김립 군이 자기가 비밀서신을 압수한 사실을 이미 알았다고 하니 그 서신을 떼어서 열어본 것은 구세오니 구 군이 그 책임을 져야할 테니 어찌 하냐고 하는지라, 내가 말하기를 들으니 구 군은 누구에게 시킴을 당해 보았다고 하니 누구든지 열어볼 생각으로 가져오라고 한 사람이 책임을 지는 것이 옳으니 군과 오인서 군이 함께 책임을 지거나 둘이 상의하여 한 사람이 책임을 지는 것이 좋겠다고 한 즉, 그가 말하기를 자기네가 책임을 질 때에는 이 일을 공개하여 김립의 죄를 성토하겠다고 하는지라, 내가 말하기를 그리하면 대국에 해를 끼치게 되니 누구든지 입수한 사람이 자기의 자유 의사로, 국무원에서 사퇴함이 좋겠다고 하였다.

김인근 군이 와서 말하기를 자기가 국내에서 나올 때에 최재학 군이 자기 편에 선생님께 편지를 보내려다 휴대가 불편(=위험)하여 말로 전하려고 하였다고 하면서 말하기를 최재학 군이 자기의 동지들을 모아서 동아주식회사를 발기하여 추진이 잘 되었는데 자금 총액은 백만 원으로 하고 매주에 100원으로 매회 25원씩 4회로 나누어 출자하도록 하였는데, 이는 실업을 목적으로 함이 아니요, 정부로 보내려고 하는 것이니 선생님과 연락하며 진행하기를 바라며, 또 공채권이라도 살 수 있으니 이것을 위임하(여주)기를 원한다고 하더라고 하였다.

황진남 군에게 미의원단에 보낼 글을 기초하는데 주의할 것을 말하였다.

내무총장이 와서 말하기를 이번 회의에서는 정부의 일을 바로잡자고 하는지라 나 또한 그러자고 하니, 군이 말하기를 자기의 생각은 전부가 다 퇴거하는 것이 좋겠다고 하는지라, 내가 말하기를 모두가 물러나면 어찌 됩니까. 누구에게든지 뒤를 맡겨서 정부라는 공기를 유지하게 함이 옳다고 하고 오후에 다시 만나자고 하였다.

여운홍 군이 와서 말하기를 미의원단을 환영하기 위하여 미국 각 단체에서 위원 9인을 선정하여 환영을 준비한다고 하는지라, 내가 말하기를 그 위원들을 교섭하여 정부에서 편의를 얻도록 하자고 하였다.

12시에 고일청 김구 이유필 군을 초대하여 시국에 관한 것을 토론하고 내가 정부를 떠나는 것이 일하는데 좋겠다고 말하였다. 또 그들이 김립 군의 서신사건을 다른 곳에서 들었노라고 말하는지라, 이에 시국과 나의 거취의 건은 결정한 것이 없고 김립의 일은 묵과하기로 하였다.

국기 제작하는 것을 가서 감독하였다.

내무총장을 방문하여 장시간 토론하였는데 내 주장은 총리를 모셔다가 이전의 상태를 회복하고 청년 중견들을 잘 조직하게 할 것이요, 그러지 못한 즉 다른 사람들에게 주목을 받지 않는 사람이 총리가 되고 청년들로 중견을 지어 잘 단합하고, 나는 정부 밖에서 잘 옹호하자고 하니, 그가 말하기를 이 두 가지가 다 불가하다고 하고 도산을 총리로 책임내각을 조직하면 자기도 따라서 혈성을 다하겠으나, 그러지 않으면 물러나고 다른 사람들(청년들을 가리킴)에게 맡기자고 하였다. 이런 문제들로 밤늦도록 토론하였다.

✦ 7월 25일, 일, 맑음

예정사항

1. 윤현진 이동녕 방문할 것

새벽에 단소에 가서 정좌회에 참석하였다.

윤현진 군을 방문하여 말하기를 다음 월요일의 정례 국무회의는 어떻게 해서라도 열고 급속히 처리할 안동현광복군편제안과 총리대리를 선정해야 할 것이니, 총리대리는 이동녕 군으로 선정하되 만약에 그 분이 끝까지 고사하여 거절하면 각 총장들이 총리를 대리하여 차례대로 결재하게 하기로 하였다.

이동녕 군을 방문하여 윤현진에게 말한 바와 같은 취지를 말하였다. 그가 이시영 군이 북경에 간 속사정을 다시 말하면서 박용만 군이 이 정부를 해롭게 하려고 자기의 조직을 따로 세우기 위해 음모를 꾀하는 사실이 있는지라 그러므로 이시영 군은 자기 형님은 이에 간여치 못하게 하려고 갔는데, 형님이 말을 듣지 않으면 자기 형님과 갈라서겠다고 하며 매우 통분한 마음으로 출발하였다고 하였다.

✦ 7월 26일, 월, 맑음

예정사항

1. 국무회에 출석할 것
2. 주비에 관한(자수 국기 의정원과 애국부인회에서 보낼 초고를 타자하게 할 것과 대한 여자 각개의 명의로 전국에 보내기를 주선) 여러 일을 직접 감독할 것

새벽에 단소에 가서 정좌하였다.

신성(=규식) 군의 초대에 어지러워 참석하지 못하였다.

내가 정부 대표로 미의원단을 홍콩까지 미리 가서 마중하기 위해 한송계 군에게 양 5천 원을 빌리고 고일청 군더러 행장을 꾸리라고 하고 각 총장들과 차장들을 방문해 작별하였다.

여운형 여운홍 두 사람에게 배편을 마련하라고 하였다.

정인과 군을 방문하여 내가 출발 후에 내가 챙기던 일들을 대리하라고 하고, 여운형 여운홍 이희경 군으로 영접위원을 삼아 함께 미의원단을 접대하라고 하고, 또 예물 증정을 맡아서 하라고 하였다.

이유필 군을 방문하여 홍콩 출발을 말하고, 정인과 군과 책임지고 모든 일을 맡아서 처리하라고 하였다.

장덕로 군을 청하여 국내에 서류(=대한여자전체의 진정서) 보낼 방법을 토의하여 국내로 부쳤다.

김립을 만나 총리를 돌아오시게 하라고 하였다.

준비에 관한 일체를 감독하였다.

✦ 7월 27일, 화, 맑음

예정사항

1. 홍콩으로 출발

9시에 황진남 군을 대동하고 태고양행 기선 수양(호)에 탑승하고 홍콩을 가는데 마침 1등석은 없음으로 갑판의 두 자리를 정하였다.

정인과 손정도 고일청 차리석 김복형 유상규 전재순 이유필 제군이 부두에 배웅 나왔다.

✦ 7월 28일, 수

✦ 7월 29일, 목

✦ 7월 30일, 금

✦ 7월 31일, 토

예정사항

1. 미국 영사 방문

00시에 홍콩에 도착하여 대동여사에 들었다. 때에 폭풍우가 심하여 근처의 각 항로가 끊겼다고 하였다.

00시에 미국 영사를 방문하여 미의원단의 도착 시간을 물으니, 8월 초 4일에 도착하여 그 당일에 광주로 가며, 홍콩에 상륙 후에는 각처를 돌다 올 터이니 면회할 시간을 얻기 어려울 것이라, 오직 좋은 방법은 그 배 안에 들어가 면회를 청하라고 하였다.

1920년 8월

✦ 8월 1일, 일

예정사항

1. 광동으로 향함

아침 식사 후에 광동에 도착하여 동아주루에 투숙하였다.

그곳의 미국 영사 버홀스(Leo A.Berghalz)를 방문한 즉, 마침 일요일이므로 도착하지 않은지라, 이에 서면으로 면회를 청한 즉 사저로 초청하여 매우 특별하게 대우하였다. 미의원단이 광주에 도착할 때 주선해 달라고 하니, 답하기를 극력 주선할 테니 그들이 도착하기에 앞서 광주로 오라고 하며, 이어서 한국 독립에 관한 문제로 약 1시간 반 동안 토론하였는데 그는 작년 한국총영사로 재임 시에 한성 독립운동의 시말을 상세히 보고 비상한 감동을 받아 힘껏 도와 미국 정부에 진정한 사실을 보고하고, 또 신문에 유력하게 선전될 내용도 게재하였고, 지금까지도 한국의 사정을 조사하여 미국 정부에 계속 보고 중이며, 금년 9.10월 경에 자기가 미국에 돌아가면 한국을 위하여 많이 선전하겠다고 하였다. 자기가 한국을 떠나 중국으로 전임될 때에 한국에 있는 미국 선교사들이 자기에게 말하기를, 독립운동비를 모집하여 상해로 보내려고 하되 그럴 방법이 없는지라, 약 백만 원 가량 모으면 당신이 가져 가겠는가 함으로, 기꺼이 그러겠다고 하였는데, 그러나 일본인들의 (엄중한) 경계로 모금이 뜻대로 안되어 이루지 못하였고, 중국에 온 뒤에 중국 자산가들을 권하여 한국 내 토지를 매수하고 그 대가는 상해 한국임시정부로 보내라고 주선하였는데, 중국 자산가들이 잘 응하지 않아 이 역시 이루지 못하였다고 하였다.

내가 장차 한국인들의 진행방침에 대해 그의 생각을 물으니, 그가 답하기를 1은 선전을 유리하게 하여 세계의 동정을 많이 얻도록 힘쓸 것이니, 선전에는 거짓이나 과장을 절대 하지 말고 진정한 사실로만 하라고 하면서, 일찍이 상해방면에서 각국에 선전하기를 한성에서 하루에 3천 명이 피살되고 수만 명이 체포당했다는 설, 또 강간 등의 설이 사실이 아닌 바, 선전은 이렇게 하여서는 잠시 동안은 사람들의 마음을 움직이게 하지만 각국에서 각기 진정한 공사 영사들의 보고를 접할 때는 앞의 선전을 믿지 않을 뿐만 아니라 동정이 떨어지며, 2는 전쟁을 주장하거나 폭행하는 등의 일은 다수의 인명을 살상케 하는 것이 일본에는 별 해가 없고 한국독립에는 별 효과가 없을지라. 그런 즉 이런 일들은 하지 말고 일을 지혜롭게 하되 지금 당신들의 처지에 의거해 보면 가장 필요한 것은 일본 국내에 사회주의를 선전하여 내란을 촉발하며 러시아와 연락하여 일본에 해로울 일을 하라. 일본에서 큰 내란이 일어남과 동시에 한국의 독립이 이루어질 것이라고 하였다.

내가 말하기를 당신의 말이 참으로 옳다. 우리들 역시 그렇게 진행 중이다. (그러나) 모든 일이 경제적 곤란으로 실현되지 못해 난처하다고 하니, 그 역시 자기도 잘 안다고 하며 말하기를 미국에서 재한 미선교사들에게 보내는 돈이 매년 백만 원 가량이니 한국 내에서 한국인들이 이 액수를 각 선교사에게 주고 그 돈을 상해임시정부에서 쓰면 좋겠다고 하는지라, 내가 말하기를 일본인들의 단속이 심하므로 국내에서 선교사들에게 백만 원을 모아 보내기는 어렵겠다고 하고, 말하기를 힘써 주선하여 매년 백만 원씩 외채를 계속하여 5년간 만 얻는다면 나는 성공할 자신이 있다고 하였다. 내가 또 말하기를 지금 우리가 러시아와 내용적으로 악수하여 일본과 저항하려고 하나 이것이 세계에 오해를 일으킬까 염려하노라고 하니, 그가 말하기를 오늘날 한국인들이 러시아와 제휴한다고 하면 사정상 그럴 만하다고 하였다. 내가 말하기를 당신이 주선하여 중국 남방의 유력 인물들과 제휴하여 배일행동을 (공동으로) 일치하게 하라고 하니, 그가 말하기를 나는 중국인을 불신한다. 중국인은 개인이나 지방에 대한 관념뿐이다. 자기 나라의 흥망도 오히려 관심이 없거늘 하물며 한국에 대해서랴 라고 하였다.

✦ 8월 2일. 월

예정사항

1. 홍콩으로 돌아감

아침 식사 후에 홍콩으로 돌아 왔다. 이날 영자 신문에 비율빈과 홍콩 간에 태풍이 크게 일어 항로가 끊긴 까닭에 미의원단은 예정한 일정을 바꾸어 홍콩을 거치지 않고 상해로 직항했다고 하였다. 이에 상해 정부에 전보하였는데, "미의원단은 이곳에 머물지 아니하오. 나는 기선 Andrele Bal로 목요일 떠나오"

✦ 8월 3일, 화

예정사항

1. 미주에 전보

미주 송종익 군에게, 전에 정부에 만 원을 대부하라고 한 것은 부득이한 사고로 그 쪽의 회답을 받기 전에 (이미) 대부하였노라고 전보하였다.

✦ 8월 4일, 수

예정사항

1. 이종구 군 방문

이종구 군을 방문함에 최정익 서필순 두 사람은 며칠 전에 상해를 향해 출발하였다고 하며, 일본 영사관에서 자기에게 두 차례나 와서 말하기를 선생님과 김구 정인과 황진남 군이 기선 수양으로 홍콩에 왔다고 하며 주소를 탐문하더라고 하였다.

✦ 8월 5일, 목

예정사항

1. 홍콩을 떠남

정오에 프랑스 기선 Andrele에 탑승하고 홍콩을 떠나 상해로 향하였다.

✦ 8월 6일, 금

✦ 8월 7일, 토

✦ 8월 8일, 일

✦ 8월 9일, 월

오후 6시 경에 상해 황포부두에 도착하니 정인과 손정도 김홍서 백영엽 이광수 외에 제군이 부두에 마중 나왔다.

손정도 군 집에서 저녁을 먹었다. 김복형 군이 그간의 경과 상황을 와서 보고하였다. 그 중에 비밀 서신 건으로 김립 군은 그동안 각 총장과 및 기타 유력 인사들에게 울면서 죄를 뉘우친다고 하며 이후로는 성충을 다하겠다고 하면서 나의 귀환을 기다린다 했다고 하였다.

✦ 8월 10일, 화, 맑음

예정사항

1. 국무회에 출석
2. 미국 의원단을 만나기 위하여 북경에 갈 것을 의논할 것

새벽에 단소에 가서 정좌하였다.
안공근 길진경 이유필 고일청 송병조 제군이 내방하였다.
각 총장 및 차장들을 방문하여 홍콩 갔다 온 일을 이야기하였다.
김승학 군의 초대로 대동여사에서 오찬을 하였다.
국무회의에 출석하여 홍콩 갔다 온 것을 보고하였다. 정(인과) 외무차장의 위원부(에 대한) 보고가 있었다.
안동의 광복군 직원을 임명하였다.
각 총장 및 차장 비서장을 차례로 방문하여 미의원단을 만나기 위하여 북경에 갈 것을 의논하여 다 동의를 얻었다.

선전부 직원의 보고를 듣고 서무를 지휘하였다.

황진남 백영엽 군을 청하여 북경에 함께 가기로 약속하였다.

한송계 군이 여비로 대양 천원을 빌려 왔다.

오후 11시 차로 출발하려고 정거장에 도착하니 3분이 늦어 타지 못하고 동아여사에 투숙하였다.

✦ 8월 11일, 수, 맑음

오전 7시 반 차로 남경을 향해 출발하였다.

✦ 8월 12일, 목

00시에 남경에 도착하였다. 하와이에서 온 일본인들의 밀정인 미국인 맨더선을 마주쳤다.

황진남 군을 미국 전 북경대사 우렌치 군에게 보내 북경에서 면회하기로 약속하였다. 그의 말에 의하면 의원단이 한국에 들어가 2~3일 머문다고 함으로 임시정부에 다음과 같이 전보하였다. "의원단이 본국에서 2~3일 간 머무오. 시위운동이 불가불(필요하오).

00시에 북경을 향하여 천진으로 향했다.

✦ 8월 13일, 금

예정사항

1. 장백령 면회

00시에 천진에 도착하였다. 그때 중국사장 풍옥상의 부하 단장 장지강을 차중에서 만나 보호를 받았다.

김기정 군의 안내로 Hotel Astorhouse에 들었다.

00시에 천진 남개학교를 방문하여 장백령 박사를 면회하고 1. 한중이 합동하여 일본을 저지할 것. 2. 중국에 있는 한국 청년의 교육에 관한 일로 장시간 이야기를 나누었다.

✦ 8월 14일, 토

예정사항

1. 북경을 향해 출발

00시에 천진을 떠나 00시에 북경에 도착하여 육국반점에 들었다.
오후 미의원단이 북경에 들어왔다고 하였다.

✦ 8월 15일, 일

예정사항

1. 대륙보 기자 면회

2. 의원단에 면회 신청

대륙보 기자 페퍼군을 방문하였다. 그가 말하기를 한국 동아일보 기자 장덕준 군이 북경에 왔다고 말하고, 또 지금 한국은 시위운동을 해서 쓸데없이 생명을 희생하지 말라. 다시 시위운동이 없더라도 한국인들이 독립사상이 있는 것은 세계가 분명히 아는 바라. 지금의 운동 진행방침은, 1, 선전을 치밀하게 할 것. 2, 러시아인들과 연결하여 일본에 저항하되 끝까지 진행하라 하며, 미의원단은 사람을 통해 소개받으려 하지 말고 직접 방문함이 좋겠다고 하였다.

미국 하원의 외교위원장 포터(S.Y.Porter)에게 면회를 청하였더니 응낙하였다.

✦ 8월 16일, 월

예정사항

1. 미 의원단 방문

여운형 황진남 장덕준 군과 함께 포터 군을 방문하였다. 그는 서기를 시켜 담화하는 내용을 속기로 필기하였다. 내가 말하기를 귀국이 평소에 우리 한국을 지원하여 도덕과 문화에 도움이 컸고, 또 이번에 우리들 독립운동에도 극진하게 도와서 지금까지 힘쓰고 있음을 알고 감사하는 동시에 이번 귀단 일행이 원동에 와서 실지로 동양의 관계와 일본의 행위와 한인의 상황을 눈으로 보고 우리를 돕게될 것을 더욱 기뻐한다고 하고, 우리가 독립의 자격이 있는 것과 일인들의 선전의 허위와 일본인들이 한국인의 교육과 생활에 장애되는 실정을 말했는데, 그는 교육에 장애되는 내용과 생활 곤란 및 동양척식회사의 내용을 상세히 물어서 모두 상세히 답하였다.

내가 또 말하기를 우리 한국의 독립운동을 러시아인들과 더불어 일본에 대항하려고 하는데, 혹시 세계가 우리를 의심할까 (염려)한다고 하였다. 또는 중국으로 더불어 대대적으로 일본에 항거할 것이라고 말했다. 그가 말하기를 자기들의 이번 여행이 공식적이 아니요 (비공식적인) 개인적 여행이라. 그러므로 답이 공식 (입장)이 아니요 개인적인 답이라고 하였다. 자기는 한국의 일에 적극 찬성하고 도울 것이요, 자기 혼자만이 아니라 미국 사람들이 이런 사정을 자세히 알면 역시 적극 지지할 것이라고 하며, 자기는 오늘 담화한 것을 귀국하여 의회에 제출하겠다고 하며 한국의 헌법과 또 일본의 불법 행위를 더 기록하여 달라고 하였다. 이에 작별하고 돌아와 황진남 군에게 한국 헌법을 번역하고 또 한일관계와 일본인들의 불법 행위를 기록하여 포 군에게 보내게 하였다.

✦ 8월 17일, 화

예정사항

1. 미 의원단 방문

여운형 황진남 군을 대동하고 미 의원단장 스몰(J. H. Small) 군을 방문하여 어제 포터 군에게 말한 것과 비슷하게 말하고, 우리는 자치나 위임통치를 원하지 않고 오직 독립을 요구한다. 우리 한국인이 본래 독립할 뜻이 있어 항상 시기를 엿볼 때에 이번 구미전쟁 시에 윌슨 대통령의 민족자결과 민주주의 제창을 맞아 이때가 우리들이 독립할 때라고 하여 맨손으로 들고 일어나 수많은 생명을 희생하였으며, 지금까지 미국은 거짓이 아니요, 참정의와 인도를 위하는 줄 알고 (있으며) 우리를 최후까지 지지할 것이라고 하였다.

그가 말하기를 자기는 한국의 일을 적극 지지하고, 또 확실히 일본인들의 간악함을 알고 있다. (그러므로) 자기들이 한국인들을 구제할 방법을 연구함이며(=하고 있으며) 이번 동도의원들의 공통된 생각은 한국인들을 지지한다. 그러나 당신들의 앞길은 어렵고 또 어려울지니 최후까지 참고 견디라고 하며, 미국에 돌아가서 이 사정을 자기 나라와 밖에도 힘껏 선전하겠다고 하며, (우리) 일행이 하와이 비율빈 상해 북경 등지에서 귀국인들을 반가이 만나 보았다. 그러나 우리가 한국에 일단 들어가면 일본 정부의 손님이 되는 고로 지금같이 한국 사람들을 면회하기 어려울 것이니 그럴 때 우리들의 마음이 오늘과 달라졌다고 생각하지 말기를 간절히 바란다고 하였다.

오후에 백영엽 군을 대동하고 북경대학 교장 채원배 군을 방문하였다. 내가 말하기를 귀하의 생각에 장래 어떻게 하여야 동양 시국이 잘 해결되겠느냐고 하니, 그가 말하기를 러시아의 사회주의가 중 한 일에 함께 보급되는 날에야 완전한 해결이 있으리라고 하는지라, 내가 말하기를 나도 또한 그렇게 되기를 희망한다고 하고 이것을 그렇게 되기를 하늘 (뜻)에만 맡기지 말고 귀하와 한중러의 유력 인사들이 조직적으로 조직을 만들고 운동하는 것이 좋지 않겠느냐고 하니, 자기도 매우 좋다고 생각한다고 하였다. 내가 또 말하기를 중국에 있는 한국 청년들의 교육을 직접 하려고 하면 경제력도 부족하려니와 일본인들의 간섭으로 여의치 못하니 중국의 유지 인사들이 동삼성 방면 한인 교육 실시에 힘써 주기를 바란다고 한 즉, 그가 답하기를 극력 노력하겠다고 하였다.

✦ 8월 18일, 수

예정사항

1. 미 의원단 방문

미국 하원의원 베어(W.S.Bare)군을 방문하였다. 그는 마침 딸이 죽었는지라, 자기에게 할 말은 스몰 군에게 대신 말하라고 하였다.

✦ 8월 19일, 목

예정사항

1. 미 의원단 방문

하원의원 캠블(Y.E.Campbell). 하디(Repus Hardy) 두 사람을 방문하여 우리의 사정을 포 군에게 말한 바와 같이 말하고, 우리의 실력이 박약하여 일본인들을 저항하기 어려운 것을 모르지 않으나 오늘 운동을 아니 하면 장래 일본인들이 우리의 교육과 생활에 장애를 더욱 심하게 하여 우리들로 하여금 다 죽게 하고야 말지라. 그러므로 우리는 일어나 죽음이냐 독립이냐 둘 중의 하나를 구하려 한다고 하였다. 캠블 군과 하디 군을 향하여 말하기를 길게 말할 필요가 없고 속히 기회를 잡아 일본을 향해 개전할 수밖에 (다른) 방책이 없다 하고, (중략....) 다시 나를 향하여 답하기를 우리들은 한국 사정을 이렇게 상세히 알지 못하였노라. 우리가 귀국하여 어디까지든지 한국을 위하여 힘쓰겠다고 하였다.

오후에 미국 전 북경대사 우렌취(Paul Reinsch) 군을 방문하여 말하기를 귀하는 일찍이 동양에서 오래 지냈도다. 일본인들이 어떤지와 동양 전체

사정을 훤히 아시는 바, 우리의 일을 어떻게 진행하는 것이 유익할는지 그 방침을 묻는다고 한 즉, 답하기를 귀국의 일은 먼저 독립을 요구하지 말고 자치를 요구함이 일의 순서라, 쉽게 성공될 듯하다 함으로, 내가 말하기를 우리 일반 국민이 자치를 원하지 않을 뿐만 아니라 설혹 자치가 된다 하더라도 일본인들의 정책이 자치를 형식에 부칠 뿐이요, 실상은 (동화) 전의 수단일지니 자치를 어디에 쓰겠습니까. 특히 우리들은 작년 3월 1일에 독립을 세계에 선언하고 임시정부를 성립시켰으니 앞으로 더욱 나아갈지언정 뒤로 후퇴할 수 없습니다. 그러니 우리는 자치는 물론이고 위임통치라도 요구하는 것이 불가하다고 하니, 그가 말하기를 과연 그러하다고 하며, 나의 생각을 묻는 고로 내가 말하기를 장차 중국과 러시아를 연합하여 일본으로 더불어 대대적인 해결을 지으려 한다고 함에, 그 역시 자기도 또한 그 생각에 찬동한다고 하였다.

✦ 8월 20일, 금

> **예정사항**
>
> 1. 미 의원 방문

여운형 황진남 군을 대동하고 상원의원 하리쓰(W.S.Harris) 군을 방문하여 간단히 담화하였다. 그가 말하기를 자기가 바빠서 오래 담화하지 못하는 것이 유감이나, 그러나 나의 지지는 극진한 것을 알아 달라고 하였다.

하원의원 캘리포니아 출신 오스본(H.Z.Osborng) 군을 방문하고 포 군에게와 같이 말하니, 그는 배일설을 열렬히 주장하며 말하기를 한국의 독립은 먼저 미국에 유익하다. 만약 한국이 독립하지 못하면 미국에 손해가 될 것이다. 그러므로 자기 나라를 돕는 마음으로도 한국의 독립을 돕겠다고 하며, 그는 매우 간절한 마음과 열정으로 말하였다.

하원의원 굿도쓸(L.B.Goodasll) 군을 방문함에 마침 짐을 꾸리면서 영접하였다. 이에 간략히 우리의 사정을 말한 즉, 그가 말하기를 자기는 한국인들에 대해 진심으로 지지한다고 하였다.

하원의원 허스멘(H.S.Hersman) 군을 방문하여 우리의 사정을 간단히 말한 즉, 그는 열정을 다하여 말하기를 나는 진정으로 한국을 도울 마음이 있다고 하였다. 비단 나뿐 아니라 나의 친우들 중에도 역시 많으나, 다만 그 도울 방법을 몰라서 안타깝다고 말하는데 조금도 형식적이 아니고 오로지 진정한 뜻이 안색에도 나타났다. 내가 말하기를 우선 귀하는 귀국하여 귀국에서 대한독립의 승인과 임시정부의 승인에 힘쓰기를 바란다고 하였다. 이것이 승인된 후에는 그밖에는 우리가 책임지고 나아가겠다고 하였다.

하원의원 모리쓰(J.M. Moris) 군을 방문하여 간략히 담화한 즉, 그가 말하기를 우리 미국은 완전히 정의와 인도로써 힘쓰겠으니 믿기를 바란다고 하였다.

🏛 1921년 2월

✦ 2월 3일, 목, 눈, 매서운 추위

예정사항

1. 이유필 면회
2. 국무회의 출석
3. 노(백린) 총장 방문

새벽에 일어나 아침 일과인 냉수욕과 정좌를 하고 명덕리 사무실에 왔다.

박진우 군이 와서 추정(=이갑)선생의 아들 영희 군의 유학 문제를 토의할 때, 내가 구강으로 보낼 뜻을 말하였다. 군이 말하기를 충청도 재산가의 아들인 청년 박 모가 민재호 윤 모 등 (잡지)『진단』을 발행하는 쪽 사람들에게 사기를 당해 수천 원을 빼앗기고, 일찍이 자기의 아들 수중과의 인연으로 지금 자기 집에 와서 머무는데 사람됨이 매우 단정하니 단으로 인도하기를 바란다고 함으로 내일 오전에 오게 하라 하였다.

강영한 군이 왔기에 양 500원을 주었다. 군과 김선량 김병옥 3인에게 단의 주의를 계속 설명하고, 내일 오후 2시에 단소에 가서 춘원(=이광수) 선생을 만나보라 하였다.

김기만 군에게 단의 주의를 대강 설명하였다.

이유필 군을 청하여 시국에 대해 어떤 생각이 있는지 물었더니 별 생각이 없다고 하는지라, 내가 다시 정부의 비서장이 될 생각이 없는가 한 즉, 없다고 하는지라, 내가 지금 국민대회를 개최한다고 하니 이에 참가하여 여러 사람을 조종(=지도)함이 어떠한가 한 즉, 군이 말하기를 그렇게 할 자신이 없다고 하였다. 그가 나에게 정부에서 물러나 있다가 다시 총리로 일하시는 것이 좋겠다고 하였다. 그가 말하기를 출간된 (박은식의) 『독립운동혈사』를 미주에 보내 판매하려면 어디로 보내는 것이 편리하겠는가 함으로 태백서관으로 보내라고 하였다.

오후 2시에 정부 청사에 도착하였다. 조중구 선우혁 군이 와서 면회를 청하고 말하기를 북경에 있는 중국의 어떤 대 단체의 대표자 2인이 상해의 임시정부와 제휴하여 일본에 대한 대책의 장래를 준비하며 한국의 독립운동을 후원하기 위하여 상해에 왔는데 정부 당국의 주요 인물들과 면회하려 한다 하며, 또 내일에는 풍옥상의 대표자가 임시정부의 중요 인물들을 회견하려고 온다고 하는지라, 내가 말하기를 어떤 사람들을 면회하게 하였나 한 즉, 대답하기를 여운형 주현칙 기타 신한청년당원 중 몇 명을 면회케 하였다 하며, 그런즉 그 모임 자리에 내가 와서 참석해 주기를 바란다고 하는지라, 내가 말하기를 지금 대답하기 곤란하다. 선우 군이 말하기를 지금은 회의 시간이니 다시 회견하자 함으로 저녁 7시로 약속하였다.

허규 군이 방문해 왔으므로 미주의 양순진 군으로부터 송금한다는 서신은 도착하였는데 환표는 오지 않았다고 하고, 김복형에게 그 서신을 찾아보라고 하였다.

국무원의 예회를 개회하고 협의하였는데 비서장 오영선의 사직이 통과되고 비서 김여제로 임시 대리하게 하였다. 총리 인선 문제로 장시간 토론할 때 나에게 총리권고설이 많다가 내가 끝끝내 응하지 않으므로 미결 보류한 채 폐회하였다.

6시에 오영선 군이 내방하여 말하기를 정부를 어떻게 해야 정돈 되겠는가 함으로, 나는 특별한 도리가 없다고 하고, 가장 급한 방침은 정부의 상당한 인물이 모스크바에 가서 레닌과 악수하고, 다시 노령에 있는 한인공산당 핵심 인물들을 연결하면 박용만 원세훈 등의 (임정 반대) 운동하는 일이 효력이 없도록 할 수가 있다고 하였다. 그가 말하기를 선생이 곧 총리로 취임하여 일해야겠다고 하는지라, 내가 말하기를 내가 총리로 취임하면 정부에 큰 불이익을 주게 되니 도저히 할 수가 없다고 하였다.

조중구 선우혁 두 사람이 내방하여 모 단체의 대표에 대하여 여운형이나 기타 사람들을 면회시킬 것을 나의 뜻대로 정하라 함으로, 내가 말하기를 오패부 풍옥상이나 북경 측에서 온 사람들과 임시정부와 관계가 있다는 비밀이 드러나면 지금 당장의 일에 손해도 되려니와 장래 중국의 중요 인물들이 우리가 비밀을 지키지 않는 것 때문에 신임하지 않을 터이니, 그러면 미래에까지 중국과 손잡는데 크게 방해가 될 것이라. 그런즉 여러 사람이 알 필요와 간섭할 일이 아니니, 다만 외무차장에게 소개하여 의논하게 하고 군들과 나도 간섭하지 않는 것이 옳다고 하였더니, 조 군이 말하기를 신 씨(=신익희)가 비록 외무차장이나 자기는 신임하지 않으니 알게 할 필요가 없고, 내가 직접 관계하기를 바란다고 하므로, 내가 말하기를 나는 그럴 수가 없다 하고 말하기를 그 사람의 자격이 어떠하든지 외교 당국자가 외교를 하는 것이 옳지 노동국총판이 외교를 하는 것은 옳지 않다, 우리 혁명 사업은 각각 자기의 권한과 직무를 정당하게 하여 타인의 권한을 침범하거나 사당적 음모가 없게 해야 한다고 하였다. 그럼에도 선우 군과 조 군 두 사람이 끝내 불응하는지라, 내가 말하기를 그러면 내일 그 사람을 잠시 면회하여 상해에 온 목적을 알아본 뒤에 개인들과 관계를 맺어도 좋은지 정부와 관계를 맺는 것이 당연한지, 만약 그들이 정부와 관계를 갖고자 하면 부득이 외교 당국자와 협의하게 해야 하겠다 하고 내일 오전 10시에 회견하기로 하였다.

송병조 군을 만나보려고 청하였으나 부재하여 보지 못하였다.

노백린 군을 방문하였다. 김희선 이탁 나우 제군이 자리에 같이 있었다. 이, 나 두 사람은 먼저 가고 김 군이 자기의 지내는 상황을 노 군에게 말한 후에 찻집에 가서 차를 마시며 잠시 쉰 다음 다시 노 군의 숙소로 돌아 와 내가 나의 진행책의 요령을 말하였다.

첫째는 정부유지책이니 정부를 유지할 경제력을 조사하며 국내의 재산가에게 금전을 운동하는 것과 러시아공산당과 미국 재산가의 원조와 그밖에 노령과 중국에 사는 교민에게 금전을 모은다는 것은 다 희망에 부칠 뿐이요, 도저히 믿을 바 없는지라. 그런 즉 현재 금전이 나올 곳은 오직 미국에 있는 노동동포 외에는 없는지라. 재미 노동동포의 수를 헤아린 즉 1년에 35,000딸라 외에는 마련하기 어려운지라. 이런 액수의 돈으로 정부를 유지하려면 정부 본 기관을 극단적으로 축소하여 연합사무제를 써서 일개 소규모의 사무소를 만들고, 따라서 부속 각 기관의 지탱할 수 없는 것은 철폐하고 와싱톤의 위원부와 파리의 선전부 등을 축소하는 것이 옳고, 그 뒤에 희망하던 금전이 다소간 들어오면 정부가 직접 개척 기타 영업에 착수하여 스스로 돈을 마련해야 할 지라, 독립의 완성이 내년 혹은 재내년에 된다면 모르지만 그러지 못해 10년 혹은 20년을 유지하려면 이렇게 해야 옳다.

둘째는 사업진행책이니 지금은 정부유지책에는 소극적 행동을 취하고 사업진행책은 적극 행동을 취할지라. 그 순서는

1) 국민을 모집하여 정부의 민적에 올리고 납세 징병 법률에 복종하는 인민이 매 달 매 해로 증가되어 국민의 조직체를 성립할 것이요

2) 지원병을 모집하고 모집된 병사에게 영업을 장려하여 둔전제와 같이 군사기관을 편성하여 우리 독립전쟁 시에 적절한(=필요한) 수가 되도록 할 것이요.

3) 사관을 양성할지니 이처럼 국민과 병사와 장교를 양성함이 내부의 실력준비의 중심이라. 이렇게 하는 동시에 러시아 모스크바와 교섭하고 중국의 항일 독군들 각 개인과 악수하여 한국 중국 러시아 3국이 비밀리에

통합을 이루고 그 연맹의 최고기관을 한.중.러 3국 대표자로 조직하여 군사행동에 대해 3국이 다 최고기관의 명령에 따르게 할지라. 이렇게 연맹이 결성되면 금전과 무력이 자연히 유무가 상통되어 무장과 군수에 협찬을 많이 얻을 것이요,

3국이 같이 일본에 과격주의와 민주주의를 선전하여 일본의 내란을 촉기(=부추겨 일으킴)할 것이요, 미국과 일본의 틈새를 벌리어 결렬을 초래하고 일본 국내에 내란을 일으키고 3국이 연합하여 일본을 공격하면 일본은 패하고야 말지라.

이렇게 하면 우리의 독립완성은 조금도 의심이 없는지라. 이것이 곧 나의 이번 독립운동책의 주안이라. 이 중에 급히 실행할 일이 두 가지이니, 1은 모스크바에 상당한 인물을 파견하여 러시아정부와 악수하고 따라서 러시아령에 있는 한인공산당과 타협할 것, 2는 독립운동에 참가하였던 다수의 청년을 수용하여 당장의 불평을 방어하고 후일의 큰 쓰임에 대비할 것이라.

지금의 논의 주제인 대폭동운동은 어리석은 일로 알고 절대 반대한다고 하니, 군은 이 주장에 대하여 절대 동감한다고 하였다. 계속하여 상해에서의 과거를 말하다가 다음날 오전 2시에 각자 귀가하였다.

✦ 2월 4일, 일, 맑음

예정사항

1. 전보균 면회
2. 연석회의에 출석
3. 노백린 방문

이영렬 군이 내방한지라 그에게 정부파괴운동 하는데 참가하지 말라고 한 즉, 군이 그러겠다고 하며 대통령과 노 총장에게 신문(=독립신문 발간비) 보조를 청하겠다 함으로 그렇게 해 보라고 하였다.

현기태 군이 내방하여 말하기를 상해에서 자기를 의심하는 사람이 있으니 선생께서 사정을 잘 아시는 바이니 이에 대하여 주의하여 달라 함으로 아무 염려 말라고 하였다. 또 그가 상업에 종사할 뜻이 있다고 하므로 박진우. 선우훈 두 사람에게 소개해 주었다.

이탁 군이 서간도에서 온 000.000.000 3인을 대동하고 와서 소개하였다.

10시 경에 조중구. 선우혁 두 사람이 면회키로 한 중국인 전보균을 소개하였다. 전 군은 본래 청조 시대의 관료였고, 지금은 군인기독청년회를 주간하는데, 중국 군계의 유력한 인물이라, 현 총통부 고문 이통구의 촉탁으로 왔다고 하더라. 이통구 고문의 생각이 한국 독립운동하는 사람들을 후원하며 한국과 제휴하여 일본에 대한 대응책을 준비하려 하는 것이라. 그러므로 상해 임시정부의 주요 인물들과 회의한 뒤에 대표 1인을 이 고문에게 파견하여 약속을 정하고 일을 진행하기를 바란다고 하는지라, 내가 깊이 감사의 뜻을 표하고 말하기를 중국과 한국 양국 간에 이런 일이 이미 있었어야 하였는데 지금껏 없었던 것이 유감스러운 일이라고 하였다. 신익희 군이 와서 기어이 총리직을 끝까지 고사하지 마시고 취임하시라 하며, 또 자기는 과거의 잘못을 회개하고 지금부터는 성충을 다해 옹호하겠다고 하였다. 내가 답하기를 내가 총리가 되면 전체 상황에 해가 될 줄을 아니 절대로 받아들일 수 없다는 뜻으로 긴 시간 토론하였다.

오후 2시에 연석회의에 출석하여 총리 인선안을 토의하다가 결과를 얻지 못하고 보류하였다. 정부의 진행방침을 속히 정하자고 하고 산회하였다.

저녁 후에 선우혁 군이 와서 같이 조중구 군을 방문하니, 주현칙. 이광수. 이성태 3인이 함께 자리에 있었다. 선.조 두 사람에게 북경에서 온 전보균의 일을 외무차장에게 소개하여 관계를 짓게 해야 옳겠다 하니, 두 사람이 다 동의를 표하였다. 또 풍옥상의 대표로 오는 요(등위) 군도 또한 같이 외부에서 관계하도록 하게 하고 내일 자리에 (외무차장 신익희를) 초대하기로 하였다.

노백린 군을 동아여사로 방문하니 그 때에 안병찬. 도인권 두 사람이 함께 있었다. 안 군에게 말하기를 당신이 정부타도운동의 선봉의 태도를 보임은 매우 옳지 않은 일이다, 지금 그동안 동서에 있던 대통령과 총장들이 다 집합하여 의논하는 때에 이동휘 군이 물러난 것은 큰 유감이나 민간인 자격의 사람들은 이미 기대하던 인물들이 회집한 이상 서로 의논한 결과를 기다려 돕던지 공격을 하는 것이 마땅한데, 지금 당장 공격을 가함은 도리가 아니며, 또 하물며 당신은 얼마 전까지 내각에 참여하던 사람으로 그 내막을 폭로하며 비난을 가하는 것은 의리와 체면에 합당치 않다 하니, 군이 말하기를 이 상황을 그냥 방임하면 안 될지니 그러므로 개혁은 불가불 해야 할 것으로 안다고 하여 다시 만나자 하고 헤어졌다.

✦ 2월 5일, 토, 맑음

예정사항

1. 강연회에 참석할 것
2. 연석회의에 출석
3. 전(보균) 요(등위) 초대회에 참석할 것

9시에 박명우 군이 내방하였다. 군은 충청도 재산가의 자제로 상해에 온지 9 개월인데, 불량청년에게 손해를 입은 사람이라, 앞길을 잘 인도해 달라고 함으로 속히 적당한 학교에 입학하여 공부하고, 앞으로는 친구 교제를 잘 선택해서 하라고 했다.

　김기만 군에게 단의 주의를 설명한 즉, 군이 공감을 적극 표함으로 오후 2시에 단소로 오라고 하였다.

　강종병 군이 내방함에 지금은 파리나 미주로 가기가 어려우니 이왕의 도미하려던 뜻은 단념하고 속히 학교에 들어가 공부하고 중국에 입적하여 1년 혹은 2년 후에 미주로 가는 것이 좋겠다고 하였다.

　신익희 군을 청하여 전 모가 온 일과 풍옥상 대표의 온 일을 말하고 오늘 저녁에 초대하자고 하였다. 단소에 가서 오늘 연석회의가 있어서 이 강연회에 참석하지 못하겠다고 하고 곧 국무원에 도착하였다. 연석회의를 열고 제도변경안을 의논하려 할 때 그 본 문제는 언급되지도 않고, 여러 가지로 토론하다가 다음 달에 각기 제도변경안을 작성하여 제출하자고 하다가 이것 또한 결정되지 못하였다. 내가 제의하기를 의사 순서를 개정하여 정부유지책과 사업진행책의 두(가지에 대한) 주안점을 세우고 유지책의 각 항을 토의하여 단락을 고한 후에 진행책의 각 항을 토의하자 하였으나 이 역시 미결되었다.

　신익희 군이 내방하여 오늘 5시 반에 전.요 두 사람을 대동여사에 초대하니 그때 참석하기를 청함으로 응낙하였다.

　윤현진 군이 내방하여 말하기를 자기는 현 상황을 비관하노니 대통령이 공석에서는 선생께 총리를 권고하지만 저를 대하여서는 누가 총리 되는 것이 좋은가 묻기에 도산선생이 가장 적합하다고 하니 불가하다고 하고, 이석오(=동녕)가 적합하다는 뜻을 표시하는지라, 그들이 성심으로 선생을 권하여 내세워도 들을까 말까 하는 이때에, 내용으로는 배척하면서 거짓으로 권고하니 상황이 이러고서야 어찌 일이 되겠습니까. 저 역시 물러갈 뜻이 있는데 어찌하는 것이 좋겠습니까 하는지라, 내가 말하기를 연석회의가 종결되기까지 침묵하고 있으라고 하였다.

군이 나에게 시국에 대해 별 계책이 없으시냐 함으로, 내가 말하기를 특별한 계책은 없으나 지금 당장의 (긴급)구제책으로 말하면 급속히 모스크바에 상당한 인물을 파송하여 레닌과 긴밀하게 손을 잡고, 또 러시아공산당의 소개로 노령에 있는 한인공산당 인물들과 타협하면 지금 모모인의 정부반대운동도 수포로 돌아갈지라. 그 뒤에 정부유지책을 세워 상해에는 조용히 사무원 소수를 두어 기록물과 통신에 관한 일을 처리하며, 내부의 통일과 대외 선전에 종사하게 하고, 노백린 유동열 군 등을 노령에 보내 군사기관을 설치하고 전투를 준비할 것이오, 나에게는 미국에 파견하여 미국에 사는 재산가에게 금전을 모으도록 하거나 그렇지 않으면 원동 각지에 산재한 불평 청년들을 수용하는 일을 맡길 것이오, 김규식 군은 다시 구미에 파견하여 선전사업을 맡게 할 것이오, 그 밖의 상당한 인물들을 각지에 나누어 보내 활동하게 하고, 상해에는 소수 인원이 있어 정부기관을 지켜나가는 것이 제일 좋은 방책이라 한 즉, 군 또한 깊이 동감이라 하면서, 이 또한 속히 결론이 나지 않으니 어쩌겠습니까 라고 하더라.

5시 반에 대동여사에 가니 신익희 군이 주석에, 전보균 요등위(풍옥상 대표) 조중구, 김홍서 제군이 착석하였더라. 양쪽이 서로 친선의 뜻을 말하다가 돌아오는 길에 노백린 군을 방문 하였다.

✦ 2월 6일, 일, 맑음

예정사항

1. 백시준 면회
2. 김규식 면회

오전 9시 경에 장일현 군이 와서 말하기를 자기가 삼육대학에 입학하겠다 함으로 찬성하였다.

백시준 여사가 내방함에 흥사단의 주의를 설명한 즉, 절실하게 깨우쳤노라고 함으로 약법을 주었다.

이규홍 군이 와서 말하기를 자기의 사직서가 반려되지 않게 힘써 달라 하며, 시국책을 물음으로 대강의 생각을 말해 주었다.

김규식 군의 초대로 대동여사에서 오찬하며 어제에 계속해서 담화하였는데 시국에 대하여 나의 생각을 묻는지라, 내가 말하기를 지금이라도 정부 내에서 일하는 성의로 진행책을 속히 결단하고 나아가면 큰 곤란은 없을 줄로 안다고 하였다. 군이 말하기를 총리 정식 선임문제에 대해서는 어지 생각하는가 함으로, 내가 말하기를 정식 선임 총리를 내기 어려우면 임시 대리 총리로 일만 하면 그만이지 정식 총리 선임과 불선임이 일에는 조금도 관계없다고 하였다.

그가 말하기를 국민대표회라 북경이라 사방 밖에서 정부타도운동을 하는데 대하여 어떻게 하겠느냐고 하는지라, 내가 말하기를 그들에게 직접적으로 간섭해서는 해결책이 없는지라 내일이라도 모스크바에 상당한 사람을 파견하여 레닌과 악수하여 한.중.러의 연맹한 주의를 세우고 이를 토대로 노령에 있는 한인공산당 수뇌부와 악수하면 북경 상해 등지의 타도운동하는 인물들은 용기가 없어질 것이라, 그 다음 레닌과 손잡은 뒤에 노백린 유동열 등으로 군사의 중견을 조직하여 노령에 군사기관을 설치하고 군법을 엄히 세워 대한 인민 중에 위법하는 자는 중형에 처하여 군율적 기강을 세우면 내부의 세가 진정될 것이요, 현재 독립운동에 참가하였던 다수의 불평 청년들을 거두어 훈련하여 내부의 중견을 삼으면 또한 소수의 악한 무리들은 활동할 여지가 없어질 것이라. 그러한 즉 우리 독립운동의 한 근본문제는 불평한 청년들을 수용하는 것이오, 시간적으로 가장 급한 문제는 모스크바에 상당한 인재를 뽑아 파견하는 것이라고 한 즉, 군은 자기의 생각과 동감된다고 하였다.

내가 말하기를 다시 이번에 한 말들을 거듭하여 이번 독립운동의 구체적 생각을 말하겠노라. 우리의 주안점은 1)은 정부지속책이요, 2)는 사업진행책이라.

정부지속책에 대하여는 첫째는, 경제니 노령이나 미주 방면에서 재정을 모으려는 것과 국내의 재산가에게서 재정을 모으려는 것은 다 희망에 불과한 것이요, 현재 오직 기댈 수 있는 금전은 재미 교포 노동자에게서 나올 수밖에 없는 바이니 지금 정부 지속을 위한 경제는 미국의 교민노동자들을 기다릴 수밖에 없는 바요. 둘째는, 정부의 사무제도를 간편하게 조직할 것이니 지금과 같이 각 부를 배치하고 소수의 수입되는 경제로는 지탱할 도리가 없는지라, 그런 즉 각 부를 다 폐지하고 연합사무제를 써서 인원을 축소하고 사무를 간편하게 할 것이요. 셋째는, 정부에 속한 와싱톤위원부, 파리선전부, 기타 교통지국, 광복군영을 상세히 조사하여 폐지할 것은 폐지하고 존치할 것은 존치하되 역시 축소하여 경비를 절약할 것이요, 넷째는, 뒷날 기대하던 재정 중에서 다소의 수입이 있으면 정부가 직접 개척사업, 기타 영업에 착수하여 생산하게 할 것이다. 이상과 같이 하면 현 정부의 생명을 이을 것이요, 우리의 독립운동이 10년 20년이라도 계속 나아갈 수가 있을 것이니 이것이 정부지속책의 대강이라 생각하는 바요.

사업진행책을 말하면, 첫째는 민적을 실시하여 납세. 병역과 법률복종의 의무를 다하는 국민을 모집하고, 따라서 이들을 통치하는 기관을 설치할 것이요, 둘째는 지원병을 모집하고 이를 둔전제와 같이 응모한 군인들에게 직업을 장려하며 규율 있게 편성하여 서로 연락이 되게 할 것이요, 셋째는, 유능한 청년들을 훈련하여 장교의 자격을 양성할 것이요. 우리가 부르짖는 실력이란 위의 3종이 중심이 되는 바라.

그 다음에 러시아에 대해서는 모스크바를 중심으로 하고 중국에 대하여는 각 성의 배일 독군들을 대상으로 한.중.러 3국이 일본에 대항해 연맹을 세우고, 3국이 연합한 최고기관을 조직하여 일본에 대한 군사행위는 3국이 다 최고기관의 명령에 복종케 할지니, 이렇게 하면 러시아나 중국에 있는 바는 우리의 있는 바가 되고, 우리의 있는 바는 중.러에 있는 바가 되어 자연히 유무의 상통이 될지라. 그러니 우리에게 이미 인민과 군사와 장교가 있고, 3국의 연맹 결과에 다라 무장과 군수품이 있어 일본을 대적할 만한 자신력이 완전할 것이오. 그 다음으로는 3국이 연합하여 일본에 민주주의와 과격주의(=공산주의)를 선전하여 내란을 선동하여 일으킬 것이요. 또 어떠한 수단으로든지 미일전쟁을 촉성하여 일으킬 수 있을지라, 일본에 내란이 일어나고 미일 간에 충돌이 발생하고 3국이 연합한 힘으로 공격해 들어가면 일본은 패하고야 말 터이니 우리의 독립은 완성될 것이 의심할 바 없는지라.

그 다음에 덧붙여 말할 것은 국내에서의 대파괴(운동이라는)라는 것은 절대로 반대한다고 하니, 군 또한 동감하노라 하기로 더 설명치 아니 하겠노라 하고, 앞에 말한 불평 청년들을 수용하는 것이 가장 큰 일로 생각하는 것이라 하였다.

군이 말하기를 현 제도에 대하여 대통령을 집정관총재로 하고, 총리는 없이 하고, 총장은 부장으로, 부장 이하 직원은 부원이라 통칭함이 어떠냐고 하는지라, 내가 말하기를 그런 명사(=호칭)에 대하여는 아무 관념을 아니 하노라. 나는 지금의 허명은 그대로 두고 내부의 일만 형세에 맞추어 진행함이 좋은 바라. 또 대다수의 생각이 당신의 말과 같다 하면 나는 반대도 하지 않겠노라고 하였다.

군이 전일의 담화를 계속하여 말하기를 자기가 원동에 있을 때 내가 지방열이 많다고 함으로 그때는 믿지 않았으나, 그 후 대다수가 그렇다고 하고, 또 서도의 청년들에게 5백 년 원수를 갚자는 연설을 하였다는 말을 듣고 의심하였으며, 미주에 있을 때에 여러 가지 전해지는 말을 듣고 오해하였노라. 그 오해는 정인과를 국제연맹회에 대표로 파견한다는 말과 와싱톤에서 정부로 보내는 어떤 전보는 깔고 내놓지 않는다는 말이며, 또 공채권을 이 박사에게 위임하고 국민회에게 애국금을 수합하라 한 것과 이 박사에게 공채권을 위임하고 다른 재무관을 임명한다고 국민회에 전보한 그런 일 등에 관하여 오해하였으며, 또 한 때는 어떤 지방에 가면 흥사단우가 환영을 하고 어떤 지방에 가면 흥사단우가 냉대하는 것을 볼 때에 흥사단에서 일을 잘못하는 것으로 생각하노라고 하였다.

내가 말하기를 기왕의 지방열 운운은 일종의 요설을 조작하여 그럴 뿐이지 그 서도 청년들에게 지방열을 고취하여 본 적은 없었다고 하고, 그 다음 내가 국내에서 지낸 경력을 말하면 내가 진행했던 일 중에 신민회에 관하여는, 중앙에 중심인물이 이동녕 전덕기가 되고, 서북지방과 남중지역으로 동지를 모집할 때에 서도에는 안태국 최광옥이 중심이 되어 동지를 많이 얻었고 남중의 중심인물들은 서도에서 보다 동지를 얻은 수가 적었을 뿐이라. 이는 조금도 이상할 바가 없도다. 서도 인민의 성격이 호동적(=적극적)인 듯해서 예수교나 천주교나 천도교 등을 전국에 선전해도 유독 서북의 발전이 특별히 크니 신민회도 또한 이들 경우로 생각하노라. 내가 마음쓰기를 서도인을 많이 가입시키고 남도인을 적게 가입시키려던 것이 아니었다. 그러나 세상은 그런 것으로 오해하는 것이다. 또 내가 해외에 지낸 동안에 언제든지 서도의 세력을 확장하겠다는 생각이나 태도를 가진 사실은 전무하였다. 그가 말하기를 자기는 그 문제에 대해 명확히 이해하겠노라고 하였다.

✦ 2월 7일, 월

> **예정사항**
> 1. 요등위 면회
> 2. 연석회의 출석

안공근 군이 내방하였다.

풍옥상이 보낸 요등위 군이 내방하였다. 군은 복건인이요, 일찍이 3개의 무관학교를 졸업하였다고 하더라. 한국의 독립이 중국에 대하여 큰 관계가 있는 것을 알고 자기의 몸을 바쳐 군사교육이나 재정운동이나 중국에 선전하는 일 3방면 중에 무엇이던지 힘껏 돕겠노라고 하였다. 내가 말하기를 지금 우리 독립운동에 대하여는 할 일이 여러 방면이지만, 그 중에 가장 중요한 것은 독립운동에 참가하였다가 외지로 나온 많은 청년들을 교육하는 곳이다. 내 생각은 크게 학교를 설립하여 한나절은 노동하고 한나절은 교육을 받게 함이니 이를 위하여 군이 필리핀과 남양군도 등지로 재정을 운동하여 볼 수 있겠는가 하니, 그렇게 해 보겠노라고 하였다.

내가 말하기를 전일에 말한 바, 풍옥상 군대에 한국청년을 편입하여 군사를 실습하게 한다하는 일은 내 생각으로는 하지 않는 게 좋을 듯하다. 이유 1은 한국청년과 중국군인과는 음식 거처 기타 습관상 차이로 양쪽의 충돌이 생기면 양국 간 감정에 불이익할 것이요, 2는 우리 청년들 수양에 대하여는 물질상의 훈련보다도 정신상의 훈련이 더 필요한데 언어가 통하지 않고 심리를 잘 이해하지 못함으로 중국 교관들이 정신훈련을 행하기에 곤란하고, 3은 다소의 한국청년이 중국군대에 편입하면 비밀이 발로되어 일본정부가 북경정부에 교섭하여 중.일간 국제문제가 생길지도 모를 일이다. 그런 즉 풍옥상 오패부 두 분도 우리의 장래 교육시설에 대하여 돕는 것이 더 유익할 듯 하다고 하니, 군이 말하기를 과연 그렇다고 하며 말하기를 자기가 산동에 갔다 온 뒤에 누구 한국 동지와 같이 남양군도에 가라고 하면 기꺼이 그러겠노라 하고 헤어졌다.

오후 2시에 연석회의가 열림에 김 학무총장이 어제 말한 바 제도변경안을 제출 하였다. 내가 제의하기를 대통령 이하 각부 총장 총판의 명칭은 그대로 하고, 사무의 간편과 인원을 축소하기 위해 각 부국을 연합하고 위원 약간인과 위원장 1인을 두어 사무를 집행할 것, 다만 본안이 의정원을 통과하기 전에 당분간에는 이 안에 기재된 제도를 모방하여 차장 이하의 제 명칭을 사용치 말고 우선 일체 참사로 하되, 그 중에 1인의 주임을 두어 여전히 각부 사무를 집행케 할 것을 토의하다가 김 학무총장 및 나의 제안과 전일 이 총리 안병찬 신규식 남형우 등의 여러 안과 같이 합하여 다음 연석회의에서 토의하기로 결정하였다.

✦ 2월 8일, 화

예정사항

1. 주현칙 면회

주현칙 군을 청하여 차경신 여사의 병증을 물으니, 지금 진단 중인데 늑막염인지 확실한 진단을 못하였다고 했다. 어쨌든 병세가 심상치 않으니 속히 입원하여 치료하자고 하였다.

최동오 군이 내방하여 자기는 정부를 파괴하려는 것이 아니요, 옹호하려는 취지인데 선생께서 오해하면 매우 억울하다는 뜻으로 긴 시간을 이야기 하였다. 내가 답하기를 과거사는 어찌되었든 장래사는 우리 독립운동을 위하여 좋은 방책을 강구하라고 하였다.

　김구 군이 와서 말하기를 국민대표주비회 사람들에게 중상(=모함)책을 쓰는 게 어떠냐고 하는지라, 내가 말하기를 그 사람들을 호감적으로 회심케 하는 것이 유익하겠다고 하고, 할 수 있는 대로 청년들 중에서 불평적인 행동이 있지 않기를 바란다고 하였다.

✦ 2월 9일, 수, 맑음

예정사항

1. 연석회 출석

　이탁 군이 내방한지라 내가 말하기를 내가 상해에 처음 왔을 때 군 등이 신민회를 부흥시켜 정치적 단결을 짓자고 누누이 말할 때, 대동일치 하는 데 방해가 될 것이라고 거절하여 왔는데, 지금에 와서 본 즉 그것이 후회된다. 이렇게 아무 토대가 없고서는 일을 붙들고 갈 도리가 전혀 없도다. 지금이라도 극소수의 정치적 결사를 만들어 (어려움을 서로 돕는) 간난상제 함이 어떨까 하는 생각뿐이요. 그러나 아직 확실한 결정은 없으니 군이 이에 대하여 생각해 보라 한 즉, 그가 말하기를 지금 이런 것을 만들어 두지 않으면 불평분자가 날로 증가하여 장래에는 더욱 곤란한 처지에 이를까 염려된다고 하였다. 내가 말하기를 내가 결정적이 아니라고 한 것은 이 역시 진행이 잘 되는지 의문이기 때문이라 하였다. 그가 말하기를 대통령이 불러서 가서 뵀더니 누구를 총리 시키는 것이 좋겠느냐고 묻기에 이동녕 군이 좋다고 했다고 하였다.

　오영선 군이 와서 말하기를 이동휘 군이 광동에서 보낸 편지에 대해 말하며, 나에게 속히 총리에 취임하여 일을 진행하라 권고하였다고 하였다.

이기창 군이 내방하여 풍옥상 군대에 한국 청년들을 편입하겠다 하는 것과 요등위가 한국독립운동을 후원하겠다 라는 말을 하는지라, 내가 요씨에게 했던 (반대의) 뜻으로 말하였다.

오후 2시에 연석회의가 개최되었다. 이동녕 군의 제안은 채택하지 않기로 결의되었다. 내가 안병찬 군의 제안을 무기한으로 보류하기로 동의했는데 가부를 물어 부결되었다.

✦ 2월 10일, 목

예정사항

1. 대통령 방문
2. 연석회의 출석
3. 이성태 군 문답

길진길 군이 내방함으로 길인영으로부터 미화 2백 원이 도착한 사실을 말하고, 학비에 쓰라고 하였다.

강영한 군이 내방하여 자기의 진로를 물음으로 중국에 입적하여 중국 어떤 학교에서 공부하다가 장래 미국에 가도록 노력하라고 하였다.

그 때 김규식 군이 내방하여 백0(=백암 박은식) 군을 함께 방문하자고 청하는지라 백0 군을 방문하니, 백0 손영직 김진우 셋이 함께 있었다. 내가 말하기를 이번 국민대표회 준비하는 이들이 문자(=선언서)를 그렇게 써서 여론이 조금 과도하여 졌도다. 우리 일을 우리가 서로 의사를 잘 소통하여 호감적으로 진행하여야 하는데, 일이 이렇게 됨은 매우 불행하게 생각하노

라. 지금이라도 이후에 행할 수습책을 서로 잘 타협하여 진행하는 것이 좋겠다고 말하였는데, 손 김 두 사람이 자기들은 다 정부옹호파요 결코 파괴주의를 갖지 않았다고 하였다. 김규식 군은 분격하여 여러 가지 말로 화를 내며 야단치다가 먼저 돌아갔다. 나는 자리에 앉아 그들을 위로하고 돌아 왔다.

오후 2시 연석회의에 참석하지 못하였다. 신규식 군이 제출한 안이 가결되었으므로 남형우 김규식 및 나의 제안은 부결로 간주하기로 가결되었다. 가결된 신규식 안을 위주로 하여 구체적인 안을 작성키 위해 김규식 신규식 및 나 3인이 기초위원으로 피선되었다.

박순옥 이성태 두 사람의 문답을 행하다가 마치지 못하였다.

✦ 2월 11일, 금

예정사항

1. 이유필 면회

김선량 군이 와서 말하기를 자기가 신학을 공부하려고 하는데 자기에게 잘 맞겠는가 묻는지라, 내가 말하기를 군의 마음에 진정으로 그렇게 원하면 공부하라고 하였다.

이교담 군이 내방하였다.

이유필 군이 내방함에 제도변경에 관한 일을 토의하고 이를 기초하라 하였다.

김홍서군이 와서 말하기를 이통구의 대표 전보균 군이 곧 상해를 떠난다 하니 어찌하시겠냐고 함으로 면회 시간을 잡아 보라고 하였다.

차경신 여사를 인도하여 홍십자병원에 입원하게 하였다.

✦ 2월 12일, 토

예정사항

1. 신규식 김규식 방문
2. 전보균 면회

김홍서 군이 내방하였다.

오후 2시에 임시국무회의에 참석하지 못하였다. 노백린 군이 정부 전체 명의로, 우리의 독립 사업에 군인과 금전이 필요하도다. 자각적 의무심인 군인과 자각적 의무심인 금전이 필요하다는 뜻으로 국내에 선포문을 발표하자는 제안이 가결되었다.

신익희 군이 제출한 파리위원부 존폐 문제를 토의하다가 다음 회기에 토의하기로 하였다.

저녁 후에 전보균이 단소로 와서 중.한 양국이 서로 합동할 것을 말하고, 그가 속히 이통구에게 대표를 파견하라고 하였다.

✦ 2월 13일, 일

예정사항

1. 신규식 김규식 순방

이광수 군의 소개로 전 동아일보 문예부장으로 있었던 재일유학생 진학문 군을 면회하여 독립운동에 관한 문제와 사회 현상에 대하여 장시간 담론하였다.

오후에 단소에서 손정도 이광수 두 사람과 더불어 정국에 관하여 장시간 담론하였다.

8시 경에 제도변경기초위원 신규식 김규식 및 나 셋이 신 군 자택에서 모여 그 문제로 토의하였는데 서로 의견이 달라 결정하지 못하고 내가 기초한 다음 안을 제출하기로 하였다.

제도변경안

1. 각부의 사무를 연합하여 1개 사무소로 조직할 것.
2. 차장 및 비서장 이하의 각 직원을 참사원으로 개칭할 것.
3. 각종의 사무는 그 성질에 따라 국.과로 분장할 것.
4. 참사원 중에서 참사원장과 부참사원장 각 1인을 지정할 것.
5. 참사원장은 사무의 성격에 따라 국무총리와 각부 총장의 지위를 받들어 사무를 총할 감독할 것.
6. 부참사원장은 참사원장을 보좌하되 참사원장이 유고할 때는 그 직무를 대리할 것.
7. 각국마다 사무원 중에서 1인을 두고, 또 각 과의 사무를 2인 이상이 담당할 때는 그 과에 주임 1인을 둘 것.

✦ 2월 14일, 월, 맑음

예정사항

1. 국무회의 출석
2. 대통령 노백린 방문
3. 현정주 군 문답

오전에 대통령을 방문하여 장시간 담화하였다.(그때 담화한 내용은 뒤에) 노백린 군을 방문하여 시국에 관한 일로 장시간 담화하였다.

오후 2시에 연석회에 출석하였다. 나는 나 개인의 구체적 의안(제도변경)을 제출하였다. 이어 신규식 군은 이 제도 변개를 대통령으로부터 전부 변경하자는 취지의 안을 제출하였다. 김규식 군이 제안한 국부 변개의 의안이 가결되었다. 즉 국부 변경이라 함은 현 제도 하에서 부분을 변경하되 각 부 및 노동국은 그대로 두고, 단 각 부 및 노동국 내에서 부분적 변경을 가하자는 것으로 예를 들면, 각 부의 차장.국장.참사.서기를 모두 한 개의 명칭 한 개의 계급으로 변경한다는 뜻으로 해석하였다. 나와 신규식 안은 결의가 없었고 단지 다시 새로 뽑은 기초위원 노백린. 김규식. 신익희 3군의 참고에 제공하게 하기로 하였다.

✦ 2월 15일, 화, 맑음

예정사항

1. 대통령 방문
2. 황진남 초대

김구 군이 내방하여 공산당의 대회 소집하는 문자(=공고문)를 내보이며 나더러 속히 총리로 취임하여 일을 진행케 하라 하는지라, 내가 총리로 나아가면 안 되는 이유를 상세히 말한 즉 그가 그러겠다고 하였다.

안병찬 군이 내방함에 시국이 점점 험악하여 지니 수습책을 잘 강구해야겠다는 뜻으로 서로 토의하였다.

✦ 2월 16일, 수

김공집 군이 와서 말하기를 자기가 상해에서 노동이라도 하며 있는 것이 어떠하냐고 묻기에 내가 말하기를 알아봐서 뜻에 맞는 곳이 있으면 그리하는 것도 좋겠다고 하였다.

✦ 2월 17일, 목, 맑음

예정사항

1. 김선량 군 문답

이동녕 이시영 신익희 세 사람이 내방하여 같은 말로 나더러 총리가 되라고 권하는지라, 내가 답하기를 내가 총리에 나아갈 자신이 있으면 사양하지 않을 것이나 자신이 없으므로 할 수 없다고 한 즉, 세 사람이 자신이 왜 없는가? 우리들 셋이 힘껏 보좌할 것이라고 하는지라, 내가 말하기를 내가 나의 자격을 믿지 못하며, 또 당신들이 힘써 돕는다는 것 또한 믿지 못하노라. 내가 상해에 온지 벌서 2년이라. 처음 상해에 도착했을 때에 나에게 지방열이니 야심가니 하는 비난이 극도에 달하였었다. 다행히 그 오해를 풀어 인심이 다소 수습이 되었었다. 그 후 당신들이 상해에 온 후로 나의 처지는 국내 국외를 막론하고 지방열로 세력을 다툰다는 악선전이 퍼져 밖의 인심을 수습할 여지가 없는 이때라. 이렇게 된 것은 다 당신들이 당신들의 심복으로 (하여금) 악선전한 것이 사실이라. 당신들이 상해에 온 뒤 성재(=이동휘)를 내보내고 내가 총리를 해야 된다 함이 지금까지 계속되었다. 한편으로는 총리가 되라고 권하고, 또 한편으로는 악선전을 해왔다. 그런 까닭에 지금도 믿지 못하겠다. 내가 이렇게 말하는 것은 내 개인을 위하여 감정적으로 말함이 아니고 이렇게 어려운 경우에 처하여 서로 크게 각오할 필요가 있음을 말하는 것이다.

당신들이 과거는 어떠하였든지 앞으로는 잘하여 가기를 결심하고 내가 책임을 지라고 하는지라, 나는 이런 말은 믿고 듣지 않는다. 나더러 총리 되라고 권함이 20여 일이라. 그간 기호 청년들이 내도함에 또한 악선전이 계속되었도. 지금 누구든지 총리가 되면 정부 밖의 인심을 잘 수습해야 할 텐데 한편으로 악선전을 하면 수습은 못되고 일은 망치고 말 것이라고 하니, 그들이 말하기를 그러면 어떻게 해야 하겠는가 하는지라, 내가 말하기를 지금 총리를 선임하려고 애쓰지 말고 대리총리로 일을 진행해 가면서 당신들과 내가 크게 각오하여 서로 사랑하고 서로 도와서 서로 간에 의심이 희석되고 서로 신뢰가 생기도록 힘쓸 수밖에 없다고 하였다.

저녁 후에 김선량 군 문답하다가 마치지 못하였다.

✦ 2월 18일, 금

예정사항

1. 국무회의 출석
2. 군무총장 환영회에 참석할 것

오후 2시에 연석회의를 개회함에 제도변경 신임위원이 제출한 변경안 각 부의 차장 국장 참사 서기 등을 폐지하고 일체 참사원 약간을 두자는 안이 통과되었다. 연석회의를 정지하고 국무회의로 심의하기로 하였다.

김철 군이 와서 말하기를 자기가 사직할 뜻이 있다고 하는지라, 내가 생각대로 하라고 하였다.

노백린 군 환영회에 참석하였다.

이광수와 허영숙 군을 방문하였다. 이 군이 같이 국내로 갈 생각이라고 말하는지라, 내가 말하기를 지금 압록강을 건너는 것은 적에게 항서를 바치는 것이니 절대 불가요, 두 사람 앞길에 큰 화를 짓는 것이라. 속단하여 행하지 말고 냉정하게 양심에 따라 행하라고 하였다.

✦ 2월 19일, 토, 맑음

예정사항

1. 강연회에 참석할 것

오후 2시에 김인규 강연회에 참석하였다.

✦ 2월 20일, 일, 맑음

✦ 2월 21일, 월, 맑음

예정사항

1. 국무회에 출석할 것

김훈 OOO 박병우 엄항섭 군 등이 전후하여 내방하였다.

오후 2시에 국무회의에 출석하였다. 외교책을 정하기 위하여 외교위원을 선거하자 하는지라, 내가 말하기를 먼저 독립운동의 주안점을 정하고 외교책은 그 뒤에 정하자고 제의하였으나 부결되었고, 외교위원으로 노백린 김규식 신익희 나 4인이 피선되었다.

✦ 2월 22일, 화

예정사항

1. 나용균 면회할 것

심대섭 이성택 군이 내방하였다.
북경 신○○(=채호)의 소개서를 갖고 문시환 군이 내방하였다.
나용균을 청하여 흥사단의 주의를 말하였다.

✦ **2월 23일, 수**

> **예정사항**
> 1. 외교위원회 참석
> 2. 국무회의 참석

　오전 9시에 외교위원회를 명덕리 사무실에서 개회하였다. 노백린 군이 제의하기를, 자기는 노령으로 가고, 김규식 군은 런던으로 가는 것이 좋겠다고 하는지라, 내가 말하기를 노령으로 가든지 영국으로 가든지 먼저 우리 일의 진행할 범위를 정하여 가지고 그 후에 사람을 대하여 교섭할 지라, 러시아에는 어떠한 주의로, 영국에는 어떠한 주의로 말(=교섭)할 것을 정하자 한 즉, 노와 신 두 사람은 지금 이를 정하기가 곤란하다고 하는지라, 내가 말하기를 일본의 동아시아에 대한 계책과 한국에 대한 사실을 숫자적(=구체적)으로 조사하여 감이 좋겠다고 한 즉, 노군이 말하기를 러시아와 영국인들이 우리보다 더 자세히 알고 있으니 필요가 없다고 하였다. 혹은 이를 정하자 정하지 말자하는 의견으로 토론이 다(=오래) 하였으나 결정은 없이 산회하였다.

　오후 2시에 국무회의에 출석하여 와싱톤위원부규정 수정안을 토의하다가 외교위원회에 맡겨 결정케 하였다. 김규식 군이 말하기를 와싱톤에서 지내던 일과 상해에서 지내던 과거의 일을 자세히 말한 뒤에 다시 수정함이 좋다고 한 즉, 대통령이 전일의 일을 다 설명하자고 하며, 자기가 위임통치 청원하던 시말을 다 말하며 자기는 그때 (대한인국민회)중앙총회장에게 문의한 일도 없고, 또 중앙총회장이 어떠한 말도 없었다. 단지 그때 한국 문제가 미국 신문에 보도가 없었던 까닭에 이런 것이라도 하여서 신문 보도 자료라도 삼으려 하였노라. 그러므로 이 때문에 나는 사직하겠노라. 또 그동안 집정관총재라 대통령이라 한 관계를 말하였다.

와싱톤외교위원부 재정검열위원을 이시영 씨로 선임하였다.

✦ 2월 24일, 목

오전에 러시아에 부임하는 중국인 OOO 군이 내방하였다. 그가 말하기를 중국 남방정부에서 러시아정부와 연락하여 유학생 기백 명을 러시아로 보내기로 약속하였다고 하였다.

김병조 군이 내방하여 말하기를 예배당을 새롭게 확장하기 위하여 30원씩 출연할 사람 30인을 모집하는데 내가 그 중에 포함되었다고 하였다.

귀주 강화학당을 마친 김홍일 군이 내방하였다.

여운홍 군이 내방하였다.

김홍서 군이 내방하여 말하기를 중국인 최통약 군을 만나본 즉, 그의 말이 중국노동자를 매년 2천인 씩 15년 간에 3만인을 미국으로 보내게 되었다고 하며, 이는 새 대통령 하딩 군이 하는 바라고 하더라고 하는지라. 내가 말하기를 그런 즉 내가 최 군을 면회하여 한국노동자도 참가하여 도미케 함이 가능할는지 내일 정오 경에 그와 면회할 수 있도록 약속하라고 하였다.

저녁 후에 윤기섭 김훈 두 사람의 환영회에 참관하였다.

✦ 2월 25일, 금

> **예정사항**
> 1. 차균상 면회
> 2. 국무회의 출석

오전에 염봉근 권준 이기용 허00 차00 군이 내방하였다.

차균상 군을 청하여 차경신 여사의 병원비로 양 85원을 보냈다.

윤현진 군이 와서 말하기를 김립 김규식 2인이 서로 합동하여 정부를 부지함이 어떠하냐고 하는지라, 내가 말하기를 나는 원치 않는다고 하였다.

12시에 최통약 군을 대동여사에 초대하여 오찬을 했다. 중국노동자 도미하는데 한국노동자를 참가시켜 도미케 하는 것이 어떠냐고 한 즉, 그가 주관하는 사람에게 문의한 후에 회보하겠노라고 하였다.

오후 2시에 국무회의를 개회하고 새 상해정부 임시회계검사원을 선임하여 일체 회계를 검사하기로 의결되고 다음 회의에서 인선하기로 하였다.

이영희 군이 구강으로 출발하였다.

저녁 후에 이동녕 군을 자택으로 문병하였다. 그가 말하기를 대통령이 사직 건을 의논도 없이 국무회의에서 돌연히 선언함은 옳지 않은 일이었다. 추후에 들으니, 어떤 사람이 가서 사직을 권고까지 하였다고 하면서, 이승만 씨가 책임을 지고 사직함은 대불가라. 바로 축출하면 축출 당하지 하며 나더러 생각을 묻는지라. 내가 말하기를 대통령이 사직하면 하와이와 미국에서 한 푼의 재정도 보내오지 않을 터인 즉 이것이 문제라 하였다.

✦ 2월 26일, 토

예정사항

1. 국무회의에 출석

오후 2시 국무회의에 출석하였다. 회계검사위원은 조상섭 이희경 두 사람을 선임하였다. 재무부에서 제출한 예산안을 접수하고 김규식 남형우 두 사람으로 예산위원을 선정하였다.

✦ 2월 27일, 일

몸과 마음이 피로하여 종일토록 침대에 누워 지냈다.

저녁 후에 외교위원회를 위해 영안공사 노 군의 처소에 모였는데 김규식 신규식 군은 도착하였고 신익희 군은 도착하지 않았다.

노군이 말하기를 (사람들이) 이 대통령 성토문을 반포하겠다 함으로 지금 성토한다고 떠들면 내외에 좋지 않은 모양이 되니 호의로 좋게 해결하기 위해 아직은 성토문을 발표하지 말고, 대통령을 방문하여 앞서의 위임통치의 문제로 정부 밖에서 성토한다고 떠드니 그냥 대통령 자리에 있다가는 좋지 못한 모양을 당하고 쫓겨나면 정부는 무너지고 노령과는 영원히 결렬이 될 터이니 당신이 자발적으로 사직원을 제출하고, 다시 이동휘와 악수하여 독립운동을 계속 진행하자 한 즉, 대통령 말이 자기도 그렇게 생각하였노라고 하면서 그렇게 하겠다고 하였다. 이런 약속이 있었는데 그날 국무회의에서 사직을 선언하였고, 그 다음 국무회의에는 출석하지 않은 고로 사직을 그대로 수속(=진행)하는 줄로 알고 김규식 군과 같이 대통령을 방문하여 대통령이 나가는 방식과 또 나간 후에 서로 일할 방식을 물은 즉,

대통령 말이 내가 만일 사직하게 되면 내가 무슨 일에 관계하리오. (하지만) 내가 나간다 하면 몇몇 소수 사람들의 말로 나갈 바가 아니요, 국민대회나 국무원이나 의정원에서 탄핵을 하면 그 뒤에나 나가겠다고 하는지라, 고로 내(=노백린)가 말하기를 대통령의 생각이 밤중에 변하였도다. 그런 즉 나는 당신과 같이 일할 수 없으니 나의 단독으로 행동하겠다고 하였노라고 하였다.

김규식 군이 말하기를 성토문 만이 아니라 국민대표회가 미국 정부에 이 대통령의 위임통치청원안을 전보를 보내 취소하겠다 하는 것을 (그러지) 말라고 만류하였노라. 그런 즉 대통령이 말없이 물러나겠다고 자기에게도 역시 말하더니 이제 (와서) 대통령이 (당신들이) 오해했다고 말하는지라.

내가 말하기를 나는 계원(=노백린)의 생각에 동의하지 않는다. 지금 대통령이 동요되면 대내외에 인심이 추락되겠고 또 미국과 하와이 두 곳에서 재정이 들어오지 않을 것이므로 상해는 문을 닫게 되겠다고 한 즉, 노 군이 말하기를 대통령이 그냥 있으면 성토문이 반포되고 전보가 와싱톤에 가게 돼서 이런 일들이 계속되면 인심의 타락이 더 심하겠고, 노령과의 타협은 절대로 희망이 사라져 분열될 터인 즉, 우리 독립운동에서 노령을 제외하면 무엇을 의지해서 진행하리오. 대통령이 비록 여기에 없다 해도 미국과 하와이에서 재정을 변동치 않을 것이요 또 설혹 이승만 군이 여기에 있는 것이 당장은 좋다고 하더라도 나중에는 결국 축출될지니, 어떤 이유에서 였든 위임통치를 청원한 죄과를 말하면 답할 바가 없다. 그 행한 일을 논하면 민원식 보다 나은 점이 없다. 나 또한 이런 사람을 받들라고 군인들에게 정신교육을 할 수는 없다. 그러나 나는 일을 위하고 자기 개인을 위하여 말했는데도 듣지 않으니 나는 나의 단독으로 행동하겠다고 하였다.

그 뒤에 신익희 군이 도착하였다.

김규식 군이 말하기를 이미 정부 밖에서 이 대통령을 공격하기 시작하였고 자기가 또한 사직한다고 선언하였으니 이제는 나갈 수밖에 없다고 하였다. 그러니 이 대통령이 (당연히) 나가(야 하)는데 그 수습책을 강구하자고 하는지라, 노 군이 말하기를 이 대통령이 순순히 사직하면 이승만 이동휘 서재필 세 사람으로 정부 고문을 삼은 것이 좋겠다고 하는지라, 내가 말하기를 만일에 이승만 군이 순순히 나간다 하면 나도 연대책임으로 사직하겠다. 이 통령이 나감과 동시에 서재필 이승만 이동휘 나 4인이 고문이 되어가지고 노령의 군사는 노 군이 가서 맡고, 구미의 외교는 김규식 군이 가서 맡고, 그 밖의 총장이나 고문들은 명의는 변하였어도 한자리에서 일을 진행하면 좋겠으나 다른 사람들과 대통령의 생각은 모르겠나고 하였다.

신규식 군이 말하기를 이승만 안창호 두 사람이 사직하면 그 부하들이 반감을 일으켜 정부가 어지러워 지겠다고 하는지라, 내가 말하기를 부하도 없으려니와 설혹 있다 하더라도 이승만과 안창호가 진심으로 호의로 사직하여 대사를 붙들고 나가면 그 부하들이 오해하지 않을 것이라 하니, 다른 총장들과도 합석하여 토의하자고 하였다.

✦ 2월 28일, 월

예정사항

1. 이탁 윤현진 김구 제군 면회할 것
2. 의정원 개원식에 참석할 것

오전에 이탁 군이 내방함에 그간 정부 내 사정의 어려운 내막이 있다고 하고, 내 생각에는 이 대통령이 말을 따르면 나까지 사직하여 2년 간의 숙제를 해결하고 노령과 타협한 후에 군사와 외교 행동을 적극적으로 진행하고, 상해에는 정부의 명의만 지키고 교육 실업 단결 세 방면으로 전력하였으면 좋겠다고 하고, 또 우리의 토대가 하도 없어 이와 같이 요동이 되니 정치적 단결(=조직)을 발기하면 좋겠다고 하였다. 그 단결의 취지는 국민 개납 개병 개업의 세 가지를 실시하게 함이라. 그러나 이 역시 잘 진행될는지 내 마음에 믿음이 잘 생기지 않는다고 하였다.

윤현진 군이 내방함에 이탁에게와 같은 취지로 말하였다.

김구 이유필이 내방함에 같은 취지로 말하였다.

오후 2시에 제8회 의정원 개원식에 참석하였다. 식이 끝난 후에 국무원에 가서 국무회의 시간을 의정원 개회 기간에는 매 회기를 오전으로 개정하였다. 대통령 동요 문제를 토론하였으나 결과가 없었다. 이동녕 군이 병으로 누워서 저녁에 이 군 집에서 회의하기로 하였다.

저녁에 이동녕 군 댁에서 모여 의논했는데 이시영 신규식 이동녕 군은 의사 표현이 없고, 신익희 군은 대통령이 나가는 것이 불가하다고 하였고, 노백린 김규식 두 사람은 나가는 것이 옳다고 하였고, 남형우 군은 제도를 변경하자는 뜻으로 말하고, 나는 전에 말한 뜻을 (그대로) 표하였다.

🏛 1921년 3월

✦ 3월 1일, 화

오전 10시에 의정원 내에서 열린 국경축하회에 참석하였다. 오후 2시에 올림픽극장 안에서 개최한 축하회에 참석하였다.

✦ 3월 2일, 수, 비

제2부 임정일지

원문

제2부 | 임정일지
원문

一九二〇年 一月

✦ 民國二年 一月 十四日 水 晴. 北風强烈

豫定事項

一. 孫貞道 病慰問
二. 玉觀彬 慈喪弔問
三. 大陸報記者招待
四. 國務會議出席
五. 宣傳隊組織事로 軍.內 兩部와 協議
六. 內務總長을 訪하야 內次案의 協議

午前 十時頃에 李錫氏 來訪하다.

十一時에 孫貞道氏의 病을 慰問하고, 또 玉觀彬氏의 慈喪을 弔慰하다.

下午 一時에 大陸報 記者 美人 에벤쯔氏를 招待하야 午餐을 나누면서 這間 우리의 일을 많이 贊成한 厚意를 謝하고, 또 歸美한 後에도 繼續 贊助하라는 뜻을 表하고 二時에 氏와 같이 靑年會館 公廳에 移入하야 祕密히 談話할 새 余의 要求한 條件은 一, 佛英에 去하야 各 新聞.雜誌에 記載한

韓日에 關한 問題를 蒐集하야 每船便에 付送할 것. 二, 歐美 政界와 民間에서 韓國의 動靜을 아는 대로 通寄할 것. 三, 美國에 우리 外交員을 訪하야 宣傳 方法을 말하며 贊助할 것. 四, 氏의 代로 우리의 宣傳 일을 擔責할 美人을 紹介할 것. 五, 飛行機 輸入할 方法인 바, 氏의 談이 歐美에 渡한 後 新聞.雜誌의 蒐集 等事는 實行하고, 歐美에서 韓國에 對한 情形探査도 可及的 施行하겠다 하고, 또 韓國外交員의 贊助는 盡力하겠고, 自己를 代하야 宣傳할 人은 美人 혹과 똘트와 페퍼 三人을 紹介하고, 飛行機 輸入은 俄國을 交涉하라고 答한다. 作別하니 三時半이러라.

三時半에 李光洙氏가 來訪하야 獨立新聞社의 工人不足과 尤히 經濟困難으로 紙類까지 購入할 수 없어 停刊할 境遇라 함으로 政府에서 臨時補助金을 支撥하야 爲先 刊行을 繼續하고 永久維持策은 特別한 方法을 定하기로 하다.

李鳳淳女士 來訪하야 看護科에 速히 入學케 함을 要求함에 紅十字病院에는 太延될 것을 말하고, 大韓赤十字社에 看護隊 養成 時期를 待하야 隊員을 多數히 勸募하야 修學케 함이 必要타 하다.

四時에 國務會에 出席하니 二點鍾의 遲參이 된지라 歐美委員團의 電報案件은 이미 決定되었고, 金奎植大使 報告案을 協議할 새 尹海 高昌日 兩氏를 歐羅巴大使團에 參加與否를 討議하다가 留案하다.

五時半에 國務總理의 招待로 永安公司晚餐會에 參하니 各團體及各地方代表와 民間의 年高.有力한 諸氏가 會集하여 各各 意見을 陳述할 새, 余는 同志者의 서로 愛護함과 形勢를 헤아려 今日의 不足한 形便을 즐기어 붙들고 進行하자 함과 政府에 意見을 많이 提出하여 달라는 뜻으로 말하다.

歐美에 歸하는 大陸報記者 에벤쓰에게 酬勞金 二百元을 支撥하라고 外.財 兩次長에게 言함에 應諾하다.

獨立新聞刊行費를 援助케 하라고 尹顯振氏다러 祕書長 金立氏에게 말하야 應諾이 되다.

八時頃에 安定根氏를 逢하야 俄國에 派人事件을 明日 相議키로 約하다.

金弘叙氏와 共히 金鉉軾家를 尋訪하고 十二時頃에 歸하다.

本日 豫定하였던 第五.第六의 件은 時間의 不足으로 實行 못하다.

✦ 一月十五日 木 晴

豫定事項

一. 安定根氏와 面議
二. 內務總長을 訪하야 次長案의 協議
三. 宣傳隊組織事로 軍.內 兩部와 協議
四. 政務協議會 出席
五. 飛行機에 關한 事로 外人을 交涉
六. 體育學校 承認問題로 工務局에 交涉
七. 倫敦타임쓰 記者를 尋訪
八. 本國서 來한 女子에 對하야 修養同盟의 主旨를 說及
九. 尹顯振 招待하는 晩餐會에 往參
十. 鄭仁果氏를 宣傳隊主任이 되도록 國務院에 運動할 것

八時半頃에 王三德氏 來訪하야 李鐸氏의 祕密運動事件을 말하고 同意를 要함에 相當한 時期를 待하라 하고, 또한 西間島內幕을 言하되 現今 勞働會會員들이 六百名에 達하였은 즉 速히 此에 對하야 通信聯絡하라 勸告함으로 承諾하다.

九時에 金蓮實女士 來訪함에 興士團의 目的과 方針을 言하고 女子界의

理想的 改造에 犧牲하라고 勸함에 氏는 그 뜻이 素有하였으나 進行方針을 不得하였노라 言하다. 後日 다시 討論하기로 하다.

安定根氏 來訪하야 俄國에 人員特派할 事를 商議할 새 安恭根氏로 協定하다.

黃鎭南氏로 代하야 에벤쯔氏를 還送할 새 酬勞金 二百元을 送付하다.

十一時頃에 朴宣氏 來訪하야 興士團約法印刷를 中國人印刷所에서 刊印하기로 議定하다. 仝時에 鄭仁果氏 來訪하야 救濟會事件을 商議하고, 또 歐美 及內地에 宣傳方針을 相議할 새 氏에게 宣傳隊主任되기를 勸함에 承諾하다.

十二時에 內務總長을 訪하야 今日 國務會議에는 內務次長을 確定하기로 商議하다.

黃鎭南氏로 하여금 美國人 某氏를 訪하야 飛行機에 關한 事로 面會하기를 請하야 明日 正午에 該事務室에 商議하기로 하다.

體育學校 承認을 爲하야 呂運亨氏를 法領事에 送하야 交涉케 하다.

午後 二時에 國務會議에 出席하야 諸事件을 議定하는 中, 內務次長案은 李圭弘氏로 轉任하다. 國內의 聯通制職員을 內務部特派員으로 하여금 選擇 任命케 하다. 鄭仁果로 宣傳隊主任을 任키로 議決하다.

六時에 尹顯振氏의 招待로 先施公司晩餐會에 參하다.

八時頃에 李華淑女士를 請하야 興士團의 主義方針을 說明하고, 愛國婦人會로서 外國人과 內國人에게 兩方으로 專力 宣傳키로 勸하고 또 그 宣傳의 方法을 說及하다.

九時頃에 咸東哲氏 來訪하야 明日 發程하야 海港으로 向하노라고 함에 서로 告別하다.

任得山氏 來訪하야 南洋群島에 砲兵工敵 有無와 留學生派送의 能否를 問함에 南洋事情을 詳知하는 中國新聞記者에게 探問하기로 答하고 冒險宣傳

隊組織할 事를 商議하여 氏다러 爲先 宣傳隊隊員이 되기를 勸함에 承諾하다.

十一時頃에 金醫師가 來하야 水治療法을 約二時間 分施하다.

터임쓰記者 尋訪은 時間이 不足함으로 未遂하다.

✦ 一月 十六日 金 晴. 稍暖

豫定事項

一. 飛行機大將訪問
二. 政務會議出席
三. 崔謹愚에게 靑年修養에 關한 事를 相議
四. 獨立新聞社에 政府의 補助金 送付키를 催促
五. 西間島勞働會에 通信

消化不良으로 胃痛이 稍有하다

十時頃에 李總理 來訪하야 俄國大將 포타프와 交涉할 事와 大統領 李承晩에 關한 事를 商議하다.

參考로 購키 爲한 書籍은 瑞典式療病體操, 體操上生理, 體育上之論理及實際, 師範學校新敎科書論理學, 新體論理學講議, 師範學校敎科書心理學, 心理學(楊保恒著), 敎育學講議(蔣准喬著), 國民性之訓鍊, 人格修養法, 意志修養法, 歐美憲政眞相, 萬國比敎政府議院之權限, 政法名詞票, 普通敎育生理衛生學, 人種改良學, 德國富强之由來 合十七種이다.

十一時頃에 約二十分間 散步한 後 黃鎭南君과 더불어 飛行機大將 美人 OOO氏를 該氏事務室에 尋訪하야 飛行機買受와 技手 雇用을 要求함에 飛行機買受는 매우 困難하나 盡力周旋할 터이니 來月曜日 下午 八時에 該氏私宅

에서 再會하기로 相約하다.

　一時頃에 私住宅을 求租코저 約三十分間 周覽하다.

　二時에 政務會議에 出席하야 李大統領에게 答電할 案을 議定하다.

　祕書長 金立君에게 獨立新聞補助金請求書를 篤促하야 劉相奎君으로 하여금 李英烈君에게 送하다.

　六時에 李國務總理가 天津益世報主筆 徐謙氏와 그 伯氏를 招待하는 晚餐會席上에서 韓·中의 合致로 日本의 侵略主義를 打滅하자 簡單히 言하다.

　九時頃에 呂運亨君이 來訪하야 俄國過激派와 聯絡할 意見을 陳述하며 自己가 直接 行事할 意가 有하다 言하고, 또 昨日 囑託한 體育學校事로 法領事 訪問한 事實을 回報曰 法領事가 極히 贊成 云云하다.

　吳南喜女士가 來訪하야 自己의 主義를 言하되 將來에 政治界에 獻身코자 云云 故로 余가 答하되 우리나라에는 아직 女子의 後援이 적으리니 寧히 敎育界에 獻身함이 可하다 云하다. 또 內地의 諸般事情을 詳述하며 自己의 同志가 約 四十餘人이라 하다.

　尹顯振君 來訪하야 大事進行方針을 爛議하고 財政策에 對하야 極히 困難한 것을 言하며, 美洲나 夏洲에 나아가 財政運動함이 如何할 것과 國內에 冒險하고 來往할 方針을 討하다가 一時頃에 就寢하다.

　預定한 崔謹愚面會와 勞働會通信은 時間不足으로 未遂하다.

✦ 一月十七日 土 晴

豫定事項

一. 自今日로 午後 九時半以後에는 面會를 謝絕

二. 婦人會勸告할 事件을 起艸
三. 故金敬喜女史追棹會에 參席
四. 愛國婦人會에 往하야 演說
五. 黃鎭南君으로 하여금 倫敦타임쓰記者 訪問
六. 興士團事務室往訪
七. 崔謹愚面會
八. 勞働會에 通信

十時頃에 李鍾郁君이 來訪하야 曰 當局에서 內地로부터 來하는 人에게 諸般 不滿의 事가 有하다. 有論인 즉, 此의 影響이 將後에 如何할는지 不測인 즉 善히 周處하라 云故로 應諾하다.

婦人會에 演說할 大意를 如下히 起草하다.(現下)

金炳鉉군이 來하야 洋五十元을 貸去하다.

十一時頃에 興士團事務室을 往訪하야 그 修理 如何를 周察하다.

勞働會에 通信하다.

二時半에 民團事務室에서 開催한 故金敬喜女士追悼會에 參席하다.

婦人會의 懇請으로 四時에 愛國婦人會에 往하야 〈大韓愛國婦人會의 進行 事件〉이란 題로 演說하다. 其略은, 純潔하고 熱烈한 大韓愛國女子諸位여! 당신네들이 今次 光復事業에 對하야 地位나 名譽나 또 무엇 다른 것을 希望치 아니하고 일의 적고 큰 것과 낮고 높은 것을 가리지 아니하고 다만 眞正한 愛國의 誠忠으로 努力하야 온 것을 밝히 압니다. 여러분은 더욱이 하나님의 能力을 依託하고 어떠한 어려움, 어떠한 괴로움, 어떠한 失敗를 當하던지 조금이라도 落心하지 말고 길이 참고 참고 견디고 견디어 目的을 到達하는 끝까지 나아가 大韓愛國女子의 眞正한 純潔과 熱烈한 것을 完全히 實行케 하야 大韓의 獨立이 完成케 함을 바라고, 이에 여러분의 밟아 行할 몇 가지 事件을 말씀하오니 參考하여 採用하시기를 비나이다.

一, 女子界의 聯絡. 國內國外에 在한 女子團體와 有力한 女子에게 通信 或 其他方法으로 聯絡하야 韓國女子로 하여금 今次 光復事業에 一致 行動케 할 것.

二, 內部의 宣傳. 內外에 在한 男女同胞에게 通信하야 主義를 間斷없이 宣傳함.

注意: 獨立運動期間이 長遠하여질 것을 覺悟케할 것.

　　　臨時政府의 主義 誠意를 諒解케 할 것.

　　　獨立運動에 關하야 熱烈한 使役者의 事實을 알게 할 것.

　　　各國에서 우리 民團에 對하야 同情하는 事實을 알게 할 것.

　　　民間에 流行하는 謠言을 辯白하야 愚惑과 傷心이 없게 할 것.

　　　國民皆兵. 國民皆納. 國民皆業 三大主義를 鼓吹할 것.

　　　獨立運動에 關한 美言良語를 傳播할 것.

三, 政府에 服役. 臨時政府로서 事役을 命할 時에 可能한 者는 實行하야 國民의 模範이 되게 할 것

四, 中國에 宣傳. 宣傳隊를 組織하야 中國의 各團體. 禮拜堂. 學校 等에 巡行하야 唱歌 演說 幻燈으로써 宣傳케할 것.

五, 宣傳資料의 供給. 女子界에서 發生하는 宣傳할 資料를 調査하야 政府 宣傳部에 供給할 것.

六, 勤勞者를 贊賞, 今次 光復事業에 勤勞가 特著한 人員을 調査하야 感謝狀과 紀念品 等을 送할 것.

七, 遺族의 慰勞. 今次 光復事業에 從事하다가 被害한 人員의 遺族을 調査하야 慰勞狀과 諸家兒童에게 慰勞品을 送할 것.

八, 公役者招待. 間或 簡略한 茶菓를 陳設하고 公役者를 招待하야 感賀와 策勵의 意를 幷하야 表示할 것

九, 赤十字社를 幫助. 赤十字社를 盡力하야 幫助하며 可能한 人員은 赤十字隊에 參加하야 看護法을 練習할 것.

十, 外國人을 贊賞. 外國人中에서 今次 我國獨立運動에 贊成하는 人員을 調査하야 感謝狀과 紀念品 等을 送할 것.

注意: 女子들의 手造한 大韓國旗. 大韓地圖繡畫 等과 其他 韓國產品을 用할 것.

十一, 皆納主義實施. 各 女子에게 何許한 財政이 收入하든지 먼저 二十分의 一 惑 三十分의 一을 除하며 每日 炊飯時에 白米 若干을 除하야 此를 光復事業에 供獻케 할 것.

十二, 成績表의 記錄. 女子들은 各各 進行하는 事件을 婦人會에 報告하고 婦人會로서는 各人의 行事와 婦人會의 事業을 綜合 記錄하야 每日의 成績을 調査할 것.

六時頃에 崔謹愚君을 請하야 內部의 宣傳機關組織과 및 國民改造에 關한 問題로 說及하다.

尹顯振君이 來訪하야 新大韓新聞의 停廢策을 말하다.

金元慶女士 來訪하야 婦人會의 進行方針과 및 內地交通의 方便을 問하매 進行할 事件은 爲先 今日 余의 言한 바 十二條를 實踐進行함이 切要하고 內地交通은 政府의 交通機關을 依賴함이 如何하냐 答하다.

崔炳憲君이 來訪하야 政府職員中의 一人이 敵探과 來往한 者가 有하다고 密告하다.

趙尙爕君이 來訪하야 來 三月一日에 示威運動擧行의 預定 與否를 叩함에 計劃中이라고 答하다. 또 今次 運動은 今春 耶蘇敎査經會를 利用하자 하며,

金秉祚牧師로 하여금 다시 內地에 入하야 獨立運動을 主張하다가 被囚케 하자 하다.

十時半頃에 金醫士가 來하야 水治療를 約三十分間 施하다.

黃鎭南君을 未會故로 타임쓰記者訪問預定事는 未遂하다.

✦ 一月十八日 日 晴

豫定事項

一. 李光洙尋訪
二. 興士團事務室往訪
三. 紅十字病院尋訪
四. 禮拜堂에 往
五. 隨暇하야 諸氏를 歷訪

參考로 購키 爲한 書籍은 江間式心身鍛鍊法, 藤田式心身調和法, 靜坐三年, 康德人心能力論, 因是子靜坐法 合五冊이다.

十時頃에 黃鎭南君을 訪하야 咸鏡道와 全羅道의 獨立運動事況과 及 主導者 被捕한 事를 美國에 宣傳하라 하다.

李光洙君을 訪하야 問病하고 興士團事務室을 訪하다.

十一時頃에 紅十字病院에 往하야 約一時間 水治療를 受하다.

二時에 禮拜堂에 往하였다가 三時頃에 李光洙君을 訪함에 室內가 寒冷한지라 故로 先施公司에서 療養케 하기 爲하야 同行하다. 時에 朴宣氏가 來訪함으로 三人 鼎坐하야 興士團約法을 校正하며 印刷할 것을 討論하다.

七時頃 徐弼淳君이 來訪함에 寒喧을 相問하다.

朴白庵君이 來訪하야 中國學生會와 聯絡을 取함이 中國의 有名한 人物과 聯絡함보다 有力하고, 또 中國에 對하야 新聞과 雜誌를 發行하자 하는 故로 新聞은 刊行치 말고 中國의 固有한 新聞을 利用하고 學生會聯絡과 雜誌刊行은 期於히 實施하겠노라 答하다.

任得山君을 請하야 目下 聚需할 問題가 有한즉, 何許한 方法이던지 急速히 十萬元을 辦備키를 盡力하자 하다.

安定根君이 來訪하야 赤十字診療所와 赤十字隊를 實施하기를 斷行 決定하였노라 함에 經濟困難한 此時에 前途를 헤아리지 아니하고 預先着手함이 不可하다 言하다.

玉觀彬君이 來訪하야 美人中에 飛行機를 賣하며, 또 自己가 親히 技手가 되겠노라 하는 者가 有하다 하야 余와 一次面會하기로 相約하다. 또 內地에 示威的으로 財金을 收聚하겠다 함으로 此는 아직 實施치 말라 하다.

金九君이 來訪하야 新大韓에 關한 問題로 國民大會를 開함이 如何하냐 함에 對하야 不可하다 答하다. 有志한 青年으로 示威的 論責하겠다는 것을 挽留하였노라고 言하다. 氏가 親히 誠意的으로 申氏와 其外의 有力히 協贊하는 幾人을 對하야 忠告해 써 覺醒을 圖하겠노라 함에 同意를 表하다.

孫斗煥·金甫淵 二君이 來訪하야 陸軍士學擴張에 關한 事를 問함에 對하야 一, 完全한 士官學生과 半士官學生과 國民軍 三種으로 區別하야 制度를 預備하고 全部人員을 網羅하야 三種中에 어느 것이든지 可能한대로 取擇케 하고 二, 强制徵兵을 勿行하고 一般國民에게 勸告하야 志願者가 多하게 하고, 募集方法은 第一次에는 平均히 勸告하고 第二次에는 定員登錄을 實施하라고 하다. 陸軍士學을 正式官立으로 하야 卒業한 後에는 參尉의 職을 受케 하라 함에 贊成하는 뜻을 表하다.

鄭愛卿·金蓮實 兩女士가 來하야 水治療를 施하겠노라 함에 固謝하고, 女

子修養에 關한 것과 今次 運動에 女子들의 行할 바를 말하다.

預定하였던 書籍을 購入하다.

思慮의 煩雜으로 一時頃에 就寢하다.

✦ 一月 十九日 月 晴

豫定事項

一. 內部及外部宣傳隊 組織事項을 專門的으로 硏究하고 周旋할 일.
二. 尹顯振君을 請하야 施政方針實施案을 相議.
三. 李光洙君 尋訪.
四. 財務協議會出席.
五. 崔謹愚와 宣傳隊組織事項을 相議.

朝起하야 昨日 購買한 書籍의 大意를 槪觀하고 靜坐三年을 約五頁可量 讀하다.

申尙玩君이 來訪하야 內地佛敎靑年聯合會의 顧問員이 되기를 要請함으로 諾하다.

徐弼淳君이 來訪하야 內地로서 來한 朴亨模가 偵探인 것을 自己에게 말한 것을 轉告하며, 또 余의 身體와 일의 機密되기를 爲하야 注意하기를 懇托하다.

鄭仁果군이 來訪하야 來禮拜日에 講道하기를 懇請하는 故로 應諾하다. 政府의 宣傳部를 獨立으로 設置하게 하라 言하다.

玉觀彬군이 來訪하야 飛行機技手를 速히 面會하라는 故로 今日을 過하야 面會時를 定하겠다 하다. 新大韓을 攻擊하기 爲하야 一種의 新聞을 刊行하겠다 함을 不可하다 하다.

金九君이 來訪하야 曰, 卽 警務局長을 辭免하고 個人의 身分으로 新大韓 主務者에게 忠告를 다하겠는데 此意를 內務總長에게 問議한즉 新大韓은 不禁而自禁으로 廢止될 兆朕이 有하니 아직 그대로 放任 云하다 言하다.

黃鎭南군이 來訪함에 內地獨立運動의 事를 美國에 電報하라 催促하고, 또 飛行機大將을 尋訪하라 하다.

十一時半頃에 尹顯振君이 來訪하야 新大韓撤廢案을 國務會議에 提出하라 함에 對하야 不可하다 答하다. 施政方針을 相商議할 새 內部宣傳機關을 組織하고 其次에 外部宣傳機關을 組織하자 하다.

二時半에 政務會議에 出席하야 諸般事項을 協商 決議하고 施政方針을 討論할 새 內部宣傳機關을 急速히 組織하자 하야 可決되고 宣傳委員長으로 余가 被選되다. 다시 外部宣傳機關을 組織하자 하야 可決하고 組織方法은 留案하고 散會하니 五時半이러라.

七時頃에 李英烈군이 來訪하야 吳翼殷君이 曾히 獨立新聞에 專力 云云하는 것을 食言한다 하는 故로 余가 다시 勸告하겠노라 하다.

金蓮實女士 來訪하야 陸軍士學에 入學함이 如何하냐 問함으로 女子隊가 另히 設置되면 已어니와 男子와 同學함은 不可하다 答하다.

金聖謙君이 來訪하야 赤十字隊를 軍部에 隷屬케함이 如何하냐 問함에 其意를 贊成하다.

徐弼淳君이 來訪하야 朴亨模를 다시 會見하였는데 氏의 言이 張斗徹의 行跡이 殊常하니 注意하라 하고, 또 哈爾濱으로부터 倭探 二人이 來하였다 하며 敵人의 主義는 一, 法領事에 私意로 要請하야 다시 政府를 解散케 하고 二, 萬若 私意로 되지 않으면 法國에 對하야 國際上 問題를 惹起키로 한다 하며, 또 重要人物에 對하야서는 意外의 陰險行動이 有할런지도 不知하겠다 하며, 尤히 先生에게 注意를 集中 云云이라 言하며, 余의 宿所는 隱密케 하고 또 모든 事件의 密祕를 懇託하다.

李鳳順女士 來訪하야 陸軍士學에 入學할 뜻이 有하노라고 함에 爲先 紅十字病院에 入하야서 二週日以上 臨時看護員으로 있으면서 看護員에 對하야 爲不爲를 思한 後에 判斷하라 言하다.

九時頃에 李光洙君을 大東旅社에 尋訪하다.

金醫師가 來하야 約一時間 水治療를 受하다.

崔謹愚面會는 時間이 不足함으로 未遂하다.

✦ 一月 二十日 火 晴

豫定事項

一. 崔謹愚·金泰淵을 面會하야 宣傳隊組織事를 協議
二. 金聲根을 請하야 俄領狀況을 問할 것
三. 婦人會會長을 請하야 婦人會에 關한 事를 指導할 것.
四. 高一淸을 訪하야 問病.

九時半頃에 黃鎭南君이 來訪하야 飛行機大將을 訪問한 즉, 該氏의 言이 비룰빈 만리라로 電報하야 飛行機購買할 途의 有無를 探知하겠다 하며, 飛行機技手는 俄人中에서 求할 수 있다 言한다 하다. 어떠한 韓人이 俄國 포타프將軍에게 對하야 韓國臨時政府는 大韓人民의 不信任하는 機關이오, 呂運亨은 日人의 鷹犬이오, 李東輝는 無能力 無價値한 人物인 즉 臨時政府와는 關係를 하지 말라하고, 俄領 國民議會는 國民多數의 信任하는 機關이오, 또 其中에 큰 人物이 多하다고 하는 言을 포타프將軍이 呂運亨君에게 言하더라 하다.

孫永弼君이 來訪하야 前日 貸去한 百元을 一週日間 寬期를 要請함으로 諾하다. 新大韓의 論調는 우리 事業에 큰 障碍가 된다 言함으로 唯唯聽諾하다.

金聲根君이 來訪하야 俄領情形을 報道曰 哈爾濱에 在留하는 柳東說君은 中國紅衣賊과 聯絡하야 財政을 辦備하며, 擧事할 主義를 表示하고 炸彈事業에 同情을 많이 하더라 하며, 君이 曾往에는 上海에 來할 뜻이 없었으나 近間에는 몇 同志의 勸告에 依하야 一次 往還할 意思가 有한 듯하다 하며, 蘇玉領. 海蔘威 等地에서 國民議會를 復活시켜 臨時政府를 攻擊하기로 運動하다가 多數 有志人士의 反對로 未遂하였다 하며, 檀君敎派가 臨時政府擁護할 意가 頗有하며 兼하야 先生에게 關하야 信賴할 意가 有하다 하며, 耶蘇敎牧師 金圭冕 一派가 또 擁護主義가 多大하며 其以外 鄭在寬 等 某某 人士가 政府擁護主義가 切實하야 臨時政府應援會를 組織하기로 運動中이라 하며, 俄領 不平分子에서는 先生에게 對하야 臨時政府를 改造하야 俄領을 詐欺하였다 하며, 또 外交萬能을 主張하며 地方熱을 鼓吹한다고 甚言하는 者가 有하다 하고 君이 俄國式 炸彈法은 如意하게 調査하였노라 云하다.

玉觀彬君이 來訪하야 飛行機技手 面會할 時를 問함에 一二日間 더 기다리라고 하다.

十二時頃에 金구, 韓松溪, 楊濟時 君 等이 來訪하다.

王三德君이 來訪하야 西間島事情을 報道曰 西間島 各團體는 서로 妥協하야 臨時政府命令下에서 行動하려 한다 하며, 新興學校畢業生 三百名과 一個月 後에 畢業할 生徒 一百名 合 四百名은 生活의 途가 無하야 困難한 境遇인데 其生活費는 每月 五千元可量이 有해야 할 터인데 此를 臨時政府로서 求處하기를 바란다 하며, 西間島勞動會會徒가 五·六百名에 達하였는데 此가 獨立行動을 取함으로 統一의 一障碍가 된 則 勞働當局者가 速히 措處하여 주기를 望한다 하는 言이 間島韓族會 幹部職員 金東三의 通信이 有하다 云하는 故로 余答曰 내 個人의 意思나 政府의 意思나 西間島의 軍人養成과

新興學校救濟策을 誠心으로 盡力하려 하는 바라. 然이나 現今에는 政府의 財政이 窘拙함으로 實行치 못하거니와 經濟의 力이 發展하는대로 곧 實行하리라 하고, 또 勞働會에 對하야는 已미 通信하였노라 하다.

午後 九時頃에 京城國民公會代表 徐世忠君(假名 李容默)이 來訪하야 本國의 事情을 陳述하되 國民公會는 國內 各團體의 第一 中心이되는 祕密機關이라 하며, 또 行政總辦部는 政府를 代理하야 國內 各地方을 統率할 意로 成立된 者라 하고 國民會의 總裁는 李商在, 副總裁는 朴重華오, 梁起鐸君도 該機關에 參加하였다 하며, 行政總辦部 總辦은 金思默이라 하며, 以下 總辦部職員과 및 各 道總監은 國內有力한 人士를 網羅하였다 云云故로 余答曰 吾儕 今次 事業進行의 多部分이 祕密에 屬한 故로 域外에 在한 臨時政府와 國內의 各團體와 意見을 諒解하리만큼 疏通이 되지 못함으로 弊害되는 點이 不少한 中, 現今 內地에 置設된 機關이 政府의 施設한 바와는 法制上·制度上에 抵觸과 矛盾이 有하야 政府로서 此를 處理하기 困難케 되었다 하다.

✦ 一月 二十一日 水 晴

豫定事項

一. 李光洙問病
二. 高一淸問病
三. 國務院出席

朝起하야 各新聞을 披閱하고, 靜坐三年을 四頁可量 讀하다.
八時半頃에 李光洙君을 大東旅社에 訪하야 問病하다.
十時頃에 王三德君이 來訪하다.

金聲根君이 俄領으로부터 來한 李鎔君을 紹介하는지라 君이 俄領의 情形을 大綱 陳述하고, 余에게 主義方針을 問함에 對하야 俄領에서 軍事訓練及 兵員募集할 것을 速히 實行하라 하며, 우리의 獨立戰爭에 關한 方針은 大統一的으로 結束하야 海外에서는 正式으로 開戰하고 國內에서는 奇襲的으로 突擊하야 進行하되 一進級.二進級.三進級의 多級으로 潛伏하야 最後 勝利하기까지 繼續 持久하기를 準備하자 하다.

朴世榮君이 來하야 牙齒에 治療를 施하다.

李鍾郁君이 來訪하야 徐世忠君이 來함에 對하야 政府에서 如何한 意思를 持하였는가 問함에 此事를 國務院에서 祕密을 約束한 故로 泄言치 못하겠다 하다.

申尙玩君이 來訪하야 國內에 在한 僧侶로 하여금 軍隊를 編制하자 하며, 또 僧侶 白性基로 하여금 政府의 職員이 되게하자 하는 故로 俱히 同意를 表하다.

一時頃에 李國務總理가 來訪하야 俄國 레닌政府에 派員할 事를 速히 決定하자 함에 同意를 表하다. 또 某가 俄 포타프將軍에게 가서 安昌浩는 美洲에서 李承晩·鄭漢卿으로 더불어 美國의 保護를 請할새 그 請求書에 署名하고 나온 付美派오, 獨立思想이 無한 者니 서로 일을 關係하지 말라고 하는 말을 포타프가 韓馨權君에게 言하였다고 言함에 余도 如此한 言을 昨日 金立君에게 聞하였노라 하다. 張建相·金興濟·黃鎭南君 等이 國務院에 提出한 宣傳部特設하자는 建議書 中에 自己를 無視한 言句가 有하다고 不平하야 辭織書를 提出하겠다 하다.

尹顯振君이 來訪하야 美洲 宋鍾翊君에게 還償할 條大洋 一千五百元을 가져왔다 云하다.

孫斗煥·金甫淵君이 來訪하야 軍士應募勸告書와 軍人假名簿를 持來하야

此를 愛國婦人會에 托하야 婦人들로 하여금 各人을 尋訪 勸告하게 하라 要請함으로 諾하다.

三時頃에 呂運亨君이 來訪하야 余를 俄人에게 中傷시킨다는 言이 李總理의 言과 同一하고, 또 其外 中國人士들에게 中傷시키는 事 있다고 言하다. 呂氏에게 對하야 中國大使 陸徵祥이 明日 到滬한다 하니 面會할 途를 周旋하라 하다.

金甫淵에게 俄者 謄寫한 軍人應募勸告書를 다시 活字로 印刷하라고 勸告함에 君이 應諾하다.

四時頃에 高一清君을 紅十字病院에 訪하야 問病하다.

朴賢煥君이 本國으로부터 近渡한 金容稷君을 紹介함으로 面會하다.

七時에 國務院에 出席하야 本國에서 來한 代表의 報告를 聽하다.

九時頃에 金醫師가 來하야 水治療를 約一時間 施하다.

✦ 一月 二十二日 木 晴

豫定事項

一. 安定根君을 請하야 俄國政府에 派員할 事를 討議
二. 宣傳機關組織할 것을 預備
三. 李光洙問病
四. 國務院出席

九時頃에 安定根君이 來訪함에 余曰 恭根君을 速히 來到하야 俄國으로 出發케 하자 함에 安君의 答이 大事에 어찌 如此히 急急하시나이까 함에, 余曰 일은 俄國 포타프將軍이 不久에 離滬할 터이니 그 發程前에 紹介를

得할 時期를 勿失할 것이오, 이는 俄領方面에서 部分的으로 交涉하리라 한 즉 우리가 先着手할 必要가 有하다 함에 君이 然하다 하고, 只今 德國外交가 必要한데 자기가 曾히 俄國에 捕虜되었던 德國將官을 優待한 結果로 深交한 이가 있고, 또 天主敎 洪神父가 本是 德種이므로 德國의 有力한 人員들을 아는 이가 不少한지라 余가 德國에 往하면 洪神父가 應當 좋은 紹介가 有할 터이오, 또 舊誼가 有한 德將官들의 幫助가 有할 터이니 自己가 往하면 交涉上의 果績이 著有하리라 自信한다 하며, 자기의 從弟 鳳根君이 德語를 善操한 즉 帶同하는 것이 좋겠다 함으로 相當한 時期에 그대로 實施할 터이라 答하다.

金九君이 來訪하야 朴聖基와 會見한 始末을 報道하다.

李鳳順女士 來訪하야 紅十字病院에 入하지 못할 事情을 述하고 赤十字隊에 入學함에 如何를 問함으로 所意所之하라 하다.

尹顯振君이 來訪함에 飛行機購入經費를 速히 辦備하라 催促하고, 또 國務院內情에 對하야 困難한 形便을 討議하다.

十時頃에 李光洙君을 大東旅社에 訪하야 其間所費를 淸算하고 同歸하다.

李華淑女士 來訪함에 婦人會로서 華盛頓·桑港에 通信하야 美國과 歐洲에서 우리 일에 贊助하는 外國人을 調査하야 오게 하고, 또 外人에게 通信할 書信用紙를 極上品으로 擇하야 印刷하라고 勸告하고, 兵員應募勸告書를 婦人會로서 擔任하고 配送하기를 要求한다 한 즉, 氏言이 先生이 直接 女子들에게 委託하는 것이 一層 有效하겠다 答하다.

金錫璜·尹顯振君이 靑年團趣旨書와 및 그 章程의 校正을 要함으로 來 土曜 下午 一時에 다시 會商하자 하다.

孫斗煥君이 來訪함에 軍人募集하는 布告書與軍人假名簿의 注意條件의 校正할 點을 말하고, 또 그 校正할 意見을 幷示하다.

午後 二時에 國務會議에 出席하야 外次 張建相君의 辭職書를 依願許免케 하고 鄭仁果君으로 新任케 議決하다. 其外 議決한 事項은 一, 俄國에 外交員 密派할 事(決定人員 呂運亨·安恭根). 二, 京城國民公會建議案은 接受만 하고 京城에 一人을 特派하야 該案을 妥協하기로 하다.

八時頃에 鄭濟亨君이 來訪하야 自己가 內務部使命으로 平安北道와 및 南道 같이 往還할 터인 즉 注意할 바를 叩問함으로 安東縣에 往하야서는 安秉瓚·金承萬君 等을 對하야 這間 政府로서 多種의 意外事가 發生하야 各樣 施設이 敏速치 못하며 隨하야 各地의 疏通이 圓滑치 못하야 爲先 安東縣에 在留하는 同志들로 하여금 그 바라고 要求함에 滿足하게 함이 無함은 遺憾이라. 然이나 此는 不得已한 事故의 所致니 諒解하기를 바란다 하며, 또 此時를 當하야 서로 意思를 諒解하고 一致行動하는 것이 最急務인 즉, 安君 或 金君이 上海에 속히 來到하야 進行方針을 打協하기를 希望한다 하고, 若堅執不到하면 余가 親히 가기를 생각한다 하고 國內에 入하야는 某某 有力한 同志에게 말하되, 一은 可信할 人員을 擇取하야 道郡參事와 巡查及 其他官僚에 參加하였다가 한 때의 大顚覆을 預備케 하고, 二 는 勇敢한 靑年으로 將來 奇襲의 行動을 取하기 爲하야 祕密結社케 하고, 三은 官公吏退職·納稅拒絶 等 事를 暗中에 宣傳하고, 四는 金貨 十萬元以上을 祕密히 辦送케 하고, 五는 安全하기 爲하야 過度한 勤愼主義로 活動없는 地位에 立하지 말고 冒險的 處事를 힘쓰라 하고, 六은 內地에 聯絡과 金錢收合이 如意치 아니하면 余가 親히 入國할 것을 預告하라 하다.

李鍾郁君이 來訪하야 徐世忠建議事件에 對하야 그 措處 如何를 問함에 該建議案은 接受만 하고 從速하야 相當한 人員을 本國에 派遣하야 다시 打協하기로 하였다 答하다.

朴世榮君이 來하야 牙齒에 施療하다.

金弘敍君이 來訪함에 興士團約法印刷하는 事를 다시 校正하라 勸告하다.

金錫璜君이 來訪함에 宣傳隊에 參加하야 內地에 活動하기를 要함에 君이 同意를 表하다.

金昌世君이 來하야 約一時間 水治療를 施하다.

✦ 一月 二十三日 金 晴

豫定事項

一. 崔謹愚君과 宣傳機關에 關한 事를 商議.
二. 愛國婦人會 國旗製造所를 尋訪할 것.
三. 銀行所에 交涉할 것
四. 興士團事務所尋訪할 것.
五. 國民公會代表 徐世忠을 訪問.

五時에 起寢하야 靜坐三年을 五頁可量 披閱하다.

九時에 玉觀彬君이 來訪하야 本國에 送人하야 威脅的 行動으로 財政을 收集함이 如何하나 함에 大不可라 하고, 또 爆彈으로 營造物을 破壞하며 敵探을 擊殺함이 如何하나 함에 此等事를 輕擧하야 國內에 亂暴的 行이 發生하면 國民의 心理가 激發함보다 紊亂하야질 廢害가 있고, 또 外國人의 疑惑을 惹起할 念慮가 有하니 現時에는 不可하고 必要할 時期에는 當局으로부터 應當 施行할 바가 有하리라고 答하다.

安定根君이 來訪함에 國務院에서 恭根君으로 俄國密派外交員 擇定된 事를 말하고, 德國에 派員할 事는 後期에 實行하리라 하다.

崔謹愚君을 請하야 宣傳機關의 內容을 說明하고 參加하기를 勸함에 明日 或 再明日로 答하겠노라 하다.

李章化君이 來訪하다.

金醫師 來訪하야 滙豊銀行에 同往하야 美國으로 來電換金을 推尋하려한 즉, 피취博士의 紹介를 要함으로 그리하겠노라 하다.

徐世忠君이 來訪하야 今夕에 本國으로 回程하겠노라 하기에 一次 意見을 交換하기 爲하야 明日 發程하라 함에 諾하고 夕陽에 再會하기로 約하다.

鄭仁果君이 來訪함에 外務次長被任된 것을 말하고 外交方針과 宣傳計劃 과 및 人員組織方法을 說明하다.

金聲根君이 來訪하야 俄領靑年에게 送付할 褥과 衣服 等을 請求하기로 鄭仁果君을 更請하야 君의 要求를 應給하라 하야 金·鄭 兩君이 같이 救濟所 로 往하게 하다.

三時頃에 婦人會에서 外國人에게 紀念品으로 用하기 爲하야 國旗製造所 에 尋訪하다.

興士團團所를 尋訪하야 團友諸君을 對하야 宣傳隊를 組織하야 國內에 活 動할 主義를 說明하다.

獨立新聞社를 尋訪하야 申國權君에게 外務部職員되기를 勸告하고, 朱耀 翰君에게 金弘敍君을 도와 興士團約法 印刷校正하기를 要求함에 應諾하다.

昌餘里에 李炳璟君夫人을 訪問하다.

徐世忠君을 訪問함에 出他함으로 未晤하다.

呂運亨君이 來訪함에 昨日 國務會議에서 君이 俄國에 密派外交員으로 被 選한 것을 말하고, 此를 絶對로 祕密을 守하라 하다.

七時에 徐世忠君이 來紡함에 上海臨時政府의 經歷과 與前途進行方針을 數時間에 亘하야 說明하고 內地로서 有力한 人員을 擇送하라 하다.

✦ 一月二十四日 土 晴

豫定事項

一. 黃鎭南君과 飛行機購入事를 商議.
二. 崔謹愚와 宣傳機關에 關한 事를 更議할 것.
三. 鄭愛卿女士에게 興士團에 對한 自覺 與否를 問할 것.
四. 尹顯振·金錫璜·孫貞道 三君과 靑年團에 關한 事를 商議할 것.
五. 來 禮拜日에 講道할 것을 預備.

九時頃에 黃鎭南君이 來訪하야 曰 마일나答電 內開에 마일나에서 水上用 飛行機와 陸上用 飛行機를 能히 購入할 수 있다 云하다.

金世畯君이 來訪하야 北京情形을 報道하야 曰 朴容萬·曺成煥·李光 三人이 다 한 處所에 留하는데 朴氏의 말은 수이 上海로 來한다 하고, 北京社會는 可觀이 別無하다 하며, 自己는 軍事訓練을 돕기 爲하야 西間島로 수이 往하겟다 함에 余가 軍人統一·兵員募集·軍事訓練·軍人의 元部 軍務部를 充實케 할 것과 將來 中領의 作戰과 內地의 作戰에 關한 意思의 大槪를 들어 說明하다.

申尙完君이 來訪하야 僧侶義勇隊編制案을 示하고 可否를 問하기로 同意를 表한 後에 軍務部에 가서 此를 批准하라 勸告하다.

金錫璜·尹顯振·孫貞道 君이 來하야 靑年團趣旨書와 章程을 議定할 새, 名稱은 義勇團이라 改하고 團內의 實行할 十條件을 添入하야 印刷하기로 議定하다.

孫斗煥君을 請하야 宣傳機關事務를 보라고 勸함에 承諾하다.

三時頃에 紅十字病院을 訪하야 美人 노불낸의 弟가 飛行機를 乘하는 技術 如何를 金昌世君으로 하여금 노불낸에게 仔細히 問知케 하다.

五時頃에 心身이 疲勞하므로 休養키 爲하야 大東旅社에 往하다.

✦ 一月 二十五日 日 夕曇

豫定事項

一. 講道

　九時頃에 瑞康里에 來하다. 時에 金立君이 來訪하야 曰 國務院에서 決定한 俄國派員事件의 祕密이 벌써 發露되었다 하며, 그 根源은 軍務次長이 洪濤에게 말하고 洪이 또 俄國人側으로 傳播하야 此를 劉禮均군이 듣고 來報하였다 하고, 또 元世勳·南公善·洪濤 等 某某人이 俄領으로 代議士 六人을 오게 하며 北間島에서 온 代議士에게 同情者되기를 運動하야 議政會가 開하는 時에 李承晩大統領과 現任總長들을 다 갈고 朴容萬·盧伯麟을 中心하야 새로이 政府를 承認式으로 組織하기로 陰謀가 有하다 하다.

　尹顯振君이 來訪하야 財政策이 末由하니 自己가 直接 本國에 往還하겠다 함으로 不可라 하고, 寧히 余가 直接 往還하는 것이 낫겠다 말하다.

　徐弼淳君이 來訪하야 李夫人 메리쓰의 招待하는 午餐會에 同行을 請함에 時間이 無함으로 謝絶하다.

　二時頃에 禮拜堂에서 〈사랑〉이라는 問題를 講道하다.

　四時에 鄭仁果君이 來訪하야 曰 南京大學校校長 美國人 뽀운氏가 二月頃에 北京을 經由하야 韓國과 日本을 다녀와서 美國으로 向할 預定인즉 이 機會를 利用하야 美洲에 救濟員을 派遣하며, 또 內地宣敎師와 聯絡할 길을 取하자 함에 可하다 하고, 明日 上午에 救濟會任員會를 開하야 此를 議定한 後에 南京에 交涉員을 派送케 하자 하다.

　八時頃에 崔謹愚君이 來訪하야 曰 宣傳機關에 아직 參加하기 不能하다 答하다.

　金九君이 奉天으로부터 來한 安州人 吳德仁君을 紹介하다. 民團에서 國民

大會를 열고 警務局長에게 對하야 新大韓 禁止 못한 譴果를 彈劾할 內定이 有하니 辭職書를 預히 提出할 뜻이 有하다 함으로 此等 行動은 一種의 演劇으로 看做하고 우리의 天職을 끝까지 다함이 必要하니 動搖치 말라 하다.

尹顯振君이 來訪하야 本國에 往할 것을 許諾하라 하며, 平安道 等地에 紹介書를 하야 달라 함으로 不可라 하다.

金昌世君이 來訪하야 노불낸의 弟의 飛行機御術이 不充分하다고 答하다.

安定根君이 來訪하야 俄領에 沓田稅 得할 事件을 商議하다.

十時頃에 休養하기 爲하야 大東旅社로 往하다.

+ 一月 二十六日 月 曇·夜雨

豫定事項

一. 救濟會任員會議
二. 興士團團所尋訪
三. 國務會議出席
四. 孫斗煥君을 請하야 宣傳機關의 事를 商議할 것.

九時頃에 瑞康里에 來하다. 救濟會任員 韓松溪, 徐丙浩, 鄭仁果君 等 來함에 任員會를 開하고 左開事項을 議決하다.

一. 뽀운便에 本國敎會에 寄別하야 西洋宣敎師中으로 美國에 一人을 派遣하야 救濟金을 거두게 할 것.

二. 本國各敎會로써 美國本總會에 韓人救濟하라는 것을 電報케할 것.

三. 今次 獨立運動으로 생긴 모든 慘狀盡本을 蒐集하야 美國에 送하야 幻燈을 만들어 各 禮拜堂에 다니며 보이게 할 것.

四, 피취牧師를 시켜서 韓國에 있는 월취監督과 其他 有力한 宣教師에게 慘狀을 當한 遺族救濟하기를 勸告케할 것.

五, 鄭仁果君을 南京으로 派遣하야 쁘운校長과 交渉할 것.

金九君이 奉天으로부터 來한 平壤人 李應三君을 紹介하다.

玉觀彬君이 來訪하야 日本人民에게 日本社會黨의 名義로 內亂煽動할 宣言書 草案을 示함에 可하다 하고 印刷에 付하라 하다.

二時에 國務院에 出席하야 社會黨大會에 祝電할 것과 俄國派員에게 信任狀 줄 것과 俄國政府에 公函할 것과 三月一日에 國內國外에 祝賀式 行할 것과 또는 所謂 滿洲에 獨立運動한다는 鄭安立을 中國官憲과 團體와 新聞에 對하야 鄭某는 一個 狂人이니 推信할 바 없다고 通告할 것을 議定하고 學務次長人選案은 留案하다.

四時에 孫貞道君과 鄭愛卿·金蓮實 兩女士를 帶同하고 興士團團所를 尋訪할 새 花草 四盆을 禮訟하다.

九時頃에 國務總理 來訪하야 曰 俄領에 派員으로 選定한 呂運亨君을 보내면 俄領韓人의 人心을 收拾하기에 困難한 즉 停止하자 함에 다시 생각하자 하다.

孫斗煥君을 請하야 明日부터는 宣傳機關事務를 實施할 터인데 機關組織案을 起草하라 하다.

尹顯振君이 來訪하야 國務院內幕의 근심되는 일을 商議하고 또 財務辦備할 策을 討論하다.

十一時頃에 金昌世君이 來하야 約 一時間 水治療를 施하다.

✦ 一月 二十七日 火 雲·夜雨

豫定事項

一. 宣傳機關組織에 關한 事項
二. 宣傳委員 募集에 關한 事項
三. 內務次長 李圭洪을 面會하야 宣傳에 關한 事項을 商議.
四. 李應三을 面會하야 炸彈隊에 關한 事를 商議
五. 白永燁君을 請하야 西人財産家交涉의 事를 商議.
六. 金河源을 請하야 宣傳機關에 參加 與否를 問할 것.
七. 鮮于爀君을 訪하야 安東交通事項과 財政辦備事項을 商議.
八. 朴殷植君을 訪하야 中國人聯絡에 關한 事를 協議하고 또 先生의 用費를 補助할 것.

八時頃에 白永燁君을 請하야 昔者 우리에게 財政貸付하겠다 하던 西人의 氏名을 詳知하라 하다.

金河源君에게 宣傳機關에 參加하기를 勸함에 承諾하다.

金錫璜君이 來訪하야 義勇團章程印刷草本의 校閱을 請함으로 校閱하다. 今에 余가 緊急히 所需할 處가 有하니 君이 能히 幾許는 辦備할 自信이 有하냐 함에 自己가 本國에 往還하면 二萬元可量을 辦備할 自信이 有하다 함으로 余가 大洋 五萬元이 所要가 되는 바, 즉 本國에 入하야 힘대로 善히 求處하라 하다.

盧泰淵君이 來訪하야 自己生活의 困狀을 陳함으로 二三日後에 十五元可量을 送付코저 하노라 하다.

高一淸君이 來訪하다.

呂運亨君이 來訪하야 曰李光洙君과 같이 露行함이 좋겠다 함으로 不可라 하고, 또 呂君은 俄行을 停止하고 오스틀리아行이 어떠하냐 問함에 自己는

俄國에 行할 뜻이 많음을 말하다.

　十時頃에 鮮于爀君을 訪하야 鮮于爀·趙尙燮 兩君으로 더불어 安東交通部 改設할 事를 討議할 새 確定한 結果를 得치 못하였다.

　韓松溪君을 訪하야 安東交通事를 商議하고, 또 財政策을 討論할 새 君의 言이 金澈君을 本國으로 派遣케 하라 하다.

　朴殷植君을 訪하야 老年에 苦勞됨을 慰하고 洋二十五元을 旅需에 補하라 하다.

　獨立新聞社를 訪하니 朱耀翰君이 病留하였는데 囊橐이 空虛한지라 이에 洋五元을 贈하다.

　李圭洪君이 來訪함에 大政方針에 關한 事를 討議하고, 또 宣傳機關을 理想的으로 擴張하자고 하다.

　孫斗煥君이 來訪함에 宣傳委員會組織할 條例를 起草하라 하고, 委員會所用物品을 國務院에 請求케 하라 하다.

　金九君이 來訪하야 曰 偵探의 嫌疑되는 某를 今夜에 取調하겠다 하기로 勤愼하라 하다.

　吳義殷군이 來訪함에 本國에 入하야 財政辦備함을 勸하고 그 確定 與否를 深思한 後 回報하라 하다.

　黃鎭南君 來訪하야 中國人 徐謙君을 交涉한 始末을 回報 曰 要求한 두 件事가 如意치 않다 하다.

　三時頃에 心身疲惱함으로 謝客留榻하다.

　八時에 二新聞의 論調不一로 因하야 開催한 演說會에 往하야 簡明한 幾句 言으로 新聞一事로 因하야 如此히 集會함이 不可하다고 力說하다. 身體의 疲困으로 趁歸하다.

尹顯振君이 來訪하야 前日의 問題를 繼續하야 曰 自己가 內地에 一次 往還하게 하라 함으로 不可라 하다(在上頁)

尹顯振君이 來訪하야 前題로 入國함을 許하라 함으로 不可하다 하다.

✦ 一月 二十八日 水 雲

豫定事項

一. 李裕弼을 面會하야 宣傳機關에 關한 일을 商議.
二. 黃鎭南을 面會.

八時에 白永燁君이 來訪함에 呂運亨君과 同히 俄行함이 如何하냐 함에 君이 承諾하다.

黃鎭南이 來訪함에 美人財産家 二人의 來歷을 探知하라 하였더니 來報曰 一人은 已히 渡美하였고, 一人은 不知하겠다 云하다.

國務總理 來訪하야 第二次의 呂君派俄事를 停止하자 함에 다시 生覺하자 하고 明 上午 十時에 王正延을 訪問하자 함에 承諾하다.

李甲秀君이 來訪함에 炸彈經營의 內容을 詳問하고 此를 政府의 要求하는 時期를 應하야 使用하라 하다.

李光洙·安定根 兩君이 來訪하다.

梁濾君이 來訪하야 安東交通部事를 商議하고 明朝에 再會하기로 하다.

林鉉君이 來訪하야 上海의 紛爭되는 것을 잘 調和하라 하다. 余曰 新大韓의 論調를 操心하야 紛爭이 起치 않게 하라 하다.

朴宣君이 來訪하다.

五時頃에 北方으로부터 新到한 金羲善君을 訪問하야 東亞旅社에서 晩餐을 共히 하고 君의 宿所를 引導하다.

十時頃에 金昌世君이 來하야 約一時間 水治療를 施하다.

✦ 一月 二十九日 木 雲

豫定事項

一. 王正延訪問.
二. 梁濾君과 安東交通事를 商議.
三. 吳義根君을 面會.
四. 金羲善君을 訪問.
五. 國務院에 出席.
六. 李光洙君의 入團問答.
七. 婦人會長을 面會.

八時頃에 梁濾君이 來訪하야 曰 先生이 余를 輕視하는 態가 有한 故로 自己의 마음이 恒常 섭섭하다 하고 어떠한 過失이 有하면 峻策하라 함에, 余曰 내가 信任할 뿐이지 別故가 없다 하다. 君이 曰 自今以後로 安東에 나아가서 交通에 從事할 새 더욱이 誠忠을 다하고, 또 先生을 信賴할 터인즉 每事를 善히 指導하라 言하다.

孫貞道君이 來訪함에 興士團入團問答式을 速히 行하라 하고, 北京에서 開催하는 東洋宣教師總會에 往할 事를 商議하다.

李鍾郁君이 來訪하야 金嘉鎭君과 分居한 事와 및 生活困難함을 陳하고, 또 金嘉鎭君處所에 鄭丙朝, 鮮于銓 等 賊探이 來往한다 하다.

國務總理 來함에 이에 黃鎭南君을 帶同하고 王正延을 舊德華銀行에 訪하

야 巴里에 在하였을 時에 우리의 일을 爲하야 多大히 幇助한 바를 謝하고 後日에 再會하기로 留約하다.

西伯利亞로 來한 美國探報員을 門所에서 面會하였는데 氏가 韓國의 事情 알기를 要求하며, 또 禮拜二日에 會餐하기를 請함에 諾하다.

國務總理와 共히 金羲善君을 東亞旅社에 訪하다.

金秉祚君이 來訪함에 曾히 余에게 囑하였던 大韓歷史起草件校閱은 忽忙으로 因하야 未遂하였다 하고, 但 歷史와 年代는 建國紀元을 用하야 統一케 하라 하다.

吳熙根君이 來訪함에 余가 君과 共히 入國함이 如何하냐 함에 自己가 先行하야 形勢를 觀望한 後 徐徐히 圖함이 可하다 하다.

金翰君이 來訪하야 入國함을 告함으로 官公吏退職케 함에 傳心注力하라 하다.

申尙琓君이 本國으로 新到한 朴老永, 吳晩善, 吳弼泳, 任弼淳君 等을 紹介함으로 面會하고 曰 此地에 來하야 一般 觀察을 悲觀치 말고 樂觀하라 하다.

孫斗煥君이 來訪함에 宣傳에 關한 일과 修養同盟에 關한 일을 商議하다.

韓松溪君이 來訪하야 曰 財務部에서 自己를 請하였는데 金錢貸付를 要求할 듯하오니 如何함이 可하냐 함에 往하야 形便을 보아 마음대로 處斷하라 하다.

李光洙君이 來訪하야 曰 呂運亨君이 自己에게 對하야 俄國政府에 같이 가자 하는 일과 또 呂氏가 俄人과 交涉한 始末을 詳言하기로 余가 詳知치 못하는 것인 즉 그대는 絶對로 가지 말라 하라 하다.

劉基峻君이 來訪하야 曰 自己가 婚禮式을 行코저 하나, 그 아내 될 이의 父親의 知舊는 先生外에 無人한 즉 主婚되기를 懇望하노라 하기로 今에 輕諾할 수 없은 즉, 新婦의 말을 直接 한번 들은 後에 答하겠다 하다.

二時頃에 國務院에 出席하야 政務를 協議할 새 軍務次長 李椿塾을 學務次長으로 轉任케 하기로 決定하고, 內務部 京城出張部設置案과 財務部印紙案 及國花案을 討議하다가 留案하다.

七時頃에 李錫君이 來訪하야 曰 飛行機·航海術·工學을 學習키 爲하야 美國에 留學하고자 하는 이가 有한 즉, 渡美 一事를 善히 引導하야 달라 함으로 可及的 盡力周旋하겠다고 答하다.

孫斗煥君이 來訪하야 宣傳機關에 關한 일을 商議하다.

劉基峻君이 來訪하야 婚禮에 關한 일을 말하다.

興士團團友에게 團所에 會集하라고 通知하다.

八時頃에 團所에 往하야 李光洙君의 入團問答式을 行코져 할 새 美人 노불낸이 來訪하였다 함으로 歸家한 즉, 씨가 錢鍋 十二箇을 贈送함으로 受하고 往者 去來條를 다 淸算한 後 卽時 團所에 來하야 問答禮를 行할 새 極히 滿足한 問答이 되다.

✦ 一月 三十日 金 雲

豫定事項

一. 國務院協議會 出席
二. 婦人會手工所往訪
三. 吳德泳君을 面會
四. 金羲善君을 面會

八時에 梁憲君이 來訪하야 安東에 速往할 것을 言하고 注意할 것을 問함으로 大綱 設及하고 서로 通信할 것을 相議하다.

李英烈君이 來訪하야 新聞社維持할 策이 無하다 告하기로 余가 또 襄助키를 用力하겠노라 하다.

金九君이 來訪하야 張斗徹 取調한 始末을 報曰 張이 終始 自白치 아니하고, 오직 李承晚大統領의 密探으로 從事하였노라고 云하다.

崔明實女士 來訪하야 神聖한 精神으로 劉氏와 結婚할 決心이 有하냐 問함에 然하다 하다. 約婚한 始末을 聞함에 事實이 正當한 故로 主婚이라는 名義를 許諾하다.

李裕弼君이 來訪하야 宣傳機關의 事件을 商議하려 할 새 君을 內務次長으로 薦하였다가 落果함에 對하야 君은 極度의 不平으로 辭職하고 根本的 解決을 要求하겠다 하야 그러지 말라고 長時間 勸告하되 確應함이 無하다. 다시 宣傳機關에 關한 事를 말하고 宣傳委員會에 參加하기를 要求함에 承諾하다.

金錫璜君이 來訪하야 曰 義勇團章程印刷章本을 다시 와 보이고 自己는 速히 入國하겠다 云하다. 余는 宣傳에 關한 事를 言하다.

玉觀彬君이 來訪하야 曰 美國에 阿片을 密賣할 方針을 言하여 同意를 要함에 絶對不可라고 曰 余의 主張하는 道德은 酒色雜技 等보다 人類의 害毒을 주는 詐欺的 行爲가 大罪惡으로 봄으로 何許한 點으로든지 此等事를 徹底하게 行치 않을 터이오, 또 君에게도 此를 勸하노라고 하다.

鄭愛卿·吳南姬 兩女士가 來訪함에 婦人會에서 製造하는 國旗를 美觀되도록 하며 針工을 바르게 하라 하고, 標本에 供하기 爲하야 國旗一幅을 借與하다.

盧泰淵君이 來訪 曰 何處售用으로 往할 터인데 家貰를 淸算치 못하였다 함으로 洋二十元을 贈送하다.

二時頃에 國務會議에 出席함에 定員이 못됨으로 開會치 못하고 非公式으로 漢城에 總辦部設置案을 爛議하고, 王正延招待案과 北京에 開催하는 東洋

宣敎總會에 派遣할 것을 商議하다.

孫斗煥君이 來訪함에 興士團의 關한 일을 說明하다.

王三德君이 來訪하야 曰 西間道獨立黨員이 日人 二名을 砲殺한 故로 中·日巡警의 搜索이 甚함으로 西間島人士의 困難이 有하다 云하다.

申尙玩君이 來訪함에 宣傳機關의 內容을 說明하고 參加하기를 要함에 承諾하다.

吳德泳君이 來訪함에 臨時政府의 主義方針을 說明할 새 金羲善君이 來訪함으로 中止하고 明日 再會하기로 留約하다.

任得山, 金錫璜 兩君이 來訪하야 內地聯絡에 關한 事를 議論하자 함에 明日 再會하기로 하다.

劉基峻君이 來訪하야 婚禮請單草件을 示하기로 同意를 表하다.

金羲善이 來訪하야 十年前舊感과 및 伊來 積懷를 敍談한 後 今次 獨立運動의 過去와 現在를 말하고, 또 未來方針을 말함에 君이 此에 對하야 同感되노라고 言하다.

✦ 一月三十一日 土 雲·北風江·夕雨

豫定事項

一. 金錫璜, 林得山 兩君을 面會하야 宣傳事項을 商議할 것.
二. 吳德泳君을 面會하야 前議를 繼續할 것.
三. 赤十字看護隊開校式에 參觀하고 또 演說할 것.
四. 孫貞道의 北京東洋宣敎總會에 陳述할 事件을 起草할 것.
五. 孫斗煥君을 面會하야 興士團及宣傳部에 關한 일을 商議할 것.
六. 李裕弼君을 面會하야 宣傳機關에 關한 事를 商議할 것.

林得山 金錫璜 兩君이 來訪함에 宣傳機關에 關한 事를 商論하고 參加하기를 勸함에 이에 承諾하다.

李總理 來訪曰 俄國에 密派員 韓亨權을 派送하였노라 하고, 呂運亨君은 絶對로 派送치 않겠노라 함으로, 余答曰 國務院에서 旣決事案을 獨斷히 停止시킴이 不可하니 다시 國務院에 提議함은 可하다 하다.

玉成彬君이 來訪함에 美人飛行機家의 來歷을 詳報曰 該氏는 使機에 爛熟하고 또 排日熱이 많다 하며, 若該를 使用하랴면 每朔 五百五十元을 支出해야되겠다 하다. 余曰 余와 特別히 時間을 定하고 該氏와 面會하게 하라 하다.

孫斗煥君이 來訪함에 興士團의 內容을 詳細說及하다.

黃鎭南君이 來訪曰 王正延이 日間 九江으로 向하는데 在滬時 所看事의 時間을 已爲排定 故로 우리의 招待事를 今番에는 未應하겠고 往還한 後에 赴應하겠노라고 云하더라.

俄 포타프將軍을 明日에 招待코져 하니 該氏의 時間 有無를 往詢하라 하다.

吳熙根君이 來訪하야 入國할 事를 商議하다.

二時頃에 赤十字看護隊開校式에 往하였다가 演說하니, 其略曰 우리 同志間에 當하는 慘狀과 우리 事業進行이 困難한 여러 가지 關係로 因하야 時로 不愉快한 感情을 禁키 難하나, 그 우리 前途의 成功할 것을 希望하면 足히 慰勞가 될지라. 우리가 成功할 希望이 確然한 것은 有進無退하면 勝利를 得하는 것은 今古에 바뀌지 않는 理致라. 그런데 吾族의 過去와 現在를 말하면 萬事가 無에서 有로 進하고 小에서 大로 至한 것은 明確한 事實이오 現狀이라. 然則 過去와 現在는 有進無退하였슨 즉, 이 未來에도 過去와 現在 같이 進而不止하면 勝利를 可期할지니 空然히 不愉快한 感情으로 興奮을 죽여 悲觀을 짓지 말며, 愈快하고 勇敢한 氣象으로 萬難이 當到하더라도 直進하여야 하겠다 하다.

四時頃에 孫貞道君家에서 孫貞道, 尹顯振君 等의 義勇團發起會에 參席하다. 義勇團施設에 關한 事를 商議하고, 余는 世人의 誤解를 受할 念慮가 有하니 發起會에 參加치 않겠노라 하다.

吳德泳君을 請邀하야 前議를 繼續코져 하였으나 出他不在함으로 未遂하다.

六時頃에 朴宣君이 來訪하다.

舊友吳熙源·吳致殷及吳弼殷君에게 修函하다.

金羲善君을 訪問하다.

尹顯振君이 來訪하야 時局에 關한 事로 夜闌토록 談論하다가 四時半頃에 就寢하야 思慮紛云 故로 安眠치 못하다.

一九二〇年 二月

✦ 二月一日 日 雨

豫定事項

一. 二日間 休養키 爲하야 入院할 것.
二. 吳德泳君 面會할 것.

吳德泳君을 面會코져 二次나 請邀하야도 在家치 않으므로 未遂하다.

八時頃에 金醫師 來하야 入院을 促하는 故로 午後에 入院하겠다 하다.

九時에 鄭仁果君 來訪하야 南京에 往還한 始末을 報道하야 曰 南京大學校長 뽀운씨가 韓國을 爲하야 美國에 往하야 盡力 活動할 뜻을 말하고, 韓國內地의 西人宣敎師들과 每事를 面議하겠노라 云하더라 하고, 다시 外務部諸般 施設에 關한 事를 商議하였는데 君曰 孫斗煥君으로 祕書局長을 任하고 諸般 事를 爲하야 多少間 準備한 後에 就任하는 것이 似好이라 云하다.

片德烈君이 來訪하야 內地에 往還한 事를 報道할 새, 辭意가 不充分함으로 筆記하야 보내라 하다. 君이 安東交通部를 稱怨하기로 余 憤然하야 答曰 氏들은 國家를 爲하야 非常히 努力하다가 洪局長은 病中에 被逮하야 死境을 難免이오, 其外 三氏는 無上의 慘酷한 惡刑을 受할 터이니 交通部員의 內容을 知하는 이는 同情의 淚를 流할지언정 敢히 毀譽의 惡評을 加할 수 없다 하다.

羅昌憲·林昌俊 兩君이 來訪하야 本國의 情況을 報道할 際에 他客이 來訪함으로 後日 從容히 再會하기로 約束하다.

李鍾郁君이 來訪하야 曰 內務總長께서 自己다러 本國에 往還함으로 無하노라고 하다.

玉觀彬君이 來訪하야 曰 某氏를 明日 下午 六時半 或 七時로 紅十字病院에서 面會케 하라고 함으로 諾하다.

李總理 來訪曰 俄國 포타프將軍을 今日 下午 七時半에 東亞旅社에 招待하야 晩餐을 饗케 하자 하다.

黃鎭南氏 來訪함으로 俄 포타프將軍을 招待하기 爲하야 同往 準備하자 하고, 또 明日 下午 六時에 紅十字病院에서 面會하자 하다.

金大使 夫人에게 慰問으로 修函하고, 또 需洋幾許를 贈送하다.

二時頃에 紅十字病院에 入院하다.

七時半에 李總理로 더불어 俄 포타프將軍을 大東旅社에 招待하야 晩餐하다.

✦ 二月 二日 月 朝雪

豫定事項

一. 美國飛行機手面會할 것.

午前에 北京에서 開催하는 東洋宣敎師會에 宣傳할 件(本國에 在留하는 西洋宣敎師에 對하야 우리의 事情, 美日關係(談話資料), 東洋宣敎師에게 對하야 演說할 것) 等을 起草할 새, 頭痛이 漸劇함으로 李光洙君을 邀하야 此次 吾族의 當한 慘狀과 및 敵人의 蠻行을 記錄하라 하고, 또 此를 今夜에 黃鎭南君과 더불어 英文으로 飜譯하야 付印하기를 囑하다.

孫貞道君이 來訪하야 北京宣敎師會에 往할 事를 商議하다.

鄭仁果君이 來訪曰 北京宣敎師會에 先生이 直接 往하라 勸하는 故로 余答曰 曾히 往코져 하였으나 國務總理 以外에 國務院 全體가 此에 對하야 贊成치 아니 함으로 遂意치 못하노라 하다.

五時頃에 飛行機技手를 面會할 새 黃鎭南君이 通譯하다. 余曰 우리를 爲하야 일하야주겠다는 뜻을 致謝하고, 우리를 爲하야 일하기를 作定하라 하다. 氏曰 只今 使役하는 機械廠에서 退職하면 三個月前 預告하기를 約束한 故로 只今 退職할 수는 없고 約一個月前은 預告해야 하겠다 하다.

✦ 二月 三日 火 雲·寒

豫定事項

一. 七時半에 美國探報員의 招待에 應할 것.

昨日보다 身體의 疲勞가 稍愈하다.

今日에 생각된 바는 支那에 對하야 注意할 것은 政界及民間有力者를 調査하야 通信으로써 覺醒을 일으키고, 韓·中親和의 誼를 敦篤케하기 爲하야 爲先 通信上 必要로 通州에 住在하는 金澤榮先生을 邀請해야 되겠다는 생각이 더욱 간절하다.

下午 二時에 吳德淵君이 來訪함에 前日에 未果하였던 光復事業 進行方針을 繼續 說及함에 君이 同意를 極表하다. 또 興士團의 趣旨를 說明하고 入團하기를 勸한 즉, 즐거운 마음으로 承諾하다.

金九·孫斗煥 兩君이 來訪하야 軍人募集事를 周旋하라 함으로 諾하다.

李章夏君이 來訪하야 問病하다.

鄭愛卿, 金蓮實, 吳南喜 三女士 花盆 一座와 及果實을 持來하야 問病하다.

午後는 如昨히 頭痛과 및 心身이 疲勞하다.

七時半에 黃鎭南君을 帶同하고 에스타하우쓰에 美國新聞記者 招待에 應하야 晩餐한 후에 韓國事情을 들어 約二時間 說及하다.

✦ 二月 四日 水 雪雨

豫定事項

一. 權泰瓘을 請하야 本國에 入하야 注意할 바를 說及할 것.
二. 婦人會에 往하야 軍士募集을 爲하야 用力하라 勸할 것.
三. 六時半에 興士團所에 往하야 安國亨君의 問答式을 行할 것.

九時頃에 瑞康里로 來하니 適히 吳德淵君이 來訪한지라, 이에 興士團約法을 贈하고 入團하기를 勸하다.

金羲善君이 來訪함에 이에 柳東說君의 來信을 出示하고 曰 柳君을 上海로 來케하야 軍事注重에 用力하자 함에 君도 同情을 表하고 自己도 另히 修函하야 請來하겠노라 하며 曰 自己가 軍務總長과 性格이 不合한 즉 軍務次長을 不願하노라, 寧히 參謀次長이 되어 柳東說君과 共事하겠노라 云하다.

李漢根君이 來訪하야 金翰君이 入國할 時의 留信을 來傳하다.

權泰瓘君이 來訪 故로 入國하는 目的을 問한 즉, 留學할 意가 有하야 學費를 辦備하기 爲하야 入國하는데 內務部에서 어떠한 使命이 有하다 하나, 何事인지는 不知하겠노라 하다. 余曰 君은 獨立運動 期間에 留學의 意를 停止하고 光復事業에 專力하되 特히 宣傳隊에 參加하야 宣傳事業에 犧牲으로 從事하라 하고, 宣傳의 必要性을 들어 說明한 즉 如命施行하겠노라 云하다.

鄭愛卿女士 來訪함에 余曰 婦人界에서 軍事募集하는 佈告文을 普傳하고, 應募員登錄事를 擔任 施行하라 勸함에 自己는 如命施行하겠노라 云하다.

二時頃에 都寅權이 來訪曰 軍事에 關한 事를 速히 周旋하기를 切望云 故로 力이 及하는대로 幇助하겠노라 答하다.

金弘敍君이 來訪曰 中國人 徐謙氏 慈親喪을 當하였슨즉, 緋緞輓章으로 弔慰하라 함으로 所費를 與하고 如此히 行하라 하다.

孫斗煥君을 請하야 宣傳委員會條例를 校正하다.

○○頃에 頭痛이 劇甚함으로 休息하면서 金鼎穆君을 訪하야 君의 家族과 同히 讚頌歌 二章을 唱하고 歸하다.

婦人會長을 請함에 不在云 故로 預定事를 未遂하다.

八時頃에 興士團所에 往하야 安國亨君의 入團問答式을 行하고 問答이 滿足함으로 入團키로 하다.

本日 靜坐法을 施行하기를 幾日間 試驗하기로 하다.

✦ 二月 五日 木 雨

豫定事項

一. 婦人會에 往하야 軍士募集을 勸告할 것.
二. 金泰淵君을 面會.
三. 權泰瑢君을 面會.
四. 國務會議에 出席

十二時頃에 瑞康里에 來하니 孫斗煥君이 來訪한지라 興士團主義를 詳細 說明하다.

金泰淵君이 來訪曰 冒險團에서 炸彈을 準備할 터인데 經費가 無하야 二十元을 要求하는 故로 寄贈하기를 許諾하다.

申尙玩君이 來訪曰 玉觀彬君이 國內宣傳機關에 關한 事를 經營하자 云하니, 不知커라 此事가 先生의 關係가 有하냐 問함으로 如此한 事 無하다고 答하고, 宣傳部에 關한 事로 明日 午後 一時에 再會하자 하다.

權泰瑢君이 來訪함에 內務部에서 速히 入國하라 하면 明日에 宣傳隊에

參加한 後에 再明日 發程하라 하다.

　二時頃에 國務會議에 出席하니 備員이 못됨으로 開會치 못하고 非公式으로 軍士會議案과 軍務次長案 討議하다가 散會하다.

　吳南喜女士가 來訪함에 興士團의 主義를 說明하다.

　金永熙君이 來訪함에 宣傳部에 關한 事를 說明하다.

　吳德淵君이 來訪함에 興士團主義를 說明하고 明日에 問答式을 行하라 함에 그렇게 하기로 承諾하다.

　尹顯振君이 來訪하야 內務總長辭職案을 討議하고, 又曰 財務總長이 李東輝나 安昌浩를 推戴하고 靑年內閣으로 改造함이 必要하다 云 故로 余曰 只今 會集한 五總長과 및 將來의 來此할 幾位가 中心이 되고 靑年次長들이 團合하야 共事進行함이 가장 適合한 事라 하다.

　愛國婦人會를 訪하야 婦人會에서 軍人登錄事를 擔任 實行하라 勸한 즉, 答曰 婦人界에서 男子들이 女子측에 對하야 不好한 評判을 加함으로 女子들은 此等事에 從事할 意가 無하니 先生께서 親히 婦人會席上에서 勸告함이 可하다 云하다.

　十時頃에 病院으로 歸하다.

◆ 二月 六日 金 雲

豫定事項

一. 宣傳委員을 召集하야 宣傳隊를 組織할 事.
二. 羅昌憲君을 面會하야 本國에 關한 事情을 問議할 것.
三. 崔東旿君을 面會하야 內務部參事辭職書를 問할 것.
四. 金羲善君을 訪問.

五. 吳德淵의 入團問答할 것.

十二時頃에 瑞康里에 來하다.

都寅權君이 來訪하야 軍人應募書分佈事 如何를 問하는 故로 婦人會長을 面會하야 軍士募集勸告文을 宣布를 托한 즉, 該會長言이 曰 一般 男子側에서 女子에 對하야 不好한 評判이 有함으로 女子側에서 如此한 事를 歡迎치 않는 바니 先生이 親히 一般 婦人에게 勸告하라 한 즉, 明日에 다시 婦人들에게 一次 勸告하겠노라 하다.

鮮于爀君이 來訪하야 洪盛益君의 遺史草稿를 出示하는 故로 李光洙君에게 修正을 請하라 하다.

一時頃에 孫斗煥, 金泰淵, 金錫璜, 任得山, 權泰瑢 諸君과 宣傳組織을 商議할 새, 多數의 意思가 各 個人이 直接으로 委員長의 命令을 受하야 進行함이 機密하겠고, 隊員間에 面知는 不可타 함으로 如斯히 決定하고 散會하다.

兪政根君이 來訪하야 民團寄附金을 請求하는 故로 二元을 寄附하다.

金弘敍君이 來訪함에 中國人 徐謙(南政府 法務總長)氏 母親喪에 輓章을 送하라 하다.

權泰瑢君이 來訪함에 本國에 入하야 宣傳隊組織과 宣傳에 關한 事에 對하야 注意할 바를 說明하다.

李章夏君 來訪曰 外務部에서 自己를 書記로 일보라 한 즉, 其可否를 問하는 故로 如此히 하라 하다.

王三德, 羅愚 兩君이 來訪하다.

金永熙君이 來訪함에 宣傳機關에 關한 事를 說明하고 參加하기를 勸告함으로 承諾하다.

七時頃에 興士團所에 往하야 吳德淵君의 入團問答式을 行하다.

✦ 二月 七日 土 雨

豫定事項

一. 國務院에 出席.
二. 婦人會訪問.
三. 金羲善君訪問

九時頃에 金丙鉉, 金九 二君이 來訪하다.

九時半頃에 金羲善君을 訪問하다.

李總理 來訪하야 今日 國務會議에서 軍務次長案을 決議해야 하겠다 言하다.

黃鎭南, 李章和, 金九, 高一淸 等이 來訪하다.

玉觀彬君이 來訪曰 飛行機手가 速히 先生을 面會코자 한다 云하다.

國務會議에 出席하야 軍務次長을 金羲善君으로 選任되고, 故-洪盛益君遺族 救卹金 四百元을 支佛키로 決議하다. 또 漢城總辦府事件을 討議하다가 留案하고 軍事硏究會 召集하기로 決議하다.

婦人會에 往하야 軍事假名簿에 登錄하는사 委託함에 婦人會에서 그대로 決定되다.

✦ 二月 八日 日 雨

豫定事項

一. 美國飛行機手面會.
二. 軍事硏究會傍聽,

二時頃에 飛行機手 에드맨을 面會하야 우리 일에 從事를 請함에 氏가 承諾하다.

三時頃에 軍事硏究會에 參席하야 傍聽할 새 軍事硏究를 組織하다.

王三德, 朴熙淑, 羅愚 三君이 炸彈爆發로 因하야 法警廳에 被拘하였다 함을 黃鎭南君이 來報함으로, 이에 呂運亨, 黃鎭南 二君으로 하여금 法警務官에게 交涉하야 無事케 하기를 要求함에, 警務官이 猶豫하고 炸彈이 爆發된 房에 留하던 人을 尋得하기를 願한다 云하다. 이에 李錫君을 面會하야 그 前後事實을 問한 즉, 自己가 搬移할 時에 或 藥品이 漏落되었다가 如此히 爆發한 듯하다 함으로 黃鎭南, 鄭仁果 二君을 法警廳에 送하야 被拘된 三人은 全然 曖昧한 즉 放送하라 함에 곧 三君이 放送되다.

✦ 二月九日 月 晴

豫定事項

一. 國務會議에 出席
二. 興士團所에 往하야 劉日君의 入團問答式을 行할 것.

十二時頃에 瑞康里에 來함에 尹顯振君이 來訪하야 曰 內務總長의 辭職함을 挽留하라 함으로, 이에 李東寧君을 訪하야 國務會議에 出席을 勸告하고

同行하야 着席하다. 京城總辦府設置事案을 內務部로서 다시 編制하야 送하라 함과 臨時政府會計年度를 三月一日로 定함과 學務次長 李春塾君의 辭職書封還함과 內務部로서 內地에 祕密機關設置案을 內務總長에게 專任함과 議政院에 答辯키 爲하야 出席할 政府委員은 余及申圭植君의 選定됨과 勞働局의 勞働行政停止案의 通過 等이 決議되다.

五時頃에 金河源君이 來訪함으로 宣傳機關에 關한 事와 및 興士團의 趣旨를 說明하다.

團所에 往하야 劉日君의 入團問答式을 行할 새 問答이 充分함으로 入團을 許하다.

✦ 二月 十日 火 半晴半陰

豫定事項

一. 團所에 往하야 問答할 人員을 指定할 것.
二. 金奎植君을 面會할 것.
三. 金嘉鎭君尋訪할 것.
四. 羅昌憲招待할 것.
五. 金河源君面會할 것.

十一時에 瑞康里에 來함에 金泰淵君이 來訪曰 冒險團에서 本國에 派員하야 炸彈을 使用코져 한 즉 此에 對하야 余의 意思를 問함으로, 余曰 現今에 使用하는 것을 不可로 思하노라. 其理由는 幾個 炸彈으로써 敵人을 驅逐殲滅을 圖하자 함은 아니오, 但 人心을 激發시키자는 本意인데 現時에 不可타 함은 先히 國內에 連絡機關을 祕密히 排置하고 冒險宣傳隊를 各地에 分派하야 主義를 宣傳하고, 又 交通·公債券發賣·財政運送 等 機關을 確固히 成立한

後에 使用하야 人心을 激發시키면 其時期를 利用하야 人心의 統一과 財政의 收合됨이 便宜하겠거니와 目下는 聯通部도 아직 各道에 다 設置가 못되었고 交通宣傳·財政收合, 及財政運送 等 機關은 設置되지 못하야 經營中에 在한지라 如斯한 時에 炸彈의 聲이 轟然하야 敵의 戒嚴令이 徒甚하면 人心의 激發함보다 恐怖心만 多케 할 터이오, 잘못하면 亂暴的 行動이 起키도 易하고 戒嚴이 甚한 結果로 聯通制·財政收合·冒險·交通·財政運輸 等 機關施設이 不可能할 것이오, 又 現時政府에는 財政이 極難한 除에 內地로서 財金을 收運할 수 없고 聯絡이 杜絶하면 우리 事業의 維持가 困難할 터이오, 兼하야 炸彈이 爆發된 後에는 敵이 法國公領事에 交涉하야 上海臨時政府의 動搖가 生할런지도 不知할 바라. 無力한 政府로서 家貰와 如한 需用에 受窘하면서 動搖를 被하면 어찌 憂慮할 바 아니리오. 그럼으로 아직 炸彈을 使用치 말고 各種機關을 排置하야 國民에게 聯絡과 財政收合을 可能히 한 後에 使用이 可할지라. 然故로 余는 炸彈以外의 다른 方法으로 人心을 喚起시키려고 祕密히 周旋하는 事가 有한데는 무엇이라고 아직 明言할 수 없노라고 하다. 君은 오직 唯唯라 할 뿐이다.

孫斗煥君에게 宣傳隊員의 通信及報告의 條例를 起草하라 하다.

金河源君이 來訪함에 興士團의 趣旨를 說明하다.

李裕弼君이 來訪하야 曰 祕書局長을 辭任하겠노라 함에, 余曰 祕書局에 다시 留任하거나 議政院 法制局長이 되었으면 좋겠다 한 즉, 君이 法制局長을 願치 않노라 하며 宣傳隊에 入하야 宣傳의 일하기를 願하노라 함으로, 余曰 祕書局長으로 在任하고 宣傳隊에 來함은 可也로되 辭任하고 宣傳隊로 來하면 他의 큰 誤解가 되겠다고 答하다.

崔內承君이 來訪曰 從近 入國코져 한 즉 如何한 使命이든지 有하면 使命하라 함으로 發程前에 다시 一次 來訪하라 하다.

鄭仁果君이 來訪하야 鮮于爀君의 外務部 祕書局長被任을 勸하라 함으로 諾하다.

安定根君이 來訪함에 興士團의 趣旨를 說明하고 興士團約法 一卷을 與하다.

一時頃에 朴宣君이 來訪하다.

安定根君이 來訪하야 余의 內地에 入하겠다는 뜻을 挽勸하며 曰 兄님이 上海에 在치 아니하면 臨時政府의 諸般이 極亂할지라. 君도 余가 政府에 無하면 政府에 傾向할 心이 無하노라 함에, 余答曰 前者 余의 答書한 바와 如히 一은 內地情況을 直接 觀察하면 大事進行方針의 如何히 할 것을 看破할 것. 二, 國內 有力한 人士들과 意見을 交換하며 聯絡을 取할 것. 三, 財政을 辦備할 것. 四, 參狀中에 在한 國內 同胞를 親見하야 余의 마음이나마 慰勞할 것. 如此한 理由인 즉 挽留치 못하리라 하다.

李錫君이 來訪함에 修養方面에 關하야 說明하다.

五時頃에 羅昌憲君을 招待할 새 呂運亨·劉相奎 兩君과 共히 東亞旅社에서 晩餐하다.

呂運亨君이 來訪曰 노우트新聞記者가 余를 面會하기를 願한다 하다.

七時頃에 金興濟君의 入團式을 行할 새 問答이 充分함으로 入團을 許하다.

預定事項인 金嘉鎭君 尋訪은 時間으로 因하야 未遂하다.

◆ 二月 十一日 水 晴

豫定事項

一. 金純一面會.
二. 鮮于爀面會.
三. 團所에 往하야 問答式을 行할 것.

高一淸君이 來訪하야 曰 韓大成의 公債應募組合을 許諾하고 이에 回答하였노라 하다.

金純一君이 來訪하야 本國의 消息을 報道하고, 金炳烈君이 余에게 送하는 金貨 二百九十元을 傳하다.

鄭仁果君이 來訪하야 鮮于爀君의 外務部 祕書局長被任 勸告하는 것을 催促하다.

鄭愛卿·吳南姬·金蓮實 三女士 來訪함에 今夜에 問答式이 有한데 參席하라 하고, 女子中에 團友될 만한 資格이 有한 이 有하면 余에게 紹介하라 하고, 三女士는 女子團友 中에 草創하는 몸이니 마음에 깊이 準備하야 女子界에 큰 模範이 되게 하라 하다.

午後 二時頃에 金聲根君이 來訪曰 今에 炸彈隊員을 入國시킬 터인 바 此旅費를 請求함으로 只今 行動함이 不可라 하고 拒絶하다.

尹顯振君이 來訪曰 只今 畿湖人士들이 先生에게 對하야 名譽와 勢를 獨占하고 獨立新聞을 私機關을 만든다고 大不平이 發生하며, 더욱이 某君 等은 露骨으로 島山은 地方熱로 化한 몸이라고 言하며, 慶尙道人士도 同一한 不平이 有하니 極히 注意하라고 함으로, 余答曰 余에게는 더 注意할 바가 無한 줄 思하노라 하다.

金九君이 來訪曰 敵探의 嫌疑를 受하는 張斗轍을 囚禁하였다가 釋放하였는데 張은 盟誓書를 署하고 政府에 誠忠을 盡하겠노라고 하였다 하다.

鮮于爀君이 來訪함에 外務部 祕書局長의 被任하기를 勸한 즉, 君이 答曰 威海衛 交通部施設의 責任을 負한 故로 不能하노라 함으로, 余曰 交通의 事는 他人에게 任하더라도 君은 外務部에서 辦事함이 適當하다 하니 君이 그대로 생각하야 보겠노라 하다.

金嘉鎭君을 尋訪하야 需條 五十元을 贈送하다.

七時頃에 團所에 往하야 朴賢煥君의 入團問答을 行할 새 充分함으로 許하다.

✦ 二月 十二日 木 雲

豫定事項

一. 本國으로부터 來한 趙宣弘君을 面會할 것.
二. 國務會議에 出席할 것.
三. 團所에 往하야 問答할 것.

本國으로부터 新到한 趙宣弘君이 來訪曰 京城內에 法官及辯護士들과 三萬名되는 侍天教徒가 合하야 共和黨을 組織하고 政府를 擁護하며 金錢을 每朔 收納하기로 作定하였는데 先生에게 要求하는 것은 一, 先生이 該黨의 總裁로 許諾할 것. 二, 政府交通機關과 聯絡을 周旋할 것. 三, 金錢運輸機關을 指示할 것이라 함으로, 答曰 貴黨에서 余를 總裁로 推定하였다 함은 深히 惶感한 바라. 此를 承命할 뜻이 有하나 余가 不敢할뿐더러 現今에 余가 如何한 政黨의 領首가 되는 것은 大局에 影響이 及할 터인즉 許諾할 수 無하다 하고, 君이 國務總理以下 各總長을 尋訪하야 該黨의 組織한 內容을 告하고 顧問員이나 或 贊成員이나 되기를 請하야 보라 하고, 交通機關의 事는 交通次長을 紹介하야 周旋할 터이오. 財政運輸機關은 財務次長을 紹介할 터이니 協商하라 하고, 尹顯振君을 邀하야 紹介하고 該團體와 聯絡하는 것을 余로 더불어 關係를 作치 말고 尹次長과 商議하야 上海政府와 情神上 聯絡이 密接케 하라 하다.

金亨均君이 來訪曰 自己가 廣東武官學校에 留學하러 往할 터인 바 旅費가 不足하야 襄助를 要함으로 多少間 襄助하리라 하다.

李錫君이 來訪함에 大韓의 根本的 獨立과 永久的 自由는 國民 各 個人이 完全한 資格을 作하고 信義的 團結을 成하며, 獨立自由할 만한 根本의 實力을 準備함에 在하다는 뜻으로 說明하니 君의 根本意思가 亦然하다 言하다.

二時頃에 國務會議에 出席하야 政務를 協議할 새 國務總理가 議政院에 提出할 案件을 提出하야 (余)曰 (同)意를 得한 後 議政院에 提出케 하다. 軍務部로서 西間島·北間島·俄領 三區域에 司令部分置案을 提出함에 此를 退却하고 軍制를 編製하야 提出하라고 하다. 內務次長 李圭弘君의 辭織書를 封還하기로 하고 李章夏로 外務部參事, 鄭○○로 交通部參事를 任命하다. 余가 宣傳委員長辭職을 提議함에 不聽하는지라 이에 다시 辭職하기를 聲言하다.

五時頃에 盧○○君이 大東旅社에 國務員一同을 招待하는 晚餐會에 參席하다.

團所에 往하야 朱耀翰君의 入團式을 行할 새 自覺과 決心함이 充分함으로 入團키로 許하다. 金弘敍君을 連하야 問答할 새 所答이 模糊함으로 더 豫備하라 하고 問答을 停止하다.

✦ 二月 十三日 金 雲

豫定事項

一. 趙宣弘君面會.
二. 趙宣弘君招待.
三. 申翼熙君面會.
四. 團所에 往하야 다시 金弘敍君 問答할 것.

申斗植君이 來訪함에 君에게 여러 가지로 時局에 關한 談話를 하고, 君에게 向하야 政府에 入하야 辦事하라 함에 아직 決定할 수 없다 하다.

金鼎穆군이 來訪하야 北京에 向한 孫貞道君에서 安着하였다는 來信을 示하다.

申翼熙君이 來訪하야 自己가 法務次長을 辭職請願할 뜻을 말함에 辭任치 말라 勸告하되 終始不聽하며, 또 國務院의 融合치 못한 것을 恨하노라고 말하며 先生은 特別히 注意하야 주기를 望한다 함으로, 答曰 余는 무엇을 改善함으로 大局의 融和가 잘 될 만한 條件을 찾으면 滿足할 터이나, 余가 才質의 不足한 것은 勿論이나 무엇이 余의 誤失된 事件이라고 아직 찾지 못함으로 憂慮하는 바이니 君은 事를 爲하고 余를 爲하여서 明히 言하라 함에, 君이 曰 余는 先生을 잘 諒解하는 바 우리의 先輩 중에 誠忠이 가장 熱烈하고 臨事處事에 勇力이 過人한지라 무슨 過失을 말할 것이 없고, 다만 熱烈하고 勇氣 있음으로 因하야 他人이 貪權한다는 誤解를 受하게 되고, 또 도무지 없다고도 할 수 없는지라 함으로, 答曰 余가 上海에 到着한 以後에 어떠한 事實이든지 個人의 權利나 地位나 名譽를 標準한 事實이 無하였나니 余는 大統領代理로 內務總長까지 다 내놓고 勞働總辦의 名義를 가지고 國務院에 出席하야 意思를 陳述하며, 그 以外에는 余의 能力이 及하는대로 使役하고 內外에 宣傳하는 事 뿐이니 무엇으로써 余를 向하야 權利를 貪한다 하는지 緣由를 不知하노라 함에, 君이 答曰 先生이 每事를 周旋하되 內務에 關한 事는 內務에, 財務에 關한 事는 財務에, 外務에 關한 事는 外務에 紹介할 것이오, 直接 行使하는 事는 避하라 함에, 余曰 余가 毫末이라도 他部의 權利를 貪하야 直接 行使한 事가 無하고 內務에 關한 事는 內務에 集中케 하고, 財務에 關한 事는 財務에, 軍事에 關한 事는 軍事에, 交通에 關한 事는 交通에 集中키 爲하야 內外人士에게 覺悟를 주기로 努力한 것 뿐이라 한 즉, 君이 曰 例로 擧컨대 체크大將 가이따와 各國領事와 及其他新聞記者를 直接面會하는 等事라 함에, 余答曰 國際上 外交에 關한 事면 余가 直接으로 交涉할 수도 없고 또 할 理도 없거니와 至若 個人上 交分으로

會晤하기를 要求하는데 어찌 拒絶할 수 있으리오. 此는 余가 要求한 바 아니오, 余가 曾히 오랫동안 上海에 在留함으로 外人들이 閣員中에 余를 尋하게 된 것이라. 然이나 余가 交涉하더라도 大小事를 自斷한 바 無하고, 總理와 外交當局者에게 告하야 한 使役者의 態度를 持하였을 뿐이라고 答하다.

朴址朋君이 來訪함에 興士團의 趣旨를 說明함에 君이 그 切實한 바를 覺悟하고 參加하기를 決定하노라 하다.

金秉祚君이 來訪하야 君의 編纂한 歷史印刷事를 相議하야 政府名義로 印刷에 付하기로 議定하되, 君曰 上海에 孫某가 靑年들을 廣東軍事學校에 留學시키는 事를 知하냐 함에, 余曰 傳說을 聞할 뿐이오, 裡面은 仔細히 知치 못하노라 함에, 君曰 여러 靑年들이 自己에게 向하야 留學하러 往하는 것을 問함에 對하야 如何히 答함이 適合하겠냐 함에, 余曰 何人이든지 靑年中의 一人을 先派하야 그 處 形便의 報告 如何를 接한 後에 決定케 하라 하다.

趙宣弘 來訪함에 이에 君의 要求에 依하야 共和黨과 侍天敎主 金龜庵에게 修函하야 君에게 交하고, 交通次長 金澈君을 紹介하야 交通에 關한 事를 約束케 하고 午後 五時에 晩餐을 共히 하자 相約하다.

崔昌植君이 來訪하야 曰 民團에서 行할 三月一日 獨立宣言記念式의 經費 義捐을 請함으로 二十元을 寄附하기로 許諾하다.

李總理 來訪하야 時局에 對하야 憂慮하는 뜻으로 言하고, 余의 宣傳委員長을 辭任치 말라 懇勸함으로 余는 此를 辭任하는 것이 일에 有助하겠다 하다.

趙宣弘君을 招待하야 尹顯振, 金澈 兩君과 共히 晩餐하다.

團所에 往하야 金弘敍君의 問答式을 行하고 入團을 許하기로 하다.

夜闌함으로 歸院치 못하고 瑞康리로 歸宿하다.

✦ 二月 十四日 土 雲

豫定事項
一. 病院에 往하야 治療를 受할 것.
二. 國務會議에 出席할 것.
三. 團所에 往하야 入團式을 行할 것.

九時頃에 崔丙昇君이 來訪하야 曰 自己가 速히 入國하노라 함에 金翰君에게 一書를 傳信함을 托하다.

李梅李夫人이 來訪하야 洋三十元을 求貸함으로 이에 許하다.

尹顯振君이 來訪함에 余曰 宣傳機關을 排置하는 것이 急務인 바 余가 此를 任하야 行하면 自然 各部 行政에 干涉이 되겠고, 如此히 하면 濫權한다는 誤解로 內訌이 有할 듯하야 余는 不得已 辭免하거니와 相當한 適材를 擇任하야 속히 實施케 하자 하다.

鄭仁果君이 來訪하야 外務部事를 相議하다.

鄭蕙園女士 來訪하다.

二時頃에 國務會議에 出席하니 提案預定은 一, 漢城總辦府案. 二, 居留民團提案. 三, 公文式改正案. 四, 議會에 提出할 行政案. 五, 議會에 布告할 敎書案. 六, 軍司令部及武官學校예안. 七, 鄭濟亨報告에 依한 救弊案. 八, 交通總長人選案. 九, 憲法官制改定要求案인 바, 漢城總辦府事案은 內務部에서 起草한 바 無함으로 決議함이 無하고, 二, 居留民團制는 財·交 兩部의 修正한 것이 不充分함으로 內務總長에게 다시 修正하야 提出하라 하고, 三, 公文式改正案은 申翼熙·尹顯振 兩君에게 修正하라 하고 四, 議會에 提出할 行政案을 大綱 議定하고 五, 議會에 布告될 敎書案은 大統領의 親書가 됨으로 議決치 못하다. 余가 宣傳委員長의 辭職書를 提出함에 否決되다. 面會를

相約한 事가 有함으로 早退하다.

이에 團所에 往하야 셀븐醫士를 面會하다.

七時頃에 團所에 往하야 豫備團友로 入團한 劉日, 朱耀翰, 朴賢煥, 金弘敍, 金興濟 五君의 入團式을 行하다.

✦ 二月 十五日 日 雲

豫定事項

一. 飛行機手面會.
二. 團所尋訪.
三. 禮拜堂에……

十一時頃에 高辰昊君을 請하야 興士團의 趣旨를 說明하다.

金羲善君을 訪하야 이에 同歸함에 君이 曰 玉觀彬을 偵探으로 嫌疑하야 平南選擧會에서 議員을 除去하기로 內定이 有하다 하니 如此한 嫌疑를 受한 事實이 有하냐 問함에, 余曰 余는 如此한 事實을 不見하였고, 又 如此한 嫌疑가 有하다 함을 不信한다 하다.

李錫君이 來訪曰 速히 自己가 俄領에 往하야 軍事上 聯絡을 取하겠노라 함에 余는 極히 贊同하다.

徐弼淳君이 來訪하야 朴炯謨의 來信과 및 朴君의 愛國金 五元을 幷히 傳하다.

玉成彬君이 來訪함에 今日 西人 에드멘의 家에 同往하자 約束하다.

金淳一君이 來訪曰 自己가 速히 入國하겠노라 하다.

李鍾郁君이 來訪曰 速히 內地로 向하겠노라 하다.

七時頃에 飛行技手 美人 에드멘君을 玉成彬君과 訪問함에 君은 從事하는 會社에 解雇하기를 預定하고 美國領事에 마일나 來往과 및 飛行機로 各國에 來往할 旅券을 得하였노라 함에 飛行機 購入할 飛機의 力量을 調査한 즉, 一百五十마일 外에는 더 飛行할 수 없는 故로 此는 使用할 수 없고, 此보다 力量이 强大한 飛機를 購入할 途의 有無를 探知한 後에 確定할 터인 즉, 아직 會社에 解雇치 말라 하다. 君의 內外는 款曲히 茶菓를 勸進한다.

二時頃에 禮拜堂을 往하야 禮拜하다.

✦ 二月 十六日 月 雲

豫定事項

一. 崔承鳳面會.
二. 孫斗煥訪問.
三. 金聖基女士訪問.
四. 宣傳委員長辭職書提出.
五. 李圭瑞君의 入團問答.

李錫君이 來訪曰 金公緝君이 航海術을 學習코져 하니 此를 善히 指導하라 함으로 余 盡力하야 周旋하겠노라 하다.

金亨均이 來訪하야 廣東 往할 旅費를 請求함으로 洋二十五元을 寄贈하다.

崔承鳳군이 來訪함에 興士團의 趣旨를 說明하다.

孫斗煥君이 來訪함에 興士團에 入團할 것을 討議한 後에, 君이 曰 自己가 根本的 健全한 人格을 作成하는 根本은 共産主義를 實施하야 國民의 生活을 平均케 함에 在한 줄 知함으로 興士團의 助長的 人格健全은 緩慢하다고 生覺하노라 함에, 余曰 助長的으로 健全한 人格을 多少間 準備함이 無하면

君의 言하는 生活平等의 理想을 實行키 不能할지라. 君이 만일에 그러한 高尙한 主義가 有하면 同盟修練의 行爲로 速히 健全한 人格부터 準備함이 그 主義를 達함에 順序라 하노라 하다.

尹顯振君이 來訪曰 財務部에 財政의 受絀로 危急한 境遇에 處하였으니 速히 財政을 他處에서 取貸하야 달라 함으로 取貸할 만한 處가 生覺나지 아니 하나 用力하겠노라 하다.

金聖基女士 來訪함에 余曰 內地에 入하야 女子界에 宣傳隊를 組織과 國民 皆納同盟員 募集할 兩件을 說明함에 極히 可當타 하며, 明日이라도 發程을 命하면 卽實行하겠노라 하다.

金九君이 來訪曰 軍務部에서 警務局의 名義로 成薰의 家宅搜索에 對하야 自己는 引責辭職하겠노라 함으로 留任하라고 勸告하되 堅執의 意를 表하다.

國務院에 宣傳委員長辭職書를 再次 提出하다.

二時頃에 朴賢煥君을 獨立新聞社에 訪함에 不在함으로 未會하고, 李光洙君과 興士團員募集 進行方針으로 討議하다.

七時頃에 團所에 往하야 李圭瑞君의 入團式으로 問答을 行하고 入團을 許하다.

✦ 二月 十七日 火 雲

豫定事項

一. 安定根君의 入團問答.
二. 黃鎭南으로 하여금 長距里의 航空機 有無를 探問할 것.
三. 崔東旿面會할 것

十一時 頃에 朴醫士 來하야 牙齒에 施術하다.

金亨均君이 來訪하야 曰 從速히 廣東으로 出發하노라 하다.

崔東旿君이 來訪曰 內地에 天道敎人들이 淸雨朝會라는 政治機關을 組織하고 光復大事를 進行하기로 하였는데 將次 大勢를 成할지오, 向者에 先生의 要求하던 二十萬元金額은 將次에 辦備할 만한 希望도 有하다 言함에, 余曰 機關組織됨을 極히 贊成하고, 또 二十萬元 使用하라는 秘密內容을 言하야 曰 此는 飛行機를 利用하야 國內人心을 激發케 하고, 又는 將來 國內의 大爆發을 促起하려 함이라 하다.

朴宣君이 來訪함에 余曰 安定根君이 몸이 不便하야 問答을 行키 不能하다 하다.

尹顯振君이 來訪하야 다시 財政에 關한 事로 討議하다.

黃鎭南君이 來訪曰 探問한 則 마일라에는 長距離 飛行機가 無하다 함으로, 余曰 然則 今夕으로 飛行家 에드멘을 訪하야 大飛行機의 無한 것을 말하고, 社會에 解雇치 말고 後期를 待하라 言하라 하다.

任鉉·李康熙君이 來訪하다.

金義善君이 來訪함에 孫永弼君이 武官學校에 留學 周旋하는 事에 對하야 서로 衝突하는 것보다 善히 妥協하야 聯絡을 取함이 有益하겠고, 또는 陸軍士學生들이 成薰의 家宅을 搜索하였다 하니 그러한 非法한 行動이 無케 하라고 하다. 君이 余다러 어찌하야 宣傳委員長을 辭職하냐 함으로 此理由는 自來로 華盛頓·北京方面의 人物들이 余에 對하야 所謂地方熱이니 野心이니 하는 誤解로 每事에 障碍가 多하였고, 現時 上海의 所謂不平分子도 역시 余에 對하야 以上과 同한 感情이 有한지라, 余는 此를 不顧하고 每事를 執行하야 經過하였거니와 現今에는 國務院內幕에서 亦是 余다러 干涉한다, 貪權한다 하야 不平이 生하는지라 余가 此를 因하야 些少라도 反感의 心理로

辭職함은 아니오, 余가 前과 如히 進行하자면 마음대로 進行은 되지 못하고 內訌만 起할까 恐懼하야 幾時間 沈默한 態度로 自身의 修養을 힘쓰고자 함이라 하다.

✦ 二月 十八日 水 雪

豫定事項

一. 聖書講演會에 出席할 것.

鄭仁果君이 來訪曰 曾日 政府에서 使用하던 美人 랠쓰라는 人이 自己가 大韓臨時政府의 使命을 가지고 韓國에 往還한 後에 韓政府는 다시 如何한 關係를 不與한다고 大不平中에 在하고, 大陸報記者 페퍼도 亦是 不穩한 情이 有하다고 報道가 有하다 하니 此를 如何 措處함이 可하냐 함에, 余曰 此兩君에게 政府로서 相當한 人員이 往하야 這間 우리 政府에서 兩君에게 對하야 周到치 못한 바를 言하고, 또 그 理由를 說明하고 다시 聯絡을 取케 하라고 하다.

尹顯振君이 來訪함에 余曰 安東에서 政府에 送하는 金三千元이 피취牧師에 來하였기로 銀行에서 推尋하야 피취牧師에게 任置하였으니 推用하라 하다.

玉觀彬君이 來訪曰 世上이 余를 偵探이라 嫌疑함에 對하야 如何히 行動함이 可하냐 함에, 余曰 君에 對하야서 如此한 것은 社會의 程度가 幼稚하고 無情한 것을 慨歎하노라. 然이나 君은 罪가 社會에 在하다고 생각지 말고 自身에게 있다 하야 이 時期에 非常한 警醒으로 反省을 求함을 힘쓸지라, 君이 如此한 誤解를 取하는 것이 君의 才가 德보다 勝함으로 因함이니 自今

爲始하야 淳實한 道德方面에 着意하라 하다. 君曰 自己는 代議士를 辭職하고 南京 等地로 往하야 修學함이 어떠하냐 함으로 可合하다 하다.

高辰昊君이 來訪함에 前日에 所言한 人格修養에 對하야 如此히 生覺하냐 하니, 可한 줄로 從前 知之 함에, 余又曰 知함이 重치않고 實行할 만한 決心이 有한 것이 必要하다 하다.

朴賢煥君이 來訪曰 孫永弼의 周旋으로 廣東에 飛行機學習하려 하야 此의 可否를 問함으로, 余曰 虛實을 詳히 探詢하겠노라 하다.

呂運亨君이 來訪曰 先生이 余에게 對하야 不滿히 生覺하는 曲解가 一時에 有하였던 것을 來告하고, 自己는 生活의 困難과 이 社會를 悲觀함으로 議政院代議士以下 各團體의 職任을 一一이 辭免하고 他處로 往하야 自由行動할 뜻을 決定하였음으로 此를 告하노라 함에, 余曰 余가 君에게 對하야 不滿히 生覺한 時가 曾無하고, 君을 如一히 信愛하였고, 君이 또 余를 深히 信愛하는 것도 諒解하는 바니 兩人間에 些少한 關係로라도 感情이 無한 것은 明瞭하고, 但 君에게 參考의 材料로 與할 것은 二者니, 一은 君이 沈着한 方面에 勉勵할 것이오, 二는 規則的 生活하기를 注意할지라. 此兩者가 君의 缺點이라고 言하노라 하고, 또 君이 辭職出他에 對하야는 生活困難의 關係가 有하다 함에는 余가 如何히 言키 難하고, 至若 社會를 悲觀하야 스스로 動搖하는 것은 不可한지라 俄領에 派遣한 安恭根君이 來한 後에 君의 俄國派遣問題도 落着이 될지나 아직 沈默한 몸으로 있기를 望하노라 하다.

李春塾君이 來訪함에 學務次長의 辭職에 對하야 如此히 輕히 함도 不可하고, 일찍이 余와 預議도 無한 것도 섭섭히 생각하노라고 言한 즉, 君이 曰 預告치 않는 것도 不可하나 預告하면 甚히 挽留할까 懼하야 然하였노라고 하다.

黃鎭南君이 來訪曰 飛行技手 에드멘을 訪하여 그대로 言하고서 後期를

待하라 하였노라 하다.

玉觀彬君이 來訪曰 美國人을 使用하야 日本紙幣를 私鑄함이 如何하냐 함에, 余는 如此한 事는 生意도 아니 하노라 함에, 玉君이 曰 此는 敵을 向하야 貽害를 하는 것인 즉 하는 것이 無理가 아닐 듯하다 함에, 余曰 余는 敵에게까지라도 詐欺的 行爲는 絶對로 할 뜻이 無하노라 하다

朴醫士 來하야 牙齒에 施術하다.

申尙玩君이 來訪曰 今日 內地로 向하야 出發한다 함으로 入國하야 進行할 方針을 問한 즉, 君이 曰 一은 全國을 周遊하야 宣傳할 것이오, 二는 佛敎靑年으로 義勇隊를 組織할 것이라고 하다. 余를 向하야 佛敎靑年會에 顧問을 許諾하고, 또 仝會長에 修函을 懇함으로 이에 許諾하고 修函하다.

李奉淳女士 來訪함에 紅十字病院 看護에 入學하게 된 것을 말하다.

李錫·金公緝 兩君이 來訪하야 金君의 航海學工夫할 것을 問함으로 余가 用力周旋하겠노라 하다. 此에 興士團主義를 說明함에 二君이 즐겨 듣다.

金純一君을 請하야 本國에 入하야 進行할 方針을 相議하다.

✦ 二月 十九日 木 雲

豫定事項

一. 國務院에 出席.
二. 團所에 往하야 劉相奎의 入團問答.
三. 金蓮實女士를 入院周旋.

金羲善君이 來訪하야 余다러 宣傳委員長을 辭免치 말고 더우期에 熱心努力함이 可하다고 勸함으로, 余答曰 余가 얼마동안 身과 心을 修養하기 爲하

야서 平時보다 沈默을 取할 뿐이오, 只今도 每事를 不顧하는 것은 아니오. 至若 宣傳委員長하야는 그 職務가 各部에 干涉이 多함으로 不可不辭免코져 함이라고 하다.

崔東旿君이 來訪曰 飛行機에 관한 事로 財政을 辦備키 爲하야 內地 或 地方面에 發說된 事가 有한가 問함으로, 答曰 內地에 在한 余의 至交 兩人에게 言하였으나, 該兩君은 自身의 謹愼을 爲하여서도 絶對 祕密을 守할 터인 즉 他處에 泄祕될 理가 無한 줄로 知하노라 한 즉, 君이 稱善曰 然則 只今 天道敎方面에 對하야 如此한 問題를 가지고 祕密히 要求하면 二十萬元以上 財金을 辦備할 만한 自信이 有한 바, 或 事前發說함으로 因하야 天道敎方面에서 早히 知得하였으면 無靈하게 생각하야 用力이 少할까 念慮함으로 問하였노라 하며, 君이 曰 余가 此事를 責任하고 周旋하다가 失敗하는 時에는 他處에 運動하시려니와 現今間에는 誰某에게든지 要求치 말고 余에게 傳任시키면 辦備할 道理가 有할까 하노라.

金蓮實女士를 引導하야 住院케 하고, 이에 治療를 受함으로 因하야 國務院에 出席치 못하다.

金弘敍君더러 中國政府 法務總長 徐鎌君에게 廣東에 飛行航海及陸海軍學校에 韓國學生을 派遣하야 留學可能 與否를 探詢하라 하였더니 卽來報曰 徐氏가 廣東政府에 叩門하는 電文을 草하야 與하더라 하다.

黃鎭南君이 來訪함에 徐鎌君의 電報原文을 廣東으로 發하라 하다.

李錫君이 來訪함에 興士團趣旨를 擧하야 說明하다.

鄭愛卿女士 來訪하야 興士團入團에 備에 對하야 討議中, 李奉順女士 來訪함에 來日曜日부터 紅十字病院 看護科에 入學하라 하다.

鄭仁果君이 來訪曰 外務部의 職員組織을 善히 周旋하라 함으로, 余曰 得人이 甚難하다. 君이 曰 中國人 란 武官을 外務部宣傳員으로 用하겠다 云하다.

五時頃에 李裕弼君의 招待로 君의 宅에 往하니 趙尙燮·鮮于爀·金澈·高一淸 諸君이 齊合한지라. 이에 晩餐을 共히 하다.

團所에 往하야 劉相奎君의 入團問答을 行코져 할 새 心疲身勞함으로 後日로 讓하다.

十一時頃에 尹顯振君이 來訪하야 時事를 論할 새 國務院內幕의 善히 融合치 못하는 것과 華城頓과 北京에 在한 人物의 各各 分途進行하는 等에 關한 問題로 三時頃에 至토록 討議하고 安眠치 못하다.

✦ 二月 二十日 金 雲

豫定事項

一. 鄭尙彬面會.
二. 團所에 往하야 問答할 것.

金九君이 來訪함에 余曰 警務局長의 辭免을 封還하거든 留任하라 勸함에, 君이 曰 唯命皆從이겠으되 此는 聽치 못하겠노라 云하다.

片德烈君이 來訪하다.

金健亨君을 請하야 興士團의 趣旨를 說明하다.

鄭尙彬君을 請하야 興士團의 趣旨를 說明한 則, 以前부터 如此한 意가 有하되 進方의 處를 未得하였더니 今에 先生의 言을 聞하고 더욱이 決心하노라 云云

李鍾郁·金弘植 兩君이 來訪하다.

定根君이 來訪하야 曰 興士團의 諸般이 皆善이로되 오직 金弘敍君의 團友됨이 不可하야 甚히 憚하노라 함으로, 余曰 金君이 多少間 명료치 못하고

自立的 生活에 不足한 等의 缺點이 有하나 本質이 淳厚한 好人이니 深히 念慮말라고 言하다.

廉奉根君이 來訪曰 先生이 獨立新聞社에 關係가 有한 줄 知하고 二百元을 寄捐하였더니 다시 疑心스러운 말이 有함을 聞하니 何故냐 함에, 余曰 아무 疑心말고 以後에도 더욱 用力하야 襄助하라 하다.

李錫君이 來訪함에 興士團의 趣旨를 說明하다.

秦大均君의 招待로 五時頃에 君의 宅에 往하니 國務總理以外 各總長과 및 趙琬九·申翼熙·韓百源君 等이 先到한지라 이에 晩餐을 共히 하다.

✦ 二月 二十一日 土 雨雪雹

豫定事項

一. 金醫士訪問.
二. 林得山訪問.
三. 兪政奇訪問.
四. 崔昌植訪問

十一時頃에 金醫士宅을 訪問하다.

崔昌植君을 訪하야 不在함으로 未會하다.

孫斗煥君이 來訪하다.

二時頃에 李總理, 李內務總長, 李財務總長이 來訪하야 時局에 關한 事로 長時間 討論할 새 內務總長은 病暇로 受由할 心이 有하노라 하고, 財務總長은 余를 向하야 曰 自己에게 對하야 如何한 誤解가 無한가 함으로, 余는 別로 誤解하는 바 無하고 現今事實이 國務院內幕이 如此하고는 到底히 革命

事業을 進行키 不能하다고 生覺하노라 하다. 우리 國務員은 同心同德으로 同死生할 意志가 決確하야 東京에 在한 敵의 內閣을 向하야 奮鬪할 것이어늘 우리의 現狀은 華盛頓에 在한 人物·北京에 在한 人物·上海에 在한 人物이 各各 自家에서 互相抵抗하려 하고, 敵을 對함에는 勇氣가 없는 듯하니 然하고야 어찌 革命事業을 進行함을 期하리오. 余의 處地는 華盛頓과 北京과 新大韓派及內閣의 모든 不平이 此一介人이 中心된 것은 事實이라. 이럼으로 余는 幾時許間 沈默하야 世人으로 하여금 貪權한다, 野心이 有라는 等의 誤解를 除케 함이 우리 前途에 有益이 될까 하야 余가 本任인 勞働局總辦의 名義로 國務員된 職務以外에는 干涉할 뜻이 적을 뿐이로라 하다. 內·財 兩總長은 曰 先生外에 稱任이 無한즉 宣傳委員長을 辭免치 말고 留任하라고 勸하다.

鄭仁果君이 來訪하다.

✦ 二月 二十二日 日 雲

豫定事項

一. 林得山君等招待.
二. 金銖男面會.
三. 劉尙奎君의 入團問答.

九時頃에 金鼎穆君에게 本國에 往來하던 諸君을 招待코져 하는 바, 此의 設備를 托하다.

孫貞道君이 來訪하야 北京에 往還한 事를 細言하다.

黃學秀君이 來訪하야 曰 三月一日에 宣戰布告코져하는 自己의 意見을 議政院에 提議코져한즉 先生의 意見이 如何하냐 함에, 余曰 大不可라 하다.

君이 又曰 俄領·中領에 司令部排置案을 議政院에 提出하겠다 함으로, 此는 政府에서 所爲事이지 議政院에서는 關係가 無한 事라고 答하다.

金九君이 來訪曰 中國南方에 財政을 運動함이 如何하냐 함에 實驗하야 봄이 似好라 하다.

片德烈君이 來訪曰 自己는 每事에 先生을 依托하노니 如此히 信任하기를 望하노라 하다.

尹顯振君이 來訪하야 臨時政府를 改造하자고 提論하다.

崔承鳳君에 入團할 것을 討議하다.

吳定殷君이 來訪曰 吳翼殷君에게 三千元이 來한 中 二千元은 政府에 送할 條件이나, 君이 曾히 如何한 돈이 來하든지 자기의 回還을 待하라 하였으나 此를 皆 先生이 需用하라 함으로, 余가 此를 用함이 不可하니 政府에 送納하되 吳君에게 以函得諾함이 可하다.

中國 福州에서 士官學校를 了하고 中國軍隊參尉로 在한 金銖男君이 來訪曰 福州廈門 等地에서 財政을 運動하야 보겠노라 함으로 贊意를 表하다.

大東旅館에 本國에 宣傳及財政運動으로 來往하던 林得山·金純一 諸君 等을 招待하다.

七時頃에 劉尙奎君의 入團問答을 行하고 入團키로 許諾하다.

✦ 二月 二十三日 月 雲

豫定事項

一. 國務會議出席.
二. 議政院開會參席.
三. 團所에 往하야 問答式 행할 것.

金秉璉君에게 美國旅費條 六百元을 支給하다.

金蓮實女士 來訪하다.

國務院에 出席함에 交通總長人選案과 兼攝案이 提出되었다가 實行되지 못하다.

崔炳善君이 來訪曰 虹口 日人 新聞社에 在하는 韓在根이라 하는 者의 行動이 殊常한 바, 今에 士學에 入學키를 運動中이니 注意하라고 密告하다.

朴址朋君이 來訪하야 興士團에 關하야 여러 가지로 問함으로 隨問說明하다.

二時頃에 議政院에 往하야 開會式을 參觀하다.

申斗湜君이 來訪하야 自己가 政府에 入하야 辦事할 뜻을 表함으로 余가 贊成하다.

韓松溪君이 來訪하야 五時頃에 自己宅으로 來함을 囑하다.

紅十字醫院에 往하야 金醫士宅을 訪問하고 盧正周君을 訪하야 慰病하다.

五時에 韓松溪君宅에 被招하야 晩餐하다.

七時頃에 團所에 往하야 朴址朋君의 問答을 行하고 入團을 許하기로 하다.

✦ 二月 二十四日 火 晴

豫定事項

一. 鄭尙彬君問答式 行할 것.
二. 柳炳基, 金河源, 林得山 諸君을 面會할 것.

冷水浴과 靜坐法을 今日부터 實行하다.

鄭仁果君이 來訪曰 外論에 美洲로부터 先生에게 二萬五千元이 來하였으

나 此를 내어놓지 아니 한다 한 즉 何故냐 問함으로, 余答曰 余가 君으로 더불어 議論하고 俄領에 稻田農作하기 爲하야 宋鍾翊君에게 美貨 萬元을 送하라 하였더니 宋君이 此를 電換으로 送한지라, 此를 滙豐銀行에 任置하고 安恭根君이 到滬한 後에 相議하야 今年으로 農作을 施實케 되면 該金을 需用하겠고 不然하면 還送할 터이오, 一分이라도 他方面에는 需用할 수 없나니 우리는 莫若한 同志間에도 財錢上에 信用을 確守함이 우리의 主義를 實踐함인 則, 他人의 是是非非는 不顧할 바라 하다.

崔承鳳君에게 興士團의 趣旨를 說明하고 團所로 引導할 터이니 午後 一時에 再來하라고 하다.

玉觀彬君이 來訪曰 自己가 南京에 留學次로 明日 發程하노라 告別함으로, 余曰 某某 靑年들과 會晤하야 一次 敍情하고 發程함이 似好라 한 즉, 玉君의 言은 冷情한 社會에 會合할 意가 없노라 하다.

金銖男君이 來訪하야 金九·林得山과 및 先生이 中國南方에 遊行하야 宣傳하며 財政을 運動할 問題로 討議中에, 그 一行中에 安定根君을 參加케 하고 林得山君을 除함이 似好할 듯하다.

李春塾君이 來訪하다.

林得山君이 來訪하야 義勇團에 關한 事를 相議하고 興士團에 入團預備를 勸告하다.

柳炳基君에게 興士團의 趣旨를 說明함에 君이 自心에 適合하다 하다.

金弘敍君 來訪하야 廣東으로서 徐謙에게 來한 答電을 示함에 其內開에 中國人의 受하는 同一한 規模로 韓人도 武官學武에 入學할 수 있다 하다.

安定根君이 來訪曰 自己는 金弘敍를 信키 難함으로 入團을 주저하노라 하다. 余答曰 此人이 明晳하지 아니할 뿐이지 크게 疑心할 人은 아니라고 說明하다.

金九君이 來訪曰 崔承鳳君을 疑心의 人으로 見하였는 바 此人과 如何한 關係가 有한가 問함으로, 崔君은 本是 安息日敎人으로 金昌世醫師의 親信하는 바라. 아직 未成한 靑年으로 所說에 무슨 失手가 有하였는지는 不知하거니와 別로 疑心할 人은 아니라 한 즉, 君曰 然則 放心하겠노라 하다.

崔承鳳君과 團所에 往하야 隨喜케 하다. 金恒求·朴宣·鄭仁果·金秉琬 四君으로 더불어 興士團理事部에 獻議案을 議定하니, 一, 遠東에서는 入團金을 本團通用貨十元으로 改定할 것. 二, 新入團員保證人에 對하야 一个年間 責任을 擔負케할 것. 三, 同盟貯金部支部를 上海에 設置할 것. 四, 遠東에서 收合하는 慶賀金과 慰勞金은 遠東에 두고 遠東團友에게 需用케 할 것. 五, 新入團員을 診察하야 傳染疾이 無한 後에 入團케 할 것.

六, 朴宣君으로 臨時班長을 權定하였으니 理事部로서 正式 敍任할 것 等이다.

王三德君이 來訪하야 西間島近情을 告하다.

鄭尙彬君이 來하야 入團金貸與를 要함으로 許하다.

七時에 團所에서 鄭尙彬君의 入團問答을 行할 새 不徹底한 點이 有함으로 明日 다시 問答키로 하다.

✦ 二月 二十五日 水 晴

豫定事項

一. 柳炳基, 金用禎, 車均祥君을 面會할 것.
二. 大陸報記者 페퍼君을 面會할 것.
三. 金復炯, 金公緝君의 入團問答할 것.

李錫君이 來訪曰 自己가 興士團主義의 可한 바를 確悟하였고 그대로 實行할 뜻이 有하나, 但 以前에 如此한 主義로 共進하자는 同志者들이 有한데, 今에 該同志들과 如何한 議論이 無히 獨히 興士團에 入하는 것이 如何할까 하는 疑心이 有하노라 함으로, 余問曰 該同志들과 組織한 結社가 有한가 한 즉 無하다 하다, 余曰 然則 余의 生覺에는 君이 此에 先히 入團할 것은 同志者들과 言約한 것을 實踐하는 것이니 此地에 在한 同志에게는 君과 同히 實踐케 할 것이오, 遠距離에 在한 이는 將次 會悟하는 期會를 待하야 引導함이 可하다고, 如何間 些少한 拘束이라도 無한 確斷이 有한 後에 余에게 다시 말하라 하다.

崔東旿君이 淸雨朝會에 送할 信件을 起草하야 來하고 此를 速히 寫送하기를 要하다.

金九君이 來訪曰 福州에 先生과 및 幾人 同行할 바, 自己가 同行하지 말고 代身에 呂運亨君이 往하는 것이 尤好하겠다 하다.

黃鎭南을 帶同하고 大陸報記者 페퍼君을 訪問하야 그간 우리 일에 努力한 바를 致謝하다. 君은 海外에 在한 韓人들의 統一치 못한 것을 痛論하다.

金用禎君이 來訪함에 入團問答할 것을 速히 行하라 하다.

尹林君이 來訪함에 修養에 關한 言으로 勸告하다.

鄭仁果君이 來訪하다.

盧成春君이 來訪하야 本國에 速히 入하겠다 함에 宣傳隊에 參加하라 함에 承諾하다.

李光洙君이 柳炳基君을 紹介함으로 君에 對하야 興士團의 趣旨를 說明한 즉, 君이 自己 마음에 適合하다 함으로 團所에 來하라 하다.

七時에 團所에 往하야 鄭尙彬君의 問答式을 了하야 入團을 許하고, 金復炯君의 入團을 問答할 새 不徹底한 點이 有함으로 明日 다시 問答키로 하다.

金公輯君의 問答은 時間이 無함으로 未行하다.

✦ 二月 二十六日 木 雲雨

豫定事項

一. 國務會에 出席.
二. 議政院에 參席.
三. 金恒求君에게 入團問答을 委任할 것.
四. 光復團代表 韓薰君의 招待에 應할 것.
五. 入團式을 行하고 講演會에 出席할 것.

白永燁君을 請하야 今日 下午에 鄭尙彬君을 訪하야 鄭君의 衣服을 買與하라고 銀十元을 送하다.

李總理 來訪하야 時局에 對한 不評을 多言하고, 自己가 責任을 擔負하고 此局을 한번 飜覆할 터이니 君은 現表치 말고 內로 同志를 隱結하였다가 우리 兩人이 일을 全當하야 終末까지 進行하자 하는지라. 余曰 우리 民族의 程度와 現時 群衆의 心理와 實力을 量한즉, 如此하고는 곧 失敗를 當할 터인즉 萬萬不可하고, 先生은 極히 注意하야 現局을 順潮로 支配하야 融和策을 講究함이 마땅한지라. 先生 意見대로 行하야 成功할 것 같으면 余는 正面에 立하야 行하지, 先生에게 責任을 歸하고 後面에 立할 바 아니라 하다.

孫貞道君이 來訪曰 自己가 臨時議政院議長을 辭免할 意가 有하다 함으로 輕히 判定하야 對答키 難하다 하다.

玉觀彬君이 來訪曰 그간 旅費未備로 今夕에야 南京으로 向한다고 告辭하다.

金恒求君에게 金公緝, 金復炯 兩君의 入團問答을 委託하다.

國務會議에 出席하야 議政院에 質問答辯할 것을 通過하고, 總理의 施政方

針演說案을 通過하고, 法務總長 申奎植君의 辭職을 封還하고, 義和公의 安東交通部에 在하던 書類를 檢閱하다.

金醫士宅을 訪問하고 議政院에 參席하다.

車均祥君을 面會하고 興士團에 入團키를 言하다.

光復團代表 韓薰君이 政府閣員 總理以下 各總長及各次長을 招待하는 晚餐會를 大東旅社에 開하다. 參涉하였다가 團所 時間의 相値로 團所로 往하야 新히 問答한 六人의 入團式을 行하고, 李光洙君의 講演하는 席에 參하였다가 演畢에 諸團友와 同히 社會主義에 關한 바를 討論하다.

尹右山君이 來訪함에 君에게 前者 美洲로서 余에게 來한 金의 內情을 去二十四日 鄭仁果君에게 對하야 한 言과 同히 言한 즉, 君이 曰 自己가 先聞하였고 또 外論이 盛沸騰한다 하다.(尙在記 昨日記事)

✦ 二月 二十七日 金 雲

豫定事項

一. 鄭愛卿·吳南姬·金蓮實 三女士面會.
二. 怡隆洋行主人소조열君訪問.
三. 議政院에 參席.
四. 團所尋訪.

尹顯振君이 來訪曰 現에 政府의 財政이 甚急한 境遇에 處하였은 즉, 美洲로 來한 萬元 中에서 幾許間 取用하자 함으로, 余答曰 該金은 速히 還送할 터이오, 取貸하야 줄 權利가 無하다고 하다.

鄭愛卿·吳南姬·金蓮實 三女士에게 對하야 入團問答을 速히 行하겠나 問

함에 速히 行하겠다고 함에, 余曰 君等이 此事를 行하는 것은 君의 一平生에 큰 關係를 作하는 것이오, 大韓女子界에 對하야 重한 責任을 持하는 것이니 深히 思量하야 먼저 뜻을 確定할 것이오, 무엇이든지 此에 對하야 求碍되는 理由가 有하거든 余에게 從容히 來告하라 하고, 日間 私席에서 君의 自覺한 것을 알기 爲하야 大綱 問答을 行하자 함에 承諾하다.

都寅權君이 來訪曰 自己의 實行하는 主義는 不良한 分子를 威力으로 除去하야 先生을 後援코져 함으로 過去에 他人에게 是非를 受하는 事 種種 有하였거니와 此後에도 此主義대로 進할 터이오, 爲先 今次 議政院內의 不善한 分子를 除去하겠노라 하는지라, 余曰 民族의 程度가 高尙하고 實力이 充分하더라도 威力으로 壓制하는 事를 行하면 社會에 惡空氣가 充塞하야 亂暴한 破潰를 成하나니 現今 우리 民族은 程度가 幼稚하고 總機關에는 實力이 薄弱하야 情神上으로나 物質上으로나 極히 空虛한지라. 此際에 極烈한 行動이 有하면 諸事가 瓦解될지니 現今에 注意할 바는 德義的 行動으로 社會의 活氣를 保存하야, 먼저 情神上 結合의 力을 備하고 此로 進하야 物質의 力을 具키를 計圖할지니 君은 極히 注意할 바라 하고, 또 君이 余를 後援한다 하나 君이 如此히 單獨的 行動하는 것이 來終에는 情神上 責任이 余에게 及함으로 余에게 그 障碍가 되는 줄을 不知하느냐 하다.

李錫君이 來訪曰 興士團에 入團하기로 決定하였노라 함에, 이에 約法을 與하고 此를 仔細히 閱讀한 後에 再會하자 하다.

金亨均이 來訪함에 余曰 李光洙君에게 言을 聞하였나 함에 君이 曰 興士團의 趣旨를 聞하고 入團코져 作定하였노라 하는지라, 余曰 然則 歸하야 興士團을 善히 硏究한 後에 再會하자 하다.

金澈, 鄭仁果 兩君이 來訪曰 소저열의 宿所를 아직 定치 못한 故로 다시 旅館을 定코져 하노라 하다. 余曰 余와 面會할 時間을 約束하고 通寄하라 하다.

劉相奎, 金復炯 兩君에게 簡單한 訓諭를 주니, 其略曰 余가 東渡한 처음부터 兩君이 余를 도울 새 어떠한 祕密, 어떠한 事爲를 勿論하고 다같이 아는 바라. 兩君이 余를 도움이 어떠한 希望을 以하는 바 아니라, 余를 도움이 卽 한 團事를 돕자고 努力하는 바, 感謝하노라. 今에 余가 如何한 物質로써 與치는 못하나, 但 情神으로써 兩君에 與하겠노라. 兩君이 새 決心(入團을 指)을 가지고 修養하야 前進할 바, 余와 恒常 密接히 相會함으로 或 余의 不足한 것을 効할까 하노라. 余와 相從이 稍遠한 이는 余로 因하야 修養이 得中하나, 此와 反하야 密接히 相從함으로 余의 短處가 不無타기 難한 즉, 余의 短處에 對하야 極히 修養하는데 注意하라 하다.

一時半에 金東農을 訪問하고 議政院會議에 參席하였다가 金羲善君과 同히 瑞康里로 歸하다.

吳正殷君이 來訪曰 吳翼殷의 二千元을 韓松溪에게 任置코져 하노라 함으로, 余曰 政府에 貸付하는 것이 如何한가 함에 君이 承諾하다.

金聖基女士 來訪함에 興士團의 趣旨를 說明한 즉 極히 適合하다 하다.

李光洙君이 來訪하다.

朴宣君이 來訪하야 昨日 團所에 竊盜가 入하야 食床及茶具 等을 迺失하였다 告하다.

金聲根君이 來訪하다.

林得山君이 來訪하야 義勇隊及興士團에 關한 事로 相議하다.

金錫璜君이 來訪하야 義勇隊에 關한 事를 問議하다.

韓松溪君이 來訪曰 吳翼殷君의 二千元條를 自己가 任置코져 함으로 政府의 財政 時急하니 不得不 此를 取하여야 하겠다 한 즉, 君曰 吳君의 것을 表示 아니하고 自己의 돈으로 千元可量 政府에 貸하겠노라고 하다.

高永澤女士 來訪하야 自己가 目下受窘이 甚함으로 三十元만 取貸하기를

要함으로 如數히 貸與하다.

朴宜君이 來訪하였음으로 團所에 不往하다.

소저열君은 金澈君이 時間을 約束치 못함으로 未訪하다.

✦ 二月 二十八日 土 晴

豫定事項

一. 光復團代表韓薰君訪問.
二. 孫永弼訪問.
三. 소저열訪問.
四. 三月 一日寄付金을 送할 것.
五. 李總理에게 送金할 것.

尹林, 李奉烈 兩君이 來訪하다. 李君이 自己 前途에 對하야 訓戒를 請함으로, 余曰 先히 確固한 意志를 立하고 修養에 專力하야 高尙한 品格을 作하며 一種以上의 專門知識을 備할 것이오, 또는 今次事業에 生命을 犧牲하기로 決心하라 하다.

吳正殷君이 來訪曰 吳翼殷의 二千元條를 已히 韓松溪에게 任置하였습니다 함으로, 余曰 無妨하다. 韓君이 이미 政府에 取付하기를 許諾하다 하다.

李鍾郁君이 來訪曰 內務部使命을 帶하고 從速하야 入國코져 하니 注意될 바를 생각하였다가 指示하기를 望하노라 하다.

孫斗煥君이 來訪하다.

朴殷植君이 來訪하야 需用支絀함을 말함으로 洋拾元을 呈送하다.

韓應和君에 興士團趣旨를 說明하다.

鄭仁果君이 來訪하야 今夕에 소저열君을 招待하자 함에 許諾하다.

二時頃에 議政院에(國務總理施政方針演說預定日也) 往하니 適 議員未滿으로 流會하다. 이어 諸國務員과 同 法務總長 申奎植宅에 會함에, 余曰 우리 國務員들은 議定院에 對하야 一致하게 順潮로 應하지 些少라도 衝突이 생케 말게 하자 하다. 時에 衆言이 禮拜二日 議政院에는 他國務員으로 總理를 代하야 答辨케하자 함에 衆議同一하다.

金羲善君이 來訪하다.

李總理 來訪하야 晩餐會費가 無타 함으로 二十元을 取給하다.

이어 仝晩餐會에서 소저열君에게 韓國事情을 仔細 말함에, 君은 身을 내어 놓고 끝까지 일하겠노라 하다.

十時頃에 北京路 禮拜堂에서 行하는 小兒演劇을 暫往하고 곧 尹顯振君을 訪한 즉, 君과 金立君이 共히 美洲로 來한 條로 急需에 應하자 함에, 余曰 不正當한 事이므로 絕對 履行치 못하겠노라 하다.

李總理에게 送金치 못하다.

✦ 二月二十九日 日 晴

豫定事項

一. 金九, 崔日君面會할 것.
二. 鄭, 金, 吳 三女士에게 入團問答을 準備시킬 것.
三. 禮拜堂에 往할 것.
四. 團所에 往할 것. 五. 金醫士宅尋訪할 것.

金九, 崔日 兩君과 內地宣傳隊排置事를 討論하고 興士團의 趣旨를 說明하

다.

　鄭·金·吳 三女의 入團問答準備로 問答타가 時間의 促迫으로 中止하다.

　金玉淵女士 來訪하다.

　孫貞道君이 來訪하다.

　崔承鳳君이 來訪曰 入團코져 하되 夕後時間을 陸士學에 受由가 念慮이라 함으로 余가 軍務次長에게 말하겠다 하다.

　朴賢煥·金公緝 兩君이 來訪曰 廣東에 留學次로 從速發行함이 如何한가 함으로, 余曰 已往 決心이 有한즉 速行함이 可하다 하다.

　十二時頃에 鄭仁果君의 招待로 黃鎭南君과 共히 大東旅社에 往하야 午餐하다.

　李錫君이 來訪하야 興士團에 入團하기로 決心하였노라 하다.

　金建亨君에게 興士團趣旨를 說明하다.

　金純一君이 來訪함에 光復事業의 主義方針을 說明하다.

　趙尙燮君이 來訪曰 自己가 中國人에게 公債券을 賣하려 한 즉 如何하냐 함으로, 余 贊意로 答하다.

　朴宣君이 來訪하다.

　金恒求君이 來訪曰 速히 日本으로 發程코져 하노라 함으로, 余曰 此地에서 何次長으로 被任하야 共事함이 좋을 듯하다고 하다.

　三時半에 團所에 往하였다가 金醫士宅을 訪問하다.

🏵 一九二〇年 三月

✦ 三月一日 月 雲.雨

豫定事項

一. 政府의 獨立宣言紀念(式)에 參席할 것.
二. 오림픽에서 行하는 紀念祝會에 參席할 것.

十時頃에 政府職員과 議員 一同이 會合하야 祝賀하는 明德里八號에 往하야 같이 祝賀하다.

鄭尙彬君이 來訪하야 推衣한 바를 謝하다.

羅昌憲君이 來訪하야 모든 不統一及不平에 關함을 言하다.

二時半頃에 오림픽戲院에 民團主催의 祝賀會에 往하니 定刻의 幾分이 已過하야 揭旗式을 行하는지라. 序에 依하야 余가 數言으로 答辭하니, 其略曰 이 날이 어떠한 날이오? 우리 무리들의 言이 吾民族의 神聖한 日이라, 이 날이 正義와 平等으로 生하였음으로 天에 在한 上帝께서 合當한 일로써 許하셨고, 이 날이 무엇으로 말미암아 生하였나? 우리 二千萬이 한소리로써 叫號하야 大韓의 男子와 女子가 合同하야 作하였도다. 韓國으로는 亡코져 하야도 亡키 難하도다. 然而 우리가 十年間 奮鬪하야 來한 바라. 敵은 우리의 過去 一年의 일을 虛되게 하려고 하나, 우리는 이를 有效케 하려고 努力하고, 또 다 今에 世界萬國이 두 나라의 三月 一日을 서로 爭하는 것을 크게 注目하는 바라. 敵의 奮鬪하는 바도 三月 一日이오, 吾人의 奮鬪하는 바도 또한 오늘을 爲함이라. 그런 故로 이 날이 큰 날이 된 所以라. 우리는 다만 昨年 三月 一日에 가졌던 決心을 失치 맙시다. 그 時에 所持한 心이 何乎아? 其時에 吾民族의 心은 죽기로 決心하고 精神은 일하는 사람이 되고져 함이오. 우리가 爲事者에게는 그 人의 才識과 人格은 不問하고 父母보다 甚히 사랑하였소. 그날의 決心은 敵이 强하고 우리의 弱한 것을 不懼하였나이다. 余 此席에서 他를 不言하고 오직 昨年 三月 一日의 精神을 係統한 즉, 우리의 目的을 成하겠나이다. 今日 우리의 大統領 李承晚博士와 國務總理 李東輝를 어깨에 떠매고, 저 日本의 嘉人을 두고 싸움이 우리의 目標가 아니오? 二先生의 銅像을 獨立門 前에 立해야 하겠소. 스스로 그 몸을 깎은 즉 死하나니 二領袖를 받들고 向前 進進하기를 吾人의 生覺할 바라 하노라 하다.

五時에 李總理의 招待한 晩餐에 應하다.

✦ 三月 二日 火 雪

豫定事項

一. 李裕弼 面會할 것.
二. 議政院에 出席할 것.
三. 國務會에 出席할 것.
四. 入院할 것.

十時頃에 國務會에 往하야 議政院에 答辯委員을 內務總長으로 定하고, 宣傳部副委員長 金澈 辭免함으로 李裕弼로(余薦) 選定하다. 余가 宣傳部施設方針을 演說하다.

李裕弼君에게 宣傳部副委員長 被任됨을 言하고, 明日부터 宣傳에 關한 事에 着手하자 함에 諾하다.

孫斗煥君에게 李裕弼君과 共히 宣傳部의 事를 商議하라 하다.

朴宣君이 來訪曰 今日 入團問答할 人을 指定하라 하다.

議政院에 參席하야 政府質問事件에 對하야 補助答辯하다.

金聲根이 來訪曰 冒險團團員 三人이 携彈入國하였은 즉, 三月 一日에 何等 事가 發生하였으리라 하고, 또 冒險團으로서 咸鏡北道에 財金 二萬餘元을 得할 수 有한데 政府로서 信任狀을 交付하라 함으로 아직 對答치 못하겠고 財務當局과 商議하겠노라 하다. 君이 生活이 困難타 함으로 銀十元을 贈하다.

李錫君이 來訪함에 今夕에 興士團團所에 一次往訪하라 하다.

金公緝君이 來訪하였다가 時間이 適無함으로 會談치 못하다.

夕後에 紅十字病院에 入院하다.

✦ 三月三日 水 雲

豫定事項

一. 受療.
二. 宣傳部事務를 着手.
三. 入團問答.

病院에서 受治療하다.

李錫君이 李世芳君을 紹介하다.

李光洙君이 來訪하야 呂運亨君의 山東 往還을 來言하다.

崔承鳳君이 來訪曰 鮮于銑이라는 人의 廣東 留學하고져 하는데, 先生이 擔保하라 함으로 不許하다.

韓應華君이 來訪曰 廣東에 留學코져 하노라 하다.

金亨均君이 來訪하야 廣東으로 出發하노라고 告別하다.

鄭仁果君이 來訪曰 速히 佛領事를 尋訪하라고 하고, 又曰 安東交通部에는 美國人 一人을 派送하기로 한다 하다.

劉禮均 吳永善 兩君이 來訪曰 今에 俄領에 往하노라고 함으로 宣傳委員을 任하고 宣傳에 關한 事를 說明하다.

李裕弼君이 來訪함에 宣傳部事를 商議하고 宣傳部規定을 起案하라 하다.

韓應華君이 來訪曰 今日은 發程치 못하고 再明日 出發하노라 하다.

呂運亨君이 來訪하야 山東에 往還 始末을 來告曰 山東에 在한 獨逸人及愛爾蘭人이 吾人의 事에 對하야 曰 山東에 有한 勞動者와 馬賊 等을 利用할 것과 公債權을 自己商店에서 擔保하고 販賣할 것과 彩票에 參加하야 財政을 辦備할 것을 말하더라 하다.

西間島代表 尹琦燮李旭 兩君이 來訪하야 西島情狀 詳報하다.

七時에 團所에 往하야 白永燁君의 入團問答을 行할 새 未畢하다.

✦ 三月 四日 木 晴 夕雲

豫定事項

一. 受療.
二. 國務院에 出席.
三. 議政院에 出席.
四. 呂運亨訪問.
五. 團所에 往하야 問答할 것.

午前에 治療를 受하고 十一時에 國務會議에 出席하야 中.俄兩領의 通信을 接한 卽 速히 動兵한다 하였고, 內務部祕書局長 申斗湜과 同地方局長 崔東

昨 任命案을 通過하였고, 議政院에 出席하야 說明할 것은 政府委員에 任하였고, 尹顯振君의 政府委員辭免案을 封還하였고, 各部에 派送한 警護員을 撤廢케 하였고, 人口稅의 法律案을 通過하다.

崔東旿君이 來訪하야 入國하는 張敬順에게 內地宣傳隊組織事를 委託하고 張君에게 該主義를 說明하다.

朴宣君이 來訪하다.

金秉祚君이 來訪하야 美國에 在留하는 同胞의 事情을 問함으로 詳答하다.

金羲善君이 百元을 請求하다.

呂運亨君을 訪問함에 出他한 故로 未會하다.

二時頃에 議政院에 參席하야 政府委員을 補助하야 答辯하다.

七時에 團所에 往하야 白永燁孫貞道柳榮 三君을 問答하고 入團을 許하다.

✦ 三月 五日 金 晴

豫定事項

一. 國務會에 出席.
二. 議政院에 參席.
三. 金羲善君에게 送金.
四. 入團式及團友會에 往할 것.

政務協議會에 出席하야 議政院에 關한 事를 協議하다.

金羲善君에게 五十元을 送하다.

韓松溪君이 來訪하야 中國에 二十八年 재류하던 金鍾聲이라는 人을 紹介하고 中國에 宣傳할 主義精神을 善히 말하라 하다.

趙尚燮君이 來訪하다.

七時에 團所에 往하야 白永燁孫貞道柳榮 三君의 入團式을 行하고, 이에 繼續하야 地方團友會를 開하고 李光洙君의 講演이 有하다.

✦ 三月 六日 土 晴

豫定事項

一. 國務院에 出席.
二. 金澈君面會.
三. 李漢根面會.
四. 法務總長訪問.
五. 團所에 往하야 金用楨君의 入團問答할 것.

十一時에 國務會에 出席하야 軍務部參事 黃一淸免職을 通過하고, 軍務部 軍制編制案及武官學校章程을 通過하다.

金鍾聲君이 來訪함에 이에 中國人에 對하야 宣傳할 大旨를 說明하다.

黃鎭南君이 來訪曰 소저열君이 明下午 二時에 面會의 約束을 한다고 來傳하다.

車廷信君이 來訪曰 自己가 騎馬術을 工夫코져 하야 每朔 五元式 補助하야 주기를 請함으로 許하다.

崔東旿君과 張敬順君이 來訪曰 張君이 告別次로 來辭하노라 함으로 이에 內地에 入하야 進行할 事를 說明하다.

金澈君이 來訪함에 興士團主義를 說明하다.

鄭仁果君이 來訪曰 速히 佛領事를 一次訪問하기를 付託하다.

李甫民君이 來訪曰 日人이 上海에 在한 우리의 主要人物 七十餘를 逮捕한다 하며, 此는 工務局에서 辦事하는 某英人의 親戚의 所言이라 云云하다.

羅昌憲君이 來訪曰 自己의 同志 某氏가 京城으로부터 義州에 至하야 通信한 바, 그 內開에 倭總督府로서 暗殺黨 十餘人을 上海에 密派하야 臨時政府의 重要人物을 暗殺케 하려 하였다 하며, 또 呂運亨.張德秀 等과 黑幕이 有한 即 呂를 即速可殺이라 하고, 또 呂가 敵의 돈 二十萬元 賂物을 受하였다 하였으니 此에 對하야 先生이 如何히 思하냐 함으로, 答曰 虛無한 言이라. 呂君은 愛國者 中에 一人인 것을 余가 擔保하노니 君이 該同志에게 通信하야 善히 諒解케하라 함에 唯諾하다.

✦ 三月 七日 日 陰

豫定事項

一. 소저열 面會.
二. 金羲善君을 面會하야 軍事를 議할 것.
三. 李裕弼君을 面會하야 宣傳을 議할 것.
四. 徐丙浩.金淳愛 兩君을 招待할 것.

金九.黃鎭南.鄭仁果君이 來訪하다.

李裕弼君과 宣傳部에 關한 事를 協議하다.

呂運亨君이 來訪하야 山東에 往還한 事를 詳報하다.

下五 二時에 소저열君을 訪하야 우리 事業 將來를 爲하야 長時間 討論하다.

五時半에 徐丙浩金淳愛 兩君을 東亞旅社에 招待하야 晩餐하다.

時間이 無함으로 金羲善君을 訪問치 못하다.

✦ 三月 八日 月 陰

豫定事項

一. 國務會에 出席할 것.
二. 金聖基女士를 面會할 것.
三. 議政院에 參席할 것.
四. 金用楨金昌世君 入團問答할 것.
五. 尹琦燮李郁君 招待할 것.

國務會議에 出席하야 居留民團規定을 通過하고 法務總長의 辭職願書를 三次 封還하다.

金恒九尹右山 金鍾聲君이 來訪하다.

金公緝君이 來訪曰 自己가 美國에 留學할 意가 有하다 告하다.

高昌一君이 來訪하야 佛蘭西에 往還한 事를 言하다. 再明日 夕餐을 共히 하자 留約하다.

金九崔一君이 來訪하다. 崔一君曰 金錫璜君이 內地에 入하는데 旅費 四百元만 支撥하라 함으로, 余曰 不能하겠다 하다.

白永燁君이 來하야 二十元을 貸去하다.

議政院에 暫時間 參席하였다.

午時에 尹琦燮 李郁 兩君을 招待할 새 王三德 羅愚 兩君을 陪賓으로 請하야 晩餐하다.

七時에 團所에 往하야 金用楨金昌世 兩君의 入團問答을 行하고 入團키로 許하다.

✦ 三月 九日 火 夕雨

豫定事項

一. 國務會에 出席.　二. 費牧師餞別會에 參席.

國務會에 出席함에 滿員이 못됨으로 開會치 못하다.

鄭仁果君이 來訪曰 費牧師에게 禮物로 送할 것이 如何한 物品이 好한가 함으로 紀念牌로써 함이 可하다 하다.

李매리 婦人이 來訪하야 曰 渡美할 旅費 二百元을 請貸함에 不能하겠노라 하다.

七時에 團所에 往하야 田在淳君 入團問答할 새 模糊한 點이 有한 故로 明日 다시 問答키로 하다.

✦ 三月 十日 水 雲

豫定事項

一. 國務院에 出席.
二. 團所에 往할 것.

國務院에 出席하야 議政院에 關한 事를 協議하다.

李錫君이 來訪曰 自己가 俄領으로 往코져 하던 意思를 變하야 西間島로 往코져 하노라 하다.

孫斗煥君이 來訪曰 宣傳部事를 來月曜日부터 始作하자 하다.

李매리 婦人이 本國으로부터 新到한 張婦人을 引導하야 來訪하다.

尹顯振君이 來訪曰 南亨祐氏로 總長으로 叙任케 하야 外界의 反旗를 無케 하자 함에 生覺하자 하다.

李章夏金愚濟 兩君이 來訪하다.

白鶴君이 來訪하다.

七時에 團所에 往하야 田在淳君의 問答을 了하야 入團키로 許하고, 李錫君의 入團問答을 行할 새 模糊한 點이 有함으로 다시 問答키로 하다.

✦ 三月 十一日 木 雨.雲

豫定事項

一. 國務院에 出席.
二. 議政院에 出席.
三. 團所에 往할 것.

國務院에 出席하야 議政院에 關한 事를 協議하다.

金蓮實女士 來訪曰 自己가 南京같은 等地에서 工夫할런지, 上海에 在하야 如何 事에든지 助力하며 工夫할는지, 다시 入國하야 活動할는지 三者 中의 其一을 指敎하라 함으로, 余曰 工夫하는 것이 可하다 하다.

金九君이 來訪함에 余曰 崔日君과 共히 速히 入團하기를 準備하라 함에, 君曰 崔日君은 一種以上의 學術을 學得하라는 것이 施行하기 難하다고 하다.

金成基女士 來訪함에 余曰 同留하는 李매리 婦人이 興士團이 있다는 것을 知한다 하니 그 內容이 如何하더냐고 問한 卽, 女士曰 李夫人이 美洲에 團 있는 것을 知하고 上海에 있을 듯한 疑問은 知하나 的確히 何處에 集會하는 것을 不知하더라 云하다.

朴魯英君이 來訪하다.

議政院에 參席하다.

七時에 團所에 往하야 金用植 金昌世 田在淳 李錫 四君의 入團式을 行하고 繼續하야 團友會가 開하니 此는 東方에서 처음 開催되는 地方會라. 李光洙君의 講演이 有하니 그 題는 〈興士團이란 무엇인가〉라.

✦ 三月 十二日 金 晴

豫定事項

一. 國務會에 出席.
二. 議政院에 參席.

國務院에 出席하야 議政院에 關한 事를 討議하다.

李裕弼君이 來訪하다.

韓松溪君이 來訪하야 金復의 書를 傳하며 曰, 金復君이 陳炯明을 往訪하는데 先生과 相會하야 議論코져도 하고, 또 旅費도 幾許間 要求한다 하다.

尹顯振君이 來訪曰 政府의 組織體를 變動해야 되겠다 하며, 李承晚統領은 廢止하고 李로 大統領으로 推戴한 後에 先生이 總理가 되어서 諸般을 總執해야만 大事를 運轉하겠고, 不然하고 現總理가 일을 붙들고는 지내갈 道가 萬無하다 함으로, 余曰 大不可라. 此時期에 些毫라도 現像을 變하면 크게 瓦解되겠고, 더욱이 余가 國務院의 首席에 坐하고는 行事키 難하다 하고 曰 余의 意思는 君과 鄭仁果 金立 等이 決心하고 相當한 靑年으로 次長이 되게 하야 次長 諸君이 確固한 中堅力을 스스로 作하고, 또 總長 幾人은 또한 同心團結하야 國務總理를 잘 붙들고 나아가는 것이 唯一한 方針으로 생각하노라 하다.

呂運亨君이 來訪하다.

林得山君이 來訪曰 入國코져 하야 旅費를 請求함으로 辦備치 못하겠다 하다.

李英烈君이 來訪하야 銀 四十元을 請求함으로 時在가 無하다 하다.

趙尙燮君이 來訪하다.

金鉉軾군이 來訪曰 自己가 美國에 往코져 한 즉, 紹介狀을 速히 寫하야 달라 함으로 諾하다.

孫永稷군이 來訪함에 南方에 留學生派送事를 問한 즉, 君曰 初往하야는 英.漢語와 拳術을 工夫하고, 次 或 航學術이나 飛行術과 陸軍學을 學習한다 하며, 其間 學生을 派送타가 軍務部의 是非가 有함으로 停止하였노라 하고, 派送人員의 定數는 二十人인데 十四人은 已送하고 六人을 尙今 派送치 못하였다 하는 故로 余曰 旣往 하던 事인즉 六人을 다시 送함이 如何하냐 한 즉, 君이 曰 先生이 責任을 負하겠다 하면 實行하겠노라 함으로 余 許하다.

李圭弘君이 來訪曰 國務院이 대단히 悲觀이라. 現狀이 如此하고는 일할 수 없다 하고, 又曰 大統領하고 勞動總辦의 責任이 同一하다고 하고 人物集中함에는 朴容萬을 此地에 來케함이 可하거늘 政府에서는 此에 用力치 아니 함이 不可라 하며, 政府가 速히 融合하야 內部가 鞏固하여야 하겠다 하다. 余曰 李博士와 余의 間에 衝突한 事가 無하고, 그이가 余에게 向하야 誤解를 가질 뿐이라. 余는 李博士와 政府와 相持함에 對하야 毫末의 責任을 不負할 것이라 하고, 又曰 空然히 悲觀치 말고 靑年次長 諸君이 中堅이 되어 總長들의 同心同德으로 進行하기를 圖하면 就緖될 터이니 이에 專力하기를 望하노라 하다.

金公緝君이 來訪曰 孫永稷이라 하는 者를 信키 難타 함으로, 余曰 余亦

不知하노니 이미 始作한 以上에 南方에 往하고져 하던 事를 試驗하라 하다.

吳南喜女士 來訪曰 六日 夕에 鄭愛卿女士로 始作하야 入團問答하라 하다.

車利錫君이 來訪曰 自己 前途에 對하야 悲觀하는 意思를 表示함으로, 余曰 些少라도 悲觀치 말고 此時에 反省하야 修養하면 前途가 大開할 時가 有하리라 하다.

✦ 三月十三日 土 晴

豫定事項

一. 國務院에 出席할 것.
二. 團所에 往하야 問答할 것.

金錫璜君이 來訪하야 本國에 入하야 宣傳隊組織할 事로 論議하다. 君이 入國할 旅費를 請求함으로 約 一禮拜 後에 豫備된다 하다.

鄭仁果君이 來訪曰 英領事를 訪한 즉, 英領事曰 君等이 美國에 入籍權은 無하였으나 六年以上 居住權을 持한 까닭에 特別한 旅行券을 得하야 가지고 來하였도다. 萬一 美國外 地方에서 一年以上 逗留하면 該居住權이 解消되는 바인 즉, 君들이 速히 美國에 返해야지 不然則 다시 返美키 難하다 하더라 하다. 鄭君이 曰 美洲國民會에서 旅費를 不送하니 還米할 意가 有하다 하며, 還하야 財政運動할 意가 有하다 함으로, 余曰 還米하는 것도 有益하나 外務部의 일 難處라고 하다.

七時에 團所에 往하야 鄭愛卿女士와 入團問答을 行할 새 所答이 滿足함으로 入團키로 許하다.

✦ 三月 十四日 日 晴.雲

豫定事項

一. 禮拜堂에 往할 것.

安定根君이 來訪曰 呂運亨君이 先生에게 對하야 不平한 意思를 懷하고 徐丙浩君과 合同하야 지내는 터인 바, 李光洙君이 呂氏를 極히 信任한 즉, 或 祕密이 漏할 念慮가 有하다 하다.

李錫君이 來訪하야 銀 四.五十元 가량 請貸함으로 現款이 無하다 하다. 君이 曰 俄領에 往하고자 하던 뜻을 變하야 西間島에 往하야 活動코져 하노라 함으로 余 贊成하다.

孫貞道君이 來訪하다.

李裕弼君이 來訪하야 宣傳部事를 相議하다.

二時에 禮拜堂에 往하다.

朴殷植君이 來訪曰 金復에게 旅費를 辦送하라 함으로 明日쯤 辦送하겠다 하다.

✦ 三月 十五日 月 晴

豫定事項

一. 國務院에 出席.
二. 議政院에 參席.
三. 團所에 往하야 問答할 것.

國務院에 出席하야 政務와 및 議政院의 事를 商議하고 余의 提出한 宣傳

部規定案이 通過되다.

尹顯振君이 來訪曰 國務總理가 太히 混沌하야서 일을 收集하기가 茫然하다 하다.

郭炳奎君이 來訪曰 自己가 速히 俄領에 往코져 한 즉, 注意할 바를 指示하라 함으로 今日은 時間이 無하니 他日 相會키로 하다.

鄭仁果君이 來訪하야 다시 美洲로 往코져 하노라 함으로, 余曰 아직 隱忍하라 하다.

黃鎭南君이 來訪曰 美洲로 還去코져 하노라 함으로, 余曰 此處에 英語를 善操하는 人이 無하니 還去치 말라 하고, 又曰 君의 旅費가 不到하면 君의 旅費는 余가 代辦하겠다 하다.

金蓮實女士 來訪하다.

吳正殷君이 來訪曰 自己가 速히 美洲로 往코져 한 즉, 出發後 去來되는 것을 先生의 處로 하겠다 함으로 許하다.

金九崔日 兩君이 來訪曰 金錫璜을 從速 治送하라 함으로 余가 旅費 百元을 支給하다.

安泰國(昨日來到)君이 來訪하야 互相敍懷하며 夕飯을 共히 하다.

金成基女士 來訪曰 自己가 入國 前에 南京을 從速히 往還코져 하노라 하다.

朱賢則君이 來訪하야 談話하고자 할 새 適히 時間이 無함으로 再會하기로 하다.

金蓮實女士의 入團問答을 行할 새 未及한 點이 有한고로 다시 問答키로 하다.

金復君에게 洋五十元을 送하다.

✦ 三月 十六日 火 晴

豫定事項

一. 國務院에 出席.
二. 議政院에 出席.
三. 團所에 往하야 問答할 것.
四. 安東吾君面會.
五. 軍務次長 面會할 것.

朴賢煥.金公緝 兩君이 來訪曰 孫氏를 難信할 人物인즉, 空然히 向南함이 不可하다 함으로, 余曰 已爲相約한 바니 實行하라 하고 旅行의 利益이라도 有하겠다 하다.

朱賢則君이 來訪曰 中國 內地에 病院業을 施設하기로 生覺하는데 此를 實行할는지 或 他를 實行할는지 有益한 것으로 引導하라 함으로, 余曰 余는 病院施設에 同情을 表하나 아직은 內地에 入하야 宣傳隊 組織하기를 望한다 함에 君이 此를 許하다.

議政院에 往하였다가 安泰國.金羲善 兩君 同歸하야 俄領에 關한 事를 協議하니 그 方針의 槪略은 三段이니, 一, 民事機關을 施設擴張하야 民心을 收拾하되 崔在亨 等 有力者에게 最高權力을 與할 것이오 二, 軍事機關을 施設하되 柳東說君으로 最高權力을 掌握하야 軍事人物을 網羅케 할 것이오. 三, 俄國에 相當한 外交員을 派遣하야 俄國과 關係를 結할 것 等이라.

呂運亨君이 來訪曰 先生이 美人 밀라드를 訪見함이 好하겠다 함으로, 余曰 時間을 約束하고 通知하라 하다.

黃鎭南.鄭仁果 兩君이 來訪하다.

七時에 團所에 往하야 金蓮實女士의 入團問答을 了하고 入團키로 許하고,

吳南喜女士의 問答을 行할 새 未及한 點이 有함으로 다시 問答키로 하다.

午前 國務會議에 出席하야 議政院質問에 關한 事를 議協하다.

◆ 三月 十七日 水 晴

豫定事項

一. 國務院에 出席.
二. 議政院에 參席.
三. 安泰國君 招待.
四. 安泰國君 歡迎會에 參席.
五. 吳南喜女士의 問答할 것.

國務院에 出席하야 議政院의 事로 討議하다.

安定根君이 來訪曰 俄領의 事業을 着手코져 하는데 新聞事業을 自擔하고 始作함이 似好라 하다. 余曰 雖善이나 施設資本이 無하겠다 한 즉, 君曰 美洲로 來한 資 中에서 半數를 新聞社經營에 充用하자 함으로, 余曰 非正當한 事인즉 不可行이라 하다.

李裕弼君이 來訪하야 議政院에서 政府에 質問한 事件을 相議하다.

安泰國金九 兩君과 俄領事를 議論할 새, 泰國君이 曰 議政院을 解散케 하자고 內議하였노라 함에, 余曰 法律上.事實上 不可能한 事인즉 生覺지도 말라 하다.

李章夏君이 來訪하다.

吳南喜女士의 問答을 行할 새 氏가 頭痛으로 以하야 停止하다.

七時半에 團所에서 安泰國君의 歡迎會를 開하다.

✦ 三月 十八日 木 雲

豫定事項

一. 國務院에 出席.
二. 日誌 紀錄할 것.
三. 吳南喜女士의 問答을 할 것.
四. 入團式 講演會에 參席할 것.

國務會에 出席하야 議政院 質問案에 關한 事를 協議하고, 俄領에 關한 事를 協議하다가 未了하다.

金聖謙君이 來訪曰 俄領에 往還事에 對하야는 相當히 辨明하기로 作當한 것 預告하노라 하다. 余曰 該事에는 余가 負責하기로 自定하였으니 些少라도 念慮치 말라 하다.

黃鎭南 洪在衡 兩君이 來訪하다.

韓應華君이 來訪曰 南方에 留學次 往하노라 하고 告辭하다.

朴宣君鄭仁果君이 來訪하야 共히 吳南喜女士의 問答을 行하야 合格됨으로 入團키로 許하다.

白永燁君이 來訪曰 身病으로 以하야 外務部에 三個月間 受由하야 南京 等地에 往하야 治療도 하며 工夫하겠노라 함으로, 余曰 療病함에 同情하노라 하고, 또 支那外交에는 스스로 責任을 負하라 하다.

金德善君이 來訪曰 南方에 留學하러 往한 內容을 詳知하냐 함에 未詳하노라 하다.

積日 未記日誌를 紀錄하다.

七時에 團所에 往하야 鄭愛卿 金蓮實 吳南喜 三女士의 入團式을 行하다. 八時에 講演會를 開하고 〈情誼敦修〉란 問題로 講說하다.

✦ 三月 十九日 金 雨

豫定事項

一. 國務院에 出席.
二. 議政院에 參席.

國務院에 出席하야 北間島軍政署代表 金星君을 會見할 새, 君이 國民會가 軍政署를 妨害한다는 事情을 진하다.

鄭愛卿女士 來訪함에 昨日 入團한 것을 致賀하고 曰 더욱 心工을 많이 하야 將來 우리 團의 女子部의 事業進行할 것을 精神上으로 스스로 責任하고 그 方面으로 修養 準備키를 勸告하다.

金恒泳君이 來訪하야 日本에 往하야 進行의 注意할 바를 問함으로, 余曰 先에 人을 善察하야 各人의 心理를 了知하고, 또 各人으로 하여금 金君을 諒解케 한 後에 우리 同志될 만한 人에 對하야 우리의 主義를 宣傳하고, 其次에 資本家의 子姪들을 交涉하야 政府로 金錢을 辦送하도록 할 것이오, 其次는 政務上에 擔任할 適材가 有하거든 政府의 需用을 爲하야 此地에 勸送하라 하다.

金秉璵君이 來訪曰 自己 旅費에 對하야 一百八十元을 더 支拂해야겠다 함으로 諾하다.

韓松溪君이 來訪曰 中國人側에 遊說하였던 金鍾聲君이 還하였다 하며, 該君에게 宣傳에 關한 文件을 草하야 與하자 함으로 諾하다.

朴熙淑君이 來訪曰 自己가 製造한 炸彈을 安東에 送하였노라 하며, 또 그 殘餘品은 如何히 處置함이 可하냐 함으로 此地에 置하라 하다.

安泰國君이 來訪함에 余가 上海의 一般 經過狀況을 詳言하다.

車廷信君이 來訪하야 騎馬術習學費를 請求함으로 銀十元을 贈하다.

鄭仁果君이 來訪하야 駐俄外交部規章制定을 託하다.

金九君이 來訪하다.

尹顯振君이 來訪曰 俄領問題로 因하야 先生의 責任이 有할 듯하다 하며, 又曰 平安道人 中에서 某中國人이 來하야 此次 韓國革命의 首領이 如何한 人이냐 問함에, 先生 李光洙 孫貞道 金弘敍 等이라 하였다 함으로 外間의 異論이 多하다 云하다.

午後 二時에 議政院에 參席하다.

✦ 三月 二十日 土 晴

豫定事項

一. 國務院에 出席.
二. 李裕弼 面會.
三. 國民團體育部開學式에 參席.

國務院에 出席하야 議政院의 質問案을 討議하다.

李裕弼君과 外交部駐俄委員規程을 制定하자 한 즉, 君이 起草하야 來하겠노라 하다.

金羲善君이 來訪曰 東路司令官을 國務院會에 通過시키라 함으로, 余曰 柳春郊에게 委任한 以上에는 柳春郊君이 專任하는 것이 合適하겠다 하다.

姜水漢군에게 修養에 關하야 말하다.

鄭仁果君이 來訪하야 外交部駐俄委員規定을 制定하자 함으로 李裕弼君에게 委託하야 起草케하였다 하다.

午後 七時에 國民團體育部開學式에 往하야 祝辭하다.

✦ 三月 二十一日 日 雲

豫定事項

一. 金恒求君餞別會에 參席할 것.
二. 禮拜堂에 往할 것.

午前 十一時頃에 崔東昨君이 來訪하다.
午後 二時에 禮拜堂에 往하다.
玉成彬宅에 東晤君과 같이 被招하야 晚餐하다.
八時에 團所에서 金恒求군의 餞別會에 往參하다.

✦ 三月 二十二日 月 雲

豫定事項

一. 金恒求君餞別紀念撮影.
二. 金恒求君 作別.
三. 國務會議 出席.
四. 議政院에 出席하야 答辯할 것.

十二時 三十分에 團友一同이 ㅇㅇ園에 合하야 金恒求君餞別紀念으로 撮影하다.
國務院에 出席하야 俄領事件 答辯案을 討議하다.
安泰國君이 來訪함에 余가 出國할 情形을 言하다가 時間으로 因하야 未盡하다.
尹顯振君이 來訪曰 俄領問題에 對하야 其時 當局하였던 人들이 負責 辭職

하자 함으로, 余曰 境遇는 然하나 일인 즉 重大함으로 難한 問題라 하다.

金恒求君 來訪하야 作別하다.

崔日君이 來訪曰 入國코져 하니 그 旅費를 請함으로 諾하다.

議政院에 出席하야 俄領事件을 答辯하다.

✦ 三月 二十三日 火 雲

豫定事項

一. 國務院에 出席.
二. 議政院에 出席하야 答辯.
三. 崔東旿 面會할 것.

國務院에 出席하야 北間島 軍政署代表 金星君을 請하야 該地情形을 陳述케 하다.

崔東旿君이 面會하고 靑友朝會에 送하는 書를 付하라 하다.

趙尙燮君이 來訪曰 中國 內地에 從速히 公債를 賣하러 往코져 하는 바 先生과 同往함이 似好하다 함으로, 余答曰 余가 지금 身病으로 受療하는 中이오, 또 受療 後에는 比律濱에 往還코져 하노라 하다.

安定根君이 來訪曰 美洲의 來金事는 自己가 負責코져 할 터인 즉, 自己에 責任을 負與하기를 望云 故로, 余曰 此를 念慮치 말라. 余가 負責하리라 하다.

議政院에 出席하야 俄領國民議會事件으로 演說하다.

高一淸君이 來訪曰 今番 光復運動에 吾 平安道人은 樞要의 當道는 없고 오직 努力할 뿐이오, 處下할 뿐이오, 出金할 뿐이라. 然而 先生까지 辭職코

져 云하신다 함은 不可라 하다.

鄭仁果君이 來訪曰 今日 議政院에 往하야 演說한 것은 매우 快히 아노라 하다.

尹琦燮君이 來訪함에 上海政府의 所經을 大略 說明하다.

李鍾郁君이 來訪曰 從速 入國할 터이니 注意할 바를 敎示하라 함으로, 余曰 總辦府 主張하는 人物을 視하야 眞正한 意思者들이면 그대로 施行케 하고, 不然則 通信하라 하다. 또 政府의 計劃을 問함으로 計劃 中의 一綱을 擧하야 言하다.

呂運亨 黃鎭南 兩君이 來訪曰 英人學術研究會에 往 演說한 것을 말하며, 又曰 該會 集한 一般이 大多히 同情하더라 云하다.

✦ 三月 二十四日 水 雲

豫定事項

一. 國務院에 出席할 것.
二. 講演會에 往할 것.

.

國務院에 出席하야 議政院 議員 李裕弼 等의 質問案 答辯을 토의하다.

金秉璵君이 來訪함에 渡美旅費 一百四十元을 支給하고 曰 渡美하야 金恒求君의 錢을 取하야 卽時 余에게 送하게 하기로 宋鍾翊君에게 말하라 하다.

安泰國君이 來訪하다.

七時에 團所에 往하다. 鄭仁果君의 講演이 有한 後에 渡美하는 人에게 余 簡略한 注意를 말하다. 安國衡의 告別辭 兼 自己의 主義를 말하다.

余 此席에서 斷煙할 主義를 布明하다.

✦ 三月 二十五日 木 雲

豫定事項
一. 安泰國君 面會할 것.
二. 美人 밀나드를 尋訪할 것.

李裕弼君이 來訪함에 余曰 此次 俄領問題에 對하야 余가 負責하고 辭職함이 어떠하냐 함에 君이 贊意를 表하다.

郭炳奎君이 來訪하야 政府의 主義方針을 問함으로 大略 說明하고, 또 俄領의 施設計劃을 言하다.

孫貞道君이 來訪하다.

安泰國君이 來訪함에 余曰 先生이 安東縣에 往하는 것이 似好라 한 즉, 君曰 安東에 往함으로 有益하겠다 하면 往하겠다 하다.

尹顯振 金澈 李奎洪 三君이 來訪함에 余의 辭職事를 討議한 則, 李君은 曰 今에 先生이 辭職하면 政府가 瓦解될 터인 즉 政府의 意思를 옮긴 後에 辭職함이 可타 하다.

呂運亨 黃鎭南과 같이 美國探報員 밀나드君을 訪하다. 우리 獨立運動에 關하야 善良한 意見을 求한 즉, 君曰 小毫라도 輕動치 말고 內部를 善히 組織하고 오래 끌어 나아가다가 美日戰爭의 時期를 利用하야서 最後의 目的을 達하는 것이 可타 하다. 지금 韓人의 獨力으로 獨立戰爭한다는 것은 多數 生命을 犧牲할 뿐이오, 아무 效果가 無한 줄 生覺하노라. 韓國이 일어나 戰하면 美國이나 其他國의 援助하기를 企望치 말지라. 他國들이 各各 自國의 利害를 爲하야 戰하나, 오직 韓國 뿐으로는 不爲할지라. 美日戰爭의 時期는 五年 內에 在하다고 生覺하노라 하다.

✦ 三月 二十六日 金 曇

豫定事項

一. 國務院에 出席.
二. 國民團體育部夜學에 出席할 것.

午後 二時에 國務會議에 出席하다.
下午 七時 三十分에 國民團體育部夜學에 出席하다.

✦ 三月 二十七日 土 曇

豫定事項

一. 入院.

斷煙키 爲하야 下午에 入院하다.

✦ 三月 二十八日 日 曇

孫貞道 鄭愛卿 吳南喜 三君이 來訪하다.

✦ 三月 二十九日 月 曇

朴宣君이 來訪하야 銀五十元을 取去하다.
金恒信女士 來訪曰 高泳澤의 旅費가 美洲로부터 來할 터이니, 現에 旅費

가 無함으로 此次 同行에 未參케 되겠는 故로 先生의 周旋을 望하노라 함으로 許諾하다.

✦ 三月 三十日 火 雲

高泳澤女士 來訪함에 旅費條로 一百五十元을 支給하다. 宋君에게 轉交케 하다.

✦ 三月 三十一日 水 雲

豫定事項

一. 團所의 講演會에 參席할 것.

七時에 團所에 往하니 適 講演키로 豫定한 이가 無함으로 余 簡略히 말한 바, 一, 僞言치 않을 것. 우리가 一次 僞言함으로 因하야 우리 團의 一萬 가지 일이 다 毁潰될지라. 不得已한 境遇에는 不言하는 것이 可하니라. 他人의 知不知는 莫問하고 我의 良心이 僞라 認할 時는 不言할지라. 二, 修飾치 아니할 것. 우리는 그 天然으로 나아갈 따름이니 꾸미지 않는 체 하는 것도 꾸미는 것이라. 다만 天然으로써 進할 뿐이니라. 俄.中 諸地의 人은 皆 死人으로써 獨立을 運動하는 도다. 우리가 今에 이와 같은 團으로 모임은 곧 再生을 圖함 이로다. 韓國人이 韓國人의 참말이 없는 줄로 認定하는 도다. 그 外의 말할 것은 우리가 或 그 身의 周圍事情으로써 其 마음의 不快를 일으키는 者 多하외다. 經濟上.事業上.個人上, 又 交際上 스스로 不快를 生케 하는 도다. 不快한 즉 精神이 混沌하고, 精神이 混沌한 즉 良心이 薄弱하야 지느니라. 할 수 있는 대로 前에 不快한 事가 不有하도록 注意합시다.

一九二〇年 四月

✦ 四月一日 木 雲

國務總理의 特請으로 國務會에 出席하야 俄領의 總辦府總辦은 崔在亨으로, 副總辦은 金致甫로 選定하고, 北間島 總辦府 職員은 視察員을 派遣한 後 組織케 하기로 하다.

趙尙燮君이 來訪曰 中國 內地에 公債募集事를 速히 施行키를 望하노라 하다.

✦ 四月 二日 金 雲

渡美하는 金秉琬 安國衡 劉日 三君이 來訪 作別하다.

安泰國 先生이 感冒로 申江病院에 入院하였음으로 紅十字病院으로 移院케 하다.

崔日君이 來訪하야 曰 威海衛로 往하는 旅費 五十元을 請함으로 支拂하다. 尹琦燮 李震山 兩君을 訪問하다.

七時에 國民團體育部夜學課에 出席하다.

✦ 四月 三日 土 雲

豫定事項

一. 朴容萬君 尋訪.
二. 朴容萬君 招待한 晩餐會에 參席할 것.

午前에 朴容萬君을 一品香에 尋訪함에 出他함으로 未會하다.

孫貞道君을 尋訪하다.

團所를 尋訪하다.

六時에 朴容萬君의 招待한 晩餐會에 往하니 參席한 人이 約 百人 가량이라. 朴君曰 自己는 軍事의 主義가 有함으로 外交의 일은 보지 못하겠다고 宣言하다.

✦ 四月 四日 日 雲

豫定事項

一. 李華淑女士 面會

豫定事項인 李華淑女士 面會는 未遂하다.

✦ 四月 五日 月 晴

豫定事項

一. 國務會에 出席할 것.
二. 尹琦燮 面會할 것.

國務會에 出席하야 俄領 金圭冕으로 財務官을, 劉贊永君으로 副財務官을 任命하고, 또 駐外務部官署官制를 通過하다.

尹琦燮君이 來訪함에 今次光復事業에 對한 政府의 主義와 幷 余의 意思를 長久한 時間으로 說及하다.

郭敬君이 來訪曰 本國에 入하야 炸彈을 收入시킨 것과 人員을 指揮한 事實을 告하고 速히 物件을 帶하고 金元敬으로 더불어 入國하겠노라 하다.

金澈君이 來訪曰 明日 野外에 遊行하자 함으로 諾하다.

郭炳奎君이 來訪하다.

✦ 四月 六日 火 晴

豫定事項

一. 野外 散步.

金澈 李光洙 其他 諸君과 같이 龍華寺 及 젯스필公園에 遊行하고 四時頃에 團所로 歸하다.

✦ 四月 七日 水 晴

豫定事項

一. 朴錫洪 面會.
二. 文昌範 訪問.

午後 一時頃에 崔東旿君이 來訪曰 本國에 入하였던 素石과 又一人이 從速 來到한다 하며, 金錢은 限十萬元 假量 運動이 되었다 云하다. 余曰 飛行機事로 余가 將次 比律濱을 往還함직 하다고 하다.

朴錫洪君에게 興士團의 主義를 說明한 즉 君이 大히 贊同하다. 今夕에 團所에 來하라 하다.

徐弼淳君이 來訪하야 取款을 請함으로 現에는 無하다 하다.

下午 二時에 文昌範君을 尋訪함에 出他한 故로 未會하다.

✦ 四月 八日 木 晴

豫定事項

一. 國務院에 出席.
二. 安定根 入團問答

國務院에 出席하야 政務를 協議할 새 中.俄 兩領 視察을 軍務次長 金羲善君을 派遣하게 하다.

下午 七時에 團所에 往하야 安定根의 入團을 問答하고 入團키로 許하다.

✦ 四月 九日 金 晴

豫定事項

一. 尹琦燮君을 面會할 것.

金羲善君이 來訪하다.

朴泰河君이 來訪하야 請貸함으로 銀五元을 贈하다.

徐弼淳君에게 銀五元을 贈하다.

崔東旿君이 史料集을 請求함으로 一部를 送하다.

尹琦燮君이 來訪함으로 政府의 主義와 및 進行方針을 說明하다.

早朝 團所에 往하야 靜坐會에 參하다.

李裕弼君을 尋訪함에 君 因病在床 故로 治療費 二十元을 贈하다.

下午 八時半에 國民團體育部夜學課에 往하다.

✦ 四月 十日 土 雨

趙尙燮君이 來訪曰 中國內地에 公債募集에 對하야 同行할 수 有하냐 問함으로, 余曰 余는 比律濱과 安東에 往還코져 하는 中인 즉, 時間의 相値가 無해야만 同行이 或 될 수 있겠다고 하다.

✦ 四月 十一日 日 雲

下午 二時에 禮拜堂에 往하다.

淸早에 團所에 往하야 靜坐會에 參하다.

下午 七時半에 東吾先生이 不幸하다.

✦ 四月 十二日 月 雲

鄭仁果君이 來訪曰 興士團의 祕密이 顯露되었다 하며 曰 鮮于爀君이 曰 上海에 興士團이 有하다고 自己에게 言하였다 하며, 將來 團의 일이 널리 世上에 알게 될 時는 上海에서 團의 行事는 無하고 團을 紹介하야 美洲에 在한 團에 入團케 하였다고 朴宣君과 共히 責任을 負하겠노라 하다

鮮于爀을 請하야 興士團에 關한 事를 問한 즉, 徐丙浩君에게 聞하였노라 하다.

✦ 四月 十三日 火 晴

豫定事項

一. 行葬諸般에 關하야 協議할 것.
二. 入棺式 行할 것.

午前에 金九君에게 斂衣製縫을 託하다.

故 東吾先生의 舊知諸位를 請하야 行葬諸般을 議論하다.

鄭仁果君이 來訪曰 李錫君이 工部局에 皮浦하였다 急報함으로 卽時 呂運亨君으로 交涉케 하였더니, 呂君이 來報曰 이미 日本領事署 交越되었다 하다.

吳翊殷君이 來訪曰 自己의 叔 熙源君과 및 兄이 合同하야 金貨 三萬元을 辨送할 計劃이라고 하다.

下午 五時에 入棺式을 行하다.

✦ 四月 十四日 水 晴

下午 三時半에 發靷하야 靜安寺路共同墓地에 安葬하다.

下午 六時頃에 金復炯君에게 余의 動靜의 兩難한 것을 말하다. 余로 外交의 職에 在하라 하나 毁言과 妬忌가 多한 社會에 應키도 難하고 不應키도 亦難하다 하고, 또 某氏가 發起코져 하던 政黨의 組織이 余를 忌하야 中止코져 한다함을 말하다.

七時半에 團所講演會에 參하다.

✦ 四月 十五日 木 雨

豫定事項

一. 李鐸君面會

朱賢則君이 來訪하야 本國에 往還한 事를 言하고, 曰 國內 一般同胞가 至極히 先生을 信賴하는 바인 즉, 如何한 苦難이라도 冒하고 上海에서 耐過해야겠다 하다.

趙尙燮君이 來訪하야 다시 公債券發賣事를 말함으로, 余曰 該事로 因하야 白永燁君에게 數次 言하였으되 不聽한다 하다.

金九君이 來訪함에 余曰 아무래도 中堅되는 團體를 組織해야겠다고 하다.

吳翔殷君이 來訪曰 已往 政府에서 用하였던 條를 取하야 獨立新聞社에 寄附하는 것이 如何냐 함에 贊意를 表하다.

金蓮實女士 來訪하다.

李鐸君이 來訪하야 自己의 弟의 事情을 言하며 曰 中國人이라 稱하고 다시 交涉하기를 望한다 하는 故로 이에 呂運亨君을 訪한 즉 君이 出他하였으므로 未會하다.

✦ 四月 十六日 金 雲

豫定事項

一. 國務院에 出席.

金九君이 來訪함에 다시 우리 사업의 中堅될 團體를 言하다.

松溪君에게도 團體組織에 關하야 言하다.

玉觀彬君이 來訪함에 余가 修養에 關하야 勸告하다.

崔成奉君이 來訪하야 受絀함을 言하는 故로 銀五元을 贈하다.

林得山君이 來訪하야 曰 本國에 短銃隊와 및 炸彈隊를 設置코져 한 즉, 如何하냐 함에, 余曰 軍務部主義下에서 行動하라 하다.

國務會에 未滿員이므로 開會치 못하다.

✦ 四月 十七日 土 晴

豫定事項

一. 尹琦燮 王三德 李震山 面會할 것.
二. 玉成彬君 面會할 것.

洪在衡君이 來訪曰 從速히 入團하고 出發하겠노라 하다.

林得山君이 來訪曰 入國하야 行動할 自己意思를 言하다.

尹琦燮 王三德 李震山 三君이 來訪하야 西間島에 對한 意見을 述할 새, 一. 政府로서 政府에 派員할 것. 一, 平安南北道에 公債券發賣權을 西間島에 專委할 것. 一, 軍事會議를 速히 召集할 것. 以上 三條를 要求함으로, 余答曰 軍事會議는 勿論 速히 召集해야 되겠고, 西間島派員에 對하야도 同情이오. 公債를 따로이 西間島에 떼어 주는 것은 難한 問題라 하고, 只今 國事에 對하야 有志한 이들이 한 部分에만 留意치 말고 全體에 對하야 硏究하기를 望하며, 上海政府의 維持與否가 外界와 內界에 對하야 큰 關係가 有한 것을 覺하고 此의 維持에 努力하기를 望하노라 하다.

鄭濟亨君이 來訪하야 本國에 往還事를 報하며 曰 內地同胞들이 政府에

對하야 希望且依賴하는 마음이 多하고 自行할 마음이 無하다 하다.

李鐸君이 來訪曰 西間島의 人心은 渙散되어 當局者가 憂慮中에 在하고, 經濟上 困難으로 進行이 茫然하다 하다. 君이 錫君의 出脫을 議論할 새, 一은 中國人이라 하야 運動하고, 二, 獄中에서 逃出케 하고, 外에 自動車로 接應할 것. 三, 二人 或 一人이 武器로 冒險行動을 取코져한 즉 先生이 後에서 用力함을 請함으로 力이 及하는대로 應援하겠노라 하다.

朴承明君이 來訪하야 入國하노라 하고 告別하다.

韓昌東君이 日京으로부터 來하야 來訪하다.

李鐸君이 來訪曰 獄中에 通寄하는 事는 玉成彬君이 周旋해야 되겠고, 其後 自動車 準備를 如何히 할는지 不知云 故로 余가 周旋하겠노라 하다.

玉成彬君을 請하야 獄中의 通寄는 中國人을 잘 使用하고, 自動車로 應接하는 것은 美國人을 使用하라 하다.

車利錫君이 來訪함에 余曰 心을 安頓하고 잘 前進하라 하다.

✦ 四月 十八日 日

豫定事項

一. 治療를 受할 것.
二. 禮拜堂에 往할 것.

團所에 往하야 靜坐會에 參하고, 紅十字病院에 往하야 治療를 受하다.

郭炳奎君이 來訪曰 安東縣及本國까지 往還하겠노라 하고 告別하다.

李奉九君이 來訪하다.

玉成彬君이 來訪曰 昨夜事는 獄中에 寄別이 不善하야 未出하였으므로 未遂하였다 하다.

◆ 四月 十九日 月 晴

豫定事項
一. 治療를 受할 것.
二. 國務院에 出席할 것.
三. 金嘉鎭君 訪問할 것.

靜坐會에 參하고, 病院에 往하야 受療하다.
金嘉鎭君을 訪함에 君曰 大同團總部를 組織하노라 하다. 前者에 大同團幹部人物이 金數十萬元을 辦備하야 가지고 來하다가 太田에서 日警에게 被捕하였다 云하다.
國務院에 出席하야 北間島派送員을 安定根 李鐸 兩氏로 定하다. 西間島派送員은 桂奉瑀로 定하다. 軍務部와 內務部에 參事 一人式 增員케 하고, 外務總長은 依願免官케 하고, 余로 하여금 署理하기로 決議되었으나 余는 絶對로 攝任치 아니 하기를 宣言하다. 西間島의 軍事 民事의 編制와 및 西間島軍政司約規의 校正을 內財軍 三部當局者가 西間島代表者와 協議規定케 하다.
崔東旿君이 金深國 金弘宣 二君을 紹介하야 來訪하다.
崔君에 對하야 余가 安東往還의 意를 말하다.
羅昌憲君이 來訪하야 進行方針을 叩하는 故로 大綱 說明한 즉, 君이 同情을 表하다.
鄭仁果君이 來訪함에 李錫 裁判키 爲하야 速히 律士를 聘하라 하다. 洪在

衡君의 條四十元을 受하야 洪君에게 還하다.

朴宣君이 來訪함에 銀行에서 百元을 推尋하야 二十五元은 春園의 旅費로, 二十五元은 君이 用케 하였더니 夕에 君이 餘額 五十元을 來하다.

◆ 四月 二十日 火 晴

豫定事項
一. 金立君問病할 것.
二. 半淞園에 往할 것.

早朝 團所靜坐會에 參하였다가 歸路에 金立君을 問病하다.

吳南喜君이 來訪하야 自己 前途進行할 것을 未定立 故로 憂慮된다 하며, 또 本國에 入할 心이 多하다고 하다. 余曰 무엇이던지 學함에 用力하라 하다.

都寅權君이 來訪曰 內地의 敵의 偵探 討伐하기 爲하야 外國人에게 短銃을 購入하는데 該代價는 今日에 交하기로 豫約하였으나, 財務部에는 方今에 應款이 無함으로 憂慮하는지라. 故로 余가 辦應하리라 하고, 海松洋行에서 銀四百元을 取하야 都君에게 交하고 該器는 安東에 留하는 金錫璜君에게로 送하라 하다.

劉振昊君이 來訪함에 東吾先生家族의 將來生活을 爲하야 議論하다.

李裕弼君이 來訪함에 余曰 余도 安東을 往할 터이니 君이 公債發賣委員으로 安東에 往하면 余와 意思를 一致케 하고, 安東에 宣傳部를 擴張하고, 또 上海에 宣傳部組織을 實施하자 하고, 宣傳事業에 對하야는 余를 信賴치 말고 스스로 責任하고서 施行하라 하다.

李永列君이 來訪曰 海松洋行에 往한 즉, 新聞社에 往하는 條가 先生이 取來하였다 함으로 新聞社條 二百五十七元五角中 二百五十七元은 銀行票로, 五角은 現金으로 交하다.

下午 二時頃에 鄭仁果 高一淸 李裕弼 劉相奎 田在淳 金復炯君과 共히 牛淞園에 春景을 探하고, 歸路에 東亞旅社에 晩餐하다.

✦ 四月 二十一日 水 晴

豫定事項

一. 時局이 非常한 險惡한 境에 入하는 故로 收拾하기 爲하야 各總長들과 商議하야 內部를 結束하야 大同團結하기를 着手할 것.
二. 財務總長 訪問할 것.
三. 財內 兩總長 招待할 것.

李始榮君을 訪問하고 曰 時局의 前途가 極히 險惡한 中에 在한 즉, 此에 對하야 先後策을 特別 講究하여야만 될 터이니 君의 意思는 如何하냐 問한 즉, 君曰 余亦 憂慮할 뿐이오, 良謀는 無하다 하며, 余다러 外務總長署理를 執讓치 말고 鄭仁果君으로 他部 次長으로 轉任케 하고, 申翼熙君으로 外交次長으로 任하자 하는지라, 余曰 이 安○○나 申翼熙는 爲先 病客으로 氣象부터 瘦沈하야 外人接對에 어울릴 수가 無한 즉, 寧히 外形의 血分이라도 豊裕한 鄭仁果君에게 繼續하는 것이 勝하겠다 하고 曰 此는 小한 理由이고, 크게 言하면 歐美外交를 任한 李承晩.金奎植 諸君이 余에게 向하야 不好한 感情을 懷한 것은 事實인 바, 今에 余가 外交에 在하면 外交上 統一을 不遂할지니 어찌 進行할 수 有하리오. 又曰 外交總長이 되고 아니되는 것은 皆一小問니 今日 正午에 內務總長과 및 君과 同히 合席하야 大局 全體에 關하야

討議하자 함에 君이 善이라 하다.

鮮于燻君이 來訪함에 興士團의 趣旨를 說明코져 하였으나, 適 時間이 無함으로 未遂하다.

尹顯振軍이 來訪함에 余曰 今日 李總長을 請하야 現閣員 五人의 特殊한 盟約을 定하려고 着手하였노라. 次此의 事에 誠心用力하야 善히 進行되면 多幸이오, 不然하면 余는 國民에게 罪를 告하고 余의 身을 相當히 處置할 것을 講究할지니 此時에 余와 君은 非常한 誠力을 盡하야 五先輩의 結束되는 것과 其次는 靑年次長들의 結束되는 것과 其次는 各界各派의 有力人士가 結束되어 全部 網羅할 것을 期於히 成功하도록 努力하자 한 즉,

君曰 此가 成就될 希望이 無한 즉 現閣을 變改할 外에 他策이 無하다고 하며 曰 先生이 眞正 일을 爲하거든 國務總理가 되기로 生覺하고, 늙은이들의 갈 사람은 가고 寧희 靑年政府를 組織하야 일하다가 死하야도 기쁨으로 作定하라 하고, 不然하면 生亦 脫退할 터이오, 生뿐 아니라 李圭洪 等 有志한 靑年의 意思가 同一하다고 하다.

如此히 하야 일이 成할 줄로만 보면 君이 言하기 前에 余가 事를 爲하야 先히 言할 수 有하다. 只今 우리 國民의 程度가 일의 是非와 人의 善否를 判斷치 못하고 所謂 先輩가 조금 合하지만 아니 하였다 하면 全部가 悲觀.落望.不平으로 이만한 現狀같이라도 維持할 수 無하겠고, 對外하야서도 크게 信用을 墜落케 할지니 우리는 이미 會集한 人이 誠心誠力으로 合同하야 일하거늘 用力할 수 外에 無하다는 意로 懇勸한 즉, 君이 唯從하겠노라 하다.

金秉祚君이 來訪함에 余曰 宣傳部에 關한 事를 視務하기를 請하고, 또 部의 委員될 만한 人을 紹介하라 한 즉, 君이 許諾하다.

李東寧. 李始榮君을 東亞旅社에 招待하야 午餐을 共하다. 余가 李君을 向하야 曰 우리 二千萬 民族은 우리 吾人을 贍仰하고 希望하는 바를 生覺하면

可憐하다고 하노라. 吾五人이 國民의 委託을 受하야 모인 後에 於事에 顯著 成績이 無한 것은 姑捨하고 爲事하야 互相肝膽을 披開하고 誠意를 用함이 有하엿는고? 半年 以上을 優遊過之하야 國民을 欺하고, 또 自欺하는 中에 有하니 余는 此를 不願하노니 余는 個人處身問題를 判決코져 하노라 하다.

東寧君曰 우리의 過去는 誠然하엿도다. 於世憨愧하노라 하다. 始榮君이 亦同一히 答하다.

余는 四位를 會한 後에 誠心誠力으로 對하야 同事하려고 思하고 또 行하 엿거니와 余의 觀察로는 東西內外가 余에게 對하야서 地方熱者와 野心家라 하야 行事하기가 困難한 中에 當身의 四人부터 余에게 向하야 如上한 生覺 을 懷한 줄 知한 故로 動하라고 試타가 動치 못하고 勞動總辦이라는 虛名 을 가지고 無意味하게 時間을 送하자고 하니 幾個事間 非常한 苦痛에 在하 노라 하다.

東寧君曰 余도 直言하면 如此한 誤解가 不無하엿노라 하다. 始榮君曰 島 山은 自雄心이 有하야서 他人이 如此하게 誤解하는 바가 有하다 하다.

余曰 二君이 何를 因하야 如此한 疑心을 抱하엿는지 直言하면 余의 好參考 가 되겠다고 한 즉, 東寧君曰 余가 驗한 바는 無한 즉 言할 條件은 無하고, 他言을 聞하엿으므로 然한가 보다 思하게 된지라.

余曰 所聞을 盡信키는 難하나 可信할 者가 無有하면 不然할지니 所聞中 如何한 言이 有하냐 한 즉,

東寧君이 曰 聞言 太多하야 盡述키 難하고 甚至於 島山이 俄領에 在할 時에 西道靑年을 會集하야 가지고 畿湖사람을 다 陷沒시켜 달라고 祈禱까지 하엿다고 하는 幼稚한 謠詠까지 有하다. 然而 如此는 不信하나 有一可靠하 는 言은 曾히 幾年間 西道에 周遊하면서 演說하기를 " 너희 西道 사람들 幾百年間 畿湖사람에게 賤待를 受한 것을 憤히 여기지 아니 하느냐. 此時에

起하야 畿湖사람을 飜覆치 못하면 無血한 動物이라"하야 地方熱을 鼓吹하
였다는데, 此는 地方熱이 有한 本意는 아니오, 一時에 靑年을 喚起케 할려는
計策으로 用하였는지 未知라 하노라. 그것이 今日에 큰 禍根을 作하였도다.
然故로 島山은 大韓民族中 地方熱創造者의 責을 難免 云하다. 始榮君曰 余도
思하기를 島山의 手段이 能히 如此한 事를 行하였으리라고 思하노라.

　余曰 公衆에 演說은 姑捨하고 두어 사람을 向하여서라도 如此한 意思를
發表한 事가 全無하였노라. 余는 할 수 있는 대로 眞正方面으로 進코져
하는 바 往往 手段說이 余에게 及하는 것은 異常한 것이라 하다.

　東寧君曰 世人의 生覺은 島山의 手段은 普通手段이 아니오, 非常한 手段
을 가졌으므로 그 手段에 入하면서도 手段인줄 不知한다고 言하다.

　余曰 世人이 如此히 思하면 余의 自體로는 正義를 標榜하지만 正義는
모르는 手段인 즉, 其名을 脫키를 希望키 難하니 可笑라 하다. 此席에서
余 一人의 身分을 言하는 것은 戱事같으나 現局에 큰 關係되는 事인 즉,
二君이 眞意를 表示하야 言하는 것은 余에게 極慰된다 하다. 二君의 所思와
如히 地方熱이라던지 其他 生覺이 有하였으면 그것을 庸劣스럽게 掩護하지
아니하고 한번 快하게 余가 過去 靑年時代에는 如此하였거니와 今日부터는
不然하노라 宣言할 바라. 余는 少年時부터 地方熱이라는 데는 意思도 不及
하였노라. 然而 余에게 地方熱의 罪를 몰아 부치는 것, 其 理由도 余가 詳知
하나 余가 말치 아니 하노라 하다.

　余曰 우리 民族의 普通人物은 姑捨하고 所謂 引導者라고 하는 人物들의
頭腦를 觀察하면 口로는 日本을 排斥하고 自國을 獨立시키겠다 하지만은
事實內容은 玄海灘 건너 있는 日本政界人物들의 計劃과 行事를 審하야 此를
勝하랴고 作戰計劃할 生覺은 敢히 不發하고, 但 墻裡에 無力하고 可憐한
處地에 在한 自己 食口 間에 雖가 一步라도 앞서면 驚動하야 爭하려고 作戰
計劃하는 것뿐이라 하다.

東寧君曰 島山의 生覺은 此後의 일을 우리가 어찌함이 可하냐 問함으로, 余答曰 우리의 事는 繼續과 持久하는 것이 主要點인데 繼續持久하려 하면 國民의 意思가 一致集中하야 同一한 步調로 버텨야 할 터이라. 如此히 하려면 人心을 바로 支配하고 人心을 끌어야만 되겠는지라. 우리 總理.總長된 國務院 自體가 虛弱함으로 人心을 支配하고 끌 수 無하야 威令이 日墮하고 人心이 漸離하야 不幾日에 自滅의 禍를 難免일까 恐懼하노니, 然則 今日의 主要問題는 우리가 서로 합하고 같이 일하여 갈 希望이 無하면 各各 헤어지고 말 것이고, 不然하고 모여 가려고 하면 眞心으로 合同하야 五個人이 第一級 中堅을 세우고, 靑年次長을 結合하야 第二級 中堅을 세우고, 各界各派의 有力人士를 團合하야 第三級 中堅을 세워, 一級으로 三級까지 다시 합하야 共通한 中堅이 되어 가지고 國民 全部를 網羅하도록 非常한 努力을 虛費하야 活動함이 可할 줄로 知하노라.

二君曰 우리가 벌써 如此하여서야 될 바라. 過去에는 어찌 하였든지 自今爲始하야 斷行하자 하고, 進行方針에 對하야 여러 가지로 討議하니 半日을 費하였도다. 明日에는 申圭植君을 請하야 말하야 四國務員의 意思가 一致한 後에 다시 總理에게 말하야 實行하기로 하고 散하다.

韓昌東君이 來訪하야 君의 意見書를 出示하고 前途方針을 問함으로 大綱 說明하다. 君은 財政을 爲하야 用力하야 보겠다고 하다.

鄭仁果君이 來訪曰 李鐸君이 錫君事로 二人과 同히 短銃을 持하고 冒險的 行動을 하겠다 云하다. 余曰 今次 時局收拾策 着手한 事에 對하야 努力을 同一히 取하자고 하다.

玉成彬君이 來訪하야 李錫君의 事가 如何를 問함으로, 余曰 逃出하다가 다시 被捕하였다 하다.

金九君이 來하야 李錫君의 事件을 言하다.

李鐸君이 來訪曰 錫이 逃出하게 하던 事는 失敗를 當하였은 즉, 最後手段을 用하야 보겠다 하다. 余曰 甚히 重難한 事인 즉 深思하야 보라 하다.

✦ 四月 二十二日 木 晴

豫定事項

一. 國務會에 出席할 것.
二. 東吾先生追悼會에 參할 것.

淸早에 團所에 往하야 靜坐會에 參하다.

李裕弼君이 來訪하야 宣傳部職員을 組織하다.

金淳一 崔志化 金載德 三君이 來訪함에 余 우리 前途進行方針을 말하고 同 靑年들은 政府에 絶對로 繼續하야 服從하야 誠忠을 盡하라 하다. 金淳一君과 宣傳部委員이 되라고 한 즉, 할 뜻이 無하노라 함으로 다시 相議하자 하다.

尹顯振이 來訪함에 余가 昨日 二總長과 談論한 結果를 말하고 曰 君은 特殊히 盡力을 다하라고 하다.

金弘敍君이 來訪함에 李錫君에 關한 事를 討議하다.

安定根君이 來訪하야 露領及北間島에 派往하야 行事할 것을 말하다.

二時 國務會에 出席하다.

七時 半에 團所에 往하니 來到團員이 無多함으로 定刻外에 三十分 可量 延하야 開하다. 金九君의 東吾先生의 略曆을 말한 後, 鄭仁果 李光洙 君의 追悼辭가 有한 後 余의 簡略한 哀辭가 有하다. 時間이 無多함으로 講演例會는 未開하다.

✦ 四月 二十三日 金 晴

豫定事項

一. 受療할 것.
二. 三總長을 會合하야 時局收拾策을 講論할 것.

軍事夜課에 出席하다.

金九君이 來訪曰 李鐸이 六穴砲準備에 金이 不足하다 云하다. 余曰 此事를 不行하면 好라 하다. 君曰 陸軍士學에 不平이 起하니 都를 逐出커나 殺하거나 해야겠다고 하다.

李鐸君 來訪曰 錫君에 關한 事를 言하는 故로 如此히 行치 말라 하다.

鄭仁果君 來訪曰 美國으로 返할 뜻으로 國民會에 旅費를 請求할 電報를 草하여 가지고 來示하는 故로 더욱 耐過하야 일을 보라 하니 君이 許하다.

財務總長의 招待로 內.法總長及 余가 四馬路 嶺南樓에 會하야 再昨日 東亞旅社에서 會議하던 旨를 가지고 法總長과 合하야 長時 討議하되 今次 此議論은 우리 二千萬民族의 死活問題인 줄 알고 嚴重하게 定하자 하야 四人의 意思가 一致해야 하겠다 하고, 明日은 國務總理를 會同하고 討議하자 하고 散하다.

尹顯振君을 請하야 今日 四總長과 談論한 結果의 良好함을 말하고, 靑年들에게 速히 着手하라 하다.

金秉祚君을 請하야 宣傳部規定을 보이고 理事員이 되라고 勸함에 君이 許하다.

內地로부터 來한 鄭鳳善女士가 子 李泰換군과 共히 來訪하다.

姜大淵 金贊淑 兩君이 來訪하다. 金君曰 自己가 廣東政을 交涉하야 오던 것을 政府側에서 挾雜이라 하야 大困難을 受한 즉 後의 收拾을 잘 하야

달라 함으로 余曰 廣東政府에 交涉한 始末을 記錄하야 來하라 하다.

　李東輝君을 訪問曰 國務員이 서로서로 祕密을 守하고, 서로 欺하야 團合되지 못한 것은 事實이라. 如此히 進行하면 畢竟 自滅할지니 總理 自身부터 큰 覺悟를 取할지니 事가 如此히 되는 것은 各總長이 均有其責이지만은 總理에게 尤在하니 總理는 各總長을 誠意와 公平으로 對하거나 不然하면 寧히 그만두는 것이 可타 하다. 今日 四總長과 談論한 大義를 擧하야 言한 즉, 君曰 應히 如此하여야 하겠다 하고, 在傍이던 金立君도 同情을 極表하다. 余曰 然則 君이 四人을 招待하야 盟約을 確立하라 함에 君이 許하다.

　尹顯振君이 來訪함에 曰 時局收拾策을 繼續議論하고 曰 此事가 成한 後에는 우리가 西間島와 및 內地까지라도 直接 冒險活動하자 하다.

　吳翊殷君이 來訪함에 余曰 速히 入團을 準備하라 하다. 君曰 先生의 旅費를 爲하야 自己家에 請求하겠다 한 故로 已往 用한 것도 有한 즉 勿爲하라 하다.

　夕後 國民團體能部夜學課에 參席하다.

　明日 總理의 總長 招待할 宴席預備를 爲하야 東亞旅社에 往하야 周備하다.

✦ 四月 二十四日 土 雨

豫定事項

一. 陸士學生會見할 것.
二. 金澈面會할 것.
三. 李總理招待에 參席할 것.

　十二時에 李總理의 招待로 東亞旅社에 李總理 李東寧 李始榮 申圭植及余 會席하야 時局收拾策을 討論할 새 一, 總理 總長 總辦 五人의 中隔하였던

일을 다 풀고 非常한 盟約으로 結束하야 서로 信하고 愛함으로 五人 間에는 秋毫의 祕密이 無하고, 此 五人의 祕密은 絶對로 外에 發露치 말며 서로 補佐하야 일을 進行케 하고 二, 次長과 祕書長으로 以上과 如히 非常한 盟約으로 結束을 作케하고 三, 總理로부터 書記까지 全部 職員이 合하야 一俱樂部를 成立하고 互相親睦하야 處務上 意見을 交換하고 政治上 道德을 鼓吹하야 全部가 堅固하게 結束함으로 神聖한 政府를 組織케 할 것이오. 四, 政府職員과 各界有力人士가 合同하야 中心이 된 後 全部를 網羅하야 革命黨 最大中心機關을 組織하자 함에 衆論이 齊符하야 同意를 各表하다.

陸士學生 張承祚 朴承文 張信國 三君을 請하야 曰 陸軍士學學生들이 都寅權君에 對하야 不平心이 有함으로 都君을 退職케 한다는 言이 有하니 事實이냐 한 즉, 果然이라 하고 이미 都寅權을 걸어 軍務次長에게 呈請하였노라 하며, 該本文을 出示하는지라. 閱之則 重大事件은 아니오, 不過小節에 關한 것이라. 然故로 學生들이 輕擧에 稍涉하였다 하고 曰 軍務次長이나 都寅權君이 好意를 表하면 君等도 如前히 好意로 나아가기를 深望하노라. 如此한 艱難한 境遇에 處한 우리 政府 軍務部 內에서 몇 개 못 되는 軍務當局의 決裂이 生한다 하면 對內對外間에 大影響이 及할지니 深諒하라 하다.

韓昌東君이 來訪하야 曰 財務部의 委員이 되어 內地에 入하야 金錢을 運動하겠다 함으로, 余曰 財務部에서 已爲 委員을 各地에 置하였고, 或不置한 處는 好積을 難期할 處 뿐이니 生念치 말라 하다.

金九君이 來訪함에 大同團結組織事項과 및 陸軍士學生의 衝突事로 相議하다.

鄭蕙園女士 來訪하다.

金澈君이 來訪함에 余曰 政府의 結束과 民間의 革命黨最大幹部組織할 것을 말하고, 此에 對하야 非常한 努力을 다하자 함에 君이 贊意를 極表하다.

金純一 金鼎穆 金載德 三君이 來訪하야 從速 入國하겠노라 하며, 注意事項을 問하는 故로 光復事業進行의 要領과 內政과 外勢에 關한 宣傳資料를 說明하다. 君들이 金錢을 收合키 爲하야 國內에 紹介書를 請함으로, 余曰 財務當局 모르게 如此한 事를 行키 不可라 하니, 君曰 此意로 財務部에 交涉하겠다 하다.

✦ 四月 二十五日 日 雲

豫定事項
一. 治療를 受할 것.
二. 禮拜堂에 往할 것.
三. 北京에 在한 南亨祐에게 電報할 것.

淸早에 尹顯振君을 請하야 曰 此次 大同團結함에 南亨祐君이 같이 行動함이 最好하니 곧 北京에 致電하야 速到를 請하라 한 즉, 君이 贊同曰 李總理의 命이 有하기를 要함으로 李總理에게 言及한 즉 總理 卽히 電報하라 하다.

團所에 往하야 靜坐會에 參하고, 病院에 往하야 治療를 受하다. 姜鳳孝君을 面會하다. 君은 金昌世君의 通信으로 余를 保護하고 侍從하기로 爲하야 來滬하였다 하다.

回路에 愛仁里 孫永弼君을 尋訪하다. 同住하는 金贊淑君은 親喪警訃를 接하고 擗踊이 極甚하더라.

李裕弼君이 來訪함에 宣傳部에 關한 事와 및 大同團結의 趣旨를 議論하고, 余曰 宣傳部의 事는 理事와 같이 責任하고 일하고, 余에게는 要求할 件만 請하라 하다. 君은 諾하고 明九時부터 視務하겠노라 하다.

李東輝君이 來訪하야 北京電報事로 論議하고, 尹顯振君을 請하야 國務總理와 및 尹顯振의 名으로 各기 打電케 하다.

韓松溪君이 來訪함에 政府의 結束과 國民大同團結하기로 한 것을 말하고, 興士團의 趣旨를 說明한 즉, 贊意를 極表하고 特別團友로 入團하겠노라 하다.

金鼎穆君이 來訪하야 飛行機學生의 寫眞을 傳撮하기를 請하는 故로 許하다.

金仁全君을 請하야 宣傳部 理事員이 되라 한 즉, 君은 다시 生覺하여 보겠다 하다. 時局現狀의 危難을 말하고, 國民의 團結과 政府의 非常한 結束을 說明한 즉 同情을 極表하다.

李春熟君이 來訪함에 時局現狀을 談論하고 有力한 人士가 非常히 結束하야 大同團結을 努力하자 한 즉, 君이 同意를 深表하다.

申翼熙君을 請하야 曰 우리 畿湖와 西北人士 間에 地方熱이라는 愚像이 腦海에 印한 것을 打破하여 버리고, 오직 民族을 위하야 大局全體를 同히 扶持하고 進行해야 될 것과 政府의 結束과 革命의 最大幹部組織키로 한 것을 말한 즉 同情을 極表하고, 曰 余에게 向하야 어떠한 程度까지도 信任하겠노라 하다.

午後 二時에 禮拜堂에 往하다.

✦ 四月 二十六日 月 晴

豫定事項

一. 金羲善君 尋訪할 것.
二. 國務院에 出席할 것.
三. 金泰淵 面會할 것.
四. 林得山君 入團問答할 것.

淸早에 團所靜坐會에 參席하고 回路에 鮮于燻君을 邂逅하야 團主旨에 대한 自覺如何를 問한 즉, 熟慮한다 하다. 余曰 今夕에 團所로 來하라 하다.

金立君을 問病하다.

金秉祚君이 來訪함에 宣傳部에 關한 事를 議論하고, 政府의 結束과 革命黨最大幹部 組織코져 하는 것을 말한 즉, 同情을 極表하며 曰 此에 極히 努力하겠노라 하다.

住宅을 購租키 爲하야 나아갔다가 未遂하다.

陸軍學生 調和키 爲하야 軍務部에 往한 즉, 金羲善君이 이미 都寅權을 걸어 請願한 學生들에게 黜學書를 下하였는지라, 余 勸告하야 曰 非常한 時期에 學生들을 撫摩함이 可하다 한 즉, 君曰 紀律을 立하기 爲하야 不能하겠노라 하다.

張承祚 朴承文 廉奉根 三君에게 對하야 曰 此次에 學生行動이 輕操에 涉하였다 하고, 다시 回心하기를 바라노라 하다.

金泰淵君을 請하야 革命黨最高機關 組織할 意를 言한 즉, 同意를 深表하다. 다시 興士團 趣旨를 說明하고 約法을 與하다.

李圭洪君을 請하야 政府에서 非常한 結束을 作할 것과 革命黨最高機關組織을 說明함에 同意를 極表하고, 且 此에 努力하겠노라 하다.

七時半에 團所에 往하야 李光洙君의 通常團友의 問答을 行함에 매우 滿足히 對答하다.

林得山君의 入團問答하다가 未了하다.

自團回路에 陸士學生 勸諭하기 爲하야 學生處所에 往하야 學生이 讓步하고 繼續하야 工夫하라 하고, 且 此의 可否 如何를 明日 十一時에 回報하라 하다.

金昌世 姜鳳孝 兩君이 來訪하다.

今日 國務會는 未滿員이므로 開會치는 못하고, 但 非公式으로 討議한 것은 獨立團에 公函할 것, 起草를 決意케 하고 西間島에 送할 特派員에 對하야 與할 施設資料는 內財軍 三部에 起草하야 來하라 하다.

✦ 四月 二十七日　火　晴

豫定事項

一. 金純一 金鼎穆 金在德 三君을 面會할 것.(入國에 對하야)
二. 金嘉鎭君을 面會할 것(大同團結을 爲하야).
三. 陸軍士學生 面會할 것.
四. 洪鎭君 尋訪할 것.
五. 徐丙浩君 尋訪할 것.
六. 趙琬九君 尋訪할 것.
七. 孫永弼 尋訪할 것.
八. 特別國務會에 出席할 것.
九. 宣傳部事務를 指導할 것.
十. 國民團體育部夜學課에 出席할 것.

金鼎穆 金純一 金在德 三君이 來訪함에 本國에 入하야 宣傳隊 組織할 것과 報告할 것과 且 信用을 絶對로 保守할 것을 말하다. 君等이 余의 寫眞을 今日로 要함으로 明日에 照像하겠다 하다.

陸士學生 張承祚君이 回報曰 學生等이 先生의 勸諭를 不聽하고, 絶對로 自己의 主張을 立하겠다 하야 國務院에 訴願書를 提出한다 하다.

林得山君이 來訪함에 宣傳隊 組織에 關한 事를 討議하다.

金嘉鎭君을 訪하야 大同團結의 問題로 言한 즉, 君이 同情을 深表하고 且 此에 極히 努力하겠노라 하다.

陸士學生을 訪하야 다시 上課하기를 勸하되 堅執하다.

洪鎭君을 請會코져 하였더니 不在함으로 未遂하다.

徐丙浩君을 訪하야 長時間 동안 感情을 和解하라 하고, 時局現狀과 前途 進行할 바를 말하다.

孫永弼 金昌淑君을 訪問하다.

申圭植君을 訪하야 曰 今次 團結事에 非常히 努力해야만 目的을 達할 바오, 다만 團結이라는 好名好意만 有하면 不遂할지라 한 즉, 君이 亦然하다 하다.

宣傳部職員에게 宣傳할 資料와 主義方針을 言하고 楊濟時로 書記를 任케 하다.

國務會에 出席하야 軍務部編輯委員會法制를 通過하고, 交通部에서 提出한 交通支局分設案하고 西間島特派員에게는 別로 條件은 不委하고 但 慰問 兼視察 責任으로만 送케 하고, 訴願書를 提出한 陸士學生들을 非公式으로 召하야 國務總理가 勸諭케 하다.

趙琬九君 訪問豫定은 時間이 不及으로 未遂하다.

姜大賢(天道敎人)君이 來訪曰 孔寅 孫永弼 金昌淑 君 等의 廣東政府와 交涉한 것과 武官學生募集事의 始末을 言하는 內에 孔寅의 丈人되는 이가 南方의 國會議員이오, 且 有力한 人이라. 此人의 介召로 南方軍政府와 國會議員들과 親合하야 傍助케 하고, 爲先 韓國靑年으로 士官을 工夫케 하였는데 申圭植 李東寧 李始榮 三君이 朴南坡를 密派하야 먼저 交涉한 人의 經過를 探査하고, 朴君이 孔君을 向하야 曰 余는 申君 等의 使命으로 來此하였는데 그 宗旨는 只今 上海政局은 安島山의 勢力範圍에 左右하니 우리 南中人士

는 協同하야 國事를 같이 하자는 意로 言한 즉, 孔君이 不可타고 反駁한지라. 朴君이 回還하야 어떻게 言하였는지 該三總長은 該君 等을 挾雜軍이라고 宣傳하야 不平이 다하여졌다 하는지라, 余曰 此가 다 中間浮說이지 三總長이 如此한 言을 하야 派人하기는 萬無하고, 또 그이들이 廣東에 居한 人에게 害를 加코져 한 意가 無한 줄로 知하노라 하다.

七時半에 國民團體育部夜學課에 出席하다.

✦ 四月 二十八日 水 晴

豫定事項

一. 趙琬九 洪鎭 孫永弼 崔昌植 尹顯振 面會할 것.
二. 撮影할 것.
三. 紅十字病院 尋訪할 것.
四. 林得山 入團問答할 것.
五. 宣傳部職員 任命할 것.

淸早에 冷水浴한 後에 團所에 往하야 靜坐會에 參하다.

九時頃에 王三德君이 來訪曰 自己가 北間島特派員으로 旣定되었던 바, 間島에 不在하겠다 하야 國務院 內에서 不平이 有하다 하니 果然이냐 問함으로, 余曰 不平은 無하고 君이 不往하겠다 함으로 派送할 수 없다고 言할 뿐이라 하다. 君이 曰 如此한 事가 有한 즉, 私事로이 불러 말씀할 줄 信하였더니 아니 하심이 섭섭하다 하다. 余曰 果然 말코져 生覺하였던 中이라 하고, 間島에 派往하기를 勸하니 君이 往할 志가 有하다 하다.

鄭仁果를 尋訪하다.

趙琬九君을 請하야 大同團結의 趣旨를 說明하고, 所謂 地方熱이라는 偶像

을 除去해야 되겠다고 長時間 設及하다.

金純一 金在德君에 對하야 宣傳部의 必要와 宣傳의 主義條件을 말하다. 君等이 余의 寫眞을 本國에 入하기 爲하야 要求함으로 撮影하다. 金鼎穆 및 二君과 같이 午餐하다.

孫永弼君이 來訪함에 大同團結의 趣旨를 說明한 즉, 君이 贊成하되 自己는 政府와 關係를 아니하고 따로 일할 뜻을 言하는지라. 余曰 그렇게 생각지 말고 官民을 莫論하고 會合하야 일하자고 長時間 말하다.

張承祚君이 來訪함에 余曰 學生들이 如此히 行動치 말고 다시 上課하라 한 즉, 君이 曰 軍務次長이 다시 學生들을 召集하야 말씀한다 한 즉, 軍務次長에게 모든 學生에게 善히 融和되도록 言하게 하라고 請함으로 諾하다.

廉奉根 朴承文 張承祚 三君이 來訪曰 軍務次長이 學生 全部를 一齊 召集한 것이 아니오, 其中 幾個人만 따로 召하야 言하였다고 此로 由하야 學生은 大不平이 되어 다시 融和될 希望이 無하다 함으로, 余曰 如此할 理가 無하리라고 卽時 軍務次長 金羲善을 訪하야 始末을 探한 즉, 君曰 學生을 全部 召하야 言하되 三人 或 二人式 召하야 言하려 하였던 것을 祕書局長이 그렇게 하였다 하는지라, 余曰 此로 不平이 生한다고 한다 言한 즉, 全部를 一齊召集하야 말하라 한즉 君이 諾하다.

七時半에 團所에 往하야 林得山君의 問答을 行할 새 未及한 點이 有한 故로 다시 行키로 하다.

宣傳部職員을 金秉祚로 理事, 楊濟時로 書記를 任命키로 하다.

洪鎭君을 尋訪하야 不在함으로 未會하다.

豫定事項 中 崔昌植 尹顯振 洪鎭 面會와 紅十字病院 尋訪할 것은 時間不足으로 未遂하다.

✦ 四月 二十九日 木 雲

豫定事項

一. 洪鎭 崔昌植 尹顯振 尹琦燮 君等을 面會할 것(大同團結을 爲하야).
二. 寫眞館에 往見할 것.
三. 國務院에 出席할 것.
四. 洪十字病院 尋訪할 것.
五. 團所에 往하야 入團誓約式 行할 것.

淸早에 團所에 往하야 靜坐會에 參하다.

尹顯振君을 請하야 曰 今次 大同團結의 施設及維持함이 正面에 出現하야 努力하기를 望한다 한 즉, 君曰 自己는 許多人의 關係로 勞多效少 하겠다 하다.

金貞根君이 來訪함에 興士團의 主義를 說明하다.

寫眞館에 往하야 昨日 撮影한 것을 見하다.

洪鎭君을 訪하야 不在함으로 未會하고 回路에 交通部를 尋訪하다.

金在德君이 來訪함에 興士團의 主義를 說明하다.

朴賢煥 金公緝 兩君 自廣東還하야 來訪하다.

國務院에 出席하야 開議할 새 高一淸辭職願을 接受免任케 하고, 中國南政府 議員 熊鉞 來函에 孔寅의 挾雜을 言하얐으되, 其內容은 孔氏가 作黨하야 自己 家庭에 突入하야 自己의 妻를 毆打하얐으니 此를 處辦하기를 切願한다 하얐더라. 議事中 崔昌植君이 愛仁里 金聲根家에서 灼熱되얐다 來報함으로 卽時 黃鎭南으로 佛工務局에 往探하라 하다. 此事로 以하야 崔君과 他事는 議論치 못하다. 이에 愛仁里에 往하야 情形을 觀한 즉 安南巡捕가 街口에 多數히 守衛하야 金聲根家의 通行을 禁止하는지라 現跡은 未見하고 經過를

探問한 즉, 法警察部長은 足이 被傷되고 中國人警察은 頰이 被傷하였다 하며, 金君의 左右 隣家의 墻도 破潰하였다 하며, 金君의 婦人과 兪貞根母親과 中國下女 一人과 韓國男子 三人이 被捕되었다 하다.

紅十字病院에 往하야 治療를 受하다.

金元慶女士가 來訪하야 愛仁里事의 如何를 問함으로 經過해야만 知하겠다 하다.

玄楯 崔昌植 兩君이 來訪하야 愛仁里事의 如何를 問함으로 鄭.黃 兩君의 回報를 聽 後에야 知하겠다 하다.

鮮于爀君을 面會코져 請하였더니 不在함으로 未遂하다.

黃鎭南君이 佛工務局에 往還하야 曰 工務局署長이 大憤慨하야 曰 吾人은 貴君等을 保護하는데 君等의 不注意함으로 如此한 事가 生하였도다. 君等과 또 우리의 일이 妨害가 된다 하고 被傷한 警察部長의 足은 斷할 貌樣이라 하다 운하다.

李總理가 來訪하야 愛仁里事件의 如何를 問하고 歸하다.

八時傾에 團所에 往하야 李光洙君의 誓約式이 有하다. 이어 講演會가 開함에 金昌世君이 〈安息教의 歷史〉로 講說하다.

回路에 朴殷植君을 尋訪하니 君이 曰 大同團에 寄稿를 請하는데 如何한 主旨로 作送함이 好할는지 未知하야 俄者 專訪하였다가 未晤하였다 하며 曰 財産平等論을 主唱함이 如何하냐 함으로, 余曰 現時에 吾民族에게 不合當하다 하고 다시 議論하기로 하다.

✦ 四月 三十日 金 晴

豫定事項

一. 愛仁里 往訪할 것.
二. 佛領事 尋訪할 것.
三. 宣傳部委員治送할 것.
四. 鮮于爀.朱賢則.崔東旿 面會할 것.
五. 林得山 慰問할 것.
六. 往靜坐會

都寅權君이 來訪하야 愛仁里의 事況經過를 問하고, 又曰 自己는 勞而無功한 한 處地에 在하야 限하노라 함으로, 余勸之曰 返求諸己하야 人心調和에 努力하라 하다.

金聲根婦人을 訪하야 被捕되었던 狀況을 問하려 하야 愛仁里에 往하니 出他不在 故로 該婦人을 面晤하였던 他女子에게 大略을 問하고, 金弘植君의 家를 訪하고 慰勞하다.

高麗病院에 往하야 被傷된 林得山君을 慰問하다.

十時頃에 鄭仁果 黃鎭南 兩君을 帶同하고 佛領事를 訪하고 曰 昨日 愛仁里 事가 매우 未安하다 하고, 此가 다 우리의 善히 不省한 結果로 如此한 事가 發生되야 貴警察部長이 被傷되었는지라 國務總理가 深히 未安하야 余를 送함으로 來하였다고 하다.

佛領事曰 日本政府로서 曾히 法政府에 交涉이 多有한 故로 法政府로서는 本領事에게로 慎飭이 有하되 우리는 無事한 樣으로 報告하고 貴君 等을 極力保護를 盡하였으나 貴君 等이 스스로 如此한 事를 生케 하였으니 我莫助之라 하며, 警察部長의 受傷한 것은 該足을 斷케 한 즉 賠償金 一萬五千테일을 與하여야 할지라. 貴君 等이 補助하는 態度로 此額을 擔當하는 것이

可할 듯하다 하다. 余曰 매우 未安히 되었다 하고, 우리가 此後에는 非常한 注意를 盡할 터인 즉 此次事를 無事케 하라 한 즉, 領事曰 北京 法領事에게 電報하였으니 答電을 接한 後에 處理하겠다 하다. 余曰 被捕 三人은 다 無罪한 人인줄 知하노라. 君이 審査한 즉 詳知할지니 아무쪼록 日領事에 交涉치 말고 直接 處辦하기를 望하노라 하니, 領事曰 自己는 如此할 心이 有하나 日領事署에서 韓人임을 知하고 請交하면 不應키 難하다 함에, 余曰 故로 速히 處辦하면 問題가 아니될 것 같다 하다. 領事曰 警察部長의 被傷事가 有한 바에 無事히 放送키는 難하다 하며, 當時에 巡捕가 三人을 逮捕한 것이 不幸되었다고 하다.

朱賢則 鮮于爀君이 來訪함에 光復事業의 進行方針과 革命黨幹部組織을 說明하고, 이어서 興士團의 趣旨를 說明하니 兩君이 다 同情을 深表하다.

李東輝君이 來訪하야 法領事에 交涉을 問하는 故로 始末을 言하고, 서로 祕密을 守하자 하다.

李鐸氏가 金東湜君을 紹介하야 面會하다. 金君이 梁濾君의 所送하는 靑年聯合及安.金諸氏의 故東吾先生賻金 三百八十元을 傳하다. 金君이 先去한 後에 李君에게 對하야 大同團結의 趣旨를 說明한 즉 同情을 深表하다. 君이 非常한 祕密事件을 告하다.

金羲善君이 來訪하야 愛仁里事件의 如何를 問하다.

尹顯振君이 來訪함에 余曰 此次 革命黨幹部組織에 正面에 出現하야 努力하라고 다시 勸한 즉, 君이 前日 態度로 堅執不應하다. 君이 曰 公債券을 販賣하기 爲하야 入國하는 金在德君에게 信任狀을 付與하라 함으로 余 諾하다.

高一淸君이 來訪함에 政府의 結束과 革命幹部의 組織함을 言한 즉 贊意를 極表하다.

金在德君이 來訪함에 宣傳委員의 職務와 宣傳隊組織할 것을 說明하다.

吳南喜女士 來訪하야 入國하노라 告別하다. 余曰 何往何住 間에 四大精神을 離去치 말라 付託하고, 如此한 意로 幾行의 書를 寫與하다. 海州에 宣傳隊 組織事를 爲하다.

崔東旿君이 金信國과 및 安東으로부터 還한 張敬順君을 帶同하고 來訪하다.

李君이 先去後 崔君에 對하야 革命黨幹部組織事를 言한 즉 贊意를 極表하고, 且 此에 努力하겠노라 하다.

李裕弼君이 來訪하야 明日 安東으로 出發한다 하며 告別하다. 余曰 目下의 急한 宣傳部 事務를 處辦하라 하다.

金鼎穆 金純一 金在德 三君에게 宣傳의 組織에 關한 事를 說明하다.

金公緝 朴賢煥 金亨均 三君이 來訪하야 廣東에서 經過 事情을 大綱 告하다.

孫永弼君이 來訪曰 廣東으로부터 來한 學生들은 無力接濟인 즉 三百元만 請辦함으로, 余曰 用力하겠다 하고, 後에 金貨 一萬八千元을 送하려고 專訪한 즉 孫君이 出他 故로 未晤하다.

寫眞館에 往한 즉 尙今 未了한 故로 二張을 先取하야 一張은 吳南喜女士에게, 一張은 金在德君에게 送하다.

吳南喜女士와 및 三金君을 作別키 爲하야 孫貞道君 宅을 訪하다.

李裕弼君을 訪하야 作別하다.

一九二〇年 五月

✦ 五月 一日 土 晴

豫定事項

一. 金立君 訪問할 것.
二. 鄭仁果君으로 負傷한 法警察部長을 慰問케 할 것.
三. 孫永弼君을 面會하야 廣東으로 來한 學生들을 救濟케 할 것.
四. 尹琦燮 洪鎭 朴殷植君을 面會할 것.
五. 羅昌憲君 面會할 것.

團所靜坐會에 參하였다가 歸路에 金立君 問病하다.

吉〇〇君(吉善宙 子)이 來訪하야 留美游學할 뜻이 有하니 指導하기를 請함으로, 余曰 먼저 南京等地에서 語學을 準備함이 如何하냐 하다.

張弼錫君이 來訪하야 廣東情形을 陳述하다.

韓松溪君이 來訪曰 金價가 日高하니 銀行預款을 換金하는 것이 似好라 하다.

朴殷植君이 來訪曰, 儒敎의 大同主義를 鼓吹하야 儒敎의 思想을 變動시키는 것이 如何하냐 함에 余 贊成하다.

金明達君이 來訪하야 美國留學할 뜻을 말하다.

孫永弼君이 來訪함에 廣東으로 來한 學生을 救濟하라고 金百八十元을 與하다.

鄭仁果君 來訪함에 法工務局에 往하야 慰問하고, 또 法領事를 尋訪하라 하다.

林得山君이 來訪하야 愛仁里事로 自現하겠다 함을 制止하고 慰勞로 銀十

元을 여하다.

高一淸君이 來訪하야 宣傳部豫算案改定을 商議하다.

李鐸君이 來訪하야 自己에게 있는 危險物을 任置하였다 달라 함으로 諾하다.

李世芳君이 俄者 李鐸君의 所言한 危險物을 持來하다.

李總理 來訪하야 李始榮君의 草한 熊鉞 答信할 것을 出示하며 曰 內에 謝過하는 意가 有함으로 此를 不送하겠다 하는지라 余亦 同意하다.

危險物을 移置하기 爲하야 紅十字病院에 往하다. 本國으로부터 來한 安息敎會監督 버터피일君을 面會하야 談話하다.

羅昌憲君을 請하야 革命黨幹部組織할 趣旨를 長時間 說明한 즉, 君이 同情을 極表하다.

安定根君이 來訪曰 北間島와 俄領에 速히 向하야 出發하겠다 하는 故로 往하야 進行方針을 說明하고, 各團體의 首腦及有力者를 私會하야 먼저 그네의 意見들을 돌이킨 後에 서로 會合하야 民事는 居留民團으로, 軍事는 軍司令部로 分任케 하고, 卽時 通寄하고, 또 該地 有力人士로 하여금 今次 革命黨幹部組織의 發起가 되게 하라고 하다.

金昌世 姜鳳孝 兩君이 來訪하다.

鄭仁果君을 尋訪하였다가 不在故로 未會하다.

申圭植君을 尋訪하야 此次 團結事項을 談論할 새 同時에 金嘉鎭君이 來함으로 같이 協議하다.

李東寧.李始榮 兩君을 訪하야 此次 團結에 關하야 그 進行順序를 商議하다.

李始榮君을 對하야 曰 孫永弼君이 廣東事件으로 君에게 多少間 慍意한 것을 永解케 하라 하다.

李東寧君 曰 曾往 內務部調査表 內에 天道敎名譽損傷에 關한 件이 記入된 것을 崔東旿君이 削除를 要求한다 云함으로 願하는 대로 하라 하다.

✦ 五月 二日 日 雲

豫定事項

一. 紅十字病院에 往할 것.
二. 禮拜堂에 往할 것.
三. 崔炳善君 面會할 것.

淸早 團所에 往하야 靜坐會에 參하다.
崔昌植君을 請하야 午後 五時에 玄楯君 같이 面會하기를 約하다.
黃學洙. 李河永君이 來訪하다.
寫眞館에 往하야 撮影한 後에 紅十字病院에 往하야 治療를 受하다.
午後 二時에 禮拜堂에 往하다.
紅十字病院에 往하야 金銀時勢를 問하다.
崔炳善君을 面會하야 虹口에 在한 敵探을 問하다.
五時에 玄楯.崔昌植 兩君을 大東旅社에 招待하야 晩餐을 共히 하고, 革命黨最高幹部組織한 趣旨를 說明하다.

✦ 五月 三日 月 雲

豫定事項

一. 國務會議에 出席할 것.
二. 尹琦燮 洪鎭 孫斗煥 鄭濟亨君 面會할 것.
三. 朱耀翰君 誓約問答할 것.
四. 法領事尋訪할 것.

淸早에 團所靜坐會에 參하다.

金九君이 來訪하야 曰 愛仁里 金聲根家에 炸藥이 尙今餘存하다 하니, 此를 處置치 아니 하면 受熱原하야 다시 爆發할까 恐하다 함으로, 余曰 祥搜하야 處置하겠노라 하다.

鄭仁果君을 訪하야 今午에 法領事를 尋訪하기로 하다.

林得山군을 請하야 愛仁里 金聲根家에 炸藥原料, 其分量, 藏置의 如何를 詳問하다.

尹顯振君이 來訪하야 愛仁里 金聲根家의 餘存한 炸藥原料를 如何히 處置하라 하다.

鄭仁果 黃鎭南 兩君을 帶同하고 法領事를 尋訪키로 하고, 먼저 被捕하였든 金弘植君을 愛仁里에 訪하야 審問經過를 詳問하고, 곧 法領事를 訪하야 厚意를 感謝하고 被傷한 警察部長의 治療經過 如何를 問한 즉, 曰 該警察部長은 足이 傷하야 病身이 될 터이니 다시 執事치 못하고 返國할지라. 法政府로서 將次 恩賜金을 與할지나 君等도 相當한 生覺이 有해야 可한 줄로 知하노라 하다.

余가 未安한 뜻을 盛道하고 우리의 誠意껏 生覺하겠노라 하다. 北京 法公使의 答電을 問한 즉, 答曰 回報가 有하다 하고, 曰 余가 前後事를 다 無事케 하였은즉 念慮 말고 以後에는 다시 如此한 事가 無케 確實 擔保하기를 望하노라 함으로, 余曰 已往에도 注意하였거니와 以後로는 더욱이 注意하겠노라 하고, 愛仁里의 警備巡警을 解하야 平穩한 狀態를 復케 하라 한 즉 諾하다.

余曰 該家內에 炸藥原料가 尙餘在하다 하니 此를 速히 處置치 아니하면 再爆될 慮가 有하다 한 즉, 領事曰 總巡 一人을 專派할테니 君이 使人하야 搜探處置하게 하라 함으로 然하기로 留約하다.

回路에 寫眞館에 往하야 昨日 撮影한 良否를 見하다.

李奉九君이 來訪하다.

林得山 金泰淵君을 請하야 炸藥原料 搜探함이 何人이 最上且堪하냐 한 즉, 兩君이 共曰 金聲根婦人이 的知하리라 하다.

紅十字病院에 往하야 治療를 受하고, 回路에 民團에서 擧行하는 檀祖御天 祝賀會에 參하다.

國務院에 出席하니 適 未滿員이므로 非公式으로 今日 檀祖御天紀念節이므로 休業하기로 決議하다.

安定根君과 俄領으로부터 來한 恭根君이 來訪하다. 君이 俄領狀況을 報道曰 多數 韓人이 俄國軍隊에 參入하였는데 俄軍에서는 武器를 供與한다 하다. 二君과 및 兄嫂님이 明下午 五時에 晩餐하기로 約束하다.

佛總巡과 金聲根婦人과 같이 愛仁里에 往하야 餘存原料를 如干搜探하고, 明日 九時에 다시 畢하기를 約하다.

團所에 往하야 朱耀翰.朴賢煥 兩君의 誓約問答을 行할 새 余 心身이 困疲함으로 中止하고 來水曜에 다시 問答키로 하다.

回路에 孫貞道君을 訪하다.

林得山君을 請하여 今夕에 該藥原料의 取出한 分量을 말하고, 또 餘在한 分量 幾何를 묻다.

✦ 五月 四日 火 晴

豫定事項

一. 昨晚 未畢한 愛仁里搜約할 것.
二. 國務會에 出席할 것.
三. 宣傳隊事務處理할 것.
四. 安夫人及定根 恭根 二君 招待할 것.
五. 尹琦燮 洪鎭 鮮于爀 鄭濟亨 尹顯振面會할 것.
六. 軍事學校에 出席할 것.

淸早에 團所에 往하야 靜坐會에 參하다.

九時에 愛仁里에 往하야 昨晚 未畢한 愛仁里炸藥 搜探을 了케 하다.

回路에 金立君 問病하다.

金貞根君이 來訪함에 興士團趣旨를 說明하다.

徐弼淳君이 來訪하야 曰 明日 香港으로 出發한다 함으로 茶資로 銀十元을 贈送하다.

王三德君이 來訪曰 羅愚 金東湜 二君이 二日前에 出하야 尙今껏 縱跡이 無하다 하다.

金九君이 來訪하야 新韓靑年黨과 興士團의 關係를 言하다가 未畢하고 歸하다.

孫斗煥君이 來訪하야 韓松溪君의 會計條를 推去하다.

高一淸君이 來訪하야 余다러 中國學生聯合會에 往하야 演說하기를 請함으로 余가 許하다. 君又曰 財務次長을 美國에 派遣하야 써 財務에 關한 事를 整理케 하는 것이 好하겠다 하다.

尹顯振君이 來訪하야 曰 自己가 渡美하는 것이 如何하냐 함으로, 余曰

不必要라 하다.

崔東旿君이 來訪曰 天道敎로부터 來한 人이 有한데 此人을 見할 時에 吾人의 大事가 不遠에 達成할 뜻으로 明確히 말하기를 請하다. 君이 又曰 史料編纂을 閱한 즉 基督敎에 關한 事는 盛道하였으나 天道敎에 關하야는 不滿한 點이 多한 즉, 自己 天道敎에 關한 事績을 다시 記錄하야 來하겠다 함으로 余 贊意를 表하다.

國務會에 出席하야 財務部의 提出한 會計法을 通過하고, 熊鉞의 來信案을 處理하고, 被傷한 法警察部長에게 慰金으로 銀一萬테일을 支出하기로 決하고, 廣東으로 來한 學生들이 困難한 境遇에 處하였음으로 補助로 洋百元을 支拂케 하다. 政府職員을 人選하다. 西間島에 公債募集權을 與하거나 安東縣 公債委員에게 北間島에 支撥을 令命하거나 二案이 다 否決되다.

五時에 大東旅社에 安重根夫人과 定根 恭根君을 招待할 새 陪賓으로 李光洙 朴宣 吳翊殷 鄭仁果君을 招待하야 晩餐하다.

李鐸君이 來訪曰 安東縣에서 靑年을 選出하야 光復軍을 組織타가 此는 李總理가 自己의 前으로 祕密히 組成하기를 請하야 約束하였으나 總理는 忘置하고 實行이 無하다 함으로, 余曰 總理에게 言하야 軍務次長과 議論케 하야 軍事에 關한 일은 軍務部와 協議進行케 하라. 然하면 余는 그때에 協助하겠노라 하다.

申斗湜君이 來訪하야 曰 內務部祕書局長 辭免할 意를 말함으로 余 挽留하다.

宣傳部事務를 指揮하다.

✦ 五月 五日 水 雲

豫定事項

一. 申斗湜 洪鎭 尹琦燮 鮮于爀 鄭濟亨 孫斗煥 面會할 것.

淸早에 團所靜坐會에 參하다.

申斗湜君이 來訪함에 時局의 現狀과 未來의 進行方針을 談論하다. 君다러 上海를 離치 말고 政府에서 努力臨事하라 勸함에 君이 唯諾하다.

柳振昊君이 朴元을 紹介하야 來訪하다.

朴宣君이 來訪曰 家事로써 歸國할 意가 有하다 함으로 余 贊意를 表하다.

鮮于爀君이 來曰 新韓靑年黨員으로 入國하는 것이 如何할까 하야 躊躇하였노라 함으로, 余曰 團의 目的과 主義가 우리 國民에게 絶對로 有益하다 認하면 諸般을 不顧하고 進할 것이오, 惟靑年黨員이므로 興士團의 員이 못된다 함은 不可하다 하다.

七時半에 團所에 往하야 朱耀翰 朴賢煥 二君의 通常團友入團問答을 行하다.

林得山 金聲根 二君이 來訪하다.

宣傳部事를 指導하다.

✦ 五月 六日 木 晴

豫定事項

一. 孫斗煥 崔東旿 尹琦燮 洪鎭 鄭濟亨 面會할 것.
二. 孫永弼 尋訪할 것.
三. 國務會에 出席할 것.

四. 團所에 往할 것.

淸早에 團所靜坐會에 參하다.

安定根君이 來訪하야 曰 俄領 北間島로 速히 往하겠다 하다. 余가 此次 光復事業의 進行 方針의 大體를 言하고, 俄 中領에 往하야 軍事의 適材는 軍事에, 民事의 適材는 民事에, 外交의 適材는 外交에 各其任能需容할 것을 第一用力하라 하다.

孫斗煥君이 來訪함에 時局에 關한 事를 談論타가 時間短促으로 未盡하다.

鄭仁果君이 宋鍾翊에게 천천히 送金하겠다고 電할 草를 示하다.

李總理 來訪하야 美洲의 事가 誤錯되는 것을 歎息하야 言하다. 余偕總理 往大東旅社 午餐할 새, 總理曰 西間島에 光復軍招募를 祕密히 한 것을 島山이 知하고 섭섭히 生覺할까 하노라 하다. 余 섭섭지 아니 하다고 하다. 總理曰 大事不成할 것을 말하고 李博士와 또 其他 總長들과 共事할 뜻이 無하니 見機하야 西間島로 巡往하겠다 하는 고로, 余曰 日前 吾儕五人의 言約을 極守하자 한 즉, 總理曰 所言이 다 無用이라 하다.

孫永弼君을 訪하야 不在故로 未晤하다.

廣東으로부터 來한 學生 全部를 尋訪하야 慰問하다.

玄楯.金昌淑 兩君을 尋訪하다.

紅十字病院을 尋訪하다.

國務會에 出席하야 財務部에서 提出한 會計法案을 通過하다. 五月 中旬에 實行키로 豫定한 軍事會談의 準備가 緩慢함을 質問한 즉, 俄領에 散在한 軍事人物들을 尋하기 不能하야 遲延한다 하다. 西間島에 派遣할 桂奉瑀君을 請하야 西間島에 往하야 進行策을 問한 즉, 政府에서 敎使하는대로만 하겠노라 하며, 自己는 往하야 情形을 直接 視察하고 施設할 것을 政府에 報하야

實施케 하겠노라 하다.

鮮于爀君을 請하야 團所로 同往하다. 朱耀翰 朴賢煥 兩君의 誓約式이 有한 後, 孫貞道君의 講演이 有하다.

✦ 五月 七日 金 晴

豫定事項

一. 本國으로 來한 申肅(天道敎人) 等 面會할 것.
二. 孫斗煥 金羲善 尹琦燮 洪鎭 鄭濟亨 面會할 것.

清早에 團所에 往하야 靜坐會에 參하다.

金九君이 來訪曰 靑年黨理事員으로 興士團에 入團하는 것이 關係가 有하다 함으로 余는 如何한 關係가 無하다 하다.

趙琬九君이 來訪曰 政府에서 廣東으로 來한 學生에게 救助金을 與한 것이 孔寅挾雜輩와 連絡한 態度니 不可하고, 孔氏가 申성 申聖君을 毁하야 言하는데 其源을 調査하야 政府로서 相當히 處辦치 아니하는 것은 疑惑이 生하노라 하는지라, 余曰 靑年들이 軍事의 目的으로 誰의 誘引을 受하였거나 善한 指導를 受하였거나 他方으로 來到하야 宿食을 未定하고 道路에 彷徨하는 것을 政府로서는 情恤하는 뜻으로 一時救濟한 것 뿐이오, 또 孔.申 兩氏가 不好한 感情이 有한 것은 私私로이 諒解와 悟를 生케 하려니와 公式上 政府 名義로 處辦할 것은 아니라 하다.

李鐸君이 來訪曰 李總理에게 西間島 光復軍組織한 것을 말한 즉, 總理는 祕密히 自己와 結託하였던 事가 先生이 知함으로 섭섭히 生覺하더라 하고, 光復軍에 關한 事를 軍務部에 隸屬케 하고 總理와 自己와 軍務次長이 協議

할 터인 바, 其內容과 進行을 先生이 軍務次長에게 豫先 言及하기를 望한다 함으로 諾하다.

　金羲善君을 請하야 曰 昨冬에 李鐸君이 鴨綠江沿岸에 冒險隊를 編成할 뜻이 有하야 總理와 議論한 즉, 總理께서 極히 贊同하야 曰 다른 總長이나 總辦한테까지도 말치 말고 오직 祕密히 自己에게 直屬케 하야 自己는 裏面에서 모든 것을 指揮하며 設備하겠노라 하였도다. 余는 그 當時에 그 內容을 知하였노라. 李鐸君이 이에 西間島에 往하야 自己의 同志와 獨立團首腦, 靑年團首腦들과 오래 동안 議論한 結果로 各首腦人物이 聯合하야 冒險隊를 組織하되 그 名을 光復軍이라 하고, 此를 一介團體의 附屬한 性質을 具치 아니하고 政府에 屬한 國家的 軍人이 되게 하자 하였고, 今次 鴨綠江沿岸에 敵偵을 擊殺한 것도 光復軍으로서 二十名을 派遣하야 한 事라. 李總理는 前後를 忘置하고 今日까지 不顧한지라. 此事由를 余가 詳知하고 鐸君에게 言하기를, 總理에게 好意로 말씀하야 軍務部에 直屬케 하라 하였으니 君은 內地에 軍事行動을 取하라 하면 此機關을 忽諸치 말고 今日 李總理와 李鐸君을 面會하야 專任한 後에 李鐸君과 結束하야 諸機關에 對하야는 信義가 有하게 進行하고, 李總理의 職權以外의 行事한 것은 言도 말고 또 介意도 말고 오직 前進할 것만 잘 생각하라 하다.

　君이 曰 余도 此事를 大綱 知하고 總理의 職權 制度上의 違한 것을 말하려고 별렀으나, 島山의 言을 聽하고 好意로 일을 專任하겠노라 하다. 今年內로 日人의 統治拒絶하는 行爲를 極力實施하자 相議하다.

　本國으로부터 來한 申肅 申相泰君이 來訪함에, 余曰 余가 今次 光復事業 進行의 大體를 擧하야 말하고, 飛行機購入키 爲하야 崔東旿君과 相論하고 天道敎會 內에 該款을 運動한 事 有하노라는 事實을 言한 즉, 君曰 只今 天道敎內에서 天道敎를 犧牲하기로 作定하면 巨款을 籌備하려니와 不然코는 警戒가 極甚하야 不能하니라 云하다.

鄭仁果君이 來訪함에 美國國會議員이 東洋視察로 來到함에 對하야 相當히 準備할 것을 硏究하자 하다.

朴宣君이 來訪함에 滙豊銀行에 往하야 預款을 取來하기를 委하다.

金公緝君이 來訪曰 自己가 學生代表로 熊鉞에게 往하였다가 말을 못하고 來한 事를 言하다.

金亨均君이 來訪하다.

金澈君을 請하야 曰 新韓靑年黨 理事員으로써 興士團에 入團함에 躊躇하는 問題로 言하되, 興士團의 主旨가 우리 民族에게 絶對로 큰 關係가 有하다 認하면 如何한 것을 不顧하고 入團할지라. 우리 每事를 國家와 民族을 爲하야 進行할 뿐이라고 하다.

孫永弱君이 來訪曰 熊鉞이가 韓人學生을 匪徒라고 報紙에 揭한데 對하야 우리는 衆議院長에게 辨白書를 送코져 起草하였노라 함으로, 余曰 此事를 行키 爲하야 우리가 떠드는 것은 우리에게 有害無益인 즉 沈默하고 있다가 孔寅君이 來滬한 後, 孔.熊 兩人의 和解를 成케 하는 것이 可하다 하다. 또 君은 廣東事로 申圭植 李始榮 二君에 對한 感情을 풀고 每事에 協進하기를 望하노라 하다.

林得山君 生日晩餐에 往參하다.

足部 湯傷을 治療키 爲하야 紅十字病院에 往하였다가 金昌世君이 不在함으로 未遂하다.

金九君이 來訪曰 金健亨君의 父親이 自殺하였다는 報를 接하고, 金君이 痛泣이 極甚한 中에 在하다 함으로 往하야 慰問하다.

✦ 五月 八日 土 晴

豫定事項

一. 齒科醫院에 往할 것.
二. 高麗醫院에 往하야 受傷足을 治療할 것.
三. 尹琦燮 洪鎭 鄭濟亨 面會할 것.
四. 各總長 尋訪할 것.
五. 宣傳部事務指導할 것.

淸早에 團所靜坐會에 參하다.

朴宣君과 같이 齒科醫師 朴榮世君을 訪하야 手術을 受하다. 回路에 高麗病院에 往하야 受傷한 足을 治療하다.

金聲根君이 來訪함에 그 間 意外의 事에 對하야 慰勞하고 銀十元을 贈하다.

吉鎭京君이 來訪하야 渡美할 事를 議論하고, 且 修養에 專心하라 하다.

李總理를 尋訪함에 不在故로 未會하다. 申圭植 李始榮 李東寧 三君을 尋訪하다.

尹琦燮君을 尋訪하다. 洪鎭은 出他故로 未晤하다.

李奉淳女士 來訪하다.

金弘敍君이 來訪하야 東吾先生葬儀時 所撮한 寫眞을 中國人 沈○○君에게 送코져 하야 要함으로 許하다.

鄭蕙園女士 來訪하다.

✦ 五月 九日 日 晴

一. 齒科醫院에 往하야 治療를 受할 것.
二. 王三德君 面會할 것.

淸早에 靜坐會에 參하다.

李鐸君이 來訪함에 安東縣 光復軍의 進行方針을 商議하다.

王三德君이 來訪하야 余가 君에게 北間島에 往하야 進行할 것을 商議하고, 또 進行方針의 大體를 들어 말하다.

金若山君이 來訪함에 炸彈使用을 單獨的으로 何時에나 紀律 없이 使用치 말고, 軍事當局에 款屬하야 實力을 漸蓄하였다가 相當한 時에 大擧하기를 注意하라 하다.

本國으로부터 來한 金基萬 金濚秀 金根植 君이 來訪하다. 金根植君이 來時에 余의 本宅에 다녀왔노라 하며 曰 余의 老母의 氣節이 安寧하시고 家內에는 別故 없이 다 平安하고 農作도 如意하다 云하다.

金弘敍君이 來訪하다.

金九君이 來訪하야 曰 新韓靑年黨員으로 興士團에 入團與否問題가 如何히 되었나 問함으로 아직 未知하노라 하다.

李總理를 尋訪하야 未晤하고, 申圭植 李東寧 李始榮 三君을 訪하야 美洲와 及大同團結에 關하야 議論하다.

✦ 五月 十日 月 晴

豫定事項

一. 李東寧 申圭植 面會할 것.
二. 國務會에 出席할 것.
三. 金羲善 面會할 것.
四. 申肅 招待에 往할 것.
五. 團所에 往하야 林得山君 入團問答할 것.

淸早에 團所에 往하야 靜坐會에 參하다.

李東寧君이 來訪曰 前日에 서로 議論한 것, 서로 結束하고 團合하자는 事가 잘 안 된다 하며 曰 只今 사람들이 當局者에 對하야 無能力하다고 不信任하는지라. 우리가 自思하야도 果然 無能力하니 우리가 退去하는 것이 國家를 爲하야 마땅하고 우리 몸도 사랑하는 것이라 言하는 時에, 申圭植君이 入하는지라. 申君도 曰 果然 退去가 宜하고 우리보다 優한 人物에게 任하는 것이 大事를 爲하는 道理라 하다.

余曰 우리의 進하고 退하는 것과 合하고 分하는 것이 우리 각 個人의 몸을 爲함이 아니오, 國家를 前提로 하고 事業을 標準함이라. 우리가 退去함으로 光復事業이 善進할 點이 有하면 어찌 躊躇하리오. 余의 觀察로는 吾族의 智力과 金力이 하도 缺乏하야 何誰가 任事하든지 特別한 良積을 現하기 不能할 것이오, 우리가 退去할 時에는 우리의 마음으로 某氏 某氏가 當局任事하여야 善就하겠다 할 人物이 有해야 하겠는 바, 余의 良心으로는 誰가 其人이라고 生覺됨이 無하도다. 우리를 對하야 無能力하다 批評할 수는 有하나 執行할 能力은 無하도다. 社會의 中堅되는 人物이 有하야 國家의 大事業을 스스로 責任하고 일의 計劃을 定한 後에 우리를 내버리고 他人을 受容할 形便이라도 好하겠지만은, 余의 觀察로는 事에 對한 觀念은 無하고

空然히 批評할 뿐이오, 일을 擔責한 主人된 人物은 보이지 아니 하는지라. 然則 우리가 散去하면 政府는 自然 없어질 것이오, 從하야 今次 運動이 最終을 告하는 일이라. 此를 知하고야 어찌 차마 退去하리오. 曾日에 吾 五人이 特殊한 盟約으로 結束하자 함은 우리 歷史에 重한 關係點이라 生覺하노라. 그 뜻을 不變하고 稱讚을 듣거나 毁訾를 듣거나, 敗하거나 成하거나 不顧하고 나아가는 것이 可하다 하다.

二君은 明確한 對答이 無하고 오직 걱정하다가 散하다.

李英烈君을 請하야 曰 余가 車利錫君을 달리 쓰고자 하니 印刷部에 큰 關係가 無하냐 問한 즉, 君曰 關係는 雖有이나 先生의 말씀대로 하겠노라 하다.

金羲善 李鐸 兩君이 曾日 言約을 依하야 安東縣 光復事業을 協議키 爲하야 來訪하다. 金君에게 對하야 軍事當局의 諸般進行計劃을 聽聞한 즉, 君曰 余가 島山에게 對하야만 바로 말이지 世人이 아무리 戰鬪한다 떠들지마는 余는 此에 對하야 意思가 全無하노라. 우리가 무엇으로써 敢히 日本으로 戰鬪하리오. 余는 短砲와 炸彈으로 當今 適의 官公吏 偵探 警察署 等 破潰하는 것으로 일하기를 作定하였노라 하다.

余曰 然則 此를 卽實施코져 하느냐, 抑 相當한 準備를 기다리냐 한 즉, 答曰 準備準備하야도 말뿐이므로 當場 實行코져 하노라. 余曰 그 使用할 人員은 幾何, 豫算은 幾何냐 한 즉,

答曰 各郡에 平均 三人 以上을 算하되 深邃한 山谷 等地에는 使用치 아니하고 要害의 地에 人員을 增加케 하고, 千名 假量의 冒險靑年을 採用하겠다 하다.

余曰 然則 어찌 當場 實施하리오. 砲一柄 代價를 七十元 假量으로 計하야도 千名을 供給할 千柄 代價가 七萬元이겠고, 每人의 經費가 平均 百元으로

算하여도 千名에 十萬元 假量이니, 此를 供給할 道理가 有하냐 한 즉, 答曰 然한지라. 然故로 辦備 되는대로 經營하야 進行코져 하노라 하다. 余曰 君의 主義와 余의 主義는 同하나, 進行의 意思가 조금 差異가 된다 하다.

君이 問함으로 余曰 此次 光復事業은 참으로 大한 것인 줄 知하고 大規模로 進行할 計劃을 確定하고 成敗가 그 計劃에 依하야 進行키를 望하노라. 우리의 生覺을 一時의 不平的 行動으로 賣國賊을 殺한다, 偵探을 殺한다, 如此히 生覺지 말고, 일을 如何 如何히 進行하면 如何한 結果를 受하겠다는 標準이 有하여야 되겠도다. 우리 今次運動의 大體를 擧하야 말하면 三段의 行爲를 取할지니, 一은 敵의 統治를 拒絶하는 行爲. 二, 戰鬪準備行爲. 三, 各國에 宣傳 交涉行爲인 바, 一에 對하야 말하겠노라 하다. 短砲와 炸彈使用은 一時不平으로 無意味하게 使用하는 것은 不可라고 言하였거니와 우리 일은 日本의 統治를 絶對로 拒絶하야 敵이 統治의 力을 展할 수 없게 하도록 하는 것이 最重大한 것이라. 此를 重大하게 知하고 大計劃과 大規模로 實施할 것이니, 그 拒絶하는 行爲는 官公吏退職. 納稅拒絶. 訴訟拒絶 等의 事라. 此를 全國 國民으로 實行케 하기 爲하야 多方의 設計를 定하고 進行할지니 此를 一般 國民이 絶對로 拒絶하는 時는 敵으로서는 絶對로 服從케 하기 爲하야 極端의 壓迫行動이 有할지라. 然則 炸彈과 및 使用할 人을 準備하였다가 敵의 最後 壓迫을 應하야 大暴動을 起함이 成功을 可期라. 然則 現時의 小數 部分的으로 炸彈을 使用함이 그것으로 統治拒絶의 效果를 難收하고, 敵이 此에 對하야 防禦策이 稠密하야 未來 大活動에 大障碍를 作할 뿐이니 現時에는 炸彈使用을 막으로 말고, 但 短砲로서 各要害地의 偵探 等을 討伐하야 光復에 從事하는 이의 來往의 便宜를 圖하고 人心의 多少 激發이 有케 하고, 此 未來를 爲하야 準備實施할 것은 一, 陸上에 文字를 言及하야 統治拒絶의 主義를 稠密하게 注意하며 韓人官公吏에게 退職活動을 無漏히 보게 할 것이오. 二, 飛行機로 宣傳하야 人心을 大激發케 할 것이오. 三, 深險한

森林 中에 炸彈製造廠을 密置하고 우리 使用할 數를 依하야 製作케 하고 炸彈使用人을 軍人精神으로 編成하야 冒險性과 紀律을 養成할 것이라. 以上의 行爲를 實行하자면 巨額의 資金을 要할지라. 아무리 어렵더라도 此를 期於히 實施하려고 뜻을 堅定하고, 되도록 運動할 것이라. 此를 爲하야 余가 曾前부터 周旋하야 오는 것이 有하고 그것이 失敗되면 余가 直接 出動코져 하노라. 우리는 一年이 가거나 二年이 가거나 險夷를 不顧하고 斷定코 實行하기를 計圖할지라. 以上의 所言한 것이 곧 民國의 最大獨立戰爭이라 生覺하고 努力하고져 하노라 한 즉, 君이 極히 稱善하다. 余曰 우리 二人부터 此志를 不變하고 一致行動을 하자하고, 此事業을 李鐸君에게 專委하야 이미 造成된 光復軍을 使用하기를 望하노라 하다.

鄭仁果君이 來訪曰 總長들의 覺悟가 尙今 圓滿치 못하야 前途가 險難하다 云하다.

顯振君이 來訪曰 畿湖人士들이 凡事의 行動이 地方的 性質로 나아가는 것이 多하다 하며, 李總理는 三總長에게 對하야 大不平을 抱하고 共事하기가 難하고 李承晩 下에는 일할 뜻이 없다 하다 云하다.

國務院에 出席하야 政務를 協議할 새 西間島特派員桂奉瑀辭免한 代에 趙尙燮이나 鮮于爀으로 派送케 하다.

東三省에 外交部設置案을 議論하다가 外務次長다려 組織하야 提出하라 爲하다. 歐羅巴와 美洲에 外交委員部設置案을 討議하다가 大統領과 協議 實施키로 하다. 北間島 光復軍政司의 獻議書를 朗讀한 後에 此를 軍務部로 越敎케 하다.

四時에 申肅君 招待로 一品香에 赴하야 晩餐하다.

七時半에 團所에 往하야 林得山君의 問答을 了하고, 吳翊殷君 問答하다가 未了의 點이 有한 故로 未畢하다.

✦ 五月 十一日 火 雨

豫定事項

一. 尹右山 車利錫 吳翊殷 申肅 面會할 것.
二. 宋鼎項 招待할 것.

今朝에 靜坐會에 未參하다.

玄楯君이 來訪하야 洋百元만 請取故로 數日을 待하야 辦送하겠노라 하다. 君이 그 間은 李博士 所送한 五百元으로 支過하였노라 하다.

尹顯振君이 來訪함에 余曰 李承晩博士가 財務總長에게 電한 內開에 玄楯으로 華盛頓 外交委員으로 擇定하였고, 渡美旅費 五百元을 換送한다 하였으니, 此에 對하야 어찌 할런지 李總理가 知하면 大不平이 生할지니 아직 此事를 發說치 말고 措置方法을 預思하라 한 즉, 君曰 또 걱정의 問題가 生하였다 하다.

林得山君이 來訪曰 今夕에 安東으로 出發하노라 함에, 余曰 君과 連絡하는 冒險靑年들을 部分으로 行動치 말게 하고, 安東光復軍과 合同하야 該機關의 指揮대로 行動케 하고, 軍事局長 都寅權君에게로부터 受한 短砲는 光復軍機關에 送交함이 合當하다 함에 君이 諾하다.

鄭仁果君이 來訪曰 李承晩 金奎植 關係로 外交事業을 統一키 不能한지라, 只今 李始榮과 議論하야 玄楯을 招往하는 事로 말하야도 總理나 外交當局者는 알지도 못하니 每事에 如此히 하고 어찌 써 일 하리오 하며 慨嘆하다.

李世芳(冒險團員) 來訪하야 安東으로 向하노라고 辭別하다.

車利錫君을 請하야 宣傳理事로 일보기를 請한 즉 君이 諾하다.

吳翊殷君을 訪하야 曰 尹顯振君 來言이 高一淸君이 安東으로 向한다는 理由는 君이 今 兄의 말을 傳하기를 高一淸君을 安東으로 來케 하라 하야

出發한다 하니 此가 事實이냐 問한 즉, 君曰 虛無에 全屬한 事라. 自己 兄님이 需款을 辦送하더라도 先生에게나 自己에게 直接 滙送하지 他處로 以할 줄은 不信하노라 하다.

宋鼎項을 請邀하야 伊來 君의 誠心任事한 것과 및 在病中이므로 慰勞하고, 大東旅社에 往하야 晩餐을 같이 하다.

申肅 崔東旿君이 來訪하다. 申君이 財政策에 對하야 曰 敎內에서 거겨 政府로 送한다고 하고, 敎人에게 收金만 하면 出納하기도 恐懼하는 故로 如意히 金力을 辦備치도 못하고 人物들만 危險한 곳에 陷하겠도다. 더욱이 天道敎에 要求한 三十萬元의 巨款을 籌備하려면 祕密이 難한 故로 天道敎라는 것을 犧牲하기 前에는 될 수 없다. 然則 銀行이나 會社를 設立하야 株券의 名義로 收合함이 額數도 多하고 且 安全하겠다 云하는지라, 營業하자는 名義로 收合하야 光復事業에 用함은 國民을 欺함이니 到底히 難行하겠다 한 즉, 君曰 會社는 會社대로 營進하고, 政府에서는 債務를 得하게 하면 欺民하는 것이 아니라 하다.

余曰 然則 우리가 일할 때에 그 會社는 永遠 存在케 하야 營業을 進行하고 正當히 債權債務의 境遇로 財政을 去來하면 妥當할 듯하니 此事를 尹顯振君과 商議하야 進行케 하자 하다. 또 君에게 對하야 曰 우리 일 가운데 敵의 統治를 絶對로 拒絶하는 것이 第一 重要한 事라 하니 君도 또한 同情을 深表하다.

✦ 五月 十二日 水 晴

豫定事項

一. 尹顯振 申肅 鄭濟亨君 面會할 것.
二. 宣傳部事務指導할 것.
三. 吳翊殷 車均祥君 入團問答할 것.

清早에 靜坐會에 往參하다.

尹顯振이 來訪함에 昨日 申肅君의 意見을 말하고, 會社의 名義로 財政을 鳩聚함이 如何하냐 한 즉, 君曰 進行이 매우 困難하겠으나 議論하야 實施케 하자 하다.

李鐸君이 來訪曰 現 洋三百元이 有하여야 緊用하겠다 함으로 余는 無한 뜻을 表하고 曰 光復軍 中에서 相當한 人을 選하야 宣傳員을 任함이 如何하냐 하다.

崔東旿君을 訪하야 尹顯振君의 意思를 말하고 午後 一時에 申肅 尹顯振君과 같이 會商하자 하다. 一時에 尹顯振 申肅 崔東旿君과 會社設立의 事를 爛議한 結果, 資金總額은 二百萬元(每株五十元)으로 定하고, 第一回 收入될 것을(四分의一)五十萬元으로 槪算하고 그 半數는 申 崔 兩君이, 餘半數는 尹君과 余가 擔責하야 辨備하기로 하고 進行方法은 尹君다러 起草한 後에 四人이 再會 協進하기로 하다.

都寅權君이 來訪하야 軍事行動에 關하야 意見을 要求하는 故로 現今은 時間이 無하니 他時로 會晤하자 하다.

齒科醫院에 往하야 治療를 受하다.

鄭仁果 黃鎭南 兩君의 招待로 大東旅社에서 晩餐하다. 李君이 從速히 渡美하겠다 함으로, 余曰 더욱 耐過하기를 注意하라 하고 挽留하다.

鄭濟亨君을 請하였으나 君이 不在故로 未會하다.

宣傳部事務를 指導하다.

七時半에 團所에 往하야 吳翊殷君 問答을 行할 새, 適 心身이 疲勞함으로 中止하고 明下午에 다시 行하기로 하다.

✦ 五月 十三日 木 晴

豫定事項

一. 國務院에 出席.
二. 宣傳部事務指導.
三. 黃鎭南 面會.
四. 尹顯振 面會.

清早 團所에 往하야 靜坐會에 參하다.

西間島로부터 來한 崔尙鳳君이 來訪曰 自己와 幾個靑年이 炸彈行動에 關한 事로 來하였는데 先生의 高見을 願聞하노라 함으로, 余가 우리의 進行方針의 大體를 들어 말하고, 그런 事業을 單獨으로 自意行事치 말고 國家的 軍人精神으로 政府方針에 依하되 此에 關하야 李鐸君의 指導下에서 行動하라 한 즉, 君曰 的當하게 生覺하노라 하다.

孫貞道君이 來訪함에 總理와 各總長과 各次長及 祕書長의 搖動할 뜻이 有함으로 大局이 危境에 處하였다 하고 善後策을 講究하자 하다.

黃鎭南君이 來訪함에 興士團의 趣旨를 說明하고, 改組精神을 勉力하라 한 즉, 君은 入團할 決心이 有하다 言하다.

尹顯振君이 來訪曰 幾個 同志로 더불어 現統領을 倒하기로 決心하였는데,

此가 未遂되면 自退하겠노라 하다. 余曰 只今 此로 大效果를 難成이오, 大局이 破潰하야 消滅을 自促하는 것이니 如此한 論은 出口치도 말고 曾日 相約대로 內部의 結束을 堅固이 하야 大局을 收拾하자 하되 君이 堅執不聽하고 歸하다.

姜鳳孝君이 來訪曰 自己의 本意는 先生을 看護키 爲하야 遠來하였는데 新聞社에서 任事함을 請하는데 對하야 未答하였으니 如何함이 可하냐 함으로, 余曰 新聞社에서 辦事하는 것이나 余를 看護하는 것이 다 余를 援助하는 것이라. 然而 新聞社에서 任事함이 余를 看護하는 것보다 더 助益이 되겠다 하고, 將次 朴宣君이 歸國하면 團所의 事를 任하게 하고자 하니 此를 議論 後 兩者 간 一을 取하라 하다.

李東輝君이 來訪曰 現統領을 갈아 없이하자 하며 曰 不然한 則 自己는 退去하겠다 함으로, 余曰 深히 重大한 問題이니 輕忽히 生覺할 일이 아니라 하다.

呂運亨君이 來訪하야 南方에 往還한 事情을 言할 새 陳炯明은 革命을 再起하기 爲하야 大準備中이라 하다. 余曰 우리 民族 自體가 誠心誠力으로 團結하야 大勢를 扶去해야 되겠다 하고, 그 間 總理總長으로 더불어 大同團結에 注重하는 것을 말한 즉, 君曰 自己는 此가 期成되기를 不信하노라 하다.

尹顯振君을 訪하야 曰 現統領 廢止는 大局을 誤케하는 問題니 如此한 言은 出口치도 말고 遠東에서만 遠東의 形勢대로 國內의 日本統治拒絶하는 일을 專力하자 하되, 君曰 今夕 次長會議가 有할 터인데 絶對的으로 斷行하겠노라 하다. 余曰 諸君의 意思를 絶對로 主張하면 余는 別道가 無하고 스스로 退局할 而已라 하다.

國務會議는 未滿員이므로 開議치 못하다.

夕後에 團所에 往하다. 朱耀翰君의 싹이 보이는 大韓靑年의 文化運動이라는 題로 講演하다. 朱君의 말 가운데 靑年의 思想을 老人들은 干預치 말고 放任하야 所向대로 할 것이라는 意에 關하야 余 簡略히 靑年은 靑年의 意思, 老人은 老人의 意思를 發表하는 것은 同一한 自由意思라. 또는 主張 意見이 異하야 各執其一하는 것은 靑年과 老人의 間에 限하야 在한 事가 아니오, 老人與老人, 靑年與靑年 間에도 在한 事라. 此를 全혀 老人을 向하야 말함은 不可라 하다.

✦ 五月 十四日 金 晴

豫定事項

一. 各總長 金澈 金立 孫貞道 訪問할 것.
二. 國民團夜學課에 出席.

淸早에 靜坐會에 參하다.

玄楯君이 來訪하야 曰 自己가 華盛頓으로 往하게 되었노라 하며 長時間 談話코져 한 즉, 時間의 有無를 問하는지라. 余曰 只今 旣爲 來訪客을 面會한 後 他處에 往하야 말하자 하고 待合室에서 企待하라 하다.

尹顯振君이 來訪함에 余曰 大統領廢止問題는 提論치도 말고, 또 君等은 조금도 動搖치 말고 誠心誠力으로 大事를 扶進하자 한 즉, 君曰 革命事業은 爲先 內部가 서로 信任하고 凝結하여야 되는 바, 現今 狀況으로는 光復事業을 進行할 수가 없으니 李博士派가 退去하거나 우리가 退去하거나 兩端간 解決을 作하기로 決心하였노라 하다.

余曰 統領과 總長들은 形式으로 上位에 置하고 次長된 靑年諸君이 一心團

結하야 進行하면 目的을 可達하리라 한 즉, 君曰 如此하고는 進行할 希望이 無하다 하다.

崔東旿君이 來訪曰 會社組織件을 速定하고, 人員을 內地에 急派해야 되겠다 함으로 午後에 再會하자 하다.

玄楯君으로 東亞旅社에 往하야 談話할 새 君이 自己 渡美內幕을 말하고 曰 自己가 余에 對하야 根本 地方熱이나 野心이 有한 人으로 知하지 아니하고 좋은 일군으로 知하야 왔지만은, 그 這間 幾位 總長이 自己에게 對하야 曰 몇 번 잘 속았다고 다시는 見欺치 말라 云하도다. 自己도 近間에는 如是의 心이 有하였노라. 余曰 然則 疑心條件이 何이냐 한 즉, 答曰 別條件은 無하고, 但 平安道人은 助與가 많고 畿湖人은 如此히 함이 鮮小한 것을 보이더라 하는지라, 余曰 余가 實力이 無함으로 何人이든지 助與한 것이 無하나, 畿湖人이 余에게 受助함이 一文이라도 많을 듯하다 하다. 君曰 今에는 島山이 興士團을 組織하야 內外地에 宣傳하야 將來 大統領되기를 準備한다 云하다. 余曰 何人이든지 獨立할 줄 確信하고 大統領을 準備한다면 好事일지라. 余는 當今 進行이 茫然하야서 將來 個人問題에는 生覺지도 못하노라 하다.

金若山君이 來訪曰 自己가 從速 入國하노라 함으로, 余曰 如斯히 部分的으로 冒險을 行動치 말고 그 冒險行動하는 最高機關에 連絡하야 適應時期에 大大的으로 行動하기를 企望하는 뜻으로 길게 說明한 즉, 君曰 言雖切當하야 歎服不已하나 自己와 및 同志의 事情이 不許하노라 하다.

李總理와 金立君을 尋訪함에 李總理曰 自己는 李博士와 一局에는 不立하기로 決心하였노라. 諸次長들도 如是한 思想을 持한 것은 滿足히 同情하노라. 次長들은 設或 其志가 變하더라도 自己 個人은 絶對로 變치 아니 하겠노라 確言하다. 余曰 事가 하도 重大하니 輕忽히 하지 말고 한번 더 生覺하라 하다.

李始榮 李東寧 兩君을 訪問하고 曰 時局이 漸漸 큰 危險한 中으로 入하니 救持의 策이 茫然하도다 하고, 또 今番 獨立運動에 이 安ㅇㅇ의 地方熱問題가 한 中心이니 스스로 悚懼함을 不禁하노라. 只今 畿湖人士들이 西道人士한테 부댓기어 難過임으로 自衛策으로 不可不 一偏黨을 作해야만 되겠다는 그런 論調로 人心을 眩惑케 하야 兩地 靑年으로 反目을 惹起하니 是는 自亡을 取하는 것이 아니냐 하다. 東寧君曰 誰가 如此히 佈言하느냐 함으로, 余曰 知名한 人士의 所言을 數次 得聞하였노라 하다 하고, 서로 將來를 爲하야 걱정하다가 散하다.

金立君을 訪하야 問病하다.

孫貞道君을 訪하야 時局의 근심되는 것을 議論하고 絶對로 祕密을 守하라 하다.

金弘敍君을 請하야 南京旅行에 關하야 問議하다.

崔昌植君이 來訪하야 渡美케 된 事를 말하고 旅費를 請助함으로 辦備키 難하다 하다.

申肅 崔東旿 兩君이 來訪曰 會社設立에 關한 事로 商議하다가 尹顯振君이 以事先歸함으로 明午에 다시 會商하기로 하다. 申君의 提議는 會社를 二로 分하야 自己는 自己所信하는 人으로, 先生은 先生의 所信하는 人으로 株金을 收集하자 함으로, 余曰 該意見을 贊하고 曰 余의 念慮는 國民을 欺罔함이 될까 念慮라 하다.

諸次長의 運動하는 事와 會社設立의 事로 南京行을 停止하고 金弘敍로 하여금 白永燁君에게 因事未發이라 送電케 하다.

團所에 往訪하였다가 未訪하고 孫貞道君을 訪問함에 適 李總理 來하야 李博士排斥論을 長久히 痛論하다.

✦ 五月 十五日 土 晴

豫定事項

一. 崔東旿 申肅 尹顯振 其他天道敎人을 招待하야 會社設立事를 商議할 것.
二. 各次長 尋訪.

淸早에 靜坐會에 參하다.

尹顯振君을 訪問하야 昨日 崔東旿 申肅 兩君과 議論한 內容을 言하고, 今日 午正에는 期於히 會商 決定하자 하고 曰 此事를 如此히 行하다가 將來에 詐欺的 行爲가 되지 아니 할는지 問한 즉, 君曰 依例히 詐欺行爲될 줄 알고 行할 바오, 또 將後에는 會社 全部를 없애지 아니하면 안 되겠다 하는지라, 余曰 然則 余는 此를 直接 實行하기가 難하다 하고 再商하기로 하다. 昨日의 次長會議의 結果를 問한 즉, 君曰 次長과 祕書長이 聯盟하야 大統領 不信任案으로 總辭職하기로 決定하였다 하는지라, 余曰 君等이 大事를 크게 誤하는 도다. 君等의 辭免書 提出日은 則 余의 亦退去의 日이라 하다.

安恭根君이 來訪함에 俄 過激派與反過激派의 內容을 問한 즉, 君이 大綱 說明하고 他日에 再會 詳言하기로 하다. 君曰 俄國外交에 對하야 相當한 人物이 往하여야 善就할지라. 俄領에도 그 適任人物이 無하고 上海로서 派送하자 하야도 無한지라. 오직 余다러 直接 往하여야 겠다 하는지라, 余曰 余도 如此히 生覺하는 點이 有하노라. 外交는 自己의 行할 目的을 確定하고 그 目的을 達할 必要條件을 가지고 交涉할 바이나, 吾人은 덮어놓고 幫助하야 달라, 武器를 供給하라 할 뿐이라. 余는 他處로 往하여야 必要한 關係도 幾件이 有하고, 且 上海를 離하야도 不可할 關係도 多함으로 自煩할 뿐이라 하다. 이어서 團에 對하여 如何히 生覺하나 問한 즉, 君曰 自己心에 實로 適切히 生覺하나 實行에 對하야 難한 것을 覺하노라 하다.

金義善君이 來訪하야 問余曰 前者 總理與總長及重要人物의 結束事가 如何하냐 함으로, 余曰 該事를 着手進行 中이러니 近日에 祕書長과 次長이 大統領을 倒한다, 自己네가 退한다 하는 問題가 生함으로 難處 中에 在하노라 한 즉, 大統領을 出케 하거나 次長들이 退하거나 하기로 決意하였는데 自己도 亦是 同感 決心하였노라 하고 曰 島山의 大統領을 扶進하자, 總長들을 結束하자 하는 것은 一段 理想 뿐이오, 事實에는 不可能한지라. 余는 此를 笑할 뿐이라 하는지라,

余曰 君이 稍益深究하면 余의 所思와 同一할 줄로 生覺하노라. 우리 民族의 程度와 實力 如何를 知하면 君等이 如此한 決心이 無할 줄 知하노라. 君等의 決心을 斷行하는 其日에는 一大波瀾이 生할 것이오, 그 時機를 應하야 日本은 內外에 對하야 惡宣傳을 極力하리니, 然할 時에 우리 國民의 程度로 退拙하겠나 奮勇하겠나. 扑蹶하야 全滅할 뿐이니 大統領의 稱不稱과 總長의 適不適이 何所用이리오. 吾等은 李也金也의 曰善曰否를 知하지만은 普通國民이야 何를 依支하야 知하리오. 君等의 生覺이 感情에 近하고 事에는 遠한가 生覺하노라 하다.

君曰 如此 念慮도 不無치는 아니라 하다 하며, 曰 今에 愛國金納上하는 것을 中間에서 橫領하는 것을 放任할 수 없다고 하는지라.

余曰 雖가 그러한 事實이 有하냐 한 즉, 君曰 孫貞道君이 北京宣教教會에 往하였을 때에 裵亨混君 便에 政府로 送하는 千元條를 孫君에게 委한 것을 不傳自用하였는지라, 此가 綻露할 뿐 아니라 如此한 事가 多함으로 그 內容을 詳查中이라 하는지라,

余曰 孫君이 設或 如何한 失手가 有하다고 假定할지라도 그 後方에 君을 信仰하는 男女가 많고, 且 歷史가 있는 한 사람인데 如此한 言이 世上에 流布되면 우리 運動에 大影響이 及할 뿐더러 孫君은 詐欺的 行爲는 아니할 줄 余는 信하노라. 財政傳付하는 事에 或 模糊한 事가 有한지는 未知하겠

노라. 君은 其內情을 詳知치도 못하고 他人을 輕히 定罪하는 것은 失手인 듯하니 慾悪하기를 望하노라 하다.

君曰 內情을 盡詳한다 하며 島山의 如此한 點은 不許하노라. 非者는 非하게, 是者는 是하게 待하여야 한다 하다.

韓松溪君이 來訪曰 曾往 政府에 四百元 取與하였더니 此를 自己의 名義로 하였는지 或 先生의 名義로 하였는지 問함으로, 余曰 君의 名義로 하였다 하다.

李鐸君이 來訪하야 炸彈에 關한 事를 議論하다.

申肅 崔東旿 尹顯振君을 大東旅社에 招待하야 午餐하다.(餘天道教人은 未到하다)이에 樓上에 登하야 資金募集의 問題로 爛議하다가 結局 申君이 天道教의 事情을 依支하야 會社名義나 其他 何許方法으로든지 二十五萬元을, 尹君과 余도 亦可能한 方便을 依하야 何許 方法으로든지 二十五萬元을 擔責할 것이오, 此 五十萬元을 盡收하야 가지고 營事하자 하면 時間이 太久함으로 從하야 人心은 墮落하고 部分的 妄動이 多生함으로 大事에 致誤될 念慮가 有한 즉, 一個月半 以內로 申 崔 二人이 五萬元을, 尹與余 二人이 五萬元을 擔責하고 辦備하기로 하고, 다시 余는 二萬元, 尹君은 三萬元을 擔負키로 하다.

尹右山君이 來訪하야 今番 次長 決意에 對하야 同意를 求함으로, 余曰 絶對로 同情할 수 없다 하다.

孫君의 事件으로 因하야 君을 二次 尋訪하였으되 未會하고 自疑컨대 該事가 金弘敍君과 關係가 有한 듯하야 金君을 請하야 孫氏가 愛國金橫領한 事가 有하다니 그 事實을 知하냐 한 즉, 知하노라 하며 俄者 金羲善君 言과 同한지라, 余曰 此問題를 君이 起하는 것 아니냐 한 즉, 君曰 自己는 關係가 無하노라, 余曰 그 言을 不信하노라. 義理에도 不可하고 事體에도 穩當치 아니한 것을 드러낸 즉, 君曰 果然 孫君에 對하야 憾意가 有한 것을 말하는지라, 余曰 私事憾意報復을 爲하야 大事에 影響이 及하는 것을 不顧하며 兼하야 서로 盟約한 同志 간에 罪의 有無를 同志로 더불어 먼저 解決한 後에 處事함이 可하거늘 憾意를 가지고 團外의 人으로 더불어 同志에 對하야 訾議를 함은 義理에 不適한 事이니, 此를 改하고 該問題에 關係된 人에게 從容하기를 爲하라 하다.

金羲善君을 訪하야 孫貞道君에 關한 問題로 言할 새 此를 輕忽히 하야 떠들면 大影響이 有하겠고, 且 孫君이 該事實의 有無를 難知인 즉, 먼저 詳査한 後에 先後策을 議論하자 한 즉 君이 諾하다.

孫貞道君을 訪함에 適來賓이 在席故로 말치 못하고, 團所에 往하야 李光洙 朴宣 君에게 車均祥君 入團問答할 것을 委하다.

各次長 祕書長의 會議하는 金澈君 寓所를 訪한 즉, 尹顯振 鄭仁果 金澈 金羲善 李奎洪 金立 六人이 着席하였더라. 余曰 諸君이 今次 大統領의 不信任案을 提出하는 內容은 余의 所料로는 四个의 條件이니, 一, 神聖한 獨立事業에 不神聖한 人物을 首位에 在함이 精神不可라 함이오. 二, 歐美의 外交를 誤케 하고 美洲社會를 紛亂케 하고 遠東과 歐美의 外交를 統一치 못하게 하고 政令을 不一케 함으로 大事進行에 支障을 多生한다 함이오. 三, 現時 上海國務院이 信과 義로 結合치 못하야 革命幹部답게 精力을 뻗치어 일할 수 없은 즉 寧히 推飜하고 新히 造成하는 것이 進行에 有益하겠다 함이오. 四, 一年 以上의 일 延遲하는데 良好한 成績은 別無하고 內外의 軋轢만 生하니 諸君의 各自 心理에 躁悶不快하야 破潰하거나 退去하거나 兩者間 一을 取하겠다 함이라. 以上의 三條는 일을 標準함이오, 終一段은 感情을 標準한 것이라. 諸君이 如此히 生覺하는 것을 否하다 아니하고 當然하다 할 點도 不無하다. 然이나 余는 此를 絶對로 反對하나니 卽 大事가 一朝에 消滅을 告할 것을 見함이라. 그 理由는, 一, 統領이나 總長의 善不善은 諸君은 詳知

하고 如此히 하는 것이 可하다 否하다 하는 것이 判定되나, 國民의 全部로는 此를 知치도 못하고, 但 大統領 李承晚은 高尙한 哲學博士이오, 威遜統領과 同一知友라 하야 信仰心 뿐이라. 然한데 今番에 此變動을 起하면 日本人은 內로 同胞에게, 外로 世界에 惡한 宣傳을 할 것이오, 또 同胞中 上海政府와 感情을 懷한 人士들은 機가 來하였다 하고 四起攻擊할지니 嗚呼 痛哉라. 上海에서는 大統領과 官位로 爭鬪만 한다 하야 筆과 舌로 攻擊하기를 極力할지라. 如此히 되면 全部 國民은 獨立幹部에 出立한 人物을 信任치 아니하고 悲觀과 落望으로 倒하고 扑할 터인 즉, 如此히 말고 亡할 바에야 善하나 惡하나 大統領이 何關이리오. 우리는 現時 內部人物의 如干 잘못하는 事에는 눈을 감고 外情만 보아 나아갈 뿐이라. 君等은 神聖不神聖을 言하지만은 此는 一, 感情的 言論이오, 事實로 말하면 李承晚만 못한 人物이라도 推戴하고 獨立만 된다면 못할 바 아니라. 二, 過去에 우리가 政府를 組織한다, 委員制를 施行한다, 다시 次長制를 用한다, 또 政府를 改造한다, 또 就任不就任問題로 長時間을 消費하였고, 그 後로는 美洲와 上海 間에 愛國金과 公債問題로 時間을 消費하고 光復에 關한 實際事業은 進行함이 無하였음으로 人心은 困勞하고 일은 中絶될 慮가 有한 今日에 다시 此問題를 提出하면 此로 또 長久歲月을 消費하겠고 實際의 事는 施行치 못할지니 大事에 對하야 幾大한 影響이 有할 것을 可知할 것이오. 三, 對外하야 大問題가 될지니 諸君이 李承晚博士를 推倒한다 할지라도 李博士는 退去치 아니 하고 曰 上海의 所爲는 少數 惡輩의 行爲라 하고, 自己는 本國 漢城에서 二千萬의 民意로 推戴한 大統領이라고 國內에만 宣言할 바 아니라 各國에 같이 宣言할 것이라. 如此히 하면 自然히 政府는 二가 되고 우리의 決裂은 世界에 公布하야 外人의 同情은 絶對로 希望이 斷絶될지니 深考할 바오. 四, 우리 國內 知識階級에 在한 人士들은 設或 李統領이 不可한 줄로 知하더라도 如此한 時期에 此問題를 起함은 우리가 惡意라 아니 하면 痴蠢하다 하야 排斥

할 줄로 知하노라. 如此히 되면 今日 諸君의 所思는 다 空想이오, 大事를 誤케 하고 身까지 誤할지니 어찌 忍하야 行하리오. 然則 今에 그 適策은 大統領이 如干 過失이 有하더라도 美洲에 徐載弼 以下 有力한 人士들과 서로 連結하야 大統領으로 하여금 일에 그릇됨이 없도록 補助하게 하고, 또 只今 總理와 總長들의 不滿足한 點이 有하더라도 前日에 相約한 바와 같이 서로 結束하야 進行할 것이오. 今日 此席에 會集한 六人이 스스로 大事의 主人으로 責任하고 大小事를 協進하면 못할 것이 無하리라. 尤히 現時에 人心은 離散되고 分文의 財政이 無함으로 그저 있더라도 維持가 茫然한바, 큰 波瀾의 變을 起하면 무슨 手段으로 일의 進行은 姑捨하고 스스로 立하야 耐過할 自信이 有한가 熟慮하라 함에, 諸君曰 우리가 다 詳聞하였으니 先歸하면 爛議하야 解決하겠다 함으로 乃歸하다.

孫貞道君을 訪하야 北京에 往하였을 時에 自國으로부터 送하는 金錢의 關係를 問한 즉, 君曰 其時에 北京에 來하였던 韓國牧師 三人이 自己의 用할 條라고 與하기로 受하야 가지고 外國宣敎師도 招待하고 또 旅費에 充用하고 歸하였더니, 今次 金基萬君이 歸하야서 該條가 自己가 間接으로 收合한 愛國金條라 하며, 그 돈 出한 人들은 그 代에 公債를 要求한다 하기로, 余가 曰 그 時에 그이들이 明言하고 주기로 自己에게 來하는 條인 줄 知하였더니 今에 君의 言을 聞하고, 그것이 愛國金임을 知하였노라. 余는 그것은 政府에 送하야 公債券으로 送하야 주겠노라 하며 曰 그렇게 疑心이 生할 줄은 不意하였노라 하다.

回路에 團所에 往하야 朴宣君에게 孫貞道君과 金弘敍君의 關係된 것을 詳言하고, 明日에 金君을 尋訪하야 勸勉하야 改悟케 하라 하다.

✦ 五月 十六日 日 晴

豫定事項

一. 紅十字病院에 往하야 受療할 것.
二. 禮拜堂에 往할 것.
三. 各總長 次長 尋訪할 것.

淸早 團所에 往하야 靜坐會에 參하다.

尹顯振君을 訪하야 昨日 次長과 祕書長의 會議한 結果를 問한 즉, 曰 吾儕가 本意가 大統領不信任案으로 總辭職을 行하기로 同盟하였던 것이 先生이 不可라 力說한 結果, 金羲善 鄭仁果 兩 次長은 意思를 變改함으로 其外 四人은 辭職하기로 議決하였노라 하는지라, 余曰 如此히 하야 現局이 敗裂하면 收拾할 策이 無하니 大局을 爲하야 마음을 돌이키라 하되 堅執하고 絶對로 斷行하겠노라 하는지라, 余 다시 問曰 더 生覺할 餘地가 無하냐 한 즉, 君曰 더 말할 수 없노라 하는지라, 余曰 然則 余는 前途에 對하야 希望이 中絶하니 余도 辭職書를 提出할 터이오, 또 此事件을 諸總長들과 商議하야 先後策을 講究코져 하노라 하다. 君은 曰 今午後에 辭職書를 提出하겠노라 함으로 仍返하다.

王三德君이 來訪曰 政府로서 西間島에 派員한다 함은 久已하였으나, 尙未 派送故로 西間島에서 來한 代表者들은 不平이 多大하다 하며, 何時에 派送하냐 問함으로, 余曰 桂奉瑀君으로 擇任하였다가 君이 辭任함으로 如此히 遲晩하니 從速히 適任을 選擇하야 派送하리라 하다.

鄭仁果君이 來訪함에 余曰 今次 次長과 祕書長의 大統領不信任案을 提出하야 提出한대로 遂하야 政府를 改革한다 하야도 改革은 不成되고 大局을 破潰할 뿐이오, 次長들의 意思를 制止하면 總辭職을 한다 하다. 如此히 總辭

職이 되는 日에는 또한 大局이 破潰되야 兩者間에 終局을 告하게 될 時機니 憂慮를 難狀이라. 只今 祕書長이 辭職하면 總理가 從하야 辭免할지오, 同時에 咸鏡道 俄領이 分離할지오, 尹顯振.李奎洪이 辭職하면 南亨祐가 亦從할지니 慶尙道 一帶와 關係가 斷絕될지오, 如此히 되면 李東寧 李始榮 申圭植 三總長은 局의 難을 避하야 退去할지니 畿湖一帶와 關係가 斷絕될지오, 金羲善이 辭職하고 單獨行動을 取한다 하면 西道靑年은 彷徨될 터이니, 此로 由하야 一般國民의 心理는 悲觀에 陷할 터인 즉, 此事를 如何히 處理함이 可하냐 하고, 君다러 아무쪼록 總辭職書가 速히 提出되지 않도록 하게 注意하라 한 즉, 君이 如言用力하겠노라 하다.

李鐸君이 來訪함에 余가 時局의 艱難을 言하고 서로 信하는 人 間에도 非常한 結束을 作하야 永遠히 大局을 扶持해야겠다는 뜻으로 言하다.

尹顯振君이 來訪曰 自己 次長들의 하는 主義에 同情 與否를 問함으로, 余曰 우리 일이 如此히 되면 終局을 告하리라 하야 憂慮莫甚이로라 하다. 君曰 우리가 議論한 內幕을 諸閣員에게 言한다 하니 우리는 先生을 信하고 這間 諸般 祕密을 盡告한 것을 先生이 暴露시키는 것은 우리의 信하던 바를 先生이 負함이 아니냐 함으로, 余曰 諸君이 此를 絕對로 實行하면 不幾時에 自現될지니 祕密保存의 餘地가 何有냐 하다. 又曰 諸君이 如此히 絕對로 堅執함에 對하여서는 余는 諸君을 不誠意者라 信하노라 하다. 君曰 서로 深信相過하던 바에 如此히 意思가 各異하야 相分하게 됨은 深憾이라 하다.

鄭惠園女士 來訪하다.

閔濟鎬君이 來訪하야 明德里 申總長의 寓하던 屋과 換住하자 함으로 諾하다.

孫貞道君이 來訪하다.

鄭仁果 金羲善 金立 金澈 諸君을 輪訪하야 昨日 次長과 祕書長의 議決한 것이 光復事業을 크게 그릇치는 理由를 長時間 說明하다.

禮拜堂에 暫往하다.

紅十字病院에 往하야 水治療를 受하다.

✦ 五月 十七日 月 晴

豫定事項

一. 國務會에 出席할 것.
二. 各次長 尋訪할 것.

淸早에 團所에 往하야 靜坐會에 參하다.

李鐸 申斗湜君이 來訪함에 興士團의 主義를 說明하고, 또 우리 일의 大艱難한 中에 在한 것을 言하고 今日을 鑑하야 將來를 警戒하라 하다.

玄楯君이 來訪하야 曰 向者 所託條 百元을 速히 辦送하기를 請함으로 諾하다.

尹顯振 李奎洪 兩君을 訪하야 決意한 마음을 請回한 즉, 答曰 過慮를 말라 하며 急激한 行動은 아니 하겠노라 하다.

金立君을 訪하야 總辭職에 對하야 回心하기를 勸告한 즉, 亦是 尹 李 二君과 同一히 答하며 安心하라 하는지라, 金澈君을 訪하야 此次 次長會議한 總辭職에 對하야 深思하고 妄動치 말라 함에, 君이 注意하겠노라 하다.

金義善君을 訪하야 昨日 次長會議의 結果를 問한 즉, 君曰 今日로 總辭職을 提出하기로 決定하였다가 自己가 言하기를 大統領不信任案을 提出하야 政府를 改革키로 生覺하나, 繼하야 何誰로 選任하야 追後建設을 準備할 計劃이 有하냐 한 즉, 一人도 明答이 無하고 但 如此히 破潰만 하면 建設은 自然 된다 하는지라, 由此로 서로 意思가 衝突되다가 一步를 讓하야 辭職提

出은 延期하고 華盛頓에 委員部解散과 財務官及外交委員部設置案과 大統領으로 國務院을 經由치 아니하고 敎令을 濫發치 말게 할 條件으로 國務會議에 提出하야 此가 決議되면 同事하겠고, 不然하고 否決되면 退去하기로 하였다 하더라.

李總理를 訪함에 總理曰 此次 祕書長과 次長의 意思를 同感하니 島山도 贊成하라 하며 曰 次長이나 祕書長의 意思는 變動되더라도 自己는 單獨으로 絶對로 行하겠노라 하다. 余曰 然則 大事를 우리의 手로 自亡케 하는 것인 즉 深深考慮하라 함에, 總理曰 李承晚 一人을 推倒하는데 무슨 念慮가 有하냐 하며 堅執不聽하다.

午後 一時에 政務會議에 出席하야 開議할 새 次長과 祕書長의 聯書하야 提出한 議案 內開에 一, 華盛頓委員部를 解散할 事. 二, 歐美外交委員部를 設置할 事. 三, 歐美財務官을 設置할 事. 四, 大統領은 國務院을 經由치 아니 하고 敎令을 濫發치 못할 事의 條件이더라. 對此하야 衆議가 多岐하고 且 張皇할 새 內務總長은 曰 此案이 雖善이나 實行이 問題라 하고, 財務總長도 同一한 意思로 言하다.

余曰 우리가 曩者에 總長들과 次長들이 서로 盟約하고 非常한 結束으로 合하야 다시 民間有力者와 連結하야 大業을 扶進하자 하였거늘 먼저 此를 成한 後에 光復事業의 前途方針을 다시 討議하야 確定하고, 그 定한 方針을 表準하야 華盛頓에 關한 事件이나 其他 諸般을 議論하는 것이 順序이오, 可否間 此 問題를 먼저 討議하게 된 것은 遺憾된다 하고, 今에 此問題는 留案하고 根本的에 나아가 深思하기를 望한다 한 즉, 尹顯振 李圭洪 金立三君曰 此提議를 決定한 즉 同議하겠고, 不然則 退去하기로 公言하다.

余曰 如此한 事에 同盟的 進退를 取한다는 것은 深思치 않은 것이라고, 余의 絶對로 主張하는 바는 이번 獨立運動의 한 段落을 告하기까지 現局을 些少도 變動치 말고 內로 結束하야 實際의 일을 進行함이 可한지라. 曩者에

말한 대로 우리는 먼저 非常한 結束을 作할 것이오, 此 問題는 더 硏究할 必要가 有하나니 此 條件을 斷定的으로 行하면 다시 華盛頓과 上海 間에 決裂을 起할지라. 然故로 우리는 먼저 華府에 在한 大統領과 및 外交官에게 善한 諒解를 與하기를 用力하고, 諒解되는 時를 應하야 諸般을 善히 協定하자 하다.

總理도 次長과 祕書長의 議案을 贊同하다가 變動하야 現局을 維持하자 말하였고 留案하고 散議하다.

李東寧 李始榮君을 訪하야 時局이 如此히 危難하니 先後策이 在하냐 한 즉, 東寧君曰 일을 靑年들에게 任하고 우리는 退하야 民間에서 일하자 하는지라, 余曰 그이들이 任치도 아니 하겠거니와 任하야도 될 수 있나 한 즉, 東寧君이 曰 우리가 今日이나 明日로 辭職을 提出하면 模樣이 紛爭하는 것과 同하니 今次 次長의 提出한 議案을 決하야 次長들의 마음을 安頓시키고 其後에 우리가 辭職하되 諸位가 不聽하더라도 余는 單獨行動을 取하겠노라 하고, 李始榮軍은 別로히 意思를 表示함이 無하다.

閔濟鎬君이 家屋事로서 以하야 來訪하다.

✦ 五月 十八日 火

豫定事項

一. 國務院에 出席.
二. 李敬夏 李○○ 鄭濟亨 會見.
三. 宣傳部事務 指導할 것.

淸早에 團所에 往하야 靜坐會에 參하다.

李鐸君이 來訪曰 自己가 幾日間 靜處하였다가 安東을 向하야 出發하겠노

라 하다.

安定根君이 來訪曰 從速히 北間島로 向하겠노라 하며 曰 自己는 政府의 使命으로 往하는데 國務總理는 祕密히 他事를 말함으로 雖往이나 凡事의 完善될 希望은 無하다 하다.

李敬夏兄弟를 請하야 興士團의 主義를 說明한 즉, 君等이 滿足한 心을 極表 故로 來四日 講演會에 參席하라 하다.

金聲根君이 來訪曰 自己는 其間 落心이 되었던 바 自今爲始하야는 다시 奮勵하야 冒險行動에 從事하겠노라 하다.

尹顯振 李圭洪 兩君을 訪하야 現局改革코져 意思를 請回한 즉, 二君은 그 意思를 堅執하다.

金澈君을 訪하야 現局을 搖動시킴이 不可타 한 즉, 君은 意思를 不決하고 猶豫 態度에 在하다.

金羲善君을 訪하야 次長會議에 關한 意思를 問한 즉, 自己는 絶對로 反對하고 그 行動하는 데서 脫退하였노라 하다.

國務會議에 出席하였다가 心과 身이 兼하야 疲勞함으로 早退하다. 繼하야 散議하였다 하다.

團所에 往하야 幾時間 偸閑而遊하다.

✦ 五月 十九日 水 晴

豫定事項

一. 鄭仁果 金九 面會할 것.
二. 時事에 干涉을 別로 아니하고 當局人物의 態度를 傍觀키로.
三. 車均詳 鮮于燻 入團問答을 行할 것.
四. 宣傳部事務 指導할 것.

淸早에 團所에 往하야 靜坐會에 參하다.

申斗湜君이 來訪함에 興士團의 趣旨를 說明한 즉, 君이 深히 同情함으로 明夕 講演會에 參席하라 하다.

金弘敍君이 來訪曰 金奉九군이 從速 本國으로 入함에 內地에 寄別할 것이 無하냐 함으로 別無하다 하다.

金九君이 來訪하야 李丙憲取調始末을 詳言하다.

姜鳳孝君이 來訪하다.

鄭仁果君이 來訪함에 此次 次長들의 運動하는 것이 如何하냐 問한 즉, 答曰 自己네의 意思를 恒常 主張한다 云하다.

鮮于燻君이 來訪曰 故崔在亨君 等의 追悼會를 開催할 터인 바 如何히 함이 可하냐 함으로, 余曰 從便하라 하고 余는 말코자 아니 하노라. 但 個人名義들로 開하게 되면 余의 名도 發起에 署하라 하다.

午後 一時半傾에 鄭愛卿女士와 같이 散步하다. 心身의 疲勞함으로 이어 團所에 往하야 閑消하다.

七時半에 車均詳君 入團問答을 了하고 鮮于燻君의 問答을 始하였으나 夜深故로 讓後하다.

金弘敍君이 來訪하야 曰 金基萬君 等에게 孫貞道君에 對하야 財政問題로 誤解치 말라고 言하였다 하다.

✦ 五月 二十日 木 雲

豫定事項

一. 宣傳部事務를 指導할 것.
二. 鄭濟亨 面會할 것.
三. 講演會에 出席하야 講演할 것.

淸早에 團所에 往하야 靜坐會에 參하다.

玉觀彬君이 來訪하야 曰 自己가 渡美할 意가 有하다 함으로 余가 贊成하다.

金弘敍君이 來訪曰 金봉도君을 安東으로 送하겠다 함으로, 余曰 近間은 安東이 危險타 하니 派送치 말라 하다.

李東寧.李始榮 二君이 來訪하야 曰 一은 此次 次長들의 要求하는 것을 條件대로 施行할 뜻이 有하고, 二 自己 二人은 辭職할 意를 堅定하였노라 하고 三, 現政府를 變動하야 보랴 하는지라.

余曰, 一, 次長들의 要求條件을 應하야 行하면 華盛頓과 다시 決裂이 生할 터인 즉, 實地의 事 進行치 못하고 內部의 決裂로 時間을 消費하다가 自破를 當할 터인 즉 恐懼할 바 아니냐? 二, 우리가 退去하면 政府라는 器는 없어질 지니 如何간 保守해야 될 것이오. 三, 政府를 變動하면 如何한 方法으로 變하려 함인가 反問한 즉, 君等曰 具體的 意思는 無하노라. 然則 抽象的 意思는 如何한가 한 즉, 答曰 總理總長의 席을 變動하는 것이 好하겠다 하다.

余曰 換하자 하니 總理의 席에 就할 人이 有하냐 하니, 君等은 答이 無하

고 다시 曰 自己 二人은 只今 李總理와는 絶對로 同事할 수 없노라 하며 曰 首揆에 在하야 同閣諸員을 모르게 陰謀하는 事가 種種하니 此後에 또 무슨 事件이 生할는지 危險스러운 故로 同事할 수 없고, 只今 우리가 退去하더라도 無條件으로 辭職할는지, 條件을 付하야 辭職할는지 此를 島山과 討議코져 하노라 하다. 余曰 條件은 무슨 條件이 有하냐 한 즉, 君等曰 昨日에 尋訪함도 重大問題로 以하야 來議코져 하였더랬노라 하며 曰 李總理가 獨히 韓馨權을 俄勞農政府에 派送할 時에 上海에 在한 政府는 民意로 造成된 것이 아니오, 日人과 서로 通하는 分子가 混合하였음으로 此는 信할 수 없는 것이오, 俄領에 政府를 新히 組織할 터인데 某也某也가 營爲하는 中에 李總理가 其中에 參加된지라 그 組織한 것을 韓馨權에게 付送하였다 하며 曰 如此한 事가 有한데 우리가 어찌 相對共事할 수 有한가 하다.

余曰 此는 到底히 難信할 言이라. 人되고야 어찌 如此한 事를 堪行하였을 리가 有할까? 무슨 確證이 有하냐 한 즉, 答曰 그 時 勞農政府에 送하는 書類를 俄大將 포타프가 見하고 呂運亨 金甲洙 兩君에게 言하였다 하며 曰 포君이 從速히 上海에 來한다 하니 親面問議하야도 知하리라. 우리가 生覺함에는 總理가 此事를 넉넉히 行할 爲人으로 知하노라 하다. 余曰 아직 此題는 發說치 말고 是否를 詳探할 것이오, 二君의 去就에 對한 일도 表示치 말기를 望하노라. 우리의 일의 前途는 하도 茫然하니 別 意思를 말치 않겠노라 하다.

二君이 曰 우리도 輕先히 發說치 않겠노라 하고 今日 院議에 出席하기를 勸함으로, 余曰 우리의 일에 內容으로 서로 情을 通하야 意思가 和合한 後에 議論함은 可하거니와 只今에 나아가 말하야도 無益할 줄 知하고, 且 心與身이 困勞한 時에 參議하였다가 言辭上 誤錯만 生할까 念慮하야 到院치 못하겠노라 하다.

鄭濟亨君을 請하야 興士團의 主義를 說明한 즉, 同情을 甚表함으로 今夕

講演會에 參席하라 하다.

孫貞道君이 來訪曰 自己가 北京서 領金自用한 事를 暴擧하야 辨白코져 하노라 하는지라, 余曰 小數人이 知하는 것을 小數人에 對하야 諒解를 與할 것이오, 아무리 可하더라도 必要치 아니 하니 余가 諸君들을 面會하야 諒解케 할 터이니 待하라 하다.

金九君이 來訪하야 李丙憲의 寫眞과 및 取調한 事實을 言하다.

尹顯振君이 來訪曰 自己들로 因하야 心慮를 過惱하시니 於心甚憫하다 하며, 今日 例議에 到하기를 請하며 曰 先生이 不到함으로 院에 무슨 波瀾이 生할는지 未知라 하는지라. 余曰 여의 生覺에는 別 波瀾이 無하리라 하다. 君曰 二總長의 辭職說이 出함직하다 하는지라. 余曰 二總長과 言한 바 有하니 그럴 理가 無하다 하고, 余는 心身이 困惱故로 參議치 못하겠다 하다.

午後 七時半에 團所에 往하야 吳翊殷 車均詳 鮮于燻 入團式을 行하고 獨立運動에 關하야 라는 題로 講演하다.

◆ 五月 二十一日 金 雨

豫定事項

一. 朴宣君 招待.
二. 朴宣君送別會에 參할 것.

清早에 團所에 往하야 靜坐會에 參하다.

崔成奉君이 來訪하다.

明日 還國하는 朴宣君을 大東旅社에 招待하야 朝餞하다.

午後三時에 團所에서 朴宣君送別會를 開할 새 먼저 團友諸君이 會坐하야

喜樂의 諸劇이 有한 後에 菓屬을 進하고 開會할 새 朴賢煥 鄭仁果 二君의 送別辭가 有한 後, 朴宣君의 別辭가 有하다. 余 簡略히 朴君의 修學을 爲하야 言하다.

金九君이 來訪曰 李丙憲을 如何히 措置함이 可하냐 問함으로, 余曰 別道理가 無한 줄로 知하노라 하다. 君曰 李가 來此하야 여러 가지로 政府에 對하야 言論함이 不好하더니 只今은 政府에 感動되어 政府를 爲하야 일할 心이 多하야 졌다 하며, 一次 先生이 面會하는 것이 好한 줄 知하노라 하다. 余曰 自己가 願하면 面會하겠노라 하다.

呂運亨君이 來訪하야 故崔在亨.諸君追悼會에 追悼辭하기를 請함으로 그만 두겠노라 하다.

朴宣君이 來訪하야 曰 入國하야 團友 募集할 方法을 討議하다.

✦ 五月 二十二日 土 雲

豫定事項

一. 追悼會에 參席할 것.

淸早에 團所에 往하야 靜坐會에 參하다.

崔成奉君을 宣傳員으로 內地에 派送하다.

劉基峻君이 來訪曰, 自己의 姪 炳翼을 渡美하는데 旅費 二百元을 請取故로 應치 못하다.

李鐸君을 尋訪하다.

團所에 往하다(午後)

午後 八時에 民團事務室 內에 開催한 故梁漢默.崔在亨及殉國諸列의 追悼

會에 參席하다.

吳翊殷君이 來訪曰 金健亨君이 日間에서 回心되었다 하다.

王三德 李震山 二君이 來訪함에 此次 光復事業의 進行한 要領을 說明하고 西.北間島에 往하야 그 主義를 宣傳하고 當事한 諸志士들의 意思를 一致케 하자 하다.

金九君이 來訪曰 李丙憲이가 速히 入國한다 하니 今夕으로 召來하야 面會함이 如何하냐 함으로, 余曰 心身이 大疲하니 面會할 수 없다 하다.

趙尙燮君이 來訪하야 西間島에 往하야 進行方法을 叩함으로, 曰 該地形便이 韓族會 名稱下로 西間島 全部가 收攬될 것 같으면 該會로 政府에 隷屬한 民事機關을 作할 것이오, 若他團體들이 不應하면 居留民團制로서 西間島 全部를 總括하게 하라 하다.

昨.今 兩日은 心身이 甚困하다.

✦ 五月 二十三日 日

豫定事項

一. 尹琦燮 李震山 王三德 趙尙燮 招待할 것.
二. 禮拜堂에 往할 것.
三. 講道할 것.

淸早에 團所에 往하야 靜坐會에 參하다.

心身이 大疲함으로 午前에 謝客臥床하다.

安恭根君이 來訪曰 總理가 여러 가지 陰謀하는 것이 甚히 疑心스러운지라 此를 如常放任코는 大事를 營進할 수 없은 즉, 善히 硏究하라 하다. 余曰

陰謀 하더라도 別大事는 無할 터인 즉, 甚한 憂慮할 것은 없다 하다.

　李總理 來訪曰 此次 次長與祕書長의 提案은 매우 善爲하는 事인 즉 該提議案대로 實行하자 하는지라, 余曰 然則 大局이 決裂되야서 大波瀾이 生할 時에 余로서는 收拾할 自信이 無하다 하다.

　十二時에 政府로서 西北間島에 特派하는 安定根 尹琦爕 李震山 王三德 趙尙爕君을 大東旅社에 招待하야 午餐하다.

　午後 七時半에 禮拜堂에 往하야 講道하다.

　趙尙爕君이 來訪함에 西間島에 關하야 進行할 方針과 政府의 主義를 說明하다.

　金昌世 姜鳳孝君이 來訪하다.

　李東寧.李始榮君이 來訪함에 余曰 明日 例議에 次長과 祕書長의 提議案을 如何히 決議될 터이냐 한 즉, 君等曰 自己는 무엇이든지 總理의 意思대로 從하겠고, 此局을 脫退하기로 決心하였노라 하며, 次長들의 提案은 實行하기로 이미 다 言하였다 하다. 余曰 萬一 如此히 되면 우리 일은 終局을 告함인 즉 좀 더 延遲하야 봄이 어떠하냐 한 즉, 答曰 延遲할래야 自己는 이미 可하다 하였은즉 다시 말할 수 없다 하다.

◆ 五月 二十四日 月 晴

豫定事項

一. 病院에 往하야 治療를 受할 것.
二. 金立 尹顯振 面會할 것.

　淸早에 團所에 往하야 靜坐會에 參하다.

玄楯君이 來訪하다.

金立君이 來訪함에 余曰 只今 次長과 祕書長의 提案대로 實行하면 우리 일은 破潰가 卽至하겠고, 또 此를 否決한다 하면 次長과 祕書長이 退去하야 大局이 紛亂할지라. 兩端間 如何하든지 우리의 大事는 終局을 告하겠다 하다. 君이 余다러 例議에 到하기 勸하되 余가 到院할 心이 無하다 하다.

玄楯君의 招請으로 君宅에서 午餐.

紅十字病院에 往하야 治療를 受하다.

鄭仁果君이 來訪함에 次長及祕書長의 提案이 如何히 되었느냐 問한 즉, 外交委員部解散 財務官另置(歐美)外交委員部設置의 三條를 決意하야 華盛頓府에 電致하기로 하였다 하다.

七時半에 團所에 往하야 鄭尙彬君의 通常團友問答을 行할 새 模糊한 點이 有함으로 다시 問答하기로 하다.

尹顯振君을 訪하야 曰 政府에서 此次 次長과 祕書長의 提案을 可決하야 實行키로 함으로 華府와 上海의 決裂을 復作하게 되는 바, 余는 다시 如何라 말할 수 없으니 日間 上海를 떠나가겠노라 하다. 君曰 該次長 祕書長이 다시 先生의 言을 願聞한다 하다. 余曰 今次에 外交委員部解散 財務官另置 外交委員部設置 三條의 電이 美洲와 上海 間에 다시 決裂을 生할 것이오, 그 決裂이 된 後에는 君等의 意思가 大統領을 推翻한다 하나 君等은 다만 空한 言論과 空한 文字로 遞할 줄을 아나 李承晩은 華盛頓에서 大韓民國의 大統領 노릇을 할 터이오, 上海에서도 또 大統領을 推選할 터인 즉, 그 結果가 大統領을 遞하는 것이 아니오, 政府를 二로, 대통령을 二로 作爲하는 것이라. 兩个 政府가 對峙하야 서로 爭持하면 對外하야서는 우리 民族의 信用이 斷絶할 것이오, 對內하야서는 人心이 墮落되고 各派의 分立이 生하야 收拾할 수 없고 亂局을 成하야 自潰할지오, 獨立運動에 出脚하였다는

引導者는 全部 信用을 失하야 此後의 事를 更營할 수 없이 되겠은 즉 此次 政府改革한다는 意思를 實行되는 日에는 우리의 일은 終局을 告하겠도다. 且 余가 力執堅爭하야 實行이 안 된다 하면 諸君이 또 退去할지니, 然則 다시 與하야 共事할 人員도 缺乏하거니와 遠東의 形勢가 또 麻亂하야 就緖할 餘地가 無할 터인 즉 此亦 終局을 告하는 것이라. 事勢 瞭然히 如此한데 收拾치 못하고, 決裂하는 事에 責任을 負하고 副書하기를 不願하는 故로 余는 離去하기로 하는 것이오. 또는 國家의 主任을 任하는 者가 自己自身의 心理와 節介를 마땅히 守할 바라. 余로 言하면 自初로 今日까지 李大統領을 擁護하기를 絶對로 主唱하다가 只今에 李大統領을 推翻하는데 參加하야 李大統領이 遞한 後에 繼續하야 當局하면 是 此, 國民을 欺罔하는 것이오, 信義上 節介上에 退去할 수 外에 없는지라. 如上의 言論으로 午前 三時가 至하도록 特別한 結論이 無하고 散하다.

✦ 五月 二十五日 火 晴

豫定事項

一. 李總理尋訪할 것.
二. 李東寧 李始榮 訪問할 것.
三. 梁濤 面會할 것.

淸早에 團所에 往하야 靜坐會에 參하다.

李總理. 金立君을 訪하야 曰 次長의 提案을 實行키 爲하야 華府로 電한다니, 然則 該事를 斷行하겠냐 한 즉, 答曰 送電하기로 하였다 하는지라. 余曰 余는 此時局을 收拾할 自信이 無하니 當道하야서 無益이겠음으로 退去하겠노라 하다. 總理曰 余도 또한 退去하겠노라 하다.

金澈君을 訪하야 曰 時局收拾에 未能하야 慙愧함을 言하고 退去할 뜻을 表하다.

梁憲 高一淸君이 來訪하야 安東遭亂의 詳情을 陳하야 曰 先生은 高一淸君이 來한다는 電을 接하고 十四日 夕에 桂林에 到함으로 出迎키 爲하야 小汽船을 乘하고 桂林에 登하였더니, 而已오. 多數帆船에 敵警이 簇擁하고, 且 敵艦 四隻이 示威하는지라. 不得已 空櫃中에 高君과 同히 入하야 貨物箱으로 扮裝코 怡隆洋行으로 入하였다 하며 曰 此次의 事가 今番에 上海敵領으로 新義州에 電報하기를 不逞鮮人 五人이 出去한다 함으로 敵은 新義州 舊義州 安東 三處 警官이 連結하야 活動하고, 且 奉天 英領事에 交涉한 結果, 英領事가 소저열에게 韓人勿容이라는 電報가 未到하고 該事件으로 英領事가 不日來安한다 云하다. 由是로 敵領事가 怡隆洋行에 來하야 搜索을 强請하였으나 소저열의 强硬한 抗拒로 以하야 畢竟 未遂하였으나 安東交局과 및 交通하는 渡江機關이 遭難되야 全部 中斷이 되었고, 또 敵은 이어 督府를 搜索한 結果, 咸錫殷 銃傷 安炳瓚 吳能祚 朴禮玉 梁允謨 金應七 五人이 被捕하였다 하며, 此는 中政府에 交涉하야 搜索하라 許함이라 하다. 又曰 此次에 諸般營進이 圓滿하야 著效自期이러니 遭難었다 하다.

柳振昊君이 來訪曰 李丙憲이가 先生을 面會키로 하였다니 何故로 約하였나 問하다. 余曰 李를 그대로 虛踈로이 放置할 人物이 아니니 相當한 措處가 有하여야겠다 하다.

鄭仁果君이 來訪하다.

李東寧 李始榮 二君을 訪하야 曰 余가 總理와 總長에게 去意를 表하였더니 此가 問題되어 다시 議論이 始한다니 若諸氏가 讓步하는 時는 우리는 前日에 相約하였던 大同團結을 注重努力하자 한 즉, 東寧君曰 自己는 如何間 退去하기로 堅決하였노라 하다.

六時半에 李總理의 招待에 應하야 大東旅社에서 晩餐하다. 總理曰 島山의 俄者 告別의 言을 聞하고 如此히 되어서는 大局이 難維라하야 諸問題를 다시 討議하기로 한다 하다.

金毅善君이 來訪하야 余에게 慰勞하는 말을 하고 曰 次長들이 多少間 讓步하면 遷動치 않기를 生覺하라 하다. 余曰 然하면 余가 어찌 遷動 與否를 言할 理가 有하리오. 次長들과 善히 協議하기를 바라노라 하다.

◆ 五月 二十六日 水 雨

豫定事項

一. 政務協議會에 出席할 것.
二. 梁憲 高一淸 招待할 것.

淸早에 團所에 往하야 靜坐會에 參하다.

黃鎭南君이 來訪曰 從速 渡美하려 하니 旅費의 辦備를 請함으로 余曰 다시 기다리라 하다.

崔東旿君이 來訪曰 自己가 西北間島에 視察키 爲하야 往하니 每事를 申肅氏와 商議하라 하다.

鄭仁果君이 來訪함에 吳仁華 來函을 出示하고 東省外交의 事를 議論할새 李鐸君으로 東省外務委員長으로 選任케 하다. 君이 外交에 關하야 徐呂 等의 部分的 行動과 및 張建相이 美國海軍部에 入한 後로 諸般宣傳하는 것을 甚惡케하야 甚至於 上海臨時政府는 親日派가 混合하야 造成된 것이라고까지 하였다 하며 痛言하다.

高一淸君이 來訪하야 李裕弼君의 來函 出示하는 內에 去十六日에 敵警

十七人 中 警三四人이 督府所在地에 來襲하야 咸錫殷은 銃傷되고, 安秉瓚 外 四人은 逮捕되었고, 李君은 安東來留中 時機를 便乘하야 內地에 公債券 發行키를 着手하겠다 云云. 君曰 此次에 靑年聯合會에서 短砲購入할 資金 七千元을 携來하였는데 此를 財務部에 入 잡은 後에 다시 支用하는 것이 如何하냐 問함으로, 余曰 李鐸君에게 議論하야 보겠다 하다.

　李鐸君이 來訪함에 高一淸君의 所言을 言한 즉, 君이 自己 마음에 合한다 하다. 余가 君에게 東省外務委員長으로 被任하라 하다.

　金澈君의 招待로 大東旅社에 往하야 午餐하다.

　政務會議를 開하고 重題를 解決한다 함으로 午後 二時에 到院하니, 李總理曰 臨時政務協議를 開한 理由는 島山이 他處로 往한다 함이 重大한 事인 故로 開하였다 하다. 華府에 送電한 案이 다시 發生하야 多少의 議論이 有하다. 余曰 華府와 決裂이 生하든지 次長들이 辭退하든지 兩端間의 일 다 全局을 亡케 하는 것이라고 長時間 痛論하였고, 우리가 本來 約束하기는 總 次長이 非常한 盟約으로 結束하야 死生을 同히 하야 大事에 臨하면 已어니와 不하면 國民에게 罪를 告하고 退하겠다고 總 次長 全數 會合한 席上에 公言한지라. 今日 諸君들은 그 約束을 無視하고 反하야 그 矛盾되는 內部의 決裂問題를 起하는 時, 余는 前日 公言에 依하야 退하는 것이 當然한 事라. 서로 不平한 뜻을 抱하고 散會할 時에 總理가 後院議에 到하기를 請하는 故로 余는 不參하겠다 言하다. 尹顯振君이 脫退함을 宣言함에 鄭仁果君이 이어 脫退하기를 宣言하다.

　六時에 梁濾 高一淸 兩君을 大東旅社에 招待하야 晩餐하다.

✦ 五月 二十七日 木 晴

豫定事項

一. 團所에 往할 것.
二. 尹顯振 李圭洪 面會할 것.

　尹顯振 李圭洪 二君을 訪하야 曰 君等의 主張하는 意見보다 余에게 時局에 對한 最圓滿한 明案이 有하니 此를 總 次長이 約束하는 그 席에서 提出하려던 것이라. 今夕에 此를 詳言할지니 此에 對하야 同意하고 共事하자 하다. 우리 前途에 進行할 것은 國權光復을 爲하야 業務를 進行할 것이오, 業務를 進行키 爲하야 政務執行이 有할 것이라. 然而 過去는 不然하야 業務進行할 要綱을 確立한 것이 없고, 從하야 政務執行이 되는 것은 一種 無意味한 行動에 不過하야 다 過去 所謂 政務執行은 일을 表準하야 施設한 것이 아니오, 形式上 國家制度를 仿하야 官制를 置하였고, 그 官制를 依하야 部라 局이라 벌려 놓고 形式만 煩擧하게 하였을 뿐이므로 人員과 財政을 空然히 浪費하고 實效果는 無하였도다. 由是로 余는 總 次長이 非常한 盟約으로 結束을 作한 後는 余의 意思를 提出하야 業務進行의 方針을 確立하고 政務執行하는 制度를 一新改革하려 하였는 바, 業務進行의 要領은 君에게 曾言하였거니와 政務執行方式에 對하야서는 今日과 如히 官廳的 精神으로 形式을 莫飾하고 眞個革命黨幹部的 精神으로 일을 表準하야 政務를 實施하되, 各部를 廢止하고 次長과 局長으로서 統一한 幹部의 事務員이 되고 그 個中에 總務 一人을 置하야 各課의 事務를 總攬하고 各課는 事를 隨하야 配置할 것이니, 爲先 財務部로 論하더라도 祕書局 主稅局 主計局 公債管理局 庶務局이니 多種類를 置할 것이 아니라 다만 事務員 幾人으로써 財政出納을 管理케 할 것이오, 如此히 各部의 事業이라는 것이 없고 共通한 一事務室을 만들어서 各種 庶務를 分課進行할 것이라. 如斯한 方式을 採用하면 總理와 總長은 部에

出席하야 部務執行하던 것은 廢止하고, 다만 國務會만 參席하야 國務에 關한 事만 議定케할 터이니 國務院이라는 것이 곧 政府內의 議事部 性質이 될 것이오, 國務員이라는 것은 한 議事員의 資格을 가지게 될 것이오, 從하야 次長會는 한 理事會가 될 터이오, 또 次長은 各課의 一課長의 資格이 될지라. 그리하야서 諸般 行政執行에 關한 事와 人選에 關한 것은 次長會에서 決定하야 國務院의 承諾을 要求하야 實施케 하면 誠意와 能力있는 靑年들은 일을 責任하고 自由進行케 될 것이오, 總長들은 部務의 人選하는 責이 無하야지니, 서로 勢力을 貪한다, 陰謀를 圖한다는 誤解의 條件이 斷絶하야 짐으로 精神上으로나 形式上으로나 爭鬪할 것이 無하야질지라. 如此히 하면 일 즉 組織하야 對內對外하야 頒布한 現狀은 保存할 뿐 不是라. 尤히 融合하야 群衆의 瞻望信賴함이 日高하야질 터이오, 先輩들 때문에 일 못하는데 하는 靑年들은 무엇이나 氣力껏 일을 進行할 수 있은 則, 此局을 現狀대로 維持하고 事業을 잘 進行하는 것이 圓滿한 謀計가 아니냐? 如此히 行하기 爲하야 次長이 會하되 次長 全數가 다 可하다 하는 人이면 會하고 不然하면 退去하거나 不受하야서 次長間에는 生死에 關한 말도 放心으로 論하야 事를 議하며 行케하고, 其下 局長 參事 書記 하는 事務員은 亦是 少數가 될 터이니 그 少數人을 用하는 時에 次長 全部의 信하는 人을 擇하야 다시 一般 政府職員의 反對가 없는 人을 使用하면 政府內에서 共事하는 次長으로 書記까지 서로 信하고 許諾하는 人만 될 뿐인 즉, 自然 神聖한 革命黨幹部로 組成될지라. 此를 總長諸位에게 言한즉 다 滿足한 뜻을 表하며 曰 如此히 하면 自己네도 脫退치 않겠다 한다고 此를 實施하기를 努力하고 現狀破潰主義를 버리라 함에, 尹君曰 自己의 意思에는 不合하노라. 余는 率直하게 말하면 先生이 首揆에 在하야 우리를 統率하면 成敗間 일을 해볼 수 있다는 希望을 가지고 現局을 破潰하려고 着手하였다가 只今은 失敗가 되었으니 余는 脫退할 것 外에 別策이 없노라 하며, 先生의 意思대로 政廳의

精神을 버리고 一種 事務所의 精神을 가지고 進行하자는 것이 好則好이나 總理될 그 人物이 有해야 될 바 아니냐 함으로, 余曰 余는 그 人이 有하노라. 何이냐 問함으로 君이 其人이라 한 즉, 君曰 自己는 能力不足으로 難堪이라, 此가 實總理인데 어찌 能하리오.

余曰 우리 일은 무엇이든지 다 圓滿한 것이 無한지라, 不圓滿한 此時機에 此事가 가장 圓滿하다 生覺하노라. 萬一 君이 스스로 資格이 不足타 하면 現在 上海人物 中에 完全한 資格이 無하니 目下에는 아직 君이 此를 責任하고 國內國外에 가장 適材를 選任할 수도 있지 아니 하냐 하고 此를 斷行하자 한 즉, 君曰 이미 大統領을 彈劾하기로 하다가 다시 該大統領下에서 일하는 것이 不可하니 辭退할 수 外에 無策이므로 辭職書를 速히 提出하겠다 하는지라, 余曰 余의 要求를 爲하야 輕擧히 呈辭치 말고 다시 生覺하라 하다.

李總理 來訪曰 華府에 電送할 案은 保留케 하고 現局을 變動없이 일하야 보자 하는지라, 余曰 如此한 事가 國務會議席上에서는 成效를 難期이오, 內容으로 當道諸君과 善히 妥協한 後에 院議는 다시 形式으로 通過할 것이라 한 즉, 總理曰 尹顯振君이 退去하는 同時에 金立君도 退去하기로 內定하였다 하는지라, 余曰 尹顯振君의 去意를 總理께서 善히 挽回하기로 用力하라 하다.

高一淸君이 來訪하야 中國各省學生代表會에 往하야 韓中의 携提條件으로 演說하기를 請함으로 明午前 八時로 約束하다.

李鐸君이 來訪함에 余曰 安東縣에서 短砲를 購入코져 한 求款을 佛工務局에 支與하는데 暫時 代用함이 如何하냐 한 즉, 君曰 砲를 運去키 爲하야 不近에 安東으로 來할 人이 有하니 該人이 來한 後에 議論함이 可하다 하다.

柳振昊君이 來訪하야 曰 李炳憲을 警務局長이 解送해야겠다 하야 이미 本國을 向하야 出發하였다 하다.

吳世德君이 來訪하다.

金立君을 訪하야 時局收拾策을 談話하다가 仍歸하야 다시 君을 請하야 尹顯振君에게 言하던 同一 趣旨로 約 三十分間 說明함에 君은 落心한 態度로 答曰 君은 아직 自己의 去就를 未定하였노라. 眞情으로 言하면 生活할 道가 茫然하니 上海에 在하야 무엇을 하기가 難하다 하는지라, 余曰 此가 果然 難題 아닌 것은 아니나, 然이나 먼저 現局이 瓦解될 것을 收拾한 後에 個身의 生覺을 함이 可하다 하다. 君曰 다시 尹君과 協商하겠노라 하다.

七時半에 團所에 往하야 金興濟 金公緝君의 誓約禮를 行하고, 李光洙君으로 臨時班長의 任을 執케 하다. 連日 困憊할 뿐 外라, 明朝에 中國學生代表會에 往하야 演說하기로 約束하였으므로 부히 就寢키 爲하야 金醫師와 同歸하야 治療를 受하고 卽就床하다.

✦ 五月 二十八日 金 晴

豫定事項

一. 中國學生代表會에 往하야 演說할 것.
二. 金羲善 李圭洪 申肅 面會할 것.
三. 國務會에 出席할 것.

時間의 豫定함이 有함으로 靜坐會에 未參하다.

八時에 黃鎭南君을 帶同하고 中國學生代表會에 往하야 演說하니, 그 略은, 今의 韓中 兩國人은 抗日을 中心삼고 萬事를 行할 時間이라. 排日에 對하야는 日本과 關係를 絶對로 反對할 것이오. 우리는 서로 協同하야 血戰을 行할 것이라. 中國人士는 大韓의 獨立運動이 곧 中國의 獨立運動으로 對答할 것이라. 韓國에 對하야 全力으로써 援助하여 주기를 바라노라 하다.

金羲善君을 請하야 時局의 難關을 말한 즉, 君이 曰 다 그렇게 退去하는 時는 先生이 總理의 責任을 가지고 大局을 扶持하라 하다. 余曰 그렇게 될 수 없다. 只今 尹顯振 金立이가 退去하려 함으로 局이 動할 時機를 當하야 아주 破滅되고 何誰가 收拾하려도 不能이다 하다. 金基萬 金朋濬 都寅權 等이 孫貞道가 北京에 往하였을 時에 本國으로 來한 牧師에게 千元을 受한 事를 詐欺的 行爲라 하니 該君等을 召하야 諒解를 하게 하자 하고 午後에 再會키로 하다.

尹琦燮君과 및 西間島로 來한 金澈 文炳果 二君이 來訪하다.

國務院에 到하니 李總理가 私席에서 言하되 李大統領을 遞位하고 일하자 하더라. 而已오 開議하고 華府 電報案을 討論할 새 李總理는 不平의 言辭가 多하고, 또 總揆의 일을 不攝하겠다 하다가 送電하기로, 留案하기로 二者로 討議하다가 猶豫未決하다. 鄭外次의 辭職書를 封還하고 內務部 參事 二人 辭職書를 通過하고, 宣傳部로서 官公吏退職勸誘文 發布할 것을 決定하고, 軍務部職員敍位案을 通過하고, 李大統領의 來函을 朗讀할 새, 內云 美國國會 議員이 東洋視察키 爲하야 東渡하니 上海에 到着할 時에 招待할 것을 準備하라 하였고, 또 自己는 그 前에 上海에 來하기로 作定하였다 하였더라.

李圭洪君을 請하야 尹顯振君의 動靜을 問한 즉, 尹君이 辭職書를 作成한 것을 奪하였노라 하고, 如何間 大局의 緊辭한 것을 先生이 收拾하기만 信依하노라 하다. 余曰 前途가 甚히 茫然하니 昨日에 言한 計劃대로 實行하기를 力하자 한 즉, 君曰 該意思가 時局에 適則適이나 次長들이 此次에 政府를 改革하기로 運動하다가 돌아앉아 實權을 握한 즉 世人의 大誤解가 生할지니 此事를 進行키 不能하겠다 하다.

午傾에 鄭仁果 黃鎭南 兩君을 招待하야 午餐하다.

夕後에 孫貞道君을 訪하야 曰 今夕에 君을 誤解하는 靑年들을 請하야

解惑케하자 하고, 金羲善을 訪하야 孫君의 事件으로 午後 八時半에 該靑年들을 孫貞道君 宅으로 會集케 하다.

八時半에 孫君宅에서 金基萬 金朋濬 金鳳道 金弘敍 都寅權 諸君을 會集하야 孫君의 正當한 것을 辨白한 즉, 諸君은 다 諒解하노라 하다.

申肅君을 訪하야 曰 安東來報를 據한 즉, 政府로 納하는 三十萬元이 義州 天道敎에 有한데, 此를 納치 아니 한다 하야 衆論의 不平이 多하니 事實이냐 問한 즉 虛言이라 하다.

✦ 五月 二十九日 土 晴

豫定事項

一. 李圭洪 尹琦燮 劉基峻 鮮于燻 崔明實 面會할 것.
二. 團所에 往할 것.

淸早에 團所에 往하야 靜坐會에 參하다.

李圭洪을 請하야 次長들의 會議結果가 如何히 되었나 한 즉, 君曰 極端으로는 行動치 아니 할 터이니 過히 念慮치 말라 하며, 自己는 從速히 還國하야 學問을 더 硏究하거나 實業을 從事하거나 하여 實力을 養成하겠노라. 余曰 只今 五人 中에 此 光復事業에 對하야 責任的으로 主人이 없는 故로 每事를 進行하기가 實로 茫然하도다. 君부터 責任的 精神으로 끝까지 일하기를 生覺하라 하다.

劉基峻君이 來訪하야 自己의 姪 丙翼이가 向美出發하는데 旅費의 不足됨이 一百三十元假量인 故로 巴里에 滯留하게 되겠다 함으로, 余曰 或 取할 곳이 有하면 周旋하겠노라 하다. 君이 今日 自己家에서 夕食을 하기로 請함으로 諾하다.

渡美키 爲하야 巴里를 向하고 出發하는 李매리 李一氏夫人 白信七 李華淑 劉內翼 諸女士를 尋訪하고 作別하다.

金弘敍君이 來訪함에 中國新聞에 宣傳資料를 言하다.

李鐸君이 來訪曰 光復軍의 祕密이 軍務部에서 綻露되니 甚히 憂慮라 하고, 先生이 光復軍總司令官이 되어야 善進되겠다고 軍務次長에게 言하였노라 하다.

玉觀彬君이 來訪하다.

張鵬君이 來訪曰 日本과 本國을 周遊한 荷蘭人 Dr. Chhen Stuart가 昨日에 到滬하야 韓國臨時政府의 主要 人物을 面會코져 한다 하며, 且 該氏가 從速히 出發한다 하니, 日間 面會하라 함으로 諾하다.

鮮于燻君을 訪하야 劉內翼의 旅費不足條를 請取한 즉, 君曰 二三日 後에야 有하겠다 하다.

國務會에 出席하야 次長들의 提出案件을 討論하다가 決議를 未得하고 散議하다.

七時半에 團所에 往하다.

夕陽에 劉基峻의 招待로 君의 家에 往하야 夕食하다.

玄楯君을 訪하야 劉內翼 旅費不足額을 代取하여 주다.

✦ 五月 三十日 日 晴

豫定事項

一. 禮拜堂에 往할 것.
二. 鄭仁果 面會

淸早에 團所에 往하야 靜坐會에 參하다.

申圭植君의 招待로 君의 寓所에 往하야 李東寧 李始榮 諸君과 同히 午餐한 後에 時局에 關한 問題로 長時間 討論할 새, 東寧君曰 大統領이나 總理를 다 없이 하고 일하야 봄이 어떠하냐 하는지라, 余曰 此時間에 絶對로 現狀을 維持해야 한다 하다.

화란人 서트워트를 訪問키 爲하야 鄭仁果君을 二三次 訪問하였으되 未會하고 下後에 相晤하고 明日 尋訪하게 하다.

二時에 禮拜堂에 往하였다가 이어 團所를 訪問하다.

✦ 五月 三十一日 月 晴

豫定事項

一. 國務會에 出席할 것.
二. 宣(傳部) 勞(動局)員 招待할 것.
三. 玉觀彬 面會할 것.
四. 團所에 往하야 問答할 것.

淸早에 團所에 往하야 靜坐會에 參하다.

玉觀彬君을 請하야 曰 君이 如何한 女子와 特別한 關係가 有하다 하니

事實이냐 問한 즉, 有하다 하며, 自己는 今에 婚姻을 準備하노라 하다. 時에 金羲善君이 來訪함으로 中止하다.

金羲善君이 來訪하야 時局의 如何를 問함으로 前日보다 次長의 마음들 稍히 安頓된다 하다. 君曰 華府로서 李喜儆을 모스코政府에 特派로 送하는데 政府로 代表의 任命狀을 授與하기를 要求한다 하다. 余曰 國務院에 提言하는 것이 좋하겠다 하다.

吳振宇君이 來訪하다.

孫貞道君이 來訪曰....

午傾에 宣傳部職員 金秉祚 車利錫 楊濟時와 勞動局의 劉相禹 田在淳 金復烱君 等을 大東旅社에 招待하야 午餐하다.

孫貞道君이 來訪하야 裵亨湜君이 自己에게 한 片紙(北京의 財款事로, 卽 孫君이 用하라는 書信)를 出示하다.

國務院에 到하야 開議하고 華府電報案을 다시 論議하고 次長會議의 結果를 問한 즉, 金立君曰, 次長들이 讓步키로 決定하였다 하는지라. 然則 此問題는 다시 政務協議會를 召集하고 可決하기로 하다.

長白縣代表로 來한 李東伯의 獻議書를 朗讀하니, 內開에 一, 居留民團을 設置할 것. 二, 交通局을 設置할 것. 三, 財務官을 置하야 財政을 徵集하야 該地軍事部에 充用케할 것이더라. 此를 關係 各部에 專委하야 李東伯과 協議케 하다.

李大統領에게 電하야 모스코에 代表派送하는 與否를 問하고, 上海에서 이미 代表를 派送하였다는 것을 알게 하게 하다. 美議員 來東에 對하야 協議할 새, 余로 接待委員長을 選하고 準備케 하다. 國務院 職員의 辭職案을 通過하다.

徐丙浩君을 訪함에 君이 現狀의 全部 決裂된 것을 말하고, 美洲의 決裂은

先生이 渡하야만 妥協될지니 美洲에 往還하심이 可하고, 此處에는 李商在君을 邀來해야 되겠다 하는지라, 余曰 余는 此處를 離하거나 在하는 것이 모두 困難한 境에 在하다 하다.

　七時半에 團所에 往하야 鄭尙彬君의 誓約問答을 行하고 通常團友로 許케 하다.

一九二〇年 六月

✦ 六月 一日 火 晴

豫定事項

一. 鄭仁果 黃鎭南君을 面會하야 美來東議員接待에 關하야 商議할 것.
二. 軍事夜學에 出席할 것.

淸早에 團所에 往하야 靜坐會에 參하다.

金澈君이 來訪함에 余曰 次長 互相間에 이미 意思衝突이 되고, 또 不平한 것이 多少에 有하였은 즉, 次長 祕書長 全數가 會合하야 情誼를 疏通하고 意思를 融合한 後에 美議員東渡하는 問題로 善히 商議하라 한 즉, 君曰 如此히 善進치 아니 한다 하다.

李東伯君이 來訪함에 長白縣의 事情을 詳問한 즉, 君은 逐問하야 如下히 答하다. 長白縣은 奉省에 在하니 本國의 惠山鎭을 相對하고 柳河縣에서는 八百餘, 局子街에서는 六百里, 安東縣에서는 一千三百里, 吉林省에서는 八百里, 咸興에서는 五百里, 邦人은 約八千戶니, 農産은 粟.麥.黍.大麥.豆類.稷.玉屬.漆.稻.人蔘.大麻.蜜蜂.牛.馬.豕.鷄.杉林 等이오, 商業은 雜貨.魚鹽이오, 工業은 土器.木器 等이오.

團體는 進東實業會(主腦者 辛翼東.李東範.劉一憂)니 四二四五年에 發起하니 目的은 入籍人自治.敎育獎勵오, 外人交涉設立學校, 會員은 七十餘戶니, 百二十餘人 假量이오, 會金은 每年 六元 合四百元이오, 所立官話學校는 敎師 三人 畢業生十五人, 在學生 四十人이오, 四二四八年에 設立하였고 此를 四二五二年에서 第一正蒙學校로 讓渡하다. 基督敎新興學校(敎會所管)는 四二四八年에 設立, 生徒는 四十名이오, 敎師는 二人이오, 第二.三.四.五.六.七.八

의 正蒙校가 有함. 各校에 敎師一人 生徒는 平均 二十人 以上이오, 學費는 官民이 半分擔當함.

育英學校는 四二四八年에 設立, 敎師 一人, 學生 二十人, 畢業生 十人, 經費는 學父兄의 義捐이오, 長白縣에 居留民의 領袖는 李殷卿이니, 年五十四五, 端川人이라. 漢學家로 耶蘇敎長老오, 八年前에 來住함.

軍備團은 四二五二年 八月四日에 發起하니, 發起人은 李殷卿.李東伯.金燦.尹秉庸.姜鍊相.金宗基.金基禹이오, 目的은 軍事籌備니, 一, 炸彈準備(現五十個). 二, 未來戰鬪準備. 三, 內地潛入暴動이오, 職員은 團長은 李殷卿이오, 總務 李東伯, 書記長 尹秉庸, 書記員 金基禹.金宗基, 財務部長 金壯煥, 員 姜鍊相.李憲, 參議長 金燦, 員에 廉學模.尹秉庸이오, 周察部長 朴東珪, 員은 多數오. 周察區를 分置함. 通信部長 李秉律, 員 金大鉉.李承在.李晉浩오, 團員은 一百八十八人이오, 財政은 同胞의 義捐이니, 收入金 二千五百元이오, 支出 上同.

右團은 獨立團 長白總支團의 後身이라 하더라.

張鵬氏 來訪하야 荷蘭人 面會하였나 問함으로 昨日 荷蘭領事館에 往問한즉, 該氏가 無하다 함으로 未晤하였다 하다.

李鐸君이 來訪曰 池仲振君이 將次 入來할 터이니 購機할 七千元條를 아직 他處에 用치 말고 協議하기를 望하노라 하다.

申肅君이 來訪曰 前者에 約束한대로 該款辦備를 實行하냐 問함으로, 余曰 安東이 遭難하였음으로 余와 尹顯振君도 派人치 못하야 實行치 못하노라 한 즉, 君曰 自己亦 派人은 하였으나 如意할는지 未知하겠고, 只今 國內에서 政府로서 飛行機 六十台를 使用하라고 資金 三百萬元을 募集한다는 說이 浪藉하니 何故로 祕密이 發露되었나 하는지라, 余曰 政府로서는 그와 같은 飛行計劃은 없었으니 政府側으로 發說된 事가 아니겠고, 財政을 募集하는

靑年輩 中에서 手段的으로 말한 것이 傳播된 듯하다 하다. 君曰 西間島 等地에서는 內地에 派人하야 流言하기를 政府에서는 公然히 多數人만 會集하야 金錢만 浪費하고, 西間島에서는 血戰을 準備하노니 金錢을 政府에 納치 말고 西間島에 納하라 함으로 天道敎內에서도 疑惑됨이 많다 하는지라, 余曰 우리의 일은 凡百의 進行이 困難할 것은 當然한 事라. 然이나 우리 幾人은 何許한 障碍가 有하야도 耐過하자 하다.

鄭仁果 黃鎭南 李光洙 朱耀翰 諸君이 來訪함에 美議員東洋視察團에 對하야 籌備할 것을 協議하다.

梁憲君이 安東으로 來한 池仲振君을 紹介하다.

安恭根君이 來訪曰 李喜儆君이 모스코로 來한다는 말을 總理가 問하니 先生이 總理에게 言하였나 함으로, 余曰 言한 바 無하다 하다.

✦ 六月 二日 水 晴

豫定事項

一. 그 間 次長 祕書長 間에 서로 不平한 意思를 諒解키 爲하야 尹顯振 金立 金澈君을 訪問할 것.
二. 次長 祕書長을 招待하야 서로 意思衝突 되었던 것은 融合할 것.
三. 徐丙浩夫人의 到滬함에 訪問할 것.

早朝에 團所에 往하야 靜坐會에 參하다.

這間 次長들이 서로 決裂되어 頗히 不平하던 것이 余가 極端의 行動을 主張함으로 모두 安頓되고 柔化되었다 함을 金立君에게 始聞하다.

淸早에 團所에 往하야 靜坐會에 參하다.

李鐸君이 來訪함에 安東 等地 危險한 中에서 苦勞하다가 到滬한 諸君을 一次 招待코져 하니 招待할 만한 이를 알게 하라 하다.

李英植君이 來訪함에 內地 宣傳隊員이 되라고 한 즉 君이 諾하다.

高一淸君이 來訪하야 安秉瓚等 諸氏 救出할 것을 商議하다.

金立君을 訪하야 今日에 次長들과 會集하야 그간 서로 膈膜이 生하였던 것을 諒解케 하고, 또 時事를 議論하자 하다.

金澈 尹顯振 金羲善 諸君을 訪하야 今日에 次長과 祕書長이 會集하야 時事를 討議하자 하다.

徐丙浩君을 訪問하다.

四時에 團所에 往하야 朴址朋의 通常團友問答을 行하다가 未了하다.

六時에 次長과 祕書長(尹顯振 鄭仁果 金羲善 李圭洪 金澈 金立)을 大東旅社에 招待하야 晚餐을 進하고 時事를 議할 새, 余曰 그간 諸君들의 政府改造案을 期成하고져 하던 意思는 斷念하고, 此次 美議員東渡에 對하야 非常히 準備하였다가 非常히 活動하자 한 즉, 滿座 다 同意를 表하되, 두어 사람은 協洽한 態度가 無한 듯하더라.

鄭仁果君이 來하야 美議員東渡에 對한 事로 討議하다.

李鐸君이 來訪하야 明日 招待할 諸君名을 말하다.

✦ 六月 三日 木 晴

豫定事項

一. 安東으로 到한 諸氏를 招待할 것.
二. 國務會에 出席할 것.
三. 梁漢羅 面會할 것.
四. 團友會에 參席할 것.

淸早에 團所에 往하야 靜坐會에 參하다.

紅十字病院을 往訪하다.

李鐸君이 安東으로 到한 諸氏를 紹介하니, 池應震 李仁爀 林得山 金圭亨 張雲鶴이라. 이어 東亞旅社 中菜館으로 待招하다.

黃鎭南君이 來訪하야 自己의 所負가 三百元이니 此를 代償하기 望한다 하다.

二時에 國務例議에 到하니 中南政府 淸錢의 來函을 讀하는지라 內開에 自己가 國會議員들과 合席하야 議事하는 際에, 曾에 廣東에 往하였던 韓國 學生들이 突入하야 毆打하였다 하였더라. 此에 對하야 書面과 또 派人하야 慰勞케 하기로 하다. 各部의 事務를 減少하자 李總理의 提議가 有하야 討議 하다가 未決하고, 美議員視察團에 對하야 籌備方針을 討議하다가 如何한 結案이 無하고 散議하다.

梁漢羅君을 面會하야 興士團의 主義를 說明한 즉, 君이 同意를 深表하다.

七時半에 團所에 往하야 鄭尙彬君의 誓約式이 有한 後에 이어 第三會 地方團友會를 開하다. 春園君의 興士團 理事部長의 宣布文을 朗讀한 後에 報告紙의 注意件을 말하다. 余가 興士團發展에 關하야 講演할 새 時間이 促迫함으로 大槪만 말하다.

✦ 六月 四日 金 晴

豫定事項

一. 次長 祕書長을 面會하야 此次 美議員東渡의 機에 經營進行할 것을 議論할 것.
二. 申肅 訪問.
三. 各總長尋訪할 것.

清早에 團所에 往하야 靜坐會에 參하다.

李鐸君이 來訪曰 安東來款 七千元條를 政府로서 留用하려면 先生이 池應振君과 協議하라 하며, 池君에게 言하야도 不聽한다 하는지라, 余曰 余가 言하겠으나 强勸할 뜻은 없다 하다.

車轅輿君이 來訪함에 宣傳員이 되라고 한 즉 君이 諾하다. 이어 興士團의 趣旨를 大綱 說明하고, 다시 李光洙를 面晤하야 詳聞하라 하다.

金基萬 金奉道 兩君이 來訪曰 孫貞道君이 該事에 對하야 政府에서 公債券이나 愛國金受領證을 得하야 送하면 好矣로되, 君이 不爲한 즉 先生이 勸하기를 望한다 하는지라, 余曰 君等이 直接 該君에게 言하라 하고 曰 然이나 孫君이 其事를 當爲할 義務가 有하다고는 生覺지 말라 하다.

美銀行에서 請한 故로 鄭仁果君과 同往한 즉, 美貨 四百元이 來한지라 所送人의 另信이 無함으로 何人에게 來함을 不知하고 推尋하야 該銀行에 預金하다.

次長 祕書長을 面會하야 此次 美議員東洋視察에 對하야 準備할 것을 籌備하자 한 즉, 或은 應하고 或은 只今 時局에 關한 條件을 解決키 前에는 出席치 못하겠다 하더라.

議員東洋視察에 對하야 討論하려고 各總長을 訪問한 즉, 該事件으로 會集하려 해도 會할 수 없다고 하더라.

申肅君을 訪하고 此次 美議員東渡에 對하야 時機를 逸치 말고 同히 勉力하자 하다.

✦ 六月 五日 土 晴

豫定事項

一. 愛國婦人會에 往하야 演說할 것.
二. 籌備委員會를 召集 會議할 것.

淸早에 團所에 往하야 靜坐會에 參하다.

柳振昊君이 來訪하야 曰 警務局에서 使用할 家屋이 無하니 李英烈에게 言하야 얻은 家屋을 速히 使用케 하라 하다. 君曰 强盜에 關한 者를 皆逮捕하겠다 함으로, 余曰 一回에 行함이 不可하니 後事의 堪當이 難하다 하다.

高一淸君이 來訪曰 白永燁君을 寬甸에 派往할 수 有하냐 함으로 派往하도록 하자 하다.

李鐸君이 來訪曰 該七千元條로 池仲振君에게 言한 즉 不聽하니, 先生이 親히 言하라 하다. 余曰 此次 美議員視察團이 本國에 到着할 時에 歡迎의 意를 表키 爲하야 宣傳員을 多數히 使用코져 하니 安東에 在한 君의 部下靑年을 使用할 수 有하냐 한 즉, 自己가 安東에 往하면 可能하겠다고 하다.

李圭洪君이 來訪曰 自己는 今日 對美議員籌備委員會에 出席치 못하겠노라 하며, 只今 時局問題가 解決되기 前에는....

午後 二時에 愛國婦人會에 往하야 ○○○題로 演說하다.

三時半으로 籌備委員會를 召集하였으나, 來到者는 二人뿐이므로 開議치 못하다.

白永燁君이 來訪曰 寬甸派往에 對하야 確定이 困難한 즉 다시 生覺하겠노라 하다.

尹顯振君이 來訪曰 다시 自己가 此次에 絶對로 辭職하겠노라 하며, 自己의 意思는 現局을 如此히 두고는 營事키 難하고 一次 變動할 터이니 該方式은, 第一案은 李大統領을 遞하고 誠齋로 大統領, 先生으로 總理로 責任內閣을 組織할 것이오, 第二案은 李大統領을 遞하고 先生으로 大統領, 誠齋로 副統領, 李東寧으로 總理, 如此히 責任內閣을 組織코져 하노라. 李承晩大統領.李東輝總理로는 成事가 萬難하다 하는지라, 余曰 일을 如此히 하려 하면 該目的도 未達하고 大局만 破裂될 터인 즉 深思할 바오. 또 君이 絶對로 辭職을 主張하면 李圭洪 金立도 從하야 辭職할 터이오, 또 總理도 떠나게 될 터이니 此事가 終局을 告함이라. 余는 事가 至此하는 同時는 余 個人의 去就에도 確實히 作定하겠노라 하다.

今日 OOO로 移寓하다.

◆ 六月 六日 日 晴

豫定事項

一. 禮拜堂에 往할 것.

淸早에 團所에 往하야 靜坐會에 參하다.

午傾에 韓松溪君이 來訪하야 時事를 討論할 새 此次 美議員東渡에 對하야 需款이 多大할지나 籌辦이 無策하니 可慨의 事오, 또 該議員들 迎接키 爲하야 余가 가는 데까지 前往해야겠고, 該議員이 上海에서는 二日間 逗留함으로 時間이 促함으로 前往해야 할 것이오(一週間 該地에서 留함). 또 此處에도 在해야겠고, 또 需款籌辦을 爲하야 內地에도 入하야겠는데 三事를 一時에 行키는 難하니 甚憫하다 하다.

二時 禮拜堂에 往하다.

✦ 六月 七日 月 晴

豫定事項

一. 尹顯振 李圭洪 白永燁 池應振 李春塾 金聲根 吳翊殷 面會할 것.
二. 國務院에 到할 것.

淸早에 團所에 往하야 靜坐會에 參하다.

白永燁君 來訪曰 安秉瓚事件으로 政府의 命令으로 寬甸縣에 派往하겠노라 하다.

尹顯振 李圭洪 兩君을 面會하고 曰 今日 簡短히 言할 것은 這間 政府改革案으로 多議하였은 즉 長言치 않고, 現在 美視察團 東渡하는 機를 際하야 前 問題는 中止하고, 視察團에 對하야만 準備하자 한 즉, 君等曰 視察團에 對한 準備와 政府改革의 事를 竝行하야도 無妨한 줄로 知하노라 하며, 又曰 諸總長들도 余等과 如히 現狀改革할 意가 有하니 先生은 可否間 靜默하기를 바란다 하다.

白永燁君이 來訪曰 自己가 速히 安東으로 向하겠으며, 且 來往旅費與衣服準備할 것을 辦給하여 달라 하다.

玉觀彬君이 來訪하다.

金聲根君이 來訪함에 余曰 君이 鄭桓範과 內容의 關係가 有하다 하니 事實이냐 問한 즉, 事實이 無하다 하다.

吳翊殷君이 來訪함에 余曰 君이 速히 本國에 入하기를 企하노라 함에 君이 應하다.

池仲振君이 來訪함에 余曰 安東靑年團의 短砲購資 七千元을 佛工務局에 償與하는데 暫時 補用하려 하니 如此함이 安東에 對하야 別障碍가 無하면 許하라 한 즉, 自己가 熟히 生覺하겠노라 하다.

黃鎭南君이 來訪曰 自己의 所負를 辦償하기를 請하다.

李鐸君이 來訪함에 余曰 君이 宣傳部의 事를 任하고 安東에 往하야 君의 同志인 靑年들을 使用함이 好하겠다고 한 즉, 君이 應하다.

李春塾君이 來訪曰 自己가 本國으로 入코져 하노라 하며, 此는 他人에게는 絶對로 不言하노라 하다. 余曰 君이 入國하게 되면 相論할 바 時間이 稍久할지니 夕傾에 從容히 再會하기로 約束하다.

高一淸君이 來訪曰 安秉瓚事件으로 白永燁을 寬甸에 速派할 것을 議論하다.

大東旅社에서 李春塾과 夕餐하다. 本國에 何事로 入하냐 한 즉, 君曰 此處에서는 何事할 事 無한 고로 入國하야 何에든지 營進코져 하고, 또는 財政을 運動하겠노라 하다. 余曰 君이 此次에 入國하면 美視察團東渡에 對하야 一般同胞에게 準備케 하였다가 其時에 歡迎의 態度를 表하야 示威運動을 行케 하고, 또는 官公吏退職 納稅拒絶 訴訟拒絶 等을 實現케 하려 하니 此等 事에 盡力하기를 望하노라 託하다.

國務會에 出席하니 李圭洪 尹顯振 金澈 金立 君等이 大統領不信任案으로 聯盟하야 辭職書를 提出한지라 此에 對하야 可否間에 討議를 못하고 散會하다.

✦ 六月 八日 火 晴

豫定事項

一. 李東寧 李始榮 面會할 것.

淸早에 團所靜坐會에 出席하다.

李東寧 李始榮 君이 來訪曰 此局을 아무리 하야도 毁하여야만 될 理由를 言하며, 且 余다러 首揆에 在하야 일을 推進하자 하는지라, 余가 不可함을 力說하고 曰 外로는 現狀을 維持하고 內로는 進行을 善히 할지오. 且 余는 絶對로 總理의 任은 不受하겠다 하다.

鄭仁果 黃鎭南 申肅君 等이 來訪하다.

✦ 六月 九日 水 晴

豫定事項

一. 李東伯 金萬謙 招待할 것.
二. 聯盟呈辭한 各次長과 祕書長을 訪問할 것.
三. 高一淸 韓松溪 鄭仁果 金秉祚 梁瀗 鮮于爀 面會할 것.

淸早에 團所에 往하야 靜坐會에 參하다.

朴殷植君이 來訪曰 獨立運動史는 이미 初校가 了한지라. 付梓하려고 政府에 所資를 請하되 如何의 消息이 無하니 此를 採篤하기를 請하다.

金弘敍君이 來訪하야 宣傳資料를 來示하다.

金立君이 來訪曰 速히 美視察團에 對하야 籌備委員會를 開하라 하는지라, 余曰 諸君들은 大統領不信任案으로 呈辭한 바 體面上 共히 議事함이 不可하

고, 또 일은 諸君들과 共히 進行하여야겠는데 甚히 憂慮된다 하다.

韓鎭敎 高一淸 鄭仁果 金秉祚 梁憲 君等을 面會하고 此次 次長 祕書長의 聯盟辭職案에 對하야 討議하고 先後方針을 말하다.

聯盟提辭한 各次長 祕書長을 尋訪하고 此事가 大局의 告終임을 다시 말하고, 이미 提出한 辭職書는 各其 作消하라 한 즉 모두 應하다.

李東伯君이 來訪曰 明日 長白縣으로 出發하겠노라 하다.

李東伯 金立 李圭洪君을 大東旅社에 招待하야 午餐하다.

團所에 往하였다가 四時傾에 瑞康里에 來한 즉, 鄭桓範事件으로 警務局拘禁한 姜○○을 奪去키 爲하야 三十餘名이 作黨하야 內務部에 到하야 亂暴한 行動을 하고, 且 次長 李圭洪及其他職員을 毆打까지 하였다 하며, 此事件으로 因하야 臨時院議가 有하다 함으로 國務院에 到한 즉 이미 散議한지라 이에 內務總長을 訪하야 經過事實을 詳聞하다. 財務總長은 曰 此次事를 極端的으로 嚴懲해야겠다 하다. 軍務部에서는 士官學生을 非常召集하야 暴徒를 逮捕하려 한다 하다. 時에 尹琦燮君이 來하야 曰 亂暴輩를 速히 逮捕하야 嚴治해야겠다고 하는지라, 余曰 今日 此時로 逮捕한다 하면 逮捕하려는 士官學生들은 心理上 强한 不平이 有하겠고, 亂行한 靑年들은 防禦할 强한 行爲가 有할지라. 兩方의 强한 不平이 衝突되면 畢竟 如何한 結果를 生하야 政府에게까지 影響이 有할 念慮가 有한 즉, 今日은 逮捕치 말고 追後로 詳査하야 悔改할 人은 悔改시키게 하고, 定코 變할 수 없는 少數人에게만 相當한 處置를 할 것이라 하다.

이에 歸하야 李圭洪을 訪問하고 軍務次長에게로 아직 士官學生을 出動치 말고 余의 面會를 기다리라 하였더니, 黃學秀君이 來曰 時急하니 비록 面議할 意見이라도 自己에게로 回報하야 面傳케 하기를 바란다 하는지라, 余曰 不可不 面談할 것이오, 傳言할 수 없다 하다.

申肅君이 來訪하야 今日 靑年들의 亂行事實을 問함으로 果然이라 하다.

金九 李鐸 君이 來訪함에 此次 亂行한 靑年에게 對하야 措處方便을 議論할 새 急速히 말고 뒤로 措處할만한 人에만 對하야 如何히 할 方便을 思하는 것이 可하다 하다.

李東伯君이 來訪함에 余曰 該處에(卽長白) 有한 炸彈은 아직 使用치 말고, 以後 政府의 命이 有할 時에 各地 冒險隊가 一時에 起動하게 하라 한 즉 應하다.

金羲善君을 訪하야 士官學生 出動을 力勸하야 中止하라 한 즉, 君이 仍從하다.

✦ 六月 十日 木 晴

豫定事項
一. 金甫淵 面會할 것.
二. 團所에 往할 것.
三. 各總長 尋訪.

淸早에 團所에 往하야 靜坐會에 參하다.

意外에 昨晨에 亂行한 靑年들을 逮捕하였다는 報를 聞하고 金甫淵을 請하야 事實의 內容을 問하다.

總理 總長들을 訪問하고 時局整頓할 問題로 討議하다.

國務院에 到한 즉, 大統領不信任案으로 聯盟辭職을 提出하였던 各次長과 祕書長은 提出하였던 辭職書를 無條件으로 作消하였다 하다. 余가 曰 今에 被捕한 亂行靑年을 速히 放送하자 한 즉, 幾位는 各曰 覺悟가 生하야 自白하

기까지 기다리자 하는지라, 亂行靑年逮捕人 等을 訪하야 被捕靑年들을 毆打치 말라 하다.

七時半에 團所에 往하야 孫貞道 朴址朋 兩君의 誓約式이 有하다. 이어 講演會를 開할 새 余가 時局에 關한 題로 余가 昨年 抵滬 以後에 經過와 및 今에 現狀으로 講演하다.

✦ 六月 十一日 金 雨

豫定事項

一. 金甫淵 孫斗煥 面會할 것.
二. 內務總長 尋訪할 것.

淸早에 團所에 往하야 靜坐會에 參하다.

金弘敍君이 來訪하야 宣傳에 關하야 來商하다.

鮮于爀君이 來訪曰 昨日 民團에서 上海知名人士들이 會議하야 此次 亂輩逮捕事件은 上海 全部가 負責하기로 하였다 하다.

車均尙君이 來訪曰 美國에 渡하기 爲하야 來十九日에 佛蘭西로 向하야 出發하겠노라 하는지라, 余曰 發程前에 入團問答을 行함이 如何하냐 한 즉, 그리하겠노라 하다.

高一淸君이 來訪하야 寬甸縣知事에게 送函草件(爲誠庵事件)을 示하다.

金甫淵 孫斗煥 君을 請하야 曰 政府에서 被捕한 亂行靑年들을 釋放코져 하고, 또 君等도 任意로 人을 逮捕 亂打하였은 즉 此亦 非適法 行爲라. 政府에서 召하야 譴責하겠다 한 즉, 君等曰 此는 如此히 受責하겠으나 아직 取調를 未了하였은 즉, 今日로 放釋치 말고 幾日을 再延함이 如何하냐 하는

지라, 余曰 今午後에 取調를 了하고 七時半에 放送하게 하자 하다. 이에 內務總長을 訪하야 今日을 不逾하고 被捕靑年들을 放送하자 하고, 放送하되 逮捕한 人과 被捕한 人 兩方을 召하야 諭하자 한 즉, 君이 善하다 하다. 此事로 以하야 臨時院議를 開하려다가 非公式으로 個人間의 同意를 得하기로 하고, 總理와 財法 諸君의 同意를 得한 結果, 七時半에 說諭放送하다.

李英烈君이 來하야 洋百元을 取去하다.

金東旭 金澈君이 來訪하다.

✦ 六月 十二日 土 晴

豫定事項

一. 李東寧 李始榮 訪問.
二. 事務室搬移.

淸早에 團所에 往하야 靜坐會에 參하다.

李東寧 李始榮君을 訪問하고 政府의 維持하기 難한 것을 言하고, 行政進行은 極端의 消極的 主義를 取하자 하다. 時에 鐵血團에서 不穩文字를 刊布하였는데, 內容은 現政府를 破潰하고 改組하고 暗殺하겠다는 뜻이더라. 鄭桓範連累者 逮捕와 및 其他 多數人 逮捕毆打한 事는 島山이 部下를 命하야써 南中人을 撲滅하려고 하였다는 是非가 有하다고 財務總長이 言하는지라, 余가 笑할 뿐이다.

吳興里 前法務部 設置하였던 곳으로 搬移하였다가 不潔 且 電燈의 設備가 無함으로 다시 瑞康里로 搬移하다.

✦ 六月 十三日 日 晴

豫定事項
一. 羅昌憲 金基濟 慰問할 것.
二. 池仲振 面會할 것.

淸早에 團所에 往하야 靜坐會에 參하다.

金九君이 來訪하야 時局에 關하야 討論하다.

池仲振君이 來訪함에 光復事業에 進行方針을 說明하다. 李鐸氏로 東省外交委員長을 任할 터인데, 安東에 出하야 諸靑年들의 意思를 博得케 하라 하다.

久病에 在하던 金九 金泰淵君을 大東旅社에 招待하야 慰勞하다.

林得山君이 來訪曰 本國으로 來한 靑年 張海林 鄭錫海 金奎炯 三人을 興士團 團友될 만하다 紹介하다.

柳振昊君에게 蚊帳을 製하기를 托하다.

多日 內務部에서 暴行한 事로 被捕되어 毆打를 受하고 入院治療하는 羅昌憲 金基濟君을 訪한 즉 君等은 良心으로 悔改하노라 하다. 慰勞로 食品을 送하다.

✦ 六月 十四日 月 雲

豫定事項

一. 國務院에 出席.
二. 張海林 鄭錫海 金奎炯 面會할 것.
三. 申肅君 尋訪할 것.

淸早에 團所에 往하야 靜坐會에 參하다.

玉觀彬君이 金ㅇㅇ君을 紹介하야 面會하다.

張海林 鄭錫海 金奎炯 三君이 來訪함에 自身修養과 民族改造의 旨로 說明하다.

李鐸君이 來訪하야 吳希峰君을 紹介하야 말하며 曰 南道의 宣傳員으로 用함이 如何하냐 하다.

李總理 來訪하다.

院議에 到하야 內務部職員任命을 准하고, 明日로 政務協議會를 開하기로 決議하고, 淸鐵이 吾韓人에 對하야 不平한 說과 愛仁里 韓人學生事件(亂暴靑年)의 報告를 듣다.

李鐸.羅愚.吳希峰君이 來訪하다. 吳君을 明朝에 再會키로 約하고 吳.羅 二君은 先歸하다. 李鐸君曰 只今 北京에 在한 朴容萬 等 某某人이 一邊으로 上海의 不平輩와 廣東에 孔寅과 其他 外方에 在한 者와 連絡하야 上海政府를 顚覆하려 하는데 尤히 重心으로는 先生을 表準한다 하며, 이 안에 朴贊翊(南坡)은 密히 連絡者오, 且 申圭植氏의 最信任하는 心腹이라. 只今 그 不平分子 中에 短砲 豫備한 것이 三十餘柄이라 하며 稍히 操心하기를 勸하다. 君이 又曰 如此히 先生에게 對하야 長久한 時間으로 加害하랴 하다가 只今하야는 極端的 主義까지 行코져 하니 幾時間 上海를 離하야 外方에 留하다가 此局

의 變動이 落着을 告한 後에 返하는 것이 可하겠다 하는지라, 余曰 現今에는 爲한 事 多하야 離키도 難하다 하다.

張海林君이 來訪함에 興士團의 趣旨를 說明하다.

七時半에 團所에 往하야 車均尙君의 入團問答을 行하다 未了하다.

✦ 六月 十五日 火 雨

豫定事項

一. 申肅.韓松溪 訪問.
二. 政務協議會에 出席.
三. 團所에 往하야 問答할 것.

淸早에 團所에 往하야 靜坐會에 參하다.

白巖君이 來訪曰 所着한 獨立運動史가 已爲完稿되었는데 印費를 政府로서 支撥케 하게 하고, 또 自己의 夏衣를 購送하라 함으로 俱諾하다.

吳希峰君이 來訪함에 宣傳에 關한 方針을 言하고 宣傳員으로 被任하라 함에 君이 應하다.

尹顯振君이 來訪曰 自己가 祕密히 安東縣에 往還할 터인데 此를 知하는 者는 三人 뿐이라 하다.

崔秉善君이 來訪曰 玉觀彬君이 今에 作妾한 것과 또 日人의 家에 種種 來往이 有하다 하니 注意하라 하다.

獨立團代表 金承學君이 來訪하다.

金承學 李鐸君이 來訪하야 獨立團의 進行方針을 討議하다가 時間이 不足함으로 明午에 再商키로 約하다.

朴用武君이 來訪曰 電車會社의 韓人査票人 等이 俱樂部를 組織하려 하니 目的과 方法을 如何히 할 것을 請問함으로, 余曰 目的은 信用保存.情誼敦修.勤儉貯蓄.患亂相救 四條로 定하고, 機關은 部長 書記 財務의 若干의 職員으로 視務케 하고, 또 委員 若干人을 選하야 俱樂部를 成立케 하라 하다.

政務協議會 出席하야 總理以下 次長까지 非常히 約束을 作할 것과 政務進行의 方式을 改造하자는 問題로 討論하다가 明日로 다시 會議키로 하다.

韓松溪君을 訪하였다가 未會하다.

金貞根君을 問答하려다가 保證人이 無함으로 未行하다.

◆ 六月 十六日 水 晴

豫定事項

一. 羅昌憲 訪問.
二. 金承學 招待할 것.
三. 政務協議會에 出席할 것.
四. 團所에 往하야 問答할 것.

淸早에 團所에 往하야 靜坐會에 參하다.

鄭仁果君이 來訪曰 自己 從速히 渡美하겠노라 함으로 然則 速行하게 하라 하다.

李鐸君이 來訪하야 宣傳部事를 商議하다.

金昌義君이 來訪하다.

羅昌憲 金基濟를 申江病院에 訪한 즉, 二君曰 今에 政府로서 士官學士로 하여금 鐵血團의 餘在分子를 逮捕하고, 또 中國人을 使用하여 暗殺케 한다

하야 極烈한 中에 陷하였으니 兩方을 共히 慰諭하라 하는지라, 余曰 政府에서는 如何한 事가 無하며, 且 余가 該靑年 等을 會晤하면 諒解를 與할 수 有하나 相晤할 수가 無하다 하다. 君等을 水治療를 受케 爲하야 紅十字病院으로 移住케 하다.

李英植君이 宣傳部事로 來訪하다.

金承學 李鐸君을 大東旅社에 招待하야 午餐하다. 光復事業의 進行方針을 說明하고, 獨立團과 靑年團이 聯合하야 光復軍이 되게 하라 함에 金君 滿足한 意를 表하다.

政務協議會에 出席하니 華府에서 來한 李大統領 電에 하였으되, 俄國에 密使는 何人을 送하였나 問함과 歐美外交에 關한 事는 自己를 不知케 하고는 行치 말라 하였는지라 此에 對하야 大統領에게 事實을 告하고 歐美外交에 一致行動케 하자 覆電하려 하였더니 總理는 大統領과 一切 交涉을 斷切하겠다 하는지라, 余曰 政體上에 如此히 하면 大不可라 하다.

紅十字病院에 往하야 羅 金 二君을 移住케 하다.

七時半에 團所에 往하야 李景華君 問答을 行하다가 末了하다.

✦ 六月 十七日 木 晴

豫定事項
一. 各總長 尋訪.
二. 金昌義 面會.
三. 視察團籌備에 關하야 商議.
四. 鄭仁果 面會.
五. 講演會에 出席.

淸早에 團所에 往하야 靜坐會에 參하다.

朴殷植君이 來訪하야 編纂한 獨立運動史를 出示하다.

柳振昊君을 請하야 曰 申江病院에서 治療하는 羅昌憲 金基濟 二人을 紅十字病院으로 移住코져 하니 此를 內務總長에게 問議하야 보라 하다.

林得山君이 來訪曰 自己가 從速히 入國하겠노라 하다.

柳振昊君이 來報曰 內務總長에게 羅 金 移住事를 問議한 즉 同意하더라 하다.

崔承鳳君이 來訪하다.

李鐸君이 來訪曰 宣傳에 關한 事를 安東靑年聯合會 宣傳員 崔志化君을 請하야 商議하라 하다.

鄭仁果君이 來訪함에 美議員團에 對하야 商議하다.

呂運亨君이 來訪하야 北京往還한 事를 言하야 曰 페퍼를 會見而 君이 우리에 多少 感情이 有하며, 此次 美視察團에 對하야 致書할 것을 作함은 時間이 無함으로 未能하겠고, 或 將來를 爲하야 韓國에 入하야 다시 一書를 著述할 뜻이 有하다 하더라 云.

韓松溪君이 來訪하야 請貸함으로 現款이 無하다 하다.

各總長을 輪訪하다.

美議員視察團에 對하야 非公式으로 討議하다.

七時半에 團所에 往하니 朴賢煥君의 健全人格이란 題로 講演하다.

✦ 六月 十八日 金 雨

豫定事項

一. 對美議員視察團籌備會

淸早에 團所에 往하야 靜坐會에 參하다.

對美議員視察團籌備委員會를 國務院에서 召集 討議 結果가 如下히 結議하다.

一, 愛國婦人會로 國旗及 書信을 送할 것.(禮物品이니 上海에 到着할 時間에)

二, 內地에서는 示威運動兼歡迎을 表示할 것.

三, 上海에 在留하는 居留民團에서 歡迎할 것(到滬時에 但 民團에 問議할 것)

四, 比律賓에 政府로서 人員을 特派할 것(三人).

五, 美國에서 我同胞中에 隨員으로 定할 것은 美國에 在留하는 韓人에게 電報하야 決定할 것.

六, 內外地 勿論하고 聯名하야 陳情書를 提出할 것.

七, 比律賓에 特派員은 余가 被選되고 隨員 二人은 自辟할 것.

國務總理께서 大統領 不信하는 理由로 한 辭職書를 各部總長에게 送한지라, 이에 各總長과 合意하야 先後策을 講究하다.

李總理를 訪하야 辭職書 作消하라 勸告한 즉 强硬히 拒絶하다.

高一淸 玉觀彬 二君이 來訪曰 李總理를 聲討하고 免職시키자 하는지라, 余가 曰 絶對로 不可를 力說하고, 且 當場에 큰 險惡을 生케 하게 하는 事라 하다.

夕後에 各部職員을 國務院에 召集시키고, 此次 總理辭職案에 對하야 愼重한 態度를 取하야 囂譁치 말고 如前執務하라 하다.

✦ 六月 十九日 土 雨

豫定事項

一. 婦人會 尋訪할 것.

淸早에 團所에 往하야 靜坐會에 參하다.

李東寧君이 來訪曰 如何間 先生이 總揆에 在하야 일을 繼續 進行하자 하는지라, 余가 絶對로 拒絶하다.

李始榮君을 訪한 즉, 東寧君과 同히 同一한 言辭로 曰 大局을 顧하야 余다러 總揆에 出任하라 하는지라, 余曰 此는 大局을 爲함이 아니오, 大局을 亡케 함이니 決코 不行하겠노라 하다.

李圭洪君이 來訪曰 余가 大統領이 되고 李東寧君이 總理가 되기로 作定하고 大事를 進行하자 하는지라, 余曰 然則 敗亡함을 立告함이니 生意도 말고, 且 如此한 言만 流布되어도 大害가 된다 하다.

愛國婦人會를 訪하야 諸女士다러 李總理에 往하야 辭案撤回를 勸告하라 하다.

✦ 六月 二十日 日 雨

豫定事項

一. 各總長 尋訪.
二. 東吾先生墓所에 往할 것.
三. 崔志化 面會할 것.

淸早에 團所에 往하야 靜坐會에 參하다.

各總長을 尋訪하야 曰 此次 總理로 하여금 辭職을 撤回하도록 吾儕가 誠意를 盡할 것이오, 萬一 該目的을 未達하면 新人物을 請邀하야 中心으로 選推함이 可하되 李商在君이 適合하겠다고 하다. 君等曰 萬一 李君이 不出하는 境遇에는 如何히 하겠느냐? 余曰 然則 寧히 西間島에 在한 李相龍君이라도 請함이 可하겠다 하다.

金復炯君다러 政府職員 中 同意인 諸人과 商議하야 總理에게 辭職을 撤回하라 하다.

午後에 李鐸 金弘敍 劉相奎 田在淳 金復炯 諸君 같이 東吾先生墓所를 尋訪하고, 團所를 經하야 歸하다.

崔志化君을 請하야 安東靑年聯合會의 宣傳部와 政府의 地方宣傳部와 合一함이 如何하냐 한 즉, 君이 善하다 하다.

金羲善君이 來訪하야 總理辭職案에 對하야 여러 가지로 收拾案을 討議하다.

✦ 六月 二十一日 月 晴

豫定事項

一. 李東寧 面會할 것.
二. 團所에 往하야 李景華 問答할 것.

淸早에 團所에 往하야 靜坐會에 參하다.

李東寧君이 來訪曰 政府의 位置를 比律賓으로 移轉하자 하는지라, 李總理가 退去한 故로 內憂와 外患이 더욱 危難한지라. 比律賓으로 移轉하되 議政院 全部를 同住해야겠는지라. 然則 先生이 此次 比律賓에 往하야 視察團에 關한 以外, 此에 對하야 運動하야 보라 하는지라, 余曰 此次에 比律賓에

往하면 不時의 備로 該總督府에 交涉하겠다고 曰 只今 此를 行하면 經濟가 不許하고, 또는 人心의 影響이 多大할지니 由是로 大事의 打擊이 될지니 不可하다 하다.

鄭仁果君이 來訪曰 比律賓에 出發할 것을 準備하겠다고 하다.

李鐸君이 來訪함에 崔志化를 面晤한 始末을 言하다. 君과 宣傳部理事員이 되라고 言한 즉 君이 許하다. 院에서 非公式으로 時局에 關하야 會議하고, 金立君다려 此次에 大事를 貽誤함이 至大하다 하다.

夕後에 團所에 往하야 李景華君 問答하다가 未了 하다.

呂運亨 鮮于爀君을 訪하야 總理의 事로 民團에서 會集하겠다는 것을 行치 말라 하다.

✦ 六月 二十二日 火 晴

豫定事項

一. 團所에 往할 것.
二. 今日 下午로 明日까지 休養키로.

淸早에 團所에 往하야 靜坐會에 參하다.

金立君을 訪하야 曰 君이 上海에 初到時 卽 俄領에서 行하던 마음을 悔改하고 中心으로 此局을 扶持하겠노라고 余에게 屢言하지 아니 하였나? 如此할 心으로 已爲 政府에 獻身하였으면 成敗間 終局까지 耐過할지니 中途에 如是히 反意의 行動을 하는 것은 곧 不義하다고 할지니 君이 再三思之하고 此局을 敗潰치 말라 한 즉, 君曰 此次 總理의 事는 總理가 自作行動함이지 自己와는 相關이 無하다 하는지라, 余曰 余는 此言을 不信하노라 하다.

各總長을 訪하야 時局의 意思를 問한 즉, 다 李總理 出케 하자는 意를 가졌더라. 余曰 此時間에는 誰가 可하든 否하든 간에 서로 扶持하고 現狀을 維持해야겠다 하다.

✦ 六月 二十三日 水 晴

豫定事項
一. 靜養

淸早에 團所에 往하야 靜坐會에 參하다.

李鐸君이 來訪曰 李總理가 過激派를 祕密히 組織하야 나아가는 中, 上海에 在한 過激派人物과 團結을 已成하였고, 李總理와 金立 二人이 申斗湜君다러 入黨하라고 屢次 勸하니 該內幕을 知키 爲하야 申君으로 入黨케 함이 如何하냐 問하는지라, 余曰 申君은 修養할 靑年인데 自己가 徹底한 過激主義가 有하야 入黨함은 可어니와 無意한 것을 他人의 內情이나 知키 爲하야 入黨한다 함은 亦是 巧詐한 行動에 近한 것이니, 余는 靑年의 心理上 關係로 그러한 事는 肯爲치 아니 하노라 하다.

(二十二日事)

夜 十一時半에 吳翊殷君이 申斗湜君의 信書를 傳하는지라. 開見則 總理가 明朝 六時에 他處로 出發한다 하니, 明六時 內로 各總長들과 議論하야 處理하는 것이 如何하냐 한지라. 卽起床하야 李總理를 訪하야 먼저 金立君을 面會한 則, 君曰 總理께서 明六時에 威海衛로 往한다 하며, 俄者 總理께서 作別하려고 先生에게 往하였다가 出他하였으므로 未晤하였다 云云하며 曰

此次에 往함은 職을 辭하고 往함이 아니오, 總理께서 다른 總長에게 言하기를 余는 暫時 休養하고 歸할 터이니 此는 職을 辭함이 아니오. 그 欠故한 期間에 國務總理의 事務代理를 內總長이 攝任하라 한 즉 諸總長들도 如此한 즉 可하다 한지라. 事가 如是히 圓滿하게 되었은 즉 아무 念慮 말라 하는지라.

余曰 總理께서 如斯한 意思로 往하는 바에는 一船便을 遲滯하야 政府에 直接 나와 人心을 收拾한 後에 出發하는 것이 合當하다 한 즉, 君曰 已爲 出發하기로 作定하였은 즉 變改할 수 없고, 諸總長들과 이미 議定하였은 즉 圓滿하게 되었다고 하는지라. 時에 總理가 就寢하였다 起床하야 言하는 바 金君의 言과 同一한지라. 余曰 一船便을 遲滯하야 散亂하였던 人心을 收拾한 後 往還함이 可하다 한 즉, 總理曰 各總長 次長 民間의 各團體의 首腦者를 請하야 暫時 休養하고 往還하겠노라 하였으니 念慮가 없다고 하는지라, 余가 곧 出하야 內財 兩總長을 訪하려 한 즉 夜深하야 衛場門이 已鎖된지라 故로 歸所하다.

✦ 六月 二十三日

淸早에 內財法 三總長을 訪하야 李總理와 會談한 結果를 得聞하고, 內法 兩總長으로 더불어 李總理를 餞別하러 船碼頭에 出한 즉, 總理는 自己는 性質이 急하야 此次의 事는 一大 觸感的으로 된 것이라고 自己는 總理의 任 帶하고 있을 터이오, 二週日 以上 休養하고 歸할 터이니 아무 念慮말고 政府를 前보다 尤히 團束하야 善히 進行하라 하며, 自己가 威海衛 있는 동안에 英人과 잘 交涉하겠노라 하는지라, 余曰 君이 이미 船頭까지 出하였는데 此一言이 無效한 줄은 明知하나 言하노니 君이 일을 表準하면 只今이라도 回還하야 人心을 收拾함이 可하도다. 君은 如此한 好意로 出發하지만은 一

般의 心理는 誤解함으로 以하야 大事에 貽害가 多大할지라 한 즉, 君曰 余가 다시 回還할 수는 없고 威海衛 가서라도 內外 各地에 修函하야 써 誤解를 풀게 할지니 君等도 同一한 뜻으로 修函하야 暫時 休養하고 歸한다 하라 하는지라, 余曰 然則 君이 直接으로 此意를 新聞에 廣布하는 것이 良好하겠다 한 즉, 君이 亦贊曰 如何히 揭登하는 것이 可하냐 討論할 새 그 言은 無才無能한 余로써 總理의 任에 在함은 國民의 希望을 저버리기가 難하야 受任 以來로 局은 難하고 身은 病이 有하야 一般 國民의 希望을 報答하기 不能함으로 다른 堅能에게 맡기라고 辭職할 뜻까지 有하였으나, 一般 同志가 다 言하기를 余만한 人이라도 局에서 離하면 大事에 影響이 至大하겠다 하며, 余亦 死而後而已할 뜻이 有함으로 扶病하고라도 如前히 職務를 盡할 터이오. 暫時 病을 休養하며 兼하야 政務의 所管事로 以하야 山東方面에 暫時 往還할 터이온 즉, 余가 暫時 離此함으로 如何의 疑惑을 하지 말고, 諸君은 더욱 誠忠을 盡하야 不似한 余로 더불어 끝까지 國事에 努力하기로 定하고 作別하다.

劉基峻君을 請하야 總理와 同行하는 張海林君에게 託하야 總理의 事情을 잘 通信케 하라 하다.

李圭洪君을 面會하야 曰 總理와 昨夜에 會談과 및 今朝에 作別한 事를 말하고 曰 君이 金立君을 善히 勸하야 今次 總理의 所言한 바가 다시 食言되지 않게 하라 하다.

下午에 李總理 離滬後 進行事를 爲하야 政務協議會를 開할 새 未滿員이므로 開會치 못하고 非公式으로 討議할 時에, 金立君이 言曰 李總理 言대로 新聞에 揭載함은 不可하도다. 自己가 知하기는 李承晚博士가 大統領을 내놓고 去하기 前에는 總理는 決코 返치 아니할 터이니 新聞에 揭하였다가는 世上에 다시 한 笑柄이 되겠다고 하더라.

紅十字病院에 往하야 羅昌憲을 訪하고, 黃學善을 請하야 前過를 改悔하고

內務總長과 警務局長애게 謝罪하고 如前히 安頓하고 지내라 하고, 君뿐 아니라 其他 靑年들도 잘 勸하라 하고, 余가 一次 面會하기를 願한다 하다. 君曰 眞情을 告하는 바, 우리들이 多般으로 疑心點이 有한 中에 先生께서 暗殺黨 二十名을 月給을 與하여서 置하고, 우리들을 殺할 場所와 埋할 處所까지 備置하고 殺하려 한다 하며, 又는 中國刺客 幾名을 買하야 暗殺하려 한다는 言을 可信處로 聞하고 우리 靑年들이 生却함으로 不出하는 것이 아니라 우리도 相當한 準備를 해야겠다 하야 只今껏 不出하였노라 하다. 余曰 如此한 謠言은 信치 말라. 羅君曰 自己가 紅十字病院에 入할 時에 幾人이 來言하기를 該病院은 安氏의 親한 病院인즉 如何한 危毒을 加할는지 不知하겠다고 하는 것을 强入하였다 하다. 余曰 君等 靑年들이 常識이 無한 人이지 或 政治家中에 極惡한 野心家라 하야도 自己하고 對立한 大人物中에 勢力이나 手段으로 制御할 수 없는데 或 暗殺하는 事가 有하지 無名한 靑年에게 어찌 暗殺行爲가 有하리오. 余는 諸君과 如한 未成한 靑年은 姑捨하고 어떠한 人物이든지 公同一致하는 것을 努力하는 것을 君等이 目擊할 수 없더냐? 然한 즉 安心하고 出하야 지내라 하다.

今日 國務院으로 事務室을 移하다.

✦ 六月 二十四日 木 晴

豫定事項

一. 黃學善 鄭桓範 面會할 것.
二. 國務會에 出席할 것.
三. 韓松溪 面會할 것.

淸早에 團所에 往하야 靜坐會에 參하다.

黃學善君이 來訪함에 昨日을 繼續하야 如常히 나와 지내라 勸하다.

紅十字病院에 往하야 鄭桓範君을 請하야 여러 가지로 效諭한 즉, 自己는 毫些라도 過失한 것이 없고 政府에게 잘못하였다고 稱冤하며, 今次 自己 同志들을 捕縛毆打한 事는 皆 先生의 嚇使한 事로 知하노라 함으로 여러 가지로 效諭하다.

國務會를 開할 새 內務總長더러 首席에 任하라 勸한 즉 君이 堅執不肯하는지라, 故로 長時間 論難하다가 終當에는 昇席하야 開會하다. 李統領에게 到滬하라고 致電키로 決議하다. 金立君이 發言曰 總理께서 此次에 療病하러 往하노라 하고, 出發하며 總理의 職을 留任한다 함은 諸總長들이 李大統領 問題를 會議解決하라는 一時 權道로 言할 뿐이오, 그 實內容은 總理의 任을 辭免하고 去한 것이라고 하는지라, 諸總長與次長은 齊曰 然則 總理가 諸總長을 欺한 것이 아니냐 함으로, 余曰 吾人이 總理의 直接所言을 準信할 것이지 間接의 意思는 信할 바 아니라 하다.

時에 獨立新聞社를 封鎖한다는 言을 接하고 呂運亨君을 帶同하고 佛領事를 訪한 즉, 曰 該新聞은 曾히 前領事時에 廢鎖한 것이니 日本領事가 該社誌를 持來하야 曰 如何한 故로 繼刊케 하냐 함으로 不得已 廢鎖시키게 되었다 하더라.

七時半에 團所에 往하야 李景夏 車均尚 入團式을 行하고 余가 過去 吾族의 指導者의 失策이라는 題로 講演할 새, 適 九時에 美洲에 向하야 佛蘭西로 出發하는 李景夏. 車均尚 兩君의 時間關係로 簡略히 講演하다.

韓松溪君을 訪하야 曰 美洲로서 農業經營의 資本으로 來此한 萬元을 本處에 電商하야 政府에 借用케 하면 急需에 應은 되겠으나, 美貨로 本位를 삼게 되겠으니 利害關係가 不少하게 되었으므로 有意未遂라 한 즉, 君曰 今에 工務局條件이 至急한 時에 利害를 較計할 수 없은 즉 自己가 財總과 商議하겠노라 하다.

✦ 六月 二十五日 金 晴

豫定事項

一. 李鐸君 面會.
二. 尹顯振君 訪問할 것.

淸早에 團所에 往하야 靜坐會에 參하다.

李英烈君이 來訪曰 新聞社와 印刷機械와 其他를 他租界로 搬住하라 하니 如何則可하냐 하는지라, 余曰 印刷物을 外國人으로 所有主를 삼음이 可하다 하니 卽往하야 如此히 周處하겠노라 하다.

都寅權君이 來訪曰 財務部의 要求에 依하야 軍務部로서 短砲를 求하야 平壤으로 輸送케 한다 하다.

李鐸君을 請하야 曰 內地에 武器로 示威하는 것은 軍務部로서 安東縣 光復軍에 專任키로 議定인 바, 今에 都寅權君의 言을 聞한 즉 財務部로서 軍務部에 依託하야 武器를 輸送키로 한다니 知하냐 한 즉, 君曰 知하노라 하는지라, 이에 軍務次長을 訪하야 아무쪼록 일이 統一키로 用力하라 하다.

黃鎭南君이 來訪하야 曰 渡美하겠노라 하며 旅費를 請辦하는지라, 余曰 아직 耐過하라 하다.

韓松溪君이 來訪曰 美洲條로 財務總長에게 言한 즉, 不可不 該條를 借用해야겠다 하더라 하는지라, 余曰 然則 利害問題를 言하였나 한 즉 未言하였노라 하는지라, 余曰 다시 此를 問議하라 하다.

金承萬 李鐸 兩君을 大東旅社에 招待하야 午餐한 後에 政府로서 安東에 對한 施設方針을 商議할 새, 一, 獨立團과 靑年團聯合會가 다시 合一하야 政府를 援助케 할 事. 二, 該團體內의 冒險靑年으로는 另集하야 軍務部에 直屬한 光復軍營을 組織할 事. 三, 曾往에 獨立團에서 民治하던 區域을 內務

部에 直屬한 民團을 組織할 事. 四, 靑年團이나 獨立團은 直接으로 金錢을 收集치 말고 督辦部 財務司에서 收集하야 財政收入이 統一케 할 事. 五, 靑年團과 獨立團의 收集된 金錢은 全數 財務部에 納入케 할 事. 六, 曾往 靑年團에서 收集한 金錢은 政府에 直納한 것과 同一한 것으로 亥出金人에게 認定할 事. 七, 上海로서 多數 團結을 合하야 大同團結을 作하는 것을 硏究할 事.

 安東으로 歸한 尹顯振君을 訪問하다.

✦ 六月 二十六日 土 晴

豫定事項

 一. 韓松溪君 尋訪할 것.
 二. 尹顯振 面會할 것.

 淸早에 團所에 往하야 靜坐會에 參하다.

 韓松溪君을 訪한 즉, 君曰 財務總長에게 該款의 利害를 言한 즉 利害로는 쓸 수 없고, 테일本位로 還用하자 言함으로 該條는 島山이 直接으로 貸與할 權이 無하고, 但 政府의 要求로 本處에 致電할 而已인 즉 只今에 現存한 테일 本位로는 貸用할 수 없을 듯하다 하고 歸하였노라 하다.

 尹顯振君이 來訪曰 安東에 往還事를 詳言曰 自己가 請하였던 慶尙道 某氏가 來하였는지라 內地에 一般情形을 問한 즉, 一, 一般의 心理狀態가 新思潮가 漸漸 膨脹하고 過激社會主義를 抱한 靑年이 多하고 二, 經濟恐慌이 極度에 達하야 現金融通이 杜絶되었다 하고 三, 一般人心이 上海에 臨時政府가 있다는 것으로 因하야 將來 希望이 多大하고 獨立運動의 存廢가 政府名義 存廢에 在하다 하고 四, 內地에 大問題는 安昌浩가 큰 關係人物이 되었다고,

內地人心은 安ㅇㅇ이 無하고는 안 되겠다는 言이 大輿論이고, 然而 地方熱과 野心으로 因하야 衝突을 惹生하는 故로 大局을 貽誤한다니 此가 事實에 確係이냐 問하더라 하다. 該氏에게 對하야 光復事業의 方針을 曾者 先生의 所言대로 詳言하였노라 하더라.

✦ 六月 二十七日 日 晴

豫定事項

一. 安東으로 到滬한 諸君을 請見할 것.
二. 安恭根君 尋訪.

淸早에 團所에 往하야 靜坐會에 參하다.

安東으로 來到한 靑年들을 召하야, 一은 光復事業의 前途方針, 二는 安東에서 靑年들이 團結하야 進行할 것을 말하다.

安恭根君이 來訪함에 適 時間이 無함으로 未談하고, 午後에 君의 寓所를 訪한 즉, 君曰 此次 總理가 威海衛로 往한 內容을 知하냐? 其中에 極祕의 內容이 有하니 此次에 總理가 通辯으로 帶同한 靑年은 君의 舍姪과 宿히 同窓의 友로 極其親切한데 該靑年이 自己 姪에게 祕言하기를, 此次 總理가 自己를 帶同하고 威海衛로 往함은 北間島에서 旅費 오기를 기다려 모스코바로 가기로 作定하고 出發하였고, 此는 又 極祕이라 云하더라 하며, 又曰 已往 總理가 모스코바에 送한 韓馨權 等에게 勞農政府를 組織 中이라는 語句가 有하고, 曾日 포타프가 言하기를 李東輝가 祕密히 勞農政府를 組織하였다는 言이 虛說이 아닌 듯하다 하다.

✦ 六月 二十八日 月 晴

豫定事項

一. 高一淸 李鐘春 李東寧 尹顯振 面會할 것.
二. 國務會에 出席할 것
三. 團所에 往하야 柳榮君 問答할 것.

淸早에 團所에 往하야 靜坐會에 參하다.

慶尙道 交通局으로 來한 OOO君이 來訪曰 自己가 安東에 派人하고, 又는 自己의 所負가 有한 즉 洋百元만 聽取하는지라, 余曰 現款이 無하니 逐後用力하겠다고 하다.

金萬永君이 來訪曰 自己가 政府를 爲하야 身命을 犧牲하겠노라고 屢言故로 李鐸君에게 紹介하야 任用케 하다.

西間島로부터 來한 李鐘春君이 來訪曰 自己의 主見은 本國에 敵總督府에 韓人官吏를 利用하야 稅納을 增加시키며, 又 其他方法으로 資本家를 苦롭게 하야 排日心을 增上케 하는 것이 如何하냐 問하는 故로, 余曰 如此히 할 道가 有하면 已어니와 可能치 못할 듯하다 하다.

高一淸이 曾히 請款한 書가 有한 故로 請하야 曰 現金이 無한 것을 言하고 急한 用이라도 補用하라고 五元을 贈하고 追後 力이 及하는 대로 周旋하겠다 하다.

金弘敍君이 來訪曰 咸境道로 來한 渡美靑年 二人이 先生을 面會코져 한다 함으로 同來하라 하다.

黃鎭南君이 來訪曰 財務總長을 訪한 즉, 美洲來款을 先生에게 請借한 즉 四千元 損害를 補充하라 하니 個人의 私事에도 急한 時에는 그렇게 할 수 없거든 急한 公事에 如此히 하니 公益을 顧하는 人이라 할 수 없다고 大怒云

하는지라, 余曰 余는 損害를 補充하라고 言함이 아니오, 但 本處에 打電하라면 應할 뿐이겠다고 하다.

金九君이 來訪曰 安東獨立團代表 金承學君의 要求에 應하야 短砲를 購入할 새 言與事의 差異가 生함으로 金君이 大疑惑과 大不平이 生하야 困難한 事 하다 하다.

李鐸君이 來訪함에 近者에 金承學君의 心理가 如何하냐 한 즉, 前日에 比하야 稍히 安頓되었으나 疑惑과 不平은 如常히 存在하다 하다. 善後策은 短砲價 六百十五元을 金君에게 還送하여야 無事하겠다고 하다.

李英烈君이 來訪함에 曰 君이 財務部와 金錢關係로 衝突된 事가 有하냐 問한 즉 然하다 하는지라, 余曰 每事에 感情的으로 말라고 勸하다.

鄭仁果君이 來訪曰 渡美船便에 自己의 一座를 得할 수 有하니 從速히 出發하겠노라 하다.

金弘敍君이 渡美하는 二靑年 李龍淳 韓秀龍 兩君을 紹介 來訪하는지라, 將來를 爲하야 意志를 確立하라고 勸勉하다.

尹顯振君이 來訪曰 美洲來款에 對하야 如何히 하냐 함으로, 余曰 該錢主에게 電商하야 政府에 借用케 하려 하였더니 財務總長이 不願云하니 할 수 없다고 한 즉, 君曰 此가 一大是非의 問題가 되었다 하며, 財務總長이 不平說을 自己에게 言하니 그 左右에 在한 人이 또 不好한 問題가 發生하리라 하는지라, 余曰 莫可奈何라 하다.

國務會議는 未滿員이므로 開議치 못하다.

李東寧君이 來訪함에 余曰 總理가 絶對로 脫退하는 同時에는 君이 代理로 局을 扶持해야겠다 한 즉, 君은 絶對로 力辭하겠노라 함으로 此로 論談이 長久하였고 政府로서 工務局에 與할 條가 急한 故로 美洲에서 曾者 農業의 營資로 余에게 送하야 銀行에 任置한 萬元이 有하였는데 韓松溪君이 財務總

長과 議論하고 該款을 借用키 爲하야 本處에 電問하야 달라 함으로 余가 電報는 하겠지만은 此後에는 美貨 萬元을 與할 것인 즉 政府로서 三千元 以上 損害를 受하겠다 하였더니 財務總長은 未成年한 靑年들을 對하야 事實 外의 言으로 余가 四千餘元을 내라고 한다니 該事件으로 余와 財務總長과 直接面議도 없이 如何 理由로 然하는지 不知하니 君이 그 意思를 知하냐 한 즉 不知하노라 하다. 또 우리 民族은 改造해야지 如此하고는 成事치 못하겠다고 하다.

尹顯振君을 訪하야 安恭根君에게 聞한 李總理의 陰謀事件을 言하고, 總理가 如此히 모스코바에 往하니 內外의 大勢가 크게 決裂하야 收拾할 餘地가 無할 터인 즉, 金立君을 善誘하야 速히 總理가 歸還하도록 運動하라 한 즉, 君曰 此가 또 우리 局中에 一大問題라 하고, 自己는 能力이 及하는 대로 運動하겠노라 하다.

七時半에 團所에 往하야 柳榮君 入團問答을 行할 새 未了하다.

✦ 六月 二十九日 火 晴

豫定事項

一. 鄭仁果君 面會할 것.
二. 金公緝君 事로 團友間에 會商할 것.
三. 財法 兩總長 問病할 것.

淸早에 團所에 往하야 靜坐會에 參하다.

鄭仁果君이 來訪함에 此次 美議員團東渡의 際에 遠東에 在한 各外交官을 交涉할 必要가 有하니 먼저 各處에 總督及公領을 調査하야 書面으로 우리의 事情을 報知케 하라 하니 君이 應諾하다. 또 吉林에 吳德林.吳仁華 兩君에게

東省外交部設置의 遲延되는 理由로 通信하라 하다.

都寅權君이 來訪曰 金九君이 安東獨立團 短砲購買에 關係하였다가 失策된 故로 個人의 信用과 및 政府의 威信에 大關係가 되었은 즉 該人에게 該金을 還與하는 外에 他道가 無하나, 目下 政府에는 現款이 無하니 奈何則可냐 함으로 余亦 別策이 無하다 하다.

李鐸君이 來訪曰 安東機關이 政府와 聯合하는 바에 財金을 直接 收入케 하는 것이 如何하냐 함으로, 余曰 此는 制度上 事實上에 不可하니 財政은 財務司에 收合하야 財政統一할 必要가 有하다 하다. 光復軍營을 置하면 軍營內에 參謀部와 宣傳部 兩部를 加設키로 商議하다.

林得山君이 來訪曰 奉天에 宣傳員으로 使用할 人을 紹介하고, 自己는 入國하야 財金을 辦備하야 幻燈을 組織하야 가지고 渡美하야 宣傳兼 資金을 辦備하려 하노라 하는지라, 余曰 如此事에 아무쪼록 正當한 行爲를 取하며, 且 余의 名義는 干涉되지 않기로 하라 하다.

安秉瓚君이 午傾에 到着되야 來訪하다. 이에 韓松溪君다러 一品香旅社에 幾日間 姑留하게 하고 다시 入院케 하라 하다.

李始榮 申圭植 兩君을 問病하다.

金公緝君이 廣東으로 出發한 後에 信息이 頓絶故로 이에 諸友와 會議한 結果로 派人하기로 決議하야 金弘敍君이 被任되고 一人은 金君과 班長과 協議하야 選定키로 하다.

申斗湜君이 來訪曰 李總理 出發前夜에 總理의 祕密結社로 組織된 過激黨員들이 餞別會를 開하였는데 該席上에서도 모스코바로 向할 뜻을 表示하였다 하니 總理는 다시 回還치 아니 하리라 하다.

✦ 六月 三十日 水 陰

豫定事項

一. 仁成學校進級式에 參觀할 것.
二. 安秉瓚君 尋訪할 것.
三. 申肅君 尋訪할 것.
四. 李圭瑞君 問答할 것.

淸早에 團所에 往하야 靜坐會에 參하다.

金弘敍君이 來訪曰 廣東에 往하면 中國人 一名을 帶同함이 如何하냐 하는 지라, 余曰 極可하다 하다.

李鐸 申斗湜 君이 來訪하야 金公緝 事로 派人키로 定하였나? 余曰 金弘敍君으로 定하고 中國人 一名을 帶同케 하기로 作定하였다 하다.

申肅君을 訪하야 美議員視察團東渡에 對하야 籌備할 것을 商議하다.

尹顯振 李圭洪 兩君을 訪問하고, 沐浴한 後에 仁成學校進級式에 往參하다.

安秉瓚君이 來訪하다.

吳喜峰君이 來訪曰 速히 入國케 하라 함으로 宣傳部 理事와 商議하라 하다.

黃鎭南君이 來訪하야 渡美할 마음이 有하다 하다.

團所에 往하야 李圭瑞君의 誓約問答을 行하다가 安秉瓚君과 九時에 相會 키로 約한 故로 李光洙君다러 終了케 하고, 一品香에 安君을 訪한 즉, 高一 淸 金承萬 黃鎭南 李鐸 諸君이 在席한지라, 高君은 余에게 黃君이 渡美치 못하게 託하다. 美洲來款을 借用하겠다는 事로 誤解됨을 言하다. 高君曰 尹顯振君과 商議하야 該款을 多少의 損害를 受하더라도 借用키로 하였다 하더라. 安君과는 他日 相會하기를 留約하다.

一九二〇年 七月

✦ 七月 一日 木 雨

豫定事項

一. 國務會議에 出席.
二. 國務會議를 開議키 爲하야 各總.次長을 輪訪할 것.
三. 安秉瓚 尋訪.
四. 劉基峻宅 尋訪할 것.
五. 團所에 往할 것.

淸早에 團所에 往하야 靜坐會에 參하다

黃鎭南君이 來訪曰 渡美하기 爲하야 輪船房子를 得하였노라 하는지라, 余가 款曲히 挽留하되 君이 明答이 無하다.

吳熙峰君이 來訪하다.

各總長과 次長들을 訪하야 今日 會議에 出席하기를 勸하고, 若不得已한 境遇이면은 代理로라도 參席하라 하였더니 定刻에 다 出席한지라 이에 開議할 새, 敵犬討伐費로 金 一萬三千元을 支撥키로 決議하고, 東三省 外交委員長을 李鐸으로, 委員은 吳德林으로 任命키로 通過하다. 李東寧君으로 總理의 事務代理를 하기를 動議한 즉, 君은 絶對로 代攝치 않겠다 하다.

李鐸君을 請하야 曰 某言이 良好한 短砲를 購入할 處가 有하니 此를 商議하라 하다.

尹顯振君을 訪하야 本國에 宣傳할 것을 討議하다.

申肅君을 訪하다.

七時半에 團所에 往하야 李圭瑞 柳榮 二君의 誓約式이 有한 後에 이어

地方團友會를 開하다. 余가 興士團發展策이라는 題로 講演하다.

✦ 七月 二日 金 晴

豫定事項
一. 安秉瓚 劉基峻 尋訪할 것.
二. 財務總長 問病할 것.
三. 美議員團에 贈할 國旗를 依託하야 製作케 할 것.
四. 下午七時半에 籌備委員會 召集할 것.

淸早에 團所에 往하야 靜坐會에 參하다.

李光洙君이 來訪함에 美議員團에 送하는 글과 및 國內에 送하는 글을 修正하고 다시 더 修正키로 約束하다.

金弘敍君이 來訪하야 金公緝君事로 廣東에 電報할 것을 議論하고, 다시 詳探한 後에 電報키로 하다.

安秉瓚 金承萬 金承學 諸君을 訪問하다.

李鐸 金承萬 君에게 東三省外交委員長을 李鐸君으로, 南滿洲居留民團總辦을 趙秉準으로 任命케 할 것을 相論하야 君이 다 同意하다.

劉基峻宅을 訪問하다.

李始榮 李東寧君을 訪問하다. 時榮君의 病은 比前差癒하더라.

國旗製造키 爲하야 金弘敍君다러 化學으로 染色하는 處를 探問하라 하다.

韓松溪君을 面會함에 君曰 李錫君과 同히 囚禁되었던 某君이 來到하는 바 錫君은 一次도 惡刑을 當한 事 無하고 끝까지 無罪하다고 辯明하였다고 速히 檢査局으로 越去하리라 하더라 云云.

朱耀翰君다러 朴賢煥君을 訪하야 金公緝君의 消息을 探査하라 하였더니, 朱君이 來報曰 金君으로부터 書信과 通常報告가 來하였는데 其外에 別事實의 말한 것은 無하다 云云.

尹顯振 金立 等 諸君이 安東靑年聯合會에서 曾往에 民間에서 收集한 財金을 政府로서 該出金人에게 此를 政府에 納入한 것과 同視하노라는 證明을 하야 달라는 要求는 無理한 즉 實行할 수 없다고 하는지라. 余曰 該團體에서 일찍이 民間에서 收金한 것과 또 籌備한 事를 全部 政府로서 引繼하는 同時에는 該賦政에 對하야 政府에서 責任지는 것이 大히 無理하다고 할 수 없겠고, 또 現金 多部分은 政府에 對하야 反旗를 드는데 首를 垂하고 指揮를 受하겠다는 靑年獨立 兩團을 다시 分立케 하니 不利함이 莫大하니 該要求를 應從하고 그 機關을 隸屬케 하야 大業을 籌進함이 得策이라 한 즉, 該君等曰 靑年團에서 跋扈하는 態가 有하니 此後에도 如此한 弊가 有할가 恐하노라 하다.

李光洙君이 來訪曰 鄭尙彬君이 過失에 犯한 事가 有하다 하는지라, 余曰 此事를 知하는 團友들과만 祕議하야 措處하기로 하라 하다.

午後 七時半에 國務院 內에서 對美議員視察團籌備委員會를 召集하고 視察團에 送할 文과 및 內地 一般에게 送할 文을 通過하다.

✦ 七月 三日 土 陰

豫定事項

一. 婦人會長을 面會하야 婦人會名義로 視察團에 送할 文과 또 禮物로 送할 國旗製造할 것을 商議 할 것.
二. 沐浴 後에 休養할 것.

三. 團所에 往하야 問答할 것.

淸早에 團所에 往하야 靜坐會에 參하다.

金元慶女士 來訪함에 此次 美議員團 到滬時에 愛國婦人會의 名義로 小本의 國旗를 禮送할 터이니, 此에 關한 費用은 政府로서 辦給할지라 하고 國旗製造하는 處를 尋探하라 하다.

金弘敍君이 金公緝君의 來信을 來示하다.

鄭仁果君 來訪曰 美國醫學士가 吾國事를 爲하야 歐美로 往來하며 幇助하겠다 하니 如何히 言해야 可하겠나 問하는지라, 余曰 우리의 經濟困難 中에 在한 것을 直言하고 君과 如히 出力하겠다 하는데, 經濟力의 不足으로 未遂하니 甚히 遺憾이라 하라 하다.

李鐸君을 請하야 政府職員 中 意思가 安東靑年團에서 曾者에 民間에 收金한 것을 政府로서 負責키 不願하는 뜻이 有하니 君이 兩方의 意思를 善히 疏通하게 하야 安東縣과 政府間에 決裂이 無케 하라.

金甫淵家에서 黃鎭南君을 面晤함에 君이 再明日 發程하야 渡美하겠노라 함으로 多方으로 曉諭하야 挽留한 즉 留滬하겠노라 하는지라 該旅行券을 余가 持來하다.

午後에 團所에 往하야 休養하다.

鄭濟亨.金貞根 君의 入團問答을 行하려 하다가 診察로 以하야 時間이 短促됨으로 未行하다.

✦ 七月 四日 日 晴

豫定事項

一. 禮拜堂에 往할 것.

淸早에 團所에 往하야 靜坐會에 參하다.

本國으로부터 來한 金錫璜君이 來訪曰 義勇團이 大擴張이 되어 團員이 千餘名에 至한지라 政府의 命만 有하면 卽起하야 暴動하게 되었다 하는지라, 余曰 內地에 關하야 軍事的 行動은 政府로서 李鐸君과 關係를 作하였으니 此次의 事로 李鐸君과 相協關係한 後에 入國하라 한 즉, 君曰 自己는 孫貞道나 余의 直接 命令을 受하지 該君의 指揮는 奉할 意가 無하다 함으로 그 覺悟를 與키 爲하야 長時間 說明하다.

夕에 劉基峻君宅의 招待로 夕餐에 參하다.

李鐸君을 面會하야 金錫璜君의 籌備한 事와 및 그 心理를 말하고 善히 交涉하라 하다. 君曰 安東으로부터 此次 入來한 人이 速히 自己를 安東으로 向하라 하니 萬一 往한 즉 此處事가 未成될지니 如何함이 可하냐 하는지라, 余曰 아직 出發치 말라 하고 余가 該君 等을 面談하겠노라 하다.

✦ 七月 五日 月 晴

豫定事項

一. 國旗製造키 爲하야 染色所를 探問할 것.
二. 李鐸君을 面會하야 內地 義勇團 事를 妥協할 것.
三. 玉成彬家 招待에 應할 것.
四. 金錫璜 安秉瓚 金承萬 李始榮 申肅君 尋訪할 것.

淸早에 團所에 往하야 靜坐會에 參하다.

李鐸君이 來訪함에 金錫璜君이 義勇軍事를 單獨으로 行動할 心이 多하니 善히 妥協하야 政府指揮下에 聽從케 하라 하다. 君曰 安東方面의 人心이 漸漸 離散함으로 安東來 諸同志들이 余다러 今船에 出去하라 함으로 發程키로 하였노라 하는지라, 余曰 政府와 安東 兩方의 妥協함이 君이 아니면 難善이니 中止하라 한 즉, 君曰 自思亦如是로되 諸同志의 決議인 즉 中止키 難하다 하는지라, 余曰 余가 該氏 等을 面晤하고 商議하리라 하다.

金弘敍君이 來訪曰 某中國人 便으로 問한 즉, 今 法界에서 法領事와 工務局 主催로 糧食恐慌을 救濟키 爲하야 各資本家를 網羅하야 米穀貿易社를 組織하는 바 株金은 每株에 三萬테일이라. 寶康里에 往하는 韓人이 一株를 參加하였다 하며 曰 貴國 獨立運動에 需款이 多艱할지니 貴國人이 如此한 巨額을 該會社에 投하는 것이 吾中國 貧民에게는 多幸이나 貴國의 事에는 妨害될 듯 하야서 通寄하노라 하며, 其氏名은 不知하노라 云하며 曰 自己 生覺에 申肅인 듯하다 하더라.

金千敏君이 來訪曰 自己는 美國이나 中國에 留學하겠노라 하다. 余가 美國에 關한 事情을 詳言하고 靑年修養에 關하야 勸勉하다.

鄭仁果君이 來訪曰 自己가 아무리 하야도 美洲에 渡하겠노라 하다.

安恭根君이 來訪하야 安定根君의 來申을 傳하다.

朱賢則 金文熙 康濟河 諸君이 來訪하다. 朱君은 金承萬 安秉瓚君에게 對하야 不平을 抱하고 金 康君은 池仲振君이 武器購入하러 來滬하야 速還치 아니함이 不平되야 自己 等 幾個人은 團結하고 單獨行動으로 武器를 購買하러 來하였다 하다. 余가 統一할 것을 言할 새 安東縣에 有志한 重要階級의 人士들이 確固한 中堅을 作하야 上으로 領袖를 絕對 擁護하고, 下로 各般 人物을 統御하야 써 大同一致를 形成하라는 뜻을 長時間 說明하다.

玉成彬君宅 午餐에 參하였다가 安秉瓚 金承萬 吳學洙 三君을 面會하야 政府와 安東機關의 妥協을 爲하야 李鐸君을 安東으로 派送치 말라 한 즉, 聽應하고 代에 池仲振 吳學洙 二君을 今船便에 派送키로 決定되다. 二君 出發前 一次 面晤키로 하다.

池 吳 二君이 來訪함에 前途進行方針을 詳言하고, 二君의 意思를 問한 즉 同感이라 하는지라 다시 安東에 領袖 一人을 推戴하야 中堅을 確立케 하라 力勸하다.

申肅君을 訪問하다.

義勇團 職員會에 參席하야 時間이 不足함으로 長久히 議論치 못하고 金錫璜君의 報告를 聽컨대, 義勇團을 組織한 것은 平壤에 五百人, 京城에 百餘人, 黃海道 等 各處를 合하야 千餘人이라. 該人들의 願하는 바는 速히 武器를 購入하야 敵犬을 撲滅하며, 且 突起하야 戰爭이라도 할 뜻이 有하다 云云. 余曰 如何間 義勇團이 政府에서 置한 光復軍의 統率下에서 行動하면 可하거니와 其範圍 外에서 自由로 行動한다면 大事를 妨害하는 것이니, 萬一 自由行動만 力執하면 余는 脫退할 수 外에 他道가 없다 하다.

金錫璜君다러 武器를 私私로이 購入치 말고 李鐸君과 圓滿히 妥協하야 一船便을 待하야 入國하라 하다.

金弘敍君에게 國旗製造할 것을 付託하고, 鄭仁果.黃鎭南 二君과 西人의 染色하는 處를 探問하라 하다.

國務會에서 曾히 大統領을 來滬하라고 電한 答電을 接한 즉, 좀 기다리오. 호를노 李承晩이라 하였더라.

✦ 七月 六日 火 晴

豫定事項

一. 政府로서 安東으로 來한 諸氏 招待하는데 參할 것.

清早에 團所에 往하야 靜坐會에 參하다.

朴殷植君이 來訪曰 金復君이 返信而 君이 禮物한 筆筒은 陣炯明書床上에 置한 것을 島山에게 送키 爲하야 要求하야 送한 것이라 하며, 金君이 島山에게 對하야 가장 人格을 許諾하나니 將來에 共事하라고 하는지라, 余曰 一次 面會코져 하노라 한 즉 君과 同行하자 하다.

尹顯振君이 訪하야 財務總長과 議論하고 美洲條 金貨萬元을 貸用키로 하였으니 곧 電報하라 함으로 이에 黃鎭南君으로 하여금 宋鍾翊君에게 電報하야 政府에 貸付하라고 하다.

政府로서 安東으로 來한 金承萬 安秉瓚 金承學 李鐸 君等을 大東旅社에 招待하는 晚餐會에 參하다.

✦ 七月 七日 水 雨

豫定事項

一. 美領事 尋訪할 것.
二. 財務總長 訪問할 것.

清早에 團所에 往하야 靜坐會에 參하다.

比律賓의 旅行券을 要求하러 黃鎭南을 帶同하고 美領事를 訪한 즉, 旅券을 取扱하던 職員은 出他하였으므로 不知하나, 曾往의 旅券을 持來하면 다시 旅行券을 付與한다 함으로 다시 下午에 面會를 約하고 歸하야 英大陸報를 閱한 즉, 議員團이 日本과 上海에 先到하고 마닐라는 追後에 往한다 登載되었으므로 如此하면 比島에 前往할 必要가 無하다 하야, 이에 黃鎭南君으로 하여금 議員團이 何處로 來하는지 그 的確한 것을 美領事館에 往하야 探問하라 하다.

李始榮君을 訪한 즉 君의 病狀은 比前大減하다. 余曰 院에 到한 電報의 意思를 見한 즉 來此하는 듯하다 한 즉, 君曰 來한 즉 如何하냐 하는지라, 余曰 來하면 總理와 大統領이 善히 融合을 圖할 外에 別策이 없다 하다. 君曰 金立君이 昨宵에 來訪하야 여러 가지로 談論하는 中에 大統領이 來한 後에 總理가 好意로 지낼 것은 多少의 自信이 有하나, 畿湖와 西道는 絶對 融合할 수 없은 즉 大統領과 安島山 間에는 아주 合할 수 없다고 云하더라 하다.

紅十字病院을 訪하야 會計條를 淸算하다.

✦ 七月 八日 木 雨

豫定事項

一. 國務會議에 出席할 것.
二. 美議員團에 與할 陳情書 印刷와 飜譯케 할 것.
三. 金承萬 金承學 招待에 參할 것.
四. 團所에 往할 것.

淸早에 團所에 往하야 靜坐會에 參하다.
韓松溪君을 訪하야 曰 美洲條를 該答電前에 用하게 되니 答電이 有하기까지는 君이 負責인 것을 말하고 金昌世君에게 該條를 推來하라 하다.

吳熙峰君이 來訪함에 本國에 入하야 宣傳할 것을 討論하다.

李鐸君이 來訪함에 義勇團에 關하야 討論할 새 此를 必히 光復軍營에 付屬케 하라 하고, 今에 美議員團來東할 際하야 內地에 宣傳을 失機함이 不可하니 余가 直接 安東에 出去할 意가 有하다 하니, 君이 從速히 出去하야 派人入國케 할지니 勿去하라 하다.

金立君이 李總理께서 國務會에 送하는 書를 出示함에 그 內云, 自己는 如何 하야도 總理로 留任치 아니 하리니 遞任하야 달라 하였더라.

金九君이 來訪曰 鐵血團이 今日부터 始하야 政府職員을 路上에서 逢變을 준다 하니 注意하라고 此輩를 一齊히 逮捕하야 嚴治함이 如何하냐 함으로, 余曰 如此 傳說을 信之亦難이오, 設或 事實이라 하야도 撫摩策을 用할지니 嚴酷手段을 行한다면 더욱이 害로울 뿐이라 하다.

尹顯振君을 訪하야 美洲에 打電한 것을 말하고 該條를 用케하다.

內地에 宣傳키 爲하여 山東省에 在한 洪承漢牧師에게 電報하야 歸國與否를 問하고 相議事가 有하니 幾日을 延待하야 出發하라 하다.

議員團에 送할 陳情書를 印刷케 하고, 黃鎭南다러 英文으로 飜譯하라 하다.

國務會의는 未滿員이므로 明上午 九時에 非常會議를 開하기로 하다.

六時에 靑年團聯合會代表 金承萬 獨立團代表 金承學 招待에 赴하니 政府 一般職員과 各團代表者 合하야 約七十餘人이 參席하였더라. 安秉瓚君이 安東 二團體를 代表하야 禮辭가 有한 後에 余가 答辭로 統一의 主旨로 簡明히 말하다. 此宴會로 講演會의 定刻 約四十分 遲參이 되다. 時에 李光洙君이 登壇하야 罪의 값이라는 題로 講演하다. 講演이 了한 後에 李君의 高尙한 言論을 注意하라고 하고, 또 今夕에 遲參된 理由를 말하다.

✦ 七月 九日 金 雲

豫定事項

一. 國務院會에 出席할 것.
二. 金復君 尋訪할 것.
三. 韓松溪君 面會할 것.

淸早에 團所에 往하야 靜坐會에 參하다.

九時에 國務會議를 開할 새, 暑中休期는 七月 十二日로 九月 十日까지, 執務時間은 午前 九時로 正午까지 하기로, 李圭洪을 派送하야 李總理를 歸任케 하기로 議決되고, 內務部參事任命이 通過되고, 政府 各職員에게 月俸 二十元씩 與키로 提論이 有하다가 留案하다.

朴殷植君이 來訪하야 金復君의 內容을 大綱 言하다.

韓松溪君을 請하야 金昌世君에게 往하야 該條를 推尋하야 五千테일로 換하야 財務部에 交하라 하다.

柳振昊君이 來訪曰 奉天에 宣傳員을 派하였나 問함으로 無하다 하고, 其 詳細는 宣傳部職員에게 問하라 하다.

朴殷植君으로 더불어 金復君을 訪하야 大東旅社에 招待하야 午餐할 새, 君曰 鐵血團人 中 金德이가 自己에게 來往하는데 政府職員을 路上에서 逢着하는 대로 毆打하겠다 云하니 政府로서 該靑年들을 善히 撫摩하라 하는지라, 余曰 不平의 表準點된 政府는 撫摩키 難하니 第三者인 民間의 有力者가 撫摩해야만 安頓되리라 하다. 君曰 自己가 포타프 呂運亨과 같이 陣炯明을 訪하고, 서로 서로 約束한 事는 레닌政府에 要求하야 西伯利亞의 地帶를 借得하야 韓人으로 軍營을 組織하야 六師團을 養成하야서 將來에 中國軍人과 合同하야 北京政府를 顚覆하고 後에는 韓國의 獨立을 完成케 하기로 하고, 且 將來 韓國이 獨立하더라도 外로서 軍人을 携入해야만 國家를 維持하지 兵權의 實力이 無하고는 國家를 統治치 못하리라. 陣炯明과 約束한 中에 島山의 意思를 不聽하고 先生으로 하여금 總主管하게 말이 되었다 하며, 포타프가 此로 以하야 모스코바에 往하였는데 該處에서 地帶의 許諾이 되야 施設이 되는 時는 先生이 往하야 指揮해야겠다고 하는지라, 余曰 此事가 善히 成功되리라고 크게 信치 말라. 第一, 吾族이 嗜戰性이 없고 尤히 他國 革命을 爲하야 戰鬪하기로 參加키는 萬無하고 第二, 俄過激派와 支那南方陳派가 다 實力이 空虛하니 六師團養成이 空想 뿐이지 事實이 못될 듯하고 第三, 韓人의 幾師團軍人이라도 西伯利亞에 募集한다 하면 日本軍隊가 入擊할지니 該根據 維持가 是難이오, 第四, 吾族의 性質이 서로 服從치 아니 함으로 吾人이 統御할 수가 없고 第五, 우리가 過激派와 連絡하되 잘못 行使하면 世界의 同情을 失하게 될지라 하니, 君曰 武器는 俄政府에서 擔當하고, 金錢은 陣炯明과 過激黨이 合하야 擔當할 터이오, 地帶는 日本軍隊가 能히 侵犯치 못할 地를 擇할지오, 統御는 先生같은 이가 兵權을 握하고 道德과 權威로 統御하라 하는지라, 絶對로 此를 任할 수 없다 하고, 其事에 成敗間 試驗은 하야 보라. 此를 柳東說先生과 商議함이 最適하겠다 하다.

✦ 七月 十日 土 晴

豫定事項

一. 李鐸君 面會할 것.
二. 佛領事 尋訪할 것.

淸早에 團所에 往하야 光復軍制草案을 出示하며 此에 關하야 討議하다. 鄭仁果君이 來訪하야 曾히 國旗製造할 處를 探하라 하였더니 其染色할

處를 來告하다.

高一淸君이 曰 曩者 佛警察署에 被灼된 總巡慰藉金 五千테일 持來하야 交送하기를 請하다.

李圭洪君이 來訪曰 內務總長이 鐵血團 關係로 以하야 引責辭職하겠다 하니 自己가 먼저 引責辭職하겠노라 하는지라, 余曰 引責할 理由가 無한데 引責하야 辭職한다 하면 其時의 일은 政府에게로 責任을 歸하는 것이니 辭職치 말라 하다.

國務總理의 名義로 受信하야 가지고 鄭仁果 黃鎭南君을 帶同하고 佛領事를 訪하야 被傷된 總巡에게 五千테일을 慰藉金으로 送하노라 한 즉, 佛領事 曰 送코져 한 즉 直接으로 送하지 自己는 關係가 없노라 하고 曰 獨立新聞을 封鎖한 것은 內心에 未安하나 避할 수 없는 것이므로 封鎖하였고, 且 該新聞은 獨立에 關한 것만은 아니오, 社會主義를 宣傳하니 더욱이 許諾할 수 없고 以後에도 다시는 刊行치 않게 하라 하다.

✦ 七月 十一日 日 晴

豫定事項

一. 講道할 것.

淸早 參靜坐會

午後 二時에 禮拜堂에 往하야 人生의 最高 目的이 무엇이냐는 題로 講道하다.

(補遺件) 李圭洪.尹顯振.金立 君等을 面會하고 余가 脫局할 理由를 言할새, 現在와 將來를 並하야 思量하기를 反復하되 余가 脫局하는 것이 大事에

裨益이 多할지라. 其理由는 現在에 吾人은 金錢.人材.兵力 諸般의 實力이 極히 空虛한 中에 人心이나 集中하야 誠意的으로 一致進行하여야 되겠거늘 只今에 人心集中이 茫然한지라. 人心 集中이 못되는 原因을 考見하건데 여러 가지가 有하다 하겠지만은 그 中 큰 關係는 OOO의 問題가 現今에 北京의 人士들이 上海臨時政府에 對하야 不平을 抱하고 合應치 아니하는 것도 余가 在局한 故오, 우리의 大元帥되는 大統領과 및 其下 一般이 融合치 못하는 것도 余가 在局한 故오, 俄領.中領의 多少 不平派가 政府에 不服함도 余가 在局한 故라. 余 一人이 在局함이 如此히 人心이 集中치 못함은 余의 罪의 有無는 莫論하고 悚懼함을 마지아니하고 余가 退去하는 것이 其中 適策인줄 知하고, 未來를 觀하면 設或 바깥 周圍의 誤解와 攻擊이 有하다 하더라도 大統領 以下 職員及次長들이 融合하야 內部가 鞏固하면 艱難한 中에서라도 進行할 希望이 有하겠거니와 現今에는 各各 精神上으로 分裂한 中에 在한지라. 余가 分裂 아니 되고 一致行動하기를 爲하야 誠心努力하였으나, 此가 皆 無效에 歸하고 不久하야 各各 離散할 狀態에 在한지라. 離散하는 其時에 何誰이든지 一部分에서 政府를 扶持하고 進行할 터인데 余가 扶持하게 되면 助與할 人은 全無하고 妨害할 人만 有할지니 政府의 維持가 末有하겠고, 萬一 余가 局外에 處하고 他人 誰某이던지 局을 맡으면 余가 能히 後援할 自信이 有하노라. 然故로 余가 在局하면 政府維持가 못되겠고, 余가 局外에 在하면 局을 可히 維持하겠다는 觀察에서 如此 生覺이 有함이오, 些少라도 余 個人의 苦樂을 表準함은 아니로라 함에, 君等曰 先生의 言도 無理한 것은 아니라. 然이나 先生이 離局하면 其後에 先生에 對한 惡評은 止할 것이 아니라 하는지라, 余曰 此는 余亦詳知하노라. 然이나 그 誤解와 惡評의 影響은 余 個人에게 止할 뿐이라. 個人에게 有害함은 些少의 問題라. 余가 獨히 坐局하야서 今日 以上의 誤解와 惡評을 受하면 그 影響이 政府에 及하는 故로 大事를 貽誤함이라. 또 余가 退局함으로 人心의 眩惑과 落望하는 害도

有할 줄 知하노라. 然이나 其 害로움과 全機關을 없이하는 害를 比較하면 甚히 輕한지라. 우리 前途進行方針에 對하야 積極과 消極 兩方으로 進行함이 可하니, 積極으로 言하면 日本의 統治를 拒絶하며 戰鬪를 籌備하며, 列國의 同情을 惹引하야 明年이나 來明年으로 速히 獨立을 完成하기로 期하고 進할 것이오, 消極으로 言하면 此政府를 永久히 維持하야 五年이고 六年이고 十年 以上이 되어도 海外의 二百餘萬 人口를 統一하야 獨立完成의 時期까지 僑民을 統治하고 獨立運動을 繼續 進行할 것이니, 如此히 消極方面으로 進行함에는 此臨時政府를 官廳的 制度로 進行치 말고, 此 立法機關을 上海에 設置할 必要가 없고 一年에 一次式 各區域의 代表者가 直接으로 來하야 法律을 制定增減하며 職員을 改選하는 것이 適當한지라. 曾往에 屢言과 如히 一個團體의 機關事務室體制로 組織하고, 美.中.俄 各地에 地方團體를 設置하고 該僑民에게 稅納을 輕히 定하야 該收入으로 地方團體費에 幾何를 充用할 것과 中央團體費에 幾何를 充用할 것을 定하야 海外僑民의 納稅하는 것으로 政府를 永遠히 維持할 것을 確定하고, 먼저 말한 積極的 行動은 對內對外 間에 다른 手段方法으로 確定하야 活動을 試驗할 것이라. 然則 海外僑民을 統一하야 政府를 維持케 하는 것이 消極的 進行이라 云하지만은 우리의 形勢로는 가장 重要한 問題라. 此에 不注意하고 現時狀態와 같이 어름어름 지내다가는 積極進行도 失敗를 當하고 政府維持問題도 末有할 터인데 海外僑民을 統一하야 政府維持라는 此件에 非常히 努力을 盡할 必要가 有하도다. 然而 余가 局에 在하고는 俄領이나 中領이나 美國이나 統一될 길이 絶無할 것이 明若觀火라. 三大外領에 所謂 受領者라 하는 人物들은 余의 個人을 害롭기 爲하야 余가 在한 中央最高機關을 破潰코야 말지니 余가 局에 在함은 國民에게 害毒을 與함과 同하다. 余가 局에 關係가 없고 中.俄.美 三大 外國에 自由로 活動하면 政府機關을 誰가 任持하든지 永久히 保存케 할 希望이 有하노라. 君等이 此를 聞하고 曰 甚히 重難한 問題이니

指一斷言할 수는 없으나 先生이 退局한다 하면 안 되겠다는 生覺이 有하다 하다.

✦ 七月 十二日 月 晴

豫定事項

一. 朴賢煥 面會할 것.
二. 國務會議에 出席할 것.
三. 黃鎭南 柳振昊 面會할 것.
四. 金弘敍君 問答할 것.

淸早에 團所에 往하야 靜坐會에 參하다.

都寅權君이 來訪하야 光復軍營規定草案을 言하다.

李圭洪君이 來訪曰 自己가 國務總理에게 歸還케 하러 往하는데 歸還한 後의 方針을 請問하는지라, 余曰 只今 此現狀에 對하야 特別한 確案이 없고, 但 歸還한 後에 서로 善히 融合하야 前進할 것이라 하다.

朴仁國(自北間島來人)이 來訪하다.

朴賢煥군이 來訪하야 金公緝君의 返申을 報하다. 君다러 今日부터 宣傳部에 視務하라 한 즉 君이 諾하다.

柳振昊君을 請하야 國旗製造할 資料를 買하러 同往하자 約束하다.

金貞根君이 來訪曰 安東吾先生墓所에 세멘도로 修裝하자 하는지라, 余曰 將次 碑石을 樹立할 터이니 세멘도로 할 必要가 없고 아직은 花草와 黃砂로 修裝하라 하다.

黃鎭南君을 請하야 美議員團이 比島로 來하는 與否를 探問하라 하였더니,

卽來報曰 아직 美人피취博士가 來치 아니 함으로 不知하겠다 하다.

鄭仁果君이 來訪하다.

午前十一時 國務會議를 開할 새 軍務部로부터 光復軍營編制案을 提出한 지라. 此에 對하야 異論이 多하다가 決議함이 없이 다시 明日 九時에 會議키로 하고 散議하다. 이에 對美議員團籌備委員會를 開하고 議決한 것은 一, 陳情書에 各道의 代表者 三人 以上의 名을 署하야 各議員에게 送할 것. 二, 國內의 大韓女子의 名으로 各議員에게 陳情書를 送할 것. 三, 國務總理의 名의로 各議員에게 致書할 것. 四, 議政院과 協議하야 院長의 名義로 各議員에게 致書할 것.

金立君이 來訪하야 將來事의 如何히 進할 것을 問하는지라, 余曰 余亦 確案이 無하나, 然이나 企望하는 바는 國務總理의 任을 攝하고, 若 心身이 疲勞할 時는 外方에 往하야 休養케 하고, 事務代理는 李東寧君으로 攝理케 하야 異議없이 獨立을 完成하기까지 大韓民國臨時政府 國務總理 李東輝라 는 名이 變치 않고 進行하기를 바라고, 政府는 官廳의 性質을 다 打破하고 한 團體機關의 性質로 改造하야 有志한 靑年 幾人이 死生을 같이 할 뜻으로 凡事를 分擔하야 나아가기를 望할 뿐이라 한 즉, 君曰 總理께서 歸한다 하더라도 李承晩君과는 同閣치 아니할 지오, 但 總理의 뜻은 모스코바에 往하려 한다 하는지라, 余曰 總理가 모스코바로 往하는 것은 國家와 總理 個人 兩方에 害가 三이 有하니, 一, 大韓民國 國務總理이던 李東輝가 모스코바에 往하야 李寧政府와 善히 握手한다 하더라도 過激黨派의 一部分의 同情은 得하거니와 此로 因하야 世界列强의 同情을 全失할 터이니 우리 國家의 大害오, 二, 總理가 裏面에 在하고 前面으로 人員을 派送交涉하면 世界의 直接關係도 적고 俄國에 對하야서도 效果가 有하려니와 直接 總理가 正面에 出現한 즉 俄人의 心理도 未諳하고, 且 일에 對한 計劃도 不足하야 俄人의 尊崇을 博得하기 어려워 일과 個人 兩方의 大害오, 三, 李東輝가 政府에서

脫退하야서 모스코바로 往하였다 하면 國民의 精神이 分散하야 統一集中에 大障碍를 與할 것이라 한 즉, 君曰 果然 先生의 言이 可하다 하며 曰 李總理를 在此케 하고, 自己가 直接 모스코바에 往할 뜻이 有하노라 하는지라, 余曰 君이 往하면 總理를 補佐할 後繼者가 無하다 하고, 現時와 將來를 觀하건대 余가 局外에 處하야서 行動하는 것이 有益할 줄로 知하노라 한 즉, 君曰 先生이 離局하면 艱難한 事 尤多하겠다 하는지라, 余曰 여가 離局하는 것이 現今과 將來에 有益할 것을 長久히 曾言하였다 하다.

金甫淵 柳振昊君을 帶同하고 國旗製料를 買하러 往하다.

七時半에 金弘敍君 通常團友 問答을 行하려 하였으나 國務會議로 以하야 定刻이 已經한지라, 이에 團所를 訪하고 留日俱樂部主催로 申翼熙君의 講演을 聽하다. 題는 新思潮를 論하야 大韓人의 進路를 定함이더라.

✦ 七月 十三日 火 晴

豫定事項

一. 國務會에 出席할 것.
二. 黃鎭南 呂運弘 面會.
三. 金弘敍군 通常團友問答 할 것.

淸早에 團所에 往하야 靜坐會에 參하다.

黃鎭南君을 請하야 美議員團의 來하는 路序를 詳探하라 하다. 君曰 呂運弘君의 言을 據하건대 美洲에 李承晩 部下에 在한 同胞들이 先生에게 對하야 惡感이 多하다 하다.

金公緝君이 來訪하다.

金澈君이 來訪曰 安東縣에 黃鎭南君을 派送할 뜻을 言하는 故로, 余曰 余가 黃君을 帶同하고 比律賓에 往케 되겠다 하다.

朴仁國君을 宣傳員을 採用하려다가 資格이 無함으로 中止하다.

呂運弘君이 來訪하야 徐載弼君의 美議員團에 對한 意見을 傳하는데, 一, 該議員團을 請하야 宴會할 것. 二, 國旗를 製하야 禮物로 送할 것. 參, 內地에서 歡迎의 意로 示威運動을 行하게 할 것이더라. 君이 美洲同胞의 事情을 言하야 曰 財政은 收合키 難하고 人心은 極度로 惡化하야졌고 偏黨熱이 甚하며, 多數의 人은 先生에게 對하야 不平이 甚하니 其條件은 先生이 上海에 在하야 皇帝노릇을 하고, 且 將來 皇帝를 鞏固케 하려고 李大統領을 妨害한다 하며, 個中에 先生에게 極端의 行動까지 하겠다 하는 人도 많다 云하다.

李喜儆君이 來訪하다.

國務會議에서 安東光復軍編制案을 討議할 새 議論이 層出하야 決案치 못하고 散議하다.

七時半에 金弘敍君의 通常團友問答을 行할 새 終了치 못하다.

◆ 七月 十四日 水 晴

豫定事項

一. 韓松溪 尹右山 面會할 것.
二. 國務會에 出席할 것.
三. 美領事 訪問할 것.

淸早에 團所에 往하야 靜坐會에 參하다.

韓松溪君을 請하야 曰 美洲答電에 該款을 곧 還送케 하라 하였으니 如何則 可하냐 하다.

黃鎭南君을 請하야 比律賓旅行券을 爲하야 帶同하고 美國領事를 訪함에 明日로 再會키로 留約하다.

尹右山君을 請하야 美洲答電을 言하고 如何則 可냐 한 즉, 君曰 外國人에게 送金한다 하고 不送함이 甚難한 事라 하는지라, 余曰 二個月間 契約으로 如何한 財金이 入手하는 대로 還報케 하기로 하고 貸用하자 하다.

國務會의 出席하니 未滿員이므로 開會치 못하다.

國旗製作할 것을 各處에 주선하다.

光復軍營을 安東에 設置함에 對하야 政府의 實權을 余가 安東으로 移去한다 하야 當道 某某諸君의 大誤解를 余가 受하다.

✦ 七月 十五日 木 雨

豫定事項

一. 國務會에 出席할 것.
二. 美領事 訪問할 것.
三. 團所에 往할 것.

淸早에 團所에 往하야 靜坐會에 參하다.

玉觀彬君이 來訪曰 金錢을 運動키 爲하야 本國에 入하겠다 하는지라, 余曰 君이 往해야 別效果가 無하리라 하다.

國務會에 出席하야 安東縣光復軍營編制案을 討議하다가 別로 決議됨이 無하다.

黃鎭南을 帶同하고 美領事를 訪하야 比律賓旅行券을 請求한 즉, 美國政府에 電問하야 不然코는 履行치 못하겠다 하다.

七時半에 團所에 往하야 車轅輿 金貞根 兩君의 入團式이 有한 後에 朱耀翰君의 敎育이라는 題로 講演이 有하다.

✦ 七月 十六日 金 雨

豫定事項

一. 國務會에 出席할 것.
二. 佛巡警(被傷) 訪問.
三. 申肅 呂運弘 孫貞道 李喜儆 面會할 것.

淸早에 團所에 往하야 靜坐會에 參하다.

李鐸君이 來訪하야 安東驚報 此次出去人 吳學洙 池仲震 等 十三人이 被逮되고 其他物品도 幷히 被奪되었다 하고, 又曰 金承學君이 政府에 對하야 크게 不平을 抱하였다 云하다.

國務會議를 開하고 安東光復軍營의 問答을 討議할 새 其名을 別動隊라고 改하자고 提議되었다가 此에 對하야 衆論이 各出하더니 다시 光復軍이라 하게 되고, 그 編制案에 對하야는 籌備院이라는 것은 削除하고 다시 光復軍 司令部로 起草하야 提出하라 하다.

李光洙君이 女子의 名義로 美視察團에 送할 書의 脫稿를 來示하다.

徐丙浩君이 議政院을 代表하야 政府의 政務를 調査하러 來하였노라 하는지라, 余曰 勞動局은 停務中인 즉 調査할 것이 無하겠다 하다.

朴仁國君이 來하야 淸早하므로 時間이 迫하야 會談치 못하다.

鄭仁果 黃鎭南 兩君을 帶同하고 被傷된 佛巡警을 訪하야 慰藉金으로 五千 테일을 與하려 한 즉, 君曰 警務官에게 言하야 警務官이 受하라 하면 受하겠 노라 하며 謝하더라.

呂運弘君을 訪하야 美國의 事情을 問하고 時局을 討議할 새, 君曰 自己가 上海에 到하야 여러 가지 謠詠을 聞하였노라 하다.

李喜儆君을 請하야 俄國에 往하는 것과 時局을 討議할 새, 華盛頓에 駐在 하는 俄大使가 自己다러 俄政府에 往하라 함으로 出發하였는데, 今에 政府 側에서 反對한다 하니 아직 如何한 것을 稍待하야 行하려 하노라 하다.

申肅君이 請見하는 故로 往訪한 즉, 君曰 天道敎의 歷史의 理想과 又는 孫秉熙의 歷史와 人物을 英文으로 翻譯하야 此次 美議員視察團에게 送하야 廣히 紹介하려 하노라 하는지라, 余曰 此가 無意味한 事니 如此한다고 天道 敎나 國家의 兩方에 別裨益이 無할지라. 萬一 國家를 主體로 하고 各宗敎를 紹介하는 同時에, 天道敎도 또는 各人物을 紹介하는 同時에 孫秉熙도 紹介 하면 可하거니와 不然코 天道敎나 孫秉熙를 紹介하려 하면 第一 他人의 異常한 生覺이 有하겠다 하니 君은 無意味히 唯唯할 뿐이다.

孫貞道君을 訪問한 즉 君曰 尹顯振君을 面會한 즉 尹君이 辭職할 뜻이 有하다 하며, 此次 安東縣事件으로 以하야 自己에게 誤解가 有함이 섭섭하 다 하며, 또 先生이 自己(孫 自稱)에게 對하야 感情이 有하다는 言과 先生이 尹 自己도 不信한다는 뜻으로 言하다 하다.

鄭仁果君이 來訪曰 金立君이 自己에게 對하야 眞情을 露하야 言하노라 하는 言에, 李總理께서 李承晚이나 其外 各總長을 싫어하는 것이 아니오, 其實은 第一 島山을 싫어한다 하고, 또 島山과 합하기만 하면 天下事를 不能할 것이 無할 줄로 知한다 하고, 此次 安東縣事件에 對하야는 自己는 大疑心을 懷함은 島山이 一大黨을 組織하야 大局을 推翻할까 恐懼하야 中夜

에 不寐하노라 云하더라 하다.

家信을 接한 즉 必立이가 右手가 傷하야 約 六個月間 受療해야 癒하겠다 云하다.

✦ 七月 十七日 土 雲

豫定事項

一. 尹顯振 訪問할 것.
二. 安東으로 來한 人 訪問할 것.
三. 視察團에 關하야 籌備할 것.

淸早에 團所에 往하야 靜坐會에 參하다.
李圭洪君이 來訪하야 自己 辭職할 뜻을 말하다.
吳熙峰君이 來訪하다.
金九君이 來訪하다.
金澈君이 來訪曰 安東縣에 英語를 通한 이를 派住케 하겠다 하고, 又 自己는 新히 交通을 開設키 爲하야 煙台와 俚島 等地에 往還하겠다 하다.
李英烈君이 請함으로 訪한 즉 一書를 出示하며 曰 此는 祕書長 金立君이 李總理에게 送하는 一私信이니 此로 寫할 時에 院祕書 吳仁錫君이 竊見한 즉 大局에 關係된 事가 有한 듯하고, 且 每日 修信함이 甚히 殊常함으로 疑訝하던 中이라, 이에 付郵하라 함을 開見한 즉 事件이 非常히 重大하고, 且 危險하다 하는지라, 이에 接見 즉 俄人에게 祕히 借款運動과 總理께서 上海政府를 脫離하야 莫斯科로 往하시는 等 時局에 對하야 甚히 險難한 事件이더라. 이에 金復炯君다러 謄寫케 하고 本件은 李英烈君에게 還送케 하고, 又 李君다러 祕密을 嚴守하라 하다.

尹顯振君을 訪하야 余의 去就와 時局의 問題로 夜一時에 至토록 討議하다.

李裕弼君을 訪하야 安東縣光復軍營事案을 討議할 새, 意思가 서로 合致하다.

✦ 七月 十八日 日 晴

豫定事項

一. 美議員團에 關하야 籌備할 것.
二. 金 鮮于 徐 諸氏 面會할 것.

淸早에 團所에 往하야 靜坐會에 參하다.

李光洙君을 大東旅社에 訪하다.

車利錫君과 같이 美議員團에 禮送할 物品을 準備하다.

金秉祚 鮮于爀 徐丙浩 梁濬 金泰淵 李元益 韓鎭敎 諸君을 海松洋行으로 請하야 時局收拾策과 余의 去就에 關한 問題로 長時間 討議하다.

✦ 七月 十九日 月 雲

豫定事項

一. 國務會에 出席할 것.
二. 內務總長 尋訪할 것.
三. 李裕弼 面會할 것.

淸早에 團所에 往하야 靜坐會에 參하다.

金弘敍君이 來訪曰 北方에 公債券 販賣키 爲하야 往하노라 하며 告別하다.

玉觀彬君이 來訪曰 自己가 他處에 往하야 何事를 營하고져 하니 旅費 八十元만 請辦하노라 하다.

金九君이 來訪하다.

李裕弼君이 來訪曰 光復軍編制案에 對하야 籌備院을 置함이 可하거늘 政府에서 此를 許치 아니함은 不合理라 하다.

金仁根君이 來訪하다.

金羲善君이 來訪하야 光復軍에 關한 事를 討議하다.

李裕弼君이 來訪하야 다시 光復軍에 關하야 討議할 새 該編制案을 稍히 修正하기 爲하야 金羲善君에게 在한 草件을 送하게 하다.

黃鎭南君이 來訪曰 返美코져 함을 問하는지라, 余가 可否를 遽答키 難하니 스스로 熟思하라 한 즉, 先生이 不許한다 하야 不平이 頗甚하더라.

國務會議는 滿員이 못됨으로 開議치 못하다.

李東寧君을 訪하다.

李始榮君이 請함으로 往한 즉, 君이 北京을 往還코져 하노니 그 事件은 朴容萬君이 內外地에 遠東司令部를 組織하는데 此를 自己 伯氏宅에서 籌劃하는 故로 如何間 自己 伯氏宅에서는 聚議치 못하게 해야겠다 하야 十餘日 爲限하고 往還하겠다 하는지라, 余는 余의 離局할 뜻을 表示하다.

✦ 七月 二十日 火 晴

豫定事項

一. 安秉瓚 金承萬 訪問할 것.
二. 東吾先生墓所尋訪할 것.
三. 製旗監示할 것.

淸早에 團所에 往하야 靜坐會에 參하다.

安秉瓚 金承萬 君을 紅十字病院에 尋訪하야 金羲善 李鐸 四君으로 더불어 光復軍에 關하야 討議할 새 余는 政府의 施設대로 依從하고 些少도 固執치 말라는 意를 表言하고, 金羲善君曰 若籌備院을 削除하게 되면 政府에 隷치 말고 民間事業으로 進함이 可하다고 多少의 反對의 意가 有하고, 安 金 兩君은 余의 意思와 如히 政府施設下에 服從뿐이라고 하다. 余가 離局할 理由를 長時間 討論하고 余가 脫退하면 余의 後繼는 誠庵君이 可하고, 余가 局外에 在하면 新建設에 對하야 多少의 周旋의 希望이 有하다 하다. 이에 諸君으로 더불어 東吾先生의 墓所를 尋訪하다. 墳墓를 修理키 爲하야 守墓人에게 受理費를 與하다.

金承萬君의 招待로 東亞酒樓에서 午餐 後에 三時傾에 歸所하였다가 다시 國旗製造하는 것을 監示하다.

✦ 七月 二十一日 水 雲

豫定事項

一. 吳仁錫 車轅轝 面會.
二. 尹顯振 訪問.
三. 安秉瓚 金承萬 訪問.

淸早에 團所에 往하야 靜坐會에 參하다.

車轅轝君이 來訪하야 入國進行할 것을 商議하다.

吳仁錫君을 請하야 金立君의 書信事에 對하야 祕密을 嚴守하라 하다.

鄭仁果君이 來訪함에 金立君의 私信의 祕密謀劃하는 事를 언하다.

李鐸君이 來訪하야 內地에 宣傳과 安東의 光復軍事로 相議하다.

金公緝君이 來訪함에 美議員團에 與할 陳情書를 持하고 入京함이 如何냐 問한 즉, 君은 以前 十三道幹部任員이므로 逮捕命令 中에 在함으로 入國치 못 하겠다 하다.

慶尙道에 宣傳員으로 派送하는 吳熙峰君에게 旅費로 洋六十五元을 支撥하였더니 君이 人에게 語하기를, 財務部에서는 嶺南宣傳旅費로 四百元을 支撥하였는데 宣傳部로서는 다 私有하고 六十元만 與하였다고 한다고 李鐸君과 및 金秉祚君이 來言하는지라, 如此事가 有하면 尹顯振君에서 出하였으리라 하야 君을 訪하야 該事實을 言하고 內地에 派往하는 宣傳員으로 하여금 誤解를 抱하고 入하면 惡影響이 至大할지니 君이 善히 諒解케 하라 하다. 君이 甚히 赧然하여 曰 逢하는대로 說明하겠노라 하다.

李光洙君이 來訪하야 曰 金立君의 陰劃을 光明하게 世上에 顯露하겠다 함으로, 余 不可함을 說明한 즉 君이 解決策을 問하는지라, 余曰 尹顯振.李圭洪.金澈 諸君으로 더불어 協議하야 解決을 作함이 良好하겠으나, 余가

直接 此內容을 言함이 可할런지 判定치 못한 故로 아직 말치 못하였노라 한 즉, 君이 往하야 議論하겠노라 하다. 余曰 言하면 먼저 絕對 祕密을 約束하라 하다.

尹顯振君을 訪한 즉 君이 李光洙君에게 聞한 事實을 言하고, 自己가 曖昧히 干連되었다 하야 金立君에게 詰하겠다 함으로, 余曰 아직 말치 말고 金立君의 意 如何한가 함과 또 解決策을 議論하려 하다가 未畢하고 午後에 再會키로 하다.

午後에 다시 尹顯振君을 訪한 즉, 李圭洪氏가 벌써 金立君에게 言하였다 하며, 此等事를 自己 二人에게 먼저 알게 아니한 것을 나무라더라. 余曰 金立君이 已知하였더라도 掩蔽하야 두고 好善한 諒解가 有하기를 바랄 것이라 하다.

金羲善 安秉瓚 君等이 余의 去就問題를 言하겠다 하야 紅十字病院으로 請하였음으로 三時傾에 訪한 즉, 金羲善 鄭仁果君은 來到치 아니 하였으므로 長時間 기다리다가 李鐸 安秉瓚 金承萬으로 더불어 談論할 새 余가 離局하고 安秉瓚君으로 後繼케 하기로 見機實行하자 하다.

車轅輿君에게 梁起鐸君에게 送하는 書信을 付하고 入京하는 方法을 議論하려고 李裕弼君을 私處로 尋하되 未會하다. 이에 張德櫓君을 請하야 書類 付送方法을 討議할 새 京城에 來往하는 汽車의 雇人을 使用하던 것이 有하야 李鍾郁君에게로 連絡되었다 하는지라, 余曰 然則 書類의 一部는 鐵道機關으로 李鍾郁君에게로 送하야 傳케 하고, 一部는 車君이 直接 帶去케 하기로 하다.

吳熙峰君을 訪問하야 君의 誤解한 바를 說明하고 洋五十元을 더 주다.

韓松溪君이 來訪曰 美洲條 萬佛中에서 政府에 五千테일을 已用而餘額도 또 用하겠다 한다 함으로 그리하라 하다.

✦ 七月 二十二日 木 晴

豫定事項

一. 徐丙浩 面會.
二. 國務會에 出席.
三. 製旗監示.

清早에 團所에 往하야 靜坐會에 參할 것.

呂運弘君이 來訪曰 美議員團이 今到만일나 而一週後에 香港에 到하야 二日間 逗留한다는데 前往함이 如何할는지 西洋人士便에 問하는 것이 如何하냐 함으로 그리하라 하다.

朴殷植君이 來訪曰 孔仁君이 中國人에게로 收集한 金을 獨占하야 挾雜이 殆甚하니 此를 政府나 團體로서 中國人側에 交涉하야 該款을 充公하는 것이 可하겠다 하는지라, 余曰 中國人들이 이미 孔仁을 信用하야 關係하는 時에 團體나 個人이 反對하는 뜻으로 中人에게 交涉함은 不可하고, 吾人을 幇助하는 中國人士를 善히 交涉한 後 그 事件을 公번되게 措處함이 可하다 하다.

徐丙浩君이 來訪曰 今의 政府를 改造해야 할 形勢니 先生이 總攬의 位에 在하고 進行하기로 하자 多般으로 言하는지라, 余曰 此는 絶對 不可라 하다.

李元益君이 來訪曰 金立君의 書信事件을 言하며 曰 此를 公擧하야 相當한 處置를 해야겠다 하는지라, 余는 此를 不可하다 하다. 君曰 此事件을 知하는 人들이 今午後 四時에 劉基峻家에 會하야 討議코자 하니 先生이 그 時에 參席하기를 願하노라 하다.

金昌淑君이 來訪하야 孔仁君에 關하야 朴殷植君의 言과 同한 事理로 余다러 措處함을 請하는지라, 余曰 余 奚而措處리오. 若君等이 孔氏를 疑心한 즉 該事件을 個人行動으로 하지 말고 團體의 行動으로 審査케 하라 하다.

呂運弘君이 來訪曰 議員團事로 피취牧師를 訪한 즉, 香港에 前往하더라도 會晤키 難하고, 또 如何히 되면 此處에서도 難會케 되리니 前往할 必要가 無한 즉 此處에서 君이 周旋하겠노라 云하다 하다. 國務會議는 未滿員이므로 開議치 못하다.

國旗製造하는 것을 監視하고, 또 此를 製造키 爲하야 上海의 裁縫所十餘處를 尋訪하다.

四時에 劉基峻君 宅을 訪한 즉, 李光洙 李元益 金興濟 吳仁錫 劉基峻 金復炯 君等이 會集하야 金立君의 書信事件을 言할 새, 或은 此를 暴擧하야 措處케 하자는 意思가 有한지라. 余가 不可함을 力說하고 祕密을 嚴守한 後에 妥協을 善히 하는 것이 可하다 한 즉 諸意 다 贊同하다.

七時半에 團所에 往하야 余의 去就에 關하야 言하다.

金興濟君曰 自己가 國務院의 일과 및 外務部 일까지 辭免코져 하니 어찌하면 可하냐 하는지라, 余曰 不可하니 誠意로 繼續하라 하니, 君曰 外務次長이 出發하면 繼任할 人이 無하고 自己 뿐 아니라 外務部職員 全部가 다 辭職할 意가 有하다 하는지라, 余曰 鄭外次가 가더라도 君等은 繼續하야 誠意的으로 辦事함이 可하다 하다.

✦ 七月 二十三日 金 晴

豫定事項

一. 金立 尹顯振 李光洙 面會.
二. 臨時國務會議애 出席.
三. 製旗監示.
四. 黃鎭南君다러 愛國婦人會로서 議員團에 與할 書를 起草할 것.
五. 高一淸 李裕弼 面會할 것.

淸早에 團所에 往하야 靜坐會에 參하다.

午傾에 金立 尹顯振 李圭洪 李光洙 君을 招待하야 發現된 金立君의 李總理에게 送한 書函事件에 關하야 密議妥協할 새 金君은 余에게 對하야 誤解한 過를 謝하는지라, 余는 此에 對하야 크게 覺悟하라 勸勉하고, 또 過去의 事는 如何間 다 忘置하고 前途를 爲하야 善히 合意 進行하자 하다.

國旗製造하는 것을 監示하다.

黃鎭南君다러 愛國婦人會 名義로 美議員團에 送致할 書를 起草하라 하다.

高一淸 李裕弼君은 面會치 못하다.

✦ 七月 二十四日 土 晴

豫定事項

一. 高一淸 金九 李裕弼 面會할 것.
二. 內務總長 尋訪할 것.

淸早에 團所에 往하야 靜坐會에 參하다.

李元益君이 來訪曰 金立君이 自己의 密信 押收事實을 已知하였다 하니 該信을 切開한 이는 具世吾니 具君이 該責을 當負할지니 如何하냐 하는지라, 余曰 聞之則 具君은 人에게 使한 바 되어 閱하였다 하니 何人이든지 開見할 뜻으로 押收케 한 人이 負責함이 可하니 君과 吳仁錫君이 共히 負責하거나 二君이 相議하야 一人이 負責함이 可하겠다 한 즉, 君曰 自己네가 負責하는 同時에는 此事를 公開하야 金立의 罪를 聲討하겠노라 하는지라, 余曰 然하면 大局에 貽害함이니 誰某든지 押收한 人은 自己의 自由의 事로, 國務院에 退함이 可하겠다 하다.

金仁根君이 來訪曰 自己가 本國으로부터 來할 時에 崔在學君이 自己便에 先生에게 付書하려다가 携帶가 不便하야 口傳하려고 하더라 하며 曰 崔在學君이 自己의 同志者를 糾合하야 東亞株式會社를 發起하야 進行이 善히 되는데 資金總額은 百萬元으로 期하고 每株 一百元으로 每回 二十五元式 四會로 分하야 出金케 하는데, 此는 實業을 目的함이 아니오, 政府로 送하려고 하는 것이니 先生과 連絡 進하기를 望하며, 또 公債券이라도 買할 수 有하니 此라도 委任키를 願한다 云하더라 하다.

黃鎭南君에게 美議員團에 送할 書 起草에 注意할 것을 言하다.

內總長이 來訪曰 此次 會議에는 政府의 事件을 歸正하자 하는지라 余亦 應唯한 즉, 君曰 自己의 意思는 全數가 다 退去하는 것이 可하다 하는지라, 余曰 全退한 즉 奈何리오. 誰某에게든지 後任하야 政府라는 公器를 維持케 함이 可하다 하고 午後에 再會키로 하다.

呂運弘君이 來訪曰 美議員團을 歡迎키 爲하야 美國各團體로서 委員 九人을 選하야 歡迎을 籌備한다 하는지라, 余曰 該委員 等을 交涉하야 政府로서 便宜를 얻게 하자 하다.

十二時에 高一淸 金九 李裕弼君을 招待하야 時局에 關한 것을 討論하고

余의 離局하는 것이 於事是益이겠다고 言하다. 또 該君 等이 金立君의 書信 事件을 他處로부터 聞하였노라고 言하는지라, 이에 時局과 余의 去就의 件은 決定한 것이 없고 金立의 事는 默過키로 하다.

製旗하는 것을 往하야 監示하다.

內總長을 訪하야 長時間 討論할 새 余의 主張은 總理를 모셔다가 前狀을 回復하고 靑年中堅을 善히 組織케할 것이오, 不然則 他人에게 注目을 不受하는 君이 總揆에 在하고 靑年中堅을 作하야 內로 善히 團合하고, 余는 局外에서 善히 擁護하자 한 즉, 君曰 此二計가 皆不可하고 島山을 總理로 責任內閣을 組織하면 自己도 從하야 血誠을 輸盡하겠으나, 不然한 즉 退去하고 他人에게(指 靑年) 任하자 하다. 此等 問題로 夜闌토록 討論하다.

✦ 七月 二十五日 日 晴

豫定事項

一. 尹顯振 李東寧 訪問할 것.

淸早에 團所에 往하야 靜坐會에 參하다.

尹顯振君을 訪하야 曰 明月曜의 國務例議는 아무쪼록 하야도 開하고 急速히 處理할 安東縣光復軍編制案과 總理代理를 選定을 할 것이니, 總理代理는 李東寧君으로 選定키로 하되 若 君이 堅辭不肯하면 各總長이 總理를 代理하야 輪次로 決裁케 하기로 하다.

李東寧君을 訪하야 尹顯振에게 言한 바와 同한 趣旨를 言하다. 君이 李始榮君의 北京에 往한 內容을 更言曰 朴容萬君이 此政府를 害롭게 하려고 自己의 機關을 另立키 爲하야 陰謀하는 事實이 有한지라 故로 李始榮君은 自己

伯氏는 此에 干涉치 아니케 하기 爲하야 往하였는데, 伯氏가 聽從치 아니하면 自己 伯氏와 分路하겠다 하며 甚히 痛忿한 마음으로 出發하였다 하다.

✦ 七月 二十六日 月 晴

豫定事項

一. 國務會에 出席할 것.
二. 籌備에 關한(刺繡.製旗.議政院에서와 愛國婦人會에서 送할 草稿를 打字케 할 것과 大韓女子 各個의 名義로 全國에 보내기를 周旋) 諸事를 親督할 것.

清早에 團所에 住하야 靜坐하다.
申圭植君 招待에 因擾未參하다.
余가 政府代表로 美議員團을 香港까지 前往接應키 爲하야 韓松溪君에게 洋千元을 貸取하고 高一清君다러 行裝을 收拾하라 하고 各總長及次長을 輪訪 作別하다.
呂運亨 呂運弘 兩君다러 船便을 周旋하라 하다.
鄭仁果君을 訪하야 余의 出發後에 余의 所干諸務를 代理하라 하고, 呂運亨 呂運弘 李喜儆君으로 迎接委員을 삼아 合同하야 美議員團을 接待하라 하고, 且 禮物贈送을 맡아 하라 하다.
李裕弼君을 訪하야 香港出發을 言하고, 鄭仁果君과 責任하야 凡務를 辦理하라 하다.
張德櫓君을 請하야 本國에 書類(陳情書.大韓女子全體陳情書) 送付할 方法을 討議하야 本國에 付하다.
金立을 晤하야 總理를 還送케 하라 하다.

籌備에 關한 一切를 監視하다.

✦ 七月 二十七日 火 晴

豫定事項

一. 香港出發

九時에 黃鎭南君을 帶同하고 太古洋行汽船 綏陽을 搭乘하고 香港을 向할새 適一等座는 無함으로 官艙 二座를 定하다.

鄭仁果 孫貞道 高一淸 車利錫 金復炯 劉相奎 田在淳 李裕弼 諸君이 埠頭에 出餞하다.

✦ 七月 二十八日 水

✦ 七月 二十九日 木

✦ 七月 三十日 金

✦ 七月 三十一日 土

豫定事項

一. 美領事尋訪

00時에 香港에 到着하야 大東旅社에 入하다. 時에 暴風雨惡하야 近方

各航路가 中斷하였다 하더라.

    00時에 美領事를 訪하야 美議員團의 到着期를 問한 즉, 八月 初四日에 到하야 當日에 廣州로 向하며, 香港에 上陸後에는 各處에 遊回할 터이니 面會할 時間을 得키 難할지라. 오직 良策은 該船中에 入하야 面會를 請하라 하더라.

一九二〇年 八月

✦ 八月 一日 日

豫定事項

一. 向廣東

朝後에 到廣東하야 東亞酒樓에 投하다.

當地 美領事 버홀스(Leo A.Berghalz)를 訪한 즉, 適 日曜이므로 到着치 아니 한지라, 이에 書面으로 面會를 請한 즉 私邸로 請하야 極히 特殊히 待遇하더라. 美議員團이 廣州에 到着한 時에 面會를 周旋하라 한 즉, 答曰 極力 周旋할지니 該團到着期를 前하야 廣州에 來住하라 하며, 이어서 韓國 獨立에 關한 問題로 約 一時半 間 討論而 氏는 昨年 韓國總領事로 在任時에 漢城獨立運動의 始末을 詳細 目覩하고 非常한 感動을 得하야 힘써 도와 美政府에 眞情한 事實을 報告하고, 또 報紙에 有力히 宣傳될 것도 揭載하였었고, 尙今까지도 韓國의 事情을 調査하야 美政府에 繼續 報告中이며, 今年 九.十月 傾에 自己가 本國에 返할 時에 韓國을 爲하야 많이 宣傳하겠노라 하더라. 自己가 韓國을 離하야 中國에 轉任될 時에 在韓美宣敎師들이 自己에게 言하기를, 獨立運動費를 收集하야 上海로 送하려 하되 無路可遂라. 約 百萬元可量 收合하면 君이 帶去하겠나 함으로, 樂而許諾이러니, 然이나 日人의 戒嚴으로 收合이 如意치 못하야 未遂하였고, 中國에 來任한 後에 中國資産家를 勸하야 韓國內 土地를 買收하고 該代價는 上海韓國臨時政府로 送하라 周旋한 즉, 中國資産家들이 잘 應치 아니 하야 此亦 未遂하였노라 하더라. 余 將來 韓人의 進行方針을 爲하야 君의 意思를 問한 즉, 君이 答曰 一은 宣傳을 有理하게 하야 世界의 同情을 多得하도록 務할 것이니, 宣傳에

는 虛言이나 誇張을 切勿하고 眞情한 事實로만 하라 하며, 曾히 上海方面에서 各國에 宣傳하기를 漢城에서 一日에 三千名이 被殺하였고 數萬名이 被捕하였다는 說, 又 强姦 等說이 其實은 아닌 바, 宣傳은 如此히 하야 瞬時間 人의 心을 驚動케 하나 各國에서 各其 眞情한 公領使의 報告를 接할 時는 前의 宣傳을 不信用할 뿐 外라 同情이 落할지며, 二는 戰爭을 主張하거나 暴行하는 等事는 多數의 人命을 殺傷케 하는 것이 日本에는 別害가 없고 韓國獨立에는 別效가 없을지라. 然則 差等事는 勿行하고 事를 智慧롭게 하되 今의 君等의 境遇를 依하야 最必要한 것은 日本國內에 社會主義를 宣傳하야 內亂을 促起하며 俄國과 連絡하야 日本에 害로울 行動을 取하라. 日本에서 大內亂이 起하는 同時는 韓國의 獨立이 成功되리라 하다.

余曰 君의 言이 참 可하도다. 余等이 亦如此 進行中이라. 凡事가 經濟困難으로 實現이 못되어 難處하노라 한 즉, 君曰 自己亦 詳知하노라 하며 曰 美國으로부터 在韓美宣敎師에게 送하는 金額이 每年에 百萬元可量이니 韓國內에서 韓人들이 此額數를 各敎師에게 授與하고 該金을 上海臨時政府에서 用함이 좋하겠다 하는지라, 余曰 日本人의 取締가 甚함으로 國內에서 宣敎師에게 百萬元을 收送키는 難하겠다 하고 曰 힘써 周旋하야 每年 百萬元式 外債를 繼續하야 五年間만 得하면 余는 成功할 自信이 有하노라 하다. 余 又曰 只今 吾人이 俄國과 內容으로 握手하야 日本을 抵抗하고자 하나 此가 世界에 一誤解를 起할까 念慮하노라 하니, 君曰 今日 韓人이 俄國과 握手한다 하면 事情에 그럴 듯하다 하더라. 余曰 君의 周旋으로 中國南方에 有力人物을 連結하야 排日行動을 一致케 하라 한 즉, 君答曰 余는 中國人을 不信하노라. 中國人은 個人이나 또는 地方觀念 뿐이라. 自國 興廢도 猶不關이어든 況韓國乎아라 하다.

✦ 八月 二日 月

豫定事項

一. 返香港

朝後에 香港에 返하다. 是日 英紙에 하였으되 菲島와 香港間에 颱風이 大作하야 船路가 斷絶한 故로 美議員團은 豫定한 行程을 改하야 香港을 不經하고 上海로 直向하였다 하다. 이에 上海政府에 電하되, 美議員團은 이곳에 머물지 아니 하오. 余는 汽船 Andrele Bal으로 木曜日 떠나오.

✦ 八月 三日 火

豫定事項

一. 電 美洲.

美洲 宋鍾翊君에게 曾히 政府에 萬元 貸付하라 한 것은 不得已한 事故로 貴回答前에 貸付하였노라 電하다.

✦ 八月 四日 水

豫定事項

一. 李鍾九君 尋訪

李鍾九君을 尋訪함에 崔正益 徐弼淳 兩君은 日昨에 上海를 向하야 出發하였다 하며, 日領事館에서 自己에게 二次나 來하야 曰 先生과 金九 鄭仁果

黃鎭南君이 汽船繡陽으로 香港에 來하였다 하며 住所를 探問하더라 하다.

✦ 八月 五日 木

豫定事項

一. 離香港

午正에 法船 Andrele를 搭乘하고 香港을 離하야 上海로 향하다.

✦ 八月 六日 金

✦ 八月 七日 土

✦ 八月 八日 日

✦ 八月 九日 月

　下午 六時傾에 上海 黃浦馬頭에 安抵하니 鄭仁果 孫貞道 金弘敍 白永燁 李光洙 以外 諸君이 埠頭에 出迎하다.

　孫貞道君 宅에서 夕餐하다. 金復炯君이 其間 經過狀況을 來告하다. 中에 密信事로 金立君은 間者 各總長과 및 其他 有力人士에게 涕泣하며 前罪를 悔悟하노라 하며 自今以後로는 誠忠을 다하겠노라 하며 余의 歸還을 企待하노라 하였다 하더라.

◆ 八月 十日 火 晴

豫定事項

一. 國務會에 出席.
二. 美議員團을 會晤키 爲하야 北京에 往할 것을 議할 것.

淸早에 團所에 往하야 靜坐하다.
安恭根 吉珍京 李裕弼 高一淸 宋秉祚 諸君이 來訪하다.
各總長及次長을 訪하야 香港往還事를 言하다.
金承學君의 招待로 大東旅社에서 午餐하다.
國務會議에 出席하야 香港往還을 報告하다. 鄭外次의 委員部 報告가 有하다.
安東光復軍職員을 任命하다.
各總長及次長 祕書長을 輪訪하야 美議員團을 會晤키 爲하야 北京에 往할 것을 議論하야 다 同意를 得하다.
宣傳部職員의 報告를 聽하고 庶務를 指揮하다.
黃鎭南 白永燁君을 請하야 北京 同往할 것을 約束하다.
韓松溪君이 旅費로 大洋千元을 取貸하다.
下午 十一時 車로 出發하려고 停車場에 到하니 三分不及으로 未果하고 東亞旅社에 投宿하다.

◆ 八月 十一日 水 晴

上午 七時半 車로 南京을 向하야 出發하다.

✦ 八月 十二日 목

00시에 南京에 到하다. 布蛙로서 來한 日人探報員인 美人 맨더선을 逢하다.

黃鎭南君을 美國 前北京大使 우렌취君에게 送하야 北京서 面會키를 約束하다. 君의 言을 依하건데 議員團이 韓國에 入하야 二三日間 留하리라 하는 故로 臨時政府에 如左히 電하다. 議員團이 本國서 二日間 留하오 示威運動不可不.

00시에 北京을 向하야 天津으로 向하다.

✦ 八月 十三日 金

豫定事項

一. 張伯苓 面會

00時에 天津에 到하다. 時에 中國司長 馮玉祥의 部下團長 張之江을 車中에서 逢하야 保護를 받다.

金基晶君의 指導로 Hotel Astorhouse에 入하다.

00時에 天津南開學校를 訪하야 張伯苓博士를 面晤하고 一, 韓中이 合同하야 日本을 抵制할 것. 二, 中國에 在한 韓國靑年敎育에 關한 事로 長時間 懇談하다.

✦ 八月 十四日 土

豫定事項

一. 向北京出發

○○時 天津을 離하야 ○○時에 北京에 到하야 六國飯店에 入하다.
午後 美議員團이 入京하였다 하다.

✦ 八月 十五日 日

豫定事項

一. 大陸報記者 面會.
二. 議員團에게 面會 請求.

大陸報記者 페퍼(Peffer)君을 訪問하다. 君曰 韓國 東亞日報記者 張德俊 君의 來京을 言하고, 又曰 今에 韓國은 示威運動을 行하야 無用히 生命을 犧牲치 말라. 다시 示威運動이 無하더라도 韓人의 獨立思想이 有한 것은 世界가 明知하는 바라. 今에 運動進行方針은 一, 宣傳을 周密 且 善케할 것. 二, 俄人과 連結하야 日本을 抵抗하되 亘久耐進하라 하며, 美議員團은 人을 紹介치 말고 直接 尋訪함이 有力하겠다 하더라.
美國下議員 外交委員長 포터(S.Y.Porter)君에게 面會를 請하였더니 諾하다.

✦ 八月 十六日 月

豫定事項

一. 美議員團 訪問

呂運亨 黃鎭南 張德俊 君으로 더불어 포터君을 訪問하다. 君은 書記로 하여금 談話하는 것을 速記法으로 筆記하다. 余曰 貴國이 素히 吾韓을 同情하야 道德과 文化의 助與가 多大하였고, 또 此次 吾人 獨立運動에도 極盡히 襄助하야 只今까지 用力함을 知하고 感謝하는 同時에 今番의 貴國一行이 遠東에 來하야 實地로 東洋의 關係와 日本의 行爲와 韓人의 情狀을 目睹하고 吾人을 襄助할 것이 더욱 기뻐하노라 하고, 吾人의 獨立 資格이 有한 것과 日人 宣傳의 虛僞와 日人이 韓人의 敎育과 生活에 障碍하는 實情을 言할 새, 君은 敎育에 障碍하는 것과 生活困難與東洋拓殖會社의 內容을 詳問하는 故로 具詳答하다. 余又曰 吾韓 獨立運動을 俄人으로 더불어 抗日하고자 하는 바, 或 世界가 吾人을 疑心할까 하노라 하고, 또는 中國으로 더불어 大大的으로 日本을 抗拒할 것을 言하다. 君曰 自己의 此行이 公式이 아니오 私行이라. 故로 所答이 公式이 아니오 私答이노라. 自己는 韓國事에 極히 贊助할지오. 自己 一人 뿐 아니라 美人들이 此情을 詳知하면 亦極表同情이리라 하며, 自己는 今日 談話한 것을 歸國하야 議會에 提出하겠다 하며 韓國의 憲法과 및 日人의 不法行爲를 더 記錄하야 달라 하더라. 이에 作別하고 歸하야 黃鎭南君다러 韓國憲法을 飜譯하고 또 韓日關係와 日人의 不法行爲를 記錄하야 포君에게 送케하다.

✦ 八月 十七日 火

豫定事項

一. 美議員團 尋訪

呂運亨 黃鎭南君을 帶同하고 美議員團長 스몰(J. H. Small)君을 訪하야 昨日 포君과 言한 것과 倣似히 言하고, 우리는 自治나 委任統治를 不願하고 오직 獨立을 要求하노라. 吾韓人이 根本 獨立할 뜻이 有하야 恒常 時機를 窺하는 際에 今次 歐美戰亂時에 威逸孫統領의 民族自決과 民主主義 提唱을 値하야 此時가 吾人의 獨立할 時라 하야 徒手奮起하야 多數한 生命을 犧牲하며 只今까지 美國은 거짓이 아니오, 참 正義와 人道를 爲하는 줄 知하고 우리에게 最後까지 同情하리라 하다.

君曰 自己는 韓國의 事를 極히 同情하고, 且 確히 日人의 奸惡을 知하노라. 自己네들이 韓人拯濟策을 硏究함이며 此次 東渡議員의 共通意思가 韓人에게 同情하노라. 然이나 당신네의 前進할 路는 難하고 또 難하니 最後까지 耐過하라 하며, 返國하야 此 事情을 自國과 및 그 外에 힘써 宣傳하겠노라 하며, 一行이 布哇 比律賓 上海 北京 等地에서 貴國人을 반가이 面會하였도다. 然이나 吾等이 韓境에 一入하면 日本政府의 客이 되는 故로 只今같이 貴國人士를 面會키 難할지니 如是한 時에 吾等이 마음이 今日보다 變하였다고 思諒치 않기를 懇念하노라 하더라.

午後에 白永燁君을 帶同하고 北京大學校長 蔡元培君을 訪問하다. 余曰 君의 生覺에 將來 如何히 하여야 東洋時局이 善히 解決되리라 하냐 한 즉, 君曰 俄羅斯의 社會主義가 中 韓 日에 共通普及하는 日에야 完全한 解決이 有하리라 하노라 하는지라, 余曰 余亦 如此히 되기를 希望하노라 하고 曰 此를 如此히 되기를 天爲에 放任치 말고 君과 및 韓 中 俄의 有力人士가

組織的으로 機關을 設立하고 運動하는 것이 可치 아니 하냐 한 즉, 自己亦 滿足히 生覺하노라 하다. 余又曰 中嶺에 在한 韓國靑年의 敎育을 直接으로 하려 하면 經濟力도 不足하려니와 日人의 干涉으로 如意치 못하니 中國의 有志人士가 東三省方面 韓人敎育實施에 用力하기를 企望하노라 한 즉, 君答曰 極力周旋하겠노라 하다.

✦ 八月 十八日 水

豫定事項

一. 美議員團 訪問.

美國下議員 베어(W.S.Bare)君을 訪하다. 君은 適히 女息의 慘喪을 當하였더라. 自己에게 할 말은 스몰君에게 代身하여 말하라 하더라.

下議員 듸여(L.G.Dyer)君을 訪하고 吾人事情을 大綱 말하니, 君曰 自己는 이미 넉넉히 다 알고 同情하는 바라 하더라.

✦ 八月 十九日 木

豫定事項

一. 美議員團 訪問

下議員 캠블(Y.E.Campbell). 하디(Repus Hardy) 兩君을 訪問하야 吾人의 事情을 포君에게 言한 바와 同히 言하고, 우리의 實力이 薄弱하야 日人을 抵抗하기에 難한 것은 非不知하나 今日에 運動을 아니 하면 將來

日人이 우리의 敎育과 生活에 障碍를 尤甚히 하야 우리로 하여금 殘滅케 하고야 말지라. 故로 우리는 起하야 死이냐 獨立이냐 二者 中에 其一을 求하노라 하다. 캠블君.하디君을 向하야 曰 長論할 必要가 無하고 速히 日本을 向하야 釁端을 起하야 開戰할 수 外에 無策이라 하고, 다시 余를 向하야 答하여 曰 吾儕는 韓國事情을 如此히 詳知치 못하였노라. 吾儕가 歸國하야 어디까지든지 韓國을 爲하야 用力하겠노라 하다.

午後에 美國 前北京大使 우렌취(Paul Reinsch)君을 訪問하야 曰 君은 曾히 東洋에 久歷하였도다. 日人의 如何와 東洋全體事情을 瞭然可知일 바, 吾人의 事를 如何히 進行함이 有益할는지 該方針을 請問하노라 한 즉, 答曰 貴國의 事는 먼저 獨立을 要치 말고 自治를 要함이 事의 順序라. 容易히 成功될 듯하다 하는지라, 余曰 우리의 一般國民이 自治를 不願할 뿐 아니라 設或 自治가 된다 하더라도 日人의 政策이 自治를 形式에 付할 뿐이오, 實狀은 前의 手段일지니 自治가 奚用이리오. 尤히 吾人은 昨年 三月 一日에 獨立을 世界에 宣言하고 臨時政府를 成立하였으니 前으로 더욱 進할지언정 後로 退할 수 없도다. 然則 우리는 自治는 勿論이고 委任統治라도 要求함이 不可하다 하니, 君曰 果然 然하다 하며, 余의 主義를 問하는 故로 余曰 將次 中 俄를 聯合하야 日本으로 더불어 大大의 解決을 作하노라 함에, 君曰 自己 亦 該意思에 贊同하노라 하다.

✦ 八月 二十日 金

豫定事項

一. 美議員 尋訪.

呂運亨 黃鎭南君을 帶同하고 上議員 하리쓰君(W.S.Harris)를 訪하야 簡

單히 談話하다. 君曰 自己가 忽忙하야 長時間 談話치 못함을 憾하노라. 然이나 余의 同情은 極盡한 줄 知하라 하더라.

下議員 加州出身 오스본(H.Z.Osborng)君을 訪問하고 포君에게와 如히 言한 즉, 君은 排日說을 熱烈히 主張하며 曰 韓國의 獨立은 第一 美國에 有益함이라. 若 韓國이 獨立치 못하면 美國에 害가 될지라. 故로 自己 國을 助하는 마음으로도 韓國의 獨立을 贊助하겠노라 하며, 君은 極懇한 衷心과 熱情으로써 言하더라.

下議員 굿도쓸(L.B.Goodasll)君을 訪問함에 適히 行裝을 收束하면서 迎接하더라. 이에 簡略히 吾人의 事情을 言한 즉, 君曰 自己는 韓人에게 對하야 眞心으로 同情하노라 하다.

下議員 허스멘(H.S.Hersman)君을 訪問하야 吾人의 事情을 略陳한 즉, 君은 熱情을 다 하야 曰 余는 眞正으로서 韓國을 救援할 心이 有하노라. 非但 余뿐 아니라 余의 親友 中에도 亦多하니, 오직 그 救援할 方法을 未知하야 憫憫하노라 할 새 些毫라도 形式에 出함이 아니오, 오직 그 眞情인 뜻이 顔色에 現하더라. 余曰 爲先 君은 歸國하야 貴國에서 大韓獨立 承認과 臨時政府 承認을 用力하기를 企望하노라. 此가 承認 後에는 其外는 吾人이 責任하고 나아가겠노라 하다.

下議員 모리쓰(J.M. Moris)君을 訪問하야 簡略히 談話한 즉, 君曰 吾美國은 完全히 正義와 人道로써 用力하리니 信하기를 企望하노라 하더라.

一九二一年 二月

二月 三日 木 雪.極寒

豫定事項

一. 李裕弼 面會.
二. 國務會議 出席.
三. 盧總長 訪問.

朝起하야 早課인 冷水浴과 靜坐를 行하고 明德里事務室에 來하다.

朴鎭宇君이 來訪하야 秋汀先生의 子 永喜君 留學事를 討議할 새 余가 九江으로 送할 뜻을 말하다. 君曰 忠淸道 財産家의 子 靑年 朴某가 閔在鎬.尹某 等 震壇側人에게 被欺하야 數千元을 見奪하고, 일찍이 自己의 아들 守重의 因緣으로 今에 自家에 來留하는지라 爲人이 甚히 端整하니 團에 引導하기를 바란다 하는지라 明日 午前에 來케 하라 하다.

姜泳翰君이 來訪함에 洋五元을 與하다. 君과 金善亮.金炳玉 三人에게 團의 主義를 繼續 說明하고, 明日 下午 二時에 團所에 往하야 春園先生을 會見하라 하다.

金基萬君에게 團의 主義를 大綱 說明하다.

李裕弼君을 請하야 時局에 對한 如何한 意思가 有하냐 問한 즉 別意思가 無하노라 하는지라, 余曰 다시 政府의 祕書長될 뜻이 없나 한 즉, 無하다 하는지라, 余曰 今에 國民大會를 開한다 하니 此에 參加하야 여러 사람을 操縱함이 如何하냐 한 즉, 君曰 然할 自信이 無하노라 하다. 君이 余다러 局에 退하야 있다가 다시 總理로 일하는 것이 好하겠다 하다. 君曰 出刊된 獨立運動血史를 美洲에 送하야 賣하려 하면 何處로 送함이 便하겠나 함으로

太白書館으로 送하라 하다.

　下午 二時에 院에 到하다. 趙重九 鮮于爀君이 來請面會 曰 北京 中國 某大團體의 代表者 二人이 上海의 臨時政府와 携堤하야 日本對待策의 將來를 籌備하며 韓國의 獨立運動을 後援하기 爲하야 來滬하였는데 當局의 主要人物과 面會하려 한다 하며, 又 明日에는 馮玉祥의 代表者가 臨時政府의 重要人物을 會見하려고 來한다 하는지라, 余曰 何何人을 面會케 하였나 한 즉, 對曰 呂運亨 朱賢則 其他 新韓靑年黨員 中 幾人을 面會케 하였다 하며, 然한 즉 該會席上에 余가 來參키를 望하노라 하는지라, 余曰 今에 對答키 難다 하다. 鮮于君曰 今은 會議時間인 즉 다시 會見하자 함으로 夕後 七時로 約束하다.

　許奎君이 來訪 故로 美洲 楊淳鎭君으로부터 送金한다는 書는 來到하였으나 換票는 來치 아니 하였다 하고, 金復炯에게 該書信을 推見하라 하다.

　院例會를 開하고 協議할 새 祕書長 吳永善이 辭職을 通過되고 祕書 金興濟로 臨時代辦케 하다. 總理人選問題로 長時間 討論할 새 余다러 總理勸告說이 多하다가 余가 堅執不應함으로 未決留案하고 閉會하다.

　六時에 吳永善君이 來訪하야 曰 大局을 如何히 해야 整頓하겠나 함으로, 余는 特別한 道里가 無하다 하고, 急先方針은 政府의 相當한 人物이 莫斯科에 往하야 列寧과 幄手하고, 다시 俄領에 在한 韓人共産黨 主腦人物을 連結하면 朴容萬 元世勳 等의 運動하는 일이 無效케 할 수가 有하다 하다. 君曰 先生이 곧 總理로 就任하야 일해야 겠다 하는지라, 余曰 今에 余가 總理로 就任한 즉 局에 大不利益을 與할지니 到底히 할 수 없다 하다.

　趙重九 鮮于爀 二君이 來訪曰 某代表에 對하야 呂運亨이나 其他人을 面會할 것을 余의 뜻대로 作定하라 함으로, 余曰 吳佩孚 馮玉祥이나 北京側에서 來한 人과 臨時政府와 關係가 有하다 하는 祕密을 發露되면 現時의 일에

損害도 되려니와 將來 中國 重要人物이 우리의 祕密不守로 因하야 信任치 아니할지니, 然則 未來에까지 中國과 携手하는데 大妨害가 되리라. 然則 多數의 人이 知할 必要와 干涉할 바가 아니니, 다만 外務次長에게 紹介하야 議論케 하고 君等과 余라도 干涉치 아니 하는 것이 當然하다 한 즉, 趙君曰 申氏가 비록 外交次長이나 自己가 信任하는 바 無한 즉 知케할 必要가 無하고, 先生이 直接 關係하기를 望한다 하는 故로, 余曰 余는 然할 수가 없다 하고 曰 其人의 資格이 如何하던지 外交當軸者가 外交를 作함이 可하지 勞動局總辦이 外交를 作함은 不可한지라, 우리 革命事業은 各各 自己의 權限과 職務를 正當히 하야 他人의 權限을 侵犯하거나 私黨的 陰謀가 없게 할지라 하다. 然하되 鮮于 趙 二君이 終是不應하는지라, 余曰 然則 明日 該君을 暫時 面會하야 來滬한 性質을 知한 後에 個人과 關係를 作하야 當然할지 公府와 關係를 作하야 當然할지, 若該氏 等이 政府와 關係코자 하면 不得已 外交當局者와 協議케 해야겠다 하고 明 午前 十時에 會見키로 하다.

宋秉祚君을 會見하려 請하야 不在함으로 未遂하다.

盧伯麟君을 訪하다. 金羲善 李鐸 羅愚 諸君이 在席하더라. 李 羅 二君은 先往함에 金君이 自己의 經過事況을 盧君에게 言한 後에 茶室에 往하야 飮茶小憩後 다시 盧君의 宿所에 歸하야 余가 余의 進行策의 要領을 말하다.

一은 政府維持策이니 此를 維持할 經濟力을 調査하며 內地 財産家에게 金錢을 運動하는 것과 俄黨과 美財本家의 援助와 其他 俄 中領僑民에게 金錢 運動은 다 希望에 付할 뿐이오, 到底히 信할 바 無한지라. 然則 現時의 金力 辦出될 處는 오직 美領에 在한 勞動同胞 外에 無한지라. 在美 勞動同胞의 數를 量한 즉 一年에 三萬五千 딸라 外에는 辦出키 難한지라, 如此한 額數의 金錢으로 政府를 維持하려면 政府 本機關을 極端으로 縮小하야 聯合事務制를 用하야 一個 小規模의 事務所를 構成하고, 從하야 附屬各機關의 支撐치 못할 것은 撤廢하고 華府의 委員部와 巴里의 宣傳部 等을 縮小하는 것이

可하고, 其後 希望하던 金錢이 多少間 入手되면 政府로서 直接 開拓 其他 營業에 着手하야 스스로 金力을 辦備해야 할지라. 獨立完成이 明年 或 來明年에 在하다면 已어니와 不然하야 十年 或 二十年을 維持하려면 如此히 하여야 可할지라.

二는 事業進行策이니, 現時 政府維持策에는 消極的 行動을 取하고, 事業進行策은 積極 行動을 取할지라. 其順序는 1. 國民을 募集하야 政府에 民籍하고 納稅 徵兵 法律에 服從하는 人民이 月과 歲로 增加되어 國民의 組織體를 成立할 것이오.

2. 志願兵을 募集하고 募集된 兵士에게 營業을 奬勵하야 屯田制와 如히 軍事機關을 編成하야 우리 獨立戰爭時에 適應한 數가 되도록 할 것이오.

3. 士官을 養成할지니 如此히 國民.軍士.將士를 養함이 內部의 實力準備의 中心이라. 如此히 하는 同時에 俄 莫斯科와 交涉하고 中國 抗日督軍 各個人과 握手하야 韓.中.俄 三國이 祕密結合을 成하고 聯盟의 最高機關을 韓.中.俄 三國代表者로 組成하야 軍事行動에 對하야 三國이 다 最高機關의 命令을 聽從하게 할지라. 如此히 聯盟이 結成되면 金錢과 武力이 自然 有無가 相通되어 武裝과 軍需에 協贊을 多得할지오, 三國이 같이 日本에 過激主義와 民主主義를 宣傳하야 日本의 內亂을 促起할 것이오, 美日의 釁端을 促하야 決裂을 作하고 日本國內에 內亂을 起케 하고, 三國은 聯合하야 日本을 攻擊하면 日本이 敗하고야 말지라.

如此히 하면 우리의 獨立完成은 毫些의 疑心이 無한지라. 此가 卽 余의 今次 獨立運動策의 主眼이라. 此中에 急히 行할 事가 有二하니, 一, 莫斯科에 相當한 人物을 派送하야 俄政府와 握手하고, 從하야 俄領에 在한 韓人共産黨과 妥協할 것. 二, 獨立運動에 參加하였던 多數 靑年을 收容하야 現時의 不平을 防禦하며 後日의 大用을 預備할 것이라. 只今의 論案인 大暴動運動은 愚昧한 事로 知하고 絕對 反對한다 하니, 君은 此主眼에 對하야 絕對로

同感하노라 하다. 繼續하야 上海의 過去를 말하다가 翌日 午前 二時에 各歸하다.

✦ 二月 四日 晴

豫定事項

一. 錢寶鈞 面會.
二. 聯席會議에 出席.
三. 盧伯麟 尋訪.

李英烈君이 來訪한지라 君다러 政府敗潰運動 하는데 參加치 말라 한 즉, 君이 然하겠다 하며 大統領과 盧總長에게 新聞補助를 請하겠다 함으로 試驗하야 보라 하다.

錢寶鈞 面會를 爲하야 金弘敍君을 請하다.

玄基台君이 來訪하야 曰 上海에서 自己를 疑心하는 人이 有하니 先生이 事情을 詳知하는 바이니 此에 對하야 注意하야 달라 함으로 아무 念慮 말라 하다. 또 君이 商業에 從事할 뜻이 有하다 함으로 朴鎭宇. 鮮于燻 二君에게 紹介하다.

李鐸君이 西間島로 來한 ㅇㅇㅇ ㅇㅇㅇ ㅇㅇㅇ 三人을 帶同하고 來하야 介紹하다.

十時傾에 趙重九. 鮮于爀 二君이 面會키로 한 中國人 錢寶鈞을 介紹하다. 錢君은 本來 淸朝時代 官僚오, 至今은 軍人基督靑年會를 主幹하는 바, 中國軍界의 有力人物이라. 現總統府顧問 李統球의 囑託으로 來하였더라. 李君의 뜻이 韓國獨立黨을 後援하며 韓國과 携提하야 日本對待策을 準備하려 하는지라. 故로 上海臨時政府의 主要人物과 會議한 後에 代表 一人을 李에게

派遣하야 約束을 定하고 進行하기를 望한다 하는지라, 余가 甚히 感謝의 뜻을 表하고 曰 中韓 兩國間에 如此한 事가 已有하였어야 할 바, 至今껏 未有인 것이 遺憾하는 바라 하다.

申翼熙君이 來訪曰 期於히 總揆를 堅執力辭치 말고 就任하라 하며, 又 自己는 前日의 그릇된 것을 悔改하고 自今으로는 誠忠으로 擁護하겠노라 하다. 余曰 今에 余가 總揆에 나아가면 局의 有害할 줄을 知하니 絶對로 受任치 못하겠다는 뜻으로 長時 討論하다.

下午 二時에 聯席會議에 出席하야 總理人選案을 討議하다가 結果를 不得하고 留案하다. 政府의 進行方針을 速히 定하자 하고 散會하다.

夕後에 鮮于爀君이 來訪하야 같이 趙重九君을 訪問하니, 朱賢則 李光洙 李成泰 三君이 在席하더라. 鮮于 趙 二君다러 北京으로 來한 錢某 事를 外次에게 紹介하야 關係를 作케 해야 可하겠다 한 즉, 兩君이 다 同意를 表하다. 又 馮玉祥의 代表로 來하는 廖君도 亦如此히 外部에 關係케 하기로 하고 明日 席에 招待하기로 하다.

盧伯麟君을 東亞旅社에 訪하니 時에 安秉瓚 都寅權 二君이 在席하더라. 安君다러 曰 君이 政府敗潰運動의 先鋒의 態度를 取함은 甚히 不可한 事이라. 今에 東西에 있던 統領과 總長이 集合하야 議論하는 時에 李東輝君의 退局한 것은 大遺憾이나 民間에 處한 이들은 이미 기대하던 人物이 會集한 以上에 서로 議論한 下回를 待하야 幫助를 하든지 攻擊을 함이 宜當하거늘, 只今에 攻擊을 加함은 道理가 아니며, 又況 君은 日昨까지 閣議에 參與하던 人으로 其 內幕을 暴露하며 非難을 加하는 것은 義理와 體面에 合當치 아니하다 하니, 君이 曰 此局을 그냥 放任하면은 아니 될지니 故로 改革은 不可不 해야 할 것을 知하노라 하고 再晤하자 하고 散하다.

✦ 二月 五日 土 晴

豫定事項

一. 講演會에 參할 것.
二. 連席會議에 出席.
三. 錢 寥招待會에 參할 것.

九時에 朴炳愚君이 來訪하다. 君은 忠淸道 財産家의 子弟로 上海에 來한 지 九個月인 바, 不良靑年에게 損害를 受한 人이라. 前途를 善히 引導하야 달라 함으로 速히 相當한 學校에 入學야 修學하고, 此 以後로는 親友交遊를 選擇하라 하다.

金基萬君에게 團의 主義를 說明한 즉, 君이 同情을 極表하는 故로 下午 二時半에 團所로 來하라 하다.

姜鍾柄君이 來訪함에 今에는 巴黎나 美洲를 往하기가 難한 즉, 已往의 渡美하려던 뜻은 斷念하고 速히 學校에 入하야 修學하고 中國에 入籍하야 一年 或 二年 後에 美洲로 往함이 可하겠다 하다.

白始準女士가 來訪하다. 忽忙함으로 暫時 面會하다.

申翼熙君을 請하야 錢某의 來한 事와 馮玉祥代表의 來한 事를 言하고 今夕에 招待하자 하다.

團所에 往하야 今日에 連席會議가 有함으로 此講演會席에 未參하겠다 하고 곧 院으로 到하다. 連席會議를 開하고 制度變更案을 議論하려 할 새 該本問題는 提及치도 아니 하고, 여러 가지로 討論하다가 來月에 各其 制度變更案을 作成하야 提出하자 하다가 此亦 結議되지 못하다. 余가 提議하기를 議事順序를 改定하야 政府維持策과 事業進行策의 두 主眼을 立하고 維持策의 各項을 討議하야 段落을 告한 後에 進行策의 各項을 討議하자 함에 此亦

未決되다.

申翼熙君이 來訪하야 今 五時半에 錢.姚 二君을 大東旅社에서 招待하니 該時 參席하기를 請함으로 諾하다.

尹顯振君이 來訪曰 自己는 現局을 悲觀하노니 大統領이 公席에서는 先生다러 總理를 勸告하지만은 余를 對하야는 誰가 總理되는 것이 適好하냐 問하기로 島山先生이 最合하다 한 즉 不可라 하고, 李石吾가 適合하다는 뜻을 表示하는지라. 그네들이 誠心으로 先生을 勸出하려 하여도 들을는지 하는 此時에, 內容으로는 排斥하면서 거짓으로 勸告하니 局이 如此하고야 어찌 일이 되리오. 余亦 辭意가 有하니 어찌함이 合宜하냐 하는지라, 余曰 連席會議가 終結하기까지 沈默하고 있으라 하다. 君이 余다러 時局에 對한 別計策이 無하냐 함으로, 余曰 特別한 計策은 없으나 現時의 救濟策으로 말하면은 急速히 莫斯科에 相當한 人物을 派送하야 列寧와 密切하게 携手하고, 다시 俄黨의 介紹로 俄領에 在한 韓人共産黨 人物들과 妥合하면 現時의 某某人의 政府反對運動도 水泡에 歸할지라. 然後에 政府維持策을 立하야 上海에는 從容히 事務員 少數를 置하여 記錄存案과 通信에 關한 事를 處理하며, 內部의 統一과 外界의 宣傳에 從事케 하고, 盧伯麟.柳東說 君等을 俄領에 送하야 軍事機關을 施設하고 戰鬪를 準備할 것이오, 余에게는 美國에 送하야 美國財産家에게 金錢을 運動케 하거나 不然즉 遠東 各地에 散在한 不平한 靑年 受容하는 一事를 委할 것이오, 金奎植君은 다시 歐美에 送하야 宣傳事業을 擔任케 할 것이오, 其外의 相當한 人物은 支那外交를 專門케 할 것이라. 如此히 諸般進行策을 定한 後 相當한 適材를 各地에 分派하야 活動케 하고, 上海에는 少數 人員이 有하야 政府機關을 保有하야 가는 것이 第一適策이라 한 즉, 君曰 此에 甚히 同感이라 하며, 此亦 速히 歸正이 나지 아니하니 어쩌리오 하더라.

五時半에 大東旅社에 往하니 申翼熙君이 主席에 錢寶鈞 姚登衛(馮玉祥代

表) 趙重九 金弘敍 諸君이 着席하였더라. 兩方의 서로 懇親의 뜻을 말하다가 回路에 盧伯麟君을 訪問하다.

✦ 二月 六日 日 晴

豫定事項

一. 白始準 面會.
二. 金奎植 面會.

午前 九時傾에 張日鉉君이 來訪曰 自己가 三育大學에 入學하겠다 함으로 贊成하다.

白始準女士가 來訪함에 興士團의 主義를 說明한 즉, 切實하게 悟覺하였노라 함으로 約法을 與하다.

李圭洪君이 來訪曰 自己의 辭職書가 封還되지 않게 用力하라 하며, 時局策을 問함으로 大綱 한 意思를 말하다.

金奎植君의 招待로 大東旅社에서 午餐하며 前日을 繼續하야 談話할 새 時局에 對하야 余의 意思를 問하는지라, 余曰 只今이라도 政府內에서 일을 爲하는 誠意로 進行策을 速斷하고 나아가면 大困難은 없을 줄 知하노라 하다. 君曰 總理正任問題에 對하야 어찌 生覺하냐 함으로, 余曰 正任總理를 내기 어려우면 臨時代理總理로 일만 하면 그만이지 正任總理 選不選이 일에 小毫라도 關係없다 하다. 君曰 國民代表會라 北京이라 四面外圍에서 政府敗潰運動하는데 對하야 如何하겠나 하는지라, 余曰 그이들에게 直接으로 干涉하야서는 濟事策이 別無한지라 明日이라도 速히 莫斯科에 相當한 人員을 派遣하야 列寧와 握手하야 韓 中 俄 三國의 聯盟한 主義를 立하고 此를

基因하야 俄領에 在한 韓人共産黨 主腦者들과 握手하면 北京 上海 等地의 敗潰運動하는 人物들은 活動할 勇氣가 없어질지라. 其次 列寧과 握手한 後에 盧伯麟 柳東說 等으로 軍事의 中堅을 組織하야 俄領에 軍事機關을 置하고 軍法을 嚴立하야 大韓人民 中에서 違法하는 者는 重刑에 處하야 軍律的 紀綱을 立하면 內部의 勢가 鎭整할지오. 現在 獨立運動에 參加하였던 多數 不平 靑年들을 거두어 訓練하야 內部의 中堅을 삼으면 또한 少數 惡輩들은 活動할 餘地가 없어질지라. 然則 우리 獨立運動의 一根本問題는 不平한 靑年들을 受容하는 것이오, 時刻으로 急한 問題는 莫斯科에 相當한 適材人物을 選派하는 것이라 한 즉, 君曰 自己의 意思와 同感된다 하더라.

余曰 다시 今者所言을 重復하야 此次 獨立運動의 具體的 意思를 言하겠노라. 우리의 主眼點은 一은 政府持續策이오, 二는 事業進行策이라. 政府持續策에 對하야 一曰, 經濟니 俄領이나 美洲 方面에 財政을 運動하는 것과 內地 財産家에 運動하는 것은 다 希望에 付한 것이오, 現在에 오직 可恃할 金力은 少數 僑美勞働者에서 밖에 없나니 現時 政府持續에 對한 經濟는 僑美勞働者를 待할 수 外에 없는 바오. 二曰 政府의 事務制度를 簡便하게 組織할 것이니 現時와 如히 各部를 配置하고 少數의 收入되는 經濟로는 支撐할 道가 末有한지라. 然則 各部를 다 廢止하고 聯合事務制를 用하야 人員을 縮小하고 事務를 簡便케 할 것이오. 三曰, 政府에 所屬한 華盛頓委員部 巴里宣傳部 其他 交通支局 光復軍營을 祥查하야 廢止할 者는 廢止하고 存在할 者는 存在하되 亦是 縮小하야 經費를 省略케 할 것이오. 四曰, 後日에 希望하던 財政 中에서 多少의 收入이 有하면 政府로서 直接 開拓事業 其他營業에 着手하야 生産케 할 것이라. 以上과 같이 하면 現政府의 生命을 이을 것이오, 우리의 獨立運動이 十年 二十年이라도 亘進할 수가 有하니 此가 政府持續策의 大綱이라 生覺하는 바오.

事業進行策을 言하면 一, 民籍을 實施하야 納稅 兵役과 法律服從의 義務

를 다하는 國民을 募集하고, 從하야 此를 統治하는 機關을 施設할 것이오. 二, 志願兵을 募集하고 此를 屯田制와 如히 應募된 軍人에게 職業을 奬勵하며 規律 있게 編成하야 서로 連絡이 有케 할 것이오. 三, 有爲한 靑年을 訓練하야 士官의 資格을 養成할 것이라. 우리가 부르짖는 實力이라는 것은 以上 三種이 中心되는 바라. 其次에는 俄羅斯에 對하야는 莫斯科를 表準하고, 中國에 對하야는 各省 排日督軍을 表準하야 韓 中 俄 三國이 日本에 對한 聯盟을 立하고, 三國이 聯合한 最高機關을 組織하야 日本에 對한 軍事行爲는 三國이 다 最高機關의 命令을 服從케 할지니, 如此히 하면 俄羅斯나 中國에 있는 바는 우리의 있는 바가 되고, 우리의 있는 바는 中 俄에 있는 바가 되어 自然 有無의 相通이 될지라. 然則 우리에게 이미 人民과 軍士와 將士가 있고, 三國의 聯盟結果로 從하야 武裝과 軍需品이 有하야 日本을 對敵할만한 自信力이 完全할 것이오. 其次에는 三國이 聯合하야 日本에 民主主義와 過激主義를 宣傳하야 內亂을 促起할 것이오, 又 何如한 手段으로든지 美日戰爭을 促起케 할 수가 有할지라. 日本의 內亂이 起하고 美日의 釁端이 生하고 三國의 聯合한 힘으로 攻入하면 日本은 敗하고야 말 터이니 우리의 獨立은 完成할 것이 無疑한지라. 其次에 付屬으로 말할 것은 內地의 大敗壞라는 것은 絶對로 反對하노라 하니, 君亦 同情하노라 하기로 더 說明치 아니 하겠노라 하고, 前者 말한 不平靑年 受容하는 것이 一大事件으로 生覺하는 것이라 하다. 君曰 現制度에 對하야 大統領은 執政官總裁로 하고, 總理는 없이 하고, 總長은 部長으로, 部長 以下 職員은 部員이라 通稱함이 如何하냐 하는지라, 余曰 其名詞에 對하야는 아무 觀念을 아니 하노라. 余는 只今의 虛名은 그대로 두고 內部의 일만 形勢에 適應하게 進行함이 可한 바라. 또 多大數의 意思가 君言과 같다 하면은 余는 反對도 아니 하겠노라 하다.

君이 前日의 談話를 繼續하여 曰 自己가 遠東에 在할 時에 余가 地方熱이

多하다 함으로 其時에는 信치 아니 하였으나, 其後 大多數가 然하다 하고, 또 西道靑年을 對하야 五百年 冤讎를 갚자는 演說을 하였다 하는 言을 聞하고 疑心하였으며, 美洲에 在할 時에 여러 가지 傳說을 聞하고 誤解하였노라. 그 誤解는 鄭仁果를 國際聯盟會에 代表로 派遣한다는 말과 華盛頓에서 政府로 送하는 어떤 電報는 깔고 내어 놓지 않는다는 말이며, 또 公債權을 李博士에게 委任하고 國民會다러 愛國金을 收合하라 한 것과 李博士에게 公債權을 委任하고 다른 財務官을 任命한다고 國民會에 電報한 그런 일 等에 關하야 誤解하며, 또 一時는 어떤 地方에 가면 興士團友가 歡迎을 하고 어떤 地方에 가면 興士團友가 冷待하는 것을 볼 때에 興士團에서 일을 잘못하는 것으로 생각하노라 하다. 余曰 旣往, 地方熱 云云은 一種의 謠說을 造作하야 然할 뿐이지 그 西道靑年에게 地方熱을 鼓吹하야 본 때는 없었다고 하고, 其次에 余의 本國에서 지낸 經歷을 말하면 余의 進行한 事 中에 新民會에 關하야서는 中央의 中心人物이 李東寧 全德基가 되고, 西北과 南中으로 同志를 募集할 時에 西道에는 安泰國 崔光玉이가 中心이 되어 同志를 多得하였고 南中 中心人物들은 西道보다 同志를 얻는 數가 少하였을 뿐이라. 此는 些少도 異常할 바 無하도다. 西道 人民의 性格이 好動的인 듯하야 耶蘇敎나 天主敎나 天道敎 等을 全國에 宣傳하되 惟獨 西道에 發展이 特多하니 新民會도 亦 此等 境遇로 生覺하노라. 余가 用心하기를 西道人을 多入하고 南道人을 少入하겠다 한 것이 아니라. 然이나 世上이 如此한 것으로 誤解하는도다. 또 余가 海外에서 지낸 동안에 何時에든지 西道의 勢力을 擴張하겠다는 意思나 態度를 가진 事實은 全無하도다. 君曰 自己는 그 問題에 對하야 明確히 諒解하노라 하더라.

二月 七日 月

豫定事項

一. 姚登衛 面會.
二. 連席會議 出席.

安恭根君이 來訪하다.

馮玉祥의 派來한 姚登衛君이 來訪하다. 君은 福建人이오, 曾히 三個의 武官學校를 畢業하였다 하더라. 韓國獨立이 中國에 對하야 크게 關係있는 것을 알고 自己의 몸을 供하야 軍事敎育이나 財政運動이나 中國에 宣傳하는 일 三方面 中에 무엇이든지 心力껏 裏助하겠노라 하다. 余曰 今의 우리 獨立運動에 對하야 事爲의 各般이 많으나, 其中 最重要한 者는 獨立運動에 參加하였다가 外地로 나온 多數 靑年을 敎養할 것이라. 余의 意思는 크게 學校를 施設하고, 半日은 勞動하고 半日은 敎育을 受케 함이니 此를 爲하야 君이 比律賓 南洋群島 等地로 財政을 運動하여 볼 수 있나 한 즉, 試驗해 보겠노라 하다.

余曰 前日에 말한 바, 馮玉祥軍隊에 韓國靑年을 編入하야 軍事를 實習케 한다 하는 일은 余의 意思로는 停止가 似好이라. 理由 一은 韓國靑年과 中國軍人과 飮食.居處.其他 習慣上 差異로 兩方의 衝突이 生하면 兩國間 感情에 不利益할 것이오. 二, 우리 靑年들 修養에 對하야는 物質上 訓練보다도 精神上 訓練이 더 必要하되 言語를 不通하고 心理를 不解함으로 中國敎官으로서는 精神訓練을 與하기에 困難하고, 三 多少의 韓國靑年이 中國軍隊에 編入하면 祕密이 發露되어 日政府로 北政府에 交涉하야 中.日 國際上 問題가 生할지도 不知라. 然則 馮玉祥.吳佩孚 兩君도 우리의 將來 學校施設에 對하야 幫助하는 것이 有益할 듯하다 하니, 君曰 果然 然하다 하고 曰 自己가

山東을 往還한 後에 어떤 韓國同志와 같이 南洋群島로 往하라 하면 諾從하겠노라 하고 散會하다.

午後 二時에 聯席會가 開議될 새 金學務總長이 昨日 所言의 制度變更案을 提出하다. 余 提議하기를 大統領 以下 各部 總長總辦의 名稱은 如前히 하고, 事務의 簡便과 人員 縮小키 爲하야 各部局을 聯合하고 委員 若干人과 委員長 一人을 置하야 事務를 執行할 일, 但 本案이 議院通過를 經키 前에는 當分間에는 此案에 記載된 制度를 模倣하야 次長 以下의 諸名稱을 使用치 말고 爲先 一切 參事로 하되, 그 中 一人의 主任을 置하야 如前히 各部事務를 執行케 할 일, 討議하다가 金學總及余의 提案과 前日 李總理 安秉瓚 申圭植 南亨祐 諸案과 같이 合하야 次回 聯席會議에 討議키로 決定되다.

✦ 二月 八日 火

豫定事項

一. 朱賢則 面會

朱賢則君을 請하야 車敬信女士의 病症을 問한 즉, 只今 試驗 中 늑막염인지 確實히 執症을 못하였노라 하다. 如何間 病勢가 尋常치 아니 한 즉 速히 入院하야 治療하도록 하자 하다.

崔東旿君이 來訪曰 自己는 政府를 敗潰하려 함이 아니오, 擁護하려는 主義인 즉 先生이 誤解하면 甚히 抑冤하노라는 뜻으로 長時間 말하다. 余答曰 過去事는 如何하였든지 將來事를 우리 獨立運動을 爲하야 善就할 方策을 講究하라 하다.

金九君이 來訪曰 國民代表籌備會人 等에게 中傷策을 用함이 如何하냐 하

는지라, 余曰 그이들을 好感的으로 回心케 하는 것이 有益하겠다 하고, 할 수 있는 대로 靑年 中으로 不平的 行動이 있지 않기를 望한다 하다.

✦ 二月 九日 水 晴

豫定事項

一. 聯席會 出席.

李鐸君이 來訪한지라 余曰 余가 上海에 初到時에 君等이 新民會를 復興시켜 政治的 團結을 屢屢히 言할 時에, 余는 大同一致하는데 妨害가 되겠다고 拒絶하야 왔는데, 今日에 와서 본 즉 그것이 또한 遺憾이라. 如此히 아무 基臺가 없고서는 일을 扶去할 道理가 全無하도다. 只今이라도 極少數의 政治的 結社를 成立하야 艱難相濟함이 如何할까 하는 生覺 뿐이오, 決定은 없으니 君이 此에 對하야 生覺하야 보라 한 즉, 君曰 只今 如此한 것을 置치 아니하면 不平分子가 日로 增加하야 將來는 더욱 困難 中에 至할까 念慮하노라 하다. 余曰 余가 決定的이 아니라 한 것은 此亦 進行이 잘 되는지 疑問이라 하다. 君曰 大統領이 召하기로 往謁한 즉, 何人으로 總理함이 可하냐 問하기로 李東寧君이 可하다 하다.

吳永善君이 來訪曰 李東輝君이 廣東에서 來한 片紙의 말을 하며, 余다러 速히 總理에 나아가 일을 進行하라 勸告하라 하였다 하다.

李基彰君이 來訪하야 馮玉祥軍隊에 韓國靑年을 編入하겠다 함과 姚登衛의 韓國獨立運動에 後援하겠다 하는 말을 하는지라, 余가 姚氏에게 言하던 뜻으로 말하다.

下午 二時 聯席會가 開議되다. 李東寧君의 提案은 採用치 않기로 決議되

다. 余가 安秉瓚君의 提案을 無期限으로 留案하기로 動議하야 問可否하야 不決되다.

✦ 二月 十日 木

豫定事項
- 一. 大統領 尋訪.
- 二. 聯席會議 出席.
- 三. 李盛泰君 問答.

吉鎭吉君이 來訪함에 吉仁永으로부터 美金 二百元 來到한 것을 말하고, 學費에 充用하라 하다.

姜泳翰君 來訪하야 自己의 進行할 것을 問함으로 中國에 入籍하고 中國 어떤 學校에서 工夫하다가 將來 美洲 가기로 運動하라 하다.

大統領을 尋訪한 즉, 余다러 總理 就任을 勸하는지라, 余曰 局에 利로움이 없으므로 할 수 없다 하다.

時에 金奎植君이 來訪하야 白O君을 同訪하기를 請하는지라 이에 白O君을 訪하니, 白O 孫永稷 金振宇 三君이 在席하였더라. 余曰 此次 國民代表會 籌備하는 이들이 文字를 그와 같이 써서 言論이 稍히 過度하여 졌도다. 우리 일을 우리가 서로 意思를 善히 疏通하야 好感的으로 進行하여야 될 바, 事가 如此히 됨은 甚히 不幸으로 生覺하노라. 只今이라도 以後에 行할 善後策을 서로 善爲協進하는 것이 可하겠다고 言하는 際에, 孫 金 二君이 曰 自己는 다 政府擁護派오, 決코 敗潰主義를 가지지 아니 하였다 하더라. 金奎植君은 奮激하야 여러 가지 말로 怒責하고 先歸하다. 余는 留坐하야 그이들을 慰勞하고 歸하다.

下午 二時 聯席會議에 參席치 못하다. 申圭植君의 提出案이 可決된 故로 南亨祐 金奎植及余의 提案은 否決로 看做케 하기로 可決하다. 可決된 申案을 主體로 하야 具體的 案을 作成키 爲하야 金奎植 申圭植及余 三人이 起草委員으로 被選되다.

朴淳玉 李成泰 二君 問答을 行하다가 未畢하다.

◆ 二月 十一日 金

豫定事項

一. 李裕弼 面會.

金善亮君이 來訪曰 自己가 神學을 工夫코자 하니 自己에게 合當하나 問하는지라, 余曰 君의 心에 眞正으로 願하면 工夫하라 하다.

李敎淡君이 來訪하다.

李裕弼君이 來訪함에 制度變更에 關한 事를 討議하고 此를 起草하라 하다.

金弘敍君이 來訪曰 李統球의 代表 錢寶鈞君이 從速히 離滬한다 하니 如何하겠나 함으로 君과 面會時間을 豫定하라 하다.

車敬信女士를 引導하야 紅十字病院에 入院케 하다.

✦ 二月 十二日 土

豫定事項

一. 申圭植 金奎植 尋訪.
二. 錢寶鈞 面會.

金弘敍君이 來訪하다.

下午 二時 臨時國務會議에 未參하다. 盧伯麟君의 政府 全體 名義로, 우리의 獨立事業에 軍人과 金錢이 必要하도다. 自覺的 義務心인 軍人과 自覺的 義務心인 金錢이 必要하다〉는 뜻으로 內地에 宣布文할 提案이 可決되다. 申翼熙君의 提出한 巴里委員部 存廢問題를 討議타 後會期에 討議키로 하다.

夕後에 錢寶鈞이 團所로 來訪하야 中 韓 兩國이 서로 合同할 것을 말하고, 君이 速히 李統球에게 代表를 派送하라 하더라.

✦ 二月 十三日 日

豫定事項

一. 申圭植.金奎植 巡訪.

李光洙君의 紹介로 前東亞日報 文藝部長으로 있던 留日學生 秦學文君을 面會하야 獨立運動에 關한 問題와 社會現象에 對하야 長時間 談論하다.

下午에 團所에서 孫貞道.李光洙 二君으로 더불어 政局에 關하야 長時間 談論하다.

八時傾에 制度變更起草委員 申圭植.金奎植及余 三人이 申宅에 會하야 該問題로 討議할 새 서로 意思 不同함으로 決定치 못하고 余의 起草한 左記案

을 提出키로 하다.

制度變更案

一, 各部의 事務를 聯合하야 一個事務所로 組織할 일.

二, 次長及祕書長 以下의 各職員을 參事員으로 改稱할 일.

三, 各種의 事務는 그 性質을 隨하야 局課로 分掌할 일.

四, 參事員 中으로 參事員長과 副參事員長 各 一人을 指定할 일.

五, 參事員長은 事務의 性質을 隨하야 國務總理와 各部總長의 指揮를 承하야 事務를 總轄監督할 일.

六, 副參事員長은 參事員長을 補佐하되 參事員長이 有故할 時는 그 職務를 代理할 일

七, 各局에 事務員 中으로 一人을 置하고, 또 各課에 事務를 二人 以上이 擔任을 要할 時는 該課에 主任 一人을 置할 일.

✦ 二月 十四日 月 晴

豫定事項

一. 國務會議 出席.
二. 大統領 盧伯麟 尋訪.
三. 玄正柱君 問答

午前에 大統領을 尋訪하야 長時間 談話하다.(그 時 談話한 記事는 後에)
盧伯麟君을 尋訪하야 時局에 關한 事로 長時間 談話하다.
下午 二時에 聯席會에 出席하다. 余는 余 個人의 具體的 議案(制度變改)을

提出하다. 이어 申圭植君은 此制度變改를 大統領으로부터 全部 變更하자는 뜻의 案이 提出되다. 金奎植君 提議한 局部變改의 議案이 可決되다. 즉 局部變更이라 함은 現制度下에서 局部를 變更하되 各部及勞局은 如前히 置하고, 但 各部及勞局 內에 局所의 變更을 加함을 云함으로 例하면, 各部의 次長 局長 參事 書記를 總히 一名稱 一階級으로 變更하기 可能하다는 뜻으로 解釋함. 余와 및 申案은 決議 없었고, 다시 新選한 起草委員 盧伯麟 金奎植 申翼熙 三君에 參考에 供케 하기로 하다.

下午 七時半에 玄正柱君 問答타가 未畢하다.

✦ 二月 十五日 火 晴

豫定事項

一. 大統領 尋訪.
二. 黃鎭南 招待

金九君이 來訪하야 共産黨의 大會召集하는 文字를 出示하며 余다러 速히 總理로 就任하야 일을 進行케 하라 하는지라, 余가 總理로 나아가면 아니 될 理由를 祥陳한 즉 君이 그러하겠다 하더라.

安秉瓚君이 來訪함에 時局이 漸漸 險惡하야지니 善後策을 잘 講究해야겠다는 뜻으로 서로 討議하다.

朴炳斗君이 來訪하야 河南中國軍事學校로 往하노라 하다.

廉鳳根君이 來訪하다.

大統領을 尋訪하다.

黃鎭南君을 招待하야 晩餐을 같이 하고, 不日 渡美케 됨으로 紀念品으로

銅瓶 一坐를 贈하다.

盧伯麟君을 尋訪하다.

✦ 二月 十六日 水

金公緝君이 來訪曰 自己가 上海에서 勞動이라도 하며 有한 것이 如何하냐 問하는지라, 余曰 探問하야 合意處가 有하면 그리 하는 것도 可하다 하다.

韓相魯君을 團으로 引導하야 送하다.

玉成彬君이 來訪曰 明日 大統領閣下를 招待하려 하니 이 말씀을 하시고 같이 參席하기를 請함으로 諾하다.

李光洙君이 來訪曰 京城으로부터 許英肅이가 來到한다 하며 出迎하러 往하노라 하다.

✦ 二月 十七日 木 晴

豫定事項

一. 金善亮君 問答.

李東寧 李始榮 申翼熙 三君이 來訪하야 同一한 言으로 余다러 總理가 되라 勸하는지라, 余答曰 余가 總理에 나아갈 만한 自信이 有하면 讓치 아니할지나 自信이 없으므로 할 수 없다 한 즉, 三君曰 自信이 何無하냐? 自己 三人이 力補할지니 하는지라, 余曰 余가 余의 資格을 不信하고, 此 君等이 力佐한다는 것을 亦 不信하노라. 余가 來滬한지 于今 二年間이라. 처음 上海에 到着時에 余에게 地方熱이니 野心家이니 하는 非難이 極度에 達하였도

다. 多幸히 그 誤解를 풀어 人心이 多少의 收拾이 되었도다. 그 後 君等이 上海에 來한 後로 余의 境遇는 海內 海外를 勿論하고 地方熱로 勢力을 爭鬪한다는 惡宣傳이 普及하야 外圍의 人心을 收拾할 餘地가 無한 此時라. 如此히 된 것은 다 當身네가 當身네 心腹으로 惡宣傳된 것이 事實이라. 君等이 來滬 後에 省齋를 내보내고 余가 總理해야 된다 함이 于今껏 繼續하였도다. 一便으로는 總理되라 勸하고, 一便으로는 惡宣傳을 하였도다. 然故로 今에도 不信하겠노라. 余가 如此히 말함은 余 個人을 爲하야 感情的으로 發함이 아니라 如此히 艱難한 境遇에 處하야 서로 크게 覺悟할 必要가 有함으로 말함이라. 君等이 曰 過去는 如何하였든지 此後로서는 잘하여 가기를 決心하고 余가 責任을 負하라 하는지라, 余曰 此言은 信聽치 아니 하노라. 余다러 總理하라고 勸함이 二十餘 日이라. 其間 畿湖靑年이 來到함에 亦惡宣傳이 繼續되었도다. 只今 何人이든지 總理가 되면 外圍의 人心을 善히 收拾해야 할지니 一便으로 惡宣傳을 하면 收拾은 못되고 일은 亡코 말겠도다 하니, 君等曰 然則 如何가 可하냐 하는지라, 余曰 只今 總理 選任키로 애쓰지 말고 代理總理로 일을 進行하야 가면서 君等과 余가 크게 覺悟하야 서로 사랑하고 서로 杜護함으로 互相의 疑心이 浸釋되고 서로 信함이 有하도록 用力할 수 外에 없다 하다.

夕後에 金善亮군 問答하다가 未畢하다.

✦ 二月 十八日 金

豫定事項

一. 國務會議 出席.
二. 軍務總長 歡迎會에 參席할 것.

下午 二時에 聯席會議를 開함에 制度變更 新任委員이 提出한 變更案 各部의 次長 局長 參事 書記 等을 廢止하고 一切 參事員 若干을 置하자는 案이 通過되다. 聯席會議는 停止하고 國務會議로서 議事키로 하다.

金澈君이 來訪曰 自己가 辭職할 뜻이 有하다 하는지라, 余曰 隨意로 하라 하다.

盧伯麟君 歡迎會에 參席하다.

李光洙 許英肅 君을 訪하다. 李君이 같이 本國으로 갈 뜻을 말하는지라, 余曰 今에 鴨綠江을 渡하는 것은 敵에게 降書를 提納함이니 絕對 不可오, 君等 兩個人 前程에 大禍를 作하는 것이라. 速斷的으로 行치 말고 冷情한 態度로 良心의 支配를 받아 行하라 하다.

✦ 二月 十九日 土 晴

豫定事項

一. 講演會에 參席할 것.

下午 二時에 金麟奎 講演會에 參席하다.

✦ 二月 二十日 日 晴

✦ 二十一日 月 晴

豫定事項

一. 國務會에 出席할 것.

金勳 OOO 朴秉愚 嚴恒燮君 等이 前後 來訪하다.

下午 二時 國務會에 出席하다. 外交策을 定키 爲하야 外交委員을 選擧하자 하는지라, 余曰 먼저 獨立運動의 主眼을 定하고 外交策은 그 後에 定하자 提議하였으나 否決되고, 外交委員으로 盧伯麟 金奎植 申翼熙 余 四人이 被選되다.

✦ 二月 二十二日 火

豫定事項

一. 羅容均 面會할 것.

沈大燮 李星澤君이 來訪하다.
北京 申OO의 紹介書를 持한 文時煥君이 來訪하다.
羅容均을 請하야 興士團의 主義를 말하다.

✦ 二月 二十三日 水

豫定事項

一. 外交委員會 參席.
二. 國務會議 參席.

　午前 九時에 外交委員會를 明德里事務室에 開하다. 盧伯麟君이 提議하기를, 自己는 俄領으로 往하고, 金奎植君은 倫敦으로 往하는 것이 好하겠다 하는지라, 余曰 俄로 往하든지 英으로 往하든지 먼저 우리의 일의 進行할 範圍를 定하야 가지고 그 後에 人을 對하야 交涉할지라. 俄에는 어떠한 主義로, 英에는 어떠한 主義로 말할 것을 定하자 한 즉, 盧 申 二君은 只今에 此를 定키 難하다 하는지라, 余曰 日本이 東亞에 對한 計策과 韓國에 對한 事實을 數字的으로 調査하야 감이 可하겠다 한 즉, 盧君曰 俄.英人이 우리보다 더 仔細히 知한 즉 必要가 없다 하다. 或은 此를 定하자 定치 말자는 뜻으로 討論이 다하다가 決定이 없었고 散會하다.

　下午 二時에 國務會에 出席하야 華盛頓委員部 規定修正案을 討議하다가 外交委員會에 任하야 決定케 하다. 金奎植君曰 華府에서 지내던 事와 滬府에서 지내던 過去의 事를 仔細히 말한 後에 다시 修正함이 可하다 한 즉, 大統領이 前日의 事를 다 說明하자 하며, 自己가 委任統治請願하던 始末을 다 明言하며 自己는 그때 中央總會長에게 問議한 事도 없고, 또 中央總會長이 如何한 言이 없었다. 但 其時 韓國問題가 美國新報上에는 記載가 없는 까닭으로 如此한 것이라도 하야서 新聞材料라도 作하려 하였노라, 故로 此를 爲하야 余는 辭職하겠노라. 또 그동안 執政官總裁라 大統領이라 한 關係를 말하다. 華盛頓 外交委員部 財政檢閱委員을 李始榮氏로 選任하다.

✦ 二月 二十四日 木

午前에 赴俄하는 中國人 000君이 來訪하다. 君曰 中國南方政府에서 俄政府와 連絡하야 留學生 幾百名을 俄國으로 派送키로 約束하얏다 하더라.

金秉祚君이 來訪曰 禮拜堂을 新케 擴張키 爲하야 三十元式 捐出人 十人을 募集하얏는데 余가 其中에 募集되얏다 하더라.

貴州 講華學堂을 畢한 金弘壹君이 來訪하다.

呂運弘君이 來訪하다.

金弘敍君이 來訪曰 中國人 崔通約君을 會見한 즉, 君의 言이 中國勞動者를 每年 二千人式 十五年間에 三萬人을 美國으로 送하게 되얏다 하며, 此는 新領統 哈定君이 하는 바라 하더라 하는지라, 余曰 然則 余와 崔君을 面會하야 韓國勞動者도 參加하야 渡美케 함이 有할는지 明日 午傾 該氏와 面會하기로 約束하라 하다.

夕後에 尹琦燮 金勳 二君 歡迎會에 參觀하다.

✦ 二十五日 金

豫定事項

一. 車均詳 面會.
二. 國務會議 出席.

午前에 廉鳳根 權晙 李基溶 許00 車00君이 來訪하다.

車均詳君을 請하야 車敬信女士의 病院費로 洋八十五元을 送하다.

尹顯振君이 來訪曰 金立 金奎植 二人이 서로 合同하야 局을 扶持함이 如何

하냐고 하는지라, 余曰 余는 願치 아니 하노라 하다.

　十二時에 崔通約君을 大東旅社에 招待하야 午餐을 하다. 中國勞動者 渡美하는데 韓國勞動者를 參加하야 渡美케 함이 如何하냐 한 즉, 君이 主掌하는 人에게 問議한 後에 回報하겠노라 하다.

　下午 二時 國務會議를 開할 새 上海政府 臨時會計檢查員을 選任하야 一切 會計를 檢查하기로 議決되고 來會議에 人選키로 하다.

　李英熙君이 九江으로 出發하다.

　夕後에 李東寧君을 自宅에 問病하다. 君曰 大統領이 辭職事를 議論도 없이 國務會에 突然히 宣言함은 不可히 되었도다. 追後에 得聞한 즉, 何許人이 往하야 辭職을 勸告까지 하였다 하며, 李承晩氏가 責任을 負하고 辭職함은 大不可라. 바로 逐出하면 被逐하지 하며 余다러 意思를 問하는지라, 余曰 大統領이 辭職하면 夏美에서 一分의 財政도 辦送되지 아니할 터인 즉 此가 問題라 하다.

✦ 二月 二十六日 土

豫定事項

一. 國務會議에 出席.

　下午 二時 國務會議에 出席하다. 會計檢查委員은 趙尙燮·李喜儆 兩氏로 選任하다. 財務部에서 提出한 豫算案을 接受하고 金奎植·南亨祐 二君으로 豫算委員을 選定하다.

✦ 二月 二十七日 日

身心 疲勞하야 竟日 臥床하다.

夕後에 外交委員會를 永安公司 盧君의 處所에 會集할 새 金奎植 申圭植君이 來到하고 申翼熙君은 不到하였더라.

盧君이 曰 李大統領 聲討文을 頒布하겠다 함으로 今에 聲討하노라고 떠들면 於內於外에 不好한 景光이 有하겠는 故로 好意로 解決하기 爲하야 아직 該聲討文을 頒布치 않고 大統領을 訪하야 前者의 委任統治의 問題로 外面에서 聲討한다 떠든 즉, 그냥 大統領 位에 坐하였다가는 不好한 景光을 當하고 逐出하야 局을 瓦解하고 俄領과는 永遠한 決裂을 作할지니 當身이 自發的으로 辭職을 提出하고, 다시 李東輝와 握手하야 獨立運動을 繼續 進行케 하자 한 즉, 大統領의 言이 自己도 그렇게 生覺하였노라 하며 그렇게 하겠노라. 如此한 約束이 有하였는데 是日 國務會議에서 辭職을 宣言하였고, 그 次會 國務會議에는 出席치 아니 한 故로 辭職을 手續하는 줄로 知하고 金奎植君과 같이 李大統領을 訪하야 大統領이 나아가는 方式과 또 나아간 後 서로 일할 方式을 問한 즉, 大統領 말이 余가 萬一 辭職하게 되면 余가 무슨 일에 關係하리오. 余가 出하면 少數의 人의 言으로 出할 바 아니오, 國民大會나 國務院이나 議政院에서 彈劾을 하면 그 後에야 出하겠다 하는지라, 故로 余(盧)曰 大統領의 뜻이 夜間에 變하였도다. 然則 余는 君과 같이 일할 수 없으니 余의 單獨으로 行動하겠다 하였노라 하더라.

金奎植君曰 聲討文 뿐 아니라 國民代表會로서 美國政府에 李大統領이 委任統治請願案을 電報하야 取消하겠다 하는 것을 알리고 挽留하였노라. 그런 즉 大統領이 말없이 退局하기로 自己亦 말하더니, 今에 大統領이 誤解한다 하는지라, 余曰 余는 桂園의 意思에 同意되지 아니 하노라. 此時에 大統領이 動搖되면 對內對外에 人心이 墜落이 되겠고, 또는 美布 兩地에서 財政

이 辦送되지 아니 함으로 滬府는 關門되겠다 한 즉,

　盧君曰 大統領이 그냥 있으면 聲討文이 頒布되고 電報가 華府에 往하야 此等事가 繼續되면 人心의 墜落이 尤甚하겠고, 俄領妥協은 絶對로 希望이 없어져 分裂이 될 터인 즉, 우리 獨立運動에 俄領을 除하면 何를 依하야 進行하리오. 大統領이 비록 此에 在하니 美.布에서 財政을 動치 아니 할지오, 또 設或 李承晩君이 在此한 것이 好하다 할지라도 來終에는 逐出될지니 何故로 하면 委任統治請願한 罪過를 擧言하면 所答이 無하도다. 그 行한 事를 論하면 閔元植 보다 優함이 無하다. 余亦 如此한 人을 事하라고 軍士에게 精神을 與할 수 없다. 그러나 余는 일을 爲하고 自己 個人을 爲하야 말하였는데 聽從치 아니 하니 余는 余의 單獨行動하겠노라 하더라. 그 後에 申翼熙 君이 來到하다.

　金奎植君이 曰 이미 外面에서 李大統領을 攻擊하기로 始作하고 自己가 亦辭職한다고 宣言하였으니 今에는 出할 수 外에 없다 하다. 然則 李統領의 出하는데 善後策을 講究하자 하는지라, 盧君曰 李統領이 好意로 辭職하면 李承晩 李東輝 徐載弼 三君으로 政府顧問員을 삼는 것이 好하겠다 하는지라,

　余曰 萬一에 李承晩君이 好意로 出한다 하면은 余도 亦連帶責任으로 辭職하겠다. 李統領이 出할 同時에는 徐載弼 李承晩 李東輝 余 四人이 顧問이 되어 가지고 俄領의 軍事는 盧君이 往하야 任하고, 歐美의 外交는 金奎植君이 往하야 任하고, 其餘 總長이나 顧問員은 名義는 變하였으나 一席에서 일을 進行하였으면 好하겠으나 他人과 大統領의 意思는 不知하겠다 하다.

　申圭植君曰 李 安 二君이 退局하면 그 部下들이 反感을 起함으로 局이 亂하야지겠다 하는지라, 余曰 部下도 없으려니와 設或 有하다 하더라도 李.安이 眞正 好意로 出하야 大事를 扶去하면은 그 部下가 誤解치 아니 하리라 하니, 他總長들과 合席討議하자 하다.

✦ 二月 二十八日 月

豫定事項

一. 李鐸.尹顯振.金九 諸君 面會할 것.
二. 議政院 開院式에 參할 것.

午前 李鐸君이 來訪함에 此間 局內事情의 難한 裡幕이 有하다 하고, 余의 生覺에는 李大統領이 말을 聽從하면 余까지 出하야 二年間의 宿題를 解決하고 俄領과 妥合한 後에 軍事와 外交 行動을 積極으로 進行하고, 上海에는 政府의 名義만 扶하고 敎育.實業.團結 三方面으로 專力하였으면 好하겠다 하고, 또 우리의 土臺가 하도 없어 이와 같이 搖動이 되니 政治的 團結을 發起하면 好할 듯하도다. 그 團結의 主義는 國民皆納.皆兵.皆業 三事를 實施하게 함이라. 然이나 此亦 善히 進行될는지 余心에 信念이 잘 되지 아니하노라 하다.

尹顯振君이 來訪함에 李鐸에게와 同一한 主義로 말하다.

金九.李裕弼君이 來訪함에 亦 同一한 主義로 말하다.

下午 二時에 第八回議政院 開院式에 參席하다. 式이 終한 後에 國務院에 到하야 國務會議 時間을 議政院 開會期間에는 每會期를 午前으로 改定하다. 大統領動搖問題를 討論하다가 結果 없었다. 李東寧君이 病臥한 즉 夕後에 李宅에서 會議하기로 하다.

夕後 李東寧君宅에 會集 議論할 새 李始榮 申圭植 李東寧君은 表示한 意思 없고, 申翼熙君은 大統領이 出하는 것이 不可하다 하고, 盧伯麟.金奎植 二君은 出하는 것이 可하다 하고, 南亨祐君은 制度를 變更하자는 뜻으로 말하고, 余는 前言한 뜻을 表하다.

一九二一年 三月

✦ 三月 一日 火

午前 十時에 議政院內에 開한 國慶祝賀會에 參하다. 午後 二時에 올림픽 戲場 內에서 開한 祝賀會에 參하다.

✦ 三月 二日 水 雨

대한민국국부 도산안창호전서 발간위원회

위원장	박만규
위원	박화만·정철식·박철성
집필위원	Ⅰ권 박만규·박화만
	Ⅱ권 박만규·박화만
	Ⅲ권 박만규
	Ⅳ권 박화만
	Ⅴ권 박화만

대한민국국부 도산안창호전서 Ⅲ

도산 안창호의 임정일지

초판	2025. 5. 10.
옮긴이	박만규
발간	대한민국국부 도산안창호전서 발간위원회
펴낸곳	흥사단
주소	03086 서울특별시 종로구 대학로 122
전화	02-743-2511~4
팩스	02-743-2515
홈페이지	www.yka.or.kr
이메일	yka@yka.or.kr
디자인·인쇄	세창문화사 (☎ 1544-1466)

ⓒ 사단법인 흥사단

ISBN	978-89-88930-58-8
ISBN	978-89-88930-55-7 (세트)

값 27,000원